# Die
# Strafprozeßordnung
## für das Deutsche Reich
### vom 1. Februar 1877

und das

### Gerichtsverfassungsgesetz
### vom 27. Januar 1877/17. Mai 1898/5. Juni 1905/1. Juni 1909.

Mit den

### Entscheidungen des Reichsgerichts.

Herausgegeben

von

**Dr. P. Daude,**

Geheimem Regierungsrat und Universitätsrichter der Königl. Friedrich-Wilhelms-Universität Berlin.

**Achte Auflage,**

bearbeitet von

**Dr. B. Oppermann,**

Reichsgerichtsrat.

**Berlin, 1912.**

Verlag von H. W. Müller.

W. 35.

# Vorwort zur ersten Auflage.

Die überaus wohlwollende Aufnahme, welche der von mir bearbeiteten Ausgabe des Strafgesetzbuchs bei der gesamten Deutschen Juristenwelt zuteil geworden ist, hat mich zu der vorliegenden Bearbeitung der Strafprozeßordnung und des Gerichtsverfassungsgesetzes für das Deutsche Reich veranlaßt.

Wie meine Ausgabe des Strafgesetzbuchs ist auch diese Ausgabe der vorgedachten Gesetze aus meiner langjährigen staatsanwaltschaftlichen Praxis entstanden und wesentlich für die Praxis bestimmt.

Auch sie soll das eingehendere Studium der reichsgerichtlichen prozeßrechtlichen Entscheidungen durchaus nicht entbehrlich machen, sondern vorwiegend nur dazu bestimmt sein, dem Praktiker das zeitraubende Nachsuchen in den umfangreichen Sammlungen der reichsgerichtlichen Entscheidungen zu ersparen und ihm die vom Reichsgericht angenommenen prozeßrechtlichen Grundsätze in gedrängter Fassung vorzuführen.

Mein Bestreben ist dahin gerichtet gewesen, auch für das Gebiet des Reichs-Strafprozeßrechts dem Praktiker einen willkommenen Wegweiser durch die gerade hier besonders umfangreiche Rechtsprechung des Reichsgerichts zu schaffen, und mein aufrichtiger Wunsch geht dahin, daß es dem vorliegenden Buche vergönnt sein möge, diesen Zweck in einer die richtige Handhabung des Deutschen Strafprozeßrechts fördernden Weise zu erfüllen.

Berlin, im August 1886.

**Daude.**

# Vorwort zur achten Auflage.

Das Erscheinen des vorliegenden Buches hat sich im Hinblick auf die dem Reichstag vorgelegten, die Strafprozeßreform betreffenden Gesetzentwürfe verzögert, ist aber, sobald deren Nichtverabschiedung feststand, nach Möglichkeit beschleunigt worden.

Bei der Bearbeitung ist das Gesetz, betr. Änderungen des Gerichtsverfassungsgesetzes usw. vom 1. Juni 1909 berücksichtigt und abermals eine wesentliche Vermehrung des Inhalts durch die seit Ende 1907 veröffentlichten prozeßrechtlichen Entscheidungen des Reichsgerichts erfolgt. Einem in der Fachliteratur geäußerten Wunsche nach Behandlung der „Einrede der Rechtshängigkeit" ist bei § 263 StPO entsprochen. Um den bisherigen Umfang des Werkes nicht allzusehr zu überschreiten, sind, soweit angängig, ältere Entscheidungen namentlich dann fortgelassen, wenn sie aus den an die Stelle getretenen neuen zu ersehen sind.

Als der Unterzeichnete sich entschloß, der infolge beruflicher Verhinderung des Herrn Verfassers zwecks Herstellung der neuen Auflage an ihn ergangenen Aufforderung Folge zu leisten, war er sich der übernommenen Verantwortung voll bewußt. Möge es gelungen sein, den anerkannten Wert des Buches zu wahren und ihm dadurch sowohl seine bisherigen Freunde zu erhalten, wie neue zu erwerben.

Leipzig, im Februar 1912.

**Oppermann.**

# Inhalt.

### 3. Buch. Rechtsmittel.

## Anhang.



## Verzeichnis der Abkürzungen.

E = Entscheidungen des Reichsgerichts in Strafsachen. Herausgegeben von den Mitgliedern des Gerichtshofes und der Reichsanwaltschaft.

EZ = Entscheidungen des Reichsgerichts in Zivilsachen. Herausgegeben von den Mitgliedern des Gerichtshofes.

DJZ = Deutsche Juristenzeitung. Herausgegeben v. Dr. P. Laband u. a.

G = Goltdammers Archiv für Strafrecht.

DR = Das Recht, Rundschau für den Deutschen Juristenstand. Herausgegeben v. Dr. Hs. Th. Soergel.

JW = Juristische Wochenschrift. Organ des Deutschen Anwaltvereins.

Pr = Preußisches.

R = Rechtsprechung des Deutschen Reichsgerichts in Strafsachen. Herausgegeben von den Mitgliedern der Reichsanwaltschaft.

ZBl = Zentralblatt für das Deutsche Reich.

U = Urteil.

I.

# Einführungsgesetz zur Strafprozeßordnung.

Vom 1. Februar 1877.

(RGBl S. 346.)

§ 1. Die Strafprozeßordnung tritt im ganzen Umfange des Reichs gleichzeitig mit dem Gerichtsverfassungsgesetze in Kraft.

§ 2. Die erforderlichen Anordnungen, um die Jahreslisten der Schöffen und der Geschworenen bis zum Tage des Inkrafttretens der Strafprozeßordnung nach den Vorschriften des Gerichtsverfassungsgesetzes herzustellen, insbesondere die Bezeichnung der Behörden, welche hierbei die den Amtsrichtern und den Landgerichten zugewiesenen Geschäfte wahrzunehmen haben, erfolgen durch die Landesjustizverwaltungen. Dieselbe kann den Zeitraum, für welchen die in dieser Weise hergestellten Listen Geltung haben sollen, abweichend von dem Gerichtsverfassungsgesetze, jedoch nicht über das zweite Geschäftsjahr, bestimmen.

§ 3. Die Strafprozeßordnung findet auf alle Strafsachen Anwendung, welche vor die ordentlichen Gerichte gehören.

Insoweit die Gerichtsbarkeit in Strafsachen, für welche besondere Gerichte zugelassen sind, durch die Landesgesetzgebung den ordentlichen Gerichten übertragen wird, kann diese ein abweichendes Verfahren gestatten.

Die Landesgesetze können anordnen, daß Forst- und Feldrügesachen durch die Amtsgerichte in einem besonderen Verfahren,[1]) sowie ohne Zuziehung von Schöffen verhandelt und entschieden werden.[2])

---

1) Der Ausdruck „Verfahren" bezieht sich auf das gesamte Gebiet des Strafverfahrens, umfaßt also insbes. auch das Gebiet der Beschlag-

§ 4. In Ansehung der Landesherren und der Mitglieder der landesherrlichen Familien sowie der Mitglieder der Fürstlichen Familie Hohenzollern finden die Bestimmungen der Strafprozeßordnung nur insoweit Anwendung, als nicht besondere Vorschriften der Hausverfassungen oder der Landesgesetze abweichende Bestimmungen enthalten. Das gleiche gilt in Ansehung der Mitglieder des vormaligen Hannoverschen Königshauses, des vormaligen Kurhessischen und des vormaligen Herzoglich Nassauischen Fürstenhauses.[3])

§ 5. Die prozeßrechtlichen Vorschriften der Reichsgesetze werden durch die Strafprozeßordnung nicht berührt.

Wird in den Fällen des § 101 der Seemannsordnung[3a]) gegen den Bescheid des Seemannsamtes auf gerichtliche Entscheidung angetragen, so finden auf das weitere Verfahren die §§ 455—458 der Strafprozeßordnung entsprechende Anwendung.[4])

§ 6. Die prozeßrechtlichen Vorschriften der Landesgesetze treten für alle Strafsachen, deren Entscheidung in Gemäßheit des § 3 nach den Vorschriften der Strafprozeßordnung zu erfolgen hat, außer Kraft, insoweit nicht in der Strafprozeßordnung auf sie verwiesen ist.[5])

Unberührt bleiben die landesgesetzlichen Bestimmungen:

1. über die Voraussetzungen, unter welchen gegen Mitglieder einer gesetzgebenden Versammlung während der

nahme, U 24/10 84, E 11, 175; U 20/11 84, E 11, 321, und die Regelung der Durchsuchungen, U 28/11 05, E 38, 218.

2) Die Amtsgerichte gehören alsdann zu den ordentlichen Gerichten; Forst- und Feldrügesachen können deshalb gemäß § 2 StPO mit anderen vor ein Gericht höherer Ordnung gehörigen Strafsachen verbunden werden. U 4/1 81, E 3, 157; U 18/6 81, R 3, 424.

3) Durch RGes v. 25/3 04 auch auf das Herzoglich Holsteinische Fürstenhaus ausgedehnt. — Vgl. Ges betr. die Abänderungen des GVG u. der StPO v. 17/5 98 Art. II (RGBl S. 254). Beeidigung der Landesherren: § 71 StPO.

3a) Jetzt: § 122 SeemO v. 2/6 02 (RGBl S. 175).

4) Bedeutung der Strafbescheide der Seemannsämter für die Anwendung des „ne bis in idem": U 23/11 91, E 22, 232.

5) Vgl. die Spezialentscheidungen im U 25/6 81, E 4, 335 (Meineid § 1405 PrALR II, 20). U 24/4 83, E 8, 225; R 5, 227 (§ 14 PrGes betr. die Erweiterung des Rechtsweges v. 24/5 61). U 22/5 85,

Dauer einer Sitzungsperiode eine Strafverfolgung eingeleitet oder fortgesetzt werden kann;[6])

2. aufgehoben durch § 23 Vereinsges v. 19/4 08 (RGBl S. 151);

3. über das Verfahren im Verwaltungswege bei Übertretungen, wegen deren die Polizeibehörden zum Erlaß einer Strafverfügung befugt sind, und bei Zuwiderhandlungen gegen die Vorschriften über die Erhebung öffentlicher Abgaben und Gefälle,[7]) insoweit nicht die §§ 453, 454, 455 und 459 bis 463 der Strafprozeßordnung abändernde Bestimmungen treffen.

---

E 12, 212 (§ 59 PrGes wegen Untersuchung und Bestrafung der Zollvergehen v. 23/1 38).

6) Vgl. z. B. § 84 PrVerfUrk; § 26 Tit. VII BayVerfUrk. Wegen der Mitglieder des Reichstags s. Art. 31 RVerf, welcher lautet:

„Ohne Genehmigung des Reichtages kann kein Mitglied desselben während der Sitzungsperiode wegen einer mit Strafe bedrohten Handlung zur Untersuchung gezogen oder verhaftet werden, außer wenn es bei Ausübung der Tat oder im Laufe des nächstfolgenden Tages ergriffen wird.

Gleiche Genehmigung ist bei einer Verhaftung wegen Schulden erforderlich. Auf Verlangen des Reichstages wird jedes Strafverfahren gegen ein Mitglied desselben und jede Untersuchungs- oder Zivilhaft für die Dauer der Sitzungsperiode aufgehoben."

Die im § 69 StGB enthaltene Voraussetzung des Ruhens der Verjährung ist vorhanden, wenn die Tatsache feststeht, daß der Reichstag die Genehmigung zur Strafverfolgung eines Mitgliedes nicht erteilt hat. U 15/2 95, E 27, 10. Die Fortsetzung eines schon vor Zusammentritt des Reichstags gegen ein Mitglied desselben begonnenen Strafverfahrens während der Sitzungsperiode ist von der Genehmigung des Reichstags nicht abhängig. Die Verjährung der Strafverfolgung ruht deshalb in diesem Fall während der Sitzungsperiode so lange nicht, als der Reichstag nicht die Aufhebung des Strafverfahrens verlangt hat. U 17/10 95, E 27, 385.

7) Unberührt geblieben ist deshalb z. B. auch § 28 PrGes wegen Unterdrückung und Bestrafung der Zollvergehen v. 23/1 38, nach welchem die mit der Wahrnehmung des Zollinteresses beauftragten Beamten sich der Gegenstände des Vergehens durch Beschlagnahme versichern müssen. U 4/7 90, E 21, 47. Wenn eine Steuerstrafsache zur gerichtlichen Verhandlung und Entscheidung gelangt, so greifen lediglich die Bestimmungen der StPO Platz. U 19/4 88, E 18, 14 (Württ Steuerstrafrecht). U 13 10 99, E 32, 304 (§ 44 KglSächsZollstrafges v. 3/4 38).

8) Vgl. § 12 EG z. ZPO und insbesondere § 376 StPO.

§ 7. Gesetz im Sinne der Strafprozeßordnung und dieses Gesetzes ist jede Rechtsnorm.[8])

§ 8. In den am Tage des Inkrafttretens der Strafprozeßordnung anhängigen Strafsachen sind für das weitere Verfahren die Vorschriften der Strafprozeßordnung maßgebend. Die Landesgesetzgebung kann die zur Überleitung des Verfahrens erforderlichen Bestimmungen treffen.

War jedoch vor dem Tage des Inkrafttretens der Strafprozeßordnung ein Endurteil erster Instanz ergangen, so finden auf die Erledigung der Sache bis zur rechtskräftigen Entscheidung die bisherigen Prozeßgesetze Anwendung.[9])

§ 9. Wird ein vor dem Tage des Inkrafttretens der Strafprozeßordnung ergangenes Endurteil erster Instanz in der höheren Instanz aufgehoben und die Sache zur nochmaligen Verhandlung in die erste Instanz zurückgewiesen, so regelt sich das weitere Verfahren nach den Vorschriften der Strafprozeßordnung.

§ 10. Für die Wiederaufnahme eines durch rechtskräftiges Urteil geschlossenen Verfahrens sind die Vorschriften der Strafprozeßordnung auch dann maßgebend, wenn das Urteil vor dem Tage des Inkrafttretens der Strafprozeßordnung erlassen oder rechtskräftig geworden war.[10])

§ 11. Die Verfolgung von Beleidigungen und Körperverletzungen findet nur nach den Vorschriften der Strafprozeßordnung statt.[11])

Insoweit diese Verfolgung nach der Gesetzgebung eines Bundesstaates im Wege des Zivilprozesses stattfand, richtet sich die Erledigung eines anhängigen Verfahrens nach den Vorschriften des Einführungsgesetzes zur Zivilprozeßordnung.

§ 12. Auf die Strafvollstreckung finden die Vorschriften der Strafprozeßordnung Anwendung, auch wenn die Strafe nach den bisherigen Vorschriften über das Strafverfahren erkannt ist.

---

9) Vgl. das die Art. 186 ff. des Code d'instruction criminelle betreffende U 21/5 85, E 12, 219.

10) Wegen d. Wiederaufnahmeverfahrens s. §§ 399 ff. StPO.

11) Wegen der Verfolgung von Beleidigungen usw. im Privatklageverfahren s. §§ 414 ff. StPO.

II.

# Strafprozeßordnung.

Vom 1. Februar 1877.

(RGBl S. 253.)

## 1. Buch. Allgemeine Bestimmungen.

### 1. Abschnitt. Sachliche Zuständigkeit der Gerichte.

**§ 1.** Die sachliche Zuständigkeit der Gerichte wird durch das Gesetz über die Gerichtsverfassung bestimmt.[1])

**§ 2.**[2]) Zusammenhängende Strafsachen,[3]) welche einzeln zur Zuständigkeit von Gerichten verschiedener Ordnung gehören würden, können verbunden bei demjenigen Gericht anhängig gemacht werden, welchem die höhere Zuständigkeit beiwohnt.

Aus Gründen der Zweckmäßigkeit kann durch Beschluß dieses Gerichts die Trennung der verbundenen Strafsachen angeordnet werden.[4])

1) Vgl. §§ 27—29, 72—76, 78, 80, 123, 136, 158, 160, 183 Abs. 3 GVG und die Vorschriften der StPO über die sachliche Zuständigkeit in den §§ 98 Abs. 2, 100 Abs. 3, 125 Abs. 2, 128, 160, 176, 207, 209 Abs. 2, 269, 270, 377 Nr. 4, 388, 394 Abs. 3, 395, 477, 494 Abs. 3.

2) Der § 2 bezieht sich nur auf die ordentlichen Gerichte, so daß auch nur die zu deren sachlicher Zuständigkeit gehörigen Sachen verbunden werden dürfen. In Preußen gehören zu den ordentl. Gerichten auch die Amtsgerichte, welchen gemäß § 3 Abs. 3 EG z. StPO die Forst- und Feldrügesachen (§§ 20, 21 Forstdiebstahlsges v. 15/4 78) zugewiesen sind. Es können deshalb hier Forst- und Feldrügesachen mit anderen vor ein Gericht höherer Ordnung gehörigen Strafsachen verbunden werden. U 4/1 81, E 3 157. U 18/6 81, R 3, 424.

Über den Einfluß des Zusammenhanges auf die örtliche Zuständigkeit s. § 13.

3) Wegen der zusammenhängenden Strafsachen s. § 3.

4) Die Trennung erfordert einen besonderen Gerichtsbeschluß. U 7/11 02, DR 6, 594. Das Reichsgericht kann die Trennung bei ihm

§ 3.[5]) Ein Zusammenhang ist vorhanden, wenn eine Person mehrerer strafbarer Handlungen beschuldigt wird,[6]) oder wenn bei einer strafbaren Handlung mehrere Personen als Täter, Teilnehmer, Begünstiger oder Hehler beschuldigt werden.[6a])

§ 4.[7]) Eine Verbindung zusammenhängender oder eine Trennung verbundener Strafsachen kann auch nach

anhängiger verbundener Strafsachen und die Eröffnung des Hauptverfahrens betr. des zusammenhängenden Vergehens vor dem für dasselbe zuständigen Gericht beschließen. Beschl 29/7 u. 20/9 80, R 2, 219.

5) Über die Verbindung mehrerer zusammenhängender Strafsachen zum Zwecke gleichzeitiger Verhandlung, auch wenn der Zusammenhang nicht der im § 3 bezeichnete ist, s. § 236 und über die Unanwendbarkeit des § 397 in den Fällen der gemeinschaftlichen Verhandlung auf Grund dieses § 236: U 5/5 82, E 6, 257.

6) Beschuldigt wird, d. h. wenn gegen eine Person die Anklage erhoben ist, mag auch die Eröffnung des Hauptverfahrens noch nicht beschlossen sein (§ 155 verbunden mit § 3). U 30/6 87, R 9, 387.

6a) Täter sind hier die Urheber eines und desselben strafbaren Vorkommnisses, welche nicht im gewollten und bewußten Zusammenhange gehandelt haben. U 22/4 01, E 34, 256. Ein Zusammenhang i. S. § 3 ist z. B. vorhanden, wenn eine Schrift beleidigenden Inhalts von zwei Personen an verschiedenen Orten verbreitet wurde und ein gemeinschaftliches Handeln i. S. § 47 StGB nicht vorliegt. U 19/12 93, E 25, 15. U 4/11 07, G 55, 109.

7) Die Bestimmung des § 4 bezieht sich sowohl, soweit sie von Verbindung zusammenhängender Strafsachen als von Trennung verbundener Strafsachen handelt, nur auf solche i. S. § 2 zusammenhängende Strafsachen, welche einzeln zur Zuständigkeit von Gerichten verschiedener Ordnung gehören würden. Eines Gerichtsbeschlusses i. S. § 4 bedarf es also nicht, wenn die zusammenhängenden oder verbundenen Strafsachen auch einzeln zur Zuständigkeit des nämlichen Gerichts gehören. U 15/12 83, E 10, 10. Vgl. U 16/12 95, G 43, 401. Wenn von mehreren an sich zur Zuständigkeit verschiedener Gerichte gehörigen, bei dem Schwurgericht zur gemeinsamen Verhandlung verbunden anhängig gemachten Strafsachen eine derselben abgetrennt und zur Aburteilung vor das für sie zuständige Gericht verwiesen wird, so ist für letzteres der schwurgerichtl. Trennungsbeschluß, solange er nicht von einem dem Schwurgericht übergeordneten Gericht im geordneten Instanzenzuge außer Wirksamkeit gesetzt ist, bindend und kann von ihm nicht auf seine Legalität nachgeprüft werden. U 20/11 02, DR 6, 619.

Gleiche Prozeßlage ist für die Anordnung einer Verbindung zusammenhängender Strafsachen nicht erforderlich. U 30/12 89, E 20, 161.

Eröffnung der Untersuchung auf Antrag der Staatsanwaltschaft oder des Angeschuldigten oder von Amts wegen durch gerichtlichen Beschluß angeordnet werden.

Zuständig für den Beschluß ist dasjenige Gericht, zu dessen Bezirk die übrigen Gerichte gehören. In Ermangelung eines hiernach zuständigen Gerichts erfolgt die Beschlußfassung durch das gemeinschaftliche obere Gericht.

**§ 5.** Für die Dauer der Verbindung ist der Straffall, welcher zur Zuständigkeit des Gerichts höherer Ordnung gehört, für das Verfahren maßgebend.[8])

**§ 6.** Das Gericht hat seine sachliche Zuständigkeit in jeder Lage des Verfahrens von Amts wegen zu prüfen.[9])

## 2. Abschnitt. Gerichtsstand.

**§ 7.***) Der Gerichtsstand ist bei demjenigen Gerichte begründet, in dessen Bezirk die strafbare Handlung begangen ist.[10])

---

8) Der § 5 bezieht sich nicht auf die dem materiellen Prozeßrecht angehörenden Bestimmungen, insbesondere nicht auf die Vorschriften über die Verjährung der Strafverfolgung. Wegen der Verbindung einer Übertretung mit einem Vergehen greift deshalb in Ansehung der ersteren keine andere als die dreimonatliche Verjährung (§ 67 Abs. 3 StGB) Platz. U 25/5 83, E 8, 310. Dagegen folgt aus § 5, daß bei einer schwurgerichtl. Verhandlung auch bezüglich der mit dem Verbrechen gleichzeitig zur Aburteilung kommenden Vergehen und Übertretungen die Verteidigung eine notwendige ist. U 28/1 81, R 2, 764.

9) Überzeugt sich das Gericht während der Hauptverhandlung, daß die vor dasselbe verwiesene Sache außerhalb seiner sachlichen Zuständigkeit liegt, so hat es, abgesehen von der einschränkenden Bestimmung des § 269, anstatt der materiellen Entscheidung seine Unzuständigkeit auszusprechen. U 9/7 88, E 18, 51. Wegen der örtlichen Zuständigkeit vgl. § 18.

*) Der Absatz 2 ist durch Ges 13/6 02 (RGBl S. 227) eingefügt.

10) Eine strafbare Handlung wird da begangen, wo die zum Begriff des Delikts erforderlichen Handlungen vorgenommen werden. U 15/3 80, E 1, 279. Bei denjenigen strafb. Handlungen, bei welchen eine durch die Tätigkeit des Angekl. erzielte und beabsichtigte Wirkung zum Tatbestand gerechnet wird, ist Ort der Begehung derjenige, an dem die vom Angekl. erzielte Wirksamkeit mit seinem Willen in die Erscheinung tritt. U 13/3 80, E 1, 274. U 24/2 80, E 1, 219. U 15/16 Nov. 83, R 5, 704. Wegen des Ortes der Begehung bei solchen Straftaten, zu deren

Wird der Tatbestand der strafbaren Handlung durch den Inhalt einer im Inland erschienenen Druckschrift begründet, so ist als das nach Abs. 1 zuständige Gericht nur dasjenige Gericht anzusehen, in dessen Bezirk die Druckschrift erschienen ist.[10a]) Jedoch ist in den Fällen der Beleidigung, sofern die Verfolgung im Wege der Privatklage stattfindet, auch das Gericht, in dessen Bezirk die Druckschrift verbreitet worden ist, zuständig, wenn in diesem Bezirk die beleidigte Person ihren Wohnsitz oder gewöhnlichen Aufenthalt hat.

§ 8. Der Gerichtsstand ist auch bei demjenigen Gerichte begründet, in dessen Bezirk der Angeschuldigte zur Zeit der Erhebung der Klage[11]) seinen Wohnsitz hat.

---

Tatbestand weder ein Erfolg, noch eine gewollte Wirksamkeit gehört (cri séditieux publiquement proféré. FranzGes 25/3 1822 Art. 8), s. U 23/12 89, E 20, 146. Im übrigen vgl. U 10/3 84, R 6, 183 (Vertreibung verbotener Lotterielose); U 3/2 81, E 3, 316. U 17/6 92, E 23, 155 (Verbreitung verbotener Druckschriften); U 15/3 80, E 1, 279; R 1, 471 (Hehlerei); U 25/9 84, E 11, 246 (Betrug); U 11/2 86, R 8, 113 (Landesverrat); U 17/6 92, E 23, 155 (Beleidigung durch Verbreitung von Druckschriften); U 6/5 97, E 30, 98 (Erpressung durch briefliche Drohungen). Wenn zum Tatbestand einer strafb. Handlung mehrere Handlungen gehören, welche in verschiedenen Gerichtsbezirken begangen sind, so ist jedes der verschiedenen Gerichte zuständig. U 25/1 87, E 15, 232; R 9, 93. U 15/5 91, EZ 27, 418. — Wegen der örtl. Zuständigkeit der Beamten der Staatsanwaltschaft s. § 144 Abs. 1 GVG.

10a) Die Sondervorschrift des Abs. 2 Satz 1 des § 7 bildet für Preßdelikte lediglich eine Einschränkung oder Ausnahme gegenüber dem Abs. 1; sie betrifft also nur die Auswahl unter solchen Gerichten, in deren Bezirk die strafb. Handlung begangen ist, und ihre Anwendung hat zur Voraussetzung, daß die Handlung auch am Orte des Erscheinens der Druckschrift als Straftat begangen ist, um das Gericht dieses Bezirks als zuständig erscheinen zu lassen. U 25/5 03, E 36, 257 (Versendung von Prospekten und Bestellscheinen auf Hamburger Lose nach preuß. Orten). U 29/10 07, E 40, 354 (Versendung von Druckschriften, wenn zum Tatbestande der durch ihren Inhalt begründeten strafbaren Handlung die Ankündigung und Anpreisung dem Publikum gegenüber gehören).

§ 7 Abs. 2 bleibt ausgeschlossen, wenn die strafbare Handlung nicht unmittelbar durch den Inhalt der Druckschrift begründet, sondern erst durch eine anderweitige Tätigkeit hervorgerufen wird. U 21/5 09, G 56, 322.

Hat der Angeschuldigte einen Wohnsitz im Deutschen Reich nicht, so wird der Gerichtsstand auch durch den gewöhnlichen Aufenthaltsort[12]) und, wenn ein solcher nicht bekannt ist, durch den letzten Wohnsitz bestimmt.

**§ 9.** Wenn die strafbare Handlung im Auslande[13]) begangen[14]) und ein Gerichtsstand in Gemäßheit des § 8 nicht begründet ist, so ist dasjenige Gericht zuständig, in dessen Bezirk die Ergreifung[15]) erfolgt. Hat eine Ergreifung nicht stattgefunden, so wird das zuständige Gericht von Reichsgerichte bestimmt.

Gleiches gilt, wenn eine strafbare Handlung im Inlande begangen ist, jedoch weder der Gerichtsstand der begangenen Tat noch der Gerichtsstand des Wohnsitzes ermittelt ist.[16])

**§ 10.** Ist die strafbare Handlung auf einem deutschen Schiffe[17]) im Ausland oder in offener See begangen, so ist dasjenige Gericht zuständig, in dessen Bezirk der Heimats-

11) Vgl. §§ 168 Abs. 1, 196 Abs. 2, 421 und betr. der amtsrichterlichen Strafbefehle §§ 447, 448.

12) Vgl. § 10. UnterstützungswohnsitzGes v. 6/6 70 (BGBl S. 360).

13) Ausland ist jedes nicht zum Deutschen Reiche gehörige Gebiet. S. § 8 StGB und U 6/2 80, R 1, 322.

14) Eine strafbare Handlung ist im Inlande begangen, auch wenn die Tätigkeit des Angekl. hier nur zum Teil erfolgte, und der zum Tatbestande gehörige Erfolg im Auslande zur Erscheinung kam. U 19/5 84, E 10, 420. Auch im Inlande verübte Beihilfe zu einer im Auslande von einem Ausländer begangenen Haupttat ist als eine im Gebiet des Deutschen Reiches begangene strafb. Handlung anzusehen, und es gilt andererseits die im Auslande geleistete Beihilfe zu der im Inlande begangenen Haupttat als eine im Inlande begangene. U 24/6 84, E 11, 20. Vgl. § 3 StGB; U 14/6 83, E 9, 10; R 5, 434. U 30/6 85, R 7, 445. U 18/3 89, E 19, 147. U 30/12 89, E 20, 169.

Die Vorschrift des Abs. 1 bezieht sich nicht auf in den Konsulargerichtsbezirken begangene strafbare Handlungen; für diese greift § 7 Platz. Beschl 24/10 07, E 40, 349.

15) Der Grund der Ergreifung ist gleichgültig. Beschl 2/1 82, R 4, 7.

16) Besondere Zuständigkeitsbestimmungen betr. im Auslande begangener strafb. Handlungen s. § 10 StPO u. § 121 SeemO.

17) Die Desertion aus dem Schiffsdienst gilt als eine auf dem Schiffe begangene strafb. Handlung. U 27/9 80, R 2, 261.

18) Heimatshafen ist derjenige Hafen, von welchem aus mit dem

hafen[18]) oder derjenige deutsche Hafen liegt, welchen das Schiff nach der Tat zuerst erreicht.[19])

§ 11. Deutsche, welche das Recht der Exterritorialität genießen, sowie die im Ausland angestellten Beamten des Reichs oder eines Bundesstaates behalten in Ansehung des Gerichtsstandes den Wohnsitz, welchen sie in dem Heimatsstaate hatten. In Ermangelung eines solchen Wohnsitzes gilt die Hauptstadt des Heimatsstaats als ihr Wohnsitz; ist die Hauptstadt in mehrere Gerichtsbezirke geteilt, so wird der als Wohnsitz geltende Bezirk von der Landesjustizverwaltung durch allgemeine Anordnung bestimmt. Gehört ein Deutscher einem Bundesstaate nicht an, so gilt als sein Wohnsitz die Stadt Berlin; ist die Stadt Berlin in mehrere Gerichtsbezirke geteilt, so wird der als Wohnsitz geltende Bezirk von dem Reichskanzler durch allgemeine Anordnung bestimmt.[19a])

Auf Wahlkonsuln finden diese Bestimmungen keine Anwendung.[20])

§ 12. Unter mehreren nach den Vorschriften der §§ 7—11 zuständigen Gerichten gebührt demjenigen der Vorzug, welches die Untersuchung zuerst eröffnet hat.

Jedoch kann die Untersuchung und Entscheidung einem anderen der zuständigen Gerichte durch das gemeinschaftliche obere Gericht übertragen werden.[21])

---

Schiffe die Seefahrt betrieben werden soll (Registerhafen). § 480 HGB. Vgl. § 6 Ges betr. das Flaggenrecht der Kauffahrteischiffe v. 22/6 99.

19) In betreff des Verfahrens bei Verletzung der Dienstpflichten der Schiffsleute u. dgl. (§§ 93 ff. SeemO) s. §§ 122—127 SeemO. Vgl. auch § 5 EG z. StPO. — Fremden Handelsschiffen, welche in Häfen des Deutschen Reichs einlaufen, kommt daselbst keine Exterritorialität zu. U 22/4 80, E 2, 17.

19a) S. EG z. BGB Art 35.

20) Vgl. § 21 GVG. Über die inländische Gerichtsbarkeit gegen fremde Konsuln und die Bedeutung der persönlichen Immunität der letzteren von Verhaftungen usw. s. U 27/1 88, E 17, 51.

21) Eröffnung der Untersuchung ist hier nur Eröffnung der Voruntersuchung oder des Hauptverfahrens. Nach ergangenem Urteil darf die im Abs. 2 erwähnte Übertragung nicht mehr erfolgen. Beschl 22/2 86, E 13, 365.

§ 13. Für zusammenhängende Strafsachen, welche einzeln nach den Vorschriften der §§ 7—11 zur Zuständigkeit verschiedener Gerichte gehören würden, ist ein Gerichtsstand bei jedem Gerichte begründet, welches für eine derselben zuständig ist.

Sind mehrere zusammenhängende Strafsachen bei verschiedenen Gerichten anhängig gemacht worden, so können dieselben sämtlich oder zum Teil durch eine den Anträgen der Staatsanwaltschaft entsprechende Vereinbarung dieser Gerichte bei einem unter ihnen verbunden werden. Kommt eine solche Vereinbarung nicht zustande, so entscheidet, wenn die Staatsanwaltschaft oder ein Angeschuldigter hierauf anträgt, das gemeinschaftliche obere Gericht darüber, ob und bei welchem der Gerichte die Verbindung einzutreten habe.

In gleicher Weise kann die Verbindung wieder aufgehoben werden.[22])

§ 14. Besteht zwischen mehreren Gerichten Streit über die Zuständigkeit, so bestimmt das gemeinschaftliche obere Gericht dasjenige Gericht, welches sich der Untersuchung und Entscheidung zu unterziehen hat.[23])

§ 15. Ist das an sich zuständige Gericht in einem einzelnen Falle an der Ausübung des Richteramts rechtlich oder tatsächlich verhindert, oder ist von der Verhandlung vor diesem Gerichte eine Gefährdung der öffentlichen Sicherheit zu besorgen, so hat das zunächst obere Gericht die Untersuchung und Entscheidung dem gleichstehenden Gericht eines anderen Bezirks zu übertragen.[24])

---

22) Vgl. den Spezialfall (§ 13 Abs. 2) im U 11/10 86, E 14, 396. — Stellen sich der gleichzeitigen Verhandlung der rechtmäßig (§§ 3—13) verbundenen Strafsachen Hindernisse in den Weg, oder wird eine Strafsache, die den Zusammenhang oder die Wahl des bestimmten Gerichts bedingte, erledigt, während die anderen Strafsachen noch in der Schwebe sind, so bleibt das gemäß § 13 mit der Gesamtheit der Strafsachen befaßte Gericht für die nicht erledigten Sachen zuständig, bis für diese auf einem der im Gesetz (§ 13 Abs. 3 in Verbindung mit § 12 Abs. 2, §§ 14, 15, 394 Abs. 2 StPO) zugelassenen Wege die Untersuchung und Entscheidung einem anderen Gerichte übertragen wird. U 5/6 94, E 25, 406.

23) Über die Nichtanwendbarkeit des § 14 bei Streit zwischen mehreren Oberlandesgerichten in anderen als bürgerl. Rechtsstreitigkeiten und Strafsachen (Disziplinarsachen) s. Beschl 29/7 91, E 22, 111.

**§ 16.** Der Angeschuldigte muß den Einwand der Unzuständigkeit bei Verlust desselben bis zum Schlusse der Voruntersuchung,[25]) falls aber eine solche nicht stattgefunden hat, in der Hauptverhandlung[26]) bis zur Verlesung des Beschlusses über die Eröffnung des Hauptverfahrens[27]) geltend machen.

**§ 17.** Durch eine Entscheidung, welche die Zuständigkeit für die Voruntersuchung feststellt,[28]) wird die Zuständigkeit auch für das Hauptverfahren festgestellt.

**§ 18.**[29]) Nach Eröffnung des Hauptverfahrens[30]) darf das Gericht seine Unzuständigkeit nur auf Einwand des Angeklagten aussprechen.[31])

---

24) War das verhinderte Gericht gemäß § 12 Abs. 2 durch Beschluß des gemeinschaftlichen oberen Gerichts mit der Sache befaßt worden, so ist zur Übertragung aus § 15 nicht dieses, sondern das zunächst obere Gericht berufen. Beschl 15/6 11, E 45, 67. — Ob eine Gefährdung der öffentlichen Sicherheit zu besorgen ist, muß nach freiem Ermessen unter Berücksichtigung aller Umstände des Falles, namentlich auch der zur Beseitigung der Gefahr vorhandenen Mittel und deren zweckmäßiger Anwendung beurteilt werden. — Dem Gericht, welchem die Sache auf Grund des § 15 übertragen ist, steht auf Einwand des Angeklagten (§ 18) eine Prüfung darüber zu, ob das übertragende Gericht zu dem Beschluß zuständig war, und ob es innerhalb der durch § 15 gesetzten Grenze gehandelt hat, nicht aber darüber, ob ausreichende Gründe für die Annahme der tatsächlichen Voraussetzungen des Beschlusses vorlagen. Der Nachprüfung in der Revisionsinstanz sind diese tatsächlichen Unterlagen nicht unterworfen. U 9/5 84, E 10, 381.

25) Über den Schluß der Voruntersuchung s. § 195.

26) Durch Geltendmachung vor der Hauptverhandlung, insbesondere durch eine bei Zustellung der Ladung abgegebene Erklärung wird der Einwand der örtlichen Zuständigkeit nicht gewahrt, U 1/6 88, E 17, 412, wohl aber durch Geltendmachung bei der Vernehmung nach § 232, U 29/10 07, E 40, 354. Der im früheren Verfahren bereits verlorene Einwand kann in einer nach Aufhebung des Urteils stattfindenden Hauptverhandlung nicht erneut erhoben werden. U 3/6 10, E 43, 358.

27) Über die Verlesung dieses Beschlusses s. § 242.

28) Unter der Entscheidung ist hier nicht die Verfügung des Untersuchungsrichters, durch welche die Voruntersuchung eröffnet wird (§ 179), sondern nur ein Ausspruch des Gerichts zu verstehen, mag derselbe auf einen nach § 173 gestellten Antrag oder auf einen in der Voruntersuchung erhobenen Unzuständigkeitseinwand erfolgen. U 22/9 85, R 7, 521.

29) Der § 18 ist für sämtliche nach der StPO zu erledigenden Straf-

**§ 19.** Haben mehrere Gerichte, von denen eines das zuständige ist, durch Entscheidungen, welche nicht mehr anfechtbar sind, ihre Unzuständigkeit ausgesprochen, so bezeichnet das gemeinschaftliche obere Gericht das zuständige Gericht.

**§ 20.** Die einzelnen Untersuchungshandlungen eines unzuständigen Gerichts sind nicht schon dieser Unzuständigkeit wegen ungültig.

**§ 21.** Ein unzuständiges Gericht hat sich denjenigen innerhalb seines Bezirks vorzunehmenden Untersuchungshandlungen zu unterziehen, in Ansehung deren Gefahr im Verzug obwaltet.

### 3. Abschnitt. Ausschließung und Ablehnung der Gerichtspersonen.

**§ 22.** Ein Richter ist von der Ausübung des Richteramts kraft Gesetzes ausgeschlossen:[32])

1. wenn er selbst durch die strafbare Handlung verletzt ist;[33])

---

sachen maßgebend, sofern nicht besondere Vorschriften entgegenstehen, also auch für das Verfahren gegen abwesende Wehrpflichtige, U 19/5 81, E 4, 232, desgl. für das auf Grund des § 42 StGB eingeleitete sog. objektive Verfahren. An die Stelle des Angeschuldigten (§ 16 StPO) treten hier die Einziehungsinteressenten. U 3/10 89, E 19, 428.

30) Über die Eröffnung des Hauptverfahrens s. §§ 201, 205.

31) Aus § 18 folgt zugleich, daß die Frage der örtlichen Zuständigkeit oder Unzuständigkeit des Gerichts nach Eröffnung des Hauptverfahrens nur noch seitens des Angeklagten bis zu dem in § 16 vorgesehenen Zeitpunkt zur Erörterung gebracht und daß, sofern dies nicht geschehen, die Zuständigkeit des Gerichts im Laufe des Verfahrens nicht mehr in Frage gestellt werden kann. Zum Gegenstand richterl. Prüfung in der Revisionsinstanz kann die örtliche Zuständigkeit also nur dann gemacht werden, wenn der Angekl. den Einwand der Unzuständigkeit rechtzeitig erhoben hat und dieser Einwand vom Gericht verworfen ist. U 20/11 80, E 3, 136.

Wenn mehrere Angeklagte vorhanden sind, so genügt es, daß auch nur einer die Zuständigkeit des Richters bestreitet. U 17/6 92, E 23,155.

32) Wegen der Schöffen und Geschworenen und des Gerichtsschreibers s. §§ 31, 32. Vgl. § 41 ZPO. Die Ausübung des Richteramts umfaßt nicht nur die Mitwirkung bei irgendwelchen Entscheidungen in der Sache, sondern jede Art der richterl. Tätigkeit, also auch die Vernehmung eines Zeugen. U 4/5 97, E 30, 70.

33) Als Verletzter ist im allgemeinen nur derjenige anzusehen,

2. wenn er Ehemann oder Vormund der beschuldigten oder der verletzten Person ist oder gewesen ist;
3. wenn er mit dem Beschuldigten oder mit dem Verletzten in gerader Linie verwandt, verschwägert, oder durch Adoption verbunden, in der Seitenlinie bis zum dritten Grade verwandt, oder bis zum zweiten Grade verschwägert ist, auch wenn die Ehe, durch welche die Schwägerschaft begründet ist, nicht mehr besteht;

---

welcher in seinen Rechten durch die Straftat unmittelbar gekränkt ist. U 16/4 80, E 1, 370. U 7/5 83, R 5, 333. Deshalb kann z. B. ein Mitglied einer eingetragenen Genossenschaft, gegen welche eine Unterschlagung verübt ist, infolge seiner Mitgliedschaft allein nicht als Verletzter i. S. § 22 Ziff. 1 angesehen werden. U 16/12 92, E 23, 361. Dasselbe gilt von den Mitgliedern einer Feuerversicherungsgesellschaft auf Gegenseitigkeit. U 7/7 03, DR 7, 435. Dagegen ist bei einem Strafverfahren wegen Bankerottes auch derjenige als verletzt anzusehen, welcher als Gläubiger bei dem Konkursverfahren beteiligt ist, selbst wenn er z. Z. der Aburteilung des Bankerottes schon befriedigt sein sollte. U 7/10 84, E 11, 223, U 13/1 91, E 21, 291. Für die Frage, ob ein Richter selbst durch die strafbare Handlung verletzt ist, ist lediglich die Sachlage beim Eintritt in die Hauptverhandlung maßgebend, d. h. ob dem Angekl. im Eröffnungsbeschluß eine den Richter verletzende strafb. Handlung zur Last gelegt wird. U 5/10 86, R 8, 583. Bei Beleidigung einer Gerichtsbehörde sind nicht von selbst alle richterlichen Mitglieder derselben betroffen, es ist vielmehr eine persönliche Beteiligung der Richter an der Sache erforderlich, d. h. der einzelne Richter muß als Kläger, Nebenkläger oder Antragsteller aufgetreten sein, oder es muß in der beleidigenden Kundgebung selbst oder in dem Vorfall, der sie veranlaßt hat, irgendeine spezielle Beziehung auf die Person des Richters erkennbar sein. In allen übrigen Fällen der Behördenbeleidigung kann nur eine Ablehnung von Richtern wegen möglicher Befangenheit (§ 24) in Frage kommen. Das gleiche gilt, wenn ein Angriff sich gegen einen aus zahlreichen Mitgliedern bestehenden Stand und nur mittelbar gegen einzelne Mitglieder, lediglich als Angehörige dieses Standes, richtet (Juristenstand). U 24/10 93, E 24, 342. Vgl. Beschl 15/3 94, E 25, 179. — Ein richterlicher Beamter, welcher als amtlicher Vorgesetzter (§ 196 StGB) die Bestrafung beantragt hat, ist nicht als der durch die strafbare Handlung Verletzte anzusehen. U 25/2 82, R 4, 207. U 7/5 83, R 5, 333. In allen Fällen genügt übrigens das objektive Vorhandensein einer Verletzung zur Anwendung des § 22 Nr. 1; es ist nicht erforderlich, daß der Richter von seiner Verletzung Kenntnis hatte. U 8/6 00, E 33, 309.

4. wenn er in der Sache[34]) als Beamter der Staatsanwaltschaft,[35]) als Polizeibeamter,[36]) als Anwalt des Verletzten[37]) oder als Verteidiger tätig gewesen ist;[38])
5. wenn er in der Sache als Zeuge oder Sachverständiger vernommen ist.[39])

---

34) Unter der Sache i. S. § 22 ist nur die anhängige Strafsache zu verstehen, U 12/6 00, G 47, 377, und zwar nur diejenige, welche die Verfolgung derselben strafbaren Handlung gegenüber derselben Person zum Gegenstande hat. In diesem Sinne bildet auch das dem Wiederaufnahmeverfahren vorangehende, mit der ersten Hauptverhandlung abschließende Verfahren mit dem Wiederaufnahmeverfahren eine „Sache". U 4/5 97, E 30, 70. Vgl. U 24/2 88, E 17, 173; U 30/4 88, R 10, 353.

35) Beamte der Staatsanwaltschaft sind auch die Hilfsarbeiter der Staatsanwaltschaft, insbesondere die als Hilfsarbeiter in der betr. Sache tätig gewesenen Gerichtsassessoren, selbst wenn sie keine selbständigen Verfügungen erlassen, sondern solche nur entworfen haben. U 13/11 82, E 7, 236. U 6/12 95, E 28, 53.

36) Polizeibeamte sind diejenigen Beamten, welche zur Erforschung des Sachverhalts einzelner Strafprozeßsachen tätig werden. U 8/7 02, E 35, 319. Ihre Ablehnung kann nur stattfinden, wenn ihre Tätigkeit gerade in der Erforschung der anhängigen Untersuchungssache bestanden hat. U 30/4 88, E 17, 415. (Bahnpolizeibeamter.) Die den Polizeibeamten im § 157 StPO zur Pflicht gemachte Anzeige an die Staatsanwaltschaft oder das Amtsgericht genügt nicht, um den Begriff des Tätigseins i. S. § 22 Ziff. 4 zu erfüllen. U 7/1 02, G 49, 118. Ein Stadt- oder Gerichtschemiker kann nicht um deswillen abgelehnt werden, weil er im Auftrage der Polizeibehörde eine Untersuchung von Nahrungsmitteln vorgenommen hat, die den Anlaß zu strafrechtlichem Einschreiten gab. U 6/4 03, E 36, 208.

37) Anwalt des Verletzten ist nur der Rechtsanwalt, der ihm bedienstet gewesen ist. Sache, in der er tätig gewesen ist, ist nur die anhängige Strafsache. U 12/6 00, G 47, 377.

38) Unter den Begriff des Tätigseins fällt nicht die Anzeige an die Staatsanwaltschaft oder den Richter gemäß § 157. U 7/1 02, G 49, 118; R 6, 81.

39) Es wird hier die persönliche Vernehmung eines Richters als Zeuge usw. vorausgesetzt. Bloße schriftliche, z. B. auf Ersuchen des Staatsanwalts abgegebene Erklärungen genügen nicht. Eine Ausnahme macht nur der Fall, wenn ein Richter im Vorverfahren auf Erfordern des Gerichts ein schriftliches Gutachten abgegeben hat (§§ 76 Abs. 4, 82 StPO). U 1/5 85, E 12, 180. Der Umstand allein, daß der Richter als Zeuge vorgeschlagen und geladen ist, begründet seine Inhabilität noch nicht. U 24/2 88, E 17, 173; U 4/2 07, G 54, 292. Aus § 22 Ziff. 5 folgt

§ 23.[40]) Ein Richter, welcher bei einer durch ein Rechtsmittel angefochtenen Entscheidung mitgewirkt hat, ist von der Mitwirkung bei der Entscheidung in höherer Instanz kraft Gesetzes ausgeschlossen.

Der Untersuchungsrichter[41]) darf in denjenigen Sachen,

---

aber auch, daß ein in der Sache tätiger Richter bei Vermeidung seiner Ausschließung vom Richteramt nicht befugt ist, über seine private Kenntnis von Tatsachen, welche für die Entscheidung wesentlich sind, in der Hauptverhandlung zu bekunden. U 3/12 94, E 26, 272.

40) Vgl. § 41 Nr. 6 ZPO. — Die Ausnahmebestimmung des § 23 kann nicht analog auf andere Fälle angewandt werden. Insbesondere trifft sie nicht zu, wenn das Revisionsgericht die Verhandlung der Sache an ein anderes Gericht verwiesen hat, und an der erneuten Hauptverhandlung ein Richter teilnimmt, der auch bei der aufgehobenen Entscheidung mitgewirkt hat, U 9/6 93, G 41, 139; oder wenn derjenige Richter, welcher einen Strafbefehl erlassen und bei dem auf Einspruch ergangenen schöffengerichtl. Urteil mitgewirkt hat, nach Aufhebung dieses Urteils in der Berufungsinstanz und Zurückverweisung der Sache an der neuen Entscheidung teilnimmt. U 28/6 98, E 31, 225. Auch der in den Abs. 2 und 3 des § 23 vorgeschriebene Ausschluß der betr. Richter von der Urteilsfällung soll sich „kraft Gesetzes“ d. h. ohne Anregung seitens der Parteien und unabhängig von einem etwaigen Verzichte derselben eo ipso vollziehen. Die Außerachtlassung des § 23 Abs. 2 u. 3 begründet deshalb die Revision (§ 377 Nr. 2). U 10/5 80, E 2, 209.

41) Untersuchungsrichter ist nur derjenige Richter, welcher die Voruntersuchung selbständig geführt hat, nicht auch der Richter (Amtsrichter), welcher im Ermittlungsverfahren Untersuchungshandlungen vorgenommen hat, U 30/10 80, R 2, 409. U 16/5 85, R 7, 303, oder der vom Gericht mit Vornahme einzelner — bestimmt bezeichneter oder nach eigenem Plan und Ermessen auszuführender — Beweiserhebungen beauftragte Richter. U 20/10 80, R 2, 361; U 8/1 98, E 30, 400. Vgl. U 10/6 80, R 2, 52. Zur Führung der Voruntersuchung gehört die Vornahme eines wesentlichen Aktes derselben, U 8/5 96, E 28, 358, insbesondere die Aufnahme von Beweisakten durch Vernehmungen des Angekl., der Zeugen und Sachverständigen, durch Augenscheinseinnahme usw.; jedoch ist es nicht erforderlich, daß der Untersuchungsrichter diese Akte selbst vorgenommen hat; es genügt, wenn er die Erhebung der von ihm aufgesuchten Beweismittel durch andere Beamte oder Behörden veranlaßt. U 3/2 91, G 39, 63. Die bloße Ladung von Zeugen und Angekl. ist keine Untersuchungshandlung, welche den betr. Richter, der sie vornimmt, von der Teilnahme an der späteren Hauptverhandl. ausschließt, U 21/3 81, R 3, 155; ebensowenig die Vernehmung des später noch vom Untersuchungsrichter eingehend gehörten Angekl. ausschließlich gemäß § 115 StPO, U 29/2 04, G 51, 193, oder der bloße Beschluß über die Eröffnung der Voruntersuchung und die Fort-

in welchen er die Voruntersuchung geführt hat, nicht Mitglied des erkennenden Gerichts sein, auch nicht bei einer außerhalb der Hauptverhandlung erfolgenden Entscheidung der Strafkammer mitwirken.

An dem Hauptverfahren[42]) vor der Strafkammer[43]) dürfen mehr als zwei von denjenigen Richtern, welche bei der Entscheidung über die Eröffnung des Hauptverfahrens[44])

---

dauer der Untersuchungshaft, U 3/12 83, E 9, 285, oder den Schluß der Voruntersuchung. U 15/1 91, E 21, 285. Dagegen ist der stellvertretende Untersuchungsrichter, welcher eine eingeleitete und nur zum Teil durchgeführte Untersuchung beendigt hat, von der Teilnahme an der Aburteilung des Angekl. ausgeschlossen. U 6/12 88, E 18, 269. Die Mitwirkung des Untersuchungsrichters bei dem Eröffnungsbeschluß kann die Revision nur dann begründen, wenn das Endurteil auf dieser Verletzung des § 23 Abs. 2 beruht (§ 375 StPO). U 24/6 80, R 2, 104. U 29/1 84, E 10, 56.

42) Das Verfahren und die Entscheidung über die Ablehnung eines Richters gehört nicht zum Hauptverfahren. U 22/1 86, E 13, 302. U 8/1 98, G 46, 113.

43) Die analoge Ausdehnung auf das schwurgerichtliche Verfahren ist ausgeschlossen. U 29/1 84, R 6, 64. U 11/6 83, R 5, 423.

44) Unter der Entscheidung über die Eröffnung des Hauptverfahrens ist nicht nur der Beschluß des Gerichts, durch welchen das Hauptverfahren wirklich eröffnet wird, sondern auch der Beschluß zu verstehen, welcher den Angesch. außer Verfolgung setzt oder das Verfahren vorläufig einstellt. Die Vorschrift des § 23 Abs. 3 findet ferner auch dann Anwendung, wenn der Beschluß des Landgerichts, durch welchen der Angesch. außer Verfolgung gesetzt wurde, vom Oberlandesgericht aufgehoben und der Angesch. zur Aburteilung an das Landgericht verwiesen worden ist. U 10/5 80, E 2, 209. Dagegen ist diese Vorschrift nicht auf diejenigen Entscheidungen anzuwenden, durch welche vor Eröffnung des Hauptverfahrens zur besseren Aufklärung der Sache eine Voruntersuchung oder die Vornahme einzelner Beweiserhebungen angeordnet wird, U 11/6 85, R 7, 370. U 1/12 80, E 3, 81; desgl. nicht auf die Entscheidung über die Verhaftung, U 7/10 90, G 38, 426, oder auf den Beschluß über die Anschlußerklärung des Nebenklägers, U 16/2 83, E 8, 82, und auch nicht auf den Fall, wenn diejenigen Richter, welche bei Erlaß des Beschlusses über die Wiederaufnahme des Verfahrens mitgewirkt haben, an der erneuten Hauptverhandlung teilnehmen. U 23/9 81, E 4, 426.

Im übrigen hat § 23 Abs. 3 zunächst nur den Fall im Auge, daß der Angesch. durch einen Beschluß der ihm zur Last gelegten Straftat für hinreichend verdächtig erachtet wird. Wenn die Eröffnung des Hauptverfahrens wegen mehrerer verschiedener Straftaten durch mehrere

mitgewirkt haben, und namentlich der Richter, welcher Bericht über den Antrag der Staatsanwaltschaft erstattet hatte, nicht teilnehmen.

§ 24.[45]) Ein Richter kann sowohl in den Fällen, in denen er von der Ausübung des Richteramts kraft Gesetzes ausgeschlossen ist, als auch wegen Besorgnis der Befangenheit abgelehnt werden.[46])

Wegen Besorgnis der Befangenheit findet die Ablehnung statt, wenn ein Grund vorliegt, welcher geeignet ist, Mißtrauen gegen die Unparteilichkeit eines Richters zu rechtfertigen.[47])

Das Ablehnungsrecht steht der Staatsanwaltschaft, dem

---

verschiedene Beschlüsse erfolgt ist (§ 236), so kann das Gericht in der Zusammensetzung, in welcher es in jeder einzelnen Sache zu verhandeln und zu erkennen befugt gewesen wäre, auch in den verbundenen Sachen verhandeln und erkennen. U 16/2 83, E 8, 82. U 25/5 97, G 45, 271.

45) Ablehnungsgesuche i. S. § 24 sind auf Richter und Schöffen beschränkt; für die Ablehnung von Geschworenen steht der durch §§ 282—285 bezeichnete Weg offen. U 1/11 88, E 18, 238.

46) Die Geltendmachung des Ablehnungsrechts unterliegt dem Belieben und dem Verzichte der im Abs. 3 aufgeführten Prozeßbeteiligten bzw. dem eigenen Ermessen der betr. Gerichtsperson (§ 30); die Nichtgeltendmachung gilt deshalb als wirksamer Verzicht, der zum Zwecke der Anfechtung der demnächst ergangenen Entscheidung durch ein Rechtsmittel nicht widerrufen werden kann. U 26/8 85, R 7, 501.

47) Die allgemeine politische Parteistellung eines Richters kann die Besorgnis der Befangenheit nicht begründen, wenn nicht konkrete Umstände vorhanden sind, auf Grund deren befürchtet werden könnte, daß diese Parteistellung auf die Unparteilichkeit des Richters gerade dem einzelnen Angekl. gegenüber nachteilig einwirken könne. U 30/11 82, E 7, 340. Ebensowenig bildet die Teilnahme eines Richters an dem Beschlusse, durch welchen die demnächst auf Beschwerde eröffnete Untersuchung abgelehnt war, einen Ablehnungsgrund. U 6/6 82, R 4, 527. Darüber, inwieweit die Mitwirkung eines Mitgliedes des Oberlandesgerichts als Berichterstatter bei einer Entscheidung, durch welche gemäß §§ 170 ff. die Erhebung der öffentl. Klage angeordnet wurde, als Ablehnungsgrund gegen denselben Richter in seiner Eigenschaft als Mitglied des erkennenden Gerichts verwertet werden kann, s. U 20/6 89, E 19, 332. Die Erklärung eines Richters, welcher bei einem in der Revisionsinstanz aufgehobenen Urteil mitgewirkt hat, daß er bei dem zu erwartenden gleichen tatsächlichen Ergebnisse der neuen Hauptverhandlung ebenso wie früher erkennen werde, kann ein Ablehnungsgesuch wegen Besorgnis der Befangenheit nicht begründen. U 10/2 82, E 5, 437.

Privatkläger[48]) und dem Beschuldigten zu. Den zur Ablehnung Berechtigten sind auf Verlangen die zur Mitwirkung bei der Entscheidung berufenen Gerichtspersonen namhaft zu machen.[49])

§ **25.** Die Ablehnung eines Richters wegen Besorgnis der Befangenheit ist in der Hauptverhandlung erster Instanz nur bis zur Verlesung des Beschlusses über die Eröffnung des Hauptverfahrens,[50]) in der Hauptverhandlung über die Berufung und die Revision nur bis zum Beginne der Berichterstattung[51]) zulässig.[52])

§ **26.**[53]) Das Ablehnungsgesuch ist bei dem Gerichte, welchem der Richter angehört, anzubringen;[54]) es kann vor dem Gerichtsschreiber zu Protokoll erklärt werden.[55])

---

48) und auch dem Nebenkläger. Vgl. § 437 Abs. 1.

49) Nichtbeachtung dieser Vorschrift führt nicht zur Aufhebung des Urteils, da dem Angekl. die Beschwerde nach §§ 346, 347 zusteht und derselbe auch beim Beginn der Hauptverhandlung sein Gesuch wiederholen und Aussetzung des Termins beantragen kann. U 18/9 96, E 29, 62.

50) Wegen des Zeitpunktes der Verlesung s. § 242 Abs. 2 und wegen desjenigen der Ablehnung U 30/1 11, E 44, 312. Nach erfolgter Verlesung ist die Ablehnung auch dann unzulässig, wenn der Ablehnungsgrund erst nach diesem Zeitpunkt eingetreten ist, U 14/5 86, R 8, 356, oder der Angekl. erst nachher von dem ihm zur Seite stehenden Ablehnungsgrunde Kenntnis erlangt hat. U 6/4 03, DR 7, 242. Die Prozeßbeteiligten, welche in einer früheren Hauptverhandlung ein Ablehnungsgesuch nicht vorgebracht hatten, sind hierdurch nicht behindert, in einer späteren Hauptverhandlung gegen früher nicht abgelehnte Richter von ihrem Ablehnungsrechte Gebrauch zu machen. U 20/6 89, E 19, 332.

51) Wegen des Zeitpunkts der Berichterstattung s. §§ 365, 391.

52) Die in der Hauptverhandlung erfolgte bloße Wiederholung eines bereits vor der Hauptverhandlung gegen erkennende Richter angebrachten, aber in einer zurzeit unanfechtbaren Weise als unbegründet verworfenen Ablehnungsgesuches enthält keine formell statthafte Stellung eines anderweiten Ablehnungsantrages, auf welchen das Gericht unter Einhaltung des im § 27 vorgeschriebenen Verfahrens eine anderweite materielle Entscheidung erteilen müßte. U 3/11 84, E 11, 224. Wenn aber vor der Entscheidung über ein in der Hauptverhandlung angebrachtes Ablehnungsgesuch eine Vertagung der Hauptverhandlung eintritt, so bedarf es bei der neuen Hauptverhandlung einer Erneuerung des Gesuches nicht, das letztere muß vielmehr auch ohne weiteren Antrag berücksichtigt werden. U 5/4 92, G 40, 43.

53) Vgl. § 44 ZPO.

54) Hieraus ergibt sich, daß das zunächst höhere Gericht im Falle des

Der Ablehnungsgrund ist glaubhaft zu machen; der Eid ist als Mittel der Glaubhaftmachung ausgeschlossen. Zur Glaubhaftmachung kann auf das Zeugnis des abgelehnten Richters Bezug genommen werden.[56])

Der abgelehnte Richter hat sich über den Ablehnungsgrund dienstlich zu äußern.

§ 27. Über das Ablehnungsgesuch entscheidet das Gericht, welchem der Abgelehnte angehört;[57]) wenn dasselbe durch Ausscheiden des abgelehnten Mitglieds beschlußunfähig wird, das zunächst obere Gericht.[58])

§ 27 Abs. 1 die erst bei ihm geltend gemachten Ablehnungsgründe nicht in Betracht zu ziehen hat. U 17/10 81, E 5, 134. Das bei Beginn der Hauptverhandlung angebrachte Ablehnungsgesuch wird zum Protokoll über die Hauptverhandlung erklärt und muß danach als bei dem Gerichte, dem der Richter angehört, angebracht gelten. U 22/1 86, R 8, 89.

55) In dem Ablehnungsgesuch muß der betr. Richter namhaft gemacht werden. U 27/1 88, R 10, 86.

56) Welche Mittel sonst zur Glaubhaftmachung dienen sollen, ist in der StPO nicht vorgeschrieben. Vgl. jedoch Mot. S. 26: „Sind die dem Ablehnungsgesuch zugrunde gelegten Tatsachen nicht gerichtskundig, so soll es dem verständigen Ermessen des Gerichts überlassen sein, ob dieselben für wahr zu halten oder nicht. Eine förmliche Beweisaufnahme über den Zwischenpunkt muß, weil die Hauptsache verzögernd, wenn möglich vermieden werden, und es ist deshalb dem Gericht die Wahl der Mittel überlassen, durch die es sich von dem Bestehen oder Nichtbestehen der behaupteten Tatsachen Kenntnis verschaffen will." Insbesondere ist die Benutzung privatschriftl. Erklärungen oder etwa hinzugefügter eidesstattl. Versicherungen eines Zeugen zulässig. U 29/10 95, E 28, 8.

57) Über Ablehnungsgesuche, welche an die Strafkammer außerhalb der Hauptverhandlung gelangen, kann dieselbe ohne mündliche Verhandlung gemäß § 77 GVG in der Besetzung von drei Richtern entscheiden, U 28/9 91, E 22, 135. Bei Ablehnungen von richterl. Mitgliedern des Schwurgerichts entscheidet während der Sitzungsperiode das Schwurgericht selbst, vertreten durch seine richterl. Mitglieder, und außerhalb der Sitzungsperiode das Schwurgericht, vertreten durch die Strafkammer. U 20/6 89, E 19, 332. Wegen Entscheidung über Ablehnungsgesuche gegen Mitglieder der bei einem Amtsgericht gebildeten Strafkammer s. U 22/2 08, E 41, 117.

58) Wegen der Grundlagen für die Entscheidung des oberen Gerichts s. Anm. 54 zu § 26. — Eine mündliche Verhandlung ist für die nach § 27 zu treffende Entscheidung nicht vorgeschrieben; namentlich folgt aus § 26 Abs. 1 nicht, daß der für die Entscheidung neu eintretende Richter bei der Anbringung und Begründung des Gesuchs zugegen

Wird ein Untersuchungsrichter oder ein Amtsrichter abgelehnt, so entscheidet das Landgericht. Einer Entscheidung bedarf es nicht, wenn der Abgelehnte das Ablehnungsgesuch für begründet hält.[59])

§ 28.[60]) Gegen den Beschluß, durch welchen das Ablehnungsgesuch für begründet erklärt wird, findet kein Rechtsmittel, gegen den Beschluß, durch welchen das Gesuch für unbegründet erklärt wird, findet sofortige Beschwerde statt.[61])

Der Beschluß, durch welchen ein gegen einen erkennenden Richter[62]) angebrachtes Ablehnungsgesuch für unbegründet erklärt wird,[63]) kann nicht für sich allein, sondern nur mit dem Urteil angefochten werden.[64])

---

sein, bzw. daß das Gesuch und seine Begründung nach seinem Eintritt wiederholt werden muß. U 22/1 86, R 8, 89. — Durch § 27 Abs. 1 Satz 2 ist nicht ausgeschlossen, daß der Richter ein gegen ihn gerichtetes Ablehnungsgesuch selbst zurückweisen kann, wenn die Nichternstlichkeit der Ablehnung und die ausschließliche Tendenz der Verschleppung außer Zweifel steht. U 8/10 97, E 30, 273. U 11/3 98, G 46, 201. Auch kann über ein durch Beschluß des höheren Gerichts bereits zurückgewiesenes, lediglich wiederholtes Ablehnungsgesuch das niedere Gericht einschließlich des abgelehnten Richters selbständig entscheiden. U 10/12 96, G 44, 385. — Beschlußunfähigkeit liegt erst vor, wenn Ergänzung nach § 66 GVG nicht möglich ist. U 10/2 07, E 40, 436.

59) Auch eine förmliche Entscheidung ist jedoch in diesem Falle nicht ausgeschlossen, wenn gegenüber der Erklärung des Abzulehnenden gegen die Begründetheit des Antrages Bedenken obwalten. Im übrigen bezieht sich die Bestimmung des Schlußsatzes des Abs. 2 nur auf Ablehnungsanträge, welche sich gegen den Untersuchungsrichter oder einen Amtsrichter richten. Wenn die richterliche Besetzung der Strafkammern in Frage steht, so muß stets eine förmliche Entscheidung des Gerichts ergehen. U 10/2 82, E 5, 438. U 7/10 90, G 38, 426.

60) Vgl. § 46 ZPO.

61) Wegen der sofortigen Beschwerde s. § 353.

62) Erkennender Richter ist nur der nach Eröffnung des Hauptverfahrens mit der Sache befaßte Richter. U 27/9 82, E 7, 175.

63) Ob das Ablehnungsgesuch noch vor der Hauptverhandlung, oder ob es erst in derselben angebracht und verworfen worden war, ist gleichgültig. U 27/9 82, E 7, 175.

64) Der Beschluß einer Strafkammer muß also der Form nach mittels der Revision angefochten werden. Durch diese Form wird jedoch die Natur des Rechtsmittels nicht berührt. Dieses bleibt Beschwerde, und das Revisionsgericht hat demgemäß sachlichen Bescheid zu erlassen, ohne an die tatsächlichen Feststellungen gebunden zu sein. U 28/9 91,

§ **29.**[65]) Ein abgelehnter Richter hat vor Erledigung des Ablehnungsgesuchs nur solche Handlungen vorzunehmen, welche keinen Aufschub gestatten.

§ **30.**[66]) Das für die Erledigung eines Ablehnungsgesuchs zuständige Gericht hat auch dann zu entscheiden, wenn ein solches Gesuch nicht angebracht ist, ein Richter aber von einem Verhältnisse Anzeige macht, welches seine Ablehnung rechtfertigen könnte, oder wenn aus anderer Veranlassung Zweifel darüber entstehen, ob ein Richter kraft Gesetzes ausgeschlossen sei.

§ **31.**[67]) Die Bestimmungen dieses Abschnitts finden auf Schöffen und Gerichtsschreiber[68]) entsprechende Anwendung.

Die Entscheidung über eine Ausschließung oder Ablehnung von Schöffen erfolgt durch den Amtsrichter.[69]) Über die Ausschließung oder Ablehnung eines Gerichts-

---

E 22, 135. Vgl. U 20/6 89, E 19, 333. U 30/11 82, E 7, 341. U 22/1 86, E 13, 303. Bei der Prüfung der Beschwerde durch das Revisionsgericht kommen aber stets nur die zur Zeit der Verwerfung des Ablehnungsgesuches rechtzeitig (§ 25) angebrachten Ablehnungsgründe in Betracht. In der Revisionsschrift neu vorgebrachte und unter Beweis gestellte Anführungen bleiben außer Erwägung. U 6/6 82, R 4, 527. Im übrigen werden auch Beschlüsse des Oberlandesgerichts (im Falle des § 27 Abs. 1) von der Bestimmung des § 28 Abs. 2 betroffen. U 16/6 00, E 33, 314.

65) Vgl. § 47 ZPO.

66) Vgl. § 48 ZPO. Eine Anfechtung der nach § 30 getroffenen Entscheidung des Gerichts ist in entsprechender Anwendung des § 28 grundsätzlich ausgeschlossen. U 21/5 97, E 30, 123.

67) Vgl. § 49 ZPO.

68) Diese entsprechende Anwendung auf den Gerichtsschreiber hat, soweit es die Ausschließung anlangt, zur Voraussetzung, daß einer der Gründe der §§ 22 und 23 in den persönlichen oder Dienstverhältnissen oder Amtsverrichtungen des Gerichtsschreibers zutage treten kann. Deshalb findet die Vorschrift des § 23 Abs. 2, welche ausschließlich nur denjenigen richterlichen Beamten betrifft, welcher die Voruntersuchung geführt hat, auf den Gerichtsschreiber keine analoge Anwendung. U 10/12 81, R 3, 789. Inwieweit der Umstand, daß ein gesetzlich ausgeschlossener Gerichtsschreiber das Protokoll der Hauptverhandlung geführt hat, einen Revisionsgrund abgeben kann, s. U 12/11 85, E 13, 76.

69) Wegen der Ersetzung eines ausgeschlossenen oder abgelehnten Schöffen s. § 49 GVG.

schreibers entscheidet das Gericht oder der Richter, welchem derselbe beigegeben ist.

§ 32. Die Bestimmungen des § 22 finden auf Geschworene Anwendung.[70])

### 4. Abschnitt. Gerichtliche Entscheidungen und deren Bekanntmachung.

§ 33. Die Entscheidungen[71]) des Gerichts werden, wenn sie im Laufe einer Hauptverhandlung ergehen, nach Anhörung der Beteiligten,[72]) wenn sie außerhalb einer Hauptverhandlung ergehen, nach erfolgter schriftlicher oder mündlicher Erklärung der Staatsanwaltschaft erlassen.[73])

§ 34.[74]) Die durch ein Rechtsmittel anfechtbaren Entscheidungen sowie diejenigen, durch welche ein Antrag[75]) abgelehnt wird, sind mit Gründen[76]) zu versehen.

---

70) Für die Beurteilung der absoluten Fähigkeit eines Geschworenen zur Mitwirkung bei dem Schwurgericht ist nicht der Zeitpunkt der Aufstellung der verschiedenen Listen, insbesondere der Spruchliste, sondern der Moment seiner Berufung auf die Geschworenenbank behufs tatsächlicher Ausübung seines richterlichen Amtes maßgebend. U 21/9 80, E 2, 241. — Wegen des Verfahrens bei der Ausschließung der Geschworenen s. § 279 und betr. der Ablehnung §§ 282—285.

71) Zu den Entscheidungen i. S. § 33 gehören auch die Beschlüsse des Gerichts über Ausschließung der Öffentlichkeit, U 9/1 80, E 1, 50, sowie die Gerichtsbeschlüsse betr. die Nichtbeeidigung von Zeugen. U 14/1 82, E 6, 3. Auf Verfügungen des Vorsitzenden findet § 33 keine Anwendung. Mot. S. 29.

72) Beteiligte sind die Staatsanwaltschaft, bzw. der Privatkläger oder Nebenkläger und der Angeklagte. Die Nichtanhörung dieser Personen kann jedoch die Revision nicht begründen, wenn ihnen vor Ausführung der Beschlüsse die Möglichkeit gegeben war, ihre etwaigen Einwendungen vorzubringen. U 24/1 82, E 6, 3.

73) Betr. der Beurkundung des Urteils und der sonstigen in der Hauptverhandlung ergehenden Entscheidungen vgl. §§ 271, 273, 275, 301, 307, 312. Für die außerhalb einer Hauptverhandlung ergehenden Entscheidungen (Beschlüsse) des Gerichts bedarf es nicht der Unterschrift aller beschließenden Richter. U 18/2 80, E 1, 210. U 29/4 80, E 1, 402.

74) Die Regel des § 34 ist nicht unterschiedslos auf alle im Laufe der Hauptverhandlung ergehenden Verfügungen oder auf jede von dem Vorsitzenden oder dem Gericht erlassene Anordnung oder Gewährung gestellter Anträge zu beziehen. Prozeßleitende Anordnungen bedürfen vielmehr nur dann einer besonderen Begründung, wenn An-

§ 35. Entscheidungen,[77]) welche in Anwesenheit der davon betroffenen Person ergehen, werden derselben durch Verkündung[78]) bekannt gemacht. Auf Verlangen ist ihr eine Abschrift zu erteilen.[79])

Die Bekanntmachung anderer Entscheidungen erfolgt durch Zustellung.[80])

---

träge abgelehnt werden, oder wenn ein Widerspruch der Prozeßbeteiligten vorliegt, oder wenn es sich um Beweismittel handelt, deren Gebrauch das Gesetz an gewisse Vorbedingungen geknüpft hat. U 15/4 82, R 4, 324.

75) Unter Antrag ist nicht auch die prozessuale Einwendung gegen einen Antrag zu verstehen, sondern nur der Antrag selbst. Das Gericht, welches einem von der Staatsanwaltschaft widersprochenen Antrag auf Beweisaufnahme stattgibt, ist also nicht verpflichtet, die Nichtberücksichtigung dieses Widerspruchs besonders zu begründen. U 13/5 81, R 3, 295.

76) Der Inhalt der Gründe ist besonders vorgeschrieben bei den Beschlüssen über die Eröffnung des Hauptverfahrens (§§ 202, 205) und bei dem Urteil (§§ 266, 316). Im übrigen muß die Begründung stets erkennen lassen, ob der Beschluß, durch welchen ein Antrag abgelehnt wird, auf rechtlichen oder tatsächlichen Erwägungen beruht. U 26/6 80, R 2, 126. U 30/4 81, R 3, 259. Die allgemeine Begründung: „daß das Gericht die Sache für genügend aufgeklärt erachte", oder: „daß der betr. Antrag unerheblich sei" genügt nicht. U 17/4 80, R 1, 613. U 10/2 80, R 1, 332. Spezialentscheidungen s. insbesondere bei § 243.

77) Zu den Entscheidungen i. S. § 35 gehören auch die prozeßleitenden Verfügungen des Vorsitzenden. U 6/4 80, R 1, 543.

78) Betr. der Verkündung des Urteils und der Gründe desselben s. §§ 267, 315, 373, 396. Auch andere Entscheidungen müssen mit ihrer Begründung verkündet werden. U 16/12 79, R 1, 156. U 15/1 80, E 1, 366. S. unten A. 80.

79) Dem Verlangen auf Erteilung einer Abschrift eines in der Hauptverhandlung verkündeten Beschlusses schon während der letzteren braucht nicht entsprochen zu werden. U 26/7 10, E 44, 53.

80) Wegen der Zustellung s. § 37. Die Zustellung des Urteils an den vom Erscheinen in der Hauptverhandlung erster Instanz entbundenen und in derselben nicht erschienenen Angekl. muß an diesen selbst erfolgen; eine Zustellung an den Verteidiger ist ohne rechtliche Wirkung, selbst wenn derselbe zur Empfangnahme der Urteilsausfertigung vom Angekl. ermächtigt war. Beschl 24/9 89, E 19, 390. — Eine Verpflichtung des Gerichts, auch solchen Interessenten, welche formell außerhalb des Strafprozesses stehen, das Urteil zuzustellen, besteht nicht. Nur die zur Hauptverhandlung geladenen oder sonst zu dieser zugelassenen Einziehungsinteressenten werden als Prozeßbeteiligte vom Urteil betroffen und können daraufhin ein Recht auf Zustellung geltend machen.

Dem nicht auf freiem Fuße Befindlichen ist das zugestellte Schriftstück auf Verlangen vorzulesen.[81])

§ 36. Entscheidungen, die einer Zustellung oder Vollstreckung bedürfen, sind der Staatsanwaltschaft zu übergeben, welche das Erforderliche zu veranlassen hat.[82]) Auf Entscheidungen, die lediglich den inneren Dienst der Gerichte oder die Ordnung in den Sitzungen betreffen,[83]) findet diese Bestimmung keine Anwendung.

Der Untersuchungsrichter und der Amtsrichter können Zustellungen aller Art sowie die Vollstreckung von Beschlüssen und Verfügungen unmittelbar veranlassen.

§ 37. Auf das Verfahren bei Zustellungen finden die Vorschriften der Zivilprozeßordnung über Zustellungen entsprechende Anwendung.[84])

§ 38. Die bei dem Strafverfahren beteiligten Personen, denen die Befugnis beigelegt ist, Zeugen und Sachverständige unmittelbar zu laden,[85]) haben mit der Zustellung der Ladung den Gerichtsvollzieher zu beauftragen.

---

U 26/1 85, E 11, 414. Vgl. A. 54 zu § 479. Im übrigen muß stets auch die Begründung der Entscheidung verkündet und zugestellt werden. U 16/12 79, E 1, 34. U 15/4 80, E 1, 366.

81) Dem nicht auf freiem Fuße Befindlichen muß also die nicht in seiner Anwesenheit ergangene Entscheidung ordnungsmäßig zugestellt und auf Verlangen vorgelesen werden. U 6/4 80, E 1, 345.

82) Damit ist jedoch den Strafkammern die Befugnis, Zustellungen unmittelbar, d. h. ohne Vermittlung der StAnw zu veranlassen, nicht entzogen, zumal wenn es sich um eine Beschleunigung zum Zweck der Abkürzung der Haft handelt. Eine im Auftrage der Strafkammer durch einen zur Vornahme von Zustellungen befugten Beamten unmittelbar bewirkte Zustellung ist deshalb ebenfalls wirksam und geeignet, den Lauf gesetzlicher Fristen zu begründen. Beschl 14/4 82, E 6, 179; R 4, 323.

83) Vgl. § 181 GVG (unmittelbare Vollstreckung durch den Vorsitzenden).

84) Die Vorschriften der Zivilprozeßordnung über Zustellungen sind in den §§ 166—213 enthalten.

85) Die unmittelbare Ladung erfolgt ohne Mitwirkung des Gerichts oder der Staatsanwaltschaft. Die Befugnis zu solcher Ladung ist beigelegt: dem Angeschuldigten bzw. Angeklagten in den §§ 193, 219, 426, dem Privatkläger und dem Nebenkläger in den §§ 426, 437 und der Verwaltungsbehörde in den §§ 466, 467.

§ **39.** Für das die öffentliche Klage vorbereitende Verfahren, für die Voruntersuchung und für das Verfahren bei der Strafvollstreckung können durch Anordnung der Landesjustizverwaltung einfachere Formen für den Nachweis der Zustellung zugelassen werden.

§ **40.** Kann eine Zustellung an einen Beschuldigten, welchem eine Ladung zur Hauptverhandlung noch nicht zugestellt war, nicht in der vorgeschriebenen Weise im Deutschen Reich bewirkt werden, und erscheint die Befolgung der für Zustellungen im Auslande bestehenden Vorschriften unausführbar oder voraussichtlich erfolglos, so gilt die Zustellung als erfolgt, wenn der Inhalt des zuzustellenden Schriftstücks durch ein deutsches oder ausländisches Blatt bekannt gemacht worden ist und seit dem Erscheinen dieses Blattes zwei Wochen verflossen sind. Die Auswahl des Blattes steht dem die Zustellung veranlassenden Beamten zu.

War die Ladung zur Hauptverhandlung dem Angeklagten schon vorher zugestellt, so gilt eine weitere Zustellung an denselben, wenn sie nicht in der vorgeschriebenen Weise im Deutschen Reich bewirkt werden kann, als erfolgt, sobald das zuzustellende Schriftstück zwei Wochen an der Gerichtstafel des Gerichts erster Instanz angeheftet gewesen ist. Von Urteilen und Beschlüssen wird nur der entscheidende Teil angeheftet.

§ **41.** Zustellungen an die Staatsanwaltschaft erfolgen durch Vorlegung der Urschrift des zuzustellenden Schriftstücks. Wenn mit der Zustellung der Lauf einer Frist beginnt, so ist der Tag der Vorlegung von der Staatsanwaltschaft auf der Urschrift zu vermerken.

### 5. Abschnitt. Fristen und Wiedereinsetzung in den vorigen Stand.

§ **42.**[86]) Bei der Berechnung einer Frist, welche nach Tagen bestimmt ist, wird der Tag nicht mitgerechnet, auf welchen der Zeitpunkt oder das Ereignis fällt, nach welchem der Anfang der Frist sich richten soll.[87]) [88])

---

86) Vgl. §§ 222 ff. ZPO.

87) Wahrung der Rechtsmittelfrist: § 381 A. 28.

§ 43.[89]) Eine Frist, welche nach Wochen oder Monaten bestimmt ist, endigt mit Ablauf desjenigen Tages der letzten Woche oder des letzten Monats, welcher durch seine Benennung oder Zahl dem Tage entspricht, an welchem die Frist begonnen hat; fehlt dieser Tag in dem letzten Monate, so endigt die Frist mit Ablauf des letzten Tages dieses Monats.

Fällt das Ende einer Frist auf einen Sonntag oder allgemeinen Feiertag,[90]) so endigt die Frist mit Ablauf des nächstfolgenden Werktages.

§ 44.[91]) Gegen die Versäumung einer Frist kann die Wiedereinsetzung in den vorigen Stand beansprucht werden, wenn der Antragsteller durch Naturereignisse oder andere unabwendbare Zufälle an der Einhaltung der Frist verhindert worden ist. Als unabwendbarer Zufall ist es anzusehen, wenn der Antragsteller von einer Zustellung ohne sein Verschulden keine Kenntnis erlangt hat.[92])

---

88) Auch auf die im § 42 gedachten Fristen findet § 43 Abs. 2 Anwendung. Dies folgt aus U 2/6 81, E 4, 240.

89) Vgl. § 222 ZPO.

90) Allgemeine Feiertage sind solche, die für jedermann ohne Unterschied der Konfession ein Ruhen der bürgerlichen Geschäfte und somit auch derjenigen Handlungen bewirken, die zur Wahrung einer Frist notwendig sind. Welchen Tagen diese Bedeutung zukommt, ist nach dem Rechte des Einzelstaates, bzw. des Ortes, wo die Handlung vorzunehmen war, zu beantworten. Beschl 27/6 98, E ?1, 221 (allgem. Feiertage der Pr. Rheinprovinz). Beschl 8/11 00, E 33, 438 (Bayern: Mariä Geburt). Beschl 8/11 00, G 47, 444 (ebenda: Mariä Geburt an Orten mit konfessionell gemischter Bevölkerung). U 2/6 81, E 4, 240 (Bayern: Karfreitag). U 2/11 80, E 2, 398 (Preußen: Epiphaniastag). Beschl 19/1 88, E 17, 56 (Bayern: Allerheiligen und Kgl. Namens- und Geburtstage). Wegen des Karfreitags in Preußen s. Ges v. 2/9 99 (GS S. 161).

91) Vgl. §§ 431, 452, 455, 461. Voraussetzung der Wiedereinsetzung ist lediglich die Versäumung einer Frist; es kann also W. nicht erwirkt werden, wenn zwar an sich die Frist zur Einlegung und Verfolgung eines Rechtsmittels gewahrt, die Frist zur rechtzeitigen Begründung des letzteren aber versäumt ist. Beschl 25/9 93, E 24, 250. Wegen der W. bei Versäumung von Terminen s. §§ 234, 356, 370, 382, 431, 452.

92) Als unabwendbarer Zufall ist ein Ereignis anzusehen, das unter den gegebenen, nach der Besonderheit des Falles zu berücksichtigenden Umständen auch durch die äußerste diesen Umständen angemessene und vernünftigerweise zu erwartende Sorgfalt weder abzu-

§ 45. Das Gesuch um Wiedereinsetzung in den vorigen Stand muß binnen einer Woche nach Beseitigung des Hindernisses bei demjenigen Gerichte, bei welchem die Frist wahrzunehmen gewesen wäre, unter Angabe und Glaubhaftmachung[93]) der Versäumungsgründe angebracht werden.

Mit dem Gesuch ist zugleich die versäumte Handlung selbst nachzuholen.

§ 46. Über das Gesuch entscheidet dasjenige Gericht, welches bei rechtzeitig erfolgter Handlung zur Entscheidung in der Sache selbst berufen gewesen wäre.[94])

---

wehren noch in seinen schädlichen Folgen zu vermeiden ist. Beschl VerZivSen 22/5 01, EZ 48, 409. Beschl 9/4 07, E 40, 118. Hierunter fällt es, wenn ein Verhafteter, der rechtzeitig seine Vorführung behufs Protokollierung der Revisionsanträge verlangt hat, hierzu erst nach Ablauf der Rechtsmittelfrist vorgeführt und vernommen wurde. U 2/1 80, R 1, 179. Beschl 11/1 98, G 46, 113. Desgl. wenn ein die Revisionsanmeldung enthaltender Brief, falls er durch die gewöhnliche Briefbestellung an das Gericht gelangt sein würde, rechtzeitig bei dem letzteren eingegangen wäre, dies aber durch die Einrichtung des Abholens der Postsachen verhindert ist. Beschl 28/9 80, E 2, 271. Beschl 14/2 98, E 31, 19.

Dagegen ist als unabwendbarer Zufall nicht anerkannt: der Umstand, daß der Gerichtsschreiber eine Revisionsanzeige des Angekl. nicht ohne weiteres in ein besonderes Protokoll aufgenommen, Beschl 2/11 93, E 24, 355, oder die Protokollierung überhaupt verweigert hat. Beschl 9/8 97, G 45, 365; desgl. der Irrtum des Angekl. über die bei dem Gericht für den Geschäftsbetrieb bestehenden Einrichtungen, Beschl 5/2 84, E 10, 74 (Einhändigung der schriftlichen Revisionsanträge an den Kastellan des Gerichts. Niederlegung ders. auf den Tisch des Gerichtsschreibers); desgl. die Behinderung des Verteidigers an Einsicht der Gerichtsakten, U 25/9 93, E 24, 250; desgl. das Versehen des Rechtsanwalts, sich nicht rechtzeitig mit der gehörigen Legitimation zur Anmeldung eines Rechtsmittels versehen zu haben, Beschl 28/4 80, R 1, 689; sowie überhaupt ein Verschulden des Verteidigers an dem verspäteten Eingang der Revisionsanträge, Beschl 5/2 84, E 10, 74; Beschl 1/7 86, R 8, 508; es sei denn, daß die Versäumung der Frist lediglich auf ein von dem Verteidiger nicht zu vertretendes Verschulden seines Geschäftspersonals zurückzuführen ist. Beschl 4/2 02, E 35, 109. Auch der Umstand endlich, daß das Urteil dem Angekl. persönlich zugestellt ist, trotzdem er einen Verteidiger zur Empfangnahme der Urteilsausfertigung ermächtigt und die Zustellung an diesen speziell beantragt hatte, kann als unabwendbarer Zufall nicht angesehen werden. Beschl 8/1 84, R 6, 32. Vgl. Beschl 10/3 82, E 6, 93 u. 13/3 06, DR 10, 454.

93) Wegen der Glaubhaftmachung s. oben A. 56 zu § 26.

Die dem Gesuche stattgebende Entscheidung unterliegt keiner Anfechtung.

Gegen die das Gesuch verwerfende Entscheidung findet sofortige Beschwerde statt.

**§ 47.** Durch das Gesuch um Wiedereinsetzung in den vorigen Stand wird die Vollstreckung einer gerichtlichen Entscheidung nicht gehemmt.

Das Gericht kann jedoch einen Aufschub der Vollstreckung anordnen.

### 6. Abschnitt. Zeugen.*)

**§ 48.** Die Ladung der Zeugen geschieht unter Hinweis auf die gesetzlichen Folgen des Ausbleibens.[95])

Die Ladung einer dem aktiven Heere oder der aktiven

---

94) Über die Wiedereinsetzungsgesuche bei verspätet eingelegter Revision entscheidet also das Revisionsgericht. Beschl 12/11 86, R 8, 704. Vgl. Beschl 24/9 07, E 40, 272 (Rechtskraft des von einem unzuständigen Gericht erlassenen Beschlusses).

*) Abgesehen von der im § 53 enthaltenen beschränkten Ausnahme ist nach der StPO niemand unfähig, als Zeuge vernommen zu werden. Nur die allgemeine Eidesfähigkeit ist im § 56 beschränkt. Auch die Ehefrau oder der Sohn des Beschuldigten können deshalb als Zeugen vernommen werden; ihre Vernehmung darf nicht deshalb, weil sie verdächtig seien, abgelehnt werden. U 17/11 80, R 2, 523. U 30/11 80, R 2, 588. Nur der Angeklagte kann in derselben Sache nicht zugleich als Zeuge vernommen werden, und zwar auch nicht gegen einen Mitangeklagten, selbst wenn seine Vernehmung Tatsachen betreffen soll, in Ansehung deren eine Beschuldigung gegen ihn selbst nicht erhoben ist. U 9/5 82, E 6, 279. Wohl aber kann ein Mitbeschuldigter, gegen welchen das Hauptverfahren noch nicht eröffnet ist, in dem Hauptverfahren gegen einen anderen Mitbeschuldigten als Zeuge vernommen werden. U 11/8 83, R 5, 528. U 27/6 93, G 41, 147. Wegen Vernehmung des in der Hauptverhandlung fungierenden Staatsanwalts als Zeugen s. U 11/12 96, E 29, 236.

Taubstumme, welche des Lesens und Schreibens sowie der Zeichensprache des Dolmetschers unkundig sind und deshalb nicht vernommen und nicht beeidigt werden können, sind zwar keine Zeugen im technischen Sinne, ihre mimische Darstellung der von ihnen wahrgenommenen Vorgänge kann jedoch neben anderen Beweisgründen dem Urteil zugrunde gelegt werden. U 15/10, 00, E 33, 403.

Vernehmung von „Auskunftspersonen" kennt die StPO nicht. U 1/3 09, E 42, 219.

Marine angehörenden Person des Soldatenstandes[96]) als Zeugen erfolgt durch Ersuchen der Militärbehörde.[97])

§ 49.[98]) Der Reichskanzler, die Minister eines Bundesstaates, die Mitglieder der Senate der freien Hansestädte, die Vorstände der obersten Reichsbehörden und die Vorstände der Ministerien sind an ihrem Amtssitze[99]) oder, wenn sie sich außerhalb desselben aufhalten, an ihrem Aufenthaltsorte zu vernehmen.

---

95) Die gesetzlichen Folgen des Ausbleibens s. im § 50. Vgl. auch §§ 377, 378 ZPO.

96) Vgl. Ges betr. die Verpflichtung zum Kriegsdienst v. 9/11 67 (BGBl S. 131); RMilGes v. 2/5 74 (RGBl S. 45) und Anl. zum MilStGB v. 20/6 72 (RGBl S. 204).

97) Unter der „Militärbehörde“ ist zu verstehen:

a) für die Armee: 1. in Ansehung derjenigen Offiziere und im Offizierrange stehenden Militärärzte, welche im Verbande eines Regiments oder selbständigen Bataillons usw. stehen, der Kommandeur dieses Regiments bzw. selbständigen Bataillons usw.; 2. in Ansehung aller übrigen Offiziere und im Offizierrange stehenden Militärärzte der zunächst vorgesetzte Militärbefehlshaber, bzw. wenn sie einem solchen nicht unterstellt sind, das Kriegsministerium; 3. in Ansehung der Unteroffiziere, der im Unteroffizierrange stehenden Militärärzte und der Gemeinen der Chef der zunächst vorgesetzten Kommandobehörde (Chef der Kompagnie, Eskadron, Batterie usw.) (vgl. § 172 ZPO);

b) für die Kaiserliche Marine: 1. in Ansehung derjenigen Offiziere und im Offizierrange stehenden Personen des Soldatenstandes (Mitglieder des Sanitäts-Offizierkorps, des Maschinen- und Torpeder-Ingenieurkorps), welche im Verbande einer Division, der Schiffsjungenabteilung oder des Seebataillons stehen, oder welche zur Besatzung eines in Dienst gestellten Schiffes oder Fahrzeuges gehören, der Kommandeur des betreffenden Marineteils resp. der Kommandant des betreffenden Schiffes oder Fahrzeuges; 2. in Ansehung aller übrigen Offiziere und im Offizierrange stehenden Personen des Soldatenstandes der zunächst vorgesetzte Befehlshaber; 3. in Ansehung der Unteroffiziere (einschließlich der Deckoffiziere), der im Unteroffizierrange stehenden Militärärzte und Gemeinen der Befehlshaber der zunächst vorgesetzten Marinebehörde (Abteilung, Kompagnie, Schiff oder Fahrzeug, Vorstand der technischen Behörde usw.). Zentralbl. f. d. D. R. 1880 Nr. 26.

98) Vgl. § 382 ZPO. Die Bestimmungen des § 49 gelten für alle Vernehmungen ohne Unterschied der Prozeßlage. Die kommissarische Vernehmung und somit die Verlesung des Vernehmungsprotokolls soll die Vernehmung im Hauptverfahren ersetzen. Die Verlesung ist also nicht dadurch bedingt, daß zuvor die im Abs. 3 gedachte Genehmigung nachgesucht und verweigert ist. U 24/11 94, E 26, 253.

Die Mitglieder des Bundesrats sind während ihres Aufenthalts am Sitze des Bundesrats an diesem Sitze, und die Mitglieder einer deutschen gesetzgebenden Versammlung während der Sitzungsperiode[99a]) und ihres Aufenthalts am Orte der Versammlung an diesem Orte zu vernehmen.

Zu einer Abweichung von den vorstehenden Bestimmungen bedarf es:

in betreff des Reichskanzlers der Genehmigung des Kaisers,

in betreff der Minister und der Mitglieder des Bundesrats der Genehmigung des Landesherrn,

in betreff der Mitglieder der Senate der freien Hansestädte der Genehmigung des Senats,

in betreff der übrigen vorbezeichneten Beamten der Genehmigung ihres unmittelbaren Vorgesetzten,

in betreff der Mitglieder einer gesetzgebenden Versammlung der Genehmigung der letzteren.

§ **50.**[100]) Ein ordnungsmäßig geladener Zeuge, welcher nicht erscheint,[1]) ist in die durch das Ausbleiben verursachten Kosten, sowie zu einer Geldstrafe bis zu dreihundert Mark, und für den Fall, daß diese nicht beigetrieben werden kann, zur Strafe der Haft bis zu sechs Wochen zu verurteilen. Auch ist die zwangsweise Vorführung des Zeugen zulässig. Im Falle wiederholten Ausbleibens kann die Strafe noch einmal erkannt werden.

Die Verurteilung in Strafe und Kosten unterbleibt, wenn das Ausbleiben des Zeugen genügend entschuldigt ist. Erfolgt nachträglich genügende Entschuldigung, so werden die gegen den Zeugen getroffenen Anordnungen wieder aufgehoben.[2])

Die Befugnis zu diesen Maßregeln steht auch[3]) dem

99) Amtssitz d. h. dienstlicher Wohnsitz.

99a) Unter dem Ausdruck „Sitzungsperiode" ist die Zeit der ruhenden Tätigkeit des Landtages während seiner Vertagung nicht mitverstanden. U 24/11 94, E 26, 253.

100) Vgl. §§ 380, 381 ZPO.

1) oder sich ohne Erlaubnis vom Orte der Vernehmung (Gerichtsstelle) entfernt. Vgl. § 247.

2) Wegen des Vorschützens unwahrer Tatsachen als Entschuldigung s. § 138 StGB.

Untersuchungsrichter, dem Amtsrichter im Vorverfahren, sowie dem beauftragten und ersuchten Richter zu.[4])

Die Festsetzung und die Vollstreckung der Strafe gegen eine dem aktiven Heere oder der aktiven Marine angehörende Militärperson erfolgt auf Ersuchen durch das Militärgericht, die Vorführung einer solchen Person durch Ersuchen der Militärbehörde.[5])

---

3) „auch" d. h. außer den beschließenden und erkennenden Schöffen-, Land- und Schwurgerichten. U 22/11 83, E 9, 434.

4) Dagegen ist der Staatsanwaltschaft oder den Polizeibehörden die Befugnis zu diesen Maßregeln gegen Zeugen, welche auf ihrerseits ergangene Ladung vor ihnen nicht erscheinen, nicht gegeben. U 22/11 83, E 9, 434. Vgl. jedoch A. 9 zu § 159.

5) Unter „Militärbehörde" ist hier zu verstehen:

a) für die Armee: 1. in betreff derjenigen Offiziere, im Offizierrange stehenden Militärärzte und oberen Militärbeamten, welche im Verbande eines Regiments oder selbständigen Bataillons usw. stehen, der Kommandeur dieses Regiments, bzw. selbständigen Bataillons usw.; 2. in betreff aller übrigen Offiziere, im Offizierrange stehenden Militärärzte und oberen Militärbeamten — von letzteren die unter 3 aufgeführten ausgenommen — sowie hinsichtlich der sämtlichen unteren Militärbeamten der zunächst vorgesetzte Militärbefehlshaber (bei den militärärztlichen Bildungsanstalten der Direktor), bezüglich jedoch derjenigen Offiziere, welche einem Militärbefehlshaber nicht unterstellt sind, das Kriegsministerium; 3. in betreff derjenigen oberen Militärbeamten, welche nur den ihnen vorgesetzten höheren Beamten bzw. Verwaltungsbehörden untergeordnet sind, der zunächst vorgesetzte höhere Beamte, bzw. die zunächst vorgesetzte Verwaltungsbehörde; 4. in betreff der Unteroffiziere, der im Unteroffizierrange stehenden Militärärzte und der Gemeinen der Chef der zunächst vorgesetzten Kommandobehörde (vgl. § 172 ZPO);

b) für die Kaiserliche Marine: 1. in betreff derjenigen Offiziere, im Offizierrange stehenden Personen des Soldatenstandes und Militärbeamten, welche im Verbande einer Division, der Schiffsjungenabteilung oder des Seebataillons stehen, oder welche zur Besatzung eines in Dienst gestellten Schiffes oder Fahrzeuges gehören, der Kommandeur des betr. Marineteils bzw. der Kommandant des betr. Schiffes oder Fahrzeuges; 2. in betreff aller übrigen Offiziere, im Offizierrange stehenden Personen des Soldatenstandes und Militärbeamten — von letzteren die unter 3 aufgeführten ausgenommen — der zunächst vorgesetzte Befehlshaber [bei den militärischen Bildunganstalten der Direktor, bei den Werften der Oberwerftdirektor]; 3. in betreff derjenigen Militärbeamten, welche nur den ihnen vorgesetzten höheren Beamten, bzw. Verwaltungsbehörden untergeordnet sind, wie zu a, 3;

§ 51.[6]) Zur Verweigerung des Zeugnisses sind berechtigt:

1. der Verlobte[7]) des Beschuldigten;[8])

---

4. in betreff der Unteroffiziere, der im Unteroffizierrange stehenden Militärärzte und Gemeinen der Befehlshaber der zunächst vorgesetzten Marinebehörde (Abteilung, Schiff usw.). Zentralbl. f. d. D. R. 1880 Nr. 26.

Die Festsetzung der Strafe erfolgt nach § 19 EinfGes z. MilStGO durch den „Gerichtsherrn" (MilStGO § 13).

6) Vgl. § 383 Nr. 1—3 ZPO. — Die StPO hat die Berechtigung zur Verweigerung des Zeugnisses in den §§ 51, 52 erschöpfend behandelt. Es bestehen daher nur die von ihr selbst vorgesehenen Ausnahmen von der allgemeinen, jedermann obliegenden Zeugnispflicht. Insbesondere hat auch der Wähler trotz der Geheimheit der Wahl kein Recht, die Namhaftmachung des von ihm Gewählten als Zeuge vor Gericht zu verweigern. Ebensowenig kann der Absender oder Adressat eines Briefes aus dem gesetzlichen Schutz des Briefgeheimnisses ein Recht herleiten, als Zeuge Auskunft über den Inhalt des Briefes zu verweigern. U 7/7 84, R 6, 517. — Wegen der Beeidigung der im § 51 gedachten Personen s. § 57.

7) Die Entscheidung darüber, ob ein Ablehnungsrecht auf Grund eines Verlöbnisses gegeben ist, gebührt dem Gericht. Die Notwendigkeit einer solchen Entscheidung wird jedoch erst dann eintreten, wenn entweder sie ausdrücklich verlangt wird oder die Zweifelhaftigkeit des Falles sie erheischt (bloßes Liebesverhältnis). U 10/7 80, R 2, 182. Im übrigen ist der Ausdruck Verlobte nicht in dem juristisch technischen Sinne zu verstehen, daß darunter nur diejenigen Personen fallen, welche ein nach den geltenden landesgesetzlichen Zivilrechtsnormen gültiges Verlöbnis geschlossen haben, sondern es werden damit diejenigen Personen bezeichnet, welche sich gegenseitig ein ernstlich gemeintes Eheversprechen gegeben haben. U 28/1 84, E 10, 117; R 6, 50. U 14/2 87, R 9, 130. U 30/12 01, E 35, 49. Das Ehehindernis des Ehebruchs (§ 1312 BGB) schließt ein Verlöbnis selbst bei schon erfolgter Ablehnung eines Befreiungsgesuchs nicht aus. U 7/12 07, E 40, 420. U 1/5 09, G 56, 318. Ein Verlöbnis i. S. § 51 Nr. 1 kann jedoch als bestehend nicht anerkannt werden, wenn einer der Beteiligten noch verheiratet ist, selbst wenn eine Heirat nach erfolgter Scheidung vereinbart ist. U 22/3 07, DR 11, 588. Auch ein bedingtes Eheversprechen begründet kein Verlöbnis. U 24/4 02, G 49, 266. In allen Fällen muß übrigens das Verlobungsverhältnis zur Zeit der Zeugnisablegung noch bestehen. U 9/5 98, E 31, 142.

8) Als Beschuldigter i. S. § 51 ist je nach der Lage des Verfahrens derjenige anzusehen, gegen den als Verdächtigen das Ermittlungsverfahren schwebt oder derjenige, gegen welchen die öffentl. Klage erhoben oder endlich nur derjenige, gegen den die Eröffnung des Haupt-

2. der Ehegatte des Beschuldigten, auch wenn die Ehe nicht mehr besteht;[9])
3. diejenigen, welche mit dem Beschuldigten[9a]) in gerader Linie verwandt,[10]) verschwägert[11]) oder

verfahrens bereits beschlossen ist. U 23/8 97, G 45, 366. Bei Anwendung des § 51 auf eine Mehrzahl von Beschuldigten kommt es darauf an, daß eine materielle Identität der Straftat und zugleich eine prozessuale Gemeinsamkeit der Anschuldigung im weiteren Sinne in irgendeinem Prozeßstadium vorliegt. Ist beides der Fall, dann ist es für die fortdauernde Eigenschaft als Mitbeschuldigte gleichgültig, ob derselbe Prozeß sie gleichzeitig und gleichmäßig umfaßt, ob die einen von ihnen in einem früheren, die anderen in einem späteren Prozeßstadium zur Aburteilung gelangen und ob die einen Beschuldigten schon rechtskräftig verurteilt sind, während gegen die anderen erst am Schlusse verhandelt wird. U 29/5 95, E 27, 270. U 2/3 99, E 32, 72. U 6/7 00, E 33, 350. Vgl. U 24/10 80, E 3, 161. U 11/10 83, R 5, 599. U 12/2 80, E 1, 207. U 29/12 83, R 5, 809. U 24/6 87, E 16, 154. U 24/1 88, R 10, 59. U 8/7 02, G 49, 281. U 9/5 05, DR 9, 318. U 6/11 05, DR 9, 653.

9) Der Ehegatte des Beschuldigten ist zur Zeugnisverweigerung schlechthin, nicht nur betr. gewisser Gegenstände (§ 52), berechtigt. U 30/11 80, R 2, 588. Die im § 51 Abs. 2 vorgeschriebene Rechtsbelehrung muß auch stattfinden, wenn die Ehefrau des Angekl., mit welcher er in Bigamie lebt, als Zeugin vernommen werden soll. U 28/6 88, E 18, 42. Vgl. U 21/2 08, E 41, 113. Gleichgültig ist es auch, ob die Ehe für nichtig erklärt ist. U 12/2 07, DR 11, 323, G 54, 294.

9a) Die Verwandtschaft muß mit dem Beschuldigten bestehen. Der Umstand, daß ein Zeuge wegen Verdachts der Teilnahme unbeeidigt bleibt, berechtigt dessen Angehörige in der gleichen Untersuchung noch nicht zur Verweigerung des Zeugnisses, solange nicht das eingeleitete Strafverfahren den betr. Verwandten mitumfaßt und gegen ihn, wenn auch nur während eines Teiles des Verfahrens, mitgerichtet ist. U 10/11 02, DR 6, 619.

10) Auf den Begriff der Verwandtschaft übt die Ehelichkeit oder Unehelichkeit der Geburt keinen Einfluß aus. U 17/4 85, E 12, 143. U 17/9 85, R 7, 512.

11) Als Schwägerschaftsverhältnis ist nur das zwischen einem Ehegatten und den Blutsverwandten des anderen Ehegatten, nicht aber das zwischen einem Ehegatten und dem Ehegatten des Blutsverwandten des anderen Ehegatten (Ehemänner zweier Schwestern) bestehende Verhältnis anzusehen. U 13/12 86, E 15, 78. U 6/2 03, DR 7, 162. Das Verhältnis der Schwägerschaft erlischt nicht durch Endigung der dasselbe begründenden Ehe (Tod des betr. Ehegatten). U 1/12 81, E 5, 200. U 7/4 80, R 1, 548. Auch durch Doppelehe wird Schwägerschaft begründet, U 21/2 08, E 41, 113; desgl., wenn die Verwandtschaft

durch Adoption verbunden,[11a]) oder in der Seitenlinie[12]) bis zum dritten Grade verwandt oder bis zum zweiten Grade verschwägert sind,' auch wenn die Ehe, durch welche die Schwägerschaft begründet ist, nicht mehr besteht.[13])

Die bezeichneten Personen[14]) sind vor jeder Vernehmung[15]) über ihr Recht zur Verweigerung des Zeugnisses zu belehren.[16]) Sie können den Verzicht auf dieses Recht[17]) auch während der Vernehmung widerrufen.[18])

---

des Zeugen zu dem Ehegatten des Beschuldigten auf unehelicher Geburt beruht. U 8/6 86, E 14, 187.

11a) Die Adoption begründet das Zeugnisverweigerungsrecht nur dann, wenn sie in gerader Linie vorliegt. Das Verhältnis des einen Ehegatten zu dem Adoptivkinde des anderen fällt nicht unter § 51 Nr. 3 und ist auch kein Verschwägertsein. U 4/5 97, E 30, 75. U 9/4 07, G 54, 305.

12) Der Ausdruck Seitenlinie umfaßt alle diejenigen Blutsgenossen, also Verwandte, welche nicht zur auf- oder absteigenden Linie gehören. Auch in Ansehung der Seitenlinien kann die uneheliche Geburt einen Unterschied nicht herbeiführen. U 17/4 85, E 12, 143.

13) Bei den im § 51 bezeichneten nahen Blutsverwandten des Angekl. bleibt das Recht der Zeugnisverweigerung auch noch nach dessen Tode fortbestehen. U 6/7 00, E 33, 350. Der Umstand, daß das Gericht der falschen Angabe eines Zeugen, er sei mit dem Beschuldigten in einer Weise verwandt, daß er nach § 51 Nr. 3 zur Zeugnisverweigerung berechtigt wäre, Glauben geschenkt hat, kann, wenn der Beschuldigte eine Einwendung nicht erhoben hat, die Revision nicht begründen. U 2/7 80, R 2, 156.

14) Nur die im § 51 bezeichneten, als Zeugen zu vernehmenden Personen, nicht auch die nach § 54 zur Verweigerung einer Auskunft berechtigten Zeugen müssen über das Recht der Zeugnisverweigerung belehrt werden. U 31/5 81, R 3, 350. Auch auf die Beschuldigten und Mitangeklagten bezieht sich die Vorschrift des § 51 Abs. 2 nicht. U 4/5 97, G 45, 290.

15) Die Vorschrift des § 51 bezieht sich nicht auf polizeiliche, sondern nur auf gerichtliche Vernehmungen. U 28/6 86, R 8, 502. U 8/12 96, G 44, 379. U 8/4 02, DR 6, 245. Hier muß die Belehrung aber vor jeder Vernehmung und insbesondere auch dann, wenn sie bereits in der Voruntersuchung stattgefunden hatte, trotz eines damals erklärten Verzichtes auf das Recht der Zeugnisverweigerung nochmals bei der Hauptverhandlung erfolgen. U 5/7 80, E 2, 192. Ob die Belehrung vor oder nach der Stellung der Personal- und Generalfragen erfolgt, ist belanglos, U 25/9 88, R 10, 516, wenn sie nur mindestens vor der

Vernehmung zur Sache erfolgt. U 19/1 92, G 39, 419. Erfolgt sie erst während der Vernehmung zur Sache, so ist es empfehlenswert, die Vernehmung ganz von neuem vorzunehmen. U 16/4 94, E 25, 262. Jedenfalls ist es nicht erforderlich, daß die Belehrung unmittelbar vor der Vernehmung des Zeugen geschieht, U 12/2 83, R 5, 99, so daß z. B. eine am ersten Tage einer mehrtägigen Verhandlung erfolgte Belehrung eines Zeugen sich auch auf die Vernehmung an einem folgenden Verhandlungstage erstreckt, es sei denn, daß der Zeuge nach seiner ersten Vernehmung förmlich entlassen und später zu nochmaliger Vernehmung wieder geladen wird. U 17/9 85, R 7, 512.

16) Das Erfordernis der Belehrung erstreckt sich auch auf diejenigen Personen, welche nach § 56 uneidlich zu vernehmen sind, namentlich also auch auf diejenigen, welche zur Zeit der Vernehmung das 16. Lebensjahr noch nicht vollendet haben. U 7/9 80, E 2, 228 u. U 17/9 85, R 7, 512. Wenn diese letztgedachten Personen über ihr Recht belehrt sind und nicht erklärt haben, von dem Rechte Gebrauch machen zu wollen, so müssen sie auch vernommen werden. Die Annahme des Gerichts, daß sie noch zu unentwickelt seien, um ein Verständnis über ihre Berechtigung zu haben, kann die Abstandnahme von der Vernehmung nicht rechtfertigen. U 14/7 81, E 4, 398. Der Umstand, daß das Gericht von dem Verwandtschaftsverhältnisse keine Kenntnis hatte, kann nicht in Betracht kommen, weil § 51 die Pflicht zur Belehrung nur von dem Bestehen eines der dort bezeichneten Verhältnisse abhängig macht, und das Gesetz selbst im § 67 den Weg zur Erforschung dieser Verhältnisse weist. U 2/6 85, R 7, 346.

Die erfolgte Belehrung muß durch das Protokoll beurkundet werden. U 20/9 80, R 2, 217. U 19/4 83, R 5, 266.

Die Unterlassung der Belehrung kann die Revision nur dann begründen, wenn das Urteil auf derselben beruht. U 5/7 80, E 2, 192. U 20/9 80, R 2, 217. U 2/12 02, DJZ 8, 62. Ob letzteres der Fall, ist in jeder einzelnen Sache nach den besonderen Umständen zu prüfen. U 7/9 80, E 2, 229. Vgl. U 2/6 85, R 7, 346, U 4/1 84, E 9, 385 und insbesondere U 3/10 87, E 16, 214, wo ausgeführt wird, daß die Pflicht des Richters zur Belehrung überhaupt auf den Fall beschränkt sei, daß eine besondere Veranlassung zu derselben für ihn vorlag, daß ihm also namentlich die verwandtschaftlichen Beziehungen des zu vernehmenden Zeugen zu dem Beschuldigten bekannt waren oder ihm nach den Akten bekannt sein mußten. Eine besondere formelle Belehrung kann insbesondere unterbleiben, wenn die zur Zeugnisverweigerung berechtigte Person aus freiem Antriebe die Erklärung abgegeben hat, daß sie von ihrem Zeugnisverweigerungsrechte Gebrauch machen oder hierauf verzichten wolle. U 3/4 02, DR 6, 329. U 1/10 03, DR 7, 532. Vgl. U 19/1 97, E 29, 351 (Unterlassung der Belehrung, wenn sich das Zeugnisverweigerungsrecht erst nach Beginn der Vernehmung ergibt). Andererseits kann die Revision wirksam darauf gegründet werden, daß ein zur Hauptverhandlung vorgeladener und erschienener Zeuge, der auf Grund von ihm gemachter unrichtiger Angaben über sein Recht zur Zeugnis-

§ 52.[19]) Zur Verweigerung des Zeugnisses[20]) sind ferner berechtigt:

1. Geistliche in Ansehung desjenigen, was ihnen bei Ausübung der Seelsorge anvertraut ist;[20a])
2. Verteidiger des Beschuldigten in Ansehung desjenigen, was ihnen in dieser ihrer Eigenschaft anvertraut ist;[21])
3. Rechtsanwälte und Ärzte[22]) in Ansehung desjenigen, was ihnen bei Ausübung ihres Berufs anvertraut ist.

Die unter Nr. 2, 3 bezeichneten Personen dürfen das Zeugnis nicht verweigern, wenn sie von der Verpflichtung zur Verschwiegenheit entbunden sind.

---

verweigerung vom Richter irrigerweise belehrt wurde, das Zeugnis verweigert hat und unvernommen geblieben ist. U 8/15. Mai 99, E 32, 157.

Jedenfalls ist aber die Aussage eines über sein Zeugnisverweigerungsrecht nicht belehrten Zeugen ein unstatthaftes Beweismittel; das Protokoll, welches diese Aussage enthält, darf also auch in der Hauptverhandlung nicht verlesen werden, und ebensowenig dürfen über den Inhalt dieser Aussage die beteiligten Gerichtspersonen (Urkundspersonen) vernommen werden. U 5/2 83, E 8, 122. U 19/4 83, R 5, 266.

17) Eines ausdrücklichen Verzichtes auf das Zeugnisverweigerungrecht bedarf es nicht; es reicht mithin aus, wenn aus dem Hergange selbst erhellt, daß der Zeuge sein Recht nicht gebrauchen wolle, wenn er sich also trotz erfolgter Belehrung zur Sache ausläßt. U 28/1 81, E 3, 325.

18) Der Schlußsatz des § 51 bedeutet nur, daß der Zeuge mit seiner Bereitwilligkeit zur Vernehmung sein Recht zur Verweigerung des Zeugnisses nicht verliert, letzteres vielmehr noch zu jeder Zeit vor Beendigung der Vernehmung geltend machen darf. U 14/7 81, E 4, 398.

Andererseits kann ein Zeuge, welcher vom Rechte der Verweigerung des Zeugnisses Gebrauch machen zu wollen erklärt hat, doch noch vernommen werden, wenn er hinterher Verzicht auf dieses Recht leistet. U 7/5 80, E 2, 53. U 17/3 u. 2/5 84, R 6, 210 u. 337.

19) Vgl. § 383 Nr. 4, 5 ZPO.

20) Das Recht der Zeugnisverweigerung enthebt die im § 51 bezeichneten Personen nicht von der Verpflichtung, als Objekt eines Augenscheins zu dienen und sich einer körperlichen Untersuchung zu unterwerfen. U 8/7 89, E 19, 364.

20a) Vgl. U 26/6 08, G 55, 325 (nicht nur auf Mitteilungen des Beichtkindes beschränkt).

21) Hieraus folgt, daß der Verteidiger — wenigstens soweit es sich nicht um eine notwendige Verteidigung handelt — grundsätzlich als Zeuge vernommen werden kann. U 20/10 91, G 39, 312.

§ 53.[23]) Öffentliche Beamte, auch wenn sie nicht mehr im Dienste sind, dürfen über Umstände, auf welche sich ihre Pflicht zur Amtsverschwiegenheit bezieht, als Zeugen nur mit Genehmigung ihrer vorgesetzten Dienstbehörde oder der ihnen zuletzt vorgesetzt gewesenen Dienstbehörde vernommen werden. Für den Reichskanzler bedarf es der Genehmigung des Kaisers, für die Minister der Genehmigung des Landesherrn, für die Mitglieder der Senate der freien Hansestädte der Genehmigung des Senats.

Die Genehmigung darf nur versagt werden, wenn die Ablegung des Zeugnisses dem Wohle des Reichs oder eines Bundesstaates Nachteil bereiten würde.[24])

---

22) Die Vernehmung eines behandelnden Arztes ist von vorgängiger Entbindung desselben von der Verpflichtung zur Amtsverschwiegenheit seitens des Patienten nicht abhängig; es ist vielmehr der Diskretion des Arztes im einzelnen Fall anheimgestellt, ob er dem Richter die gewünschte Aufklärung geben zu dürfen glaubt oder nicht. U 8/7 89, E 19, 364. Er darf sie verweigern nicht nur über das ihm bei Ausübung seines Berufs von Person zu Person Anvertraute, sondern auch über andere dabei infolge seiner Zuziehung als Arzt gemachte Wahrnehmungen. U 8/10 09, G 57, 207.

23) Vgl. § 376 ZPO. Wegen der Reichsbeamten s. §§ 11, 12 Reichsbeamtenges v. 31/3 73 (RGBl S. 61).

24) Ob die Umstände solche sind, auf welche sich die Pflicht zur Amtsverschwiegenheit bezieht, und ob und in welchem Umfange die Voraussetzungen der Versagung der Genehmigung i. S. § 53 gegeben sind, muß zunächst der Beamte selbst ermessen und im Zweifelsfalle die vorgesetzte Dienstbehörde entscheiden. Der Ausspruch der letzteren ist in dieser Beziehung für den Richter maßgebend. Die Versagung der Genehmigung kann auf bestimmte Umstände beschränkt werden, deren Bekanntgabe nach Ansicht der vorgesetzten Dienstbehörde das Wohl des Reiches oder eines Bundesstaates gefährden würde. Ob die Beantwortung einer einzelnen Frage unter den von der vorgesetzten Behörde gemachten Vorbehalt falle, ist Sache tatsächlicher Würdigung, welche sich, insofern nicht ein in der Mitte liegender Rechtsirrtum erkennbar ist, der Nachprüfung des Revisionsgerichts entzieht. U 18/9 82, E 7, 74. Vgl. den Spezialfall im U 13/12 86, E 15, 85 (Eröffnungen des vorgesetzten Ministers an einen Beamten über dessen durch Königl. Befehl angeordnete Versetzung).

Eine Belehrung oder auch nur ein Hinweis des Beamten auf seine Pflicht zur Amtsverschwiegenheit ist nicht vorgeschrieben, aber auch nicht verboten. U 30/11 85, E 13, 154. Vor der Beschlußfassung über eine an den Beamten als Zeugen zu stellende, vom Gericht für erheblich

§ **54.**[25]) Jeder Zeuge kann die Auskunft auf solche Fragen verweigern, deren Beantwortung ihm selbst oder einem der im § 51 Nr. 1—3 bezeichneten Angehörigen die Gefahr strafgerichtlicher Verfolgung zuziehen würde.[26])

§ **55.**[27]) Die Tatsache, auf welche der Zeuge die Verweigerung des Zeugnisses in den Fällen der §§ 51, 52, 54

---

erachtete Frage muß jedenfalls zunächst aufgeklärt werden, ob sich der Zeuge überhaupt auf das Dienstgeheimnis berufen will und bejahendenfalls, ob ihm nicht seine vorgesetzte Dienstbehörde ihre Genehmigung zur Beantwortung der streitigen Frage erteilt. U 11/4 01, G 48, 296. Vgl. U 5/5 01, G 49, 269 (Zulässigkeit einer Beschwerde des Angekl. zur Herbeiführung einer Abänderung des Bescheides seiner Dienstbehörde). Vernehmung eines Beamten ohne die im § 53 vorgesehene Genehmigung ist kein Revisionsgrund, U 18/2 87, R 9, 142; ebensowenig die Verletzung des § 53 Abs. 2 seitens der Dienstbehörde (Angabe eines unstatthaften Grundes für die Versagung). U 3/2 11, E 44, 291.

25) Vgl. § 384 ZPO.

26) Die Auskunftsverweigerung kann sich event. auch über den Umfang einzelner Fragen hinaus auf das ganze Zeugnis beziehen. Hierüber, sowie über das Vorhandensein einer Gefahr strafgerichtlicher Verfolgung entscheidet das Ermessen des Gerichts. U 9/10 80, R 2, 305. U 24/4 91, G 39, 214. Im übrigen darf das Recht, gemäß § 54 die Auskunft zu verweigern, nicht durch Verschweigung einzelner Tatumstände, sondern nur durch ausdrückliche Verweigerung der Auskunft ausgeübt werden. Der Richter hat alsdann nicht nur die Befugnis, über Grund oder Ungrund der Verweigerung zu beschließen, sondern auch Veranlassung, die Glaubwürdigkeit des Zeugen und das Gewicht der Aussage gegenüber jener Verweigerung speziell in Betracht zu ziehen. U 21/5 83, R 5, 372. Vgl. U 12/2 81, R 3, 42. Über die Wirkung nachträglicher Verweigerung seitens eines bereits vernommenen Zeugen s. U 5/7 10, E 44, 44. — Eine Belehrung des Zeugen über sein Auskunftverweigerungsrecht ist nicht erforderlich. U 28/2 84, E 10, 154. U 10/10 84, R 6, 617. U 21/3 95, G. 43, 52. Eine etwaige falsche Belehrung begründet die Revision nur, wenn sie dahin geht, daß ein Verweigerungsrecht bestehe. U 12/1 06, E 38, 320. U 25/6 09, DR 13, 2761. Im übrigen konstituiert § 54 nur ein Recht des Zeugen, von dem derselbe nach seinem Ermessen Gebrauch machen kann oder nicht. Das Gericht darf die im § 54 gedachten Fragen nicht schon wegen der Möglichkeit, daß der Zeuge die Auskunft verweigern könnte, von vornherein abschneiden, und darf deshalb z. B. eine solche vom Verteidiger an den Zeugen gerichtete Frage durch Gerichtsbeschluß nicht zurückweisen, ohne den Zeugen darüber zu hören, ob er die Frage beantworten will. U 17/1 84, E 9, 426.

27) Vgl. § 386 ZPO.

stützt, ist auf Verlangen[28]) glaubhaft zu machen. Es genügt die eidliche Versicherung des Zeugen.[29])

§ 56. Unbeeidigt sind zu vernehmen:[30])

1. Personen, welche zur Zeit der Vernehmung das

---

28) Auf Verlangen d. h. also nur nach dem Ermessen des Gerichts. U 9/10 80, R 2, 305.

29) Der Umstand, daß das Gericht der falschen Angabe (Versicherung) eines Zeugen, er sei auf Grund der §§ 51, 52, 54 zur Zeugnisverweigerung berechtigt, Glauben geschenkt und demgemäß verfahren hat, kann, wenn der Beschuldigte, keine Einwendung erhoben hat, nicht zum Gegenstand der Revision gemacht werden. U 2/7 80, R 2, 156.

30) Vgl. § 393 ZPO. Die Entscheidung über die Nichtbeeidigung liegt zunächst in der Hand des Vorsitzenden; ein Gerichtsbeschluß wird erst dann erforderlich, wenn die von ihm getroffene Anordnung von einem der Beteiligten oder aus der Mitte des Gerichts beanstandet wird. U 28/10 87, R 9, 536. U 4/7 89, E 19, 354. Der Grund der unterlassenen Beeidigung muß in der Hauptverhandlung angegeben werden. U 22/6 06, DR 10, 947. — Grundsätzlich muß wenigstens im Hauptverfahren jeder Zeuge beeidigt werden, insofern nicht nach den §§ 56, 57 ein gesetzlicher Grund vorliegt, aus dem der Zeuge unbeeidigt bleiben muß oder unbeeidigt bleiben darf. U 27/2 85, R 7, 148. Die Beeidigung muß unabhängig von einem Antrag der Prozeßbeteiligten erfolgen; auch ein Verzicht der letzteren auf die Beeidigung kann die Unterlassung derselben nicht rechtfertigen. U 25/2 80, R 1, 398. Insbesondere darf die Beeidigung auch nicht aus dem Grunde unterbleiben, weil dem Zeugen auch ohne die Beeidigung unbedingt Glauben zu schenken sei. U 16/2 80, R 1, 359. Desgl. nicht, weil das Gericht das Nachsprechen der Eidesformel oder das Ablesen der niedergeschriebenen Eidesformel nicht ermöglichen zu können annimmt, da in solchem Falle ein Dolmetscher zugezogen werden muß. U 27/2 85, R 7, 148. Das erkennende Gericht muß deshab bei Nichtbeeidigung eines Zeugen dieselbe stets in der Hauptverhandlung ausdrücklich beschließen und durch Angabe eines dem Gesetz entsprechenden Grundes rechtfertigen. Nachträgliche Anführung dieses Grundes in den Urteilsgründen genügt nicht. U 10/11 80, R 2, 489. U 21/4 93, E 24, 130. U 22/6 06, DR 10, 947. Ein bloßer Hinweis auf § 56 ist der Regel nach keine ausreichende Begründung; es muß vielmehr aus der Begründung der Nichtbeeidigung zu erkennen sein, daß eine derjenigen tatsächlichen Voraussetzungen angenommen worden ist, unter denen die Beeidigung des Zeugen nicht stattfinden soll. U 18/6 81, E 4, 324. Nur dann kann ausnahmsweise eine allgemeine Bezugnahme auf § 56 genügen, wenn sie keinen Zweifel darüber läßt, aus welchem der dort angeführten Gründe die Beeidigung unterblieben ist, U 11/3 82, R 4, 237; zB. wenn bei Nichtbeeidigung eines Zeugen auf Grund des § 56 Nr. 3 dem Angekl. schon bei Eintritt in die Hauptverhandlung bekannt war,

sechzehnte Lebensjahr noch nicht vollendet[31]) oder wegen mangelnder Verstandesreife oder wegen Verstandesschwäche[32]) von dem Wesen und der Bedeutung des Eides keine genügende Vorstellung haben;[32a])

2. Personen, welche nach den Bestimmungen der Strafgesetze unfähig sind, als Zeugen eidlich vernommen zu werden;[33])

---

daß dieser Zeuge wegen der den Gegenstand der Untersuchung bildenden Tat bereits verurteilt war. U 21/4 93, E 24, 130. — Ein Urteil, welches auf einer Zeugenaussage beruht, die ohne gesetzl. Grund unbeeidigt geblieben ist, unterliegt der Anfechtung durch die Revision, U 21/4 80, R 1, 631, und zwar auch dann, wenn z. B. die Unterlassung der Beeidigung nur die Folge einer irrigen Annahme des Gerichts ist, daß der Zeuge das 16. Lebensjahr noch nicht vollendet habe. U 5/12 89, E 20, 163. Andererseits gibt die Beeidigung eines Zeugen, welcher nach § 56 unbeeidigt vernommen werden soll, nur dann einen Revisionsgrund ab, wenn das Urteil ausdrücklich auf diese Beeidigung begründet wird. U 16/2 82, R 5, 122. U 11/4 82, E 6, 155. U 6/2 85, R 7, 89. (Das Urteil muß das Vorhandensein des gesetzlichen Mangels und das Bewußtsein des Gerichts von diesem Mangel konstatieren und auch ersehen lassen, daß die Aussage des Zeugen nur als eine unbeeidete für den Beweis hat verwendet werden sollen und verwendet worden ist).

31) Die Eidesmündigkeit tritt mit dem Beginn des 17. Geburtstages ein. U 25/5 91, E 22, 29.

32) Der Mangel einer genügenden Vorstellung von dem Wesen und der Bedeutung des Eides muß auf mangelnder Verstandesreife oder auf Verstandesschwäche beruhen. Ob der eine oder der andere dieser Gründe vorliegt, muß in dem die Nichtbeeidigung anordnenden Beschlusse zum Ausdruck gebracht werden. Eine Ausdehnung auf andere Gründe ist unstatthaft. U 13/7 03, G 50, 398. Insbesondere genügt bloße Gedächtnisschwäche nicht, um die Nichtbeeidigung zu rechtfertigen. U 5/11 90, E 20, 60; desgl. nicht Trunkenheit. U 10/6 01, E 34, 283. Geisteskranke können als Zeugen vernommen und auch beeidigt werden, sofern sie eine genügende Vorstellung von dem Wesen und der Bedeutung des Eides besitzen. Die Bestimmung des § 250 Abs. 1 steht dem nicht entgegen. U 9/10 00, E 33, 393.

32a) Die Entscheidung über die Eidesfähigkeit liegt dem Richter ob, welcher zur Vernehmung des Zeugen berufen ist, im Falle der kommissarischen Vernehmung also dem ersuchten Richter. U 25/7 94, E 26, 97.

33) Da die im § 161 StGB vorgesehene Nebenstrafe der Ausschließung vom Zeugeneide nicht von selbst, sondern nur dann eintritt, wenn sie ausdrücklich durch Erkenntnis ausgesprochen ist, so ge-

3. Personen, welche hinsichtlich der den Gegenstand der Untersuchung[34]) bildenden Tat[35]) als Teilnehmer,[36])[37]) Begünstiger[37a]) oder Hehler[38]) verdächtig[39]) oder bereits verurteilt sind.

---

hören nur diejenigen zu den im § 56 Nr. 2 bezeichneten Personen, denen die Fähigkeit, als Zeuge eidlich vernommen zu werden, ausdrücklich abgesprochen ist. U 24/1 80, R 1, 269. — Personen, welche unter der Herrschaft des PrALR II, 20 § 1405 wegen Meineides verurteilt sind, können gegenwärtig als Zeugen eidlich vernommen werden, U 25/6 81, E 4, 335; nicht aber die unter der Herrschaft des PrStGB v. 14/4 51 wegen Meineides zu Zuchthausstrafe Verurteilten. U 28/10 87, R 9, 536. U 10/1 07, DR 11, 196. — Wenn die Beeidigung einer der im § 56 Nr. 2 bezeichneten Personen dennoch geschehen ist, namentlich weil der Richter nicht wußte, daß dem Zeugen die Fähigkeit zu beeidigter Aussage fehle, so führt dies zur Aufhebung des Urteils, solange die Möglichkeit besteht, daß das Urteil ein anderes dadurch geworden wäre, daß dem betr. Zeugen bei Nichtbeeidigung ein geringeres Gewicht beigelegt worden wäre. U 24/5 84, R 6, 370.

34) Den Gegenstand der Untersuchung bildet nur diejenige Tat, welche der Eröffnungsbeschluß zur Hauptverhandlung verwiesen und das erkennende Gericht demgemäß abzuurteilen hat. U 24/6 98, E 31, 219. Es kommt hierbei nicht der Deliktsbegriff in Betracht, unter welchen der Eröffnungsbeschluß die dem Angekl. zur Last gelegte Tat subsumiert hatte, sondern diese Tat selbst in der konkreten Gestalt, wie sie sich nach dem Ergebnisse der Verhandlung darstellte. U 15/3 86, R 8, 171.

35) Der Begriff der Tat ist wie der des Teilnehmens im weitesten Sinne zu verstehen, U 15/6 03, E 36, 310; er umfaßt die dem Angekl. zur Last gelegte Rechtsverletzung nach allen tatsächl. und rechtl. Gesichtspunkten und unabhängig von der Qualifikation, welche ihr im Urteil gegeben wird. U 10/2 88, E 17, 116. U 10/8 96, E 29, 32. Eine Tat kann in mehrere strafrechtliche selbständige Akte zerfallen; diese Einzelhandlungen können aber einen solchen persönlichen oder tatsächlichen Zusammenhang haben, daß der innere Grund der Vorschrift des § 56 Nr. 3 auch auf diese Gesamtheit der tatsächlichen Vorgänge zutrifft. U 31/3 80, R 1, 523. Vgl. U 7/12 82, E 7, 331 (Schlägerei). U 24/6 84, R 6, 466. U 12/2 85, R 7, 98 (mehrere bei einer zusammenhängenden Schlägerei vorgekommene Körperverletzungen). U 9/1 88, E 17, 101 (Kauf und Verkauf von Wahlstimmen). U 20/2 99, E 32, 31 (Aufforderung zur Begehung eines Verbrechens). Vgl. U 30/6 u. 1/7 02, DR 6, 464.

36) Die Teilnahme i. S. § 56 Nr. 3 beschränkt sich nicht auf den Begriff der Teilnahme an einer strafb. Handlung i. S. §§ 47 ff. StGB, erfordert aber immer ein spezielles Verhältnis des Zeugen zu der den Gegenstand der Untersuchung bildenden Tat, vermöge dessen in der Handlung des Zeugen — wenn nicht eine die Schuld des Angekl. ausschließende Alleintäterschaft des Zeugen in Frage steht: U 4/7. Jan. 82, E 5,

362. U 11/3 82, R 4, 237 — eine strafbare Mitwirkung zu der Tat des Angekl. erblickt werden kann. Ob diese Mitwirkung unter denselben strafrechtl. Gesichtspunkt zu stellen ist, als das Reat des Angekl., ist gleichgültig, U 3/1 84, E 9, 370. U 1/12 84, E 11, 300. U 9/7 80, E 2, 217. U 4/10 81, R 3, 589. U 29/10 85, R 7, 627. U 15/4 87, R 9, 234. U 10/5 87, R 9, 312. U 9/6 87, R 9, 367. U 23/9 89, E 19, 391. U 15/5 06, DR 10, 698. U 1/10 06, DR 10, 1277, und auch der Umstand, daß der Zeuge wegen des Vorliegens eines Strafausschließungsgrundes (§ 46 Abs. 1, § 247, § 257 Abs. 2 StGB) der Bestrafung entzogen, oder seine Strafverfolgung wegen Verjährung ausgeschlossen ist, steht der Nichtbeeidigung nicht entgegen. U 11/1 86, R 8, 34. U 15/3 86, E 14, 25. U 9/7 91, E 22, 99. U 13/12 95, E 28, 111. Desgl. ist die Nichtbeeidigung gerechtfertigt, wenn ein Zeuge, der in einem früher gegen ihn selbst anhängigen Strafverfahren von der Anklage der Teilnahme an einer bestimmten Straftat freigesprochen ist, in einem späteren Strafverfahren gegen einen weiteren Teilnehmer als der Teilnahme an der von diesem geübten Straftat verdächtig erscheint. U 11/12 02, DR 7, 47. Dagegen kann von einer strafbaren Mitwirkung nicht die Rede sein, wenn der Tat des Angeklagten selbst durch Feststellung einer Notwehr der strafbare Charakter entzogen ist, U 24/6 98, E 31, 219, oder wenn bei Aufforderung zur Begehung eines Verbrechens (§ 49a StGB) jemand in Kenntnis der Absicht des Auffordernden, jene herbeizuführen, Handlungen mit dem Willen vornimmt, daß die Begehung des Verbrechens nicht stattfindet. U 13/12 10, E 44, 172. Der die Redaktionsgeschäfte leitende Redakteur, der die Aufnahme eines beleidigenden Artikels veranlaßt hat, kann in dem Verfahren gegen den verantwortlichen Redakteur als Zeuge nicht beeidigt werden. U 12/1 05, DR 9, 85. In dem Verfahren gegen den Begünstiger darf der als Zeuge vernommene Haupttäter nicht beeidigt werden. U 22/10 90, G 47, 438. Desgl. nicht der aus § 265 StGB Verurteilte in dem gegen den Eigentümer der versicherten Sache wegen eines behufs Erlangung der Brandentschädigung versuchten Betrugs eingeleiteten Verfahren. U 7/1 11, E 44, 254. Bei Kuppelei ist die verkuppelte Person der Teilnahme an der sie betreffenden Kuppelei nicht verdächtig und kann als Zeuge eidlich vernommen werden. U 21/3 95, G 43, 51. Die Nichtbeeidigung ist jedoch in diesem Fall nicht zu beanstanden. U 11/6 06, DR 10, 870. Im Fall des § 227 StGB ist auch der Gegner Teilnehmer i. S. § 56 Nr. 3. U 18/9 08, G 55, 329. Die Tatsache allein, daß die strafb. Handlungen des Angekl. und des Zeugen gelegentlich desselben äußeren Vorkommnisses begangen wurden, kann die Nichtbeeidigung des Zeugen nicht rechtfertigen. U 10/2 88, E 17, 116. U 23/10 88, R 10, 587. Im übrigen bedarf es einer Klarstellung der speziellen Art der Teilnahme nicht. U 18/6 81, E 4, 324. U 26/6 83, R 5, 468. U 13/1 88, R 10, 36. U 4/7 89, E 19, 354.

37) Die Begriffe der Tat und Teilnahme i. S. § 56 Nr. 3 finden auch da Anwendung, wo die Anklage eine nur aus Fahrlässigkeit begangene Tat betrifft. U 7/5 83, E 8, 299 (fahrl. Gefährdung eines Eisen-

bahntransports). Vgl. U 8/10 86, R 8, 601. U 11/7 87, R 9, 414. U 16/4 86, R 8, 294 (Verleitung zum fahrl. Falscheid). U 29/5 06, DR 10, 814 (Teilnahme am fahrl. Falscheid).

37a) Begünstigung liegt auch in der von einem Zeugen im Vorverfahren zugunsten des Beschuldigten absichtlich unwahr gemachten Aussage. U 13/12 95, E 28, 111. U 21/3 84, R 6, 214. U 19/3 07, DR 11, 588. — Die vor Begehung der Tat erfolgte Zusage der Begünstigung ist für sich allein keine Begünstigung. U 11/8 04, DJZ 10, 1092.

38) Wer die verhehlte Sache durch seine strafb. Handlung erlangt hatte (Haupttäter), ist in betreff des Hehlers Teilnehmer i. S. § 56 Nr. 3 und kann als solcher nicht beeidigt werden. U 4/10 81, R 3, 589. U 17/2 02, DR 6, 157. Teilnehmer und Hehler dürfen ferner auch dann nicht zum eidlichen Zeugnis für und gegeneinander zugelassen werden, wenn sie bereits verurteilt sind. Das Verbot der Beeidigung gilt auch in dem Fall, wenn in der Untersuchung gegen den Hehler der Urheber des Diebstahls als Zeuge vernommen werden soll; die Beeidigung des Diebes und ebenso eines anderen Hehlers ist unstatthaft. U 29/10 85, R 7, 627. U 16/3 09, E 42, 248.

39) Der Verdacht i. S. § 56 Nr. 3 muß auf Tatsachen gestützt sein, welche der Vergangenheit so weit angehören, daß sie vor der Hauptverhandlung existent geworden oder wenigstens außerhalb der in der Hauptverhandlung gemachten Aussage des Zeugen gelegen sind. Es kann deshalb ebensowenig der Verdacht, daß der Zeuge in der Hauptverhandlung durch eine unwahre Aussage sich einer Begünstigung schuldig machen werde, noch auch — bei erfolgter vorläufiger Aussetzung der Beeidigung — der Verdacht, daß der Zeuge durch unwahres Zeugnis, das er zugunsten des Angekl. abgelegt, und um dessen eidliche Bekräftigung es sich handelt, sich der Begünstigung schuldig gemacht habe, die Nichtbeeidigung rechtfertigen. U 3/7 84, E 11, 29. U 21/5 83, E 8, 407. Vgl. U 19/11 83, R 5, 720. U 4/3 02, DR 6, 187. U 25/4 04, DR 8, 288.

Stehen mehrere selbständige strafbare Handlungen zur Anklage, so rechtfertigt der gegen einen Zeugen festgestellte Verdacht der Teilnahme usw. an dem einen Delikt nicht die Nichtbeeidigung wegen eines anderen Delikts, bezüglich dessen kein Verdacht der Teilnahme usw. festgestellt ist. U 12/2 85, R 7, 98. U 24/6 84, E 11, 1; R 6, 466. U 24/6 87, E 16, 154. Ein Mitangeklagter darf jedoch in demselben Verfahren überhaupt und selbst dann nicht als Zeuge bezüglich seines Mitangeklagten vernommen, geschweige denn beeidigt werden, wenn die Untersuchung mehrere selbständige Straffälle betrifft und der Mitangeklagte über einen Straffall Auskunft geben soll, bei welchem er selbst irgendeiner Beteiligung gar nicht beschuldigt oder auch nur verdächtig ist. U 9/5 82, E 6, 279. U 26/4 88, R 10, 343. U 23/10 91, G 39, 315. Wegen Verdachts der Teilnahme an der zur Verhandlung stehenden Tat in der Hauptverhandlung muß auch die Beeidigung von Personen unterbleiben, welche durch Gerichtsbeschluß wegen mangelnden Beweises außer Verfolgung gesetzt sind, U 26/6 83, E 8, 382; wie denn auch an-

§ 57.[40]) Stehen Personen zu dem Beschuldigten[41]) in einem Verhältnisse, welches sie nach § 51 zur Verweigerung des Zeugnisses berechtigt, so hängt es von dem richterlichen Ermessen ab, ob sie unbeeidigt zu vernehmen oder zu beeidigen sind.[42])

---

dererseits die Beeidigung erfolgen kann, trotzdem gegen den Zeugen wegen der betr. Tat die Voruntersuchung eröffnet ist. U 4/7 87, E 16, 210.

In allen Fällen hat das Gericht auf Grund selbständiger Prüfung nach freiem Ermessen darüber zu befinden, ob der im § 56 Nr. 3 bezeichnete Verdacht vorliegt. U 26/6 83, E 8, 382. Zur Begründung eines die Beeidigung ablehnenden Beschlusses genügt nicht der Ausspruch, daß ein Verdacht der Teilnahme nicht ausgeschlossen erscheine; das Gericht muß vielmehr positiv aussprechen, daß die Voraussetzung der gesetzl. Ausnahme, also der Verdacht der Teilnahme vorliegt. U 28/3 11, E 44, 380. Vgl. U 18/6 81, E 4, 324. U 12/2 85, R 7, 98. U 24/3 85, E. 12, 122. U 15/3 86, E 14, 19. U 13/1 88, R 10, 36. Die Entscheidung über die Nichtbeeidigung ist grundsätzlich der Anfechtung in der Revisionsinstanz entzogen, es sei denn, daß sie durch Rechtsirrtum beeinflußt ist, z. B. wenn die Handlung des Zeugen unter eine bestimmte strafrechtl. Norm gestellt ist, welche bei richtiger Beurteilung überhaupt keine Anwendung finden kann. U 20/1 87, R 9, 76.

Im übrigen muß ein Zeuge, welcher in der Hauptverhandlung wegen Verdachtes der Teilnahme unbeeidigt geblieben ist, nachträglich beeidigt werden, wenn das Gericht bei der Urteilsberatung auf Grund des weiteren Ergebnisses der Beweisaufnahme diesen Verdacht für wieder beseitigt erachtet. U 16/4 03, DR 7, 269.

40) Vgl. § 393 ZPO.

41) Die Vorschrift des § 57 ist auch dann zu beachten, wenn mehrere Beschuldigte vorhanden sind und der Zeuge nur zu einem derselben in einem Verhältnisse steht, welches zur Verweigerung des Zeugnisses berechtigt. U 24/10 80, E 3, 161. Ob dieser Beschuldigte etwa bereits rechtskräftig verurteilt ist, und es sich jetzt nur noch um einen wegen Teilnahme (Anstiftung usw.) an derselben Tat Angeklagten handelt, ist gleichgültig. U 12/2 80, E 1, 207. Die Aussage des Zeugen bezüglich der Handlungen dieses Besch. nicht zu beeidigen, bezüglich der Handlungen des Mitbeschuldigten aber zu beeidigen, ist nur zulässig, wenn selbständige strafb. Handlungen abzuurteilen sind. U 24/10 05, E 53, 67.

42) Die Beeidigung oder Nichtbeeidigung der im § 57 bezeichneten Personen ist in der Hauptverhandlung zunächst dem Ermessen des Vorsitzenden überlassen. Eines Gerichtsbeschlusses bedarf es nur, wenn die bezügliche Anordnung des Vorsitzenden beanstandet wird. U 15/11 80, R 2, 520. U 18/11 80, E 3, 46. U 20/9 10, E 44,

Dieselben können auch nach der Vernehmung die Beeidigung des Zeugnisses verweigern und sind über dieses Recht zu belehren.[43])

---

65. Vgl. auch A. 30 zu § 56 u. A. 29 zu § 237. Wenn ein solcher Gerichtsbeschluß ergeht, so bedarf er außer der Feststellung, daß die Voraussetzungen des § 51, bzw. des § 57 vorliegen, keiner weiteren Begründung. U 16/2 80, R 1, 358. Der Anhörung der Staatsanwaltschaft oder des Angeklagten über die Beeidigung oder Nichtbeeidigung bedarf es nicht. U 28/5 90, G 38, 194.

Im übrigen wird das richterliche Ermessen, ob im Falle des § 57 ein Zeuge zu beeidigen oder unbeeidigt zu lassen ist, nicht dadurch beschränkt, daß bereits seine Beeidigung in der Voruntersuchung erfolgt ist. U 16/2 80, R 1, 358. Darüber, ob ein zur Verweigerung des Zeugnisses und des Eides berechtigter, kommissarisch vernommener Zeuge zu beeidigen ist, hat grundsätzlich das erkennende Gericht zu entscheiden. Ist aber der Zeuge nach erfolgter Belehrung und Verzicht auf sein Recht durch den ersuchten Richter beeidigt und diese Beeidigung von dem erkennenden Gericht ausdrücklich genehmigt, so erübrigt sich eine nachherige Befragung des Zeugen, ob er nicht seine Beeidigung ablehnen wolle. U 14/2 02, DR 6, 157.

Daß die Beeidigung der im § 57 bezeichneten Personen erst nach stattgehabter Vernehmung geschehen dürfe, ist nicht vorgeschrieben. Es ist vielmehr auch zulässig, Zeugen, von welchen zu vermuten ist, daß bei ihnen Verhältnisse vorliegen, welche sie nach §§ 51, 57 zur Verweigerung des Zeugnisses und dessen Beeidigung berechtigen, promissorisch zu beeidigen, da den Umständen nach die Beeidigung das einzige Mittel ist, das Gericht über das Bestehen einer der Voraussetzungen des § 51 sicher zu informieren. U 20/9 81, E 5, 16. U 18/3 87, E 15, 358. U 25/9 88, R 10, 516.

43) Die Belehrung der im § 57 gedachten Personen muß, wenn die Beeidigung derselben bis nach Abschluß der Vernehmung ausgesetzt worden ist (§ 60), ausdrücklich über das Recht der Eidesverweigerung erfolgen; die bloße Belehrung über das Recht der Zeugnisverweigerung genügt selbst dann nicht, wenn der Zeuge nach erfolgter Vernehmung sich zur Beeidigung seiner Aussage bereit erklärt hat. U 5/10 83, R 5, 576. U 8/6 85, R 7, 357. U 17/12 08, G 56, 89. Nur in denjenigen Fällen, wo ein zur Verweigerung des Zeugnisses berechtigter Zeuge nach promissorischer Beeidigung über das Recht zur Zeugnisverweigerung belehrt worden ist und sich zur Ablegung des Zeugnisses bereite erklärt hat, bedarf es keiner weiteren Belehrung darüber, daß er die Beeidigung verweigern kann. U 18/3 87, E 15, 358. U 25/9 88, R 10, 516. Belehrung über das Eidesverweigerungsrecht ist erforderlich, wenn der Zeuge, welcher aus § 51 Abs. 2 belehrt, sich zur Aussage bereit erklärt hat, vor letzterer beeidet werden soll. U 22/4 09, E 42, 321.

§ 58.[44]) Jeder Zeuge ist einzeln und in Abwesenheit der später abzuhörenden Zeugen zu vernehmen.[45])

Eine Gegenüberstellung mit anderen Zeugen oder mit dem Beschuldigten findet im Vorverfahren nur dann statt, wenn sie ohne Nachteil für die Sache nicht bis zur Hauptverhandlung ausgesetzt bleiben kann.

§ 59.[46]) Vor der Leistung des Eides hat der Richter den Zeugen in angemessener Weise auf die Bedeutung des Eides hinzuweisen.[47])

§ 60.[48]) Jeder Zeuge[49]) ist einzeln und vor seiner Vernehmung[50]) zu beeidigen. Die Beeidigung kann jedoch aus besonderen Gründen,[51]) namentlich wenn Bedenken

---

44) Vgl. § 394 ZPO.

45) Die Bestimmung des § 58 Abs. 1 ist nur eine reglementäre Vorschrift; ihre Nichtbeachtung bildet keinen Revisionsgrund. U 10/12 96, E 44, 386. Auch ein bei anderen Vernehmungen anwesend gewesener Zeuge kann daher vernommen werden; es ist dann lediglich Sache des richterlichen Ermessens, wieweit diesem Zeugen voller Glauben zu schenken oder seine Glaubwürdigkeit für beeinträchtigt zu halten ist. U 15/4 80, E 1, 366. U 7/5 80, E 2, 53. U 13/5 81, R 3, 295. U 23/9 90, E 38, 354. Auf Sachverständige bezieht sich § 58 Abs. 1 nicht, und zwar auch dann nicht, wenn dieselben zugleich als Zeugen erschienen sind. U 8/5 80 E 2, 153. U 25/4 02, DR 6, 300.

46) Vgl. § 480 ZPO.

47) Die Nichtbeobachtung des § 59 kann die Revision nicht begründen, U 8/5 82, E 6, 267; desgl. kann eine Revision nicht darauf gestützt werden, daß der erfolgte Hinweis einem der deutschen Sprache unkundigen Zeugen nicht verdolmetscht ist. U 5/2 03, DR 7, 134.

48) Vgl. § 391 ZPO.

49) Auch der Sachverständige, der Tatsachen bekundet, muß als Zeuge beeidigt werden. U 29/4 80, E 1, 402. S. A. 99 zu § 79.

50) Es muß eine wirkliche Vernehmung des Zeugen stattgefunden haben. Vor der eigentlichen Vernehmung auf Anregung des Vorsitzenden zu dessen allgemeiner Information über die Identität usw. des Zeugen abgegebene Erklärungen des letzteren unterliegen nicht dem Beeidigungszwang. U 24/9 80, E 2, 267. U 26/6 91, E 22, 54.

51) Die Frage, ob besondere Gründe für die Nachbeeidigung vorliegen, unterliegt lediglich dem richterlichen Ermessen; eine Nachprüfung dieser Gründe im Wege der Revision ist unzulässig. U 4/3 81, E 3, 370. Vgl. U 12/9 81, R 3, 495. Im übrigen liegt die Frage als Bestandteil der Beweisaufnahme in der Hauptverhandlung in der Hand des Vorsitzenden. Eines Gerichtsbeschlusses bedarf es nur dann, wenn die Anordnung des Vorsitzenden von einer bei der Verhand-

gegen ihre Zulässigkeit obwalten, bis nach Abschluß der Vernehmung[52]) ausgesetzt werden.[53])

§ 61.[54]) Der vor der Vernehmung zu leistende Eid lautet:

daß Zeuge nach bestem Wissen die reine Wahrheit sagen, nichts verschweigen und nichts hinzusetzen werde;

der nach der Vernehmung zu leistende Eid lautet:

daß Zeuge nach bestem Wissen die reine Wahrheit gesagt, nichts verschwiegen und nichts hinzugesetzt habe.

§ 62.[55]) Der Eid beginnt mit den Worten:

„Ich schwöre bei Gott dem Allmächtigen und Allwissenden“

und schließt mit den Worten:

„So wahr mir Gott helfe.“[56])

§ 63.[57]) Der Eid wird mittels Nachsprechens oder Ablesens der die Eidesnorm enthaltenden Eidesformel geleistet.[58]) Der Schwörende soll bei der Eidesleistung die rechte Hand erheben.

---

lung beteiligten Person als unzulässig beanstandet wird. U 18/11 80, E 3, 46. U 4/3 81, E 3, 370. U 22/1 und 25/10 83, R 5, 640. U 4/7 89, E 19, 354. Vgl. A. 30 zu § 56 und A. 42 zu § 57. Einer besonderen Begründung dieses Beschlusses bedarf es nicht; es genügt die einfache Verweisung auf § 60. U 15/6 80, E 2, 109.

52) Da in jeder Hauptverhandlung die Veranlassung zur Vernehmung eines Zeugen sich wiederholt ergeben kann, so ist die Vernehmung erst dann abgeschlossen, wenn kein Grund zu der Unterstellung mehr vorliegt, daß der Zeuge noch weitere Auskunft zur Sache zu erteilen vermöge. Die Beeidigung des Zeugen kann also unter Umständen erst am Schluß der gesamten Beweisaufnahme erfolgen. U 12/7 80, E 2, 219.

53) Wegen der Beeidigung der Personal- und Generalfragen s. A. 75 zu § 67 und wegen der Beurkundung der erfolgten Beeidigung § 273. Vgl. U 22/5 80, R 1, 814 (Zulässigkeit einer der Vernehmung mehrerer Zeugen vorausgehenden allgemeinen Bemerkung im Protokoll, daß alle Zeugen beeidigt seien). U 15/6 81, E 4, 319 (Protokollvermerk: „daß die Zeugen, nachdem sie vor der Eidesleistung auf die Bedeutung des Eides hingewiesen waren, vernommen worden sind“, genügt nicht zur Beurkundung der erfolgten Beeidigung).

54) Vgl. § 392 ZPO. Vgl. U 24/4 80, R 1, 655. U 27/5 07, DR 11, 844 (Handgelübde an Eidesstatt im Kanton Basel-Stadt als Beeidigung).

55) Vgl. § 481 ZPO.

56) Zusätze, welche weitere Beteuerungen enthalten („durch Jesum Christum usw.“), machen die Eidesleistung nicht unwirksam. U 24/1 84, E 10, 181; R 6, 44.

Stumme, welche schreiben können, leisten den Eid mittels Abschreibens und Unterschreibens der die Eidesnorm enthaltenden Eidesformel.

Stumme, welche nicht schreiben können, leisten den Eid mit Hilfe eines Dolmetschers[59]) durch Zeichen.

§ **64.**[60]) Der Eidesleistung wird gleichgeachtet, wenn ein Mitglied einer Religionsgesellschaft, welcher das Gesetz den Gebrauch gewisser Beteuerungsformeln an Stelle des Eides gestattet, eine Erklärung unter der Beteuerungsformel dieser Religionsgesellschaft abgibt.

§ **65.** Die Beeidigung der Zeugen erfolgt, vorbehaltlich der Bestimmungen des § 222,[61]) in der Hauptverhandlung.

Sie kann schon in der Voruntersuchung erfolgen, wenn voraussichtlich der Zeuge am Erscheinen in der Hauptverhandlung verhindert oder sein Erscheinen wegen großer Entfernung besonders erschwert sein wird,[62]) oder wenn die Beeidigung als Mittel zur Herbeiführung einer wahrheitsgemäßen Aussage erforderlich erscheint.

In dem vorbereitenden Verfahren ist die Beeidigung nur zulässig, wenn Gefahr im Verzug obwaltet, oder wenn die Beeidigung als Mittel zur Herbeiführung einer wahrheitsgemäßen Aussage über eine Tatsache, von der die Erhebung der öffentlichen Klage abhängig ist, erforderlich erscheint.[63])

Erfolgt die Beeidigung im Vorverfahren, so ist der Grund in dem Protokoll anzugeben.[64])

---

57) Vgl. §§ 481, 483 ZPO.

58) Das freie Hersagen des Eides seitens einer Person, welcher die Eidesformel bekannt ist, kann jedoch nicht für ungesetzlich erachtet werden. U 29/7 91, E 22, 106.

59) Wegen des Dolmetschers s. § 188 GVG.

60) Vgl. § 155 Nr. 1 StGB; § 484 ZPO und wegen der Beeidigung von Mennoniten in Bayern: U 27/4 03, E 36, 203, sowie der Mitglieder der bürgerl. religiösen Gemeinde Kronthal in Württemberg: U 27/3 93, E 24, 91. Die Angehörigkeit zu einer der im § 64 erwähnten Religionsgesellschaften ist nach den allgemeinen Bestimmungen der StPO über den Beweis festzustellen. U 27/4 03, E 36, 203.

61) Vgl. auch § 328 Abs. 2 (Verfahren gegen Abwesende).

62) Wegen der großen Entfernung s. A. 94 zu § 222.

63) Die trotzdem erfolgte Beeidigung kann jedoch die Revision nicht begründen. U 24/4 80, R 1, 655.

§ 66.[65]) Wird der Zeuge, nachdem er eidlich vernommen worden ist,[66]) in demselben Vorverfahren[67]) oder in demselben Hauptverfahren[68]) nochmals vernommen,[69])

---

64) Nur der Grund der Beeidigung, nicht auch die tatsächliche Unterlage desselben, ist zu protokollieren. U 29/2 84, E 10, 156.

65) Vgl. § 398 Abs. 3 ZPO.

66) Die Worte: „nachdem er eidlich vernommen ist" sind nicht wörtlich dahin zu verstehen, daß eine vorangegangene sachliche Vernehmung die Voraussetzung ihrer Anwendung ist; das entscheidende Gewicht ist auf die frühere Beeidigung zu legen. U 16/4 83, R 5, 250.

67) Vorverfahren umfaßt das ganze dem Hauptverfahren vorhergehende Verfahren (vorbereitendes Verfahren und Voruntersuchung U 27/7 81, E 4, 437.

68) Hauptverfahren bedeutet hier im Gegensatz zur Hauptverhandlung den ganzen Prozeßabschnitt vom Eröffnungsbeschlusse an bis zum rechtskräftigen Urteil. Zu demselben Hauptverfahren gehört auch das Verfahren in der Berufungsinstanz sowie eine infolge Aufhebung des Urteils wiederholte Hauptverhandlung. U 17/9 80, E 2, 234. U 8/1 84, R 6, 29. U 26/7 02, DR 6, 487. U 14/12 05, DR 10, 195; G 53, 77. U 9/5 04, DR 8, 340 (auch Revisionsinstanz). Nicht aber die auf Grund einer Wiederaufnahme des Verfahrens angeordnete Hauptverhandlung. U 3/1 89, E 18, 417. Ebensowenig liegt „dasselbe Hauptverfahren" i. S. § 66 vor, wenn ein Strafverfahren wegen eines z. B. bestehenden Hindernisses der Strafverfolgung (Auslieferung) durch Urteil für unzulässig erklärt und nach Beseitigung dieses Hindernisses das Strafverfahren wegen der betr. Tat wieder eingeleitet ist, U 28/11 98, G 46, 452, oder wenn verbundene Strafsachen wieder getrennt sind. U 10/3 11, E 44, 352.

Von der Ermächtigung des § 66 kann auch dann Gebrauch gemacht werden, wenn ein nach Eröffnung des Hauptverfahrens kommissarisch und beeidigt vernommener Zeuge nachher in der Hauptverhandlung erscheint und abgehört wird. U 27/7 81, E 4, 437; desgl. wenn ein Zeuge bei seiner ersten kommiss. Vernehmung förmlich beeidigt ist und später in demselben Hauptverfahren, z. B. wegen unterbliebener Benachrichtigung des Angekl., nochmals kommissarisch vernommen wird. U 28/6 81, E 4, 341. Dagegen muß der nach Eröffnung des Hauptverfahrens kommissarisch vernommene Zeuge stets von neuem beeidigt werden. U 24/9 85, E 12, 375. U 22/9 87, R 9, 453.

69) Bei wiederholten Vernehmungen eines promissorisch beeidigten Zeugen in derselben Hauptverhandlung ist die Versicherung des § 66 nicht erforderlich, U 12/5 80, R 1, 756; es sei denn, daß die Vernehmung des Zeugen bereits einmal in erkennbarer Weise (z. B. durch definitive Entlassung oder formelle Neuladung) abgeschlossen war. U 1/3 89, E, 19, 27. U 6/2 03, DR 7, 162. U 26/4 07, DR 11, 716. Ist dagegen der Eid aus besonderen Gründen assertorisch geleistet, und wird nach

so kann der Richter statt der nochmaligen Beeidigung den Zeugen die Richtigkeit seiner Aussage unter Berufung auf den früher geleisteten Eid versichern lassen.[70])

§ **67.**[71]) Die Vernehmung beginnt damit, daß der Zeuge[72]) über Vornamen und Zunamen, Alter, Religionsbekenntnis, Stand oder Gewerbe und Wohnort befragt wird. Erforderlichenfalls[73]) sind dem Zeugen Fragen über solche Umstände, welche seine Glaubwürdigkeit in der vorliegenden Sache betreffen,[74]) insbesondere über seine Beziehungen zu dem Beschuldigten oder dem Verletzten, vorzulegen.[75])

der Eidesleistung der Zeuge abermals befragt, so bezieht sich der Eid auf die nachträgliche Aussage nicht; der Zeuge hat daher die Wahrheit dieser nachträglichen Aussage unter Berufung auf den geleisteten Eid zu versichern. U 25/2 80, R 1, 399. U 25/3 89, E 19, 84.

Der § 66 findet auch Anwendung, wenn ein promissorisch beeidigter Zeuge nach seiner Vernehmung, jedoch bevor er von der Erlaubnis zur Entfernung Gebrauch gemacht hat, unaufgefordert zur Berichtigung seiner Aussage Angaben macht. U 1/6 04, G 51, 396.

70) Die bloße Verweisung des Zeugen auf den bereits geleisteten Eid genügt nicht. U 1/3 89, E 19, 27. Es bedarf vielmehr stets einer die im § 66 gedachte Versicherung enthaltenden Erklärung des Zeugen, einer ausdrücklichen Berufung auf den geleisteten Eid. Eine bestimmte Form ist für dieselbe nicht vorgeschrieben; es ist auch nicht erforderlich, daß sie gerade mit den Worten des § 66 erfolgt. U 8/1 81, R 2, 704. U 16/4 83, R. 5, 250. U 4/1 84, R 6, 34. Gleichgültig ist es ferner, ob die Versicherung in promissorischer oder assertorischer Form erfolgt. Die Norm des früher geleisteten Eides ist in dieser Beziehung nicht entscheidend, da in der Berufung auf den früheren Eid nicht eine Bezugnahme auf die frühere Eidesnorm (§ 61), sondern nur eine Bezugnahme auf die für beide Eidesnormen gleiche Beteuerungsformel (§ 62) enthalten ist. U 28/3 82, E 6, 145. U 8/3 92, G 39, 442.

71) Vgl. § 395 ZPO. Die Bestimmung des § 67 enthält nur eine Ordnungsvorschrift; ihre Nichtbeachtung kann die Revision nicht begründen. U 7/5 07, E 40, 157.

72) Wegen der Vorlegung von Personalfragen an den Dolmetscher s. U 19/3 86, R 8, 203 (A. 32 zu § 193 GVG).

73) D. h. also nur wenn der Richter es für angezeigt erachtet, oder von berechtigter Seite solche Fragen beantragt werden. U 10/12 80, E 3, 100. U 3/10 87, E 16, 214. U 25/9 88, R 10, 516. U 5/2 07, DJZ 12, 772 (Bedeutung des Protokollvermerks „ad gen. nein").

74) Dahin gehören auch Vorbestrafungen. U 5/5 80, E 2, 45. U 10/12 80, E 3, 100. U 9/4 86, R 8, 275.

§ **68.**[76]) Der Zeuge ist zu veranlassen, dasjenige, was ihm von dem Gegenstande seiner Vernehmung bekannt ist, im Zusammenhange anzugeben.[77]) Vor seiner Vernehmung ist dem Zeugen der Gegenstand der Untersuchung und die Person des Beschuldigten, sofern ein solcher vorhanden ist, zu bezeichnen.

Zur Aufklärung und zur Vervollständigung der Aussage sowie zur Erforschung des Grundes, auf welchem die Wissenschaft des Zeugen beruht, sind nötigenfalls weitere Fragen zu stellen.[78])

§ **69.**[79]) Wird das Zeugnis oder die Eidesleistung ohne gesetzlichen Grund verweigert, so ist der Zeuge in die durch die Weigerung verursachten Kosten sowie zu einer Geldstrafe bis zu dreihundert Mark und für den Fall, daß diese nicht beigetrieben werden kann, zur Strafe der Haft bis zu sechs Wochen zu verurteilen.

---

75) Die Stellung und Beantwortung der im § 67 vorgeschriebenen Fragen über die persönlichen Verhältnisse des Zeugen ist im Sitzungsprotokoll zu beurkunden. U 10/12 80, E 3, 100.

Auch die Aussagen des Zeugen auf die ihm vorgelegten Personal- und Generalfragen müssen beeidet werden. Die Vorlegung dieser Fragen wird sich allerdings schon vor der Vereidigung empfehlen, um den Richter zur Prüfung in den Stand zu setzen, ob eine Vereidigung überhaupt zulässig erscheint, oder ob dieselbe bis nach der Vernehmung auszusetzen sei. In allen solchen Fällen muß aber bei promissorischer Beeidigung nach derselben eine wiederholte Vernehmung des Zeugen über die gedachten Fragen erfolgen. U 30/11 80, E 3, 79.

Über die Frage, ob und inwieweit die nicht erfolgte Beeidigung der Personal- oder Generalfragen die Revision begründen kann, s. die Urteile: 27/10 80, R 2, 401; 12/9 81, R 3, 495; 29/1 84, R 6, 64; 7/3 84, R 6, 176; 17/3 84, R 6, 205.

76) Vgl. § 396 ZPO. und §§ 187, 188 GVG. (Zeugen, welche der deutschen Sprache nicht mächtig oder taub oder stumm sind). Die Vorschrift des § 68 ist nur instruktionell. U 17/10 02, G 50, 107.

77) Die Zeugnispflicht umfaßt auch die Abgabe von Urteilen, welche der Zeuge auf Grund seiner Wahrnehmungen sich gebildet hat (Trunkenheit usw.). U 11/6 86, R 8, 459.

78) Die Vorschriften des § 68 sind nur instruktionelle; ihre Nichtbeachtung kann die Revision nicht begründen. U 8/5 82, E 6, 267. U 17/10 02, G 50, 107 (Zulässigkeit der Zuziehung eines Sachverständigen bei der Vernehmung). Wegen der protokoll. Beurkundung der Zeugenaussagen s. §§ 166, 186, 273.

Auch kann[79a]) zur Erzwingung des Zeugnisses die Haft angeordnet werden, jedoch nicht über die Zeit der Beendigung des Verfahrens in der Instanz, auch nicht über die Zeit von sechs Monaten, und bei Übertretungen nicht über die Zeit von sechs Wochen hinaus.

Die Befugnis zu diesen Maßregeln steht auch dem Untersuchungsrichter, dem Amtsrichter im Vorverfahren, sowie dem beauftragten und ersuchten Richter zu.

Sind die Maßregeln erschöpft, so können sie in demselben oder in einem anderen Verfahren, welches dieselbe Tat zum Gegenstande hat, nicht wiederholt werden.[80])

Die Festsetzung und die Vollstreckung der Strafe gegen eine dem aktiven Heere oder der aktiven Marine angehörende Militärperson erfolgt auf Ersuchen durch das Militärgericht.

**§ 70.** Jeder von dem Richter oder der Staatsanwaltschaft geladene Zeuge hat nach Maßgabe der Gebührenordnung Anspruch auf Entschädigung aus der Staatskasse für Zeitversäumnis und, wenn sein Erscheinen eine Reise erforderlich macht, auf Erstattung der Kosten, welche durch die Reise und den Aufenthalt am Orte der Vernehmung verursacht werden.[81])

**§ 71.**[82]) Die Landesherren und die Mitglieder der landesherrlichen Familien sowie die Mitglieder der Fürstlichen Familie Hohenzollern sind in ihrer Wohnung zu vernehmen.

---

79) Vgl. §§ 386—390 ZPO.

79a) Eine gesetzliche Nötigung des Richters, zur Anwendung dieser Zwangsmaßregel überhaupt zu schreiten oder gar sie bis zur Maximalhöhe der Haft zu erschöpfen, besteht nicht. U 19/2 94, E 25, 134. Es kann deshalb auch, wenn das Gericht sich bei der Verweigerung des Zeugnisses oder der Eidesleistung beruhigt, auf die Tatsache, daß von dem Zeugen eine Aussage nicht abgegeben ist oder eine Beeidigung des Zeugen nicht stattgefunden hat, die Revision nicht gegründet werden. U 13/2 03, E 36, 92.

80) Diese Vorschrift ist absolut bindend, U 13/7 92, E 23, 209, auch wenn die festgesetzte Strafe das gesetzliche Höchstmaß von 300 M. nicht erreicht. U 6/3 00, E 53, 177.

81) Vgl. Gebührenordnung für Zeugen und Sachverständige vom 30/6 78 im Anhang II.

82) Vgl. §§ 219 Abs. 2, 375 Abs. 2, 479 Abs. 2, 482 Abs. 3 ZPO; § 4 EinfGes zur StPO u. § 206 MilStGO.

Das gleiche gilt in Ansehung der Mitglieder des vormaligen Hannoverschen Königshauses, des vormaligen Kurhessischen und des vormaligen Herzoglich Nassauischen Fürstenhauses.[82a])

Den Eid leisten dieselben mittels Unterschreibens der die Eidesnorm enthaltenden Eidesformel.

Zur Hauptverhandlung werden sie nicht geladen. Das Protokoll über ihre gerichtliche Vernehmung ist in der Hauptverhandlung zu verlesen.

### 7. Abschnitt. Sachverständige und Augenschein.

§ 72.[83]) Auf Sachverständige finden die Vorschriften des sechsten Abschnitts über Zeugen entsprechende Anwendung, insoweit nicht in den nachfolgenden Paragraphen abweichende Bestimmungen getroffen sind.[84])

§ 73. Die Auswahl der zuzuziehenden Sachverständigen und die Bestimmung ihrer Anzahl erfolgt durch den Richter.[85])

---

82a) Durch RGes v. 25/3 04 auch auf das Herzoglich Holsteinische Fürstenhaus ausgedehnt.

83) Vgl. § 402 ZPO.

84) Insbesondere finden auf Sachverständige auch die §§ 56, 57 Anwendung. U 22/10 95, E 27, 398. Dagegen ist die Bestimmung des § 58 über die Einzelvernehmung der Zeugen auf die Vernehmung von Sachverständigen nicht anwendbar, so daß auch eine gleichzeitige Beeidigung mehrerer Sachverständiger die Revision nicht begründen kann. U 8/5 80, E 2, 153. U 25/4 02, DR 6, 300.

Eine ordnungsmäßige Vernehmung eines Sachverständigen liegt vor, wenn ihm von dem nach § 222 ersuchten Richter ein früher von ihm schriftlich erstattetes Gutachten vorgelesen wird und er darauf erklärt, daß er das vorgelesene Gutachten zu seiner Aussage mache. U 28/12 06, G 54, 288.

Über die Anwendung der §§ 72ff. auf Dolmetscher s. U 19/3 86, R 8, 203 (s. A. 32 zu § 193 GVG.)

85) Vgl. § 404 ZPO. — Abgesehen von dem Falle der Leichenöffnung und dem Falle des Verdachtes einer Vergiftung ist das Gericht selbst in Fällen, wo eine besondere Sachkunde zur Erforschung der Wahrheit erforderlich ist, nicht verpflichtet, Sachverständige zu hören. Das Gericht ist auch in keinem Falle gehalten, seine Überzeugung in Fragen sachverständigen Ermessens auf das Gutachten der gehörten Sachverständigen zu gründen; vielmehr liegt demselben auch in solchen

Sind für gewisse Arten von Gutachten Sachverständige öffentlich bestellt, so sollen andere Personen nur dann gewählt werden, wenn besondere Umstände es erfordern.[86])

§ 74.[87]) Ein Sachverständiger kann aus denselben Gründen, welche zur Ablehnung eines Richters berechtigen,[88]) abgelehnt werden. Ein Ablehnungsgrund kann jedoch nicht daraus entnommen werden, daß der Sachverständige als Zeuge vernommen worden ist.[89])

---

Fällen ob, sich eine eigene Überzeugung zu bilden. U 5/1 81, E 3, 176. U 30/4 94, E 25, 326.

Das Recht der Staatsanwaltschaft und des Angeklagten, Sachverständige zu laden und deren Vernehmung im Falle ihres Erscheinens zu verlangen, wird durch die Vorschrift des § 73 Abs. 1 nicht berührt. U 22/1 81, R 2, 754. Die Bestimmungen des § 73 gelten auch für das schwurgerichtliche Verfahren. U 28/1 03, DR 7, 134.

86) Zu den öffentlich bestellten Sachverständigen gehören auch die Sachverst.-Kammern und -Vereine, welche auf Grund der Urheberrechtsgesetze gebildet worden sind. U 28/10 81, E 5, 79 (in Preußen: Literarische und Musikalische, Künstl. und Photogr. Sachverständigen-Kammer und Gewerblicher Sachverständigen-Verein). Vgl. § 18 Patentges v. 7/4 91: „Das Patentamt ist verpflichtet, auf Ersuchen der Gerichte über Fragen, welche Patente betreffen, Gutachten abzugeben, sofern in dem gerichtl. Verfahren voneinander abweichende Gutachten mehrerer Sachverständigen vorliegen." Die badischen Bezirks- und Bezirksassistenzärzte sind öffentlich bestellte Sachverst. i. S. § 73 Abs. 2. U 12/12 95, E 28, 41. — Die Vorschrift des § 73 Abs. 2 ist lediglich instruktionell; ihre Verletzung kann die Revision nicht begründen. U 28/10 81, E 5, 79. — Wegen der Einholung von Obergutachten s. § 83 und wegen der Vertretung von Gutachten einer kollegialen Fachbehörde durch eines ihrer Mitglieder § 255 Abs. 2.

87) Vgl. § 406 ZPO.

88) Vgl. §§ 22—24. Der durch die strafbare Handlung Verletzte darf also, wenn der Angekl. dagegen protestiert, als Sachverständiger nicht vernommen werden. U 22/12 85, R 7, 752. Die Verletzung muß aber eine unmittelbare sein, eine nur mittelbare Verletzung macht den Sachv. nicht unfähig, sondern kann lediglich als Ablehnungsgrund wegen Befangenheit geltend gemacht werden. U 10/5 94, G 42, 129. U 14/1 89, E 18, 402 (Verwaltungsbeamter, der in einer Strafsache wegen Kapitalsteuerdefraudation vor der Erlassung des Strafbescheides die „Untersuchung im Verwaltungswege" geführt hat. § 22 Nr. 4, § 24 Abs. 1 StPO). U 16/6 06, DR 10, 1015 (Gewerbeaufsichtsbeamter bei fahrl. Tötung in einem gewerbl. Betriebe). U 25/6 07, DR 11, 996 (Baubeamter).

Das Ablehnungsrecht steht der Staatsanwaltschaft, dem Privatkläger und dem Beschuldigten zu. Die ernannten Sachverständigen sind den zur Ablehnung Berechtigten namhaft zu machen, wenn nicht besondere Umstände entgegenstehen.

Der Ablehnungsgrund ist glaubhaft zu machen; der Eid ist als Mittel der Glaubhaftmachung ausgeschlossen.[89a])

§ **75.**[90]) Der zum Sachverständigen Ernannte hat der Ernennung Folge zu leisten, wenn er zur Erstattung von Gutachten der erforderten Art öffentlich bestellt ist, oder wenn er die Wissenschaft, die Kunst oder das Gewerbe, deren Kenntnis Voraussetzung der Begutachtung ist, öffentlich zum Erwerbe ausübt, oder wenn er zur Ausübung derselben öffentlich bestellt oder ermächtigt ist.

Zur Erstattung des Gutachtens ist auch derjenige verpflichtet, welcher sich zu derselben vor Gericht bereit erklärt hat.

§ **76.**[91]) Dieselben Gründe, welche einen Zeugen berechtigen, das Zeugnis zu verweigern,[92]) berechtigen einen Sachverständigen zur Verweigerung des Gutachtens. Auch aus anderen Gründen kann ein Sachverständiger von der Verpflichtung zur Erstattung des Gutachtens entbunden werden.

Die Vernehmung eines öffentlichen Beamten als Sachverständigen findet nicht statt, wenn die vorgesetzte Behörde

---

89) Vgl. § 22 Nr. 5. Die Ablehnung kann auch nicht damit begründet werden, daß der Sachverständige bereits im Vorverfahren als solcher vernommen ist. U 6/3 00, E 33, 198.

89a) Die Ablehnung muß stets durch einen Prozeßbeteiligten erfolgen. U 18/6 07, DR 11, 996. Auf das Verfahren bei der Ablehnung finden lediglich die allgemeinen Prozeßgrundsätze, nicht die für das Verfahren bei Ablehnung eines Richters gegebenen Vorschriften, insbesondere nicht § 28 und die sich aus demselben ergebenden Folgerungen Anwendung. Das Revisionsgericht hat sich mit einer materiellen Prüfung der auf tatsächlichem Gebiete liegenden Gründe, welche für die Befangenheit geltend gemacht werden, nicht zu befassen. U 10/5 94, E 25, 362.

90) Vgl. § 407 ZPO.

91) Vgl. § 408 ZPO.

92) Vgl. hierüber §§ 51—54 und wegen des Vorschützens unwahrer Tatsachen als Entschuldigung § 138 StGB.

des Beamten erklärt, daß die Vernehmung den dienstlichen Interessen Nachteil bereiten würde.[93])

§ 77.[94]) Im Falle des Nichterscheinens oder der Weigerung eines zur Erstattung des Gutachtens verpflichteten Sachverständigen wird dieser zum Ersatze der Kosten und zu einer Geldstrafe bis zu dreihundert Mark verurteilt. Im Falle wiederholten Ungehorsams kann noch einmal eine Geldstrafe bis zu sechshundert Mark erkannt werden.

Die Festsetzung und die Vollstreckung der Strafe gegen eine dem aktiven Heere oder der aktiven Marine angehörende Militärperson erfolgt auf Ersuchen durch das Militärgericht.

§ 78. Der Richter hat, soweit ihm dies erforderlich erscheint, die Tätigkeit der Sachverständigen zu leiten.

§ 79.[95]) Der Sachverständige hat vor[96]) Erstattung des Gutachtens einen Eid dahin zu leisten:

daß er das von ihm erforderte Gutachten unparteiisch und nach bestem Wissen und Gewissen erstatten werde.[97])

---

93) Vgl. die im § 53 betr. der Vernehmung eines öffentlichen Beamten als Zeugen gegebenen Bestimmungen. Der Begriff der dienstlichen Interessen ist im weitesten Sinne zu verstehen; es fällt darunter z. B. auch das Interesse, welches eine Staatsbehörde daran hat, daß das Gericht über Fragen der ihr unterstellten Verwaltung von geeigneten Sachverständigen gutachtlich unterrichtet werde. U 29/6 06, G 53, 441.

94) Vgl. § 409 ZPO.

95) Vgl. § 410 ZPO.

96) Der Sachverständige, welcher mit dem förmlichen Eide belegt wird, hat solchen der Regel nach vor Erstattung des Gutachtens zu leisten. Die im § 60 für Zeugen vorgesehene Ausnahme der nachherigen Beeidigung kann hier nicht Platz greifen. U 6/4 80, E 1, 349. Anders bei der Berufung auf den geleisteten Eid (§ 79 Abs. 2). S. unten A. 99. Trotzdem kann auch die Beeidigung eines Sachverständigen in assertorischer Form für sich allein die Revision nicht begründen. U 4/6 83, E 8, 359. — Wegen der Unanwendbarkeit des § 58 (Einzelvernehmung) und wegen gleichzeitiger Beeidigung s. A. 84 zu § 72.

97) Dieser Eid bezieht sich nicht auf die Beantwortung der Personalfragen, mag derselbe vor oder nach der Auslassung des Sachverständigen über die letzteren geleistet sein. Erscheint die Beeidigung der Personalien, die bei der Vernehmung der Sachverständigen nicht vorgeschrieben ist (U 3/11 04, DR 8, 558), aus besonderen Gründen erforderlich, so hat der Sachverständige neben dem Sachverständigeneid auch

Ist der Sachverständige für die Erstattung von Gutachten der betreffenden Art im allgemeinen beeidigt,[98]) so genügt die Berufung auf den geleisteten Eid.[99])[100])

---

den Zeugeneid zu leisten. U 31/3 85, E 12, 128. U 17/2 90, E 20, 235. Vgl. U 3/11 03, DR 7, 558.

Soweit ein Sachverst. tatsächliche Angaben zur Begründung des Gutachtens macht, werden sie durch den Sachverständigeneid mit gedeckt. U 18/9 05, DR 9, 569. U 1/6, DR 10, 814. Vgl. A. 100.

98) Eine bestimmte Form ist für den allgemeinen Sachverständigeneid nicht vorgeschrieben. Gleichgültig ist es, ob dieser Eid vor einem Gericht oder vor einer Verwaltungsbehörde geleistet ist; desgl. ob er wörtlich die Eidesformel enthält, welche für die von den Sachverständigen vor Gericht in Spezialfällen abzuleistenden Eide vorgeschrieben ist, insofern nur der Inhalt des Eides die Annahme gestattet, daß durch die Berufung auf denselben das Gutachten als ein eidliches gelten muß. U 15/6 83, E 8, 357. Bei öffentlichen Beamten kann auch schon der allgemeine Beamten-Dienfteid den allgemeinen Sachverständigeneid i. S. § 79 umfassen, so z. B. in Preußen bei den Kreis- und Gerichtsärzten, U 12/11 01, G 48, 442. U 18/6 09, E 42, 369; in Württemberg bei den Oberamtsärzten, U 25/3 97, E 30, 33; in Baden bei den Bezirks- und Bezirksassistenzärzten, U 12/12 95, E 28, 41; in Mecklenburg-Schwerin beim Kreisphysikus, U 22/12 09, E 43, 158; in Bayern bei den Landgerichtsärzten, U 9/1 11, DR 15, 652. Vgl. wegen der im allgemeinen geleisteten Eide der Mitglieder der Sachverständigen-Kammern und -Vereine: U 29/1 81, E 3, 326.

Daß der Sachverst. im allgemeinen beeidet ist, muß, bevor § 79 Abs. 2 zur Anwendung gebracht werden kann, im Einzelfall festgelegt werden. Wie dies geschehen soll, ist nicht vorgeschrieben; es kann also auch die eigene glaubhafte Angabe des Sachverst. oder die allgemeine Wissenschaft (Notorietät) für ausreichend erachtet werden. U 8/5 82, E 6, 267. Die Richtigkeit der bezüglichen Feststellung unterliegt jedoch stets der Nachprüfung des Revisionsgerichts. U 13/7 81, E 4, 388. Ein Sachverständiger, welcher nur für die Erstattung von Gutachten in den ihm von einem bestimmten Gericht zur Begutachtung übertragenen Sachen im allgemeinen beeidigt ist, kann sich vor anderen Gerichten auf diesen Eid nicht berufen. U 5/7 87, R 9, 408. U 12/11 01, G 48, 442. Vgl. U 15/12 04, E 37, 364. U 21/3 05, DR 9, 230 (Kreisarzt in Preußen). U 1/2 07, DR 11, 264 (Gerichtsarzt ebenda). Wenn ein kommissarisch vernommener Sachverst. bei dem ersuchten Gericht ein für allemal beeidigt ist, so genügt die Berufung auf den geleisteten Eid auch dann, wenn das Gutachten demnächst vor dem ersuchenden Gericht Verwendung findet. U 20/11 94, E 26, 214. Vgl. U 11/6 94, G 42, 243. Mit der Niederlegung des Amtes als öffentlich bestellter Sachverst. verliert der Eid, welchen der betr. Sachverst. wegen dieses Amtes im allg. geleistet hat, seine Bedeutung und Wirkung. U 8/1 97, E 29, 300.

**§ 80.** Dem Sachverständigen kann auf sein Verlangen zur Vorbereitung des Gutachtens durch Vernehmung von Zeugen oder des Beschuldigten weitere Aufklärung verschafft werden.

Zu demselben Zwecke kann ihm gestattet werden, die Akten einzusehen, der Vernehmung von Zeugen oder des Beschuldigten beizuwohnen und an dieselben unmittelbar Fragen zu stellen.[1])

**§ 81.** Zur Vorbereitung eines Gutachtens über den Geisteszustand des Angeschuldigten kann das Gericht auf Antrag eines Sachverständigen nach Anhörung des Verteidigers[2]) anordnen, daß der Angeschuldigte in eine öffentliche Irrenanstalt gebracht und dort beobachtet werde.[3])

---

99) Der Sachverständige muß die Berufung auf den im allgemeinen geleisteten Eid selbst erklären; die bloße Verweisung desselben auf diesen Eid genügt nicht. U 10/12 80, E 3, 100. U 18/9 80, R 2, 216. U 27/4 82, E 6, 242. U 16/4 83, R 5, 250. U 14/1 84, R. 6, 34. Eine bestimmte Form ist für diese Berufung nicht vorgeschrieben, und es ist auch nicht notwendig, daß die Berufung dem Gutachten vorausgeht. U 6/4 80, E 1, 349.

100) Der Sachverständige, welcher nicht nur ein Gutachten erstattet, sondern zugleich als Zeuge über Tatsachen Auskunft gibt, muß sowohl den Sachverständigeneid als auch den Zeugeneid (§ 61) leisten. U 29/4 80, E 1, 402. U 23/12 80, R 2, 665 (Mitteilungen des Verletzten über die Entstehung seiner Verletzungen). Dagegen umfaßt der Sachverständigeneid alle Bekundungen des Sachverst. über Wahrnehmungen, die zur Begründung seines Gutachtens erforderlich sind. U 10/6 10, E 43, 437. U 24/6 10, E 44, 11. Andererseits deckt der Zeugeneid auch den Sachverständigeneid, so daß durch die Ableistung des ersteren auch ein von dem Zeugen erstattetes Gutachten unter Eidespflicht gestellt wird. U 10/12 80, E 3, 100. Vgl. A. 97.

1) Zum Zwecke der Vorbereitung des Gutachtens, bzw. der Aufklärung kann der Sachverständige auch dann der Vernehmung des Beschuldigten beiwohnen, wenn er zugleich als Zeuge vernommen werden soll. Die Bestimmung des § 242 ist hier nicht anwendbar. U 12/9 81, R 3, 496.

2) Das Antragsrecht ist nur dem Sachverständigen, nicht auch dem Verteidiger eingeräumt. U 1/5 90, E 20, 378. Die Anhörung der Staatsanwaltschaft folgt aus § 33.

3) Die Maßregel des § 81 Abs. 1 kann auf Antrag eines Sachverständigen auch dann getroffen werden, wenn es sich nur um denjenigen Geisteszustand des Angeschuldigten handelt, in welchem er sich zur Zeit der Tat befunden hat. U 1/5 90, E 20, 378.

Dem Angeschuldigten, welcher einen Verteidiger nicht hat, ist ein solcher zu bestellen.[3a])

Gegen den Beschluß findet sofortige Beschwerde statt. Dieselbe hat aufschiebende Wirkung.[4])

Die Verwahrung in der Anstalt darf die Dauer von sechs Wochen nicht übersteigen.[4a])

§ 82.[5]) Im Vorverfahren hängt es von der Anordnung des Richters ab, ob die Sachverständigen ihr Gutachten schriftlich oder mündlich zu erstatten haben.

§ 83.[6]) Der Richter kann eine neue Begutachtung durch dieselben oder durch andere Sachverständige anordnen, wenn er das Gutachten für ungenügend erachtet.[7])

Der Richter kann die Begutachtung durch einen anderen Sachverständigen anordnen, wenn ein Sachverständiger nach Erstattung des Gutachtens mit Erfolg abgelehnt ist.[8])

In wichtigeren Fällen kann das Gutachten einer Fachbehörde eingeholt werden.[9])

---

3a) Der hiernach bestellte Verteidiger ist ein notwendiger i. S. § 140. Vgl. § 217. U 10/12 03, E 37, 21.

4) Die Bestimmung des § 81 Abs. 3 wird durch § 347 modifiziert, so daß Beschlüsse, welche, der Urteilsfällung vorausgehend, von dem erkennenden Gericht gefaßt sind, nicht der Beschwerde, sondern nur den gegen das Endurteil zulässigen Rechtsmitteln unterliegen. U 1/5 90, E 20, 378.

4a) Die sechswöchentliche Dauer der Verwahrung in einer öffentlichen Irrenanstalt darf nicht überschritten werden, selbst wenn auf Grund des § 83 eine neue Begutachtung über den Geisteszustand für notwendig erachtet werden sollte. U 13/7 92, E 23, 209. Ist letzteres der Fall, so kann der Angeschuldigte jedoch zur Vorbereitung eines anderweitigen Gutachtens über seinen Geisteszustand in Haft behalten und in ein anderes Gefängnis überführt werden. U 2/7 01, E 34, 306.

5) Vgl. § 411 ZPO.

6) Vgl. § 412 ZPO. Die Vorschrift des § 83 gilt auch für das schwurgerichtliche Verfahren. U 28/1 03, DR 7, 134.

7) Ablehnung der Vernehmung neuer Sachverständigen aus dem Grunde, weil die Sache durch die bereits vernommenen Sachverständigen aufgeklärt sei, kann die Revision nicht begründen. U 20/5 80, R 1, 805.

8) Vgl. § 74.

9) Abehnung eines auf Einholung eines solchen Gutachtens gerichteten Antrags kann die Revision nicht begründen. U 2/3 81, R, 3, 96.

§ **84.** Der Sachverständige hat nach Maßgabe der Gebührenordnung Anspruch auf Entschädigung für Zeitversäumnis, auf Erstattung der ihm verursachten Kosten und außerdem auf angemessene Vergütung für seine Mühewaltung.[10])

§ **85.**[11]) Insoweit zum Beweise vergangener Tatsachen oder Zustände, zu deren Wahrnehmung eine besondere Sachkunde erforderlich war, sachkundige Personen zu vernehmen sind, kommen die Vorschriften über den Zeugenbeweis zur Anwendung.[12])

§ **86.**[13]) Findet die Einnahme eines richterlichen Augenscheins statt, so ist im Protokolle der vorgefundene Sachbestand festzustellen und darüber Auskunft zu geben, welche Spuren oder Merkmale, deren Vorhandensein nach der besonderen Beschaffenheit des Falles vermutet werden konnte, gefehlt haben.[14])

§ **87.**[15]) Die richterliche Leichenschau wird unter Zu-

---

10) Vgl. § 413 ZPO und die Gebührenordnung für Zeugen und Sachverständige vom 30/6 78 im Anhang II.

11) Vgl. § 414 ZPO.

12) Vgl. A. 100 zu § 79.

13) Über das Recht der Staatsanwaltschaft, des Angeschuldigten und des Verteidigers auf Anwesenheit bei Einnahme des Augenscheins s. §§ 191, 223, 224, 409, 425 (Privatkläger), 437 (Nebenkläger) und über die Berechtigung des Angeschuldigten, seinerseits Sachverständige für die Einnahme des Augenscheins in Vorschlag zu bringen, bzw. selbst zu laden, § 193.

14) Ob überhaupt zur besseren Vorbereitung der Hauptverhandl. ein richterl. Augenschein aufzunehmen, hängt vom Ermessen des Gerichts ab, das auch da, wo die Feststellung örtlicher Verhältnisse in Frage steht, von richterl. Augenscheinseinnahme absehen und sich statt dessen anderer Beweismittel, insbesondere des Zeugenbeweises bedienen kann. U 28/9 81, R 3, 544. U 16/12 90, E 21, 225 (Kostenersparnis). U 7/10 02, DR 6, 561. S. A. 50 zu § 243. Der im § 86 angeordneten protokollar. Feststellung des Sachbestandes bedarf es nur dann, wenn die Einnahme des Augenscheins im Vorverfahren oder wenn sie im Hauptverf. nach Maßgabe des § 224 stattgefunden hat, nicht aber, wenn in der Hauptverhandl. von dem erkennenden Gericht ein Augenschein eingenommen wird. U 3/12 94, E 26, 277.

15) Wegen der Zuständigkeit der Militärgerichte zur Vornahme von Leichenschauen und Leichenöffnungen s. § 155 MilStGO und wegen des Verfahrens bei Tötung auf Schiffen § 126 SeemO.

ziehung eines Arztes, die Leichenöffnung im Beisein des Richters von zwei Ärzten, unter welchen sich ein Gerichtsarzt befinden muß, vorgenommen. Demjenigen Arzte, welcher den Verstorbenen in der dem Tode unmittelbar vorausgegangenen Krankheit behandelt hat, ist die Leichenöffnung nicht zu übertragen. Derselbe kann jedoch aufgefordert werden, der Leichenöffnung anzuwohnen, um aus der Krankheitsgeschichte Aufschlüsse zu geben.

Die Zuziehung eines Arztes kann bei der Leichenschau unterbleiben, wenn sie nach dem Ermessen des Richters entbehrlich ist.

Behufs der Besichtigung oder Öffnung einer schon beerdigten Leiche ist ihre Ausgrabung statthaft.

§ **88.** Vor der Leichenöffnung ist, wenn nicht besondere Hindernisse entgegenstehen, die Persönlichkeit des Verstorbenen, insbesondere durch Befragung von Personen, welche den Verstorbenen gekannt haben, festzustellen. Ist ein Beschuldigter vorhanden, so ist ihm die Leiche zur Anerkennung vorzuzeigen.

§ **89.** Die Leichenöffnung muß sich, soweit der Zustand der Leiche dies gestattet, stets auf die Öffnung der Kopf-, Brust- und Bauchhöhle erstrecken.

§ **90.**[16]) Bei Öffnung der Leiche eines neugeborenen Kindes ist die Untersuchung insbesondere auch darauf zu richten, ob dasselbe nach oder während der Geburt gelebt habe, und ob es reif oder wenigstens fähig gewesen sei, das Leben außerhalb des Mutterleibes fortzusetzen.

§ **91.**[17]) Liegt der Verdacht einer Vergiftung vor, so ist die Untersuchung der in der Leiche oder sonst gefundenen verdächtigen Stoffe durch einen Chemiker oder durch eine für solche Untersuchungen bestehende Fachbehörde vorzunehmen.

Der Richter kann anordnen, daß diese Untersuchung unter Mitwirkung oder Leitung eines Arztes stattzufinden habe.

---

16) Vgl. § 217 StGB und hierzu über den Begriff: „während der Geburt" U 8/6 80, E 1, 44. U 29/9 83, E 9, 131.

17) Vgl. §§ 229, 230, 324, 367 Nr. 3 und 5 StGB.

§ **92.**[18]) Bei Münzverbrechen und Münzvergehen sind die Münzen oder Papiere erforderlichenfalls derjenigen Behörde vorzulegen, von welcher echte Münzen oder Papiere dieser Art in Umlauf gesetzt werden. Das Gutachten dieser Behörde ist über die Unechtheit oder Verfälschung sowie darüber einzuholen, in welcher Art die Fälschung mutmaßlich begangen worden sei.

Handelt es sich um ausländische Münzen oder Papiere, so kann an Stelle des Gutachtens der ausländischen Behörde dasjenige einer deutschen erfordert werden.

§ **93.** Zur Ermittelung der Echtheit oder Unechtheit eines Schriftstücks, sowie zur Ermittelung des Urhebers desselben kann eine Schriftvergleichung unter Zuziehung von Sachverständigen vorgenommen werden.[19])

### 8. Abschnitt. Beschlagnahme und Durchsuchung.*)

§ **94.** Gegenstände, welche als Beweismittel für die Untersuchung von Bedeutung sein können oder der Einziehung unterliegen, sind in Verwahrung zu nehmen oder in anderer Weise sicherzustellen.

---

18) Wegen der Münzverbrechen und Münzvergehen s. §§ 146 bis 152 StGB. Vgl. Gesetz betr. den Schutz des zur Anfertigung von Reichskassenscheinen verwendeten Papiers gegen unbefugte Nachahmung v. 26/5 85 (RGBl S. 165); Bundesratsbeschl 24/3 76 betr. die Behandlung gefälschter Kassenscheine; Bek. des Reichskanzlers betr. die Behandlung der bei Reichs- und Landeskassen eingehenden falschen Reichsmünzen v. 9/5 76 (RZBl S. 260) und V 6/6 76 (Reichsanz. 1876 Nr. 234) und betr. der Reichsbanknoten V. 20/3 77.

19) Wesentliches Erfordernis der Schriftvergleichung ist eine zur Vergleichung geeignete (§ 441 ZPO) Schrift. Geeignet ist aber nur eine solche Schrift, von der feststeht, daß sie von demjenigen geschrieben ist, dessen Handschrift in dem den Gegenstand der Beweisaufnahme bildenden Schriftstücke ermittelt und festgestellt werden soll. U 25/2 87, E 15, 319.

*) Die Bestimmungen der §§ 94 ff. betreffen lediglich die zum Zweck eines Strafverfahrens erforderlichen und zulässigen Beschlagnahmen und Durchsuchungen. U 16/11 85, E 13, 44. Ein Beschlagnahmebeschluß kann daher auch im sog. objektiven Verfahren (§§ 477 ff.) erlassen werden. U 13/12 10, E 44, 279. Bei Maßregeln präventiver Natur, bei denen die Frage, ob eine strafbare Handlung begangen ist, zunächst ganz außer Betracht bleibt, sind die in den §§ 94 ff. enthaltenen Bestim-

Befinden sich die Gegenstände in dem Gewahrsam einer Person und werden dieselben nicht freiwillig herausgegeben, so bedarf es der Beschlagnahme.[20])

§ **95.** Wer einen Gegenstand der vorbezeichneten Art in seinem Gewahrsam hat, ist verpflichtet, denselben auf Erfordern vorzulegen und auszuliefern.

Er kann im Falle der Weigerung durch die im § 69 bestimmten Zwangsmittel hierzu angehalten werden. Gegen Personen, welche zur Verweigerung des Zeugnisses berechtigt sind,[21]) finden diese Zwangsmittel keine Anwendung.

§ **96.** Die Vorlegung oder Auslieferung von Akten oder anderen in amtlicher Verwahrung befindlichen Schriftstücken durch Behörden und öffentliche Beamte darf nicht gefordert werden, wenn deren oberste Dienstbehörde erklärt, daß das Bekanntwerden des Inhalts dieser Akten oder Schriftstücke dem Wohle des Reichs oder eines Bundesstaates Nachteil bereiten würde.

---

mungen über die Beschlagnahme überhaupt nicht heranzuziehen. Dies gilt z. B. betr. Beschlagnahmen von Nahrungsmitteln, welche die der Polizeibehörde zustehende Entscheidung über die Zulassung der letzteren zum Marktverkehr vorbereiten sollen, U 23/10 83, E 9, 121. Vgl. U 9/1 85, R 7, 25; desgl. betr. der Befugnis der Sicherheitsbeamten zur Festnahme einer Person zwecks Aufrechterhaltung der öffentlichen Ruhe und Sicherheit, U 13/4 81, E 4 102. U 29/9 84, E 11, 102; desgl. betr. der Befugnis der Gendarmen zur vorübergehenden Wegnahme eines im erlaubten Eigentumsbesitz befindlichen Gegenstandes, wenn sie zur Erhaltung der öffentlichen Ruhe, Sicherheit und Ordnung erforderlich wird. U 5/11 81, E 5, 297. U 20/3 83, E 8, 291. — Beschlagnahme und Durchsuchung sind übrigens durch das Gesetz vom 31/3 73 in dem Disziplinarverfahren gegen Reichsbeamte nicht ausgeschlossen und sind auch in dem Disziplinarverfahren gegen Rechtsanwälte gesetzlich zulässige Maßregeln. U 13/6 84, E 10, 425.

20) Die Beschlagnahme erfordert außer der Anordnung einen weiteren Ausführungsakt, durch welchen die erstere nach außen hin als eine in Vollzug gesetzte amtliche Maßregel zur Verstrickung der Sache gekennzeichnet wird. Besondere Förmlichkeiten, insbesondere Besitzergreifung der Sache, sind nicht erforderlich. U 19/6 88, E 18, 71. Im Falle der Verhaftung oder vorläufigen Festnahme einer Person findet eine besondere Beschlagnahme der Sachen, welche die Person im Augenblick der Verhaftung oder Festnahme bei sich trägt, nicht statt; diese Sachen gehen vielmehr mit dem Verhafteten von selbst in den polizeilichen, bzw. richterlichen Gewahrsam über. U 20/3 83, E 8, 288.

**§ 97.** Schriftliche Mitteilungen zwischen dem Beschuldigten[22]) und denjenigen Personen, die wegen ihres Verhältnisses zu ihm nach §§ 51, 52 zur Verweigerung des Zeugnisses berechtigt sind, unterliegen der Beschlagnahme nicht, falls sie sich in den Händen der letzteren Personen befinden[22a]) und diese nicht einer Teilnahme, Begünstigung oder Hehlerei verdächtig sind.[23])

**§ 98.** Die Anordnung von Beschlagnahmen steht dem Richter, bei Gefahr im Verzug[23a]) auch der Staatsanwaltschaft und denjenigen Polizei- und Sicherheitsbeamten zu, welche als Hilfsbeamte der Staatsanwaltschaft den Anordnungen derselben Folge zu leisten haben.[24])

Ist die Beschlagnahme ohne richterliche Anordnung erfolgt, so soll der Beamte, welcher die Beschlagnahme angeordnet hat, binnen drei Tagen die richterliche Bestätigung nachsuchen, wenn bei der Beschlagnahme weder der davon Betroffene noch ein erwachsener Angehöriger anwesend war, oder wenn der Betroffene und im Falle seiner Abwesenheit

21) Vgl. §§ 51, 52.

22) Der Ausdruck Beschuldigter ist hier im weiteren Sinne gebraucht und umfaßt auch den Verdächtigen. U 7/11 89, E 20, 91.

22a) Unter den „letzteren Personen" sind nur solche Personen zu verstehen, welche die betreffende Mitteilung selbst erhalten haben. Auf Mitteilungen, welche an den Beschuldigten gerichtet waren und von diesem in die Hände einer dritten Person gelangten, findet das Verbot der Beschlagnahme keine Anwendung. U 27/3 96, E 28, 285.

23) Unter Verletzung des § 97 beschlagnahmte schriftliche Mitteilungen dürfen in der Hauptverhandlung z. B. bei der Schriftvergleichung und bei der Urteilsfällung nicht verwertet werden, selbst wenn ihr Inhalt für die Untersuchung nicht von Bedeutung sein sollte. U 7/11 89, E 20, 91.

23a) Darüber, ob für die Vornahme einer Beschlagnahme oder Durchsuchung eine Gefahr im Verzuge vorgelegen hat, steht dem Richter eine Nachprüfung nicht zu. U 1/12 92, E 23, 334.

24) Hilfsbeamte der Staatsanwaltschaft sind die Beamten des Polizei- und Sicherheitsdienstes (§ 153 GVG). Wegen der Zuständigkeit der Grenzzollbeamten und Gendarmen für die Beschlagnahme verbotswidrig aus dem Auslande eingeführter Gegenstände s. U 4/7 90, E 21, 47 und wegen der Zuständigkeit der Pr. Gemeindevorsteher zu Beschlagnahmen U 24/2 91, E 21, 424. Wegen einer Ausnahme von § 98 Abs. 1 s. § 108.

ein erwachsener Angehöriger desselben gegen die Beschlagnahme ausdrücklichen Widerspruch erhoben hat. Der Betroffene kann jederzeit die richterliche Entscheidung nachsuchen. Solange die öffentliche Klage noch nicht erhoben ist, erfolgt die Entscheidung durch den Amtsrichter, in dessen Bezirk die Beschlagnahme stattgefunden hat.

Ist nach erhobener öffentlicher Klage die Beschlagnahme durch die Staatsanwaltschaft oder einen Polizei- oder Sicherheitsbeamten erfolgt, so ist binnen drei Tagen dem Richter von der Beschlagnahme Anzeige zu machen und sind demselben die in Beschlag genommenen Gegenstände zur Verfügung zu stellen.

Beschlagnahmen in militärischen Dienstgebäuden, zu welchen auch Kriegsfahrzeuge gehören, erfolgen durch Ersuchen der Militärbehörde,[25]) und auf Verlangen der Zivilbehörde (Richter, Staatsanwaltschaft) unter deren Mitwirkung. Des Ersuchens der Militärbehörde bedarf es jedoch nicht, wenn die Beschlagnahme in Räumen vorzunehmen ist, welche in militärischen Dienstgebäuden ausschließlich von Zivilpersonen[26]) bewohnt werden.

§ **99.**[27]) Zulässig ist die Beschlagnahme der an den Beschuldigten gerichteten Briefe und Sendungen auf der Post sowie der an ihn gerichteten Telegramme auf den

---

25) Unter „Militärbehörde" ist hier zu verstehen:

a) für die Armee: 1. hinsichtlich solcher Dienstgebäude, welche ausschließlich einem Truppenteile oder einer, einem militärischen Chef unterstellten Anstalt zur Benutzung überwiesen sind, der betr. Kommandeur bzw. militärische Chef; 2. hinsichtlich der übrigen Dienstgebäude der Gouverneur, Kommandant oder Garnisonälteste des Garnisonortes;

b) für die Kaiserliche Marine: 1. hinsichtlich solcher Dienstgebäude, welche ausschließlich einem Marineteile oder einer, einem militärischen Chef unterstellten Anstalt zur Benutzung überwiesen sind, der betr. Kommandeur bzw. militärische Chef; 2. hinsichtlich der übrigen Dienstgebäude der Marine-Stationschef, Kommandant oder Garnisonälteste; 3. hinsichtlich der in Dienst gestellten Schiffe und Fahrzeuge der Kommandant, hinsichtlich der nicht in Dienst gestellten der Ober-Werftdirektor (RZBl 80 Nr. 26).

26) Als Zivilpersonen i. S. § 98 sind auch die Zivilbeamten der Militärverwaltung anzusehen. § 38, C. RMilGes v. 2/5 74.

27) Vgl. § 5 Postges v. 28/10 71 und § 8 Telegraphen-Ges v. 6/4 92.

Telegraphenanstalten; desgleichen ist zulässig an den bezeichneten Orten die Beschlagnahme solcher Briefe, Sendungen und Telegramme, in betreff derer Tatsachen vorliegen, aus welchen zu schließen ist, daß sie von dem Beschuldigten herrühren oder für ihn bestimmt sind und daß ihr Inhalt für die Untersuchung Bedeutung habe.

§ **100.** Zu der Beschlagnahme (§ 99) ist nur der Richter, bei Gefahr im Verzug und, wenn die Untersuchung nicht bloß eine Übertretung betrifft, auch die Staatsanwaltschaft befugt. Die letztere muß jedoch den ihr ausgelieferten Gegenstand sofort, und zwar Briefe und andere Postsendungen uneröffnet, dem Richter vorlegen.

Die von der Staatsanwaltschaft verfügte Beschlagnahme tritt, auch wenn sie eine Auslieferung noch nicht zur Folge gehabt hat, außer Kraft, wenn sie nicht binnen drei Tagen von dem Richter bestätigt wird.

Die Entscheidung über eine von der Staatsanwaltschaft verfügte Beschlagnahme sowie über die Eröffnung eines ausgelieferten Briefes oder einer anderen Postsendung erfolgt durch den zuständigen Richter (§ 98).

§ **101.** Von den getroffenen Maßregeln (§§ 99, 100) sind die Beteiligten zu benachrichtigen, sobald dies ohne Gefährdung des Untersuchungszweckes geschehen kann.

Sendungen, deren Eröffnung nicht angeordnet worden, sind den Beteiligten sofort auszuantworten. Dasselbe gilt, soweit nach der Eröffnung die Zurückbehaltung nicht erforderlich ist.

Derjenige Teil eines zurückbehaltenen Briefes, dessen Vorenthaltung nicht durch die Rücksicht auf die Untersuchung geboten erscheint, ist dem Empfangsberechtigten abschriftlich mitzuteilen.

§ **102.** Bei demjenigen, welcher als Täter oder Teilnehmer einer strafbaren Handlung oder als Begünstiger oder Hehler[28]) verdächtig ist,[29]) kann eine Durchsuchung

---

28) Die Aufzählung (Täter, Teilnehmer, Begünstiger, Hehler) bezweckt hier nur eine Bezeichnung aller derjenigen Personen, gegen welche als Beteiligte bei der festzustellenden Straftat das Verfahren schwebt oder gerichtet werden kann. Die Fälle der sog. not-

der Wohnung und anderer Räume,[30]) sowie seiner Person und der ihm gehörigen Sachen, sowohl zum Zwecke seiner Ergreifung, als auch dann vorgenommen werden, wenn zu vermuten ist, daß die Durchsuchung zur Auffindung von Beweismitteln führen werde.

**§ 103.** Bei anderen Personen sind Durchsuchungen nur behufs der Ergreifung des Beschuldigten oder behufs der Verfolgung von Spuren einer strafbaren Handlung[31]) oder behufs der Beschlagnahme bestimmter Gegenstände und nur dann zulässig, wenn Tatsachen vorliegen, aus denen zu schließen ist, daß die gesuchte Person, Spur oder Sache sich in den zu durchsuchenden Räumen befinde.

Diese Beschränkung findet keine Anwendung auf die Räume, in welchen der Beschuldigte ergriffen worden ist, oder welche er während der Verfolgung betreten hat, oder in welchen eine unter Polizeiaufsicht stehende Person[32]) wohnt oder sich aufhält.

**§ 104.** Zur Nachtzeit dürfen die Wohnung, die Geschäftsräume und das befriedete Besitztum nur bei Verfolgung auf frischer Tat oder bei Gefahr im Verzug oder

---

wendigen Teilnahme, in welchen der Teilnehmer straflos ist, sind vom § 102 nicht mitumfaßt. U 11/6 86, E 14, 189.

29) Für die Zulässigkeit der Durchsuchung einer Person wird nach § 102 vorausgesetzt, daß diese Person als Täter oder Teilnehmer einer bereits begangenen strafbaren Tat verdächtig ist; der Verdacht, daß eine strafbare Handlung erst begangen werde, berechtigt nicht zur Durchsuchung. Das Gegenteil folgt auch nicht aus Art. 102 des bayer. Ausführungsges z. StPO v. 18/8 79, da es sich dort nur um vorläufige, präventiv-polizeiliche Maßregeln handelt. U 1/5 82, R 4, 415.

30) Nicht jedes Eindringen eines Beamten in die Wohnungsräume eines anderen kann als Durchsuchung der letzteren angesehen werden, bei welcher die Vorschriften der StPO über Anordnung und Ausführung von Haussuchungen zu beobachten wären. U 22/2 81, R 3, 63 (Betreten einer Wohnung durch Beamte der Sittenpolizei zur Ermittlung des Aufenthalts liederlicher Frauenzimmer). Vgl. U 23/3 80, R 1, 502. U 20/3 83, E 8, 283 (A. * zu § 94).

31) Dahin gehört auch die ärztliche Untersuchung des Körpers zur Feststellung eines geschlechtl. Mißbrauchs. U 11/6 86, E 14, 189. Vgl. U 20/9 09, E 42, 440.

32) Wegen der unter Polizeiaufsicht stehenden Personen vgl. §§ 38, 39 StGB.

dann durchsucht werden, wenn es sich um die Wiederergreifung eines entwichenen Gefangenen[33]) handelt.

Diese Beschränkung findet keine Anwendung auf Wohnungen von Personen, welche unter Polizeiaufsicht stehen, sowie auf Räume, welche zur Nachtzeit jedermann zugänglich oder welche der Polizei als Herbergen oder Versammlungsorte bestrafter Personen, als Niederlagen von Sachen, welche mittels strafbarer Handlungen erlangt sind, oder als Schlupfwinkel des Glücksspiels oder gewerbsmäßiger Unzucht bekannt sind.

Die Nachtzeit umfaßt in dem Zeitraume vom ersten April bis dreißigsten September die Stunden von neun Uhr abends bis vier Uhr morgens und in dem Zeitraume vom ersten Oktober bis einunddreißigsten März die Stunden von neun Uhr abends bis sechs Uhr morgens.

**§ 105.** Die Anordnung von Durchsuchungen steht dem Richter, bei Gefahr im Verzug auch der Staatsanwaltschaft und denjenigen Polizei- und Sicherheitsbeamten zu, welche als Hilfsbeamte der Staatsanwaltschaft den Anordnungen derselben Folge zu leisten haben.

Wenn eine Durchsuchung der Wohnung, der Geschäftsräume oder des befriedeten Besitztums[34]) ohne Beisein des Richters oder des Staatsanwalts stattfindet, so sind, wenn

---

33) Gefangene sind alle diejenigen Personen, denen in formell gesetzlich gebilligter Weise (Haftbefehl oder vorläufige Festnahme) aus Gründen des öffentl. Interesses die persönliche Freiheit entzogen ist und die sich deshalb in der Gewalt der zuständigen Behörden oder Beamten befinden. U 19/4 82, R 4, 356. U 1/5 85, E 12, 162 (Personen, welche auf gerichtlichen Vorführungsbefehl zu einem Termin transportiert werden). U 12/10 85, E 12, 426. U 20/6 89, E 19, 330 (Untersuchungsgefangene während ihres Aufenthalts in einer Krankenanstalt. § 493 StPO.). U 12/10 85, E 12, 426 (von Polizeibeamten behufs Feststellung ihres Namens vorläufig festgenommene Personen). Der von einer Privatperson Festgenommene wird erst dann ein Gefangener, wenn er an einen Beamten abgeliefert und von diesem übernommen ist. U 1/5 85, E 12, 162. U 19/1 86, E 13, 254.

34) Die in einem befriedeten Besitztum vorgenommene Vergleichung des Viehbestandes mit dem zur Verhütung der Rinderpest aufgenommenen Viehregister ist keine Durchsuchung, bei welcher die Förmlichkeiten des § 105 zu beachten wären. U 19/10 80, R 2, 351.

dies möglich,[35]) ein Gemeindebeamter[36]) oder zwei Mitglieder der Gemeinde, in deren Bezirk die Durchsuchung erfolgt, zuzuziehen. Die als Gemeindemitglieder zugezogenen Personen dürfen nicht Polizei- oder Sicherheitsbeamte sein.

Die in den vorstehenden Absätzen angeordneten Beschränkungen der Durchsuchung finden keine Anwendung auf die im § 104 Abs. 2 bezeichneten Wohnungen und Räume.[37])

Durchsuchungen in militärischen Dienstgebäuden erfolgen durch Ersuchen der Militärbehörde,[38]) und auf Verlangen der Zivilbehörde (Richter, Staatsanwaltschaft) unter deren Mitwirkung. Des Ersuchens der Militärbehörde bedarf es jedoch nicht, wenn die Durchsuchung von Räumen vorzunehmen ist, welche in militärischen Dienstgebäuden ausschließlich von Zivilpersonen[39]) bewohnt werden.

§ **106.** Der Inhaber der zu durchsuchenden Räume oder Gegenstände darf der Durchsuchung beiwohnen. Ist er abwesend, so ist, wenn dies möglich,[40]) sein Vertreter oder ein erwachsener Angehöriger, Hausgenosse oder Nachbar zuzuziehen.

Dem Inhaber oder der in dessen Abwesenheit zugezogenen Person ist in den Fällen des § 103 Abs. 1 der Zweck der Durchsuchung vor deren Beginn bekannt zu machen. Diese

---

35) Für die Gesetzmäßigkeit der Durchsuchung in diesem Fall ist nicht die absolute Unmöglichkeit der Zuziehung eines Gemeindebeamten usw. eine unerläßliche Voraussetzung; es genügt, wenn die Zuziehung ohne Gefährdung des Erfolges der Durchsuchung nicht möglich ist. U 24/1 05, DR 9, 113. Vgl. U 24/5 84, R 6, 366. U 29/9 85, R 7, 544.

36) Die Zuziehung des Gemeindevorstandes ist nicht erforderlich. U 11/11 02, DR 6, 619.

37) Vgl. U 11/1 81, E 3, 185 (Durchsuchung von Schlupfwinkeln gewerbsmäßiger Unzucht durch Polizeibeamte).

38) Über Militärbehörde s. A. 25 zu § 98. Die dort für die Beschlagnahme angeführten Bestimmungen gelten auch für die Durchsuchung.

39) Vgl. A. 26 zu § 98.

40) Der Inhaber der zu durchsuchenden Räume verliert das Recht, der Durchsuchung beizuwohnen, wenn er sich eines unter die Bestimmung des § 162 fallenden Verhaltens schuldig macht. U 4/5 00, E 33, 251.

Vorschrift findet keine Anwendung auf die Inhaber der im § 104 Abs. 2 bezeichneten Räume.[41])

§ **107.** Dem von der Durchsuchung Betroffenen[42]) ist nach deren Beendigung auf Verlangen eine schriftliche Mitteilung zu machen, welche den Grund der Durchsuchung (§§ 102, 103) sowie im Falle des § 102[43]) die strafbare Handlung bezeichnen muß. Auch ist demselben auf Verlangen ein Verzeichnis der in Verwahrung oder in Beschlag genommenen Gegenstände, falls aber nichts Verdächtiges gefunden wird, eine Bescheinigung hierüber zu geben.

§ **108.** Werden bei Gelegenheit einer Durchsuchung Gegenstände gefunden, welche zwar in keiner Beziehung zu der Untersuchung stehen, aber auf die erfolgte Verübung einer anderen strafbaren Handlung hindeuten, so sind dieselben einstweilen in Beschlag zu nehmen. Der Staatsanwaltschaft ist hiervon Kenntnis zu geben.[44])

§ **109.** Die in Verwahrung oder in Beschlag genommenen Gegenstände sind genau zu verzeichnen und zur Verhütung von Verwechslungen durch amtliche Siegel oder in sonst geeigneter Weise kenntlich zu machen.[45])

§ **110.** Eine Durchsicht der Papiere des von der Durchsuchung Betroffenen steht nur dem Richter zu.

Andere Beamte sind zur Durchsicht der aufgefundenen Papiere nur dann befugt, wenn der Inhaber derselben die Durchsicht genehmigt. Anderenfalls haben sie die Papiere, deren Durchsicht sie für geboten erachten, in einem Umschlage, welcher in Gegenwart des Inhabers[46]) mit dem Amtssiegel zu verschließen ist, an den Richter abzuliefern.

Dem Inhaber der Papiere oder dessen Vertreter ist die Beidrückung seines Siegels gestattet; auch ist er, falls demnächst die Entsiegelung und Durchsicht der Papiere an-

---

41) Vgl. U 11/1 81, E 3, 185. S. A. 37 zu § 105.

42) Vgl. §§ 102 ff.

43) Vgl. A. 29 zu § 102.

44) Ausnahme von § 98 Abs. 1. Wegen der auch hier erforderlichen richterlichen Bestätigung s. § 98 Abs. 2.

45) Wegen der Befugnis des Inhabers der in Verwahrung genommenen Sachen zur Beidrückung seines Siegels s. § 110 Abs. 2.

46) oder dessen Vertreters. Vgl. §§ 106, 110 Abs. 2.

geordnet wird, wenn dies möglich, aufzufordern, derselben beizuwohnen.

Der Richter hat die zu einer strafbaren Handlung in Beziehung stehenden Papiere der Staatsanwaltschaft mitzuteilen.

§ 111. Gegenstände, welche durch die strafbare Handlung dem Verletzten entzogen wurden,[47]) sind, falls nicht Ansprüche Dritter entgegenstehen,[48]) nach Beendigung der Untersuchung und geeignetenfalls schon vorher von Amts wegen dem Verletzten zurückzugeben, ohne daß es eines Urteils hierüber bedarf.

Dem Beteiligten bleibt die Geltendmachung seiner Rechte im Zivilverfahren vorbehalten.

### 9. Abschnitt. Verhaftung und vorläufige Festnahme.*)

§ 112. Der Angeschuldigte darf nur dann in Untersuchungshaft genommen werden,[49]) wenn dringende Verdachtsgründe gegen ihn vorhanden sind und entweder er der Flucht verdächtig ist oder Tatsachen vorliegen, aus denen

---

47) Die Bestimmung des § 111 bezieht sich lediglich auf solche Gegenstände, welche durch die strafb. Handlung dem Verletzten entzogen sind, nicht aber auf solche Sachen, welche vom Beschuldigten mit entwendetem Gelde angeschafft wurden. U 12/1 80, E 1, 144. Deshalb ist ein in gerichtl. Verwahrung genommener Geldbetrag, welchen Angekl. aus dem Erlöse von ihm unterschlagener und umgewechselter Banknoten empfangen hatte, nicht an den Verletzten zurückzugeben. U 3/6 80, R 2, 20. Dagegen fallen die auf die entzogenen und vom Täter versetzten Gegenstände sich beziehenden Pfandscheine, da sie unmittelbar den entwendeten Gegenstand vertreten, unter die Bestimmung des § 111. U 5/7 80, R 2, 163. Über die Anwendung des § 111 auf Hehlerei s. U 25/3 89, E 19, 98.

48) Für die Fälle, in denen der Fiskus einen Anspruch auf den einzuziehenden Gegenstand hat, ist zu bemerken, daß dem Fiskus vor der Verurteilung noch kein erworbenes Recht zusteht, sein Recht auf die Sache vielmehr erst mit dem Ausspruch der Konfiskation als Nebenstrafe entsteht. Das Eigentum der konfiszierten Sache geht vor der Rechtskraft des auf Einziehung lautenden Urteils nicht auf den Fiskus über. U 2/7 88, E 18, 43.

*) Über Verhaftung und vorläufige Festnahme s. noch §§ 205, 211, 229, 235, 337 StPO und § 185 GVG. Wegen der Verhaftung von Mitgliedern des Reichstages s. Art. 31 ReichsVerf und betr. der auf Schiffen begangenen strafbaren Handlungen § 127 SeemO.

zu schließen ist, daß er Spuren der Tat vernichten oder daß er Zeugen oder Mitschuldige zu einer falschen Aussage oder Zeugen dazu verleiten werde, sich der Zeugnispflicht zu entziehen. Diese Tatsachen sind aktenkundig zu machen.

Der Verdacht der Flucht bedarf keiner weiteren Begründung:

1. wenn ein Verbrechen[50]) den Gegenstand der Untersuchung bildet;
2. wenn der Angeschuldigte ein Heimatloser[51]) oder Landstreicher[52]) oder nicht imstande ist, sich über seine Person auszuweisen;
3. wenn der Angeschuldigte ein Ausländer[53]) ist und gegründeter Zweifel besteht, daß er sich auf Ladung vor Gericht stellen und dem Urteile Folge leisten werde.

**§ 113.** Ist die Tat nur mit Haft oder mit Geldstrafe bedroht, so darf die Untersuchungshaft nur wegen Verdachts der Flucht und nur dann verhängt werden, wenn der Angeschuldigte zu den in § 112 Nr. 2 oder 3 bezeichneten Personen gehört, oder wenn derselbe unter Polizeiaufsicht steht,[54]) oder wenn es sich um eine Übertretung handelt, wegen deren die Überweisung an die Landespolizeibehörde erkannt werden kann.[55])

---

Wegen der Vorführung des Beschuldigten s. §§ 133, 134 und wegen des sicheren Geleites § 337.

49) Wegen der Ausführung der Untersuchungshaft s. § 116.

50) Ein Verbrechen ist nach § 1 Abs. 1 StGB: „jede mit dem Tode, mit Zuchthaus, oder mit Festungshaft von mehr als fünf Jahren bedrohte Handlung". Vgl. hierzu U 22/11 80, E 3, 52, wo ausgeführt wird, daß für die Einteilung der strafbaren Handlungen die an sich höchste Strafandrohung das maßgebende Moment bildet, und zwar diejenige Strafandrohung, welche die Handlung, den Tätigkeitsakt als solchen trifft, daß dagegen neben diesen objektiven Merkmalen die in der Person des einzelnen Angeklagten etwa liegenden subjektiven Gründe (mildernde Umstände, jugendliches Alter) für die Strafbestimmung nicht in Betracht kommen.

51) Wegen des Begriffes Heimatloser vgl. die Vorschriften des Ges über die Freizügigkeit v. 1. Nov. 67 (BGBl S. 55).

52) Wegen des Landstreichens s. § 361 StGB.

53) Wegen des Begriffes Ausländer s. A. 13 zu § 9.

54) Wegen der Polizeiaufsicht s. § 38 StGB.

§ **114.** Die Verhaftung erfolgt auf Grund eines schriftlichen Haftbefehls des Richters.[56])

In dem Haftbefehl ist der Angeschuldigte genau zu bezeichnen und die ihm zur Last gelegte strafbare Handlung sowie der Grund der Verhaftung anzugeben.

Dem Angeschuldigten ist der Haftbefehl bei der Verhaftung[57]) und, wenn dies nicht tunlich ist, spätestens am Tage nach seiner Einlieferung in das Gefängnis, nach Vorschrift des § 35 bekannt zu machen und zu eröffnen, daß ihm das Rechtsmittel der Beschwerde zustehe.[58])

§ **115.** Der Verhaftete muß spätestens am Tage nach seiner Einlieferung in das Gefängnis durch einen Richter über den Gegenstand der Beschuldigung gehört werden.

§ **116.** Der Verhaftete soll, soweit möglich, von anderen gesondert und nicht in demselben Raume mit Strafgefangenen verwahrt werden. Mit seiner Zustimmung kann von dieser Vorschrift abgesehen werden.

Dem Verhafteten dürfen nur solche Beschränkungen auferlegt werden, welche zur Sicherung des Zweckes der Haft oder zur Aufrechthaltung der Ordnung im Gefängnisse notwendig sind.

Bequemlichkeiten und Beschäftigungen, die dem Stande und den Vermögensverhältnissen des Verhafteten entsprechen, darf er sich auf seine Kosten verschaffen, soweit sie mit dem Zwecke der Haft vereinbar sind und weder die Ordnung im Gefängnisse stören, noch die Sicherheit gefährden.

Fesseln dürfen im Gefängnisse dem Verhafteten nur dann angelegt werden, wenn es wegen besonderer Gefährlichkeit seiner Person, namentlich zur Sicherung anderer

---

55) Die Übertretungen, wegen deren die Überweisung an die Landespolizeibehörde erkannt werden kann, sind nach § 362 StGB die daselbst im § 361 Nr. 3 bis 8 vorgesehenen Übertretungen.

56) Vgl. wegen der Befugnis der Staatsanwaltschaft, zum Zweck der Strafvollstreckung einen Haftbefehl zu erlassen, § 489 und darüber, welcher Richter zur Erlassung des Haftbefehls befugt ist, § 124.

57) Die Rechtmäßigkeit der Verhaftung ist von der vorgängigen Zustellung bzw. Verkündung des Haftbefehls nicht abhängig. U 4/6 86, R 8, 424.

58) Wegen der Beschwerde s. §§ 346, 347 ff.

erforderlich erscheint, oder wenn er einen Selbstentleibungs- oder Entweichungsversuch gemacht oder vorbereitet hat. Bei der Hauptverhandlung soll er ungefesselt sein.

Die nach Maßgabe vorstehender Bestimmungen erforderlichen Verfügungen hat der Richter zu treffen. Die in dringenden Fällen von anderen Beamten getroffenen Anordnungen unterliegen der Genehmigung des Richters.

**§ 117.** Ein Angeschuldigter, dessen Verhaftung lediglich wegen des Verdachts der Flucht angeordnet ist, kann gegen Sicherheitsleistung mit der Untersuchungshaft verschont werden.[59])

**§ 118.** Die Sicherheitsleistung ist durch Hinterlegung in barem Gelde oder in Wertpapieren oder durch Pfandbestellung oder mittels Bürgschaft geeigneter Personen zu bewirken.

Die Höhe und die Art der zu leistenden Sicherheit wird von dem Richter nach freiem Ermessen festgesetzt.

**§ 119.** Der Angeschuldigte, welcher seine Freilassung gegen Sicherheitsleistung beantragt, ist, wenn er nicht im Deutschen Reich wohnt, verpflichtet, eine im Bezirk des zuständigen Gerichts wohnhafte Person zur Empfangnahme von Zustellungen zu bevollmächtigen.

**§ 120.** Der Sicherheitsleistung ungeachtet ist der Angeschuldigte zur Haft zu bringen, wenn er Anstalten zur Flucht trifft, wenn er auf ergangene Ladung ohne genügende Entschuldigung ausbleibt, oder wenn neu hervorgetretene Umstände seine Verhaftung erforderlich machen.

**§ 121.** Eine noch nicht verfallene Sicherheit wird frei, wenn der Angeschuldigte zur Haft gebracht, oder wenn der Haftbefehl aufgehoben worden ist, oder wenn der Antritt der erkannten Freiheitsstrafe erfolgt.

Diejenigen, welche für den Angeschuldigten Sicherheit geleistet haben, können ihre Befreiung dadurch herbeiführen, daß sie entweder binnen einer vom Gerichte zu bestimmenden Frist die Gestellung des Angeschuldigten bewirken, oder von

---

59) Wegen der Zuständigkeit für die auf die Sicherheitsleistung bezüglichen Entscheidungen und wegen der Zustimmung der Staatsanwaltschaft in der Voruntersuchung s. § 124.

den Tatsachen, welche den Verdacht einer vom Angeschuldigten beabsichtigten Flucht begründen, rechtzeitig dergestalt Anzeige machen, daß die Verhaftung bewirkt werden kann.

**§ 122.** Eine noch nicht freigewordene Sicherheit verfällt der Staatskasse,[60]) wenn der Angeschuldigte sich der Untersuchung oder dem Antritt der erkannten Freiheitsstrafe entzieht.

Vor der Entscheidung sind der Angeschuldigte sowie diejenigen, welche für den Angeschuldigten Sicherheit geleistet haben, zu einer Erklärung aufzufordern. Gegen die Entscheidung steht ihnen nur die sofortige Beschwerde zu.[61]) Vor der Entscheidung über die Beschwerde ist den Beteiligten und der Staatsanwaltschaft Gelegenheit zur mündlichen Begründung ihrer Anträge sowie zur Erörterung über stattgehabte Ermittlungen zu geben.

Die den Verfall aussprechende Entscheidung hat gegen diejenigen, welche für den Angeschuldigten Sicherheit geleistet haben, die Wirkungen eines von dem Zivilrichter erlassenen, für vorläufig vollstreckbar erklärten Endurteils,[62]) und nach Ablauf der Beschwerdefrist die Wirkungen eines rechtskräftigen Zivilendurteils.

**§ 123.** Der Haftbefehl ist aufzuheben, wenn der in demselben angegebene Grund der Verhaftung weggefallen ist, oder wenn der Angeschuldigte freigesprochen oder außer Verfolgung gesetzt wird.

Durch Einlegung eines Rechtsmittels darf die Freilassung des Angeschuldigten nicht verzögert werden.

**§ 124.** Die auf die Untersuchungshaft, einschließlich der Sicherheitsleistung, bezüglichen Entscheidungen werden von dem zuständigen Gericht erlassen.[63])

60) In den in erster Instanz vor das Reichsgericht gehörigen Sachen tritt an Stelle der Staatskasse die Reichskasse. S. § 506.

61) Wegen der sofortigen Beschwerde s. § 353.

62) Wegen der vorläufigen Vollstreckbarkeit s. §§ 708 ff. ZPO.

63) Zuständiges Gericht ist das mit der bei ihm anhängigen Untersuchung zurzeit befaßte Gericht. Dies gilt auch für das Berufungsgericht, nicht aber für das Reichsgericht als Revisionsinstanz, welches außerhalb der vor dasselbe in erster Instanz gehörigen Straffälle (§§ 136, 138, 72 Abs. 1 GVG) weder zur Verhängung der Unter-

In der Voruntersuchung[63a]) ist der Untersuchungsrichter zur Erlassung des Haftbefehls und mit Zustimmung der Staatsanwaltschaft auch zur Aufhebung eines solchen sowie zur Freilassung des Angeschuldigten gegen Sicherheitsleistung befugt. Versagt die Staatsanwaltschaft diese Zustimmung, so hat der Untersuchungsrichter, wenn er die beanstandete Maßregel anordnen will, unverzüglich, spätestens binnen vierundzwanzig Stunden, die Entscheidung des Gerichts nachzusuchen.

Die gleiche Befugnis hat nach Eröffnung des Hauptverfahrens in dringenden Fällen der Vorsitzende des erkennenden Gerichts.

§ **125.** Auch vor Erhebung der öffentlichen Klage kann, wenn ein zur Erlassung eines Haftbefehls berechtigender Grund vorhanden ist, vom Amtsrichter auf Antrag der Staatsanwaltschaft oder, bei Gefahr im Verzuge, von Amts wegen ein Haftbefehl erlassen werden.

Zur Erlassung dieses Haftbefehls und der auf die Untersuchungshaft, einschließlich der Sicherheitsleistung, bezüglichen Entscheidungen ist jeder Amtsrichter befugt, in dessen Bezirk ein Gerichtsstand für die Sache begründet ist oder der zu Verhaftende betroffen wird.

Die Bestimmungen der §§ 114—123 finden entsprechende Anwendung.

§ **126.** Der vor Erhebung der öffentlichen Klage erlassene Haftbefehl ist aufzuheben, wenn die Staatsanwaltschaft es beantragt, oder wenn nicht binnen einer Woche[64]) nach Vollstreckung des Haftbefehls die öffentliche Klage erhoben und die Fortdauer der Haft von dem zuständigen Richter angeordnet, auch diese Anordnung zur Kenntnis des Amtsrichters gelangt ist.

---

suchungshaft, noch zur Entscheidung auf Beschwerden wegen Haftverhängung zuständig ist. Diese Maßnahmen stehen auch im Revisionsverfahren dem Gericht erster Instanz zu. U 14/3 81, E 3, 421. U 27/5 87, R. 9, 352.

63a) Die Voruntersuchung endet erst mit dem Zeitpunkte, wo die StA die Akten mit ihren Anträgen über das Ergebnis der Voruntersuchung der Strafkammer vorlegt (§ 196 Abs. 2). Beschl 29/3 00, E 33, 201.

64) Wegen der Berechnung dieser Frist s. § 43.

Wenn zur Vorbereitung und Erhebung der öffentlichen Klage die Frist von einer Woche nicht genügt, so kann dieselbe auf Antrag der Staatsanwaltschaft vom Amtsrichter um eine Woche und, wenn es sich um ein Verbrechen oder Vergehen[65]) handelt, auf erneuten Antrag der Staatsanwaltschaft um fernere zwei Wochen verlängert werden.

**§ 127.** Wird jemand auf frischer Tat betroffen oder verfolgt, so ist, wenn er der Flucht verdächtig ist oder seine Persönlichkeit nicht sofort festgestellt werden kann, jedermann befugt, ihn auch ohne richterlichen Befehl vorläufig festzunehmen.[66])

Die Staatsanwaltschaft und die Polizei- und Sicher-

---

65) Wegen des Begriffs des Verbrechens s. A. 50 zu § 112. Ein Vergehen ist nach § 1 Abs. 2 StGB: „jede mit Festungshaft bis zu fünf Jahren, mit Gefängnis oder mit Geldstrafe von mehr als einhundertfünfzig Mark bedrohte Handlung."

66) Der Begriff der Verfolgung umfaßt alle diejenigen Maßnahmen, welche auf die Ergreifung der als Täter ins Auge gefaßten Person abzielen und ihrer Natur nach geeignet sind, diese zu ermöglichen, zu erleichtern oder zu sichern. U 13/12 97, E 30, 386 (Besetzen von Wegen, die der zu Ergreifende voraussichtlich passieren wird). Im übrigen ist die vorläufige Festnahme von einer amtlichen Befugnis des Festnehmenden nicht abhängig, steht vielmehr ganz allgemein jedermann zu. U 11/5 85, E 12, 194. Sie findet ferner Anwendung wegen aller strafbaren Handlungen (insbesondere auch bei Entwendung von Feldfrüchten oder bei Verübung groben Unfugs), und ist auch nicht von der strafrechtlichen Verfolgbarkeit (§§ 55, 56 StGB) des Täters abhängig. Dagegen darf der Zweck derselben, d. h. Ermöglichung oder Sicherung strafrechtlicher Verfolgung, niemals überschritten werden. Eine widerrechtliche und wissentliche Überschreitung dieses Zweckes kann sich als Freiheitsberaubung darstellen (Fesseln des Festgenommenen). U 13/2 88, E 17, 217. U 15/3 87, E 15, 356. Andererseits schließt aber auch das Recht zur vorläufigen Festnahme das Recht zur Vornahme von Handlungen in sich, die, wenn die öffentl. rechtliche Befugnis nicht gegeben wäre, an sich als strafbar anzusehen wären, z. B. festes Anpacken der festzunehmenden Person als Mißhandlung. U 5/11 01, E 34, 444 (Irrtum über die Zulässigkeit der Mittel der vorl. Festnahme).

Wegen der Strafbarkeit des Widerstandes, welcher bei einer auf Grund des § 127 Abs. 1 erfolgten vorläufigen Festnahme geleistet wird, s. U 19/6 90, E 21, 10; und über die Bedeutung des § 161 gegenüber den Vorschriften des § 127 s. U 5/4 95, E 27, 153 (A. 9a zu § 161). – Eine Feststellung der Persönlichkeit liegt nicht stets schon dann vor, wenn der Betroffene die Fragen nach seinem Namen und seiner

heitsbeamten sind auch dann zur vorläufigen Festnahme befugt, wenn die Voraussetzungen eines Haftbefehls vorliegen und Gefahr im Verzug obwaltet.[67])

Bei strafbaren Handlungen, deren Verfolgung nur auf Antrag eintritt, ist die vorläufige Festnahme von der Stellung eines solchen Antrags nicht abhängig.[68])

**§ 128.** Der Festgenommene ist unverzüglich,[69]) sofern er nicht wieder in Freiheit gesetzt wird, dem Amtsrichter des Bezirks, in welchem die Festnahme erfolgt ist, vorzuführen. Der Amtsrichter hat ihn spätestens am Tage nach der Vorführung zu vernehmen.[70])

Hält der Amtsrichter die Festnahme nicht für gerechtfertigt oder die Gründe derselben für beseitigt, so verordnet er die Freilassung. Anderenfalls erläßt er einen Haftbefehl, auf welchen die Bestimmungen des § 126 Anwendung finden.

**§ 129.** Ist gegen den Festgenommenen bereits die öffentliche Klage erhoben, so ist derselbe entweder sofort,

---

Wohnung beantwortet, da hierdurch ein Beweis für die Richtigkeit der Angaben nicht erbracht wird. U 2/5 95, E 27, 198.

67) Der betreffende Beamte hat zunächst nach seinem eigenen Ermessen darüber zu befinden, ob solche Tatsachen, wie das Gesetz sie erfordert, vorliegen; er befindet sich in rechtmäßiger Ausübung seines Amtes, wenn er nach seinem pflichtmäßigen Ermessen handelt. U 12/12 84, R 6, 807. Im übrigen kann die vorl. Festnahme gemäß § 127 an jedem Orte und zu jeder Zeit, also auch zur Nachtzeit, erfolgen. U 18/2 07, E 40, 65.

68) Dem auf frischer Tat Betroffenen, welcher sich der vorläufigen Festnahme nicht freiwillig unterwirft, können von dem zur Festnahme Berechtigten Sachen und insbesondere Überführungsstücke, welche er bei sich trägt, abgenommen werden. U 20/3 83, E 8, 288.

69) Unverzüglich, d. h. ohne jeden unnützen, ungerechtfertigten Verzug. U 12/12 84, R 6, 807. Es werden hierbei stets die Umstände des einzelnen Falles zu berücksichtigen sein, auf welche Weise am zweckmäßigsten und kürzesten gerade im Interesse des Festgenommenen diejenigen Umstände zu beseitigen sind, welche die Freilassung behinderten. Insbesondere kann der durch eine Privatperson Festgenommene zunächst der Polizeibehörde (Zollamt) vorgeführt werden. U 26/10 96, E 29, 136.

70) Auch eine dem § 128 gemäß vorgenommene richterliche Vernehmung des ohne vorgängigen Strafantrag des Verletzten vorläufig festgenommenen Beschuldigten muß eine Unterbrechung der Strafverjährung nach § 68 StGB herbeiführen. U 13/2 82, E 6, 37.

oder auf Verfügung des Amtsrichters, welchem derselbe zunächst vorgeführt worden, dem zuständigen Gericht oder Untersuchungsrichter vorzuführen, und haben diese spätestens am Tage nach der Vorführung über Freilassung oder Verhaftung des Festgenommenen zu entscheiden.

§ **130.** Wird wegen Verdachts einer strafbaren Handlung, deren Verfolgung nur auf Antrag eintritt, ein Haftbefehl erlassen, bevor der Antrag gestellt ist, so ist der Antragsberechtigte, von mehreren wenigstens einer derselben, sofort von dem Erlaß des Haftbefehls in Kenntnis zu setzen. Auf den Haftbefehl finden die Bestimmungen des § 126 gleichfalls Anwendung.

§ **131.** Auf Grund eines Haftbefehls können von dem Richter sowie von der Staatsanwaltschaft Steckbriefe erlassen werden, wenn der zu Verhaftende flüchtig ist oder sich verborgen hält.[71])

Ohne vorgängigen Haftbefehl ist eine steckbriefliche Verfolgung nur dann statthaft, wenn ein Festgenommener aus dem Gefängnisse entweicht oder sonst sich der Bewachung entzieht. In diesem Falle sind auch die Polizeibehörden zur Erlassung des Steckbriefs befugt.

Der Steckbrief soll, soweit dies möglich, eine Beschreibung des zu Verhaftenden enthalten und die demselben zur Last gelegte strafbare Handlung sowie das Gefängnis bezeichnen, in welches die Ablieferung zu erfolgen hat.

§ **132.** Ist jemand auf Grund eines Haftbefehls oder eines Steckbriefs ergriffen worden, und kann er nicht spätestens am Tage nach der Ergreifung vor den zuständigen Richter gestellt werden, so ist er auf sein Verlangen sofort dem nächsten Amtsrichter vorzuführen.

Seine Vernehmung ist spätestens am Tage nach der Ergreifung zu bewirken. Weist er bei der Vernehmung nach, daß er nicht die verfolgte Person, oder daß die Verfolgung durch die zuständige Behörde wieder aufgehoben sei, so hat der Amtsrichter seine Freilassung zu verfügen.

---

71) Über die Befugnis der Staatsanwaltschaft bzw. des Amtsrichters, zum Zwecke der Strafvollstreckung Vorführungs- und Haftbefehle und Steckbriefe zu erlassen, s. § 489.

## 10. Abschnitt. Vernehmung des Beschuldigten.*)

§ 133. Der Beschuldigte ist zur Vernehmung schriftlich zu laden.

Die Ladung kann unter der Androhung geschehen, daß im Falle des Ausbleibens seine Vorführung erfolgen werde.

§ 134. Die sofortige Vorführung des Beschuldigten kann verfügt werden, wenn Gründe vorliegen, welche die Erlassung eines Haftbefehls rechtfertigen würden.

In dem Vorführungsbefehle ist der Beschuldigte genau zu bezeichnen und die ihm zur Last gelegte strafbare Handlung sowie der Grund der Vorführung anzugeben.

§ 135. Der Vorgeführte ist sofort von dem Richter zu vernehmen. Ist dies nicht ausführbar, so kann er bis zu seiner Vernehmung, jedoch nicht über den nächstfolgenden Tag hinaus, festgehalten werden.

§ 136. Bei Beginn der ersten Vernehmung ist dem Beschuldigten zu eröffnen, welche strafbare Handlung ihm zur Last gelegt wird. Der Beschuldigte ist zu befragen, ob er etwas auf die Beschuldigung erwidern wolle.[72])

Die Vernehmung soll dem Beschuldigten Gelegenheit zur Beseitigung der gegen ihn vorliegenden Verdachtsgründe und zur Geltendmachung der zu seinen Gunsten sprechenden Tatsachen geben.

Bei der ersten Vernehmung des Beschuldigten ist zugleich auf die Ermittlung seiner persönlichen Verhältnisse Bedacht zu nehmen.[73])

*) Wegen der Vernehmung von Personen, welche der deutschen Sprache nicht mächtig sind, s. § 187 GVG; von tauben oder stummen Personen § 158 ebenda und wegen der Beurkundung der Vernehmung des Beschuldigten §§ 166, 185, 186.

72) Hieraus ergibt sich, daß der Beschuldigte seine Verteidigung mündlich vorzutragen hat, und daß ihm die Vorlegung einer Verteidigungsschrift mit dem Verlangen, daß sie von dem Richter berücksichtigt werden solle, nicht gestattet ist. U 12/6 82, R 4, 563. U 10/7 03, DR 7, 486.

73) Wegen Feststellung der Vorstrafen s. Bundesrats-Verordn v. 16/6 82 betr. Einrichtung von Strafregistern (RZBl S. 309).

## II. Abschnitt. Verteidigung.

**§ 137.** Der Beschuldigte kann sich in jeder Lage des Verfahrens[74]) des Beistandes eines Verteidigers bedienen.[75])

Hat der Beschuldigte einen gesetzlichen Vertreter,[76]) so kann auch dieser selbständig einen Verteidiger wählen.[77])

**§ 138.** Zu Verteidigern können die bei einem deutschen Gerichte zugelassenen Rechtsanwälte[78]) sowie die Rechtslehrer an deutschen Hochschulen gewählt werden.

---

74) Die Verteidigung kann sonach schon im Vorverfahren beginnen; sie wird mit der Hauptverhandlung und der Urteilsverkündung nicht abgeschlossen und kann sich auch in der Anmeldung, Begründung und Verfolgung des gegen das Urteil zulässigen Rechtsmittels fortsetzen. Sie umfaßt auch die Vertretung des Beschuldigten, insoweit eine solche nach der Natur des Strafprozesses oder nach positiven Bestimmungen überhaupt zulässig und nicht noch an die Beibringung schriftlicher Vollmacht (§§ 233, 370, 390) oder an eine ausdrückliche Genehmigung (§ 344 Abs. 2) geknüpft ist. Beschl 16/10 83, E 9, 78.

75) Das Recht des Beschuldigten auf Wahl eines Verteidigers darf nicht beschränkt werden. Unzulässige Beschränkung der Verteidigung liegt vor, wenn ein Brief des verhafteten Angekl., in welchem derselbe einen Rechtsanwalt um Übernahme der Verteidigung ersucht, ohne Verschulden des Angekl. dem Rechtsanwalt nicht vor dem Hauptverhandlungstermin zugeht. U 4/3 97, E 29, 440. Wegen der Zulässigkeit mehrerer Verteidiger in der Hauptverhandlung s. § 226 und wegen der Verteidigung mehrerer Beschuldigter durch einen gemeinschaftlichen Verteidiger § 146. — Die Wahl eines Verteidigers kann auch für einen einzelnen begrenzten Akt der Verteidigung (Revisionsbegründung) erfolgen. Beschl 16/10 83, E 9, 78.

76) Wegen des gesetzlichen Vertreters s. §§ 1626, 1630, 1685, 1773, 1896, 1906, 1909, 1911 BGB.

77) Wegen der sonstigen Rechte des gesetzlichen Vertreters s. §§ 140, 149, 268, 340. In allen diesen Fällen handelt es sich nicht um eine notwendige Vertretung des Beschuldigten, so daß der gesetzliche Vertreter von Amts wegen zugezogen werden müßte, sondern das Gesetz gestattet nur den gesetzlichen Vertretern das Eingreifen in die Verhandlungen, wenn sie solches zum Zwecke der Wahrnehmung der Interessen ihrer Schutzbefohlenen für erforderlich erachten. U 12/6 85, R 7, 377.

78) Wegen der Rechtsanwälte vgl. § 26 RechtsanwOrdn v. 1/7 78 (RGBl S. 177): „Auf Grund der Zulassung bei einem Gericht ist der Rechtsanwalt befugt, in den Sachen, auf welche die StPO, die ZPO und die KonkOrdn Anwendung finden, vor jedem Gericht innerhalb des Reiches Verteidigung zu führen, als Beistand aufzutreten und, insoweit eine Vertretung durch Anwälte nicht geboten ist, die Vertretung zu

Andere Personen können nur mit Genehmigung des Gerichts[79]) und, wenn der Fall einer notwendigen Verteidigung vorliegt[80]) und der Gewählte nicht zu den Personen gehört, welche zu Verteidigern bestellt werden dürfen, nur in Gemeinschaft mit einer solchen als Wahlverteidiger zugelassen werden.

**§ 139.** Der als Verteidiger gewählte Rechtsanwalt kann mit Zustimmung des Angeklagten[81]) die Verteidigung einem Rechtskundigen, welcher die erste Prüfung für den Justizdienst bestanden hat und in demselben seit mindestens zwei Jahren beschäftigt ist, übertragen.[82])

**§ 140.** Die Verteidigung ist notwendig in den Sachen, welche vor dem Reichsgericht in erster Instanz[83]) oder vor dem Schwurgerichte[84]) zu verhandeln sind.

---

übernehmen." — Rechtsanwälte, welche in der Hauptverhandlung als Zeugen auftreten, können grundsätzlich nicht als Verteidiger in derselben Hauptverhandl. mitwirken. Ob im einzelnen Ausnahmefall einem in derselben Verhandlung als Zeuge bereits vernommenen und als solcher entlassenen Rechtsanwalt die Übernahme der Verteidigung zu gestatten ist, unterliegt dem Ermessen des Gerichts. U 20/10 91, E 39, 312. U 2/10 93, E 24, 296. Das Gericht ist jedenfalls befugt, die Zulassung eines als Zeuge geladenen Verteidigers abzulehnen, selbst wenn er nach § 52 Nr. 3 sein Zeugnis verweigert. U 15/10 06, DJZ 12, 240.

79) Die Genehmigung des Gerichts kann auch in der Weise erfolgen, daß die Zulassung nur für einen einzelnen, begrenzten Akt der Verteidigung geschieht. Beschl 16/10 83, E 9, 78.

80) Wegen der notwendigen Verteidigung s. § 140. — Wenn sich in der Hauptverhandlung die Sachlage derartig gestaltet, daß die Verteidigung zu einer notwendigen (§ 140) wird, so muß neben dem etwa schon zugelassenen nicht sachverständigen Wahlverteidiger noch ein nach § 144 sachverständig gebildeter Verteidiger bestellt werden. U 26/6 96, E 29, 11.

81) Aus dem Worte Angeklagter ist zu entnehmen, daß die Vorschrift des § 139 erst dann Anwendung findet, wenn gegen den Beschuldigten oder Angeschuldigten das Hauptverfahren eröffnet ist. Vgl. § 155.

82) Abgesehen von dem Falle des § 139 ist grundsätzlich die Zustimmung des Angekl. zur Substitution eines Rechtsanwalts nicht erforderlich. Ein bei dem Landgericht zugelassener RA kann deshalb, selbst wenn er vom Angekl. ohne ausdrückliche Substitutionsbefugnis zum Verteidiger bestellt war, die Vertretung des Angekl. in der Revisionsinstanz einem bei dem Reichsgericht zugelassenen RA übertragen. U 11/10 83, E 9, 279. U 20/12 07, E 41, 14 (Substitution zwecks Einlegung der Revision).

In Sachen, welche vor dem Landgericht in erster Instanz zu verhandeln sind,[85]) ist die Verteidigung notwendig:

1. wenn der Angeschuldigte taub oder stumm ist oder das sechzehnte Lebensjahr noch nicht vollendet hat;
2. wenn ein Verbrechen den Gegenstand der Untersuchung bildet und der Beschuldigte oder sein gesetzlicher Vertreter die Bestellung eines Verteidigers beantragt.[86])

Diese Bestimmung findet nicht Anwendung, wenn die strafbare Handlung nur deshalb als ein Verbrechen sich darstellt,' weil sie im Rückfall begangen ist.[87])

In den Fällen des Abs. 1 und des Abs. 2 Nr. 1 ist dem Angeschuldigten, welcher einen Verteidiger noch nicht gewählt hat, ein solcher von Amts wegen zu bestellen, sobald die im § 199 vorgeschriebene Aufforderung stattgefunden hat.[88]) In dem Falle des Abs. 2 Nr. 2 ist der

83) Vgl. § 136 Nr. 1 GVG.

84) Vgl. § 80 GVG. — Wenn in einer schwurgerichtl. Verhandlung gegen einen Angekl. außer einem Verbrechen auch ein Vergehen oder eine Übertretung zur Aburteilung gelangt, so ist die Verteidigung bezüglich sämtlicher Straffälle eine notwendige. U. 28/1 81, R 2, 764.

85) Vgl. §§ 73ff. GVG. — Wenn vor dem Landgericht in erster Instanz gegen einen Angekl. verschiedene Delikte verhandelt werden, wegen deren event. auf eine Gesamtstrafe erkannt werden muß, so ist wegen des Zusammenhanges die Verteidigung auch wegen solcher Delikte eine notwendige, bei welchen, wenn sie allein zur Aburteilung ständen, die Zuziehung eines Verteidigers nicht erforderlich wäre. U 28/1 81, R 2, 764.

86) Ebenso muß, wenn sich die Tat erst in der Hauptverhandlung als Verbrechen herausstellt, auf den früheren rechtzeitigen Antrag hin ein Verteidiger bestellt werden. U 1/4 05, DJZ 10, 864. In den Fällen des § 140 Nr. 2 ist auch ein Verzicht auf die Verteidigung zulässig, der jedoch stets ausdrücklich erklärt werden muß und nicht ohne weiteres aus dem bloß negativen Verhalten des Angekl. gefolgert werden kann. U 28/1 81, R 2, 764. U 6/11 03, G 51, 52.

87) Vgl. §§ 244, 245, 261, 264 StGB.

88) Die durch das Lebensalter des Angekl. bei der Aufforderung aus § 199 gesetzlich begründete Notwendigkeit der Verteidigung fällt dadurch nicht fort, daß der Angekl. nach dem Eröffnungsbeschlusse und noch vor der Hauptverhandlung das Alter von 16 Jahren erreicht hat. U 3/7

Antrag binnen einer Frist von drei Tagen nach der Aufforderung zu stellen.[89])

**§ 141.** In anderen als den im § 140 bezeichneten Fällen kann das Gericht und bei vorhandener Dringlichkeit der Vorsitzende desselben auf Antrag oder von Amts wegen einen Verteidiger bestellen.[89a])

**§ 142.** Die Bestellung des Verteidigers kann schon während des Vorverfahrens erfolgen

**§ 143.** Die Bestellung ist zurückzunehmen, wenn demnächst ein anderer Verteidiger gewählt wird und dieser die Wahl annimmt.[90])

---

85, R 7, 467. Die Bestellung des Verteidigers nach Ablauf der gemäß § 199 bestimmten Frist kann die Revision nur dann begründen, wenn ein in der Hauptverhandlung wegen dieses gesetzwidrigen Vorgangs gestellter Antrag auf Aussetzung des Hauptverfahrens ohne genügenden Grund abgelehnt wurde. U 12/11 83, R 5, 682. Vgl. U 21/12 82, R 4, 890 u. U 11/7 82, E 6, 441. Dagegen begründet es die Revision, wenn in den Fällen des Abs. 1 und des Abs. 2 Nr. 1 erst bei Beginn der Hauptverhandlung dem Angekl. von Amts wegen ein Verteidiger bestellt ist. U 8/11 89, E 20, 38.

Die in den Fällen des § 140 einmal erfolgte Bestellung eines Verteidigers bleibt bestehen, auch wenn nach Art der Eröffnung des Hauptverfahrens der Grund zur Bestellung weggefallen ist. Der einmal bestellte Verteidiger muß also, wenn nicht die Zurücknahme der Bestellung erfolgt, als solcher geladen werden. U 3/1 91, E 21, 266.

Wenn die Bestellung eines Verteidigers in den Fällen des § 140 überhaupt unterlassen wurde, so unterliegt das Urteil — in den Fällen des Abs. 2 Nr. 2 unter der Voraussetzung, daß der Antrag auf Bestellung des Verteidigers rechtzeitig gestellt war — der Aufhebung im Wege der Revision. U 6/10 80, R 2, 298. U 3/7 85, R 7, 467. Wegen Heilung des Verstoßes durch Verzicht s. U 7/12 08, E 42, 95.

89) Diese dreitägige Frist darf dem Angekl. durch Stellung einer kürzeren Erklärungsfrist nicht verkürzt werden. U 29/10 80, R 2, 406. Wenn der Angekl. aber den Antrag auf Bestellung eines Verteidigers innerhalb der dreitägigen Frist nicht gestellt hat, so kann er dies auch dann nicht nachholen, wenn die Wiederaufnahme des Verfahrens und die Erneuerung der Hauptverhandlung angeordnet ist (§ 410 Abs. 2). U. 27/11 02, E 35, 409.

89a) Ein vor der Hauptverhandlung aus § 141 gestellter Antrag auf Bestellung eines Verteidigers, auf den ein Bescheid nicht erging, braucht nicht erneuert zu werden, wenn in der Hauptverhandlung infolge einer Klageänderung die Bestellung eines Verteidigers aus § 140 Abs. 2 Nr. 2 notwendig wird. U 28/5 00, E 33, 302.

90) Die Bestellung eines Verteidigers auf Grund des § 141 dauert

§ 144. Die Auswahl des zu bestellenden Verteidigers erfolgt durch den Vorsitzenden des Gerichts aus der Zahl der am Sitze dieses Gerichts wohnhaften Rechtsanwälte. Für das vorbereitende Verfahren erfolgt die Bestellung durch den Amtsrichter. [91])

Auch Justizbeamte, welche nicht als Richter angestellt sind, sowie solche Rechtskundige, welche die vorgeschriebene erste Prüfung für den Justizdienst bestanden haben, können als Verteidiger bestellt werden. [91a])

§ 145. Wenn in einem Falle, in welchem die Verteidigung eine notwendige oder die Bestellung eines Verteidigers in Gemäßheit des § 141 erfolgt ist, der Verteidiger in der Hauptverhandlung ausbleibt, [92]) sich un-

---

fort, nachdem das Urteil der Strafkammer vom Revisionsgericht aufgehoben und die Sache zur anderweiten Verhandlung und Entscheidung in die Vorinstanz zurückgewiesen ist. U 26/2 07, E 40, 4. Wegen der Fortdauer für das Wiederaufnahmeverfahren s. U 29/6 91, E 22, 97. U 15/12 96, E 29, 278.

91) Der bestellte Verteidiger ist an sich nicht befugt, die Verteidigung einem anderen Anwalt zu übertragen; das Gericht, welches den Verteidiger bestellt hat, kann jedoch einen Substituten zulassen, ohne daß es der Zustimmung des Angekl. bedarf. U 9/2 88, R 10, 104. Vgl. A. 82 zu § 139 und § 39 RechtsanwOrdn: „Für die Verpflichtung des Rechtsanwalts, in Strafsachen die Verteidigung zu führen, sind die Bestimmungen der StPO maßgebend. In denjenigen Fällen, in welchen nach § 144 StPO die Bestellung des Verteidigers durch den Vorsitzenden des Landgerichts oder den Amtsrichter zu erfolgen hat, stehen den am Sitze des Gerichts wohnhaften Rechtsanwälten die innerhalb des Bezirks desselben wohnhaften und bei demselben zugelassenen gleich. Auf Reisekosten und Tagegelder für die Reise nach dem Sitze des Gerichts haben dieselben keinen Anspruch. Ein nach § 12 widerruflich zugelassener Rechtsanwalt kann in Ermangelung von Rechtsanwälten, welche im Bezirke des Gerichts wohnhaft sind, in den Fällen des § 144 StPO zum Verteidiger bestellt werden."

91a) Die hier bezeichneten Rechtskundigen (Referendare) dürfen ohne Rücksicht auf die Zahl der am Sitze des Gerichts wohnhaften Rechtsanwälte mit Verteidigungen betraut werden. U 15/5 00, E 33, 330.

92) Eines besonderen Aufrufs der betreffenden Sache im Anwaltszimmer bedarf es nicht; zu einem solchen würde nur dann Anlaß vorliegen, wenn das Gericht Kenntnis davon hatte, daß der vorgeladene Verteidiger im Gerichtsgebäude sich aufhielt, und dazu ist erforderlich, daß derselbe sich in irgendeiner Weise bei dem im Sitzungssaal verhandelnden Gericht anmeldet. U 19/4 81, R 3, 236. Vgl. U 15/10 09, G 57, 208.

zeitig entfernt[93]) oder sich weigert, die Verteidigung zu führen, so hat der Vorsitzende dem Angeklagten sogleich einen anderen Verteidiger zu bestellen. Das Gericht kann jedoch auch eine Aussetzung der Verhandlung beschließen.[94])

Erklärt der neu bestellte Verteidiger, daß ihm die zur Vorbereitung der Verteidigung erforderliche Zeit nicht verbleiben würde, so ist die Verhandlung zu unterbrechen oder auszusetzen.[95])

Wird durch die Schuld des Verteidigers eine Aussetzung erforderlich, so sind demselben, vorbehaltlich dienstlicher Ahndung,[96]) die hierdurch verursachten Kosten aufzuerlegen.

---

93) Wegen unzeitiger Entfernung des Verteidigers vgl. U 28/6 10, E 44, 16. Im schwurgerichtl. Verfahren muß der Verteidiger mit Rücksicht auf § 314 Abs. 2 auch nach Verkündung des Spruchs der Geschworenen bis zum Erlaß des Urteils anwesend sein. U 14/6 80, E 2, 104.

94) Die Bestellung eines anderen Verteidigers oder die Aussetzung der Verhandlung ist nicht durch einen Antrag des Angekl. bedingt. Im schwurgerichtl. Verfahren ist auch ein Verzicht des letzteren auf Zuziehung eines anderen Verteidigers oder auf Aussetzung der Verhandlung unzulässig, U 14/6 80, E 2, 104, während ein solcher Verzicht in den Fällen des § 140 Nr. 2 gestattet ist. U 28/1 81, R 2, 764. Vgl. U 6/11 03, G 51, 52. Die Auswahl des anderen Verteidigers steht lediglich dem Vorsitzenden zu; ein Widerspruch des Angekl. gegen die vom Vorsitzenden gesetzmäßig erfolgte Bestellung ist unwirksam. Dem neuen, nach Beginn der Hauptverhandlung bestellten Verteidiger darf der Vorsitzende von dem bisherigen Verlaufe der Sache Mitteilung machen. U 15/5 00, E 33, 330.

Die Unterlassung der Bestellung eines anderen Verteidigers oder der Aussetzung der Verhandlung führt, wenn nicht ein nach dem Vorstehenden wirksamer Verzicht des Angekl. vorliegt, zur Aufhebung des Urteils oder wenigstens desjenigen Teiles der Verhandlung, in welchem der Angekl. ohne Verteidiger gewesen ist. U 14/6 80, E 2, 104.

Wenn das Gericht einen besonderen Termin zur Verkündung des Urteils angesetzt hat und in diesem nochmals in die Verhandlung eintreten will, so muß es, wenn der dem Angekl. bestellte Verteidiger nicht erschienen ist, sogleich einen anderen Verteidiger bestellen oder die Aussetzung der Verhandlung beschließen. U 15/10 96, G 44, 272.

95) Nur der von Gerichts wegen neu bestellte, nicht auch der neu eintretende Wahlverteidiger hat das Recht auf Unterbrechung oder Aussetzung der Verhandlung. U 18/4 87, E 16, 32.

96) Wegen der dienstlichen Ahndung s. §§ 62 ff. RechtsanwOrdn. Vgl. auch § 180 GVG.

§ 146. Die Verteidigung mehrerer Beschuldigter kann, insofern dies der Aufgabe der Verteidigung nicht widerstreitet, durch einen gemeinschaftlichen Verteidiger geführt werden.[96a])

§ 147. Der Verteidiger ist nach dem Schlusse der Voruntersuchung und, wenn eine solche nicht stattgefunden hat, nach Einreichung der Anklageschrift bei dem Gerichte zur Einsicht der dem Gerichte vorliegenden Akten befugt.[96b])

Schon vor diesem Zeitpunkte ist ihm die Einsicht der gerichtlichen Untersuchungsakten insoweit zu gestatten, als dies ohne Gefährdung des Untersuchungszweckes geschehen kann.

Die Einsicht der Protokolle über die Vernehmung des Beschuldigten, der Gutachten der Sachverständigen und der Protokolle über diejenigen gerichtlichen Handlungen, denen der Verteidiger beizuwohnen befugt ist, darf ihm keinenfalls verweigert werden.

Nach dem Ermessen des Vorsitzenden können die Akten, mit Ausnahme der Überführungsstücke, dem Verteidiger in seine Wohnung verabfolgt werden.

§ 148. Dem verhafteten Beschuldigten ist schriftlicher und mündlicher Verkehr mit dem Verteidiger gestattet.[97])

Solange das Hauptverfahren nicht eröffnet ist, kann der Richter schriftliche Mitteilungen zurückweisen, falls deren Einsicht ihm nicht gestattet wird.

Bis zu demselben Zeitpunkte kann der Richter, sofern die Verhaftung nicht lediglich wegen Verdachts der Flucht gerechtfertigt ist, anordnen, daß den Unterredungen mit dem Verteidiger eine Gerichtsperson beiwohne.[97a])

---

96a) Über die Aufgaben der Verteidigung und die Fälle, in denen ein Verteidiger nicht gleichzeitig die Rechtszuständigkeiten mehrerer Angeklagter wirksam wahrnehmen kann, s. U 11/4 02, E 35, 189.

96b) Vorausgesetzt wird, daß ein ordnungsmäßiges Gesuch des Verteidigers um Gestattung der Akteneinsicht vorliegt; die Akten brauchen dem Verteidiger nicht unausgesetzt auf der Gerichtsschreiberei zur Einsicht bereit gehalten zu werden. U 19/2 00, E 33, 168. Einsicht von Beiakten, welche dem Gericht nur unter Vorbehalt, insbes. bloß „vertraulich" überlassen sind, steht dem Vert. nicht zu. U 6/4 09, E 42, 291.

97) Jedoch nur auf Verlangen. U 2/1 11, DJZ 16, 763.

**§ 149.** Der Ehemann einer Angeklagten ist in der Hauptverhandlung als Beistand derselben zuzulassen und auf sein Verlangen zu hören.

Dasselbe gilt von dem gesetzlichen Vertreter eines Angeklagten.[98])

In dem Vorverfahren unterliegt die Zulassung solcher Beistände dem richterlichen Ermessen.

**§ 150.** Dem zum Verteidiger bestellten Rechtsanwalte sind für die geführte Verteidigung die Gebühren nach Maßgabe der Gebührenordnung aus der Staatskasse zu bezahlen.[99])

Der Rückgriff an den in die Kosten verurteilten Angeklagten bleibt vorbehalten.

---

97a) Nach Eröffnung des Hauptverfahrens darf der Richter jene Beschränkung des Verkehrs nicht mehr anordnen, selbst wenn dieselbe in der betr. Gefängnisordnung vorgeschrieben sein sollte. U 2/5 98, E 31, 128.

98) Wegen des gesetzlichen Vertreters s. §§ 1626, 1630, 1685, 1773, 1896, 1906, 1909 BGB. Der Ehemann und der gesetzl. Vertreter haben keinen Anspruch auf Ladung zum Verhandlungstermin, solange sie nicht dem Gericht ihre Absicht als Beistand aufzutreten, angezeigt oder um Mitteilung des Termins gebeten haben. U 18/12 05, DJZ 11, 487. Ist dies aber geschehen, so wird § 149 verletzt, wenn der Verhandlungstermin zu einer früheren Stunde, als er angesetzt worden, ohne die vorgängige Benachrichtigung des zuzulassenden Beistandes abgehalten wird. U 6/10 81, R 3, 607. Vgl. U 31/5 05, E 38, 106. Auch bei Anwesenheit des Ehemannes oder gesetzlichen Vertreters in der Hauptverhandlung hat das Gericht deren Zulassung nur auf Antrag auszusprechen. U 5/6 08, E 41, 348. Der gesetzliche Anspruch des Ehemannes oder gesetzl. Vertreters des Angekl. auf Zulassung als Beistand wird durch die Zeugeneigenschaft dieser Personen nicht ausgeschlossen. U 6/11 91, E 22, 198. Im übrigen gibt die Beistandschaft das Recht, während der ganzen Dauer der Hauptverhandlung das Wort zu verlangen, U 9/12 02, G 50, 120; der Beistand muß sich aber darauf beschränken, Anführungen tatsächlicher und rechtlicher Natur zu machen oder Anregungen, insbesondere zur Erhebung von Beweisen zu geben, wogegen ihm die förmlichen prozessualen Rechte des Angekl. wie das der Antragstellung, der Beanstandung von Maßnahmen des Vorsitzenden u. dgl. versagt sind. U 15/3 01, G 48, 132.

99) Der § 150 Abs. 1 findet nur Anwendung, wenn der Verteidiger ein Rechtsanwalt und vom Gericht dem Angekl. bestellt worden ist, wobei es keinen Unterschied macht, ob die Verteidigung eine notwendige i. S. § 140 war, oder ob die Bestellung in Anwendung des § 141 erfolgt

## 2. Buch. Verfahren in erster Instanz.

### 1. Abschnitt. Öffentliche Klage.

§ **151.** Die Eröffnung einer gerichtlichen Untersuchung ist durch die Erhebung einer Klage bedingt.

§ **152.** Zur Erhebung der öffentlichen Klage ist die Staatsanwaltschaft berufen.

Dieselbe ist, soweit nicht gesetzlich ein anderes bestimmt ist,[100]) verpflichtet,[1]) wegen aller gerichtlich strafbaren und verfolgbaren Handlungen[2]) einzuschreiten, sofern zureichende tatsächliche Anhaltspunkte vorliegen.

§ **153.** Die Untersuchung und Entscheidung erstreckt sich nur auf die in der Klage bezeichnete Tat[2a]) und auf die durch die Klage beschuldigten Personen.

Innerhalb dieser Grenzen sind die Gerichte zu einer selbständigen Tätigkeit berechtigt und verpflichtet;[3]) ins-

---

ist. Dem gewählten Verteidiger sind die Gebühren für die von ihm geführte Verteidigung selbst dann nicht aus der Staatskasse zu zahlen, wenn die Verteidigung eine notwendige war. U 29/11 83, R 5, 743. — Der dem Privatkläger auf Grund des Armenrechts (§ 419 Abs. 3) zur unentgeltlichen Wahrnehmung seiner Rechte als Vertreter beigeordnete Rechtsanwalt hat keinen Anspruch auf Zahlung von Gebühren aus der Staatskasse. Beschl 8/5 94, E 25, 360. Wegen der Höhe der Gebühren s. §§ 63 ff. Gebührenordn. für Rechtsanwälte v. 7/7 79.

100) Vgl. z. B. § 208 (für die Strafzumessung unwesentliche Straffälle); § 410 (nur auf Antrag zu verfolgende Beleidigungen und Körperverletzungen); § 4 StGB (im Auslande begangene strafbare Handlungen).

1) Wegen der Privatklage s. §§ 414 ff.

2) Vgl. § 55 StGB.: „Wer bei Begehung der Handlung das zwölfte Lebensjahr nicht vollendet hat, kann wegen derselben nicht strafrechtlich verfolgt werden" und § 66 ebenda: „Durch Verjährung wird die Strafverfolgung .... ausgeschlossen"; außerdem: §§ 5, 11, 12, 61 und §§ 99, 101, 102, 103, 104 StGB. Art. 2, 30 Reichs-Verf.

2a) Die Tat ist nicht nur das einzelne in der Anklageschrift bzw. dem Eröffnungsbeschlusse hervorgehobene historische Vorkommnis, sondern die gesamte hiermit in Verbindung stehende, etwa sonst noch stattgehabte Tätigkeit des Angekl., insoweit diese Tätigkeit mit jenem Vorkommnisse als eine und dieselbe Handlung anzusehen ist. U 1/11 93, E 24, 370.

3) Insbesondere sind die Gerichte berechtigt und verpflichtet, auch ohne Anträge der Prozeßbeteiligten nach Maßgabe der Anklage die

besondere sind sie bei Anwendung des Strafgesetzes an die gestellten Anträge nicht gebunden.[4])

§ **154.** Die öffentliche Klage kann nach Eröffnung der Untersuchung[4a]) nicht zurückgenommen werden.[5])

§ **155.** Im Sinne dieses Gesetzes ist:

Angeschuldigter der Beschuldigte, gegen welchen die öffentliche Klage erhoben ist,

Angeklagter der Beschuldigte oder Angeschuldigte, gegen welchen die Eröffnung des Hauptverfahrens beschlossen ist.

## 2. Abschnitt. Vorbereitung der öffentlichen Klage.

§ **156.** Anzeigen strafbarer Handlungen oder Anträge auf Strafverfolgung können bei der Staatsanwaltschaft, den Behörden und Beamten des Polizei- und Sicherheitsdienstes und den Amtsgerichten mündlich oder schriftlich angebracht werden. Die mündliche Anzeige ist zu beurkunden.[6])

Bei strafbaren Handlungen, deren Verfolgung nur auf

---

Wahrheit vollständig zu ermitteln und erforderlichenfalls von Amts wegen die Beweisaufnahme zu ergänzen. U 23/3 82, E 6, 135.

4) Insbesondere ist das erkennende Gericht verpflichtet, die unter Anklage gestellte Tat von Amts wegen auch aus anderen rechtlichen Gesichtspunkten, als den von der StA hervorgehobenen, zu beurteilen. U 29/3 81 E 4, 34. U 8/10 81, E 5, 97. U 8/12 80, E 3, 95 u.a. Vgl. die Anmerkungen zu § 263.

4a) Eine solche liegt nicht in der Anordnung einzelner Beweiserhebungen gemäß § 200. U 12/3 08, JW 37, 590.

5) Ausnahmen von dem Grundsatz des § 154 s. im § 451 (Fallenlassen der Klage im Verfahren bei amtsrichterl. Strafbefehl); § 454 (Zurücknahme der polizeil. Strafverfügung); § 460 (Zurücknahme des Strafbescheides der Verwaltungsbehörde bei Zuwiderhandlungen gegen die Vorschriften über die Erhebung öffentlicher Abgaben und Gefälle). Wegen Zurücknahme der Privatklage und der Nebenklage s. §§ 431, 442, 444 Abs. 2.

6) Bei der Beurkundung sind besondere Förmlichkeiten nicht zu beobachten; die Angaben des Komparenten brauchen weder in direkter Redeform niedergeschrieben, noch von ihm unterschrieben, noch ihm vorgelesen zu werden. U 30/4 85, E 12, 173. U 22/7 04, DR 8, 487 (Niederschrift des Strafantrags eines zur Antragstellung berechtigten Vorstandes einer Polizeibehörde in die daselbst befindlichen Akten).

Antrag eintritt, muß der Antrag bei einem Gericht[7]) oder der Staatsanwaltschaft schriftlich oder zu Protokoll, bei einer anderen Behörde schriftlich angebracht werden.[8])

§ **157.** Sind Anhaltspunkte dafür vorhanden, daß jemand eines nicht natürlichen Todes gestorben ist, oder wird der Leichnam eines Unbekannten gefunden, so sind

---

7) Örtliche oder sachliche Zuständigkeit des Gerichts wird nicht gefordert, so daß der Strafantrag bei jedem Gericht, also auch bei einem Militärgericht erfolgen kann. U 20/9 87, R 9, 446. U 24/11 03, DR 7, 610. Vgl. über Antragstellung in der Hauptverhandlung U 1/5 05, E 38, 39.

8) Als schriftlicher Antrag gilt auch der vor einer anderen Behörde als dem Gericht oder der StA mündlich vorgetragene, von der Behörde niedergeschriebene und von dem Verletzten unterschriebene Antrag. U 28/6 80, E 2, 253. U 2/2 81, R 3, 3 (Polizeibeamte, Gendarmen). U 30/1 88, R 10, 90 (Schiedsmann). Dagegen ist ein nur mündlicher Antrag, welcher in einer vom Antragsteller nicht unterschriebenen Verhandlung von Beamten des Polizei- und Sicherheitsdienstes entgegengenommen ist, selbst dann unwirksam, wenn diese Beamten Hilfsbeamte der StA sind. U 23/11 80, E 3, 55. U 5/1 82, R 4, 17. Auch ein mittels Telegramms gestellter Strafantrag ist zulässig und als schriftlicher Strafantrag i. S. § 156 zu erachten. U 16/10 84, R 6, 624. Unterschrift des Antragstellers ist stets erforderlich; jedoch genügt Unterkreuzung, Stempelung usw., wenn sie für sich allein oder in Verbindung mit dem sonstigen Inhalt des Schriftstücks zum Ausdruck bringt, daß der Inhalt des letzteren dem wirklichen Willen des Ausstellers entspricht. Eine Nachholung der fehlenden Unterschrift nach Ablauf der dreimonatl. Antragsfrist ist unzulässig. U 29/3 81, E 3, 442. U 6/5 81, R 3, 281. Ein Strafantrag gilt auch dann als schriftlich gestellt, wenn er im mündlichen Auftrage des Berechtigten von einem Dritten nicht bloß geschrieben, sondern auch mit der Namensunterschrift des Berechtigten versehen ist. U 24/2 82, E 6, 69. Vgl. auch U 10/12 80, R 2, 625 u. U 21/3 81, E 3, 425, wonach in allen Fällen zur Legitimation des Dritten schriftliche Vollmacht nicht erforderlich ist. Vgl. U 3/2 88, R 10, 92 (Unterkreuzung eines protokoll. Strafantrags durch einen Dritten im mündlichen, durch unzweideutige Zeichen erteilten Auftrage des Antragstellers). U 3/7 90, G 38, 337 u. U 8/7 98 (beglaubigte Abschrift eines von einem Beamten bei seiner vorgesetzten Dienstbehörde schriftlich gestellten Strafantrages genügt zur Wahrung der Schriftform). U 16/5 05, DR 9, 348 (schriftliche Nachfrage bei der StA nach dem Eingang einer einen ausreichenden Strafantrag nicht enthaltenden Strafanzeige unter Darstellung der Tat usw. kann als schriftl. Antrag gelten). Über den Strafantrag einer beleidigten Staatsanwaltschaft s. U 16/6 81, E 4, 264.

die Polizei- und Gemeindebehörden zur sofortigen Anzeige an die Staatsanwaltschaft oder an den Amtsrichter verpflichtet.

Die Beerdigung darf nur auf Grund einer schriftlichen Genehmigung der Staatsanwaltschaft oder des Amtsrichters erfolgen.

**§ 158.** Sobald die Staatsanwaltschaft durch eine Anzeige oder auf anderem Wege von dem Verdacht einer strafbaren Handlung Kenntnis erhält, hat sie behufs ihrer Entschließung darüber, ob die öffentliche Klage zu erheben sei, den Sachverhalt zu erforschen.

Die Staatsanwaltschaft hat nicht bloß die zur Belastung, sondern auch die zur Entlastung dienenden Umstände zu ermitteln und für die Erhebung derjenigen Beweise Sorge zu tragen, deren Verlust zu besorgen steht.

**§ 159.** Zu dem im vorstehenden Paragraphen bezeichneten Zwecke kann die Staatsanwaltschaft von allen öffentlichen Behörden Auskunft verlangen und Ermittlungen jeder Art, mit Ausschluß eidlicher Vernehmungen, entweder selbst vornehmen oder durch die Behörden und Beamten des Polizei- und Sicherheitsdienstes vornehmen lassen. Die Behörden und Beamten des Polizei- und Sicherheitsdienstes sind verpflichtet, dem Ersuchen oder Auftrage der Staatsanwaltschaft zu genügen.[9])

---

9) Eine allgemeine Rechtspflicht, von den Polizeibehörden und den Organen der Polizei in betreff begangener Straftaten sich als Zeuge vernehmen zu lassen oder anfragenden Beamten derselben Rede und Antwort zu stehen, besteht nicht; die Polizeibehörden haben keinen Zeugniszwang. Wo deshalb der Erforschung strafb. Handlungen durch die Polizeibehörden oder der Ausführung der ihnen von der StA übertragenen Erörterungen, bzw. der Vornahme einzelner Akte Hindernisse in den Weg treten, muß sich die StA wegen Vornahme der betr. Handlung an den Richter wenden. In Fällen, wo Gefahr im Verzuge obwaltet, darf auch die Polizeibehörde einen solchen Antrag unmittelbar und mit Umgehung der StA bei dem Amtsrichter anbringen und der letztere ausnahmsweise die erforderlichen Maßnahmen selbst verfügen und ausführen. U 12/11 83, E 9, 433, U 30/9 80, E 2, 281. Vgl. jedoch auch U 19/3 86, R 8, 204, wo ausgeführt wird, daß die Beamten des Polizei- und Sicherheitsdienstes behufs Feststellung der Persönlichkeit der bei einer Straftat gegenwärtig gewesenen Personen zur Sistie-

**§ 160.** Erachtet die Staatsanwaltschaft die Vornahme einer richterlichen Untersuchungshandlung für erforderlich, so stellt sie ihre Anträge bei dem Amtsrichter des Bezirks, in welchem diese Handlung vorzunehmen ist.

Der Amtsrichter hat zu prüfen, ob die beantragte Handlung nach den Umständen des Falles gesetzlich zulässig ist.

**§ 161.** Die Behörden und Beamten des Polizei- und Sicherheitsdienstes haben strafbare Handlungen zu erforschen und alle keinen Aufschub gestattenden Anordnungen zu treffen, um die Verdunkelung der Sache zu verhüten.[10])

Sie übersenden ihre Verhandlungen ohne Verzug der Staatsanwaltschaft. Erscheint die schleunige Vornahme richterlicher Untersuchungshandlungen erforderlich, so kann die Übersendung unmittelbar an den Amtsrichter erfolgen.

**§ 162.** Bei Amtshandlungen an Ort und Stelle ist der Beamte, welcher dieselben leitet, befugt, Personen, welche seine amtliche Tätigkeit vorsätzlich stören oder sich den von ihm innerhalb seiner Zuständigkeit getroffenen Anordnungen widersetzen, festnehmen und bis zur Beendigung seiner Amtsverrichtungen, jedoch nicht über den nächstfolgenden Tag hinaus, festhalten zu lassen.[10a])

---

rung derselben schreiten können, falls sie die Absicht, sich dem Zeugnisse zu entziehen, an den Tag legen, und diese Absicht nur durch ein sofortiges Einschreiten der Beamten vereitelt werden kann. Ebenso: U 25/5 86, R 8, 390.

10) Vgl. A. 9 zu § 159. Wegen der sonstigen Befugnisse der Polizeibehörden s. §§ 98 (Beschlagnahmen); 105 (Durchsuchungen); 127 (vorläufige Festnahme); 131 (Steckbrief) und 162 (Befugnis zum Festhalten von Personen, welche die amtliche Tätigkeit stören). Hierbei ist zu beachten, daß die Befugnisse der Polizeibehörden und Beamten nicht über die im § 127 gezogenen Grenzen hinausgehen. U 11/6 99, E 32, 270. Diesen Grenzen gegenüber darf dem § 161 nicht die Bedeutung zugemessen werden, daß diejenigen Akte, welche gemäß § 127 nur unter genau fixierten gesetzlichen Vorbehalten für zulässig erklärt sind, aus dem Gesichtspunkte des § 161 betrachtet, einem an diese Vorbehalte nicht gebundenen freien Ermessen jener Beamten unterliegen sollen. U 5/4 95, E 27, 153. Die letzteren sind vielmehr stets an die sich aus dem Gesetze, insbesondere aus §§ 94 ff., §§ 112 ff. ergebenden Beschränkungen gebunden. U 2/3 06, E 38, 373. U 4/10 06, E 39, 189.

10a) Der Inhaber zu durchsuchender Räume verliert das Recht, der

**§ 163.** Wenn Gefahr im Verzug obwaltet, hat der Amtsrichter die erforderlichen Untersuchungshandlungen von Amts wegen vorzunehmen.[11])

**§ 164.** Wird der Beschuldigte von dem Amtsrichter vernommen und beantragt er bei dieser Vernehmung zu seiner Entlastung einzelne Beweiserhebungen, so hat der Amtsrichter dieselben, soweit er sie für erheblich erachtet, vorzunehmen, wenn der Verlust der Beweise zu besorgen steht oder die Beweiserhebung die Freilassung des Beschuldigten begründen kann.

Der Richter kann, wenn die Beweiserhebung in einem anderen Amtsbezirke vorzunehmen ist, den Amtsrichter des letzteren um Vornahme derselben ersuchen.

**§ 165.** In den Fällen der §§ 163, 164 gebührt der Staatsanwaltschaft die weitere Verfügung.

**§ 166.** Die Beurkundung der von dem Amtsrichter vorzunehmenden Untersuchungshandlungen und die Zuziehung eines Gerichtsschreibers erfolgt nach den für die Voruntersuchung geltenden Vorschriften.[12])

**§ 167.** Für die Teilnahme der Staatsanwaltschaft an den richterlichen Verhandlungen kommen die für die Voruntersuchung geltenden Vorschriften zur Anwendung.[13])

Das gleiche gilt hinsichtlich des Beschuldigten, seines Verteidigers und der von ihm benannten Sachverständigen, wenn der Beschuldigte als solcher vom Richter vernommen ist oder sich in Untersuchungshaft befindet.

**§ 168.** Bieten die angestellten Ermittlungen genügenden Anlaß zur Erhebung der öffentlichen Klage, so erhebt die Staatsanwaltschaft dieselbe entweder durch einen

---

Durchsuchung beizuwohnen (§ 106 Abs. 1), wenn er sich eines unter § 162 fallenden Verhaltens schuldig macht. U 4/5 00, E 33, 251.

11) Wegen der dem Richter bei Vornahme von Amtshandlungen zustehenden Maßregeln zur Aufrechterhaltung der Ordnung usw. s. §§ 177 ff. GVG. Wegen der Befugnis des Amtsrichters, bei Gefahr im Verzuge einen Haftbefehl zu erlassen, s. § 125 Abs. 1. Vgl. auch § 128.

12) Vgl. §§ 185, 186. Auch die Förmlichkeiten des Vorverfahrens sind analog dem Grundsatz des § 274 nur durch die hierüber aufgenommenen Protokolle zu erweisen. U 19/4 83, R 5, 266.

13) Vgl. §§ 190—193.

Antrag auf gerichtliche Voruntersuchung oder durch Einreichung einer Anklageschrift bei dem Gerichte.[14])

Anderenfalls verfügt die Staatsanwaltschaft die Einstellung des Verfahrens und setzt hiervon den Beschuldigten in Kenntnis, wenn er als solcher vom Richter vernommen oder ein Haftbefehl gegen ihn erlassen war.

**§ 169.** Gibt die Staatsanwaltschaft einem bei ihr angebrachten Antrage auf Erhebung der öffentlichen Klage keine Folge, oder verfügt sie nach dem Abschlusse der Ermittlungen die Einstellung des Verfahrens, so hat sie den Antragsteller unter Angabe der Gründe zu bescheiden.

**§ 170.** Ist der Antragsteller zugleich der Verletzte,[15]) so steht ihm gegen diesen Bescheid binnen zwei Wochen nach der Bekanntmachung die Beschwerde an den vorgesetzten Beamten der Staatsanwaltschaft und gegen dessen ablehnenden Bescheid binnen einem Monate nach der Bekanntmachung der Antrag auf gerichtliche Entscheidung zu.

Der Antrag muß die Tatsachen, welche die Erhebung der öffentlichen Klage begründen sollen, und die Beweismittel angeben, auch von einem Rechtsanwalt unterzeichnet sein. Der Antrag ist bei dem für die Entscheidung zuständigen Gericht einzureichen.

Zur Entscheidung ist in den vor das Reichsgericht gehörigen Sachen[16]) das Reichsgericht, in anderen Sachen das Oberlandesgericht zuständig.

**§ 171.** Auf Verlangen des Gerichts hat demselben die Staatsanwaltschaft die bisher von ihr geführten Verhandlungen vorzulegen.

---

14) Vgl. § 177 (Antrag auf Voruntersuchung) und § 197 (Einreichung der Anklageschrift). Besondere Bestimmungen über die Art der Erhebung der öffentlichen Klage s. im § 211 (mündliche Anklage vor dem Schöffengericht); im § 265 Abs. 1 (Antrag der StA in der Hauptverhandlung auf Aburteilung einer ferneren Tat des Angekl.); in den §§ 447, 448 (Antrag auf Erlaß eines Strafbefehls) und im § 477 (Antrag auf Einziehung usw. im besonderen Verfahren bei Einziehungen und Vermögensbeschlagnahmen). Wegen der Privatklage s. § 421.

15) Wegen des Begriffes des Verletzten s. A. 33 zu § 22.

16) Unter den vor das Reichsgericht gehörigen Sachen sind nur diejenigen zu verstehen, welche in erster Instanz zur Zuständigkeit des Reichsgerichts gehören (§ 136 Nr. 1 GVG.). Beschl 6/11 79, R 1, 41.

Das Gericht kann den Antrag unter Bestimmung einer Frist dem Beschuldigten zur Erklärung mitteilen.

Das Gericht kann zur Vorbereitung seiner Entscheidung Ermittlungen anordnen und mit deren Vornahme eines seiner Mitglieder, den Untersuchungsrichter oder den Amtsrichter beauftragen.

§ **172.** Ergibt sich kein genügender Anlaß zur Erhebung der öffentlichen Klage, so verwirft das Gericht den Antrag und setzt den Antragsteller, die Staatsanwaltschaft und den Beschuldigten von der Verwerfung in Kenntnis.

Ist der Antrag verworfen, so kann die öffentliche Klage nur auf Grund neuer Tatsachen oder Beweismittel erhoben werden.

§ **173.** Erachtet dagegen das Gericht den Antrag für begründet, so beschließt es die Erhebung der öffentlichen Klage. Die Durchführung dieses Beschlusses liegt der Staatsanwaltschaft ob.

§ **174.** Dem Antragsteller kann vor der Entscheidung über den Antrag die Leistung einer Sicherheit für die durch das Verfahren über den Antrag und durch die Untersuchung der Staatskasse und dem Beschuldigten voraussichtlich erwachsenden Kosten durch Beschluß des Gerichts auferlegt werden. Die Sicherheitsleistung ist durch Hinterlegung in barem Gelde oder in Wertpapieren zu bewirken. Die Höhe der zu leistenden Sicherheit wird von dem Gerichte nach freiem Ermessen festgesetzt. Dasselbe hat zugleich eine Frist zu bestimmen, binnen welcher die Sicherheit zu leisten ist.

Wird die Sicherheit binnen der bestimmten Frist nicht geleistet, so hat das Gericht den Antrag für zurückgenommen zu erklären.

§ **175.** Die durch das Verfahren über den Antrag veranlaßten Kosten sind in dem Falle des § 172 und des § 174 Abs. 2 dem Antragsteller aufzuerlegen.[17])

---

17) Vgl. § 69 Gerichtskostenges v. 18/6 78 im Anhang I.

### 3. Abschnitt. Gerichtliche Voruntersuchung.

**§ 176.** Die Voruntersuchung findet in denjenigen Strafsachen statt, welche zur Zuständigkeit des Reichsgerichts oder der Schwurgerichte gehören.[18])

In denjenigen Strafsachen, welche zur Zuständigkeit der Landgerichte gehören,[19]) findet die Voruntersuchung statt:

1. wenn die Staatsanwaltschaft dieselbe beantragt;
2. wenn der Angeschuldigte dieselbe in Gemäßheit des § 199 beantragt und erhebliche Gründe geltend macht, aus denen eine Voruntersuchung zur Vorbereitung seiner Verteidigung erforderlich erscheint.[20])

In den zur Zuständigkeit der Schöffengerichte[21]) gehörigen Sachen ist, außer dem Falle der Verbindung infolge eines Zusammenhanges (§ 5), die Voruntersuchung unzulässig.

**§ 177.** Der Antrag der Staatsanwaltschaft auf Eröffnung der Voruntersuchung muß den Beschuldigten und die ihm zur Last gelegte Tat bezeichnen.

---

18) Wegen der Zuständigkeit des Reichsgerichts und der Schwurgerichte s. §§ 136 Nr. 1 und 80 GVG.

In den zur Zuständigkeit des Reichsgerichts oder der Schwurgerichte gehörenden Strafsachen muß die Voruntersuchung stets rücksichtlich aller Angeklagten stattfinden, auch wenn die Zuständigkeit des Schwurgerichts wegen einzelner derselben nur durch den Zusammenhang begründet wird. U 8/7 81, E 4, 365. Eine Voruntersuchung ist nicht nötig, wenn in einer schwurgerichtl. Sache das Schöffengericht oder das Landgericht sich für unzuständig erklärt und die Sache vor das Schwurgericht verwiesen hat. U 2/2 81, E 3, 311. U 21/11 81, E 5, 243. Im übrigen kann der Mangel einer Voruntersuchung bei den zur Zuständigkeit des Schwurgerichts gehörigen Sachen die Revision nur dann begründen, wenn der Angekl. den Verweisungsbeschluß nach § 199 Abs. 3 und § 181 durch sofortige Beschwerde vergeblich angefochten hatte. U 2/3 81, R 3, 91. U 29/2 84, R 6, 161.

Im Wiederaufnahmeverfahren findet § 176 Abs. 1 keine Anwendung. U 3/12 97, G 46, 39.

19) Zuständigkeit der Landgerichte: §§ 73, 74 GVG.

20) In den zur Zuständigkeit der Landgerichte gehörigen Sachen wird durch die Einleitung der Voruntersuchung gegen einen Angeklagten auch die Notwendigkeit der Voruntersuchung gegen den Mitangeklagten begründet. U 8/7 81, E 4, 365.

21) Zuständigkeit der Schöffengerichte: § 27 GVG.

§ **178.** Der Antrag kann nur wegen Unzuständigkeit des Gerichts oder wegen Unzulässigkeit der Strafverfolgung[22]) oder der Voruntersuchung (§ 176), oder weil die in dem Antrage bezeichnete Tat unter kein Strafgesetz fällt, abgelehnt werden. Hierzu bedarf es eines Beschlusses des Gerichts.[23])

Der Angeschuldigte kann vor der Beschlußfassung gehört werden.

§ **179.** Gegen die Verfügung, durch welche auf Antrag der Staatsanwaltschaft die Voruntersuchung eröffnet worden ist, kann der Angeschuldigte aus einem der im § 178 Abs. 1 bezeichneten Gründe Einwand erheben. Über den Einwand entscheidet das Gericht.[24])

Diese Bestimmung findet nicht Anwendung, wenn die Voruntersuchung infolge des Beschlusses des Gerichts eröffnet und der Angeschuldigte vorher gehört worden ist.

§ **180.** Gegen den Beschluß des Gerichts, durch welchen der von dem Angeschuldigten in dem Falle des § 178 Abs. 2 und in dem Falle des § 179 Abs. 1 erhobene Einwand der Unzuständigkeit (§ 16) verworfen wird, steht dem Angeschuldigten die sofortige Beschwerde zu.[25])

Im übrigen kann der Beschluß des Gerichts, durch welchen der Einwand des Angeschuldigten verworfen oder die Eröffnung der Voruntersuchung angeordnet ist, nicht angefochten werden.

§ **181.** Gegen den Beschluß des Gerichts, durch welchen der Antrag der Staatsanwaltschaft oder des Angeschuldigten auf Eröffnung der Voruntersuchung abgelehnt worden ist, findet sofortige Beschwerde statt.[26])

---

22) Vgl. A. 2 zu § 152.

23) Für diesen Beschluß sind die Strafkammern der Landgerichte zuständig. § 72 Abs. 1 GVG.

24) Für diese Entscheidung sind die Strafkammern der Landgerichte zuständig. § 72 Abs. 1 GVG.

25) Wegen der sofortigen Beschwerde s. § 353. Der auf diese Beschwerde ergehende Beschluß des Oberlandesgerichts unterliegt keiner weiteren Anfechtung im Wege der Revision. U 8/3 01, E 34, 215. Vgl. U 24/4 80, E 2, 19. U 14/12 94, E 26, 340.

26) Andere Rechtsmittel sind gegen den ablehnenden Beschluß nicht gegeben. U 7/3 02, DR 6, 217.

§ 182.[27]) Die Voruntersuchung wird von dem Untersuchungsrichter eröffnet und geführt.

§ 183. Durch Beschluß des Landgerichts kann auf Antrag der Staatsanwaltschaft die Führung der Voruntersuchung einem Amtsrichter übertragen werden. Um die Vornahme einzelner Untersuchungshandlungen kann der Untersuchungsrichter die Amtsrichter ersuchen. Auf Amtsrichter, welche mit dem Untersuchungsrichter denselben Amtssitz haben, finden diese Bestimmungen keine Anwendung.

§ 184. Bei dem Reichsgerichte wird der Untersuchungsrichter für jede Strafsache aus der Zahl der Mitglieder durch den Präsidenten bestellt.

Der Präsident kann auch jedes Mitglied eines anderen deutschen Gerichts und jeden Amtsrichter zum Untersuchungsrichter, oder für einen Teil der Geschäfte des Untersuchungsrichters zum Vertreter desselben bestellen.

Der Untersuchungsrichter und dessen Vertreter können um die Vornahme einzelner Untersuchungshandlungen die Amtsrichter ersuchen.[28])

§ 185. Bei der Vernehmung des Angeschuldigten, der Zeugen und Sachverständigen sowie bei der Einnahme des Augenscheins[29]) hat der Untersuchungsrichter einen Gerichtsschreiber zuzuziehen. In dringenden Fällen kann der Untersuchungsrichter eine von ihm zu beeidigende Person als Gerichtsschreiber zuziehen.[30])

---

27) Zu §§ 182, 183 s. wegen der dem Untersuchungsrichter zu leistenden Rechtshilfe §§ 157 ff. GVG.

28) Für die Entscheidung über Beschwerden des Untersuchungsrichters in den zur Zuständigkeit des Reichsgerichts gehörigen Sachen ist der erste Strafsenat des Reichsgerichts zuständig (§ 138 GVG).

29) Vgl. § 86 und insbesondere § 87 (richterliche Leichenschau) und §§ 88 ff. (Leichenöffnung).

30) Die im § 185 angeordnete Zuziehung eines Gerichtsschreibers muß sich nicht bloß auf die Aufnahme des Protokolls, sondern auch auf den zu beurkundenden Hergang selbst, auf die Vernehmung des Angeschuldigten, der Zeugen und Sachverständigen, bzw. die Einnahme des Augenscheins erstrecken. Insbesondere hat das vom Richter und Gerichtsschreiber unterschriebene Protokoll über die Einnahme des Augenscheins nur insoweit die Kraft eines Beweismittels über letzteren, als es die von beiden Gerichtspersonen gemeinschaftlich

**§ 186.** Über jede Untersuchungshandlung ist ein Protokoll aufzunehmen. Dasselbe ist von dem Untersuchungsrichter und dem zugezogenen Gerichtsschreiber zu unterschreiben.[30a])

Das Protokoll muß Ort und Tag der Verhandlung sowie die Namen der mitwirkenden oder beteiligten Personen angeben und ersehen lassen, ob die wesentlichen Förmlichkeiten des Verfahrens beobachtet sind.

Das Protokoll ist den bei der Verhandlung beteiligten Personen, soweit es dieselben betrifft, behufs der Genehmigung vorzulesen oder zur eigenen Durchlesung vorzulegen. Die erfolgte Genehmigung ist zu vermerken, und das Protokoll von den Beteiligten entweder zu unterschreiben, oder in demselben anzugeben, weshalb die Unterschrift unterblieben ist.[31])

**§ 187.** Die Behörden und Beamten des Polizei- und Sicherheitsdienstes sind verpflichtet, Ersuchen oder Aufträgen des Untersuchungsrichters um Ausführung einzelner Maßregeln oder um Vornahme von Ermittlungen zu genügen.[32])

**§ 188.** Die Voruntersuchung ist nicht weiter auszudehnen, als erforderlich ist, um eine Entscheidung darüber zu begründen, ob das Hauptverfahren zu eröffnen oder der Angeschuldigte außer Verfolgung zu setzen sei.[33])

und übereinstimmend gemachten Wahrnehmungen beurkundet. U 21/6 87, E 16, 147. Wegen der Zulässigkeit der kommissarischen Vernehmung eines Zeugen durch einen Vizekonsul allein ohne Zuziehung eines Gerichtsschreibers (§ 20 Ges v. 8/11 67) s. U 25/1 07, DR 11, 323.

30a) Auch unterkreuzte Protokolle sind zulässig und verlesungsfähig (§ 250). U 10/3 02, DR 6, 187.

31) Zu den beteiligten Personen i. S. § 186 gehören außer den bei der Verhandlung tätig gewesenen Gerichtspersonen gegebenenfalls der Angeklagte, der Verteidiger, die Zeugen und Sachverständigen usw. U 28/4 98, E 31, 135. Die Benutzung der in der Voruntersuchung aufgenommenen Protokolle als Beweismittel statt der unmittelbaren Vernehmung der Auskunftspersonen in der Hauptverhandlung (§ 250) ist durch die Beobachtung der im § 186 Abs. 1 u. 2 vorgeschriebenen Förmlichkeiten bedingt. U 30/4 81, R 3, 259. Die Nichtbeobachtung des letzten Satzes in Abs. 3 des § 186 oder ein sonstiger Mangel des Protokolls, z. B. Rasuren, Durchstreichungen usw. kann die Zulässigkeit der Verlesung desselben nicht ausschließen. U 18/10 01, E 34, 396.

32) Vgl. § 159 (Aufträge der Staatsanwaltschaft).

Auch sind Beweise, deren Verlust für die Hauptverhandlung zu besorgen steht, oder deren Aufnahme zur Vorbereitung der Verteidigung des Angeschuldigten erforderlich erscheint, in der Voruntersuchung zu erheben.[34])

§ **189.** Ergibt sich im Laufe der Voruntersuchung Anlaß zur Ausdehnung derselben auf eine in dem Antrage der Staatsanwaltschaft nicht bezeichnete Person oder Tat, so hat der Untersuchungsrichter in dringenden Fällen die in dieser Beziehung erforderlichen Untersuchungshandlungen von Amts wegen vorzunehmen.

Die weitere Verfügung gebührt auch in solchen Fällen der Staatsanwaltschaft.

§ **190.** Der Angeschuldigte ist in der Voruntersuchung zu vernehmen, auch wenn er schon vor deren Eröffnung vernommen worden ist.[35]) Demselben ist hierbei die Verfügung, durch welche die Voruntersuchung eröffnet worden, bekannt zu machen.

Die Vernehmung erfolgt in Abwesenheit der Staatsanwaltschaft und des Verteidigers.

§ **191.** Findet die Einnahme eines Augenscheins statt,[36]) so ist der Staatsanwaltschaft, dem Angeschuldigten und dem Verteidiger die Anwesenheit bei der Verhandlung zu gestatten.

Dasselbe gilt, wenn ein Zeuge oder Sachverständiger vernommen werden soll, welcher voraussichtlich am Erscheinen in der Hauptverhandlung verhindert, oder dessen Erscheinen wegen großer Entfernung besonders erschwert sein wird.[37])

Von den Terminen sind die zur Anwesenheit Berechtigten[38]) vorher zu benachrichtigen, soweit dies ohne Aufenthalt für die Sache geschehen kann.[39])

---

33) Wegen Unzulässigkeit der Zurückweisung der Sache in die Voruntersuchung nach eröffnetem Hauptverfahren s. A. 51 zu § 243 und wegen Beeidigung der Zeugen in der Voruntersuchung § 65 Abs. 2.

34) Vgl. § 158 Abs. 2.

35) Für die Vernehmung des Angeschuldigten gelten die Vorschriften des § 136. S. die Anmerkungen zu demselben.

36) Vgl. §§ 86, 87, 193.

37) Vgl. §§ 222, 223, 250 Abs. 2.

Einen Anspruch auf Anwesenheit hat der nicht auf freiem Fuße befindliche Angeschuldigte nur bei solchen Terminen, welche an der Gerichtsstelle[40]) des Orts abgehalten werden, wo er sich in Haft befindet.[41])

Auf die Verlegung eines Termins wegen Verhinderung haben die zur Anwesenheit Berechtigten keinen Anspruch.

§ **192.** Der Richter kann einen Angeschuldigten von der Anwesenheit bei der Verhandlung ausschließen, wenn zu befürchten ist, daß ein Zeuge in seiner Gegenwart die Wahrheit nicht sagen werde.

§ **193.** Findet die Einnahme eines Augenscheins unter Zuziehung von Sachverständigen statt, so kann der Angeschuldigte beantragen, daß die von ihm für die Hauptverhandlung in Vorschlag zu bringenden Sachverständigen zu dem Termine geladen werden und, wenn der Richter den Antrag ablehnt, sie selbst laden lassen.

Den von dem Angeschuldigten benannten Sachverständigen ist die Teilnahme am Augenschein und an den erforderlichen Untersuchungen insoweit zu gestatten, als

38) Die zur Anwesenheit bei der Augenscheinseinnahme Berechtigten, welche nach Abs. 3 benachrichtigt werden müssen, sind die im Abs. 1 aufgeführten Beteiligten. U 10/24. Mai 92, E 23, 142.

39) D. h. soweit nicht durch die Benachrichtigung unnötige, den raschen Fortgang und Erfolg der Untersuchung gefährdende Hemmnisse entstehen. U 21/4 80, R 1, 634.

40) Unter der Gerichtsstelle ist nur die Örtlichkeit zu verstehen, welche das regelmäßige Geschäftslokal des betreffenden Gerichts an dem Orte bildet, wo der Angeschuldigte in Haft ist. Ob der in Haft befindliche Angeschuldigte zu Beweisaufnahmen an anderen Punkten des Ortes oder des Gerichtsbezirks zuzuziehen ist, unterliegt dem richterlichen Ermessen. U 21/4 80, R 1, 634. U 18/2 80, E 1, 210.

41) Der nicht auf freiem Fuße befindliche Angeschuldigte muß aber wenigstens von dem Augenscheinseinnahmetermin, der nicht an der Gerichtsstelle, wo er sich in Haft befindet, abgehalten wird, benachrichtigt werden. Die unterbliebene Benachrichtigung führt jedoch nur dann zur Aufhebung des Urteils, wenn die Verlesung der betr. Augenscheinseinnahmeverhandlung trotz eines von dem Angekl. dagegen erhobenen Widerspruchs erfolgt ist. U. 10/24. Mai 92, E 23, 142.

Stillschweigender Verzicht auf Verletzung des § 191 kann nicht anerkannt werden, wenn nicht ersichtlich ist, daß der Angekl. bereits in der Hauptverhandlung von der Unterlassung Kenntnis hatte. U 21/9 03, DR 7, 508.

dadurch die Tätigkeit der vom Richter bestellten Sachverständigen nicht behindert wird.

§ 194. Die Staatsanwaltschaft kann stets, ohne daß jedoch das Verfahren dadurch aufgehalten werden darf, von dem Stande der Voruntersuchung durch Einsicht der Akten Kenntnis nehmen und die ihr geeignet scheinenden Anträge stellen.

§ 195. Erachtet der Untersuchungsrichter den Zweck der Voruntersuchung[42]) für erreicht, so übersendet er die Akten der Staatsanwaltschaft zur Stellung ihrer Anträge.

Beantragt die Staatsanwaltschaft eine Ergänzung der Voruntersuchung, so hat der Untersuchungsrichter, wenn er dem Antrage nicht stattgeben will, die Entscheidung des Gerichts[43]) einzuholen.

Von dem Schlusse der Voruntersuchung ist der Angeschuldigte in Kenntnis zu setzen.

## 4. Abschnitt. Entscheidung über die Eröffnung des Hauptverfahrens.

§ 196. Hat eine Voruntersuchung stattgefunden, so entscheidet das Gericht,[44]) ob das Hauptverfahren zu eröffnen oder der Angeschuldigte außer Verfolgung zu setzen oder das Verfahren vorläufig einzustellen sei.[45])

Die Staatsanwaltschaft legt zu diesem Zwecke die Akten mit ihrem Antrage dem Gerichte vor. Der Antrag auf Eröffnung des Hauptverfahrens erfolgt durch Einreichung einer Anklageschrift.

§ 197. Erhebt die Staatsanwaltschaft, ohne daß eine Voruntersuchung stattgefunden, die Anklage, so ist die Anklageschrift mit den Akten, wenn die Sache zur Zuständig-

42) Über den Zweck der Voruntersuchung s. § 188.

43) Zuständig für diese Entscheidung ist die Strafkammer. § 72 Abs. 1 GVG.

44) Zuständig für diese Entscheidung ist die Strafkammer und, wenn die Voruntersuchung bei dem Reichsgericht geführt war (§ 184), der erste Strafsenat des Reichsgerichts. §§ 72 u. 138 Abs. 1 GVG.

45) Vgl. § 201 (Eröffnung des Hauptverfahrens); § 202 (Beschluß, den Angeschuldigten außer Verfolgung zu setzen); § 203 (vorläufige Einstellung des Verfahrens). Das Gericht kann außerdem auch zur besseren Aufklärung der Sache eine Ergänzung der Voruntersuchung beschließen: § 200.

keit des Schöffengerichts gehört, bei dem Amtsrichter, anderenfalls bei dem Landgerichte einzureichen.[46])

§ **198**. Die Anklageschrift hat die dem Angeschuldigten zur Last gelegte Tat unter Hervorhebung ihrer gesetzlichen Merkmale und des anzuwendenden Strafgesetzes zu bezeichnen, sowie die Beweismittel und das Gericht, vor welchem die Hauptverhandlung stattfinden soll, anzugeben.[47])

In den vor dem Reichsgerichte, den Schwurgerichten oder den Landgerichten zu verhandelnden Strafsachen sind außerdem die wesentlichen Ergebnisse der stattgehabten Ermittlungen in die Anklageschrift aufzunehmen.[48])

§ **199**. Der Vorsitzende des Gerichts hat die Anklageschrift dem Angeschuldigten mitzuteilen und ihn zugleich aufzufordern, sich innerhalb einer zu bestimmenden Frist[49])

---

46) Wegen Anordnung einer Voruntersuchung oder einzelner Beweiserhebungen in diesen Fällen s. § 200.

47) Zur Bezeichnung der dem Angeschuldigten zur Last gelegten Tat unter Hervorhebung ihrer gesetzl. Merkmale genügt die bloße Hervorhebung der gesetzl. Tatbestandsmerkmale und eine Allegierung des Strafgesetzes nicht, sondern es bedarf auch einer Bezeichnung der Tat durch Darstellung des Sachverhalts, d. h. der Vorgänge, in welchen die gesetzl. Tatbestandsmerkmale gefunden werden, insoweit, daß die dem Angekl. zur Last gelegte Tat von anderen Taten unterschieden werden kann, damit dem Angekl. darüber Gewißheit verschafft werde, wessen er angeklagt sei, und welche Tatsachen als diejenigen angesehen werden, durch welche die Anklage begründet werde. Die Grenzen der hiernach erforderlichen Spezialisierung unterliegen der tatsächlichen Würdigung des einzelnen Falles. U 8/3 81, E 3, 406.

48) Wenn die Staatsanwaltschaft in einer landgerichtlichen Strafsache unter Überreichung einer den Erfordernissen des § 198 Abs. 2 nicht entsprechenden Anklageschrift die Überweisung der Verhandlung und Entscheidung an das Schöffengericht beantragt hat und die Strafkammer diesen Antrag ablehnen und selbst die Sache verhandeln und entscheiden will, so muß die StA die Anklageschrift nach § 198 Abs. 2 ergänzen, bzw. das Gericht den Fortgang des Verfahrens von dieser Ergänzung abhängig machen. U 25/3 98, E 31, 100. Wegen der Zulässigkeit der Revision bei Nichtbeachtung des § 198 Abs. 2 s. U 1/5 80, E 2, 33.

Das Fehlen der Unterschrift unter der Anklageschrift ist ein Mangel, dem durch nachträgliche Unterzeichnung oder durch den Nachweis abgeholfen werden kann, daß das Schriftstück mit Wissen und Willen der StA als Anklage zu den Akten gelangt ist. U 18/2 04, E 37, 407.

49) Die Bestimmung dieser Erklärungsfrist ist von dem Vor-

zu erklären, ob er eine Voruntersuchung oder die Vornahme einzelner Beweiserhebungen vor der Hauptverhandlung beantragen, oder Einwendungen gegen die Eröffnung des Hauptverfahrens vorbringen wolle.[50])

Hat eine Voruntersuchung stattgefunden, so ist die Aufforderung entsprechend zu beschränken.[51])

Über die Anträge und Einwendungen beschließt das Gericht.[52]) Eine Anfechtung des Beschlusses findet nur

---

sitzenden nach Lage des einzelnen Falles zu treffen. U 29/10 80, R 2, 406. Vor Ablauf der gestellten Frist darf das Gericht pflichtmäßig das Hauptverfahren nicht eröffnen; auf die verfrühte Eröffnung kann jedoch die Revision nicht gestützt werden. U 24/4 80, E 2, 19.

50) Die Mitteilung der Anklageschrift und der im § 199 Abs. 1 gedachten Aufforderung an den Angeschuldigten muß mittels Zustellung erfolgen (§ 35). U 6/4 80, E 1, 345. Insbesondere genügt die bloße Vorlesung der Anklageschrift nicht; es ist vielmehr die Zustellung einer Abschrift derselben gesetzlich erforderlich. U 29/10 80, R 2, 406. Bei einem in Haft befindl. Angesch. genügt die Vorlesung und Übergabe der Anklageschrift durch den Gerichtsschreiber bei gleichzeitiger Aufforderung zur Erklärung nach § 199 Abs. 1. U 6/6 03, DR 7, 345. Auf den Mangel der Zustellung bzw. Übergabe kann jedoch die Revision nur gegründet werden, wenn einem bei der Hauptverhandlung gestellten Antrage des Angekl. auf nachträgliche Zustellung oder Übergabe der Anklageschrift nicht stattgegeben ist. U 6/4 80, E 1, 345. U 13/7 81, R 3, 482. U 23/1 80, R 1, 262. U 14/6 98, G 46, 337.

Wenn infolge einer dahin gehenden Erklärung des Angekl. die Voruntersuchung angeordnet ist, so muß nach Abschluß derselben das Verfahren als § 199 wiederholt werden. Die Unterlassung dieser Wiederholung begründet jedoch die Revision nur dann, wenn sie vom Angekl. in der Hauptverhandlung gerügt ist. U 27/4 92, G 40, 52.

51) In den Fällen der notwendigen Verteidigung muß dem Angeschuldigten, welcher einen Verteidiger noch nicht selbst gewählt hat, ein solcher von Amts wegen bestellt werden, „sobald die im § 199 vorgeschriebene Aufforderung stattgefunden hat" (§ 140). Nichtbeachtung dieser Vorschrift kann jedoch die Revision nicht begründen. U 21/12 82, R 4, 890.

52) Über die Anträge und Einwendungen des Angeschuldigten muß das Gericht stets nach § 34 durch einen mit Gründen versehenen Beschluß entscheiden; die nur stillschweigende Ablehnung der gestellten Beweisanträge durch bloßes Hinweggehen über dieselben und Eröffnung des Hauptverfahrens verstößt gegen das Gesetz. U 21/1 80, R 1, 257. Vgl. U 10/12 79, R 1, 136. Die Revision kann indes hierauf nicht gestützt werden. U 28/3 11, E 44, 380. Im übrigen beschränkt sich die Aufgabe des Gerichts in dieser Lage des Prozesses auf die Ent-

nach Maßgabe der Bestimmungen im § 180 Abs. 1 und § 181 statt.[53])

Auf die vor den Schöffengerichten zu verhandelnden Sachen finden die Bestimmungen dieses Paragraphen keine Anwendung.[54])

§ **200.** Zur besseren Aufklärung der Sache kann das Gericht eine Ergänzung der Voruntersuchung oder, falls eine Voruntersuchung nicht stattgefunden hat, die Eröffnung einer solchen oder einzelne Beweiserhebungen anordnen. Die Anordnung einzelner Beweiserhebungen steht auch dem Amtsrichter zu.

Eine Anfechtung des Beschlusses findet nicht statt.

§ **201.**[55]) Das Gericht beschließt die Eröffnung des Hauptverfahrens, wenn nach den Ergebnissen der Vor-

---

scheidung über Anträge und Einwendungen, die der Angesch. rechtzeitig auf Vornahme von Beweiserhebungen vor der Hauptverhandlung oder gegen die Eröffnung des Hauptverfahrens vorgebracht hat, nicht aber auch über die von dem Angesch. auf Erhebung von Beweisen in der Hauptverhandlung gestellten Anträge. Das Gericht hat dem Angesch. event. nur zu erkennen zu geben, daß Anträge der letztgedachten Art bei dem Vorsitzenden des erkennenden Gerichts zu stellen seien. U 21/1 80, R 1, 251.

53) Dem Angekl. ist also nach § 199 Abs. 3 außer dem Falle der Unzuständigkeit des Gerichts (§ 180 Abs. 1) auch im Falle der Ablehnung des Antrages auf gerichtliche Voruntersuchung (§ 181) die sofortige Beschwerde (§ 353) gegeben. Eine anderweite Anfechtung des Beschlusses im Wege der Revision ist ausgeschlossen. U 24/4 80, E 2, 19. Wird die sofortige Beschwerde erhoben, so ist dieselbe dem Oberlandesgericht als Beschwerdegericht vorzulegen. Vor der Entscheidung des letzteren kann zur Hauptverhandlung nicht geschritten werden. U 7/3 99, E 32, 79.

54) Die Bestimmungen des § 199 müssen jedoch auch dann beobachtet werden, wenn eine Sache im Wege des § 207 Abs. 2 (Unzuständigkeit des Schöffengerichts) zur Entscheidung an das Landgericht gebracht wird und sodann hier zur Verhandlung gelangt. U 25/26. Okt. 82, R 4, 767.

55) Wegen der Ausnahmefälle, in denen das Gesetz von einem Eröffnungsbeschlusse absieht, s. §§ 211, 265, 451, 456, 462. Bei einer Nachtragsanklage wegen der zu einem fortgesetzten Vergehen, wegen dessen das Hauptverfahren bereits eröffnet ist, gehörigen Tat ist ein Eröffnungsbeschluß nicht erforderlich. U 25/11 02, DJZ 8, 56. In allen anderen Fällen begründet der Mangel eines Eröffnungsbeschlusses die Aufhebung des in der Sache ergangenen Urteils. U 29/1 84, E 10,

untersuchung oder, falls eine solche nicht stattgefunden hat, nach den Ergebnissen des vorbereitenden Verfahrens der Angeschuldigte einer strafbaren Handlung hinreichend verdächtig erscheint.

§ **202.** Beschließt das Gericht, das Hauptverfahren nicht zu eröffnen, so muß aus dem Beschlusse hervorgehen, ob derselbe auf tatsächlichen oder auf Rechtsgründen beruht.[55a])

Hat eine Voruntersuchung stattgefunden, so ist auszusprechen, daß der Angeschuldigte außer Verfolgung zu setzen sei.[56])

Der Beschluß ist dem Angeschuldigten bekannt zu machen.[57])

§ **203.** Vorläufige Einstellung des Verfahrens kann beschlossen werden, wenn dem weiteren Verfahren Abwesen-

56. U 3/2 10, E 43, 217. Im übrigen hat der das Hauptverfahren eröffnende Beschluß nur die Bedeutung einer prozeßleitenden Verfügung, wodurch die Anerkennung eines bisher gewonnenen hinreichenden Verdachts einer strafb. Handlung gegen den Angesch. ausgesprochen und die Stellung desselben als Angeklagter vor das erkennende Gericht angeordnet wird, um über dessen Schuld und die nach den Gesetzen zu verhängende Strafe auf Grund einer Hauptverhandlung zu entscheiden. Prozessualische Inkorrektheiten bei Erlassung des Eröffnungsbeschlusses können die Revision gegen das demnächst ergehende Endurteil nur begründen, wenn das letztere auf diesen Verstößen beruht. U 24/6 80, E 2, 120. U 29/1 84, E 10, 56 (Mitwirkung des Untersuchungsrichters). U 26/3 95, E 27, 125 (Vorsitzender, der nicht Direktor ist. § 69 GVG).

55a) Die Eröffnung des Hauptverfahrens gegen einen der bei einem Antragsvergehen Beteiligten kann nicht deshalb abgelehnt werden, weil nicht auch gegen die übrigen Beteiligten die öffentliche Klage erhoben ist. U 5/7 92, E 23, 202.

56) Wie der Beschluß auf Eröffnung des Hauptverfahrens, so kann auch die Ablehnung des staatsanwaltschaftl. Antrages auf dessen Eröffnung, bzw. der Beschluß, den Angeschuldigten außer Verfolgung zu setzen, sich nur auf einzelne selbständige Straffälle, auf die Straftat als solche beziehen, nicht auf einzelne rechtl. Gesichtspunkte, welche eine und dieselbe Tat verschiedenen Strafgesetzen unterstellen, oder auf einzelne, größere oder geringere Strafbarkeit begründende, die Identität der Tat aber nicht berührende Qualifikationsmomente. U 15/4 82, R 4, 326.

57) Die Bekanntmachung erfolgt durch Zustellung. § 35.

heit des Angeschuldigten[58]) oder der Umstand entgegensteht, daß derselbe nach der Tat in Geisteskrankheit[59]) verfallen ist.[60])[61])

§ **204.** Das Gericht ist bei der Beschlußfassung an die Anträge der Staatsanwaltschaft nicht gebunden.[62])

§ **205.** In dem Beschlusse, durch welchen das Hauptverfahren eröffnet wird,[63]) ist die dem Angeklagten zur Last gelegte Tat unter Hervorhebung ihrer gesetzlichen Merkmale und des anzuwendenden Strafgesetzes,[64]) sowie das

---

58) Vgl. §§ 319, 327, 470.

59) Die Beurteilung der Frage, ob ein Angekl. sich in einem solchen Zustande geistiger Freiheit befinde, daß mit ihm in gültiger Weise strafrechtlich verhandelt werden könne, steht lediglich dem erkennenden Richter zu. U 8/1 97, E 29, 324. U 17/1 80, E 1, 149 (partielle Geistesstörung).

60) Nach Analogie des § 203 ist zu verfahren, wenn eine Verständigung mit einem taubstummen Angeklagten durch den in der Hauptverhandlung zugezogenen Dolmetscher unmöglich ist. U 10/11 80, E 3, 29.

61) Nach Beseitigung der im § 203 gedachten Hindernisse kann das Verfahren jederzeit wieder aufgenommen werden. U 10/11 80, E 3, 29.

62) Vgl. § 153 Abs. 2.

63) Der Eröffnungsbeschluß unterscheidet sich bezüglich seines Inhalts von der Anklageschrift nur dadurch, daß in ihn die Beweismittel und die wesentlichen Ergebnisse der stattgehabten Ermittlungen nicht aufzunehmen sind; in Ansehung der Bezeichnung der Tat stellt das Gesetz an ihn die gleichen Anforderungen wie an die Anklageschrift. U 8/3 81, E 3, 406. Vgl. A. 47 zu § 198. — Die richtige Bedeutung und Begrenzung des Eröffnungsbeschlusses kann deshalb nur aus einer Vergleichung desselben mit der Anklageschrift entnommen, U 21/5 86, R 8, 377, und ein mangelhafter Eröffnungsbeschluß kann aus der Anklageschrift ergänzt werden. U 8/3 81, E 3, 406. U 17/3 93, E 24, 64. Wenn jedoch aus dem Eröffnungsbeschluß auch in Verbindung mit der Anklageschrift nicht entnommen werden kann, welche Tat den Gegenstand der Urteilsfindung bilden soll, so begründet dies die Revision. Bedeutungslos kann solcher Mangel des Eröffnungsbeschlusses nur dann werden, wenn der Vorsitzende auf ihn hingewiesen und der Angekl. durch Unterlassung der Stellung eines Vertagungsantrages zu erkennen gegeben hat, daß nach seiner Ansicht eine weitere Vorbereitung der Verteidigung nicht erforderlich sei. U 7/10 90, E 21, 64. U 5/11 95, G 43, 395.

64) Unter dem anzuwendenden Strafgesetz sind nur diejenigen Bestimmungen zu verstehen, welche den Begriff der für angezeigt erachteten, einfachen oder qualifizierten Straftat aufstellen. In den Er-

Gericht zu bezeichnen, vor welchem die Hauptverhandlung stattfinden soll.[65])

Das Gericht hat zugleich von Amts wegen über die Anordnung oder Fortdauer der Untersuchungshaft zu beschließen.

§ **206.** Wenn von der Staatsanwaltschaft beantragt ist, den Angeschuldigten außer Verfolgung zu setzen, von dem Gerichte aber die Eröffnung des Hauptverfahrens beschlossen wird, so hat die Staatsanwaltschaft eine dem Beschlusse entsprechende Anklageschrift einzureichen.[66])

Die Bestimmungen des § 199 finden hier gleichfalls Anwendung; es ist jedoch die Aufforderung auf die Erklärung zu beschränken, ob der Angeklagte die Vornahme einzelner Beweiserhebungen vor der Hauptverhandlung beantragen wolle.

§ **207.** Das Landgericht kann das Hauptverfahren vor den erkennenden Gerichten jeder Ordnung, nicht aber vor dem Reichsgericht eröffnen. Erachtet das Landgericht die Zuständigkeit des Reichsgerichts für begründet, so legt es die Akten durch Vermittlung der Staatsanwaltschaft diesem Gerichte zur Entscheidung vor.[67])

Ebenso hat der Amtsrichter, wenn er findet, daß eine bei ihm eingereichte Sache die Zuständigkeit des Schöffengerichts übersteige, die Akten durch Vermittlung der Staatsanwaltschaft dem Landgerichte zur Entscheidung vorzulegen.[68])

---

öffnungsbeschluß gehören also nicht die Bestimmungen über die strafvermindernden Umstände (z. B. §§ 157, 158 bei Zeugenmeineid), U 2/7 97, E 30, 209, und ebensowenig solche Bestimmungen, welche bei der Entscheidung des Falles neben dem zur Anwendung kommenden Strafgesetz zwar zu berücksichtigen sind, aber eine Veränderung des (straf-)rechtlichen Gesichtspunktes nicht zur Folge haben. U 31/3 81, E 4, 40 (§ 4 Ziff. 3 StGB). U 20/10 81, E 5, 137 (Einziehung nach § 15 Nahrungsmittelges).

65) Bei Antragsdelikten ist die Erwähnung des Strafantrages nicht erforderlich. U 21/7 87, R 9, 83.

66) Der Staatsanwaltschaft steht in diesem Falle keine Beschwerde zu. Vgl. § 209 Abs. 2.

67) Das Reichsgericht kann die Trennung bei ihm anhängiger verbundener Strafsachen und die Eröffnung des Strafverfahrens betr. des zusammenhängenden Vergehens vor dem für dasselbe zuständigen Gericht beschließen. Beschl 29/7 u. 20/9 80, R 2, 219.

§ **208.** Betraf das Vorverfahren mehrere derselben Person zur Last gelegte strafbare Handlungen, und erscheint für die Strafzumessung die Feststellung des einen oder des anderen Straffalles unwesentlich, so kann das Gericht auf Antrag der Staatsanwaltschaft beschließen, daß in Ansehung eines solchen das Verfahren vorläufig einzustellen sei.

Die Aufhebung des Einstellungsbeschlusses kann binnen einer Frist von drei Monaten nach Rechtskraft des Urteils von der Staatsanwaltschaft beantragt werden, wenn nicht Verjährung eingetreten ist.[69])

§ **209.** Der Beschluß, durch welchen das Hauptverfahren eröffnet worden ist, kann von dem Angeklagten nicht angefochten werden.[70])

Gegen den Beschluß, durch welchen die Eröffnung des Hauptverfahrens abgelehnt oder abweichend von dem Antrage der Staatsanwaltschaft die Verweisung an ein Gericht niederer Ordnung ausgesprochen worden ist, steht der Staatsanwaltschaft die sofortige Beschwerde zu.[71])

§ **210.** Ist die Eröffnung des Hauptverfahrens durch einen nicht mehr anfechtbaren Beschluß abgelehnt, so kann

---

68) Die Bestimmungen des § 199 müssen auch im Falle des § 207 Abs. 2 beobachtet werden. U 25/26. Okt. 82, R 4, 767.

69) Wegen der Verjährung der Strafverfolgung s. § 67 StGB.

70) Wenn jedoch der Eröffnungsbeschluß neben der Entscheidung, daß das Hauptverfahren eröffnet werde, zugleich die Ablehnung eines Antrags auf Voruntersuchung enthält, so ist hiergegen nach § 199 Abs. 3 die sofortige Beschwerde zulässig. U 5/4 06, DR 10, 633.

71) Wegen der sofortigen Beschwerde s. § 353. — Durch § 209 Abs. 2 sind die Fälle der staatsanwaltschaftlichen Beschwerde begrenzt. Der StA steht also auch in dem Falle eine Beschwerde nicht zu, wenn durch Beschluß des Gerichts zwar das Hauptverfahren wegen der in der Anklageschrift bezeichneten Tat eröffnet, die letztere aber abweichend von dem Antrage der StA qualifiziert ist. U 15/4 82, R 4, 325. Durch die Beschwerde wird das Beschwerdegericht in gleichem Umfange wie die Strafkammer mit der Prüfung der Anklage befaßt; es kann daher auch zur besseren Aufklärung der Sache nach § 200 die Voruntersuchung anordnen, nach deren Abschluß dann wieder gemäß §§ 199, 201, 202 von der Strafkammer und nicht vom Beschwerdegericht zu verfahren ist. U 14/10 98, E 46, 428. Wegen des Beschwerderechts des Nebenklägers gegen die Ablehnung der Eröffnung des Hauptverfahrens s. § 441 Abs. 1.

die Klage nur auf Grund neuer Tatsachen oder Beweismittel wieder aufgenommen werden.[72])

§ 211. Vor dem Schöffengerichte kann ohne schriftlich erhobene Anklage und ohne eine Entscheidung über die Eröffnung des Hauptverfahrens zur Hauptverhandlung geschritten werden, wenn der Beschuldigte entweder sich freiwillig stellt oder infolge einer vorläufigen Festnahme dem Gerichte vorgeführt oder nur wegen Übertretung verfolgt wird. Der wesentliche Inhalt der Anklage ist in den Fällen der freiwilligen Stellung oder der Vorführung in das Sitzungsprotokoll, anderenfalls in die Ladung des Beschuldigten aufzunehmen.

Auch kann der Amtsrichter in dem Falle der Vorführung des Beschuldigten mit Zustimmung der Staatsanwaltschaft ohne Zuziehung von Schöffen zur Hauptverhandlung schreiten, wenn der Beschuldigte nur wegen Übertretung verfolgt wird und die ihm zur Last gelegte Tat eingesteht. Gegen die im Laufe der Hauptverhandlung ergehenden Entscheidungen und Urteile des Amtsrichters finden dieselben Rechtsmittel statt, wie gegen die Entscheidungen und Urteile des Schöffengerichts.

72) Der § 210 findet nur dann Anwendung, wenn durch den ablehnenden Beschluß eine sachliche Erledigung der Entscheidung über die Anklage getroffen ist. Ein die Eröffnung des Hauptverfahrens nur wegen Unzuständigkeit ablehnender Beschluß steht der Erneuerung der öffentl. Klage nicht entgegen. U 20/2 99, E 32, 50. Dasselbe gilt, wenn das Gericht einen wirksam gestellten Strafantrag irrtümlich als nicht rechtswirksam angesehen und deshalb die Eröffnung des Hauptverfahrens abgelehnt hat. U 21/1 05, DR 9, 171. Die Entscheidung über die Zulässigkeit der Wiederaufnahme erfolgt durch die aus drei Mitgliedern bestehende Strafkammer (§ 77 GVG). U 30/10 91, E 22, 187.

Neue Tatsachen oder Beweismittel sind solche, welche „nach Lage der Akten zur Zeit der Entscheidung über die Eröffnung des Hauptverfahrens unbekannt waren, gleichviel, ob sie früher oder später zur Entstehung gekommen sind" (Prot. der RJK S. 329). Eine Erhebung der neuen Beweise und insbesondere eine richterl. Beurkundung der neuen Beweisergebnisse braucht der auf Grund der wieder aufgenommenen Klage erfolgenden Eröffnung des Hauptverfahrens nicht voranzugehen. Die §§ 407 ff. finden auf die Fälle des § 210 keine Anwendung. U 26/1 86, E 13, 295. Im übrigen äußert der nicht mehr

## 5. Abschnitt. Vorbereitung der Hauptverhandlung.

**§ 212.** Der Termin zur Hauptverhandlung wird von dem Vorsitzenden des Gerichts anberaumt.[72a])

**§ 213.** Die zur Hauptverhandlung erforderlichen Ladungen und die Herbeischaffung der als Beweismittel dienenden Gegenstände bewirkt[73]) die Staatsanwaltschaft.

**§ 214.** Der Beschluß über die Eröffnung des Hauptverfahrens ist dem Angeklagten spätestens mit der Ladung zuzustellen.

**§ 215.** Die Ladung eines auf freiem Fuße befindlichen Angeklagten geschieht schriftlich unter der Warnung, daß im Falle seines unentschuldigten Ausbleibens seine Verhaftung oder Vorführung erfolgen werde. Die Warnung kann in den Fällen des § 231 unterbleiben.[74])

Die Ladung des nicht auf freiem Fuße befindlichen

---

anfechtbare Einstellungsbeschluß seine im § 210 vorgeschriebene Wirkung stets nur derjenigen Person gegenüber, in bezug auf welche er ergangen ist, bleibt aber für die Zulässigkeit der Verfolgung anderer Personen (Anstifter, Teilnehmer) ohne Bedeutung. U 7/10 84, R 6, 603.

72a) Die Angabe einer Terminsstunde hat nicht die Bedeutung, daß die Verhandlung zur bestimmten Zeit beginnen müsse, sondern nur die, daß die Beteiligten sich von da ab der Hauptverhandlung gewärtig halten müssen. U 6/11 05, E 53, 69.

73) Der Begriff des Bewirkens steht im Gegensatz zu der im § 221 Abs. 2 hervorgehobenen Anordnung der Ladungen und begreift in sich alle diejenigen Akte, welche zur Ausführung einer, sei es vom Gericht oder dessen Vorsitzenden angeordneten oder von der StA von Amtswegen für erforderlich erachteten Ladung notwendig sind, insbesondere also auch die Anfertigung und Vollziehung des die Ladung, also das Gebot des Erscheinens, und die Androhung der Strafen für Ungehorsam enthaltenden Schriftstücks. U 6/13. Juli 88, E 18, 76.

74) Vgl. § 229. Auch wenn der Angekl. nach § 232 Abs. 1 (wegen großer Entfernung) von der Verpflichtung zum Erscheinen in der Hauptverhandlung entbunden ist, kann die Warnung fortfallen. Die Ladung selbst darf jedoch in diesen Fällen ebensowenig wie in den Fällen des § 231 unterbleiben. U 7/3 82, R 4, 230. U 17/10 90, E 21, 100. Ein etwaiger Irrtum oder Schreibfehler bei der Angabe der Straffolgen hebt die Rechtsgültigkeit der Ladung nicht auf. U 6/13. Juli 88, E 18, 76. Gegen einen ohne Ladung erschienenen Angekl. kann verhandelt werden. U 28/12 09, E 43, 161. Wegen Zustellung der Ladung an einen Zustellungsbevollmächtigten s. U 17/3 10, E 43, 321.

Angeklagten erfolgt durch Bekanntmachung des Termins zur Hauptverhandlung in Gemäßheit des § 35.[75]) Dabei ist der Angeklagte zu befragen, ob und welche Anträge er in bezug auf seine Verteidigung für die Hauptverhandlung zu stellen habe.[76])

**§ 216.** Zwischen der Zustellung der Ladung (§ 215) und dem Tage der Hauptverhandlung muß eine Frist von mindestens einer Woche liegen.[77])

Ist diese Frist nicht eingehalten worden, so kann der Angeklagte die Aussetzung der Verhandlung verlangen, solange mit der Verlesung des Beschlusses über die Eröffnung des Hauptverfahrens nicht begonnen ist.[78])

75) Die bloße Vorführung eines nicht auf freiem Fuße befindlichen Angekl. zur Hauptverhandlung genügt nicht; die Unterlassung der Ladung kann jedoch die Revision nicht begründen, wenn der Angekl. sich auf die Hauptverhandlung eingelassen hat, ohne eine Beschränkung seiner Verteidigung zu rügen. U 22/10 83, R 5, 630.

76) Eine mangelhafte Befragung des Angeklagten bei der Bekanntmachung des Hautptverhandlungstermins kann nicht zur Aufhebung des Urteils führen, wenn der Angekl. im Hauptverhandlungstermin deswegen keine Anträge gestellt, insbesondere nicht die Aussetzung des Termins beantragt hat. U 30/1 80, R 1, 299.

77) Wenn infolge unentschuldigten Ausbleibens des Angekl. in der Hauptverhandlung die Vorführung desselben (§ 229) beschlossen wird, so ist eine Ladung des Angekl. zur neuen Verhandlung überhaupt nicht zu erlassen, und deshalb auch die Verstattung der nur für den Fall der Ladung vorgeschriebenen Frist ausgeschlossen. U 5/3 81, R 3, 113.

78) Nach § 227 soll der Vorsitzende den Angekl. im Falle des § 216 Abs. 2 mit der Befugnis, Aussetzung der Verhandlung zu verlangen, bekannt machen. Die Außerachtlassung dieser Vorschrift kann jedoch eine Nichtigkeit des Verfahrens nicht begründen, U 30/1 80, R 1, 299; und ebensowenig kann überhaupt die Nichtinnehaltung der einwöchentlichen Ladungsfrist einen Revisionsgrund abgeben, wenn der Angekl. von seinem Recht auf Vertagung keinen Gebrauch gemacht, auf die Ladungsfrist also stillschweigend verzichtet hat. U 23/1 80, R 1, 262. U 23/2 80, R 1, 376 u. U 8/5 80, R 1, 743.

Durch die Aussetzung der Verhandlung erwächst dem Angekl. kein Recht, von neuem die Einhaltung der Frist des § 216 Abs. 1 zu verlangen. U 6/12 86, E 15, 113. U 14/3 87, R 9, 177. Die Ladungsfrist zur zweiten Verhandlung ist jedoch innezuhalten, wenn der erste unter Beobachtung der Ladungsfrist anberaumte Termin vorher wieder aufgehoben ist. U 3/3 05, DJZ 11, 699; desgl. zu der nach einer nebst Feststellungen erfolgten Aufhebung des Urteils angesetzten Hauptverhandlung. U 24/9 09, E 42, 407.

**§ 217.** Neben dem Angeklagten ist der bestellte Verteidiger stets,[79] der gewählte Verteidiger dann zu laden, wenn die erfolgte Wahl dem Gerichte angezeigt worden ist.[80]

79) Die Ladung des bestellten Verteidigers muß stets erfolgen, z. B. auch in dem Falle, wo das Hauptverfahren nicht, wie in der Anklageschrift beantragt war, vor dem Schwurgericht, sondern vor dem Landgericht eröffnet und eine Zurücknahme der von Amtswegen stattgefundenen Bestellung des Verteidigers nicht erfolgt ist. U 16/9 89, E 19, 373. Auch der vom gesetzl. Vertreter des Angekl. bestellte Verteidiger muß stets geladen werden. U 12/6 03, E 36, 316.

80) Die Anzeige von der Wahl eines Verteidigers muß von dem Angekl. selbst oder von seinem legitimierten Vertreter ausgehen. Die bloße Anzeige eines Rechtsanwalts, er sei als Verteidiger gewählt, ohne sich als solcher durch Vollmacht zu legitimieren, kann deshalb auch dann nicht genügen, wenn der Rechtsanwalt Beweisanträge gestellt hat. U 22/10 80, E 2, 375. U 20/9 81, R 3, 516. U 3/1 87, R 9, 4. Vgl. U 8/1 06, DR 10, 195. Wenn ein Verteidiger, der von dem Angekl. durch eine Vollmacht zur Verteidigung in zwei getrennten Strafsachen ermächtigt ist, sich dieser Vollmacht auch für beide Sachen bedienen will, so muß er zwei getrennte Anzeigen nach § 217 erstatten oder wenigstens in der erstatteten einen Anzeige unzweideutig zu erkennen geben, daß sie für beide Sachen Geltung haben solle. U 22/1 01, G 48, 118. Eine besondere Form ist für die Anzeige nicht vorgeschrieben. Es genügt insbesondere auch, wenn der Angekl. mit einem Verteidiger in der Hauptverhandlung erscheint und dessen Auftreten als Verteidiger durch seine Anwesenheit ohne Protest und dadurch billigt, daß er denselben Handlungen vornehmen läßt, welche nur dem Verteidiger zustehen. U 1/3 94, E 25, 152. Dagegen genügt es nicht, wenn der Verteidiger seine Vollmacht stillschweigend zu den Akten legt. U 13/1 10, DJZ 15, 484. Ein RA, welcher mit dem Angekl. als dessen Beistand in einer demnächst vertagten Hauptverhandlung erschienen war, kann seine Ladung zu dem neuen Termin nur beanspruchen, wenn er oder der Angekl. seine Wahl zum Verteidiger dem Gericht odnungsmäßig angezeigt hat. U 13/11 82, R 4, 813.

Die Ladung muß rechtzeitig, d. h. unter billiger Rücksicht auf die anderweiten Berufsgeschäfte des Anwalts erfolgen. U 12/7 05, DR 9, 535. Wenn die Vollmacht auf zwei assoziierte Anwälte lautet, ist nur derjenige zu laden, dessen Bestellung angezeigt ist. U 13/3 03, G 50, 144. U 5/1 00, G 47, 156. Die unterlassene Ladung eines dem Gericht rechtzeitig angezeigten Wahlverteidigers enthält eine unzulässige Beschränkung der Verteidigung und begründet die Revision. U 8/7 81, R 3, 472. U 29/4 80, E 1, 405. U 17/9 80, E 2, 233; es sei denn, daß der Verteidiger aktenmäßig auf andere Weise Kenntnis von dem Termin erhalten und den letzteren trotzdem nicht wahrgenommen hat. U 10/13. Jan. 88, E. 17, 45. U 18/5 03, DR 7, 320. Ein Verstoß gegen § 217 wird

**§ 218.** Verlangt der Angeklagte die Ladung von Zeugen oder Sachverständigen oder die Herbeischaffung anderer Beweismittel zur Hauptverhandlung, so hat er unter Angabe der Tatsachen, über welche der Beweis erhoben werden soll,[81]) seine Anträge bei dem Vorsitzenden des Gerichts zu stellen.[82]) Die hierauf ergehende Verfügung ist ihm bekannt zu machen.[83])

---

dadurch nicht geheilt, daß der Angekl. ohne Kenntnis von dem stattgehabten Verstoße auf die Anwesenheit des Verteidigers in der Hauptverhandlung verzichtet, U 18/10 89, E 19, 436. U 28/12 09, E 43, 161; und es kann auch ein Antrag des Angeklagten auf Vertagung nicht deshalb abgelehnt werden, weil ein Fall der notwendigen Verteidigung nicht vorliege oder eine Verteidigung nach Lage der Sache nicht nötig sei. U 5/1 06, DR 10, 195. Wenn in der Hauptverhandlung statt des geladenen Verteidigers mit Genehmigung des Angekl. ein anderer Verteidiger auftritt, so liegt darin, daß das Gericht zu einer ferneren Hauptverhandlung nur den letzteren ladet, keine Verletzung des § 217. U 1/6 93, G 41, 262.

Was von der gänzlich unterlassenen Ladung gilt, gilt auch dann, wenn die Hauptverhandlung, zu welcher der Verteidiger geladen war, zu einer früheren als der in der Ladung angegebenen Stunde ohne vorgängige Benachrichtigung des Verteidigers und in dessen Abwesenheit abgehalten wird. U 1/12 91, G 39, 340. U 31/1 08, E 41, 72.

81) Die Unterlassung dieser Angabe und der Formulierung eines bestimmten Beweissatzes entzieht dem Antrage das Wesen eines Beweisantrages nicht; es muß deshalb stets auch über einen solchen Antrag ein Beschluß ergehen. U 2/5. Jan. 86, R 8, 4.

82) Dem Ermessen des Vorsitzenden ist es überlassen, ob er den Beweisanträgen des Angekl. stattgeben oder dieselben ablehnen will. Gegen die Verfügung des Vorsitzenden steht dem Angekl. nach § 347 keine Beschwerde zu, und insbesondere enthält die Ablehnung eines Beweisantrages keine die Revision begründende Beschränkung der Verteidigung, weil einerseits der Angekl. nach § 219 das Recht hat, die von ihm vorgeschlagenen Zeugen oder Sachverständigen unmittelbar zu laden, andererseits es ihm nach §§ 243, 245 unbenommen bleibt, die desfallsigen Anträge in der Hauptverhandlung zu wiederholen. U 29/11 79, E 1, 106. U 16/12 79, R 1, 158. U 20/1 80, R 1, 250. U 23/9 80, R 2, 246.

83) Die Unterlassung der Bekanntmachung verletzt den § 218; der Angekl. kann jedoch daraufhin die Revision nicht begründen, wenn er in der Hauptverhandlung Aussetzung zum Zwecke der Ladung der abgelehnten Zeugen usw. nicht beantragt, sondern nur denselben Beweisantrag wiederholt hat, und dieser durch einen genügend motivierten Beschluß des Gerichts abgelehnt ist. U 18/12 80, R 2, 649.

Beweisanträge des Angeklagten sind, soweit ihnen stattgegeben ist, der Staatsanwaltschaft mitzuteilen.

§ **219**. Lehnt der Vorsitzende den Antrag auf Ladung einer Person ab, so kann der Angeklagte die letztere unmittelbar laden lassen.[84]) Hierzu ist er auch ohne vorgängigen Antrag befugt.

Eine unmittelbar geladene Person ist nur dann zum Erscheinen verpflichtet, wenn ihr bei der Ladung die gesetzliche Entschädigung für Reisekosten und Versäumnis bar dargeboten oder deren Hinterlegung bei dem Gerichtsschreiber nachgewiesen wird.

Ergibt sich in der Hauptverhandlung, daß die Vernehmung einer unmittelbar geladenen Person zur Aufklärung der Sache dienlich war, so hat das Gericht auf Antrag anzuordnen, daß derselben die gesetzliche Entschädigung aus der Staatskasse zu gewähren sei.[85])

§ **220**. Der Vorsitzende des Gerichts kann auch von Amts wegen die Ladung von Zeugen und Sachverständigen sowie die Herbeischaffung anderer Beweismittel anordnen.

§ **221**. Der Angeklagte hat die von ihm unmittelbar geladenen oder zur Hauptverhandlung zu stellenden Zeugen und Sachverständigen rechtzeitig der Staatsanwaltschaft namhaft zu machen und ihren Wohn- oder Aufenthaltsort anzugeben.

Dieselbe Verpflichtung hat die Staatsanwaltschaft gegenüber dem Angeklagten, wenn sie außer den in der Anklageschrift benannten oder auf Antrag des Angeklagten geladenen Zeugen oder Sachverständigen die Ladung noch

84) Wegen der unmittelbaren Ladung s. § 38. Die erfolgte unmittelbare Ladung muß dem Gericht von dem Angekl. mitgeteilt werden. U 7/4 80, R 1, 549. Eine gleiche Mitteilung muß nach § 221 an die Staatsanwaltschaft erfolgen.

85) Die Bestimmung des § 219 Abs. 3 ist dahin zu verstehen, daß unter den dort hervorgehobenen Voraussetzungen die gesetzliche Entschädigung gleich den übrigen Kosten des Verfahrens aus der Staatskasse ausgelegt werden solle, vorbehaltlich der späteren definitiven Entscheidung darüber, von wem nach §§ 496ff. die Kosten des Verfahrens zu tragen seien. U 29/9 87, E 16, 212. Vgl. Gebührenordnung für Zeugen und Sachverständige v. 30/6 78 im Anhang II.

anderer Personen, sei es auf Anordnung des Vorsitzenden (§ 220) oder aus eigener Entschließung, bewirkt.[86])

§ 222. Wenn dem Erscheinen[86a]) eines Zeugen oder Sachverständigen[87]) in der Hauptverhandlung für eine längere oder ungewisse Zeit[88]) Krankheit oder Gebrechlichkeit[89]) oder andere nicht zu beseitigende Hindernisse[90]) entgegenstehen, so kann das Gericht die Vernehmung desselben durch einen beauftragten oder ersuchten Richter[91]) anordnen. Die Vernehmung erfolgt, soweit die Beeidigung zulässig ist,[92]) eidlich.[93])

---

86) Dagegen ist es nicht erforderlich, daß dem Angekl. von der Unterlassung der Ladung eines in der Anklageschrift aufgeführten Zeugen vor der Hauptverhandlung Nachricht gegeben wird. U 23/2 80, R 1, 376.

86a) Der § 222 findet sinngemäße Anwendung auch auf Zeugen, die zwar erschienen, aber wegen Krankheit usw. nicht vernehmungsfähig und deshalb einem nicht erschienenen Zeugen gleichzustellen sind. U 28/7 06, DR 10, 1093; DJZ 12, 68.

87) Der § 222 bezieht sich nur auf Zeugen und Sachverständige, nicht auch auf Mitbeschuldigte. U 30/6 87, E 16, 232.

88) Die Beantwortung der Frage, ob die Zeit, innerhalb deren die Hebung des Hindernisses zu erwarten ist, eine längere oder kürzere sei, unterliegt dem Ermessen des Gerichts. U 25/6 88, R 10, 451.

89) Als Gebrechlichkeit kann auch der Zustand vorgerückter Schwangerschaft einer Zeugin angesehen werden. U 25/6 88, R 10, 451. U 7/8 06, DR 10, 1093. Schwangerschaft an sich ohne jede Rücksicht auf ihr Stadium ist kein Hindernis i. S. § 222. U 1/3 06, DR 10, 454.

90) Vgl. über den Fall einer vorübergehenden dienstlichen Unabkömmlichkeit eines Beamten: U 29/11 83, R 5, 737.

91) Wenn das erkennende Gericht beschließt, die Vernehmung durch eines seiner Mitglieder bewirken zu lassen, so hat der Vorsitzende das betreffende Mitglied zu bestimmen. U 15/11 86, R 8, 712. Auch der Untersuchungsrichter kann mit der kommiss. Vernehmung beauftragt werden, U 24/3 81, E 4, 91; desgl. mit der in einer Schwurgerichtsverhandlung beschlossenen kommiss. Vernehmung ein nicht dem Schwurgericht angehöriges Mitglied des Landgerichts, bei welchem sich das Schwurgericht befindet. U 22/9 02, DR 6, 514. Wenn es sich um kommiss. V. von im Auslande befindlichen Personen handelt, so hat auch die vor einem Deutschen Konsul stattgefundene Zeugenvernehmung die Bedeutung einer richterl. Vernehmung. U 29/8 82, R 4, 697.

92) Wegen der Zulässigkeit der Beeidigung s. §§ 56ff.

93) Die Vernehmung muß, wenn sie überhaupt zulässig ist, stets eidlich erfolgen. Die bloße Verweisung des Zeugen auf den Eid, wel-

Dasselbe gilt, wenn ein Zeuge oder Sachverständiger vernommen werden soll, dessen Erscheinen wegen großer Entfernung besonders erschwert sein wird.[94])

§ 223. Von den zum Zwecke dieser Vernehmung anberaumten Terminen sind die Staatsanwaltschaft, der Angeklagte[95]) und der Verteidiger[96]) vorher zu benachrich-

---

chen derselbe bei einer vorausgegangenen Vernehmung im Vorverfahren geleistet hat, ist unstatthaft (§ 60). U 24/4 80, R 1, 655. Wegen Zulässigkeit des Handgelübdes an Eides Statt bei kommiss. Vernehmungen in Basel s. U 26/8 85, R 7, 503. U 27/5 07, DR 11, 844.

94) Bei Prüfung der Frage, ob ein Zeuge usw. wegen großer Entfernung kommissarisch zu vernehmen sei, hat das Gericht zunächst zu beachten, daß auch hier, wie im Abs. 1 des § 222, nur ein längeres oder ungewisses Entferntsein des Zeugen usw. vom Sitze des Gerichts die Vernehmung desselben durch einen beauftragten oder ersuchten Richter rechtfertigen kann, U 4/12 80, R 2, 602, und daß zu der bloßen großen Entfernung auch noch hinzutreten muß, daß das Erscheinen des Zeugen wegen derselben „besonders erschwert" ist. U 20/11 88, E 18, 261. Dies ist nicht ohne weiteres bei jeder großen Entfernung anzunehmen; die letztere kann vielmehr durch eine regelmäßige, leicht benutzbare Verbindung zwischen beiden Orten ausgeglichen werden. U 13/5 81, E 4, 174. U 3/2 82, R 4, 120. Vgl. U 20/11 88, E 18, 261. U 20/5 89, E 19, 246 (Berücksichtigung der Körperbeschaffenheit des Vorgeladenen). U 24/9 03, DR 7, 508 (Angaben des Angekl. nicht maßgebend, sondern objektive Prüfung der großen Entfernung notwendig). Was große Entfernung sei, ist nicht nur eine tatsächliche Frage, sondern auch eine Rechtsfrage, welche vom Revisionsrichter nachzuprüfen ist. U 13/5 81, E 4, 174. U 3/2 82, R 4, 120. U 15/1 94, G 42, 35. Es begründet die Revision, wenn mangels Anhalts im Sachverhalt, daß besondere Erschwerung vorliegt, der Beschluß die für die Anordnung bestimmend gewesenen Verhältnisse nicht ersichtlich macht. Der Verstoß wird auch nicht durch Einverständnis der Prozeßbeteiligten mit der Verlesung des Vernehmungsprotokolls geheilt (§ 250 Abs. 2). U 20/6 10, E 44, 8.

Im allgemeinen ist endlich zu bemerken, daß für dieselbe Hauptverhandlung nicht notwendig alle in demselben Orte entfernt vom Gerichtssitze wohnenden Zeugen oder Sachverständigen nach § 222 vernommen werden müssen. Der Gegenstand der Untersuchung oder die Bedeutung des Zeugnisses für die Entscheidung (U 20/7 05, DR 9, 477) kann vielmehr das Gericht veranlassen, von der Ermächtigung der §§ 222, 250 in bezug auf einzelne Zeugen usw. abzusehen, sie aber in bezug auf andere Zeugen aus demselben Ort zur Geltung zu bringen. U 14/6 86, R 8, 358. U 24/1 88, R 10, 63. U 15/1 02, DR 6, 107.

95) Sind mehrere Angeklagte vorhanden, so ist jeder von ihnen zu benachrichtigen, auch wenn die kommiss. Vernehmung nur auf An-

tigen,[97]) insoweit dies nicht wegen Gefahr im Verzug[98]) untunlich ist; ihrer Anwesenheit bei der Vernehmung bedarf es nicht. Das aufgenommene Protokoll ist der Staatsanwaltschaft und dem Verteidiger vorzulegen.[99])

trag eines Angeklagten angeordnet war. U 18/2 80, E 1, 210. U 15/1 02, DR 6, 107. — Die Unterlassung der Benachrichtigung des Angekl. bildet keinen Revisionsgrund, wenn der Angekl. in der Hauptverhandlung hieran keine Anträge geknüpft und damit auf das Recht, benachrichtigt zu werden, verzichtet hat. U 24/5 02, DR 6, 377.

96) Einen Anspruch auf Benachrichtigung hat der Verteidiger nur dann, wenn seine Wahl dem Gerichte angezeigt ist. U 20/1 98, G 46, 114. Ist dies der Fall, so muß er stets neben dem Angekl. besonders benachrichtigt werden, U 24/11 80, R 2, 563, und zwar selbst dann, wenn zu der Zeit, als seine Wahl dem Gericht angezeigt wurde, die Benachrichtigung des Angekl. bereits erfolgt war. U 9/3 97, G 45, 52. Ist die Benachrichtigung unterlassen, so darf das Protokoll über die kommiss. Vernehmung nicht verlesen werden, es sei denn, daß der Angekl. die an sich unzulässige Verlesung widerspruchslos geschehen läßt, obwohl er von der Nichtbenachrichtigung des Verteidigers Kenntnis hatte. U 21/12 87, R 9, 745. Vgl. U 7/12 86, R 8, 731. U 21/9 03, DR 7, 508.

97) Die Benachrichtigung muß in den Formen des § 35 (Zustellung) geschehen, U 20/6 93, G 41, 146; sie darf nicht deshalb unterbleiben, weil die Nähe des Verhandlungstermins sie unausführbar erscheinen läßt. U 21/9 03, DR 7, 508. Im übrigen genügt die bloße Benachrichtigung; einer besonderen Belehrung des Angekl. über die rechtliche Bedeutung einer kommiss. Zeugenvernehmung bedarf es nicht. U 16/6 81, E 4, 264. Die Unterlassung der Benachrichtigung kann nur dann zur Aufhebung des Urteils führen, wenn der Angekl. in der Hauptverhandlung einen erfolglosen Antrag auf Wiederholung der Vernehmung gestellt hat. U. 24/6 81, E 4, 301. U 18/9 83, R. 5, 535. U 7/12 86, R 8, 731. U 18/2 80, E 1, 210. U 24/5 02, DR 6, 377. Wenn eine kommissarische Vernehmung im Auslande stattfindet und das ausländische Gesetz die Gegenwart der Prozeßbeteiligten bei derselben ausschließt, so reicht es hin, wenn das ersuchende Deutsche Gericht seinerseits tut, was nach den Umständen geschehen kann, um die Benachrichtigung und Zulassung der Prozeßbeteiligten zu erwirken. U 5/1 85, R 7, 11.

98) Gefahr im Verzug ist nicht gleichbedeutend mit „Aufenthalt für die Sache" im § 191 Abs. 3. Die Unterlassung der Benachrichtigung darf also nur unterbleiben, wenn ein Verlust des Beweismittels oder eine andere Gefahr im Verzuge angezeigt ist; eine bloße Verzögerung der Sache genügt nicht. U 18/2 80, R 1, 362. U 24/4 80, R 1, 655. Insbesondere kann eine Gefahr im Verzuge nicht schon dann angenommen werden, wenn die Hauptverhandlung schon auf einen so nahen Tag anberaumt ist, daß die Vernehmung mit Benachrichtigung

Der nicht auf freiem Fuße befindliche Angeklagte hat einen Anspruch auf Anwesenheit nur bei solchen Terminen, welche an der Gerichtsstelle des Orts abgehalten werden, wo er sich in Haft befindet.[100])

§ **224.** Ist zur Vorbereitung der Hauptverhandlung noch ein richterlicher Augenschein einzunehmen, so finden die Bestimmungen des vorhergehenden Paragraphen gleichfalls Anwendung.[1])

### 6. Abschnitt. Hauptverhandlung.*)

§ **225.** Die Hauptverhandlung erfolgt in ununterbrochener Gegenwart der zur Urteilsfindung berufenen Personen[2]) sowie der Staatsanwaltschaft[3]) und eines Gerichtsschreibers.[4])[5])

---

nicht mehr erfolgen konnte. U 26/4 82, R 4, 385. U 21/9 03, DR 7, 508. Ob Gefahr in Verzug vorlag, hat das Gericht in der Hauptverhandlung zu prüfen. U 4/4 10, E 43, 336.

99) Auf die Vorlegung des aufgenommenen Protokolls kann verzichtet werden; ein solcher Verzicht ist anzunehmen, wenn in der Hauptverhandlung vor der Verlesung des betr. Protokolls dessen nachträgliche Vorlegung nicht verlangt ist. U. 2/7 80, R 2, 156. Die Vorlegung des Protokolls an den Angekl. ist nicht vorgeschrieben; derselbe kann, selbst wenn er Rechtsanwalt ist und sich selbst verteidigt, diese Vorlegung nicht beanspruchen. U 19/4 82, R 4, 351.

100) Vgl. insbes. wegen der Gerichtsstelle A. 40 zu § 191.

1) Wenn die Einnahme eines richterlichen Augenscheins — insoweit nicht Gefahr im Verzug war — ohne die in den §§ 223, 224 vorgeschriebene Benachrichtigung stattgefunden hat, so darf die Verlesung des betr. Protokolls nicht erfolgen, wenn seitens der nicht benachrichtigten Beteiligten dagegen Einspruch erhoben wird. U 9/3 80, E 1, 256.

*) Wegen der Öffentlichkeit der Hauptverhandlung s. §§ 170—176 und wegen der Sitzungspolizei §§ 177—185 GVG.

2) Auch an einem zur Urteilsverkündung besonders anberaumten Termine müssen dieselben Richter teilnehmen, welche in der Hauptverhandlung mitgewirkt haben. U 11/12 80, E 3, 116. Wegen der Zulässigkeit eines Wechsels des Richterpersonals, wenn im schwurgerichtl. Verfahren nach § 286 verfahren wird, s. U 19/1 97, E 29, 338.

3) Die Staatsanwaltschaft muß insbesondere auch bei der Urteilsverkündung vertreten sein. Diese Vorschrift ist eine wesentliche; ihre Verletzung fällt unter § 377 Nr. 5. U 11/10 83, E 9, 275. Wegen der Vertretung der StA durch die ihr „zur Beschäftigung überwiesenen" Gerichtsassessoren (Hamburg) s. U 11/11 89, E 20, 40 und wegen

§ **226.** Es können mehrere Beamte der Staatsanwaltschaft und mehrere Verteidiger in der Hauptverhandlung mitwirken und ihre Verrichtungen unter sich teilen.[6])

§ **227.** Über Anträge auf Aussetzung einer Hauptverhandlung entscheidet das Gericht.[7]) Kürzere Unterbrechungen ordnet der Vorsitzende an.

Eine Verhinderung des Verteidigers gibt, unbeschadet der Bestimmung des § 145, dem Angeklagten kein Recht, die Aussetzung der Verhandlung zu verlangen.[8])

Ist die Frist des § 216 Abs. 1 nicht eingehalten worden, so soll der Vorsitzende den Angeklagten mit der Befugnis, Aussetzung der Verhandlung zu verlangen, bekannt machen.[9])

---

Vertretung durch einen nicht der Staatsanwaltschaft des Gerichts, vor dem die Hauptverhandlung stattfindet, angehörigen StA infolge Auftrags der Landesjustizverwaltung s. U 11/10 10, E 44, 75.

4) Die Funktionen des Gerichtsschreibers können in Preußen auch Referendare wahrnehmen. U 10/1 80, R 1, 208.

5) Der Verteidiger gehört nicht zu den Personen, deren ununterbrochene Anwesenheit erforderlich ist. U 6/6 96, E 28, 413. Über die Notwendigkeit seiner Anwesenheit in den Fällen der notwendigen Verteidigung und im schwurgerichtlichen Verfahren s. jedoch A. 93 zu § 145. Wegen der Anwesenheit des Angeklagten s. §§ 229, 230. Gegen einen erschienenen Angekl. kann verhandelt werden, auch wenn ein Mitangekl. ausgeblieben ist. U 2/1 06, E 38, 272.

6) Die mehreren Beamten der Staatsanwaltschaft können in der Hauptverhandlung nicht nur gleichzeitig, sondern auch nacheinander wirken. U 28/4 87, R 9, 292. U 5/7 87, E 16, 180.

7) Die Aussetzung der Hauptverhandlung kann insbesondere beantragt werden in den Fällen der §§ 145, 229, 235, 243, 245, 264. In allen Fällen, wo ein solcher Vertagungsantrag gestellt wird, bedarf es eines gerichtlichen Beschlusses, selbst wenn der Antrag vom Antragsteller nicht näher begründet ist. Der gefaßte Beschluß muß dem Antragsteller vor der Urteilsfällung bekannt gemacht werden. U 13/5 92, E 23, 136. U 10/11 02, DR 6, 594 (Recht des Angekl. auf Aussetzung im Falle der notwendigen Verteidigung).

8) Insbesondere gibt auch die Vornahme der Hauptverhandlung zu einer späteren, als in der Ladung angegebenen Stunde dem Angekl., dessen Verteidiger sich in der Zwischenzeit entfernt hat, kein Recht auf Aussetzung der Verhandlung. U 1/3 80, E 1, 235. Der Verteidiger hat dafür zu sorgen, daß ihm der Beginn der Verhandlung rechtzeitig gemeldet wird. U 6/11 05, G 53, 69.

9) Die Bestimmung des § 227 Abs. 3 ist nur eine Dienstvorschrift für den Vorsitzenden, deren Außerachtlassung eine Nichtigkeit des Verfah-

**§ 228.** Eine unterbrochene Hauptverhandlung muß spätestens am vierten Tage nach der Unterbrechung fortgesetzt werden, widrigenfalls mit dem Verfahren von neuem zu beginnen ist.[10])

**§ 229.** Gegen einen ausgebliebenen Angeklagten findet eine Hauptverhandlung nicht statt [11])

Ist das Ausbleiben des Angeklagten nicht genügend entschuldigt, so ist die Vorführung anzuordnen oder ein Haftbefehl zu erlassen.[12])

**§ 230.** Der erschienene Angeklagte darf sich aus der Verhandlung nicht entfernen. Der Vorsitzende kann die geeigneten Maßregeln treffen, um die Entfernung desselben zu verhindern; auch kann er ihn während einer Unterbrechung der Verhandlung in Gewahrsam halten lassen.

---

rens nicht begründet. U 30/1 80, R 1, 299. Vgl. U 23/1 80, R 1, 262. U 23/2 80, R 1, 376. U 8/5 80, R 1, 743. Vgl. A. 78 zu § 216.

10) Die fortgesetzte Hauptverhandlung muß mit der abgebrochenen Verhandlung ein organisches Ganzes bilden, so daß die zum ersten Termine vorgeladenen und erschienenen Zeugen und Sachverständigen, auf deren Vernehmung der Angekl. nach § 244 Abs. 1 ein Recht erworben hatte, daß ihm durch die erfolgende Unterbrechung nicht wieder entzogen werden kann, vernommen werden müssen. Abgesehen davon besteht jedoch hinsichtlich der neu zu beginnenden Hauptverhandlung kein Zwang, solche auf derselben Beweisgrundlage vor sich gehen zu lassen, welche für die frühere, abgebrochene Verhandlung in Aussicht genommen war. U 15/6 80, E 2, 109. Auf die Aussetzung der Urteilsverkündung findet § 228 keine Anwendung. Wird jedoch in der zur letzteren anberaumten Hauptverhandlung in eine weitere sachliche Verhandlung eingetreten, so kann dies nur unter Beobachtung der Frist des § 228 geschehen. U 29/12 04, E 37, 365. § 228 findet im schwurgerichtlichen Verfahren auch dann unbeschränkte Anwendung, wenn die Unterbrechung erst nach Verkündung des unangefochten gebliebenen Geschworenenspruchs erfolgte. U 15/3 09, E 42, 244.

11) Ausnahmen von § 229 Abs. 1 s. in den §§ 230 Abs. 2, 231, 232; 319 ff. (Verfahren gegen Abwesende) und 470 ff. (Verfahren gegen Abwesende, welche sich der Wehrpflicht entzogen haben). — Aus § 229 folgt, daß ausnahmsweise die Hauptverhandlung auch an einem anderen Orte des Gerichtsbezirks zulässig ist, wenn das Erscheinen des Angekl. dort, nicht aber am Sitze des Gerichts zu ermöglichen ist. U 23/2 92, E 22, 396.

12) Über Vorführung und Haftbefehl s. §§ 134, 114. Auch ein unentschuldigt ausgebliebenes Reichstagsmitglied darf vorgeführt werden. U 18/28. Sept. 05, E 38, 179.

Entfernt der Angeklagte sich dennoch, oder bleibt er bei der Fortsetzung einer unterbrochenen Hauptverhandlung aus, so kann diese in seiner Abwesenheit zu Ende geführt werden, wenn seine Vernehmung über die Anklage schon erfolgt war[13]) und das Gericht seine fernere Anwesenheit nicht für erforderlich erachtet.[14])

§ **231.** Beim Ausbleiben des Angeklagten kann zur Hauptverhandlung geschritten werden, wenn die den Gegenstand der Untersuchung bildende Tat nur mit Geldstrafe,[15]) Haft oder Einziehung, allein oder in Verbindung miteinander, bedroht ist.

In solchen Fällen muß der Angeklagte in der Ladung auf die Zulässigkeit dieses Verfahrens ausdrücklich hingewiesen werden.[16])

13) Wegen des Zeitpunktes der Vernehmung des Angeklagten s. § 242. Vgl. auch § 136. Im allgemeinen ist dem § 230 schon dann genügt, sobald dem Angekl. Gelegenheit gegeben worden ist, sich über die Anklage zu erklären und alle die Anführungen zu machen, welche er zu seiner Verteidigung für erforderlich hält. U 19/3 86, R 8, 213.

14) Bei einer nur zum Zwecke der Urteilsverkündigung anberaumten Fortsetzung der unterbrochenen Verhandlung bedarf es keines ausdrücklichen Gerichtsbeschlusses, daß die Urteilsverkündigung bei Abwesenheit des Angekl. zu erfolgen habe. U 3/12 83, E 9, 341. U 22/12 98, E 31, 398.

Der § 230 Abs. 2 ist nicht zur Anwendung zu bringen gegen einen Angekl., der sich in Haft befindet und zum Termin nicht vorgeführt ist, U 22/12 98, E 31, 398; desgl. nicht gegen einen Angekl., dessen Entfernung durch eine plötzlich eingetretene Krankheit bedingt wird. U 1/12 91, E 22, 247. U 4/3 95, G 43, 37. U 15/3 09, E 42, 244.

Wenn sich übrigens nach Entfernung des Angekl. eine Veränderung des rechtlichen Gesichtspunktes ergibt, muß § 264 Abs. 1 beobachtet, also eine neue Hauptverhandlung anberaumt werden. U 16/19. März 99, E 32, 96.

15) Daß die in dem anzuwendenden Strafgesetz angedrohte Geldstrafe für den Fall der Uneinbringlichkeit in Gefängnisstrafe umgewandelt werden kann oder muß, steht der Zulässigkeit des Ungehorsamsverfahrens nicht entgegen. U 9/16. Febr. 85, R 7, 93.

16) Nach der Bestimmung des § 215 Abs. 1 kann in diesen Fällen die sonst in die Ladung aufzunehmende Warnung: daß im Falle unentschuldigten Ausbleibens des Angekl. dessen Verhaftung oder Vorführung erfolgen werde, unterbleiben. U 7/3 82, R 4, 230. U 17/10 90, E 21, 100.

**§ 232.** Der Angeklagte kann auf seinen Antrag wegen großer Entfernung seines Aufenthaltsorts[17]) von der Verpflichtung zum Erscheinen in der Hauptverhandlung entbunden werden,[17a]) wenn nach dem Ermessen des Gerichts voraussichtlich keine andere Strafe als Freiheitsstrafe bis zu sechs Wochen oder Geldstrafe oder Einziehung, allein oder in Verbindung miteinander, zu erwarten steht.[18])[19])

---

Wenn der Angekl. rechtzeitig vor dem Termin die Erklärung an das Gericht gelangen läßt, daß er persönlich erscheinen werde und um Vertagung bitte, so darf ohne Beachtung und Bescheidung des Vertagungsgesuchs in Abwesenheit des Angekl. nicht verhandelt werden. U 25/10 98, G 46, 436.

Die Vorschrift des § 264 ist auch in den Fällen des § 231 zu beachten; es muß Vertagung beschlossen und in der Ladung zur neuen Hauptverhandlung dem neuen rechtlichen Gesichtspunkte Ausdruck gegeben werden. U 16/1 02, E 35, 66.

17) Wegen der großen Entfernung s. A. 94 zu § 222.

17a) Wegen der Wirkung des Antrags und des ihm stattgebenden Beschlusses für weitere Hauptverhandlungen s. U 1/3 10, DR 14, 1313.

18) Das Ermessen des Gerichts findet seine notwendige Begrenzung in dem Beschlusse über die Eröffnung des Hauptverfahrens und der in diesem Beschlusse enthaltenen Bezeichnung der dem Angekl. zur Last gelegten Tat. Das Gericht ist daher an die durch den Eröffnungsbeschluß gegebene Qualifikation der Straftat gebunden und kann sein Ermessen nur dann zur Geltung bringen, wenn diese Qualifikation die Einhaltung der im § 232 bezeichneten Grenzen des Strafmaßes gestattet. U 25/11 87, E 17, 19. — Wenn das Gericht auf Grund der — zunächst in Abwesenheit des Angekl. stattgefundenen — Hauptverhandlung zu der Ansicht gelangt, daß den Angekl. eine härtere als die im § 232 bezeichnete Strafe zu treffen habe, so ist eine Weiterverhandlung in Abwesenheit des Angekl. nicht statthaft, der letztere vielmehr zur Hauptverhandlung zuzuziehen. U 13/1 87, E 15, 337. U 12/10 97, E 30, 277. Dies gilt auch, wenn im Falle der Anwendung des § 74 StGB. die Gesamtstrafe oder in den Fällen der §§ 75, 77 StGB. die Summe der nebeneinander zu erkennenden ungleichartigen Freiheitsstrafen die im § 232 gezogene Grenze überschreitet. U 7/7 96, E 29, 44. U 3/3 99, E 32, 61.

Auch die Zuerkennung der Publikationsbefugnis nach § 200 StGB. hat den Charakter einer Strafe. Die Entbindung des Angekl. vom Erscheinen ist also auch dann nicht zulässig, wenn bei einer Anklage wegen Beleidigung eine Verurteilung zu erwarten steht, die sich auf die Zuerkennung dieser Publikationsbefugnis zu erstrecken hat (unbedingter Revisionsgrund aus § 377 Nr. 5). U 7/7 96, E 29, 44. U

In diesem Falle muß der Angeklagte, wenn seine richterliche Vernehmung[20]) nicht schon im Vorverfahren erfolgt ist, durch einen beauftragten oder ersuchten Richter über die Anklage vernommen werden.[21])

Von dem zum Zwecke der Vernehmung anberaumten Termine sind die Staatsanwaltschaft und der Verteidiger vorher zu benachrichtigen; ihrer Anwesenheit bei der Vernehmung bedarf es nicht. Das Protokoll über die Vernehmung ist in der Hauptverhandlung zu verlesen.[22])

---

19/12 04, DR 9, 49 (öffentl. Beleidigung). Entbindung vom Erscheinen wegen des nach § 19 Warenzeichengesetz auszusprechenden Bekanntmachungsrechts unstatthaft: U 5/12 01, E 35, 18.

19) Der Beschluß, durch welchen Angekl. vom Erscheinen entbunden wird, muß ihm selbst zugestellt werden. U 11/7 10, E 44, 47. Ohne daß der Angekl. auf seinen Antrag einen Bescheid erhalten hat, darf in seiner Abwesenheit überhaupt nicht verhandelt werden. U 24/9 96, E 29, 69. U 25/10 98, G 46, 436. U 17/5 01, G 48, 307. Zu der Hauptverhandl. muß der Angekl. trotz seiner Entbindung vom Erscheinen geladen werden; nur kann hier die im § 215 Abs. 1 vorgeschriebene Warnung unterbleiben. U 7/3 82, R 4, 230. U 17/10 90, E 21, 100. U 15/1 07, DR 11, 323.

20) Die richterliche Vernehmung des Angekl. braucht nicht in seiner Eigenschaft als Angeklagter erfolgt zu sein. U 20/5 89, E 19, 246.

21) Die kommiss. Vernehmung muß erfolgen, wenn Angekl. nach Zustellung des Entbindungsbeschlusses seine nochmalige Vernehmung über die Anklage ausdrücklich beantragt, mag er auch schon im Vorverfahren vernommen sein. U 28/1 87, E 15, 202. U 17/5 01, G 48, 307. U 24/3 03, DJZ 8, 322. Beweisanträge, welche Angekl. bei dieser seiner kommiss. Vernehmung gestellt hat, sind als an das erkennende Gericht gebracht anzusehen. Sie können deshalb nicht von dem Vorsitzenden abgelehnt werden, sondern es muß über dieselben von dem erkennenden Gericht beschlossen werden. Dies gilt auch dann, wenn der in der Hauptverhandlung anwesende Vertreter des Angekl. die betreffenden Anträge nicht wiederholt hat. U 4/2 84, E 10, 135.

22) Die Verlesung der kommissarischen Vernehmung des Angekl. tritt an die Stelle des mündlichen Verhörs desselben; sie muß deshalb zu dem im § 242 Abs. 3 bestimmten Zeitpunkt erfolgen. U 4/2 84, E 10, 135. U 24/5 89, E 19, 249. Die Unterlassung der Verlesung begründet die Revision. U 15/6 91, G 39, 234.

Wenn in der Hauptverhandlung neue Beweismittel (in der Anklageschrift nicht benannte Zeugen) bezüglich der Anklage vorgebracht werden, so ist die Vernehmung des Angekl. über dieselben erforderlich, U 17/10 90, E 21, 100, und wenn in der Hauptverhandlung eine Verurteilung des Angekl. auf Grund eines anderen, als des bei der kommis-

§ 233. Insoweit die Hauptverhandlung ohne Anwesenheit des Angeklagten stattfinden kann, ist letzterer befugt, sich durch einen mit schriftlicher Vollmacht versehenen Verteidiger vertreten zu lassen.[23])

§ 234.[24]) Hat die Hauptverhandlung ohne Anwesenheit des Angeklagten stattgefunden, so kann derselbe gegen das Urteil binnen einer Woche nach der Zustellung die Wiedereinsetzung in den vorigen Stand unter gleichen Voraussetzungen wie gegen die Versäumung einer Frist nachsuchen.

War jedoch der Angeklagte auf seinen Antrag von der Verpflichtung zum Erscheinen in der Hauptverhandlung entbunden worden, oder hatte derselbe von der Befugnis, sich vertreten zu lassen, Gebrauch gemacht, so findet eine Wiedereinsetzung in den vorigen Stand nicht statt.

§ 235. Das Gericht ist stets befugt, das persönliche Erscheinen des Angeklagten anzuordnen und dasselbe durch einen Vorführungsbefehl oder Haftbefehl zu erzwingen.[25])

§ 236. Das Gericht kann im Falle eines Zusammenhangs zwischen mehreren bei ihm anhängigen Strafsachen die Verbindung derselben zum Zwecke gleichzeitiger Verhandlung anordnen, auch wenn dieser Zusammenhang nicht der im § 3 bezeichnete ist.[26])

---

sarischen Vernehmung für anwendbar erachteten Strafgesetzes erfolgen soll, so muß vor Erlaß des Urteils, falls nicht das persönl. Erscheinen des Angekl. in einer neuen Sitzung angeordnet wird, eine anderweite kommiss. Vernehmung desselben über die neue Beschuldigung erfolgen. Dies gilt selbst dann, wenn der Verteidiger, in der Hauptverhandlung auf die Veränderung des rechtl. Gesichtspunktes gemäß § 264 hingewiesen, hiergegen nichts einzuwenden hatte. U 20/2 85, E 12, 45. U 18/2 87, R 9, 144. U 14/5 03, DR 7, 320. Vgl. A. 14 zu § 231.

23) Die Erklärungen des Verteidigers sind selbst, wenn sie Zugeständnisse enthalten, als Erklärungen des Angekl. zu behandeln, vorausgesetzt, daß der letztere selbst vorschriftsmäßig über die Anklage vernommen ist. Zu einem Verzicht auf diese Vernehmung ist der Verteidiger jedoch keinesfalls ermächtigt. U 20/2 85, E 12, 45. U 4/2 84, E 10, 135 (Beweisanträge des Angekl.). U 16/1 02, E 35, 66. Vgl. A. 21 zu § 232.

24) Vgl. §§ 356, 382 und §§ 44 ff.

25) Wegen des persönlichen Erscheinens in der Berufungsinstanz s. §§ 370, 371; in der Revisionsinstanz § 390.

**§ 237. Die Leitung der Verhandlung,[27]) die Vernehmung des Angeklagten[28]) und die Aufnahme des Beweises[29]) erfolgt durch den Vorsitzenden.**

---

26) Die Verbindung ist zulässig, auch wenn die mehreren Strafsachen sich nicht in der gleichen Prozeßlage befinden. U 30/12 89, E 20, 161. Die Verbindung hängt von dem pflichtmäßigen Ermessen des Gerichts ab und ist jeder Anfechtung durch die Prozeßbeteiligten entzogen. U 24/3 02 u. 5/6 02, DR 6, 441. Insbesondere enthält die Verbindung auch keine unzulässige Beschränkung der Verteidigung, wenn der in der einen Sache Angeklagte nunmehr als Mitangekl. nicht mehr als Zeuge vernommen werden kann. U 1/10 06, DR 10, 1277. Über die Unanwendbarkeit des § 397 auf Fälle der gemeinschaftlichen Aburteilung aus § 236 s. U 5/5 82, E 6, 257.

27) Wegen der Sitzungspolizei s. §§ 177—180 GVG u. Ges v. 5/4 88. Der Vorsitzende ist befugt, unnötige, weitschweifige, den Fortgang der Verhandlung sachwidrig hemmende Ausführungen der Prozeßbeteiligten einzuschränken. U 1/2 82, R 4, 151. Er kann deshalb auch dem Verteidiger das Wort entziehen, um unsachlichen Argumentationen desselben ein Ende zu machen, U 9/4 86, R 8, 271, insbesondere wenn der Verteidiger tatsächliche Anführungen macht, die nicht Gegenstand der Hauptverhandlung und Beweisaufnahme gewesen sind. U 29/9 91, G 39, 308. Dies darf jedoch nicht schon dann geschehen, wenn der Verteidiger bei Gelegenheit seiner Ausführungen über die Schuldfrage von der Strafe spricht, welche das Gesetz dem Angekl. androht. U 29/11 87, R 9, 679. Wegen der Zulässigkeit wiederholter Wortentziehung gegenüber dem Verteidiger, Aussetzung der Bescheidung auf dessen Anträge usw. s. U 9/7 97, E 30, 216. Der Staatsanwaltschaft darf der Vorsitzende das Wort nicht entziehen, ihr auch sonst keine Anordnungen erteilen; wegen eines dem Gesetz widersprechenden Verfahrens der StA kann er vielmehr nur die Verhandlung abbrechen. U 2/3 81, R 3, 96. U 19/6 11, JW 40, 856.

Die Übertragung der Leitung der Verhandlung an einen beisitzenden Richter ist unzulässig. U 11/1 83, E 9, 310.

28) Wegen der Vernehmung des Angeklagten vgl. §§ 136, 242, 256. Auch diese muß ausschließlich durch den Vorsitzenden geschehen und kann weder auf einen beisitzenden Richter, noch auf einen Prozeßbeteiligten übertragen werden. U 1/11 83, E 9, 310. Eine Einmischung des Verteidigers in die Vernehmung des Angekl. ist unzulässig. U 25/9 99, E 32, 276. Der Vorsitzende kann es also insbesondere ablehnen, eine von dem Verteidiger verlangte Frage an den Angekl. zu stellen; dem Verteidiger steht es alsdann frei, die Anordnung des Vorsitzenden zu beanstanden und die Entscheidung des Gerichts herbeizuführen (§ 237 Abs. 2). U 14/12 83, R 5, 784. Vgl. U 27/9 80, R 2, 264.

29) Auch die Aufnahme des Beweises ist — abgesehen von

Wird eine auf die Sachleitung bezügliche Anordnung des Vorsitzenden von einer bei der Verhandlung beteiligten Person als unzulässig beanstandet, so entscheidet das Gericht.[29a])

§ 238. Die Vernehmung der von der Staatsanwalt-

---

dem Verlesen von Urkunden, welches auch durch den Gerichtsschreiber oder einen beisitzenden Richter geschehen darf — ausschließlich durch den Vorsitzenden zu bewirken; sie darf auch nicht in einzelnen Teilen über die Grenzen des § 239 Abs. 1 hinaus einem beisitzenden Richter übertragen werden. U 1/11 83, E 9, 310. Bei Aufnahme des Beweises ist der Vorsitzende insbesondere befugt, auch ohne Gerichtsbeschluß Beweisanträgen, welche in der Hauptverhandlung gestellt werden, stattzugeben und seinerseits Beweise, deren Aufnahme sofort tunlich, aufzunehmen (vgl. § 243 Abs. 2), sofern eine Beanstandung nicht erfolgt. Desgl. kann er selbständig Schriftstücke, welche sich bereits bei den Akten befinden, zum Gegenstand einer Beweisaufnahme auch dann machen, wenn die Anklage sie als Beweismittel nicht besonders bezeichnet hat. Er kann dieselben sonach ohne Gerichtsbeschluß auch zur Verlesung bringen, sofern nicht nach sonstigen Vorschriften ihre Verlesung unzulässig (z. B. § 255: Leumundszeugnisse), oder (wie im Falle des § 250 Abs. 3) nur auf Grund eines Gerichtsbeschlusses zulässig ist. U 5/7 80, E 2, 194. Vgl. U 6/12 80, E 3, 141. U 20/1 81, E 3, 282 (Befugnis des Vorsitzenden, als Beweismittel angerufene und anderweite Schriftstücke durch Feststellung ihres wesentlichen Inhalts zur Kenntnis zu bringen). Vgl. auch U 4/11 80, E 3, 161 (Befugnis des Vorsitzenden, über den Inhalt von Akten zu referieren). U 9/4 89, G 37, 185 (Durchgehen einer von einem Zeugen aufgenommenen polizeil. Verhandlung mit demselben). An die verlesenen Urkunden kann der Vorsitzende Bemerkungen knüpfen, in welchen er deren Inhalt resümiert und zum Ausdruck bringt; jedoch darf er aus nicht verlesenen Schriftstücken eine Tatsache oder einen Umstand nicht konstatieren. Wenn aus Prozeßakten Tatsachen festzustellen sind, welche durch Verlesung von Schriftstücken nicht festgestellt werden können, so ist die Augenscheinseinnahme durch Vorlegung des Schriftstücks herbeizuführen. U 29/10 80, E 2, 408.

Die Beeidigung oder Nichtbeeidigung von Zeugen bzw. die Aussetzung der Beeidigung bis nach erfolgter Vernehmung unterliegt ferner zunächst dem Ermessen des Vorsitzenden; eines Gerichtsbeschlusses bedarf es auch hier nur bei Beanstandung seiner Anordnung. U 4/3 81, E 3, 370. U 18/9 83, R 5, 535. U 25/10 83, R 5, 639. U 6/11 99, E 32, 339. U 20/9 10, E 44, 65. Vgl. auch A. 42 zu § 57. Desgl. entscheidet über die Reihenfolge der einzelnen Vernehmungen lediglich das Ermessen des Vorsitzenden. U 16/4 86, R 8, 286.

29a) § 237 Abs. 2 findet auf Fragen des Vorsitzenden an Zeugen, Sachverständige oder den Angekl. keine Anwendung. U 28/1 09, E 42, 157; vgl. jedoch U 5/5 84, E 10, 378, s. auch A. 35 zu § 241.

schaft und dem Angeklagten benannten Zeugen und Sachverständigen ist der Staatsanwaltschaft und dem Verteidiger auf deren übereinstimmenden Antrag von dem Vorsitzenden zu überlassen. Bei den von der Staatsanwaltschaft benannten Zeugen und Sachverständigen hat diese, bei den von dem Angeklagten benannten der Verteidiger in erster Reihe das Recht zur Vernehmung.

Der Vorsitzende hat auch nach dieser Vernehmung die ihm zur weiteren Aufklärung der Sache erforderlich scheinenden Fragen an die Zeugen und Sachverständigen zu richten.[30])

§ **239.**[31]) Der Vorsitzende hat den beisitzenden Richtern auf Verlangen zu gestatten, Fragen an die Zeugen und Sachverständigen zu stellen.[32])

Dasselbe hat der Vorsitzende der Staatsanwaltschaft, dem Angeklagten und dem Verteidiger sowie den Geschworenen und den Schöffen zu gestatten.[33])

---

30) Wegen der Befugnisse des Vorsitzenden betr. die Überwachung des Kreuzverhörs s. § 240.

31) Der § 239 beschränkt das Fragerecht der dort bezeichneten Personen ausdrücklich auf Fragen an die Zeugen und Sachverständigen. Ob der Vorsitzende den frageberechtigten Personen auch gestatten will, Fragen an den Angeklagten zu stellen, ist lediglich seinem Ermessen anheimgestellt. U 14/12 83, R 5, 784 Vgl. A. 28 zu § 237.

32) Das Fragerecht der Gerichtsbeisitzer ist völlig unbeschränkt und jeder Einwirkung des Vorsitzenden entzogen, so daß letzterer dem Verlangen des Beisitzers bei Vermeidung der Aufhebung des Urteils unbedingt stattgeben muß. U 5/5 84, E 10 378. Vgl. § 240 Abs. 2, wo § 239 Abs. 1 nicht in bezug genommen ist, und A. 35 zu § 241.

33) Durch § 239 Abs. 2 ist den Parteien nur das Recht der ihrerseits zu bewirkenden unmittelbaren Befragung der Zeugen usw. gegeben: sie sind nicht befugt, vom Vorsitzenden zu fordern, daß er statt ihrer die von ihnen bezeichneten, bestimmt formulierten Fragen an die Zeugen richte. U 28/10 96, E 29, 147. Andererseits besteht auch kein allgemeines Recht des Vorsitzenden, von dem Verteidiger zu verlangen, daß dieser ihm die an die Zeugen usw. zu stellenden Fragen vorher mitteile; im Falle des Mißbrauchs der unmittelbaren Befragung nach § 239 Abs. 2 hat der Vorsitzende nur das Recht, einzelne Fragen des Verteidigers als ungeeignet zurückzuweisen. Die völlige Entziehung des Fragerechts (§ 240) ist unzulässig. U 16/5 05, E 38, 58. Anders früher: U 4/1 89, E 18, 365. Ein Recht, während der Vernehmung eines Zeugen an denselben Fragen zu stellen, steht dem Angekl. nicht zu. U 8/12 05, DR 10, 131.

**§ 240.** Demjenigen, welcher im Falle des § 238 Abs. 1 die Befugnis der Vernehmung mißbraucht, kann dieselbe von dem Vorsitzenden entzogen werden.

In den Fällen des § 238 Abs. 1 und des § 239 Abs. 2 kann der Vorsitzende ungeeignete oder nicht zur Sache gehörige Fragen zurückweisen.[34])

**§ 241.**[35]) Zweifel über die Zulässigkeit einer Frage entscheidet in allen Fällen[36]) das Gericht.

---

Der Vorsitzende kann auch einem Zeugen die Stellung einer Frage an einen anderen Zeugen sowie überhaupt die direkte Aussprache zweier Zeugen untereinander gestatten. U 2/4 03, G 50, 274. U 15/3 06, DR 10, 512; DJZ 11, 764.

Über die Behandlung von Fragen der Geschworenen, die weder unter die Bestimmung des § 239 Abs. 2 noch unter die des § 291 Abs. 1 fallen, s. U 4/5 00, E 33, 254.

34) Die tatsächliche Unerheblichkeit einer gestellten Frage ist dagegen kein gesetzlicher Grund zur Zurückweisung derselben. Insbesondere wird eine Frage dadurch allein noch nicht „ungeeignet", daß sie zu einem abgelehnten Beweisantrage in Beziehung steht und ihre Beantwortung zu dem Ergebnis führen kann, welches der Beweisantrag herbeiführen wollte. U 8/3 83, E 8, 161. U 14/1 86, R 8, 45. U 25/11, 5/12 90, E 21, 237. U 3/12 97, G 46, 40. U 30/6 02, DR 6, 460. U 30/3 09, G 56, 229. U 14/6 09, G 56, 324 (Frage nach der Glaubwürdigkeit eines anderen Zeugen). Die Vorlegung oder Zurückweisung von Fragen über Umstände, welche die Glaubwürdigkeit des Zeugen betreffen, insbesondere auch über seine Vorstrafen ist nach § 67 Abs. 2 dem Ermessen des Gerichts überlassen. U 5/2 06, DR 10, 321; G 53, 171. Auch die Befragung eines Zeugen über die politische Parteistellung anderer Personen ist zulässig. U 18/9 94, E 26, 70; ebenso eine Frage, deren Beantwortung möglicherweise ein Geschäftsgeheimnis offenbaren würde. U 11/4 11, DJZ 16, 1093. Ungeeignet und grundsätzlich unstatthaft ist dagegen die an einen Richter gerichtete Frage über die Art und Weise des Zustandekommens eines Spruches, bei welchem er beteiligt gewesen ist, U 13/11 94, E 26, 202; desgl. die Frage an einen Zeugen, ob jemand auf ihn eingewirkt habe, das Zeugnis nicht zu verweigern. U 5/11 07, DJZ 13, 364.

35) § 241 betrifft nur die Fälle, in denen es sich um Zulässigkeit einer von den in §§ 238 Abs. 1, 239 Abs. 2 erwähnten Personen gestellten Fragen handelt. U 28/1 09, E 42, 157. Vgl. jedoch U 5/5 84, E 10, 378; s. auch A. 29a zu § 237.

36) Im schwurgerichtlichen Verfahren werden Zweifel über die Zulässigkeit einer an einen Zeugen zu richtenden Frage durch das Gericht d. h. durch die drei richterlichen Mitglieder des Schwurgerichts, nicht aber durch die Geschworenen entschieden. U 5/5 80, R 1, 732.

9*

§ 242. Die Hauptverhandlung beginnt mit dem Aufrufe der Zeugen und Sachverständigen.[37])

Hieran schließt sich die Vernehmung des Angeklagten über seine persönlichen Verhältnisse[38]) und die Verlesung des Beschlusses über die Eröffnung des Hauptverfahrens.[39])

---

37) Der Eröffnung der Hauptverhandlung muß ein Aufruf der Sache vorhergehen. Die Art des Aufrufs, sowie der Ort, wo solcher zu geschehen hat, steht im pflichtmäßigen, in allen Fällen gleichmäßig zu übenden Ermessen des Vorsitzenden, bzw. des Gerichts. U 19/4 81, R 3, 236. Wegen des Aufrufs im Anwaltszimmer s. A. 92 zu § 145. Über den Beginn der Hauptverhandlung im schwurgerichtlichen Verfahren s. § 278.

38) Die hier und im § 243 angegebene Reihenfolge der Prozeßakte ist keine notwendige und unabänderliche; es liegt vielmehr innerhalb der Befugnisse des Vorsitzenden, von ihr abzuweichen, sobald er eine Änderung für erforderlich oder angemessen erachtet. U 25/3 84, R 6, 223. U 7/6 89, G 37, 201. Vor der Vernehmung des Angekl. kann deshalb der Vorsitzende — ohne daß er jedoch auf die bisherigen Ermittlungsergebnisse in der Sache selbst eingehen darf — eine allgemeine Sachdarstellung geben, um die Richter bzw. Geschworenen darüber zu unterrichten, um was es sich bei der Anschuldigung überhaupt handelt, worin das Beweisthema besteht, nach welchen Gesichtspunkten und in welcher Reihenfolge er die Beweise zu erheben beabsichtigt usw. U 27/10 99, E 32, 318. U 27/4 88, R 10, 348. Vgl. U 25/3 84, R 6, 223 (Zulässigkeit einer Erläuterung und Verdeutlichung des Eröffnungsbeschlusses vor Vernehmung des Angekl.). U 28/1 07, DR 11, 323 (desgl. nach Vernehmung des Angekl.). U 24/1 80, R 1, 299 (Verlesung von Aktenstücken vor Vernehmung des Angekl.). U 7/6 89, G 37, 201 (Vornahme einzelner Akte der Beweisaufnahme vor Vernehmung des Angekl.). U 7/11 84, R 6, 714 (Verlesung des im Eröffnungsbeschlusse nicht enthaltenen Textes einer gefälschten Urkunde) U 10/3 93, E 24, 60 (vorausgeschickte Erläuterung einer bei einer Augenscheinseinnahme gerichtlich aufgenommenen Handzeichnung).

39) Die Verlesung des Eröffnungsbeschlusses muß sich auch dann an die erste Vernehmung des Angekl. anschließen, wenn der Einwand der Unzuständigkeit erhoben ist. Diese Verlesung darf nicht etwa bis nach der Verhandlung und Beweisaufnahme über diesen Einwand hinausgeschoben werden. U 29/10 86, R 8, 651. Abschnittsweise, je eine selbständige Straftat umfassende Verlesung ist zulässig. U 30/1 11, E 44, 312. Die Unterlassung der Verlesung führt zur Aufhebung des Urteils, U 22/2 83, E 8, 144; und das gleiche gilt, wenn dem Eröffnungsbeschluß nicht der ihm nach § 242 Abs. 2 u. 3 gebührende Platz gelassen wird. U 17/11 92, E 23, 310. Der Beschluß, durch den die Wiederaufnahme des Verfahrens und die Erneuerung der Hauptverhandlung angeordnet wird, steht dem Beschluß über die Eröffnung

Sodann erfolgt die weitere Vernehmung des Angeklagten nach Maßgabe des § 136.[40])

Die Verlesung des Beschlusses und die Vernehmung des Angeklagten geschieht in Abwesenheit der zu vernehmenden Zeugen.[41])

§ **243.** Nach der Vernehmung des Angeklagten[42]) folgt die Beweisaufnahme.[43])

des Hauptverfahrens nicht gleich und braucht deshalb nicht verlesen zu werden. U 4/6 07, DR 11, 844.

40) Vgl. § 237. Der Vorsitzende ist befugt, bei Vernehmung des Angekl. zum Gegenstand eines Vorhalts an denselben auch solche Zeugenaussagen zu machen, welche bei der Verhandlung weder durch Vernehmung der Zeugen, noch durch Verlesung erhoben werden. U 20/10 85, R 7, 605.

Die Nichtbeobachtung des § 242 Abs. 3 kann die Revision nicht begründen, wenn dem Angekl. bei Beobachtung der §§ 256, 257 nochmals volle Gelegenheit zur Beseitigung der gegen ihn vorliegenden Verdachtsgründe und zur Geltendmachung der zu seinen Gunsten sprechenden Tatsachen (§ 136) gegeben ist. U 18/6 00, G 47, 378. Im übrigen muß der Angekl. seine Verteidigung mündlich vortragen; die Vorlegung oder Vorlesung einer Verteidigungsschrift ist ihm nicht gestattet. Wenn er wegen Unwohlseins nicht in der Lage ist, sich mündlich zu verteidigen, so muß er einen Antrag auf Aussetzung der Hauptverhandlung stellen. U 12/6 82, R 4, 563. U 10/7 03, DR 7, 486.

41) Die Vorschrift des § 242 Abs. 4 ist nur eine reglementäre; ihre Nichtbeachtung bildet keinen Revisionsgrund. U 10/12 96, G 44, 386. Es kann deshalb auch ein bei der Verlesung des Eröffnungsbeschlusses und bei der Vernehmung des Angekl. anwesend gewesener Zeuge vernommen werden, und es ist in solchem Fall lediglich Sache des richterl. Ermessens, inwieweit dem Zeugen trotz seiner Anwesenheit voller Glaube zu schenken sei. U 15/5 80, E 1, 366. U 7/5 80, E 1, 409. U 3/11 81, R 3, 685. U 7/11 05, DR 9, 653 (Anwesenheit eines als Zeuge geladenen Rechtsanwalts, der die Verteidigung des Angekl. übernommen hat).

Sachverständige können im Interesse der Aufklärung des Sachverhalts selbst dann der Verlesung des Eröffnungsbeschlusses und der Vernehmung des Angekl. beiwohnen, wenn sie zugleich als Zeugen geladen und abzuhören sind. U 12/9 81, R 3, 496. U 25/3 91, E 22, 434. U 12/1 00, G 47, 156.

42) Wegen der Zulässigkeit der Vornahme einzelner Akte der Beweisaufnahme vor der Vernehmung des Angekl. s. A. 38 zu § 242.

43) Gegenstand der Beweisaufnahme sind nur tatsächliche Vorgänge und Zustände der Vergangenheit oder Gegenwart. Dahin gehört aber unter Umständen nicht nur ausländisches, sondern auch inländisches Recht, insoweit es auf Gewohnheit und ihr etwa gleich-

Es bedarf eines Gerichtsbeschlusses,[44]) wenn ein Beweisantrag[45]) abgelehnt werden soll,[46]) oder wenn die Vornahme einer Beweishandlung eine Aussetzung der Hauptverhandlung erforderlich macht.

gestellten ähnlichen Rechtsquellen beruht, nicht aber inländisches oder ausländisches, auf verkündeten gesetzlichen Vorschriften beruhendes Recht, weshalb auch der Antrag auf Vernehmung eines ausländischen Beamten als Sachverständigen über ausländisches Recht kein Beweisantrag i. S. § 243 ist und die rechtsgutachtliche Äußerung eines solchen Beamten ungeachtet § 249 verlesen werden kann. U 5/4 87, R 9, 241. U 6/11 08, E 42, 54.

Einer Beweisaufnahme bedarf es nicht, wenn der Angekl. ein ausreichendes Geständnis abgelegt hat. Wenn jedoch das Gericht neben dem Geständnis noch anderer Umstände bedarf, um sich eine Überzeugung zu bilden, so kann die tatsächliche Unterlage solcher Umstände nur aus dem Ergebnis einer in der Hauptverhandlung vorzunehmenden Beweisaufnahme entnommen werden. U 16/1 80, E 1, 81.

Über die Zulässigkeit einer Beweisaufnahme außerhalb der Gerichtsstelle s. U 22/12 06, E 39, 348.

44) Das erkennende Gericht hat diesen Beschluß alsbald und jedenfalls vor dem im § 257 erwähnten Schlusse der Beweisaufnahme zu fassen und mit Gründen (§ 34) zu verkünden, damit dem Antragsteller nicht die Befugnis entzogen wird, in dem späteren Verfahren anderweitige Anträge zu seiner Verteidigung mit Rücksicht auf die Ablehnung des Antrages und die dafür geltend gemachten Gründe zu stellen. U 16/12 79, E 1, 34. U 21/1 80, E 1, 171. U 4/3 80, R 1, 424. U 15/4 80, E 1, 366. U 1/5 85, R 7, 272 und U 15/3 86, R 8, 168. U 8/6 86, R 8, 445. U 1/10 86, R 8, 581. Eine Aussetzung der Beschlußfassung bis zur Urteilsverkündung ist unzulässig, mag die Entscheidung über den Beweisantrag erst in den Urteilsgründen oder gleichzeitig mit denselben durch einen besonderen Beschluß verkündet werden. U 22/2 97, E 29, 438. Eine Ausnahme findet nur statt, wenn ein nur für den Fall nicht erfolgender Freisprechung, also nur eventuell gestellter Beweisantrag vorliegt. Hier muß zwar ebenfalls die Ablehnung des Beweisantrages stets durch Beschluß erfolgen, U 5/4 95, E 27, 152; die Beschlußfassung des Gerichts kann jedoch mit der Urteilsfällung verbunden werden. U 22/4 80 E 1, 394. U 13/1 81, E 3, 222. U 23/3 81, R 3, 157. Vgl. U 2/2 80, R 1, 310 (eventueller Beweisantrag der StA). U 14/11 02, DR 6, 620 (event. Antrag auf Erhebung eines Sachverständigenbeweises). In allen sonstigen Fällen führt diese Verbindung zur Aufhebung des Urteils. U 13/3 80, R 1, 456. Einen in derselben Hauptverhandlung wiederholten Beweisantrag, der bereits durch verkündeten Gerichtsbeschluß abgelehnt worden war, kann der Vorsitzende aber stets ohne Herbeiführung eines abermaligen Gerichtsbeschlusses zurückweisen. U 4/3 98, E 31, 62.

Der Beschluß muß mit den Gründen gemäß § 273 im Sitzungsprotokoll beurkundet werden. U 16/12 79, E 1, 35.

45) Über den Begriff des Beweisantrages s. U 24/6 05, E 38, 127, und wegen der von dem Angeklagten bei seiner kommiss. Vernehmung gestellten Beweisanträge A. 21 zu § 232. Andere vor der Hauptverhandlung gestellte Beweisanträge (auch ein Beweisantrag des Nebenklägers: U 3/5 06, DR 10, 760) sind nur dann gemäß § 243 Abs. 2 zu prüfen, wenn sie in der Hauptverhandlung wiederholt werden. U 21/1 80, R 1, 251. U 18/2 80, R 1, 376. Der alsdann zu erlassende Gerichtsbeschluß kann durch die Verlesung eines denselben Beweisantrag früher ablehnenden Beschlusses nicht ersetzt werden. U 18/3 80, R 1, 492.

Die Erklärung des Verteidigers, daß er sich einem Antrage der StA auf Beweisaufnahme anschließe, enthält einen selbständigen Beweisantrag, auf den § 243 Abs. 2 Anwendung findet. U 5/5 90, G 38, 183. In der bloßen Überreichung eines Schriftstücks kann die Stellung eines Beweisantrages nicht gefunden werden. U 2/6 96, E 28, 394.

Ein vom Angekl. gestellter Antrag auf Vornahme einer Durchsuchung bei einem Dritten ist kein Beweisantrag i. S. § 243, sondern hat nur die Bedeutung einer Anregung. U 24/9 06, DR 10, 1277; ebenso ein Antrag, Personalakten eines Zeugen vorzutragen. U 5/4 10, DR 14, 1695.

Unzulässig ist ein Antrag auf Beweisaufnahme über rechtskräftig entschiedene Straftaten des Angekl. zwecks Nachweises seiner zu Unrecht erfolgten Verurteilung. U 27/5 10, E 43, 359.

46) Die Ablehnung eines Beweisantrages muß derartig begründet werden, daß dem höheren Richter eine Nachprüfung ermöglicht wird. Es muß also aus der Begründung hervorgehen, ob die Ablehnung aus tatsächlichen oder aus rechtlichen Gründen erfolgt ist. U 6/2 80, E 1, 189. U 5/4 92, G 40, 43. U 15/3 07, DR 11, 524 (schwurgerichtl. Verfahren). Wenn die Ablehnung aus tatsächl. Gründen erfolgt, so müssen diejenigen Tatumstände, welche dem Gericht die zu beweisende Tatsache unerheblich erscheinen lassen, besonders angeführt werden; die bloße Begründung mit „tatsächlicher Unerheblichkeit" genügt nicht. U 10/2 80, R 1, 332. U 18/6 86, R 8, 462. U 25. Nov./5. Dez. 90, E 21, 237. U 12/6 02, DR 6, 399. Auch die allgemein gehaltene Erwägung, „es sei die Sache genügend aufgeklärt", genügt nicht; jedoch kann die unvollständige Begründung des Beschlusses in den Urteilsgründen eine ausreichende Ergänzung finden. U 17/4 80, E 1, 417. U 20/4 86, R 8, 306.

Im einzelnen darf ein Beweisantrag nicht deshalb abgelehnt werden, weil derselbe zu unbestimmt gefaßt sei, U 1/10 86, R 8, 581; oder der Angekl. sich nicht vorher darüber informiert habe, was die Zeugen bekunden werden, U 7/12 81, R 3, 768; oder weil aus dem Beweisantrag nicht ersichtlich sei, daß und wie die benannten Zeugen auch imstande sein würden, die in ihre Wissenschaft gestellten Tatsachen zu bekunden, U 9/1 80, E 1, 51. U 9/11 86, R 8, 693. U 25/1 02, DR 6, 134; oder weil Angekl. selbst nicht glaubwürdig und die von ihm unter Beweis gestellte Tatsache offenbar erdichtet sei, U 23/12 85, R 7, 761; oder weil der Antrag mit den eigenen Angaben des Angekl. in Widerspruch stehe, U 6/10 05, DR 9, 598; oder weil Angekl. den Aufenthalt des Zeugen nicht anzugeben vermöge, es sei denn, daß das Gericht der Ansicht ist, daß eine Ladung überhaupt nicht bewerkstelligt werden könne, U 23/1 82, R 4, 63; oder weil der Name des Zeugen vom Antragsteller nicht genannt worden, sobald nur der Zeuge so genau bezeichnet ist, daß das Gericht in den Stand gesetzt ist, mit den ihm zu Gebote stehenden Mitteln den Namen desselben in Erfahrung zu bringen und seine Ladung zu bewerkstelligen. U 2/7 86 u. 14/3 90, E 38, 60. Vgl. U 30/9 04, DR 8, 534 (Ablehnung der Ladung eines Zeugen, dessen Aufenthalt der Angekl. nicht angeben kann, erst zulässig, wenn die Unauffindbarkeit des Zeugen feststeht). Vgl. U 18/2 05, DR 9, 171, U 17/10 05, DR 9, 598. Vgl. U 10/13. Jan. 88, R 10, 30 (Ablehnung, weil das Beweisthema ein Urteil enthalte). U 19/10 09, E 57, 212 (Ablehnung der Einholung eines Sachverständigengutachtens als unerheblich ist keine unzulässige Vorwegnahme des Beweisergebnisses). U 28/1 05, E 37, 371 (Antrag auf Vernehmung von Zeugen darüber, daß ein Kind verdorben und insbesondere lügenhaft sei, ist genügend substantiiert). U 13/1 05, DR 9, 113 (desgl. ein Antrag auf Vernehmung von Zeugen darüber, daß eine andere Zeugin eine Trinkerin sei). U 14/1 07, E 39, 363 (desgl. ein Antrag auf Vernehmung von Zeugen über gewisse Charaktereigenschaften des Angekl.).

Die Ablehnung eines Beweisantrages kann erfolgen, wenn die Tatsache, über welche Beweis erhoben wird, gleichviel ob sie bewiesen wird oder nicht, nach Ansicht des Gerichts für das tatsächliche Ergebnis der Beweiswürdigung ohne Bedeutung ist, U 30/1 97, E 29, 368, oder wenn die Wahrheit der behaupteten Tatsachen vom Gericht unterstellt wird. U 30/10 06, E 39, 231. Über eine zweifellos erhebliche Tatsache angetretene Entlastungsbeweisanträge dürfen nicht deshalb abgelehnt werden, weil der Gerichtshof durch die Aussagen der Belastungszeugen bereits die Überzeugung von der Schuld des Angekl. gewonnen habe, U 6/2 80, E 1, 189. U 7/12 81, R 3, 768. U 20/6 84, R 6, 453, U 15/5 85, R 7, 296; wie denn überhaupt die Ablehnung eines Antrages auf Vernehmung von Entlastungszeugen deshalb, weil davon kein Erfolg zu erwarten sei, nur insoweit zulässig ist, als nach dem Ergebnis der bisherigen Beweisaufnahme die Glaubwürdigkeit der benannten Entlastungszeugen derart bedenklich ist, daß von der Vernehmung der letzteren gegenüber den schon vorliegenden glaubwürdigen Ermittlungen kein Erfolg zu erwarten ist. U 23/12 81, E 5, 312. So kann auch die beantragte Vernehmung eines Zeugen deshalb abgelehnt werden, weil dieselbe wegen des vorliegenden Verwandtschaftsverhältnisses des Zeugen mit dem Angekl. nicht geeignet sein würde, das bisherige Ergebnis der Beweisaufnahme zu erschüttern, U 29/6 82, R 4, 633. U 18/9 02, DR 6, 486 (Ablehnung des Ehemannes), U 6/2 03, DR 7, 162 (Schwägerschaft); oder weil die als Zeuge benannte Per-

Das Gericht[47]) kann[48]) auf Antrag[49]) und von Amts wegen die Ladung von Zeugen und Sachverständigen sowie die Herbeischaffung anderer Beweismittel[50]) anordnen.[51])

son wegen des nämlichen Vergehens, das dem Angekl. zur Last gelegt wird, rechtskräftig verurteilt ist, U 5/5 98, E 31, 138. U 18/9 03, DJZ 8, 574; oder weil den benannten Zeugen die zur Wahrnehmung der zu beweisenden Tatsachen erforderliche Sachkunde abgehe. U 18/4 02, G 49, 264 (Feststellung von Krankheitserscheinungen). Vgl. U 3/2 88, R 10, 92. U 5/5 91, G 39, 219 (Ablehnung eines Antrags auf Vernehmung eines 3 Jahre alten Kindes als Zeugen). Die Ablehnung eines ohne Beifügung eines Beweisthemas gestellten Antrags auf Vernehmung von Entlastungszeugen muß durch einen mit Gründen versehenen Gerichtsbeschluß erfolgen. U 30/9 86, E 14, 406. Nochmalige persönliche Vernehmung eines bereits kommissarisch vernommenen Zeugen in der Hauptverhandlung darf nicht abgelehnt werden, wenn die kommiss. Vernehmung keine erschöpfende war. U 25/11 04, DR 9, 22. Die Ladung von Zeugen, die vor der Hauptverhandlung von ihrem Zeugnisverweigerungsrecht Gebrauch gemacht haben, kann abgelehnt werden, U 19/12 05, E 38, 256 (vgl. jedoch U 24/10 07, E 40, 345); desgl. wenn die Genehmigung zur Aussage gemäß § 53 Abs. 2 bereits versagt ist. U 3/2 11, E 44, 291.

Über die Ablehnung von Beweisanträgen, welche lediglich zur Verschleppung der Sache gestellt sind, s. A. 57 zu § 245 und über die Ablehnung von Beweisanträgen im schwurgerichtlichen Verfahren: U 20/9 82, E 7, 76. U 8/3 87, R 9, 175. U 22/9 02, E 35, 389. U 23/12 01, G 48, 455 (Befugnis des Gerichts, sich vor Beschlußfassung über einen Beweisantrag durch Befragen der Geschworenen zu vergewissern, ob dieselben die Beweiserhebung zur Bildung ihrer Überzeugung für zweckmäßig ansehen).

Im allgemeinen ist endlich noch zu bemerken, daß es zur Ablehnung eines bloßen Erbietens, einen Beweis zu führen, eines Gerichtsbeschlusses nicht bedarf, U 30/5 84, R 6, 391, und daß das Verständnis eines Beweisantrags nicht lediglich aus dessen Wortlaut, sondern aus dem Zusammenhange entnommen werden muß, in welchem sich der Antrag mit den übrigen Erklärungen des Angekl. und mit dem Gange der Hauptverhandlung befindet. U 29/4 84, R 6, 322. Vgl. U 25/9 85, R 7, 534. U 29/1 86, E 13, 316. — Über Widersprüche zwischen den Gründen des ablehnenden Beschlusses mit der Urteilsbegründung: U 10/5 82, R 4, 465. U 20/5 82, R 4, 501.

47) Insbesondere kann der Vorsitzende auch ohne einen Gerichtsbeschluß seinerseits Beweise, deren Aufnahme sofort tunlich ist, aufnehmen, sofern nicht eine Beanstandung erfolgt oder, wie im § 350 Abs. 3, ein Gerichtsbeschluß ausdrücklich vorgeschrieben ist. U 5/7 80, E 2, 194.

48) Die Anordnung weiterer Beweisaufnahme liegt also zunächst lediglich im Ermessen des Gerichts. U 7/12 85, E 13, 158. Dieses Ermessen muß jedoch durch die Pflicht bestimmt werden, wenn das

§ 244. Die Beweisaufnahme ist auf die sämtlichen vorgeladenen Zeugen und Sachverständigen[52]) sowie auf

---

vorgeführte Beweismaterial genügende Aufklärung noch nicht bietet, aber andere zur Erforschung der Wahrheit dienende Beweismittel vorhanden und dem Gericht bekannt sind, durch Herbeischaffung derselben die noch erforderliche Aufklärung zu versuchen. U 4/6 88, R 10, 421. U 19/10 96, G 44, 273. Andererseits ist das Gericht aber auch an seine eigenen Beweisbeschlüsse in der nämlichen Hauptverhandlung nicht gebunden, wenn in dieser sich die Sachlage so ändert, daß ihre Begründung weggefallen ist. U 5/5 98, E 31, 98 (Nichtvollziehung eines Beschlusses auf Einnahme des Augenscheins, nachdem der letztere entbehrlich geworden). U 4/3 86, E 13, 150. U 1/4 98, G 46, 208. S. A. 56 zu § 244.

49) Der Verteidiger ist befugt, zugunsten des Angekl. auch gegen dessen Widerspruch Beweisanträge zu stellen. U 1/5 88, E 17, 314. U 13/7 88, R 10, 484. Der Verteidiger kann auch sich selbst als Zeugen benennen, ebenso der Nebenkläger oder sein Vertreter. U 21/9 05, DR 9, 569.

50) Zu diesen anderen Beweismitteln gehört insbesondere auch der Augenschein. U 30/12 89, E 20, 149. Einem Antrag auf Augenscheinsaufnahme braucht jedoch nicht stattgegeben zu werden, wenn das Gericht dieselbe nach der gegebenen Sachlage und gegenüber den sonstigen Beweisergebnissen für bedeutungslos erachtet. U 7/10 02, DR 6, 561. U 6/5 10, JW 40, 248. S. A. 14 zu § 86. Der Antrag auf Verlesung einer Urkunde kann nicht deshalb abgelehnt werden, weil ihr behaupteter Inhalt nicht das beweise, was sie beweisen solle. U 6/11 06, E 39, 258 (Verlesung erforderlich).

51) Eine Zurückverweisung der Sache in die Voruntersuchung ist unzulässig. Vielmehr hat das Gericht, wenn eine Vervollständigung des Beweismaterials für erforderlich erachtet wird, sich darauf zu beschränken, unter Aussetzung der Hauptverhandlung die Ladung von Zeugen und Sachverständigen oder die Herbeischaffung anderer Beweismittel und, soweit es noch eines weiteren Vorbeweises bedarf, die Vornahme dieser vorbereitenden Handlungen durch einen einzelnen Richter oder ein anderes Gericht anzuordnen. U 1/5 80, E 2, 34.

52) Vorgeladene Zeugen und Sachverständige sind sowohl die von der Staatsanwaltschaft unmittelbar oder auf Beschluß des Gerichts vorgeladenen, als auch diejenigen, welche der Angekl. nach § 219 Abs. 1 selbst hat laden lassen, sofern dem Gericht die förmliche Ladung derselben (§ 38) nachgewiesen ist. U 24/4 80, R 1, 660. U 10/2 80, E 1, 198. U 4/1 82, R 4, 14. U 9/1 85, R 7, 24. U 18/6 88, E 17, 440. Auch die vorgeladenen Zeugen sind aber nur dann unbedingt, d. h. ohne Rücksicht auf die Erheblichkeit ihrer Aussage zu vernehmen, wenn sie in der Hauptverhandlung gegenwärtig sind und zur Verfügung

des Gerichts stehen. U 29/1 80, E 1, 175. U 10/2 80, E 1, 196. U 15/4 80, E 1, 366. U 7/4 80, R 1, 551. U 16/4 07, E 40, 138. Ebenso findet § 244 keine Anwendung, wenn ein Mitglied des erkennenden Gerichts oder der fungierende Staatsanwalt als Zeuge geladen, aber nicht als solcher, sondern in seiner amtlichen Eigenschaft gegenwärtig ist. U 9/10 08, E 42, 1. Falls einzelne geladene Zeugen ausbleiben haben die Prozeßbeteiligten keinen Anspruch auf Aussetzung der Verhandlung; das Gericht hat vielmehr über die Erheblichkeit der Vernehmung dieser Zeugen zu entscheiden. Hat das Gericht die Ladung eines ausgebliebenen Zeugen und deswegen die Vertagung angeordnet, so kann es zwar diesen Beschluß aus sachlichen Gründen und wenn die Prozeßbeteiligten auf die Vernehmung verzichten, wieder aufheben, muß aber dann nach § 243 Abs. 2 in einem besonderen Beschluß die Gründe angeben, aus denen es nunmehr die Abhörung des Zeugen nicht mehr für nötig erachtet. U 18/6 96, G 44, 160. Bei Verzicht auf die Vernehmung eines geladenen und erschienenen Zeugen bedarf es keines die Nichtvernehmung anordnenden Gerichtsbeschlusses. U 3/10 03, DJZ 9, 72. Anfänglicher Verzicht auf Vernehmung eines geladenen und nicht erschienenen Zeugen rechtfertigt nicht die Ablehnung eines im Laufe der Hauptverhandlung gestellten Antrags, den Zeugen doch noch über eine bestimmte Tatsache zu vernehmen. U 16/6 06, DR 10, 947. Wegen Trunkenheit oder aus anderen Ursachen vernehmungsunfähige Zeugen stehen den nicht erschienenen Zeugen gleich; die Beweisaufnahme braucht sich auf dieselben nicht zu erstrecken. U 13/10 02, E 35, 398. Auch auf Beamte, denen die Genehmigung zur Vernehmung untersagt ist, bezieht sich § 244 nicht, U 27/2 02, G 49, 133; desgl. nicht auf Zeugen, deren Vernehmung aus sonstigen Gründen unzulässig ist. U 9/1 02, DR 6, 81. Zeugen, die nur versehentlich geladen sind, können ohne ausdrückliches Einverständnis der Parteien unvernommen entlassen werden. U 7/5 07, DR 11, 716, G 54, 418.

Gestellte Zeugen sind keine „vorgeladenen" i. S. § 244; bezüglich derselben hat vielmehr das Gericht die Erheblichkeit ihrer Vernehmung zu prüfen. U 14/2 80, E 1, 297. Vgl. U 9/1 85, R 7, 24. U 9/1 02, DR 6, 81. U 27/2 02, G 49, 133.

Vom Angekl. oder dessen Verteidiger geladene und erschienene Sachverständige müssen, wenn das Gericht von ihrer Ladung und ihrem Erscheinen Kenntnis hat, ohne Rücksicht darauf, ob ihre Vernehmung für erheblich erachtet wird, vernommen werden. U 26/6 02, DR 6, 465.

Auf die als Dolmetscher geladenen Personen findet § 244 keine Anwendung. U 26/1 86, R 8, 97. S. A. zu § 187 GVG.

Im übrigen sind die geladenen und erschienenen Zeugen nicht nur nach § 244 sämtlich zu vernehmen, sondern sie werden auch nach §§ 239, 240 den Prozeßbeteiligten und den außer dem Vorsitzenden zur Urteilsfindung berufenen Personen behufs vollständiger Ausnutzung — mit der Beschränkung der §§ 240, 241 — zur Verfügung gestellt. U 7/7 03, DR 7, 460.

die anderen herbeigeschafften[53]) Beweismittel[54]) zu erstrecken.[55]) Von der Erhebung einzelner Beweise kann

---

53) Der Grundsatz des § 244 bezieht sich nur auf die wirklich bereits herbeigeschafften Beweismittel, nicht auf erst herbeizuschaffende Beweise, erst zu ladende Zeugen usw. U 15/5 88, E 17, 375. U 4/4 03, DR 7, 269.

54) Unter den anderen herbeigeschafften Beweismitteln sind nicht etwa alle in der Hauptverhandlung vorgeführten Beweismittel, sondern nur solche zu verstehen, welche durch die Tätigkeit der StA (§ 213), des Angekl. (§§ 218, 219), des Vorsitzenden (§ 220) oder des Gerichts (§ 243) dem letzteren unmittelbar vorgeführt sind. U 10/2 80, E 1, 196. U 19/4 80, E 1, 383. Bei den Akten befindliche Urkunden sind nicht schon deshalb für herbeigeschaffte Beweismittel i. S. § 244 zu erachten, weil die StA auf dieselben in der Anklageschrift als Beweismittel Bezug genommen hat. U 16/12 81, E 5, 268. U 8/1 85, R 7, 21, U 16/6 94, G 42, 247 (Augenscheinsprotokolle) u. U 5/5 91, G 39, 220. U 15/10 07, DJZ 13, 251 (Reichsgerichtsurteile). Vgl. U 9/6 85, R 7, 364, wo ganz allgemein ausgeführt wird, daß Urkunden erst dann als „herbeigeschaffte Beweismittel" gelten können, wenn das erkennende Gericht Kenntnis davon erhielt, daß die fraglichen Schriftstücke als Beweismittel in Bezug genommen und zur Verhandlung herbeigeschafft worden sind. Die bloße Überreichung eines Schriftstücks im Verhandlungstermin macht dasselbe nicht ohne weiteres zu einem „herbeigeschafften Beweismittel", wenn nicht mit der Überreichung irgendeine den Gebrauchszweck kennzeichnende Kundgebung verbunden wird, U 24/2 88, R 10, 189. U 26/6 80, R 2, 122. U 2/6 96, E 28, 394. U 20/12 07, E 41, 4; und ebenso werden andere Überführungsgegenstände erst dadurch zu herbeigeschafften Beweismitteln, daß in der Hauptverhandlung der Antrag gestellt wird, den Augenschein an ihnen einzunehmen. U 30/5 02, DR 6, 354. U 10/12 03, DJZ 9, 268; vgl. jedoch U 15/11 10, G 58, 459. Handelsbücher, welche dem Gericht in der Hauptverhandlung vorliegen, sind in ihrer Gesamtheit als „herbeigeschaffte Beweismittel" nicht zu erachten, U 13/10 90, E 21, 108; ebensowenig Prozeß- oder andere Akten als solche. Aus den Handelsbüchern bzw. zusammenhängenden Aktenkonvoluten müssen vielmehr dem Gericht die einzelnen Stellen, Urkunden usw., welche als Beweismittel dienen sollen, speziell bezeichnet werden. U 27/9 81, E 5, 27. U 15/1 81, E 3, 250. U 12/2 81, R 3, 42. U 7/12 85, E 13, 158. U 17/10 98, G 46, 430. U 18/2 07, DR 11, 392. Bei den Akten befindliche Protokolle über die kommissarische Vernehmung eines Zeugen sind an sich keine „herbeigeschafften Beweismittel", U 24/10 82, E 7, 217, U 9/11 86, R 8, 694, U 29/11 89, G 37, 429; es sei denn, daß das erkennende Gericht selbst die kommiss. Vernehmung beschlossen hatte. U 18/1 83, R 5, 39. U 10/3 87, R 9, 176. Das gleiche gilt für Augenscheinsprotokolle. U 22/9 08, DR 12, 580.

jedoch abgesehen werden, wenn die Staatsanwaltschaft und der Angeklagte hiermit einverstanden sind.[56])

In den Verhandlungen vor den Schöffengerichten und vor den Landgerichten in der Berufungsinstanz, sofern die Verhandlung vor letzteren eine Übertretung betrifft oder auf erhobene Privatklage erfolgt, bestimmt das Gericht den Umfang der Beweisaufnahme, ohne hierbei durch Anträge, Verzichte oder frühere Beschlüsse gebunden zu sein.

---

Im übrigen hängt bezüglich der wirklich herbeigeschafften Beweismittel die Beweisaufnahme nicht von einer Prüfung der Beweiserheblichkeit ab, U 24/2 80, E 1, 225. U 15/4 80, E 1, 366; das Gericht ist jedoch auch gegenüber der Bestimmung des § 244 befugt, Beweise, welche völlig heterogene, zu der vorliegenden Untersuchung in gar keiner Beziehung stehende Gegenstände betreffen, unter genügender entsprechender Begründung abzuschneiden. U 13/7 11, E 45, 138.

Beweismittel, die nicht herbeigeschafft werden sollten, aber aus Versehen zur Stelle gebracht sind, fallen nicht unter § 244. U 7/5 07, G 54, 418.

55) Über den Umfang der bei einer erneuten Verhandlung des Instanzgerichts stattfindenden Beweisaufnahme, wenn die Aufhebung des erstinstanzlichen Urteils unter Aufrechterhaltung der ihm zugrunde liegenden Feststellungen erfolgt ist, s. U 16/5 90, E 20, 411.

56) Das Einverständnis muß ausdrücklich erklärt werden; ein stillschweigender Verzicht kann nur dann angenommen werden, wenn die Beteiligten ausdrücklich zu einer Erklärung über die Nichterstreckung der Beweisaufnahme aufgefordert sind und solche nicht abgegeben haben. U 14/7 81, E 4, 398. U 28/2 84, R 6, 160. U 31/1 88, R 10, 91. U 16/3 03, DR 7, 188. Bloße „Anhörung" genügt nicht. U 21/9 09, G 57, 203; jedoch kann die Erklärung des Angekl., daß er es in das Ermessen des Gerichts stelle, einen geladenen und erschienenen Zeugen zu vernehmen, als ausreichender Verzicht gelten. U 23/6 05, DR 9, 437. Mehrere Mitangeklagte müssen sämtlich auf die betr. Beweiserhebung verzichten, es sei denn, daß die Umstände, welche der eine Mitangeklagte für sich geltend gemacht und unter Beweis gestellt hat, für die anderen Mitangeklagten — mögen sie selbst bei derselben Tat als mitbeteiligt in Anspruch genommen sein — gar keine Bedeutung besitzen. U 4/4 84, E 10, 300. U 6/3 88, R 10, 217. Es genügt dann, wenn lediglich der beteiligte Angekl. verzichtet. U 16/10 02, DR 6, 561. Vgl. U 16/6 80, R 2, 70. Das Einverständnis muß auch dann erklärt werden, wenn auf Grund einer Vorfrage, z. B. wegen fehlenden Strafantrages, das Verfahren ohne Eingehen auf den Schuldbeweis beendet werden kann. U 13/11 88, R 10, 649. Ein vom Verteidiger in Anwesenheit des Angekl. abgegebener Verzicht genügt, wenn ihm vom Angekl. nicht widersprochen wird. U 10/2 80, E 1, 198. U 18/5

§ **245.** Eine Beweiserhebung darf nicht deshalb abgelehnt werden, weil das Beweismittel oder die zu beweisende Tatsache zu spät vorgebracht worden sei.[57])

Ist jedoch ein zu vernehmender Zeuge oder Sachverständiger dem Gegner des Antragstellers so spät namhaft gemacht oder eine zu beweisende Tatsache so spät vor-

---

01, G 48, 308. U 12/4 02, DR 6, 300. Verzichte, welche der Angekl. in der Hauptverhandl. abgibt, binden auch den Verteidiger, wenn derselbe nicht widerspricht. U 7/11 87, E 16, 376. Die StA und der Angekl. bzw. dessen Verteidiger müssen auf die betr. Beweiserhebung verzichten; insbesondere werden auch die vom Angekl. geladenen und erschienenen Entlastungszeugen ein gemeinschaftliches Beweismittel, auf dessen Erhebung die StA ebenso wie der Angekl. verzichten muß. U 28/2 84, R 6, 160. Zulässig ist auch ein Verzicht auf einen Zeugen, dessen Vernehmung noch nicht beendet ist. U 3/6 04, E 37, 194. Wegen der Aufhebung des Urteils bei Nichtvernehmung geladener Zeugen ohne Verzicht der Parteien s. U 11/12 88, R 10, 718, und wegen der Zulässigkeit einer nur teilweisen Verlesung des Protokolls über eine kommissarische Zeugenvernehmung bei Verzicht der Prozeßbeteiligten auf Verlesung des Restes. U 18/5 01, G 48, 308.

Eine Beschlußfassung des Gerichts über die Nichtvernehmung von Zeugen, auf die von den Beteiligten verzichtet ist, ist nicht erforderlich. U 3/10 03, DJZ 9, 72.

Das Gericht kann übrigens die in der Hauptverhandlung verkündeten Beweisbeschlüsse auch selbst abändern oder zurücknehmen. U 4/3 86, E 13, 150. U 5/5 98, E 31, 98. U 1/4 98, G 46, 208. Wenn die Vernehmung z. B. eines unmündigen Kindes, oder eines Geisteskranken oder weil der Zeuge plötzlich erkrankt, erfolglos bleibt oder wenn sie für unvollständig gehalten wird, so liegt es lediglich dem Angekl. ob, wenn er eine weitere Vernehmung für nötig und erfolgreich hält, dieselbe zu beantragen, event. die Vertagung in Antrag zu bringen. U 4/10 88, R 10, 546.

57) Die Ablehnung des Beweisantrages ist jedoch nicht ausgeschlossen, wenn die Prüfung desselben dem Gericht die Überzeugung gewährt, daß der Antragsteller mit dem Beweisantrage nur beabsichtigt, seine Verurteilung hinauszuschieben, in diesem Sinne also die Sache zu verschleppen. Ob dies zutrifft, hat das Gericht nach § 260 nach seinem Ermessen zu beurteilen und in dem betr. Gerichtsbeschluß zu begründen. U 24/6 85, E 12, 335. U 14/2 88, R 10, 148 (Notwendigkeit so eingehender Begründung, daß auch dem Revisionsrichter erkennbar bleibt, ob die Annahme einer Verschleppung auf rechtlich nicht anfechtbaren Voraussetzungen beruht). U 24/1 90, E 20, 206. U 9/2 92, E 22, 335. U 8/1 10, G 57, 229 (bereits geführter Gegenbeweis kein Rechtfertigungsgrund).

gebracht worden, daß es dem Gegner an der zur Einziehung von Erkundigungen erforderlichen Zeit gefehlt hat, so kann derselbe bis zum Schlusse der Beweisaufnahme die Aussetzung der Hauptverhandlung zum Zwecke der Erkundigung beantragen.

Dieselbe Befugnis haben die Staatsanwaltschaft und der Angeklagte in betreff der auf Anordnung des Vorsitzenden oder des Gerichts geladenen Zeugen oder Sachverständigen.

Über die Anträge entscheidet das Gericht nach freiem Ermessen.

§ **246.** Das Gericht kann den Angeklagten, wenn zu befürchten ist, daß ein Mitangeklagter oder ein Zeuge bei seiner Vernehmung in Gegenwart des Angeklagten die Wahrheit nicht sagen werde, während dieser Vernehmung[57a]) aus dem Sitzungszimmer abtreten lassen.[58]) Der Vorsitzende hat jedoch den Angeklagten, sobald dieser wieder vorgelassen worden,[59]) von dem wesentlichen Inhalt desjenigen zu

---

57a) Der Begriff der Vernehmung eines Zeugen umfaßt auch die Befragung über seine Personalien und die seine Glaubwürdigkeit betreffenden Umstände, insbes. über seine Beziehungen zu dem Beschuldigten oder dem Verletzten (Zeugnisverweigerungsrecht). Die Entfernung des Angekl. kann also auch für die Dauer der Vernehmung über diese Punkte erfolgen. U 5/5 05, DR 9, 318. U 27/3 05, E 38, 10.

58) Über diese Entfernung des Angeklagten muß stets ein Gerichtsbeschluß nach § 33 gefaßt und nach §§ 34, 35 mit Gründen verkündet werden. U 28/2 90, E 20, 273. Die Entfernung kann aber auch für mehrere Zeugen durch einen Beschluß angeordnet werden. U 24/4 91, G 48, 300. Vor der Beschlußfassung muß Angekl. gehört werden; die Unterlassung kann jedoch die Revision nicht begründen, wenn Angekl. nach der Verkündung des Beschlusses der Ausführung desselben nicht widersprochen hat. U 24/4 91, G 48, 302. U 6/10 02, G 50, 101.

Auf andere Akte der Beweiserhebung als die „Vernehmung" eines Zeugen oder Mitangekl., insbesondere auf den Urkundenbeweis durch Verlesung ist § 246 nicht auszudehnen. U 25/7 96, E 29, 30. U 4/1 07, E 39, 356.

Während der Vernehmung eines Sachverständigen ist die Entfernung des Angekl. unzulässig. U 11/5 00, G 47, 296.

59) „Sobald dieser wieder vorgelassen worden", d. h. es darf zwischen dem Eintritt des Angekl. und der vorgeschriebenen Mitteilung nichts anderes verhandelt, insbesondere nicht die Vernehmung

unterrichten, was während seiner Abwesenheit ausgesagt oder sonst verhandelt worden ist.

In gleicher Weise ist zu verfahren, wenn das Gericht wegen ordnungswidrigen Benehmens des Angeklagten zeitweise dessen Entfernung aus dem Sitzungszimmer angeordnet hat.[60])

§ **247.** Die vernommenen Zeugen und Sachverständigen dürfen sich nur mit Genehmigung oder auf Anweisung des Vorsitzenden von der Gerichtsstelle entfernen. Die Staatsanwaltschaft und der Angeklagte sind vorher zu hören.[61])

des Angekl. über die Beschuldigung vorgenommen werden. U 13/12 89, E 20, 123. U 14/4 99, E 32, 120. Wenn die im § 246 vorgesehene Maßregel gegen mehrere Angeklagte zur Anwendung gebracht wird, so hat der Vorsitzende dieselben erst dann, wenn sie sämtlich wieder vorgelassen sind, von dem wesentlichen Inhalt desjenigen zu unterrichten, was während ihrer Abwesenheit ausgesagt oder sonst verhandelt ist. U 30/3 83, E 8, 153. U 1/3 95, G 43, 34. U 23/2 06, E 38, 348. Vgl. U 27/7 01, E 34, 332. In welchem Umfange die dem Angekl. zu machende Mitteilung zu geschehen hat, hängt von dem pflichtmäßigen Ermessen des Vorsitzenden ab. Nicht erforderlich ist jedenfalls die Mitteilung derjenigen Ausführungen, mit denen die StA ihre Anträge begründet hat. U 9/3 99, E 32, 88; desgl. nicht der Ablehnung einzelner vom Verteidiger beantragten Vorhaltungen an einen Zeugen, U 12/2 06, DR 10, 321, oder über getroffene Maßnahmen der Sitzungspolizei, bes. verhängte Ordnungsstrafen. U 25/1 09, G 56, 214. In Abwesenheit des Angekl. verlesene Protokolle müssen nochmals verlesen werden. U 11/5 06, E 38, 433.

60) Die Unterlassung der im § 246 vorgeschriebenen Mitteilung begründet stets die Revision, U 6/2 83, E 8, 49. U 13/12 89, E 20, 123; bei mehreren Angekl. aber nur für denjenigen, welchem nach seinem Wiedereintritt von den inzwischen erfolgten Angaben des nicht entfernten Mitangekl. keine Kenntnis gegeben ist. U 4/1 04, DR 8, 84. S. dagegen: U 27/7 01, E 34, 332.

61) Es genügt hier, wenn der Angeklagte nach der Vernehmung der Zeugen und vor ihrer Entlassung zufolge § 256 befragt wird, ob er auf deren Aussage etwas zu erklären habe. Wird eine Erklärung nicht abgegeben, so wird dadurch zum Ausdruck gebracht, daß Angekl. weitere Fragen an die Zeugen nicht zu richten und deshalb gegen deren Entlassung nichts zu erinnern habe. U 7/5 85, R 7, 279. U 21/3 07, DR 11, 588. Satz 2 findet auf Zeugen, die ihr Zeugnis aus einem gesetzlichen Grunde verweigert haben oder noch nicht vernommen sind, keine Anwendung, U 2/1 08, E. 41, 32. U 2/2 08, JW 37, 386; dagegen bei Vertagung nach § 228. U 18/5 08, DJZ 13, 1036.

§ 248. Urkunden[62]) und andere als Beweismittel dienende Schriftstücke[63]) werden in der Hauptverhandlung

62) Daß die Urkunde eine öffentliche sei, ist nicht erforderlich. U 9/10 94, E 26, 139. Zu den Urkunden gehören auch die von der StA nach § 169 erlassenen Einstellungsbeschlüsse, U 22/9 93, E 24, 263; desgl. gerichtliche Einstellungsbeschlüsse, U 31/3 98, G 46, 207; desgl. Zeugenvernehmungsprotokolle, sofern durch ihre Verlesung nicht festgestellt werden soll, welche Wahrnehmungen der Zeuge gemacht hat, sondern nur die Tatsache, daß der Zeuge früher gewisse Wahrnehmungen bekundet hat, U 23/11 86, R 8, 718; desgl. auch solche Schriftstücke, welche nicht Wahrnehmungen ihrer Aussteller enthalten, sondern den unmittelbaren Beweis der in ihnen niedergelegten Willenserklärungen bilden, U 10/13. Jan. 88, R 10, 29, z. B. Protokolle über Beschlüsse einer Gesellschaft, Korporation usw. U 14/10 02, G 50, 106; desgl. eine vom Angekl. früher bei Gericht eingereichte Eingabe, U 30/4 88, E 18, 23, oder ein vom Angekl. herrührendes Schriftstück, welches ein Schuldbekenntnis enthält. U 9/5 02, E 35, 234. Der Bericht eines Richters über eine im Auftrage des Oberlandesgerichtspräsidenten bei einem Notar vorgenommene Revision ist keine Urkunde und darf deshalb nicht verlesen werden. U 9/10 94, E 26, 139.

Auch einfache Abschriften von Urkunden können verlesen werden. U 19/6 91, G 39, 234.

63) Schriftstücke, welche in der Anklageschrift als Beweismittel angerufen sind, müssen der Regel nach verlesen werden; der Inhalt weiterer Schriftstücke kann vom Vorsitzenden durch Feststellung ihres wesentlichen Inhalts zur Kenntnis des Gerichts gebracht werden, solange von irgendeiner Seite eine Einwendung nicht erhoben und ein förmlicher Antrag auf vollständige Verlesung dieser Schriftstücke nicht gestellt wird. U 6/12 80, E 3, 142. U 3/7 94, E 26, 32. U 15/4 02, E 35, 198. U 3/1 05, DR 9, 85. Gleichwohl kann auch die Nichtverlesung der in der Anklageschrift bezeichneten Schriftstücke die Revision nicht begründen, wenn sonst der wesentliche Inhalt der Schriftstücke in einer die wörtliche Verlesung ersetzenden Weise bekanntgegeben ist. U 20/1 81, E 3, 282; R 2, 746. Dagegen ist es nicht zulässig, daß der Vorsitzende einen Umstand oder eine Tatsache aus einem nicht verlesenen Schriftstücke nur konstatiert und seine Ansicht über den Inhalt und die Tragweite dieses Schriftstücks kundgibt. U 29/10 80, E 2, 408. U 16/2 94, E 25, 125 (Zeitungsartikel). Im übrigen wird durch die Vorschrift der Verlesung von Beweisurkunden eine andere zweckentsprechende Art der Benutzung, wie Vorlage zur Einsicht, nicht ausgeschlossen. U 10/12 81, R 3, 789. U 25/1 82, E 5, 398. Die Verlesung des den Inhalt des Schriftstücks wiedergebenden Eröffnungsbeschlusses kann jedoch die Verlesung des Schriftstücks selbst nicht ersetzen, U 23/10 00, G 47, 439, und ebensowenig macht die bloße Vorlegung von Akten deren Inhalt beweisfähig, U 30/4 81, R 3, 259; jedoch kann der Vorsitzende, falls

verlesen.[63a]) Dies gilt insbesondere von früher ergangenen Strafurteilen,[64]) von Straflisten und von Auszügen aus Kirchenbüchern und Personenstandsregistern und findet auch

---

nicht von den Prozeßbeteiligten einzelne Schriftstücke als zu verlesende Urkunden oder Beweismittel bezeichnet werden, aus vorliegenden Akten referieren. U 4/11 80, E 3, 161. U 3/1 05, DR 9, 85.

63a) Der Zweck der Verlesung braucht nicht ausdrücklich angegeben zu werden; auch ist die Protokollierung einer solchen Angabe nicht erforderlich. U 15/12 05, E 38, 254. Ob es im einzelnen Fall überhaupt angezeigt erscheint, die Verlesung der im § 248 gedachten Urkunden usw. zum Zwecke der Beweisaufnahme zu betätigen, hat das Gericht nach freiem Ermessen zu entscheiden, sofern nicht etwa die Vorschrift des § 244 eine Ausnahme begründet. U 19/4 80, E 1, 383. U 9/6 80, R 2, 45. Insbesondere hat das Gericht über den Umfang der Verlesung der Urkunden zu entscheiden. U 5/12 05, DR 10, 67. Vgl. U 19/2 83, E 8, 128. U 6/10 98, G 46, 424 (Zulässigkeit einer nur teilweisen Verlesung unzüchtiger Schriften). In fremder Sprache abgefaßte und als Beweismittel dienende Schriftstücke sind in der Hauptverhandlung durch einen Dolmetscher mündlich zu übersetzen, U 22/6 99, E 32, 239. U 2/7 83, E 9, 51; R 5, 478, und diese mündliche Übersetzung kann durch Verlesung einer vorher vom Dolmetscher gefertigten schriftlichen Übersetzung nicht ersetzt werden. U 19/4 94, E 25, 353. U 9/4 95, E 27, 161. Vgl. U 3/10 02, DR 6, 537. Zulässig ist dagegen die Verlesung deutscher Übersetzungen fremdsprachiger Zeugenvernehmungsprotokolle, die in dem auf diplomat. Wege um Bewirkung der Zeugenvernehmung angegangenen Staate zur Erledigung des Ersuchens amtlich angefertigt sind. U 2/10 03, E 36, 371.

64) Unter früher ergangenen Strafurteilen sind nur die in einer anderen Strafsache ergangenen, nicht auch die in dem vorliegenden Verfahren ergangenen Urteile zu verstehen. U 1/4 82, R 4, 300; jedoch steht es selbstverständlich dem Vorsitzenden kraft seiner Leitungsgewalt frei, auch die letzteren (z. B. in einem wiederaufgenommenen Verfahren) verlesen zu lassen. U 19/1 82, E 5, 429. U 11/2 90, G 38, 42. Auch die Gründe früherer — auch noch nicht rechtskräftiger: U 30/3 83, E 8, 153 — Strafurteile können verlesen werden, selbst wenn im Tatbestand die Zeugenaussagen wiedergegeben sind. U 7/1 88, R 10, 16. Wenn aber die auf Grund der Aussagen der damals vernommenen Zeugen in dem verlesenen früheren Urteil festgestellten Tatsachen in der Hauptverhandlung des späteren Verfahrens verwertet werden sollen, so müssen die betr. Zeugen von neuem vernommen werden. U 16/2 03, DR 7, 163. Wegen der Zulässigkeit der Verlesung von Protokollen über eine schöffengerichtl. Hauptverhandlung s. A. 70a zu § 273.

Die Verlesung der Aussage, die ein Zeuge in einer Zivilprozeßsache gemacht hat und die zum Beweise des Inhalts der Aussage im Zivilprozesse dient, ist zulässig. U 5/10 05, DJZ 11, 148.

Anwendung auf Protokolle über die Einnahme des richterlichen Augenscheins.[65][66])

§ **249.**[67]) Beruht der Beweis einer Tatsache auf der Wahrnehmung einer Person, so ist die letztere in der Haupt-

---

65) Protokolle über einen richterlichen Augenschein, insbesondere auch richterliche Protokolle über die Vornahme einer Haussuchung können verlesen werden. U 14/8 93, E 24, 233; ihre Verlesung ist nur dann unzulässig, wenn sie an einem erheblichen Mangel leiden. U 9/3 80, E 1, 256. Als ein solcher Mangel ist es insbesondere anzusehen, wenn das Protokoll nicht die vom Richter und Gerichtsschreiber gemeinschaftlich und übereinstimmend gemachten Wahrnehmungen beurkundet. U 21/6 87, R 9, 376. S. A. 30 zu § 185. Im übrigen können auch die in dem Protokoll über eine richterliche Ortsbesichtigung enthaltenen Bekundungen über die Wahrnehmungen und Anschauungen von Personen verlesen werden, U 15/12 83, E 10, 10. U 11/6 85, E 12, 308; wie denn auch bei Vernehmung der Zeugen oder Angeklagten zur Herbeiführung präziser Aussagen über Ortsverhältnisse Handzeichnungen, Grundrisse usw. benutzt werden können. U 24/1 87, R 9, 89. Auch Photographien des Tatortes können als Beweismittel in der Hauptverhandlung benutzt werden. Eine Beeidigung des Verfertigers solcher Photographien als Zeuge oder Sachverständiger ist nicht erforderlich. U 5/1 03, E 36, 55. Zum Augenscheinsprotokoll gehörige Zeichnungen können als Hilfsmittel zum Verständnis der Beweiserhebung auf die Gerichtstafel übertragen und vorgeführt werden. U 30/3 03, DJZ 8, 322. U 12/3 09, G 56, 226. Den Zeichnungen, Photographien usw. beigefügte Vermerke können, soweit sie zur Erläuterung der Zeichnungen usw. dienen, verlesen werden. U 7/2 07, G 54, 294. Auch Protokolle über eine gerichtliche Leichenschau können verlesen werden, nicht aber Protokolle über gerichtliche Leichenöffnungen; die Ärzte, welche die Sektion gemacht haben, müssen vielmehr in der Hauptverhandlung vernommen werden, und eine Verlesung des Protokolls läßt sich nur auf § 252 stützen. U 8/5 80, E 2, 153. U 29/8 82, R 4, 699. Im übrigen ist die Verlesung nicht auf diejenigen Augenscheinsprotokolle beschränkt, welche im Vorverfahren oder bei Vorbereitung der Hauptverhandlung entstanden sind; das Gericht kann vielmehr auch in der Hauptverhandlung die Aufnahme eines Augenscheins anordnen, mit der Vornahme einen der erkennenden Richter beauftragen und das von diesem aufgenommene Protokoll in der fortgesetzten Hauptverhandlung verlesen. U 30/12 89, E 20, 149.

66) Die Verlesung der im § 248 gedachten Urkunden ist ein Akt der Beweisaufnahme und darf deshalb nur während derselben durch das Gericht erfolgen, nicht aber von den Parteien ausgehen in der Weise, daß die Urkunden auf Anordnung des Vorsitzenden vom Verteidiger während des Schlußvortrages desselben verlesen werden. U 30/6 90, E 21, 69.

verhandlung zu vernehmen. Die Vernehmung darf nicht durch Verlesung des über eine frühere Vernehmung aufgenommenen Protokolls[67a]) oder einer schriftlichen Erklärung[68]) ersetzt werden.[69])

67) Ausnahmen: §§ 250, 255. Vgl. §§ 252 u. 253 Abs. 2.

67a) Die Verlesung des Protokolls über die frühere richterl. Vernehmung eines Zeugen ist zulässig behufs Feststellung, daß nach der Auffassung des Vorderrichters der Zeuge bereits eine gerade mit den Erklärungen in der Hauptverhandlung übereinstimmende Aussage gemacht hat. U 24/11 04, E 37, 317. Unzulässig ist die Verlesung, wenn sie nur erfolgt, um die Erklärungen des Zeugen in der Hauptverhandlung zu unterstützen und glaubwürdiger erscheinen zu lassen. U 2/2 00, E. 33, 128.

68) Der Zeuge darf jedoch Notizen, welche er s. Z. über seine Wahrnehmungen gemacht hat, bei der Vernehmung benutzen. Auch ist der Vorsitzende zur Verlesung dieser Notizen befugt. U 9/12 89, E 20, 105.

69) Insbesondere können in einem anderen Verfahren bzw. von einer anderen Behörde getroffene Feststellungen über Wahrnehmungen einer Person die unmittelbare Vernehmung der letzteren in der Hauptverhandlung nicht ersetzen. U 6/3 80, E 1, 299. U 9/6 80, R 2, 45. U 16/2 03, G 50, 138. U 27/6 05, DR 9, 437 (Polizeiermittlungen). S. A. 90 zu § 255. Schriftliche Erklärungen eines Gerichtsschreibers über Wahrnehmungen, welche derselbe hinsichtlich einer Örtlichkeit gemacht hat, können nicht verlesen werden, U 27/9 88, E 18, 186; desgl. nicht die von einem Richter erstatteten Berichte über eine bei einem Notar vorgenommene Geschäftsrevision, U 9/10 94, E 26, 139; desgl. nicht die von einem Rechtsanwalt aufgenommene protokollarische Erklärung des Angekl. über die Anerkennung der Vaterschaft eines unehel. Kindes, U 7/3 98, G 46, 193; desgl. nicht Briefe, wenn und insoweit sie zum Beweise der in ihnen erwähnten oder angedeuteten früheren tatsächlichen Vorgänge dienen und in dieser Hinsicht eine Vernehmung des betr. Briefschreibers als Zeugen ersetzen sollen. Die Verlesung solcher Briefe ist dagegen zulässig, wenn sie nur dazu dienen soll, die eigene Erinnerung des Zeugen an einen bestimmten Vorgang zu bestärken, U 18/5 01, G 48, 308, oder wenn durch die Verlesung nur dargetan werden soll, daß tatsächlich Briefe des verlesenen Inhalts von gewissen Personen an andere geschrieben sind. U 19/6 91, E 22, 51. U 30/12 98, E 31, 407. U 22/6 99, E 32, 239. U 7/12 99, E 33, 35 (Zulässigkeit der Verlesung von Briefen, soweit dieselben etwas anderes als Mitteilungen des Verfassers über von ihm wahrgenommene Dinge enthalten, wie z. B. Willenserklärungen, Vorschläge, Aufforderungen usw., Zulässigkeit der Verlesung, wenn neben derselben zugleich die persönliche Vernehmung des Verfassers, sei es als Zeuge, sei es als Angeklagter erfolgt). Vgl. U 11/7 00, E 33, 356. Die Vernehmung von Zeugen über Hörensagen

§ 250. Ist ein Zeuge, Sachverständiger oder Mitbeschuldigter verstorben[69a]) oder in Geisteskrankheit[70]) verfallen, oder ist sein Aufenthalt nicht zu ermitteln gewesen,[71]) so kann[72]) das Protokoll über seine frühere richterliche

---

ist zulässig, U 12/5 80, E 2, 160. U 1/7 85, R 7, 457. U 28/6 86, R 8, 502; und ebenso können Zeugen über Tatsachen vernommen werden, zu deren Bekundung dieselben nur mittels einer urteilenden Tätigkeit gelangen können (sinnlose Trunkenheit). U 20/12 81, R 3, 812. U 11/6 86, R 8, 459.

Im übrigen muß § 249 von dem Gericht ohne Rücksicht auf Verzichtleistungen oder sonstige Erklärungen der Beteiligten befolgt werden; der in einer unzulässigen Verlesung von Zeugenaussagen bestehende Verstoß gegen § 249 (250) kann dadurch, daß die Verlesung von dem Verteidiger beantragt und von den Prozeßbeteiligten nicht beanstandet wurde, nicht geheilt werden. U 16/6 85, R 7, 401. Vgl. U 20/9 87, R 9, 448 (Unzulässigkeit der Verlesung der von einem Angekl. als Zeuge in einer anderen Strafsache abgegebenen polizeilichen Aussage zum Nachweis dessen, was er vor dem vernehmenden Beamten bekundet hat).

69a) Verlesung des Protokolls über die Vernehmung eines Zeugen usw., von dem irrtümlicherweise angenommen ist, daß er verstorben sei, begründet die Revision. U 6/4 05, DR 9, 286.

70) Unheilbarkeit der Geisteskrankheit ist nicht erforderlich. U 31/3 87, E 15, 409.

71) Daß die Möglichkeit, den Aufenthalt des Zeugen usw. zu ermitteln, unbedingt und für alle Zeiten ausgeschlossen ist, wird nicht erfordert; es genügt, daß die Erfolglosigkeit der vorgenommenen Ermittlungsversuche die Annahme begründet, daß fernere Nachforschungen zu keinem Ergebnis mehr führen können. U 31/3 80, E 1, 285. U 4/3 81, E 3, 367. U 11/9 81, E 4, 416. U 26/7 83, E 9, 88. U 11/6 86, R 8, 459. U 15/1 94, G 42, 35. Auswanderung nach Amerika schließt allein die Möglichkeit der Aufenthaltsermittlung nicht aus. U 21/4 02, DR 6, 272. Dies gilt auch, wenn ein Soldat sich bei der Schutztruppe in den Kolonien befindet. U 16/11 06, DR 10, 445. Vgl. U 26/1 06, E 38, 323 (Benutzung von Konsulatsauskünften zur Feststellung der Voraussetzungen des § 250). Die bloße Unbestellbarkeit der Ladung kann die Verlesung nicht rechtfertigen, U 5/5 85, E 12, 104, und jedenfalls darf die letztere nicht erfolgen, wenn zur Zeit der Hauptverhandlung noch Aufenthaltsermittlungen schweben, U 13/10 03, DR 7, 532. Eine analoge Anwendung kann § 250 Abs. 1 finden, wenn jede Vernehmung eines Zeugen usw. — in der Hauptverhandlung oder vor dem beauftragten oder ersuchten Richter — mit Beobachtung der im § 223 bzw. § 191 vorgeschriebenen Formen für längere oder ungewisse Zeit durch die Sachlage unmöglich gemacht ist. U 31/3 87, E 15, 409.

72) Die Befugnis des Gerichts zur Verlesung der Protokolle über die frühere richterliche Vernehmung von verstorbenen usw. Zeugen usw.

Vernehmung[73]) verlesen werden. Dasselbe gilt von dem bereits verurteilten Mitschuldigen.

ist bei dem Vorhandensein der im § 250 angegebenen Voraussetzungen an keine Schranken gebunden. U 8/1 83, E 7, 416.

73) Nur das Protokoll über eine frühere richterliche Vernehmung kann verlesen werden. Als gerichtliche Protokolle i. S. § 250 gelten auch militärgerichtliche Protokolle. U 2/3 97, E 29, 433. Dagegen ist die Verlesung polizeilicher Protokolle — soweit nicht etwa in späteren gerichtlichen Protokollen auf dieselben Bezug genommen ist und sie also als integrierende Bestandteile der letzteren gelten — selbst bei Zustimmung der StA und des Angekl. unstatthaft. U 20/9 80, E 2, 235. U 11/8 83, E 9, 49. Gleichgültig ist es, ob das Protokoll über die richterl. Vernehmung im Inlande oder im Auslande aufgenommen ist, U 15/5 85, R 7, 293; ob es in derselben, oder in einer anderen Strafsache, oder in einer Zivilprozeßsache erwachsen, U 5/1 84, E 10 30. U 25/11 81, R 3, 739. U 10/11 82, E 7, 156 (dagegen: U 31/1 81, E 3, 307); ob die Vernehmung als Beschuldigter oder als Zeuge erfolgt ist, U 23/4 07, DR 11, 716 und ob die Vernehmung eine eidliche gewesen ist oder nicht. U 30/6 82, R 4, 659. U 5/11 89, E 20, 60. Bei den innerhalb des Geltungsbereichs der StPO aufgenommenen Protokollen ist aber die Statthaftigkeit der Verlesung jedenfalls davon abhängig, daß das Protokoll von einem nicht kraft des Gesetzes vom Richteramt ausgeschlossenen Richter aufgenommen ist, U 4/5 97, E 30, 70, und daß die für die Aufnahme des Protokolls vorgeschriebenen Förmlichkeiten beobachtet sind. U 30/4 81, R 3, 259. U 15/5 02, DR 6, 329 (Mitwirkung des Gerichtsschreibers). Hierbei ist jedoch zu beachten, daß die Nichtbeobachtung der Vorschrift des letzten Satzes im Abs. 3 des § 186 oder das Vorhandensein von Rasuren, Durchstreichungen usw. die Zulässigkeit der Verlesung nicht ausschließen kann. U 18/10 01, E 34, 396. Vgl. U 10/3 02, DR 6, 187 (Zulässigkeit der Verlesung auch nur unterkreuzter Protokolle). Bei ausländischen Protokollen genügt es, daß sie den am Orte ihrer Aufnahme geltenden Prozeßvorschriften entsprechen, U 15/5 85, R 7, 293; sie können insbesondere auch verlesen werden, wenn bei ihnen die Formen der §§ 191, 223 nicht beobachtet sind, weil das ausländische Recht diese Beobachtung ausgeschlossen hatte. U 5/1 85, E 11, 391; R 7, 11. U 31/3 87, E 15, 409. U 26/2 00, G 47, 164. Vgl. U 23/12 04, DR 9, 113 u. U 14/12 06, E 39, 318 (Zulässigkeit der Verlesung des von einem zur Abhörung von Zeugen durch den Reichskanzler ermächtigten Konsul über die Vernehmung eines Nichtdeutschen). U 31/5 07, E 40, 189 (unerheblich für die Zulässigkeit der Verlesung, ob die unter Berufung auf das ausländische Gesetz erfolgte Nichtbeobachtung der Form nach jenem zu Recht geschehen ist).

Unter früherer Vernehmung versteht das Gesetz nicht etwa alle einzelnen, zeitlich getrennten früheren Vernehmungen; die Verlesung ist vielmehr auf diejenigen Protokolle zu beschränken, welche nach der Ansicht des Antragstellers oder nach dem Ermessen des Gerichts als ein

In den im § 222 bezeichneten Fällen ist die Verlesung des Protokolls über die frühere Vernehmung statthaft, wenn letztere nach Eröffnung des Hauptverfahrens, oder wenn sie in dem Vorverfahren unter Beobachtung der Vorschriften des § 191 erfolgt ist.[74])

---

zur Sache geeignetes, erhebliches Beweismittel anzusehen sind. U 27/2 85, R 7, 153. Protokollarische Erklärungen anderer Personen, auf welche ein kommissarisch vernommener Zeuge bei seiner Vernehmung Bezug genommen hat, dürfen nicht verlesen werden, U 3/5 88, R 10, 374; es sei denn, daß der Zeuge ausdrücklich erklärt hat, daß er das Protokoll über die Vernehmung eines anderen Zeugen genehmigt habe. U 23/9 04, DR 8, 535. Unzulässig ist es endlich auch, bloße schriftliche Erklärungen (Notizen) einer verstorbenen Person über Tatsachen, die Gegenstand ihrer Wahrnehmung gewesen sind, zum Zwecke des Beweises dieser Tatsachen zu verlesen. U 25/10 98, G 46, 435.

Die Vorschrift des § 250 Abs. 1 findet in betreff der nahen Angehörigen des Angekl. durch § 51 ihre Beschränkung darin, daß die Aussagen derselben nicht verlesen werden können, wenn die Belehrung über das Recht zur Verweigerung des Zeugnisses vor der Vernehmung unterblieben ist. U 17/1 90, E 20, 186.

74) Der § 250 Abs. 2 bezieht sich auf diejenigen Fälle, in welchen die Vernehmung eines Zeugen usw. in der Hauptverhandlung an sich ausführbar, aber aus den im § 222 angegebenen Gründen mit besonderen Schwierigkeiten verknüpft sein würde. In diesen Fällen ist die Verlesung des Protokolls über die frühere Vernehmung nur statthaft, wenn die letztere nach Eröffnung des Hauptverfahrens, oder wenn sie in dem Vorverfahren unter Beobachtung der Vorschriften des § 191 erfolgt ist und die Bestimmungen über die Notwendigkeit der Beeidigung (§§ 56, 57, 60) beobachtet sind (§ 250 Abs. 3 Satz 2). U 30/6 82, R 4, 659. Vgl. unten A. 77. Zeugnisse, deren Beeidigung im Vorverfahren ohne gesetzl. Grund stattgehabt hatte, können verlesen werden. U 29/2 84, E 10, 156. Das Protokoll über eine nach Eröffnung des Hauptverfahrens erfolgte kommiss. Zeugenvernehmung kann, wenn das frühere Urteil in der Revisionsinstanz aufgehoben ist, auch in der erneuten Hauptverhandlung verlesen werden. U 8/1 97, E 29, 302. Wegen der bei kommiss. Vernehmungen zu beobachtenden Formen s. §§ 222, 223 und die Anmerkungen zu denselben. Wenn die im § 223 vorgeschriebene Benachrichtigung der Parteien unterblieben ist, so ist die Verlesung des betr. Protokolls unstatthaft und die erneute Vernehmung des Zeugen unter Beobachtung der vorgeschriebenen Formen erforderlich, sobald der nicht benachrichtigte Prozeßbeteiligte die nochmalige ordnungsmäßige Vernehmung verlangt. U 18/9 83, R 5, 536. U 24/6 81, E 4, 301. U 21/12 87, R 9, 745. U 21/9 03, DR 7, 508 (Nichtbenachrichtigung des Verteidigers. S. A. 96 zu § 223). Vgl. jedoch auch U 18/2 80, E 1, 210. U 3/4 80, R 1, 533.

Die Verlesung[75]) kann nur durch Gerichtsbeschluß[76]) angeordnet, auch muß der Grund derselben verkündet und bemerkt werden, ob die Beeidigung der vernommenen Personen stattgefunden hat. An den Bestimmungen über die Notwendigkeit der Beeidigung wird hierdurch für diejenigen

Wenn die Vernehmung eines Zeugen im Vorverfahren unter Zuziehung eines Dolmetschers erfolgt ist, so ist die Verlesung des betr. Protokolls nur zulässig, wenn eine Beeidigung des Dolmetschers stattgefunden hat. U 12/9 03, DR 7, 486.

Vernehmungsprotokolle, bei denen die Vorschriften des § 191 nicht beobachtet worden sind, können, wenn bei einer kommiss. Vernehmung auf sie bezug genommen ist, als Teile der letzteren zur Verlesung gebracht werden. U 22/4 80, E 1, 391.

In fremder Sprache aufgenommene Protokolle müssen in der Hauptverhandlung durch einen Dolmetscher übersetzt werden. Schriftliche Übersetzungen solcher Protokolle dürfen nur dann verlesen werden, wenn sie mit einem die Herkunft der Übersetzung und deren Richtigkeit garantierenden Beglaubigungsvermerk versehen sind. U 19/4 94, E 25, 353. Wegen der Verlesung deutscher Übersetzungen fremdsprachiger Zeugenprotokolle, die in dem auf diplomat. Wege ersuchten Staate amtlich angefertigt sind, s. U 2/10 03, E 36, 371. A. 63 zu § 248.

75) Es muß die Verlesung der vollständigen Aussagen erfolgen; die bloße Verlesung einzelner Stücke derselben ist unstatthaft. U 24/4 80, R 1, 655. Insbesondere müssen auch sämtliche bei der Aussage in bezug genommenen früheren Bekundungen des Zeugen (nicht anderer Personen, s. oben A. 73) zur Verlesung kommen. U 2/3 86, E 14, 1. U 10/3 87, R 9, 176. Nur mit Genehmigung der Prozeßbeteiligten würde hiervon abgesehen werden können. U 24/4 80, R 1, 659.

76) Die Verlesung setzt in allen Fällen, also auch bei einer auf Gerichtsbeschluß erfolgten kommiss. Vernehmung, den im § 250 Abs. 3 gedachten Gerichtsbeschluß voraus. Die Verlesung ohne Gerichtsbeschluß begründet die Revision, selbst wenn gesetzl. Gründe für die Verlesung vorlagen. U 10/12 79, E 1, 119. U 2/3 80, E 1, 236. Der Gerichtsbeschluß muß als solcher bezeichnet werden; die bloße Angabe im Protokoll, daß die Verlesung „von Gerichts wegen" erfolgt sei, genügt nicht. U 3/3 80, E 1, 242.

Der Gerichtsbeschluß muß mit Gründen, welche die gesetzl. Voraussetzungen der Verlesung feststellen, versehen und den Parteien verkündet werden. U 24/4 80, R 1, 655. Insbesondere muß in dem Beschluß die Fortdauer der Gründe, welche die kommiss. Vernehmung veranlaßt haben, festgestellt werden, U 24/11 80, R 2, 562; und wenn z. B. ein wegen Krankheit kommissarisch zu vernehmender Zeuge vom ersuchten Gericht nicht in seiner Wohnung, sondern an Gerichtsstelle vernommen ist, so müssen auch die Umstände angeführt werden, aus wel-

Fälle, in denen die nochmalige Vernehmung ausführbar ist, nichts geändert.[77])

**§ 251.** Die Aussage eines vor der Hauptverhandlung vernommenen Zeugen, welcher erst in der Hauptverhandlung von seinem Rechte, das Zeugnis zu verweigern, Gebrauch macht, darf nicht verlesen werden.[78])

---

chen gefolgert ist, daß der Zeuge infolge neuer Erkrankung usw. nicht in der Hauptverhandlung erscheinen könne. U 22/6 93, G 41, 271.

Nichtverkündung der Gründe kann die Revision nicht begründen, wenn kein Zweifel daran besteht, daß der Angekl. von dem Grunde der Verlesung Kenntnis hatte. U 16/9 97, G 45, 370. Im Protokoll sind der ergangene Gerichtsbeschluß über die Verlesung und die Gründe desselben zu konstatieren. Die ausdrückliche Erwähnung der erfolgten Verkündung ist entbehrlich. U 7/9 80 R 2, 204. Außerdem ist im Protokoll zu vermerken, ob die verlesene Vernehmung des Zeugen usw. eine eidliche oder uneidliche war. Die Unterlassung dieses Vermerks begründet die Revision. U 15/1 80, R 1, 230. U 3/3 80, E 1, 242. U 5/4 80, R 1, 538. Der gänzlichen Unterlassung steht die unrichtige Angabe über die Beeidigung gleich. U 20/9 80, E 2, 237.

77) Der Grundsatz der Strafprozeßordnung, wonach „in den Strafsachen, welche zum Hauptverfahren gelangen, jede Zeugenaussage zu beschwören ist, wenn nicht ein vom Gesetze vorgesehener Grund für die Nichtbeeidigung vorliegt" (Motive S. 45, §§ 56, 57, 60 StPO), ist also der Regel nach auch dann maßgebend, wenn die unmittelbare Vernehmung der Zeugen durch die Verlesung von Protokollen über richterliche Vernehmungen ersetzt wird, und es folgt hieraus, wie die Motive ausdrücklich hervorheben, „daß unbeeidigte Aussagen eidesfähiger Personen in der Hauptverhandlung nicht verlesen werden dürfen, falls die nochmalige Vernehmung und die Beeidigung noch ausführbar ist" (Motive S. 141). U 26/8 85, E 12, 347. U 25/10 09, G 57, 214 (nach der Vernehmung eingetretene Eidesfähigkeit). Die Prüfung und Entscheidung über die Eidesfähigkeit liegt bei kommissarischen Vernehmungen lediglich dem ersuchten Richter ob. U 25/7 94, E 26, 97. Das Protokoll über die kommiss. Vernehmung eines Zeugen, den der ersuchte Richter mit Rücksicht auf § 56 Ziff. 3 nicht beeidigt hat, darf nicht verlesen werden, ohne daß das erkennende Gericht selbst in der Hauptverhandlung in genügender Weise begründet, daß von der Beeidigung Abstand zu nehmen ist. U 3/6 07, DR 11, 844. Die nicht beeidigte Aussage eines im Auslande kommiss. vernommenen Zeugen kann jedoch verlesen werden, wenn nach der Gesetzgebung des Vernehmungsortes eine eidliche Vernehmung außerhalb der Hauptverhandlung nicht erfolgen konnte. U 29/5 03, DR 7, 346. Vgl. U 23/12 04, G 52, 95.

78) Das Verbot der Verlesung ist ein absolutes; die im § 251 gedachte Aussage darf weder unmittelbar aus den über dieselbe aufgenommenen Protokollen, noch etwa mittelbar unter Zugrundele-

gung der Anklageschrift oder unter der Form von Vorhaltungen bekannt gegeben werden, U 20/12 86, E 15, 100. U 14/2 95, E 27, 29; und zwar auch dann nicht, wenn sie von dem Zeugen s. Z. in der Lage eines Beschuldigten gemacht ist. U 21/11 01, E 35, 5. Auch darf das Verbot der Verlesung nicht dadurch umgangen werden, daß dem Zeugen unmittelbar vor oder bei seiner Vernehmung das Protokoll zu seiner Orientierung hingegeben wird, U 5/2 83, E 8, 123. U 21/11 01, E 35, 5; oder daß dem Zeugen Fragen gestellt werden, welche in der wörtlichen Anführung ganzer Sätze aus seiner früheren Aussage bestehen. U 3/4 02, DR 6, 329. Auch die Verlesung von Schriftstücken, auf welche der Zeuge bei seiner Vernehmung im Vorverfahren Bezug genommen hat, ist unzulässig. U 22/10 97, G 45, 440. Dagegen ist es zulässig, über die Aussage, welche die zur Zeugnisverweigerung berechtigte Person unter Verzicht auf ihr Recht in der Voruntersuchung abgegeben hat, den Untersuchungsrichter zu vernehmen, U 1/11 81, E 5, 142. U 7/5 85, R 7, 278. U 28/5 85, R 5, 336. U 4/3 87, R 9, 170. U 30/9 01, G 48, 367. U 21/11 01, E 35, 5; jedoch dürfen ihm Teile der Aussagen aus dem aufgenommenen Protokoll nicht vorgehalten oder zur Einsicht vorgelegt werden. U 25/4 07, DR 11, 780. U 5/2 07, E 39, 433. Auch Personen, welche in einer früheren Hauptverhandlung als Geschworene fungiert haben, können über die im § 251 gedachte Aussage gehört werden, U 26/5 87, E 16, 119, und zulässig ist endlich auch die Vernehmung dritter Personen als Zeugen über Mitteilungen, welche ihnen von der zur Zeugnisverweigerung berechtigten Person außerhalb der Hauptverhandlung über den Gegenstand der Untersuchung gemacht sind. U 17/12 80, R 2, 644. U 28/5 85, R 7, 366 (Vernehmung des Gerichtsarztes über Mitteilungen, welche ihm bei einer gerichtsärztlichen Verrichtung gemacht sind). U 29/6 86, R 8, 502. U 1/7 86, E 14, 266. U 29/1 92, G 39, 422. U 8/12 96, G 44, 379. (Vernehmung von Polizeibeamten über die vor ihnen abgegebenen Erklärungen eines sein Zeugnis verweigernden Zeugen). U 5/2 07, E 39, 433 (Unzulässigkeit der Vorlegung der früheren Protokolle in diesem Fall). Nicht verboten, soweit nicht besondere Vorschriften (§ 97) entgegenstehen, ist endlich auch die Benutzung schriftlicher Mitteilungen zwischen dem Angekl. und den zur Zeugnisverweigerung wegen ihres Verhältnisses zu diesem berechtigten Personen, namentlich auch dann nicht, wenn tatsächlich von dem fraglichen Rechte Gebrauch gemacht ist. U 19/6 91, E 22, 51.

Im übrigen ist § 251 nur dann anwendbar, wenn es sich um die Aussage eines Zeugen handelt, welche derselbe bei einer zeugenschaftlichen Vernehmung gemacht hat. Auf Erklärungen, welche eine zur Verweigerung des Zeugnisses berechtigte Person bei einer anderen Gelegenheit, z. B. vor dem Vormundschaftsgericht gemacht hat, bezieht sich § 251 nicht. U 15/5 02, E 35, 247. Die Vorschrift des § 251 ist ferner nur dann zu beachten, wenn der Zeuge in der Hauptverhandlung anwesend ist und hier sein Zeugnis verweigert. Ist er nicht anwesend (§ 250), so ist die Verlesung seiner früheren Aussage zulässig, U 26/7 83, E 9, 88; und auch der Umstand, daß der Zeuge früher einmal in der

**§ 252.** Erklärt ein Zeuge oder Sachverständiger, daß er sich einer Tatsache nicht mehr erinnert, so kann[79]) der hierauf bezügliche Teil[80]) des Protokolls über seine frühere Vernehmung[81]) zur Unterstützung seines Gedächtnisses verlesen werden.[82])

Voruntersuchung sein Zeugnis verweigert hat, steht der vom § 251 geforderten Voraussetzung nicht gleich. U 1/7 85, R. 7, 457. Auch der Verlesung der Aussage eines Mitbeschuldigten, der in der Hauptverhandlung ausgeblieben ist, steht § 251 nicht entgegen. U 26/7 83, E 9, 88.

79) Die Anordnung der Verlesung steht dem Vorsitzenden zu; eines Gerichtsbeschlusses bedarf es nicht. U 17/3 84, R 6, 210.

80) Die Verlesung kann sich auch auf sämtliche von dem Zeugen usw. abgegebenen Erklärungen erstrecken, wenn letzterer sich bezüglich sämtlicher früher von ihm bestätigter Umstände auf mangelnde Erinnerung beruft. U 7/5 80, E 1, 409. U 17/3 84, R. 6, 210.

81) Auf Protokolle über richterliche Vernehmungen ist die Verlesung nicht beschränkt, U 7/5 80, E 1, 409. U 23/10 80, R 2, 377; desgl. nicht auf solche, welche in der vorliegenden Untersuchung aufgenommen sind. U 29/4 84, E 10, 358. Gleichgültig ist es hier auch, ob die frühere Vernehmung des Zeugen in einer Strafsache oder in einem Zivilprozesse erfolgt, und ob der Zeuge früher ebenfalls als Zeuge oder als Beschuldigter vernommen ist. U 23/3 85, E 10, 118, oder ob die früher abgegebene Aussage eine eidliche oder uneidliche war. U 28/3 95, E 27, 163. Auch die früher von einem Zeugen in amtlicher Eigenschaft erstatteten Berichte (Gendarm) können zur Unterstützung seines Gedächtnisses verlesen werden. U 3/12 86, R 8, 722. U 21/6 87, R 9, 379. U 29/9 87, R 9, 475. In allen Fällen ist aber nur die Verlesung einer früheren Vernehmung gestattet, bei welcher der Vernommene selbst seine eigenen Wahrnehmungen zu Protokoll gegeben hatte, U 3/5 88, E 18, 24, und unzulässig ist endlich die Verlesung von bloßen (unbeglaubigten) Abschriften früherer Vernehmungsprotokolle. U 14/12 00, E 34, 48.

82) Die Wiedergabe der früheren Aussage des Zeugen usw. muß in Form der Verlesung erfolgen, sobald es auf den besonderen Inhalt der früheren Aussage ankommt. U 1/3 83, R 5, 145. U 28/3 95, E 27, 163. U 4/7 95, G 43, 242. Im übrigen kann sich jedoch der Vorsitzende auch auf bloße Vorhalte aus der früheren Aussage beschränken, U 10/2 87, R 9, 123, und es ist andererseits auch die Vorlegung des Protokolls an den Zeugen oder Sachverständigen behufs Einsichtnahme zulässig. U 2/1 03, E 36, 53. Vgl. U 22/9 81, E 5, 129. U 17/3 84, R 6, 210 (Sachverständige. Vorlegung früherer Gutachten). Desgl. kann dem Polizeibeamten, welcher als Zeuge über ein von ihm früher zu Protokoll genommenes Geständnis des Angekl. vernommen wird, dieses Protokoll vorgelegt werden. U 3/12 86, R 8, 723. U 9/12, 89, E 20, 105. U 8/6 94, G 42, 240.

Dasselbe kann geschehen, wenn ein in der Vernehmung hervortretender Widerspruch mit der früheren Aussage nicht auf andere Weise ohne Unterbrechung der Hauptverhandlung festgestellt oder gehoben werden kann.[83])

§ **253.** Erklärungen des Angeklagten,[84]) welche in einem richterlichen Protokolle[85]) enthalten sind, können zum

---

Die in den früheren Protokollen enthaltenen Aussagen können bei der Entscheidung in Betracht gezogen werden, auch wenn sich der Zeuge in der Hauptverhandlung nicht mehr zu ihnen bekennt. U 30/1 90, E 20, 220. U 16/6 06, DR 10, 947.

83) Vgl. A. 81 zu § 252 Abs. 1 und insbesondere U 29/4 84, E 10, 358. Wegen der Protokollierung der erfolgten Verlesung s. § 254.

84) Nur diejenigen Erklärungen, welche der in der gegenwärtigen Strafsache Angeklagte abgegeben hat, nicht auch die in einer anderen Strafsache von dem dortigen Angekl. abgegebenen Erklärungen dürfen verlesen werden. U 4/12 93, G 41, 416. Im übrigen gelten als Erklärungen des Angekl. auch Aussagen, die er bei seiner früheren Vernehmung als beeidigter Zeuge und selbst in einer anderen Strafsache oder in einem vorausgegangenen bürgerl. Rechtsstreite abgegeben hat. U 3/5 82, R 4, 427. U 7/6 83, R 5, 410. U 20/9 83, E 9, 174. U 1/11 89, E 20, 23. U 25/5 03, DR 7, 320.

85) Richterliche Protokolle sind nicht nur im Verfahren der ordentlichen Gerichte, sondern auch die in einem Disziplinarverfahren durch die dazu als Richter und Gerichtsschreiber berufenen Urkundspersonen aufgenommenen Protokolle. U 14/1 07, G 54, 290. Alle diese Protokolle müssen, um verlesen werden zu können, den Vorschriften der §§ 166, 185, 186 entsprechen. U 9/5 90, G 38, 187 (fehlende Unterschrift des Richters). Erklärungen des Angekl., welche in einem nicht richterlichen Protokoll (staatsanwaltschaftliches Protokoll: U 27/3 93, E 24, 94; polizeiliche Protokolle: U 12/6 96, G 44, 156) enthalten sind, dürfen nicht verlesen werden, U 18/6 86, E 14, 258; und zwar auch dann nicht, wenn sie einem Zeugen zur Unterstützung des Gedächtnisses vorgehalten werden sollen. U 3/5 88, E 18, 24. Die in richterlichen Protokollen in bezug genommenen nichtrichterlichen Protokolle dürfen nur verlesen werden, wenn sie einen integrierenden Teil des richterlichen Protokolls bilden. U 5/1 94, E 25, 32. U 6/12 07, E 40, 425. Sollen die zu nichtrichterlichem Protokoll abgegebenen Erklärungen des Angekl. bei der Schuldfrage verwertet werden, so kann dies nur durch Vernehmung der bei der betr. Verhandlung zugegen gewesenen Personen, insbesondere des protokollierenden Beamten selbst, geschehen (§ 249), U 12/6 96, G 44, 156; und zwar müssen die früheren Erklärungen des Angekl. als solche dergestalt zum Gegenstand der Vernehmung gemacht werden, daß der materielle Inhalt der Zeugenaussage die ausschließliche Grundlage für die Annahme eines außergerichtlichen Geständnisses bilden kann. U 10/3 90, E 20, 321.

Zwecke der Beweisaufnahme über ein Geständnis[86]) verlesen werden.[87])

Dasselbe kann geschehen, wenn ein in der Vernehmung hervortretender Widerspruch mit der früheren Aussage nicht auf andere Weise ohne Unterbrechung der Hauptverhandlung festgestellt oder gehoben werden kann.[88])

§ **254.** In den Fällen der §§ 252, 253 ist die Verlesung und der Grund derselben auf Antrag der Staatsanwaltschaft oder des Angeklagten im Protokolle zu erwähnen.[89])

§ **255.** Die ein Zeugnis oder ein Gutachten enthaltenden Erklärungen öffentlicher Behörden,[90]) mit Aus-

---

Der § 253 bezieht sich nur auf Protokolle und schließt die Zulässigkeit der Verlesung solcher Schriftstücke nicht aus, die der Angekl. selbst verfaßt und in denen er Geständnisse abgelegt hat. U 9/7 07, DR 11, 1034.

86) Hier handelt es sich nur um ein Geständnis des Angekl., welches derselbe vor einer Behörde oder vor einem Beamten abgegeben hat. U 9/5 02, E 35, 234. Als Geständnis gilt nicht nur das förmliche Schuldbekenntnis des Angekl., sondern jedes Zugeständnis desselben bezüglich der ihm zur Last gelegten strafbaren Handlung, also auch das Zugestehen von Tatsachen, aus welchen seine Schuld gefolgert werden kann. U 23/9 84, R 6, 554. U 28/7 08, G 55, 328. U 22/4 11, DJZ 16, 1220 (Angaben des Angekl. über seine persönlichen Verhältnisse).

87) Die Befugnis zur Verlesung von Erklärungen des Angekl., welche in Protokollen über Hauptverhandlungen enthalten sind, ist nicht davon abhängig, daß der Wortlaut jener Erklärung nach Maßgabe des § 273 Abs. 3 festgestellt ist. U 1/11 89, E 20, 23.

88) An Stelle der Verlesung kann auch eine bloße Vorhaltung der betreffenden Stellen aus den früheren Aussagen für ausreichend erachtet werden; es entscheidet in dieser Beziehung das Ermessen des Vorsitzenden bzw. des Gerichts. U 31/3 85, R 7, 212. U 11/4 92, E 23, 58.

89) Die in den Fällen der §§ 252, 253 erfolgte Verlesung und der Grund derselben ist, da diese Verlesung nur Bestandteil einer Vernehmung ist, nur auf Antrag zu protokollieren. Der § 273 steht nicht entgegen, da dieser nur Verlesungen betrifft, die selbständige Akte der Beweisaufnahme sind. U 27/10 99, E 32, 315. U 28/6 88, G 36, 321.

90) Ein Zeugnis enthaltende Erklärungen öffentlicher Behörden sind amtliche, in der für ihre amtlichen Kundgebungen vorgeschriebenen Vertretung abgegebene Erklärungen jener Behörden über Wahrnehmungen, welche sie oder die Personen, aus denen sie bestehen, innerhalb ihres Amtsbereiches und vermöge ihres Amtes ge-

macht haben. Auch bei den **Einzelbeamten** ist die schriftliche Ablegung ihres Zeugnisses in dem vorgedachten Sinne und die Verlesung gestattet. Eine Unterscheidung nach dem **Gegenstande**, worauf sich das Zeugnis oder die Wahrnehmung der Behörde bzw. des Beamten bezieht, ist, abgesehen von dem im § 255 selbst hervorgehobenen Punkte, nicht zu machen. U 26/7 83, E 9, 88. U 4/10 87, R 9, 489. U 12/4 89, G 37, 187 u. U 4/7 90, G 38, 341. Insbesondere können deshalb z. B. auch Erklärungen öffentlicher Behörden, welche keine Äußerung über Lebenswandel und sittlichen Charakter, sondern eine Zusammenstellung von Tatsachen und Vorgängen enthalten, aus welchen sich die im Interesse politischer (sozialistisch-revolutionärer) Bestrebungen aufgewendete Tätigkeit und deren Einfluß auf die Parteigenossen ergibt, verlesen werden. U 22/6 88, R 10, 450. Daß die Erklärungen der Behörden **auf Ansuchen** des Gerichts abgegeben sind, ist nicht erforderlich. U 31/5 89, E 19, 264. Ebensowenig ist die Beobachtung der für deren Ausstellung vorgeschriebenen oder üblichen Form unerläßlich. U 3/6 10, E 43, 405.

**Berichte**, welche ein **Beamter der Staatsanwaltschaft** über die Ergebnisse seiner Ermittlungen im Vorverfahren an seinen ihm vorgesetzten StA erstattet hat, gehören nicht zu den Erklärungen öffentl. Behörden, welche nach § 255 verlesen werden können. U 1/10 80, E 2, 301. U 8/4 86, R 8, 264. Dasselbe gilt von **Registraturvermerken** über die Glaubwürdigkeit eines Zeugen, welche von dem im Vorverfahren tätigen Amtsrichter und dem zugezogenen Gerichtsschreiber unterzeichnet sind, U 27/3 85, R 7, 199, und von Berichten eines **Polizeibeamten** über von ihm angestellte Ermittlungen, U 7/7 03, DR 7, 435. U 27/6 05, DR 9, 437.

Die **Ältesten der Kaufmannschaft** zu Berlin bilden i. S. § 255 eine öffentliche Behörde, U 3/10 84, E 11, 132; desgl. die **Reichsdruckerei** (bei Fälschung von Postfreimarken), U 31/5 89, E 19, 264; desgl. die **Verwaltungen der Pr. Kreissparkassen** und das **Direktorium der Pr. Zentralgenossenschaftskasse**. U 22/1 07, E 39, 391; desgl. die Liter., Musikal. usw. **Sachverständigen-Kammern und -Vereine**. U 23/11 91, E 22, 259. U 29/1 81, E 3, 326; desgl. das **Medizinalkomitee einer bayerischen Universität**, U 26/9 95, E 27, 359, und der für chemische oder mikroskopische Untersuchungen bei diesem Medizinalkomitee bestellte Gutachter. U 30/4 04, E 37, 166. Desgl. die **Kreisgesundheitsämter im Großh. Hessen**. U 29/6 96, E 29, 26. Desgl. die **deutschen Berufskonsuln**. U 12/2 09, G 56, 222. Die **bayerischen Distrikts- oder Bezirkstechniker** sind dagegen keine öffentl. Behörde i. S. § 255, U 5/3 94, E 25, 140; desgl. nicht die **badischen Waisenrichter** bei Abschätzung beschlagnahmter Sachen, U 13/11 99, E 32, 365; und ebensowenig die **preuß. Richter**, welche im Auftrage des Oberlandesgerichtspräsidenten bei einem Notar eine Revision vornehmen. U 9/10 94, E 26, 138. Auch der **Vorstand einer Berufsgenossenschaft** ist als eine öffentl. Behörde nicht anzusehen. U 1/10 01, E 34, 367.

schluß von Leumundszeugnissen,[91]) desgleichen ärztliche Atteste[92]) über Körperverletzungen, welche nicht zu den schweren gehören,[93]) können verlesen werden.[94])

---

91) Die Verlesung von Leumundszeugnissen ist unbedingt unzulässig, wenn sie die Vernehmung des Ausstellers ersetzen soll, wobei es gleichgültig ist, ob das Zeugnis den Angekl. oder eine andere Person betrifft. U 4/2 98, E 30, 439. Vgl. U 3/10 08, E 41, 429. Wenn es sich dagegen darum handelt, die Tatsache, daß überhaupt und von wem die Zeugnisse ausgestellt sind, festzustellen, sie also nur nach ihrem allgemeinen Charakter als nach § 248 verlesbare Beweismittel in Betracht kommen, so können sie auch verlesen werden. U 25/1 94, E 25, 94. Auch diejenigen Teile einer zu verlesenden Urkunde, welche zugleich ein Leumundszeugnis enthalten, sind von der Verlesung auszuschließen. U 31/3 80, R 1, 523. So dürfen z. B. Schulzeugnisse bezüglich der auf das sittliche Verhalten des Schülers sich beziehenden Stellen nicht zur Verlesung gelangen, U 23/12 85, R 7, 757; jedoch ist ein von der Schulinspektion ausgestelltes Zeugnis über die geistigen Fähigkeiten eines Schülers (Auffassungskraft, um die Wahrheit sagen zu können) kein Leumundszeugnis: U 2/2 80, E 1, 234. Führungsatteste und Qualifikationsberichte der Militärbehörden dürfen, soweit sie über das moralische Verhalten eines Angekl. Auskunft erteilen, nicht verlesen werden, U 4/10 97. G 45, 430. U 7/12 09, G 57, 225; desgl. nicht die in den Pr. Gesindedienstbüchern enthaltenen Zeugnisse der Dienstherrschaft. U 4/2 98, E 30, 439; desgl. nicht Zeitungsartikel, welche sich auf den Leumund des Angekl. beziehen, U 16/2 94, E 25, 125; desgl. nicht eine gegen einen Beamten ergangene Disziplinar-Strafverfügung, in welcher die Gründe für die Feststellung, daß der Beamte sich der Achtung, die sein Beruf erfordert, unwürdig gezeigt habe, dargelegt werden, U 4/5 85, R 7, 276, oder ein seitens der Staatsanwaltschaft ergangener Bescheid, in welchem die Glaubwürdigkeit eines von dem Denunzianten als falsch bezeichneten Zeugnisses dargelegt wird. U 22/9 93, E 24, 263. Dagegen ist die Verlesung eines das Instanzurteil aufhebenden Revisionsurteils in der erneuten Hauptverhandlung selbst dann zulässig, wenn in demselben ein Leumundszeugnis wiedergegeben ist. U 7/9 01, G 48, 365.

Dem Verlesen steht jedes im Erfolg ihm ähnliches Bekanntgeben gleich. U 8/12 02, DJZ 8, 82.

92) Ärztliche Atteste i. S. § 255 sind schriftliche Erklärungen eines nach den Vorschriften der Gewerbeordnung approbierten Arztes über seine Wahrnehmungen hinsichtlich einer Körperverletzung, mögen sie außergerichtlich abgegeben oder vom Gericht verlangt sein. U 8/7 89, E 19, 364. In das Attest mit aufgenommene Bekundungen Dritter über den Krankheitszustand des Verletzten, insbesondere auch Angaben des letzteren selbst über die Entstehung der Körperverletzung, dürfen nicht verlesen werden. U 10/3 98, G 46 199. U 10/3 03, DR 7, 216; wohl aber die in dem Attest angeführten Konsultationsgründe.

Ist das Gutachten einer kollegialen Fachbehörde eingeholt worden, so kann das Gericht die Behörde ersuchen, eines ihrer Mitglieder mit der Vertretung des Gutachtens in der Hauptverhandlung zu beauftragen und dem Gerichte zu bezeichnen.[95])

---

U 8/11 06, DJZ 12, 299. Eine eidliche, Bekräftigung der Atteste ist nicht erforderlich. Die Verlesung protokollarischer oder sonstiger schriftlicher Erklärungen eines Arztes ist unstatthaft. U 13/4 80, R 1, 588. U 21/4 80, R 1, 633. U 5/5 82, E 6, 254. U 8/5 82, E 6, 620. U 29/3 86, E 14, 55. Im übrigen ist die Verlesbarkeit der ärztlichen Atteste über nichtschwere Körperverletzungen nicht auf diejenigen Atteste beschränkt, welche allein über die den Gegenstand der Anklage bildende Körperverletzung Auskunft geben. Die Verlesung derartiger Atteste kann vielmehr auch erfolgen, wenn sie Körperverletzungen betreffen, welche der Angekl. von seiten des Verletzten oder anderer Personen erhalten hat. U 14/2 02, E 35, 162. Anders liegt die Sache, wenn Gegenstand des Verfahrens nicht eine Körperverletzung ist, welche zur Bestrafung gezogen werden soll, sondern eine andere Straftat (Verbrechen gegen die Sittlichkeit) zur Anklage steht. In solchen Fällen ist die Verlesung ärztlicher Atteste über eine vorgefundene Verletzung des Körpers unzulässig. U 9/7 94, E 26, 38. U 21/4 80, R 1, 633.

93) Zu den schweren Körperverletzungen gehören nur die in den §§ 224 ff. StGB vorgesehenen vorsätzlichen Körperverletzungen mit schwerem Erfolge. U 5/2 80, E 1, 188. Daher dürfen ärztliche Atteste über fahrlässige Körperverletzungen schweren Erfolges verlesen werden. U 27/11 06, E 39, 286. Nur darauf kommt es an, daß die Körperverletzung tatsächlich keine schwere war, nicht auf die dieserhalb vorliegende Beschuldigung U 6/3 08, DR 12, 246.

94) Der § 255 begründet kein Recht auf Verlesung der daselbst genannten Schriftstücke; ob die Verlesung im einzelnen Fall angezeigt erscheint, unterliegt vielmehr gemäß § 243 lediglich dem Ermessen des Gerichts, sofern nicht etwa die Vorschrift des § 244 eine Ausnahme begründet. U 19/4 80, E 1, 383. Die Verlesung ärztlicher Atteste ist im allgemeinen nur unter der Voraussetzung gestattet, daß eine Anklage aus §§ 223, 223a oder 230 StGB. den Gegenstand der Verhandlung bildet. U 1/12 04, DR 9, 49.

95) Die Vernehmung des betr. Mitgliedes der Fachbehörde hat dann aber stets nur den Zweck, eine mündliche Erläuterung des schriftl. Gutachtens herbeizuführen; die nach § 248 gebotene Verlesung des letzteren wird hierdurch nicht ersetzt. U 23/9 98, G 46, 422. U 30/5 06, DR 10, 814; DJZ 11, 1207. Für den Vertreter des Gutachtens genügt die Verweisung bzw. Berufung auf den von ihm als Mitglied der Fachbehörde geleisteten Eid. U 29/1 81, E 3, 326. Eine selbständige Auswahl des Vertreters steht dem Gericht nicht zu. U 23/3 11, E 44, 400.

**§ 256.** Nach der Vernehmung eines jeden Zeugen, Sachverständigen oder Mitangeklagten, sowie nach der Verlesung eines jeden Schriftstücks soll der Angeklagte befragt werden, ob er etwas zu erklären habe.[96])

**§ 257.** Nach dem Schlusse der Beweisaufnahme[97]) erhalten[98]) die Staatsanwaltschaft und sodann der Angeklagte zu ihren Ausführungen und Anträgen das Wort.[99])

---

96) Dem Angekl. ist also nicht nur Gelegenheit zur Stellung von Fragen an die Zeugen (§ 239 Abs. 2) zu geben, sondern es muß ihm gestattet werden, Äußerungen aller Art und Beweisanträge vorzubringen, zu welchen die Vernehmung der Zeugen usw. Anlaß gibt. U 25/10 98, G 46, 434. Im übrigen ist die Vorschrift des § 256 nur instruktioneller Natur; die Nichtbeobachtung derselben kann nur dann einen Revisionsgrund abgeben, wenn dadurch dem Angekl. erhebliche Verteidigungsmomente entzogen sind. U 20/12 79, R 1, 165. U 15/1 80, R 1, 230. U 12/7 80, E 2, 202. U 7/1 87, E 15, 172 (schwerhöriger Angekl.). Vgl. jedoch U 29/1 09, E 42, 168 (niemals Revisionsgrund).

Dem Verteidiger gewährt § 256 kein Recht zur Abgabe von Erklärungen. U 3/2 11, E 44, 284.

97) Wenn principaliter Beweisaufnahme und eventualiter Freisprechung beantragt ist, so kann die Verkündung der Ablehnung des Beweisantrages mit der Urteilsverkündung nicht verbunden werden, ohne daß zwischen beiden dem Angekl. nochmals das Wort gegeben wird. U 29/4 90, E 20, 380. Wenn nach Hinweis auf den veränderten Gesichtspunkt ein Vertagungsantrag abgelehnt wird, so müssen die Prozeßbeteiligten noch einmal gehört werden. U 27/2 02, DR 6, 187. Bei Wiedereröffnung der Beweisaufnahme müssen StA und Angekl. nach Schluß der erneuten Beweisaufnahme ebenfalls wieder das Wort erhalten. U 27/3 84, R 6, 248. U 5/5 82, E 6, 254. U 26/6 02, DR 6, 465. Wenn dagegen ein neben dem Antrag auf Freisprechung eventuell gestellter Beweisantrag durch einen der Urteilsverkündung unmittelbar vorausgehenden Gerichtsbeschluß abgelehnt wird, bedarf es nach der Bekanntmachung des Ablehnungsbeschlusses keines nochmaligen Gehörs der Prozeßbeteiligten. U 2/1 04, DR 8, 51. U 21/1 09, DR 13, 779.

98) Das Wort muß erteilt werden, ohne Unterschied, ob die Berechtigten es ausdrücklich verlangt haben oder nicht. U 27/3 84, R 6, 248. U 28/10 87, R 9, 537. Auch dem Nebenkläger ist nach Schluß der Beweisaufnahme ohne besonderen Antrag von Amts wegen das Wort zu seinen Ausführungen zu erteilen. U 15/12 05, DR 10, 131. Wegen des Verteidigers s. U 5/11 08, E 42, 51.

| 99) Staatsanwaltschaft und Angekl. können sich bei ihren Ausführungen auf Kommentare, Urteile der Gerichte und Erzeugnisse der Literatur, sowie auch auf Äußerungen der Tagespresse

Der Staatsanwaltschaft steht das Recht der Erwiderung zu;[100]) dem Angeklagten gebührt das letzte Wort.[1])

Der Angeklagte ist, auch wenn ein Verteidiger für ihn gesprochen hat, zu befragen,[2]) ob er selbst noch etwas zu seiner Verteidigung anzuführen habe.[3])

---

beziehen und geeignete Belegstellen auch vorlesen. U 27/9 83, R 5, 550. Ebenso auf die Prozeßgeschichte, insbes. den Inhalt der Anklageschrift. U 1/5 08, E 41, 259.

100) Das formale Recht der StA ist auf eine erste und eine erwidernde Ausführung beschränkt. Weitere Schlußausführungen der StA sind an sich nicht prozeßwidrig, unterliegen aber der gerichtlichen Sachleitung. U 6/10 84, E 11, 136. S. jedoch A. 3 zu § 257 Abs. 3.

1) d. h. gegenüber der Staatsanwaltschaft, nicht auch gegenüber seinem eigenen Verteidiger. U 23/3 85, R 7, 191.

2) Die Befragung kann mittels jeder Art von Aufforderung zur Äußerung geschehen, wofern sie mit einer förmlichen Befragung gleiche Bedeutung hat, insbesondere also auch durch ausdrückliche Verstattung zum letzten Wort. U 6/12 92, E 23, 319.

3) Das Wesentliche der Bestimmung des § 257 Abs. 3 besteht darin, daß der Angekl. neben dem Verteidiger zum Worte komme, nicht darin, daß dies unbedingt erst nach dem Verteidiger geschehe. U 23/3 85, R 7, 191. Ist kein Verteidiger aufgetreten, so finden nur Abs. 1 und 2 des § 257 Anwendung. U 6/12 92, E 23, 319. Im übrigen ist diese Vorschrift nicht eine bloße instruktionelle Anweisung, sondern eine wirkliche Rechtsnorm, deren Verletzung die Revision zu begründen geeignet ist. U 24/9 83, E 9, 69. Vgl. U 1/12 83, R 5, 749. Insbesondere muß der Angekl. bei Vermeidung der Aufhebung des Urteils auch dann noch einmal zu einer Enderklärung verstattet werden, wenn er bei Gelegenheit des letzten Wortes noch einen Beweisantrag stellt und dieser vom Gericht abgelehnt wird. U 21/9 85, R 7, 519. U 3/7 94, E 26, 32. Dagegen ist eine erneute Befragung des Angekl. nach § 257 Abs. 3 nicht erforderlich, wenn nach seiner Befragung, ob er noch etwas zu seiner Verteidigung anzuführen habe, ein Hinweis auf die Veränderung des rechtl. Gesichtspunktes erfolgt und dem Angekl. hierauf noch Gelegenheit zur Verteidigung gegeben ist. U 2/6 05, DR 9, 374. — Das Schlußwort der Parteien nach § 257 hat sich in den durch §§ 260, 263 für die Urteilsfindung des Gerichts gezogenen Grenzen zu halten. U 19/6 05, DR 9, 437 (Benutzung des Schlußworts zu einer Beweisführung). — Unnötige, weitschweifige, den Fortgang der Verhandlung sachwidrig hemmende Ausführungen des Angeklagten oder des Verteidigers kann deshalb der Vorsitzende — vorbehaltlich der Entscheidung des Gerichts: § 237 Abs. 2 — durch Wortentziehung einschränken, U 11/2 82, R 4, 152. U 13/6 98, G 46, 337. U 9/4 86, R 8, 271 (Wortentziehung dem Verteidiger gegenüber). Der Staatsanwaltschaft gegenüber ist der Vorsitzende zu irgendwelchen Anord-

§ 258. Einem der Gerichtssprache nicht mächtigen Angeklagten müssen aus den Schlußvorträgen mindestens die Anträge der Staatsanwaltschaft und des Verteidigers durch den Dolmetscher[4]) bekannt gemacht werden.[5])

Dasselbe gilt von einem tauben Angeklagten, sofern nicht eine schriftliche Verständigung erfolgt.[6])

§ 259. Die Hauptverhandlung schließt mit der Erlassung des Urteils.[6a]) Das Urteil kann nur auf Freisprechung, Verurteilung oder Einstellung des Verfahrens lauten.[7])

nungen, insbesondere zur Wortentziehung, nicht befugt, wegen eines s. Ans. nach dem Gesetze widersprechenden Verfahrens der StA kann er vielmehr event. nur die Verhandlung abbrechen. U 2/3 81, R 3, 96. Vgl. A. 27 zu § 237.

4) Wegen des Dolmetschers s. §§ 187, 188 GVG.

5) Die Art der Bekanntmachung steht im Ermessen des Vorsitzenden. U 7/1 87, E 15, 172 (schwerhöriger Angeklagter).

6) Die erfolgte Bekanntmachung der Anträge der StA und des Verteidigers braucht im Protokoll nicht besonders festgestellt zu werden. U 23/8 07, DR 11, 1216. Es genügt jedoch die Protokollierung, daß Angekl. „nichts anführte" oder „nichts anzuführen hatte" und „er nicht zufrieden sei", um festzustellen, daß ihm bekannt war, worauf er nichts anzuführen hatte und womit er nicht zufrieden war. U 27/4 80, E. 1, 379.

6a) Über den Zeitpunkt der Urteilsberatung s. U 1/12 08, E 42, 85 u. U 22/11 09, E 43, 51.

7) Die Bestimmung des § 259 Abs. 1 bezweckt nicht, eine erschöpfende Normierung aller denkbaren Entscheidungsformeln der erstinstanzlichen Strafurteile zu geben. So kann die Urteilsformel z. B. auch auf „Unzulässigkeit der Strafverfolgung" lauten (Motive S. 143, §§ 4 ff. StGB). U 23/6 83, E 9, 15. U 18/12 82, E 7, 356 (Urteil auf Unzulässigkeit der Strafverfolgung wegen bereits erfolgter rechtskräftiger Aburteilung). Vgl. jedoch U 3/3 u. 13/3 08, E 41, 152 u. 167 (Einstellung). U 3/1 80, E 1, 44 (Urteil auf Unzulässigkeit der Strafverfolgung wegen Ehebruchs). U 2/5 95, E 27, 193 (Fassung der Urteilsformel, wenn beim Vorliegen zweier durch Zeitungsartikel gegen zwei verschiedene Personen verübter Beleidigungen bezüglich der einen der Tatbestand der Beleidigung verneint wird, bezüglich der anderen aber der erforderliche Strafantrag fehlt).

Eine Freisprechung kann sich stets nur auf die Tat, welche der Eröffnungsbeschluß im Auge hat und deren Strafbarkeit als solche beziehen, und eine Freisprechung von einem einzelnen rechtl. Gesichtspunkt kann niemals und namentlich dann nicht eintreten, wenn von

Die Einstellung des Verfahrens ist auszusprechen, wenn bei einer nur auf Antrag zu verfolgenden strafbaren Handlung sich ergibt, daß der erforderliche Antrag nicht vorliegt, oder wenn der Antrag rechtzeitig zurückgenommen ist.[8])

**§ 260.** Über das Ergebnis der Beweisaufnahme ent-

---

einem anderen Gesichtspunkte aus Verurteilung erfolgt. U 16/11 80, E 3, 43. Vgl. U 7/10 80, E 3, 4. Desgl. ist es unzulässig, bezüglich eines Teiles der von der angeschuldigten Straftat umfaßten Objekte ein verurteilendes oder freisprechendes Urteil zu erlassen und bezüglich eines anderen Teiles die Verhandlung behufs weiterer Erhebungen zu vertagen. U 13/12 88, E 18, 297. Vgl. betr. idealer Konkurrenz: U 13/10 83, R 5, 604 u. U 25/2 82, R 4, 210. Wenn einige Einzelhandlungen, welche der Eröffnungsbeschluß als Teile einer fortgesetzten Handlung betrachtet hat, nicht erwiesen werden, darf bei Verurteilung wegen der übrigen nicht auch auf Freisprechung wegen der ersteren erkannt werden. U 2/10 06, E 39, 146. Über Freisprechung eines geisteskranken Angekl. s. U 17/1 80, E 1, 149. Wenn ein Taubstummer angeklagt ist und eine Verständigung mit demselben durch den in der Hauptverhandl. zugezogenen Dolmetscher nicht gelingt, so ist nicht auf definitive Einstellung des Verfahrens durch Urteil zu erkennen, sondern vorläufige Einstellung des Verfahrens durch Beschluß auszusprechen. U 10/11 80, E 3, 29. Auch eine die Unzuständigkeit aussprechende Entscheidung darf nicht in Urteilsform, sondern nur in Form eines Beschlusses ergehen. U 17/6 92, E 23, 155. A. 57a zu § 270.

8) Das Gericht kann wegen mangelnden Strafantrages oder wegen Zurücknahme desselben die Einstellung des Verfahrens aussprechen, ohne in die Verhandlung der Sache einzutreten. U 12/7 80, E 2, 221. Ist aber einmal diese Einstellung ausgesprochen, so wird damit endgültig die anderweite Strafverfolgung derselben Tat als Nichtantragsdelikt ausgeschlossen. U 13/3 88, R 10, 245. Dagegen steht das auf Einstellung lautende Urteil einer neuen Strafverfolgung des Angekl. nicht entgegen, wenn nach der Entscheidung noch ein rechtzeitiger Strafantrag gestellt wird. U 31/5 81, E 4, 211. U 13/7 81, R 3, 479. U 13/2 02, DR 6, 133.

Wenn sich bei Straftaten, die nach dem Eröffnungsbeschluß real konkurrieren, in der Hauptverhandlung ergibt, daß bezügl. einer Tat der Antrag fehlt, so ist insoweit das Verfahren ausdrücklich in der Urteilsformel einzustellen. U 12/6 03, E 36, 275. Im übrigen ist das Gericht bei der Prüfung, ob ein wirksamer Strafantrag vorliegt, an die formalen Grundsätze der StPO über die Beweiserhebung oder die Feststellung der Schuldfrage nicht gebunden. U 16/6 81, E 4, 264. U 4/4 82, E 6, 161. U 2/2 85, E 12, 34. Insbes. bedarf es also auch zur Ablehnung eines von der StA gestellten Antrages auf Aussetzung der Hauptverhandl. behufs Beseitigung der Mängel des Strafantrages keines Gerichtsbeschlusses i. S. § 243. U 17/1 95, E 26, 374.

scheidet das Gericht nach seiner freien, aus dem Inbegriffe der Verhandlung geschöpften Überzeugung.[9])

---

9) Das Gericht ist also zunächst an Zugeständnisse oder Kompromisse usw. der Prozeßbeteiligten ebensowenig gebunden wie an die Feststellung anderer Behörden, z. B. der Verwaltungsbehörden in Steuersachen, soweit nicht für diese letzteren hinsichtlich der Höhe der umgangenen Steuer gesetzliche Ausnahmen bestehen. U 9/11 82, E 7, 220. U 29/1 85, E 12, 1. Insbesondere ist das Gericht nicht an das Gutachten der Sachverständigen gebunden, namentlich auch nicht betr. der Frage, ob Geisteskrankheit vorliegt. U 30/11 81, E 7, 425. Auch aus der Tatsache, daß ein Zeuge von dem Rechte der Zeugnisverweigerung Gebrauch gemacht hat, kann das Gericht Schlußfolgerungen für den Beweis ziehen, U 28/6 86, R 8, 502; und insbesondere kann es auch ein unbeeidigtes Zeugnis bei der Urteilsfindung als Beweismittel heranziehen. U 19/2 94, E 25, 134. Eine bei der Urteilsfindung stattgehabte versehentliche Benutzung einer uneidlichen Zeugenaussage als einer eidlichen begründet jedoch die Revision. U 13/11 02, G 50, 114. Zu dem Inbegriff der Verhandlung gehören außer den Ergebnissen der vorgeführten Beweismittel auch die unmittelbaren Wahrnehmungen und Eindrücke des Richters in der Hauptverhandlung selbst (Minenspiel, Gebärden, Verhalten bei der Aussage usw.). U 4/12 06, E 39, 303. Zur Feststellung der Anklagetat kann das Gericht auch einer anderen Tat des Angekl. eine von einem früheren richterlichen Urteilsspruche abweichende Beurteilung angedeihen lassen. U 25. Mai/1. Juni 00, E 33, 303 (Heranziehung einer Tat, wegen deren der Angekl. früher freigesprochen war). Immer aber darf das Gericht seine Überzeugung nur aus den Ergebnissen der Hauptverhandl., nicht beliebig aus dem Vorverfahren oder anderen Gerichtsakten schöpfen, U 16/1 80, E 1, 82. U 15/11 87, E 16, 327, oder aus Urkunden, welche in der Hauptverhandlung nicht verlesen sind, U 31/5 80, E 2, 76. U 17/11 80, R 2, 523, oder aus einer Augenscheinseinnahme, die im Sitzungsprotokoll nicht erwähnt wird. U 6/11 06, E 39, 257. Es sei denn, daß etwa nur die Rechtzeitigkeit des gestellten Strafantrages in Frage steht, in welchem Fall es sich nur um eine prozessuale Voraussetzung des Verfahrens handelt, bezügl. deren das Gericht auch das ihm vorliegende Aktenmaterial seiner Entscheidung zugrunde legen kann. U 4/7 02, DR 6, 487. Unzulässig ist es auch, daß das Gericht sich der selbständigen Prüfung einer zur Anklage gestellten Tat durch Bezugnahme auf ein in einer anderen Strafsache erlassenes Urteil entzieht, U 22/6 00, E 33, 319; und auch die Anordnung der Unterbringung des Angekl. in eine Erziehungs- oder Besserungsanstalt (§ 56 StGB) kann nicht damit begründet werden, daß das Gericht die Überzeugung von der Notwendigkeit dieser Maßregel in einer anderen Strafsache gewonnen habe. U 21/1 07, DR 11, 323.

Der Begriff der Gerichtskundigkeit (Notorietät) ist auch im Strafverfahren verwendbar. Als gerichtskundig (notorisch) sind alle

**§ 261.** Hängt die Strafbarkeit einer Handlung von der Beurteilung eines bürgerlichen Rechtsverhältnisses ab, so entscheidet das Strafgericht auch über dieses nach den für das Verfahren und den Beweis in Strafsachen geltenden Vorschriften.[10])

---

Tatsachen zu bezeichnen, welche so allgemein bekannt sind, daß kein vernünftiger Grund, sie in Zweifel zu ziehen, vorhanden ist, insbesondere also auch Tatsachen, welche amtlich zur Kenntnis des Gerichts gekommen und auch zur allgemeinen Kenntnis gelangt sind. U 15/11 87, E 16, 327. U 7/2 96, E 28, 171. U 4/12 91 u. 5/1 92, G 37, 439. U 1/5 00, G 47, 293. Dies gilt auch von den von der Regierung zu ihren Gesetzentwürfen beigegebenen Begründungen und den auf diese Entwürfe bezüglichen Verhandlungen der betr. gesetzgeb. Körperschaft, U 9/1 90, G 37, 439, und von der Beschaffenheit und den Zielen der Sozialdemokratie. U 2/5 07, DR 11, 716. Ob eine Tatsache gerichtskundig ist, untersteht im übrigen dem Ermessen des Gerichts. Die Gerichtskundigkeit ist kein Beweismittel und braucht daher nicht aus dem Ergebnis der Hauptverhandlung geschöpft zu werden. Deshalb kann auch nicht mit den Parteien darüber verhandelt werden, ob eine Tatsache gerichtskundig ist, wenngleich die für gerichtskundig erklärte Tatsache zum Gegenstande der Verhandlung gemacht werden muß. U 7/2 96, E 28, 171. Vgl. U 9/1 90, G 37, 439. U 12/4 02, DR 6, 300. U 5/3 06, DR 10, 575. Der Inhalt einer unzüchtigen Schrift ist durch die Bekanntschaft der Richter mit ihm nicht gerichtskundig, sondern muß stets verlesen werden. U 5/3 07, E 40, 54.

Die Vermutung des Abs. 1 § 1362 BGB ist nur eine Beweisregel für den Zivilprozeß und befreit den Strafrichter nicht von der Verpflichtung, über die Wahrheit der im Zivilprozeßverfahren bis zum Beweise des Gegenteils als wahr geltenden Tatsachen sich seine Überzeugung selbst zu verschaffen. U 3/7 03, E 36, 332.

Auch in dem Verfahren gegen Wehrpflichtige unterliegt die Frage, ob ein Umstand der im § 472 bezeichneten Erklärung entgegenstehe, der freien Beweiswürdigung des Gerichts. U 18/10 80, E 2, 351. U 25/2 84, E 10, 152. U 24/4 85, R 7, 254. U 22/11 87, R 9, 628 (Zulässigkeit anderweiter Beweiserhebungen).

Dagegen sind im Hinblick auf § 142 StGB die Entscheidungen der Ersatzbehörden über die Tauglichkeit eines Militärpflichtigen für die Gerichte bindend. U 13/1 11, E 44, 264; desgl. in Preußen die Entscheidungen des Heroldamts über die Befugnis zur Führung des Adelsprädikats. U 19/11 09, E 43, 33.

10) Der § 261 Abs. 1 spricht den allgemeinen Grundsatz aus, daß der Strafrichter nach seiner Überzeugung auch über solche bürgerliche Rechtsverhältnisse zu entscheiden hat, von deren Vorhandensein oder Nichtvorhandensein die Strafbarkeit einer Handlung abhängt. Der Strafrichter ist also an das Urteil des Zivilrichters nicht gebunden, es

Das Gericht ist jedoch befugt, die Untersuchung auszusetzen und einem der Beteiligten zur Erhebung der Zivilklage eine Frist zu bestimmen oder das Urteil des Zivilgerichts abzuwarten.[11])

§ **262.**[12]) Zu einer jeden dem Angeklagten nachteiligen Entscheidung, welche die Schuldfrage betrifft, ist eine Mehrheit von zwei Dritteilen der Stimmen erforderlich.[13])

---

sei denn, daß das letztere nicht bloß deklaratorische, sondern konstitutive Natur hat, indem es, wie bei Teilungs-, Grenzscheidungs- und Erneuerungsklagen, auf Grund der vom Gesetz dem Richter beigelegten Befugnis neues Recht schafft, auch wo es vorher nicht bestanden. U 5/10 86, R 8, 583. U 25/1 89, E 18, 436 (Verwaltungsrecht). U 3/7 03, E 36, 332 (Bedeutung der Vermutung des § 1362 Abs. 1 BGB. zur Feststellung des Pfandrechts des Vermieters).

11) Wo also in einer Untersuchungssache bürgerliche Rechtsverhältnisse präjudiziell für die Strafbarkeit der angeklagten Handlung sind, weil der Tatbestand der letzteren, ohne jene zu entscheiden, nicht festgestellt werden kann, da hat der Strafrichter die Befugnis und, unter Vorbehalt des ihm in Absatz 2 eingeräumten Rechtes, auch die Pflicht über jene Verhältnisse nach den Normen des Strafverfahrens zu entscheiden. Unbedingt notwendig wird die ausdrückliche Entscheidung einer für die Strafsache präjudiziellen streitigen Zivilfrage nur im Falle eines verurteilenden Erkenntnisses. U 11/6 81, E 4, 355. Im übrigen kann von der Ermächtigung zur Aussetzung der Untersuchung nach Absatz 2 nur in der ersten Instanz und in der Berufungsinstanz, nicht auch in der Revisionsinstanz Gebrauch gemacht werden. U 17/1 81, E 3, 253. Aussetzung muß erfolgen, wenn gesetzlich dem Strafrichter die Möglichkeit entzogen ist, über das bürgerliche Rechtsverhältnis zu entscheiden, z. B. ob ein Warenzeichen als Freizeichen nicht eingetragen werden durfte, U 17/10 10, DR 14, 3874; so auch in Patentsachen, falls ein Antrag seitens des Angekl. auf die Erteilung einer Frist zum Zwecke der Erhebung der Nichtigkeitsklage vorliegt, da darüber, ob ein Patent mit Unrecht erteilt sei, dem Strafrichter keine Entscheidung zusteht. U 24/10 82, E 7, 146. U 17/1 81, E 3, 253. Ist die Nichtigkeit eines Patents erst nach Erlaß des Urteils erklärt worden, so ist dies bei sachlicher Beschwerde vom Revisionsgericht zu berücksichtigen. U 29/4 09, E 42, 340.

Darauf, daß ein Strafgericht keine Veranlassung gefunden hat, von der Befugnis des § 261 Abs. 2 Gebrauch zu machen, kann — abgesehen von Patentsachen (s. oben) — die Revision nicht gestützt werden. U 4/10 81, E 18, 123.

12) Über das Stimmenverhältnis im schwurgerichtlichen Verfahren s. § 307 Abs. 2 bzw. § 297 Abs. 2 und über Beratung und Abstimmung überhaupt §§ 194 ff. GVG.

Die Schuldfrage begreift auch solche von dem Strafgesetze besonders vorgesehene Umstände, welche die Strafbarkeit ausschließen,[14]) vermindern[15]) oder erhöhen.[16])

Die Schuldfrage begreift nicht die Voraussetzungen des Rückfalles und der Verjährung.[17])

§ 263. Gegenstand der Urteilsfindung ist die in der Anklage[18]) bezeichnete Tat, wie sich dieselbe nach dem Ergebnisse der Verhandlung darstellt.[19])[20])

---

13) Bei der Feststellung der Schuldfrage hat das Gericht nicht zunächst über die objektiven Tatbestandsmerkmale mit entscheidender Wirkung und alsdann erst über die subjektiven Tatbestandsmerkmale abzustimmen; für das Endresultat darf vielmehr nicht die Abstimmung über einzelne Tatbestandsmerkmale, sondern nur die Abstimmung darüber entscheidend sein, ob der Angekl. der ihm zur Last gelegten Tat schuldig ist oder nicht, d. h. ob sämtliche objektiven und subjektiven Merkmale der strafbaren Handlung vorliegen oder nicht. U 17/4 83, E 8, 218. Vgl. U 14/12 81, R 3, 797. Spezialentscheidungen: U 13/10 80, E 2, 380 (Abstimmung bei Vergehen gegen § 186 StGB); U 28/1 82, E 5, 404 (desgl. bei der Frage, ob Diebstahl oder Entwendung nach § 370 Nr. 5 StGB vorliegt); U 25/2 82, R 4, 198 (desgl. bei fahrlässigem Meineid); U 17/4 83, E 8, 218 (desgl. bei Vergehen gegen §§ 323, 326 StGB.).

Die Angabe des Stimmenverhältnisses in den Urteilsgründen ist für landgerichtliche Strafsachen nicht erforderlich. U 20/1 80, R 1, 250. U 15/6 80, R 2, 70.

14) Der Erweis der Wahrheit der behaupteten ehrenkränkenden Tatsachen (§ 186 StGB) ist ein Strafausschließungsgrund, die Entscheidung über denselben fällt in das Gebiet der Schuldfrage. U 2/11 82, R 4, 783. Vgl. die in §§ 51ff. StGB hervorgehobenen Strafausschließungsgründe und u. a. §§ 46, 163 Abs. 2, 204, 310 StGB.

15) Strafmilderungsgründe s. in den §§ 157, 158 StGB. (U 27/4 80, E 1, 423); § 213 StGB (U 8/6 86, E 14, 301); § 216 StGB (U 25/3 84, R 6, 225 u. U 11/1 95, E 26, 363). Auch ist bei einer Anklage aus § 242 StGB angenommen, daß die Frage, ob ein sogenannter Mundraub (§ 370 Nr. 5 StGB) vorliegt, einen vom Gesetz besonders vorgesehenen strafmildernden Umstand betrifft. U 28/1 82, E 5, 404.

16) Straferhöhungsgründe s. z. B. in den §§ 123 Abs. 3, 207, 221 Abs. 2 und 3, 223 Abs. 1, 224, 225, 226, 243, 250 StGB u. a.

17) Die Schuldfrage begreift auch nicht die Frage nach mildernden Umständen; auch nicht die Frage, ob ein besonders leichter Fall vorliege (§ 57 StGB), U 10/2 82, E 6, 25; und auch nicht die Frage, ob der erforderliche Strafantrag vorhanden sei. U 12/7 80, E 2, 221. U 4/4 82, E 6, 161. U 1/5 84, R 6, 331. Wegen der Verjährung s. U 28/11 92, E 23, 327.

Das Gericht ist an diejenige Beurteilung der Tat, welche dem Beschlusse über die Eröffnung des Hauptverfahrens zugrunde liegt, nicht gebunden.[21][21a])

18) In der Anklage d. h. im Eröffnungsbeschluß. U 8/3 81, E 3, 406.

19) Es wird also Identität der den Gegenstand der Urteilsfindung und den der Anklage bildenden Tat gefordert, allerdings nicht in dem engen Sinne, daß dasselbe konkrete Tun die Grenze der Urteilsfindung bestimmt, sondern es muß die strafb. Handlung nur denselben geschichtlichen Vorgang betreffen, wie sich solcher unter Berücksichtigung der etwa in der Hauptverhandlung hervorgetretenen Umstände, sowie neuer rechtl. Gesichtspunkte der Beurteilung des Gerichts darbietet. Insbesondere schließen auch Modifikationen in bezug auf Zeit (U 25/2 84, E 10, 149. U 29/8 81, R 3, 493. U 15/3 97, E 30, 11); Person des Verletzten (U 16/9 87, R 9, 430); Objekt der Tat (U 1/11 93, E 24, 370) oder sonstige Nebenumstände die Identität nicht notwendig aus. U 10/1 84, E 9, 420. U 5/5 84, E 12, 187. U 5/5 94, E 25, 334. Vgl. U 1/7 10, E 44, 28 (Verwertung der in der Anklage als Beweisgründe erwähnten Tatsachen zur Bestimmung der „Tat"); s. auch U 8/11 10, E 44, 116. Bei einer Anklage wegen fortgesetzten Deliktes hat das Gericht das gesamte Tun des Angekl. bis zum Zeitpunkt der Urteilsverkündung zum Gegenstand der Urteilsfindung zu machen. U 1/5 05, E 38, 39.

20) Über die Notwendigkeit der tatsächlichen Erschöpfung der Anklage durch den Inhalt des Urteils s. U 19/10 80, E 2, 360. U 28/12 80, E 3, 147. — Wenn die den Gegenstand der Untersuchung bildende Tat in idealer Konkurrenz auch die Merkmale eines der Gerichtsbarkeit der ordentlichen Gerichte entzogenen und derjenigen von Sondergerichten (Rheinschiffahrtsgericht) unterstellten Delikts enthält, darf das Gericht die Tat unter dem letzteren Gesichtspunkte der Verhandlung und Entscheidung nicht unterziehen, sondern muß sich für unzuständig erklären, (§ 14 Ziff. 1 GVG). U 18/10 00, E 33, 405.

21) Die in dem Eröffnungsbeschluß enthaltene rechtliche Qualifikation der Tat ist also für das erkennende Gericht ohne Bedeutung; das Gericht kann auf die in der Anklage bezeichnete Tat auch ein Strafgesetz anwenden, welches in dem Eröffnungsbeschluß nicht erwähnt, oder dessen Anwendbarkeit dort ausdrücklich verneint ist. U 27/4 80, R 1, 681. U 15/12 80, R 2, 637. U 15/4 82, R 4, 326. Hierbei ist das Gericht an die Anträge der Prozeßbeteiligten nicht gebunden, sondern hat die Tat von Amts wegen aus allen einschlagenden rechtl. Gesichtspunkten zu prüfen. Wieweit die Verhandlung und Urteilsfindung zu erstrecken ist, bleibt an sich Sache der tatsächl. Würdigung des einzelnen Falles, und die Nichterstreckung der Verhandlung und Feststellung auf andere Gesichtspunkte kann nur dann die Revision begründen, wenn sie sich auf einen Rechtsirrtum zurückführen läßt, U 25/5 81, E 4, 192;

oder wenn ein direkter Antrag eines Prozeßbeteiligten vorliegt, die Tat aus einem bestimmten anderen Gesichtspunkt zu prüfen. U 3/10 84, R 6, 594. U 16/12 81, R 3, 807. U 25/5 81, E 4, 192. U 20/5 80, R. 1, 798. U 3/5 80, E 1, 375. U 21/4 80, E 2, 15. U 28/4 80, E 2, 30. Vgl. U 8/12 81, E 5, 230 (Hervorhebung eines anderen rechtl. Gesichtspunktes seitens der StA). Jedenfalls hat das Gericht keine Verpflichtung zu einer negativen Äußerung über die vielfach unabsehbare Reihe von Möglichkeiten außerhalb des Kreises der festgestellten Tatsachen. U 22/9 85, R 7, 522.

Aus der Verpflichtung des erkennenden Gerichts, die zur Anklage gestellte Tat nach dem Ergebnisse der mündlichen Verhandlung aus jedem möglichen Gesichtspunkte zu beurteilen, ergibt sich das Verbot: „ne bis in idem" d. h. daß nach einem in einer Strafsache auf Verhandlung ergangenen, rechtskräftig gewordenen richterlichen Urteil der Gegenstand der zur Aburteilung gelangten Tat wider dieselbe Person nicht von neuem strafrechtlich verfolgt werden darf, soweit nicht die Bestimmungen über die Wiederaufnahme des Verfahrens modifizierend einwirken. U 12/3 83, E 8, 135. U 30/9 90, E 21, 79. Ob dieses Urteil auf Freisprechung, Verurteilung oder Einstellung des Verfahrens lautete, ist gleichgültig. U 28/1 87, E 15, 237; R 9, 99. Es ist hierbei aber stets daran festzuhalten, daß der Grundsatz „ne bis in idem" stets eine über die Tat ergangene sachliche Entscheidung erheischt. U 21/5 89, E 19, 227. Dieses Urteil muß auf Grund einer Verhandlung ergangen sein, welche die Würdigung der Tat nach allen Richtungen gewährleistet. Die Anwendung des „ne bis in idem" ist deshalb ausgeschlossen bei Entscheidungen, welche, ohne die Anklage materiell zu erledigen, sich auf deren formale Abweisung wegen Unzuständigkeit beschränken, U 8/10 94, E 26, 150; desgl. bei Einstellung eines Privatklageverfahrens wegen rechtzeitiger Zurücknahme der Privatklage, U 10/5 95, E 27, 216; desgl. bei amtsrichterlichen Strafbefehlen, U 21/12 83, E 9, 321, s. jedoch U 2/1 96, E 28, 83; insbesondere bei forstrichterlichen Strafbefehlen, U 14/12 86, E 15, 112; desgl. bei polizeilichen Strafverfügungen und bei Strafbescheiden der Verwaltungsbehörden, U 2/6 80, E 2, 211. U 2/10 83, R 5, 570, s. jedoch U 19/12 01, E 34, 165. U 28/12 09, E 43, 163; desgl. bei Strafbescheiden eines Seeamts, U 23/11 91, E 15, 232; nicht aber im Verfahren gegen abwesende Wehrpflichtige. U 25/3 81, E 3, 437. Durch die eingetretene Rechtskraft des betr. Urteils werden alle etwaigen Mängel desselben oder des vorangegangenen Verfahrens geheilt, so daß es bei dem Vorhandensein eines rechtskräftigen Urteils für die Anwendung des „ne bis in idem" ohne Belang ist, ob das Gericht ordnungsmäßig und insbesondere innerhalb seiner Zuständigkeit erkannt hat. U 27/5 81, E 4, 208. Vgl. U 23/12 80, E 3, 211. U 15/11 83, E 9, 324. Der Grundsatz: „ne bis in idem" beschränkt sich ferner auf solche Entscheidungen, welche die kriminelle Strafbarkeit der Tat zum Gegenstande haben, und findet also im Disziplinarstrafverfahren keine Anwendung. U des Ehrengerichtshofes

18/11 80, R 2, 535. Desgl. nicht bei Entscheidungen der Verwaltungsbehörde, wenn dieselbe zu der betr. Entscheidung nicht befugt war. U 6/11 80, E 3, 105.

Im einzelnen setzt die Anwendung des fragl. Grundsatzes zunächst die Identität der Person des Beschuldigten voraus; aus der gegen einen anderen ergangenen Entscheidung kann weder gegen die Zulässigkeit, noch gegen die Art der Begründung der neuen Strafklage ein Anstand entnommen werden. U 7/10 84, R 6, 603. Alsdann wird insbesondere auch die Identität der Tat erfordert, d. h. desjenigen historischen Vorganges, welcher bereits rechtskräftig abgeurteilt, ist. U 25/2 84, R 6, 145. Vgl. U 12/3 83, E 8, 135 u. U 15/11 86, E 15, 133. Ob solche Identität vorliegt, hat das Gericht, welches über die neue Anklage entscheidet, selbständig zu beurteilen, ohne hierbei dadurch gebunden zu sein, daß ein früheres, rechtskräftig gewordenes Strafurteil ausdrücklich angenommen hat, es liege eine „andere Tat" vor. U 15/11 86, E 15, 133. U 30/9 90, E 21, 79. Vgl. U 21/11 01, E 35, 1.

Wo nun aber die Identität der Tat vorhanden ist, steht einem neuen Prozeßverfahren der Grundsatz: „ne bis in idem" auch dann entgegen, wenn dasselbe aus einem bei der ersten Aburteilung nicht berücksichtigten oder aus einem ideell konkurrierenden strafrechtlichen Gesichtspunkt eingeleitet werden soll. U 10/12 85, E 13, 146 u. betr. der idealen Konkurrenz: U 23/12 80, E 3, 210. U 22/1 83, R 5, 52. U 18/28. Dez. 93, E 25, 27. So kann z. B. ein wegen fahrlässiger Brandstiftung Verurteilter nicht nochmals wegen vorsätzlicher Verursachung desselben Brandes verfolgt werden. U 16/10 80, E 2, 347. Desgl. ist eine neue Anklage wegen Fahrlässigkeit unzulässig, wenn hinsichtlich derselben Tat wegen Vorsätzlichkeit Freisprechung erfolgt ist. U 21/12 80, E 3, 132. Desgl. ist die Erneuerung des Verfahrens wegen Beihilfe gegen einen Angekl. unzulässig, welcher bereits von der Täterschaft der nämlichen Tat rechtskräftig freigesprochen war. U 10/12 85, E 13, 146. Vgl. U 27/5 81, R 3, 343 (Aburteilung wegen eines durch öffentl. Mißhandlung eines anderen verübten groben Unfugs schließt die anderweite Verfolgung wegen Körperverletzung aus); U 17/11 92, E 23, 307 (Freisprechung von der Anklage des groben Unfugs wegen öffentlicher Äußerungen schließt die nochmalige Verfolgung derselben Äußerungen als Beleidigungen aus); U 12/1 83, R 5, 29 (Verurteilung wegen unbefugter Ausübung des Hebammengewerbes schließt die anderweite Verfolgung wegen fahrlässiger Tötung aus, wenn solche bei einer jener Verurteilung zugrunde liegenden Gewerbshandlung vorgenommen ist); U 12/3 83, E 8, 135 (Rechtskräftige Freisprechung von Hehlerei (§ 259 StGB) verbraucht die spätere Strafklage wider denselben Angeklagten wegen Diebstahls an derselben Sache); U 19/2 92, G 39, 436 (Raub und Hehlerei an derselben Sache können unter den Begriff der prozessualen Einheit der Tat gebracht werden); U 13/4 83, E 8, 292; R 5, 242 u. U. 12/3 85, E 12, 115 (Verbrauch der Strafklage bei Veranstaltung einer Lotterie); U 5/1 91, E 21, 276 (Wirkung des „ne bis in idem" gegenüber einer Druckschrift, welche mehrere Beleidigungen gegen verschiedene Personen enthält). — Im übrigen führt der Grundsatz: „ne bis in idem" immer nur dahin, daß der Angekl. wegen derselben Handlung, wegen welcher seine Freisprechung oder Verurteilung oder die Einstellung des Verfahrens erfolgte, nicht noch einmal vor Gericht gestellt werden darf, nicht aber dahin, daß nun für alle Zeiten eine Anklage gegen ihn wegen späterer gleichartiger Handlungen ausgeschlossen wäre. U 30/9 81, E 5, 101 (Spätere Verbreitung einer im ersten Urteil für nicht unzüchtig erklärten Schrift). U 30/9 81, E 5, 105 (Spätere gleichartige Vergehen gegen das Markenschutzgesetz).

Bei Kollektivvergehen werden alle Einzelfälle, welche in Gemäßheit des § 263 in den Kreis der richterlichen Entscheidung hätten gezogen werden können, durch das Urteil erledigt, das Gericht mag sie gekannt haben oder nicht. Einer weiteren Verfolgung der vor diesem Urteil verübten Einzelfälle steht „ne bis in idem" entgegen. U 12/7 82, E 7, 33 (gewerbsmäßiges Jagen). U 7/7 81, R 3, 470. U 10/11 82, E 7, 229 (gewerbs- und gewohnheitsmäßige Kuppelei). U 13/2 86, R 8, 134 (gewerbsmäßiger Wucher). U 17/3 92, E 23, 7 (gewerbsmäßiges Glücksspiel). Über die Anwendung des „ne bis in idem" auf dem Gebiete des sog. fortgesetzten Delikts s. U 10/12 83, E 9, 344, U 4/11 86, E 15, 23 u. U. 31/1 11, E 44, 392. Beim Vorliegen von Idealkonkurrenz ist der Grundsatz „ne bis in idem" auf alle Seiten einer strafrechtlich abgeurteilten Handlung dergestalt auszudehnen, daß die, gleichviel aus welchem Grunde, auf nur einen strafrechtlichen Gesichtspunkt beschränkte Strafklage die Handlung nach allen Seiten unbedingt umfaßt und jede erneute Verfolgung ausschließt. U 17/3 92, E 23, 7.

Von einem Erlöschen der Strafklage durch Verbrauch kann endlich nur dann die Rede sein, wenn eine rechtskräftige Entscheidung in der Sache selbst vorliegt, nicht aber auch schon dann, wenn nur eine Entscheidung über eine prozessuale Voraussetzung der Strafverfolgung ergangen, also z. B. auf Einstellung des Verfahrens wegen mangelnden Strafantrages erkannt ist. In solchem Falle ist, wenn der Strafantrag nachträglich rechtzeitig gestellt wird, eine neue Verfolgung zulässig. U 13/7 81, R 3, 479. Vgl. U 18/12 82, E 7, 355 (Bedenklich wegen der dort geforderten Formen des Wiederaufnahmeverfahrens, da in dem betr. Fall überhaupt kein Fall des § 402 vorliegt).

Wenn trotz eines früheren rechtskräftigen Urteils wegen derselben Tat ein neues Verfahren eröffnet ist, so muß nicht auf Freisprechung, sondern auf Unzulässigkeit der vorliegenden Strafverfolgung erkannt werden. U 18/12 82, E 7, 355. U 23/6 83, E 9, 14.

Der Einwand der rechtskräftig entschiedenen Sache ist auch noch in der Revisionsinstanz zulässig und wirksam, U 8/10 88, E 18, 272. U 7/1 96, E 28, 97; und zwar selbst dann, wenn die rechtskräftige Entscheidung später als die angefochtene ergangen ist. U 21/10 97, E 30, 340.

21a) Die Rechtshängigkeit der Strafklage bei einem Gericht steht ihrer Anhängigmachung wegen derselben einheitlichen Straftat bei einem anderen Gericht entgegen und es gebührt, wenn trotzdem zwei Gerichte mit der Sache befaßt worden sind, demjenigen die Entschei-

§ **264.**[22]) Eine Verurteilung[22a]) des Angeklagten auf Grund eines anderen als des in dem Beschlusse über die Eröffnung des Hauptverfahrens angeführten Strafgesetzes[23])

---

dung, bei welchem die Strafklage zuerst anhängig gemacht ist und zwar selbst dann, wenn es das Gericht niederer Ordnung ist. U 13/11 96, E 29, 174. Dagegen steht die Rechtshängigkeit eines Verfahrens wegen eines Einzelfalles der Eröffnung eines Verfahrens wegen des Kollektivdelikts wenigstens dann nicht entgegen, wenn diesem noch andere als die bereits anhängigen Einzelfälle zugrunde liegen. U 14/2 08, E 41, 108. Ist ein Privatklageverfahren durch Beschluß eingestellt, so steht einem neuen Verfahren auf erhobene öffentliche Klage wegen der gegen den Beschluß möglichen fristlosen Beschwerde fortdauernde Rechtshängigkeit des eingestellten Privatklageverfahrens nicht entgegen. U 23/5 08, E 41, 277. Ist ein wegen einer gewerbs- oder gewohnheitsmäßigen oder fortgesetzten Straftat ergangenes Urteil vom Revisionsgericht aufgehoben und die Sache gemäß § 394 Abs. 2 in die Vorinstanz zurückverwiesen worden, so steht einem Strafverfahren wegen nach Erlaß des aufgehobenen Urteils begangener Einzelhandlungen Rechtshängigkeit nicht entgegen. U 23/6 09, E 42, 372.

22) In den Fällen des § 462 (Strafbescheid einer Verwaltungsbehörde) findet die Vorschrift des § 264 keine Anwendung. U 29/4 81, E 4, 116, U 9/10 83, R 5, 586.

22a) Unter Verurteilung i. S. § 264 ist nicht nur eine Verurteilung zu Strafe i. S. T. I Abschn. 1 StGB. zu verstehen. Die im § 264 vorgeschriebene Verweisung muß vielmehr auch erfolgen, wenn ein Angekl. infolge eines in der Hauptverhandl. neu hervorgetretenen rechtl. Gesichtspunktes unter Feststellung seiner Täterschaft wegen mangelnder Einsicht in die Strafbarkeit seiner Handlungen freigesprochen und gleichzeitig gegen ihn die Maßregel des § 56 Abs. 1 StGB (Verbringung in eine Erziehungs- oder Besserungsanstalt) erkannt werden soll. U 8/1 03, G 50, 125. DR 7, 84.

23) Die Notwendigkeit der Verweisung des Angeklagten auf die Veränderung des rechtlichen Gesichtspunktes tritt nicht schon bei jeder Abweichung von dem Verlaufe der Tat und deren gesetzlichen Merkmalen, wie der Eröffnungsbeschluß solche bezeichnet, sondern erst dann ein, wenn diese Abweichung der Tat selbst einen veränderten strafrechtl. Charakter aufprägt und deshalb von einer anderen, strengeren oder milderen, den Tatbestand oder die Strafe bestimmenden Norm beherrscht wird (U 30/11 81, E 5, 199: Verurteilung aus § 370 Nr. 5 statt aus § 242 StGB; U 31/3 82, R 4, 298: Anwendung des § 232a statt des § 224 StGB; U 12/6 81, E 6, 349: Fahrlässigkeit statt Vorsatz). Handelt es sich um einen veränderten Tatbestand, im Gegensatz zu bloßen Milderungen oder Erschwerungen (U 8/6 09, G 56, 324), so ist eine ausdrückliche Verweisung auf denselben nur geboten, wenn die Tat dem Genus oder der Spezies nach (einschließlich der geänderten Gestaltung,

welche die Vorschriften des allgemeinen Teils des StGB herbeiführen) strafrechtlich eine andere wird, nicht aber, wenn die Tat strafrechtlich dieselbe bleibt, nach wie vor unter denselben Paragraphen oder denselben Abschnitt eines Paragraphen des StGB fällt, und nur von mehreren in demselben Deliktstatbestande als gleichwertig anerkannten Merkmalen das eine an die Stelle des anderen tritt. Verweisung auf den veränderten rechtl. Gesichtspunkt ist also z. B. nicht erforderlich: bei Nichtführung statt nur unordentlicher Führung von Handelsbüchern beim einfachen Bankerutt. U 1/3 81, E 3, 417; oder bei Zahlungseinstellung statt Konkurseröffnung im Falle des § 240 KO. U 29/5 03, E 36, 266. Vgl. ferner: U 15/3 07, DR 11, 524 (Ankündigung statt Anpreisung im § 184 Nr. 1 StGB). U 31/5 81, R 3, 350 (Verletzung einer Berufspflicht statt Verletzung einer Gewerbepflicht. § 230 StGB). U 28/10 02, G 50, 109. DR 6, 594 (Übertretung einer Berufspflicht statt Verletzung einer Amtspflicht). U 27/3 00, E 33, 224 (Widerstand gegen einen „Waldeigentümer oder einen von diesem bestellten Aufseher" statt gegen einen „Forstbeamten"). U 20/12 04, E 37, 353 (Eröffnung einer Tür oder eines Behältnisses. § 243 Nr. 3 StGB). U 23/11 06, DR 10, 1445 (falscher Schlüssel oder andere Werkzeuge). U 22/6 06, DR 10, 1016 (Erpressung durch Drohung statt durch Gewalt). U 27/11 85, E 13, 134 („Verbrechen" statt „Vergehen" im § 257 StGB). U 16/9 97, G 45, 369 (§ 258 Ziff. 1 u. 2). U 5/4 07, E 40, 114 (Unterdrückung statt Vernichtung einer Urkunde). U 23/1 82, R 4, 62 (fälschliches Setzen eines Grenzsteines statt Verrückung desselben. § 274 StGB). U 15/3 98, E 31, 71 (Veranstaltung einer Lotterie statt einer Ausspielung. § 286 StGB). U 18/6 88, E 17, 440 (Ausbeutung der Notlage, des Leichtsinns oder der Unerfahrenheit bei strafbarem Wucher. § 302a StGB). Anders liegt die Sache, wenn ein und dasselbe Strafgesetz mehrere strafrechtlich vollständig verschiedene Tatumstände umfaßt. So muß bei § 12 Nahrungsmittelges v. 14/5 79 die im § 264 angeordnete Verweisung erfolgen, wenn das Gericht statt „vorsätzlicher Herstellung gesundheitsschädlicher Nahrungsmittel", „wissentliches Verkaufen, Feilhalten und Inverkehrbringen" feststellen will. U 3/4 83, E 8, 149; nicht aber, wenn nur statt Verkaufens ein Inverkehrbringen angenommen werden soll. U 10/11 05, DR 9, 653. Dasselbe gilt von den im § 223a StGB zusammengefaßten Tatbeständen des Gebrauchs von Waffen, des hinterlistigen Überfalls usw. U 15/6 85, E 12, 379. Gebrauch eines Messers oder eines anderen gefährl. Werkzeuges im § 223a sind jedoch nur gleichwertige Erscheinungsformen des nämlichen Tatbestandes der Körperverletzung „mittels einer Waffe", so daß ein Hinweis auf § 264 hier nicht erforderlich ist. U 18/6 97, E 30, 176.

Spezialentscheidungen: Verweisung auf den veränderten rechtl. Gesichtspunkt muß erfolgen: U. 9/1 83, R. 5, 23 (bei Annahme von Mittäterschaft statt alleiniger Täterschaft); U 16/2 92, E 22, 367. U 16/9 97, G 45, 370. U 27/11 02, E 36, 18. U 11/1 06, DR 10, 195 (Alleintäterschaft statt Mittäterschaft); U 14/7 04, DR 8, 507 (allein oder in Gemeinschaft mit einem anderen statt alleiniger

Täterschaft); U 3/11 05, DR 9, 625 (allein oder mit einem anderen statt Mittäterschaft); U 19/3 83, R 5, 190 (Anstiftung statt Mittäterschaft); U 11/6 94, G 42, 241 (Teilnahme statt Mittäterschaft); U 14/6 94, E 25, 424 (Verurteilung aus § 48 StGB als Anstifter einer Zolldefraude statt als Anführer i. S. § 13 PrGes v. 23/1 38); U 27/10 84, R 6, 654 (Täterschaft statt Beihilfe); U 30/10 08, G 56, 75 (§ 257 Nr. 3 StGB statt Beihilfe); U 18/9 83, R 5, 536 (Versuch statt Vollendung); U 8/3 06, G 53, 177 (Vorsatz statt Fahrlässigkeit); U 15/2 00, E 33, 166 (Verw. bei erst in der Hauptverhandl. hervortretender Notwendigkeit der Anwendung des § 57 StGB); U 23/8 05, DR 9, 506 (nur Hinweis auf § 57, nicht auch auf § 56 StGB erforderlich). U 8/1 03, DR 7, 84 (Hinweis auf § 56 StGB, wenn der Angekl. wegen mangelnder Einsicht freigesprochen und gleichzeitig auf die Maßregel des Abs. 2 erkannt werden soll). U 6/7 80, R 2, 163 (reale statt idealer Konkurrenz); U 22/12 87, E 16, 437 (desgl.); U 17/1 84, E 9, 426 u. U. 1/11 86, R 8, 659 (reale Konkurrenz statt einer fortgesetzten Tat); U 4/2 90, E 20, 226 (eine fortgesetzte Tat statt realer Konkurrenz); U 28/4 02, DR 6, 301 (Verurteilung wegen eines Antragsdelikts statt wegen eines Offizialdelikts); U 19/4 00, G 47, 286 (Anreizung statt Aufforderns im Falle des § 112 StGB); U 25/6 01, G 48, 359 (tätl. Angriff neben Widerstandsleistung); U 11/10 89, E 19, 401 (unbefugtes Verweilen statt widerrechtl. Eindringens nach § 123 StGB); U 5/11 89, E 20, 33. U 20/6 98, G 46, 340 u. U. 16/19. März 99, E 32, 96 (§ 186 statt § 187 StGB); U 6/6 02, DR 6, 399 (Nichtanzeige eines beabsichtigten Verbrechens (§ 139 StGB) statt Beteiligung an der Ausführung der gleichen Tat); U 3/3 10, DR 14, 1470 (Beschimpfung der Gebräuche statt Verübung beschimpfenden Unfugs. § 166 StGB); U 2 9/11 04, DJZ 10, 268 (Alternativen des § 181a StGB); U 6/6 04, DR 8, 365 (Verbreiten unzüchtiger Schriften statt Verteilen. § 18 4 StGB; U 28/11 93, E 24, 432 (Beleidigung durch Verbreitung von Schriften statt öffentl. Beleid.); U 23/12 96, E 29, 281 (Öffentl. Beleidigung statt bloßer Beleidigung aus § 185); U 21/3 02, DR 6, 245 (vier Beleidigungen statt einer); U 29/3 87, R 9, 204 (gemeinschaftliche, mittels gefährlichen Werkzeuges verübte Mißhandlung statt bloßer gemeinschaftlicher Mißhandlung); U 30/6 05, DR 9, 535 (§ 223 statt § 223a StGB); U 15/6 85, E 12, 379 (Waffen statt hinterlist. Überfall); U 11/3 07, DR 11, 524 (Messer und lebensgefährdende Behandlung statt Messer allein); U 10/11 98, G 46, 447 (fahrl. Körperverletzung aus § 230 Abs. 2 statt aus § 230 Abs. 1); U 21/3 02, DR 6, 245 (mehrere real konkurrierende Beleidigungen statt einer Beleidigung); U 7/1 08, G 55, 226 (Entführung, um zur Ehe statt zur Unzucht zu bringen); U 15/4 80, E 1, 378 (Unterschlagung statt Diebstahls); U 19/12 81, E 5, 249. U 30/11 05, DR 10, 67 (Hehlerei statt Diebstahls); U 14/3 95, E 27, 138 (gewohnheitsmäßige statt gewerbsmäßiger Hehlerei); U 9/9 05, DR 9, 535 (Hehlerei durch Ansichbringen statt durch Mitwirken zum Absatz); U 23/2 85, R 7, 138 (Diebstahl mittels Erbrechens eines Behältnisses statt mittels Einbruchs); U 6/5 98, G 46, 321 (D. mittels Einsteigens statt mittels Einbruchs); U 11/6 94, G 42, 241 (D. aus § 243

Nr. 3 statt aus § 243 Nr. 2); U 15/3 00, G 47, 167 (D. aus § 242 statt aus § 243 Nr. 2); U 28/4 02, G 49, 266 (Anwendung des § 247 StGB neben §§ 242, 244); U 21/9 06, DR 10, 1277 (Untreue statt Unterschlagung); U 20/11 05, DR 10, 67 (Rückfalldiebstahl statt Raub); U 15/11 87, R 9, 610 (Verurteilung aus § 259 statt aus § 258 StGB); U 13/12 87, R 9, 722 (Anstiftung statt Hehlerei); U 9/6 02, DR 6, 354 (Hehlerei in bezug auf eine andere als die im Eröffnungsbeschlusse erwähnte Tat); U 22/4 04, G 51, 354 (Ansichbringen statt Verheimlichen); U 9/4 98, E 17, 293 (einfache Unterschlagung statt Amtsunterschlagung); U 24/2 03, DR 7, 188; U 25/6 06, DR 10, 947 (§ 266 Abs. 2 StGB statt § 266 Abs. 1 Nr 2); U 11/11 92, E 23, 279 (Fälschung einer Privaturkunde statt F. einer öffentlichen Urkunde); U 5/12, 02 E 36, 23 (Verurteilung aus §§ 270, 268 statt aus §§ 267, 268 StGB); U 24/3 93, E 24, 89 (Vernichtung einer „amtlich zugänglichen" statt einer „amtlich anvertrauten" Urkunde); U 31/1 05, DR 9, 139 (Unkenntlichmachen statt Wegnahme eines Grenzsteines); U 30/10 02, DR 6, 594 u. U 1/11 02, G 50, 109 (Wegnahme fremder Sachen zugunsten des Eigentümers statt Wegnahme eigener Sachen, § 289 StGB); U 16/9 02, DR 6, 514 (Vollstreckung einer der Art nach unzulässigen Strafe statt Vollstr. einer überhaupt nicht vollstreckbaren Strafe); U 23/1 91, E 21, 387 (unterlassene Bilanzziehung statt Nichtführung von Handelsbüchern); U 24/11 91, G 39, 336 (§ 286 statt § 284 StGB). U 28/12 93, E 25, 18 (Verurteilung aus Art. 1 französ. Ges v. 23/6 57 statt § 14 Markenschutzges). U 20/12 95, E 28, 114 (Verurteilung aus § 136 Ziff. 8 statt aus §§ 135, 136 Ziff. 6 VerZollGes); U 3/7 08, G 55, 327 (Verurteilung aus §§ 136, 137 statt 134 VZG). Bei Verurteilung aus § 258 Ziff. 2 StGB statt wegen schweren Diebstahls genügt der allgemeine Hinweis nicht, daß der Angekl. wegen Begünstigung oder Hehlerei bestraft werden könne; es muß besonderer Hinweis auf den Inhalt des § 258 Ziff. 2 erfolgen, U 15/10 86, R 8, 623; und bei Hinweis auf § 293 StGB muß dem Angekl. zur Kenntnis gebracht werden, welcher der verschiedenen dort aufgeführten Tatbestände in Betracht kommt. U 28/1 96, E 28, 150.

Behufs Erkennung auf die gesetzliche Nebenstrafe oder eine sonstige Nebenfolge einer strafb. Handlung ist die im § 264 vorgeschriebene Hinweisung nicht erforderlich, selbst wenn im Eröffnungsbeschluß die betr. Gesetzesbestimmung nicht angeführt ist. U 20/10 81, E 5, 137. U 7/2 84, E 10, 139. U 7/10 86, R 8, 601. U 5/10 00, E 33, 398. Dasselbe gilt, wenn auf eine Buße erkannt werden soll, ohne daß die die Buße zulassende Bestimmung im Eröffnungsbeschl. angeführt ist. U 2/6 05, DR 9, 374. Desgl. wenn die Strafbestimmung auf Grund deren die Verurteilung erfolgen soll, zwar im Eröffnungsbeschluß nicht ausdrücklich angeführt, die Annahme des betr. Tatbestandes aber sonst aus diesem Beschluß ausreichend zu ersehen ist. U 20/4 82, E 6, 169. Vgl. U 14/1 01, G 48, 114 (Nichtanführung des § 57 im Eröffnungsbeschluß bei jugendl. Angekl.).

Wegfall der im Eröffnungsbeschluß als rechtlich zusammentreffend angesehenen Vergehen ist als Veränderung des rechtl. Gesichtspunktes nicht anzusehen. U 12/4 04, E 37, 102.

darf nicht erfolgen, ohne daß der Angeklagte zuvor auf die Veränderung des rechtlichen Gesichtspunktes besonders hingewiesen und ihm Gelegenheit zur Verteidigung gegeben worden ist.[24])

24) Für die Beachtung des § 264 Abs. 1 ist weder eine Zeit, noch eine bestimmte Form angeordnet. Die Hinweisung kann deshalb in jedem Stadium der Hauptverhandl. erfolgen, solange das Urteil noch nicht erlassen ist, U 6/3 84, R 6, 174; U 21/4 80, R 1, 629, muß aber stets vom Gericht, bzw. von dem Vorsitzenden ausgehen. Bloße auf eine event. Veränderung des rechtl. Gesichtspunktes bezugnehmende Eventualanträge der Staatsanwaltschaft können diese gerichtliche Hinweisung nicht ersetzen, U 8/3 80, E 1, 254; jedoch kann die Hinweisung auch durch Bezugnahme auf den Antrag des StA. erfolgen. U 15/2 00, G 47, 161. Der Regel nach soll sich aber der Vorsitzende nicht auf einen allgemeinen Vorhalt beschränken, sondern den Angekl. ausdrücklich befragen, ob er dem veränderten rechtl. Gesichtspunkt gegenüber etwas zu seiner Verteidigung anzuführen habe, muß aber mindestens dem Angekl. zu solchen Erklärungen und weiteren Anträgen Zeit lassen und darf nicht auf die Hinweisung ohne Befragung des Angekl. sofort die Beratung oder Verkündung des Urteils folgen lassen. U 20/2 91, E 21, 372. U 25/4 94, E 25, 340. Bei Gesetzesparagraphen, welche mehrere Tatbestände zusammenfassen, kann außerdem die ausschließliche Benennung des Strafgesetzes nicht genügen, sondern muß der einzelne in Frage kommende Tatbestand besonders hervorgehoben werden. U 28/1 96, E 28, 150. Eine besondere Hinweisung kann unterbleiben, wenn bei einer erneuten Hauptverhandlung die Verlesung eines Urteils des Revisionsgerichts erfolgt, durch welches das erste Urteil unter Hinweisung auf einen bestimmten rechtl. Gesichtspunkt aufgehoben war, U 3/11 82, R 4, 786. U 26/5 91, G 39, 222. U 1/6 93, G 41, 262. U 2/6 02, G 49, 272 (Mitteilung der Gründe eines solchen Revisionsurteils); und es ist endlich auch, wenn bei der Hauptverhandl. der Angekl. auf die Veränderung des rechtl. Gesichtspunktes verwiesen und deshalb eine Vertagung der Sache beschlossen ist, in der erneuten Hauptverhandl. eine nochmalige Hinweisung nicht erforderlich. U 5/6 83, R 5, 405. U 14/7 85, R 7, 495. Andererseits wird der im § 264 vorgeschriebene Hinweis dadurch nicht entbehrlich, daß StA. und Verteidiger sich, ohne denselben abzuwarten, auf den veränderten rechtl. Gesichtspunkt eingelassen haben. U 5/11 89, E 20, 33.

Die Vorschrift des § 264 muß auch in den Fällen der §§ 230 Abs. 2, 231 und 232 StPO. beobachtet werden. U 16/19. März 99, E. 32, 96. U 20/2 85, E 12, 45. U 16/1 02, E 35, 66. Dagegen ist § 264 im objektiven Verfahren (§ 447ff.) nicht anwendbar. U 7/10 04, E 37, 270.

Im schwurgerichtlichen Verfahren wird die Hinweisung auf den veränderten rechtl. Gesichtspunkt durch die Stellung und Verlesung entsprechender Hilfs- oder Nebenfragen ersetzt. U 8/5 80, E 2, 55.

In gleicher Weise ist zu verfahren, wenn erst in der Verhandlung solche vom Strafgesetze besonders vorgesehene Umstände behauptet werden, welche die Strafbarkeit erhöhen.[25])

Bestreitet der Angeklagte, unter der Behauptung auf die Verteidigung nicht genügend vorbereitet zu sein, neu hervorgetretene Umstände,[26]) welche die Anwendung eines schwereren Strafgesetzes gegen den Angeklagten zulassen als des in dem Beschlusse über die Eröffnung des Hauptverfahrens angeführten, oder welche zu den im zweiten Absatze bezeichneten gehören, so ist auf seinen Antrag die Hauptverhandlung auszusetzen.[27])

Auch sonst hat das Gericht auf Antrag oder von Amts wegen die Hauptverhandlung auszusetzen, falls dies infolge

---

U 10/6 80, E 2, 92. U 14/3 82, R 4, 242. U 20/3 83, R 5, 191. U 16/5 89, E 19, 224. U 13/5 02, DJZ 8, 486. U 11/10 06, G 54, 71. Bei einer im Wiederaufnahmeverfahren stattfindenden Hauptverhandl. bedarf es keiner Hinweisung, wenn solche bereits in der diesem Verfahren vorausgegangenen ersten Hauptverhandl. erfolgt war. U 3/4 02, DR 6, 245.

Die erfolgte Hinweisung muß im Sitzungsprotokoll beurkundet werden; die bloße Angabe in den Gründen des Urteils, daß der Vorschrift des § 264 genügt sei, ist nicht ausreichend. U 14/6 80, R 2, 67. Vgl. U 12/4 80, R 1, 581.

Die Unterlassung der Hinweisung in denjenigen Fällen, in welchen sie nach dem Vorstehenden erforderlich ist, führt zur Aufhebung des Urteils. U 15/5 80, R 1, 789 u. a. Vgl. allerdings U 6/3 84, R 6, 714. U 8/3 80, E 1, 254. U 12/4 80, R 1, 581, wo die Aufhebung des Urteils infolge unterlassener Hinweisung von einer Beschränkung der Verteidigung oder einer sonstigen Beeinflussung der Entscheidung abhängig gemacht wird. Vgl. U 5/11 89, E 20, 33. U 13/4 92, E 23, 71. U 28/1 96, E 28, 150.

25) Vgl. z. B. §§ 223a, 224, 243, 244, 250, 264, 293 StGB.

26) Unter den neu hervorgetretenen Umständen versteht das Gesetz nur solche Tatsachen oder tatsächliche Verhältnisse, die erst in der Hauptverhandlung zum Vorschein kommen. § 264 Abs. 3 findet keine Anwendung, wenn das Gericht nur bei der Beweiswürdigung aus dem gleichbleibenden Sachverhalt vom Eröffnungsbeschluß abweichende Schlüsse zieht. U 22/5 06, E 39, 17. U 7/7 85, R 7, 474.

27) Wenn die Voraussetzungen des § 264 Abs. 3 sämtlich vorliegen, so hat der Angekl. einen unbedingten Anspruch auf Aussetzung der Hauptverhandlung. Fehlt jedoch auch nur eine dieser Voraussetzungen, so ist Abs. 3 nicht anwendbar. U 8/3 81, E 3, 402. U 29/11 79, E 1, 106.

der veränderten Sachlage zur genügenden Vorbereitung der Anklage oder der Verteidigung angemessen erscheint.[28])

Auf die in § 244 Abs. 2 bezeichneten Verhandlungen findet die Vorschrift des dritten Absatzes nicht Anwendung.

§ **265.**[29]) Wird der Angeklagte im Laufe der Hauptverhandlung noch einer anderen Tat beschuldigt, als wegen welcher das Hauptverfahren wider ihn eröffnet worden,[30]) so kann dieselbe auf Antrag der Staatsanwaltschaft und mit Zustimmung des Angeklagten[31]) zum Gegenstande derselben Aburteilung gemacht werden.

---

28) Ob, abgesehen von den im § 264 Abs. 3 ausdrücklich hervorgehobenen Fällen, sonst nach der veränderten Sachlage zur Vorbereitung der Verteidigung die Aussetzung der Hauptverhandlung angemessen war, unterliegt nach der faktischen Seite hin ausschließlich dem Ermessen des erkennenden Gerichts; soweit die Beantwortung dieser Frage durch rechtliche Erwägungen bedingt ist, unterliegt sie jedoch auch der Nachprüfung in der Revisionsinstanz. U 3/6 80, R 2, 20. U 29/11 79, E 1, 106. U 11/2 96, E 28, 124. In allen Fällen müssen aber, wenn nach erfolgter Hinweisung auf d. veränd. rechtl. Gesichtspunkt die vom Angekl. beantragte Vertagung abgelehnt wird, die Prozeßbeteiligten nach erfolgter Ablehnung noch einmal gehört werden. U 27/2 02, DR 6, 187.

29) § 265 findet auch in dem Verfahren vor den Schwurgerichten Anwendung, U 12/4 81, E 4, 76, nicht aber im Berufungsverfahren. U 3/12 08, E 42, 91.

30) Eine „andere Tat" i. S. § 265 ist nur eine von den im Eröffnungsbeschlusse erwähnten Straftaten verschiedene, selbständige Tat i. S. § 74 StGB. U 1/4 92, E 23, 33. Daß die Beschuldigung gerade von der StA. ausgeht, bzw. von dieser formuliert werde, ist nicht erforderlich, U 1/4 92, E 23, 33; die andere Tat muß aber stets dem Angekl. unter Hervorhebung ihrer gesetzl. Merkmale und des anzuwendenden Strafgesetzes genau bezeichnet werden. U 12/5 80, E 1, 432.

31) Die Zustimmung des Angeklagten ist an keine besondere Form geknüpft, sie muß aber unzweideutig zum Ausdruck gebracht sein und kann nicht schon darin gefunden werden, daß der Angekl. sich auf die neu erhobene Anklage ausläßt. U 2/1 00, G 47, 154. Anders früher U 12/3 89, G 37, 175. Im schwurgerichtl. Verfahren ist die Zustimmung des Angekl. darin zu finden, daß er in die Stellung einer „die andere Tat" betreffenden Hilfsfrage einwilligt. U 12/4 81, E 4, 77. — Im schöffengerichtl. Verfahren behält die Zustimmung des Angekl. ihre Wirkung auch für die Berufungsinstanz. U 1/5 85, E 12, 164.

/Wenn jemand entgegen § 265 noch wegen einer anderen Tat verurteilt wird, so genügt die Aufhebung dieses Teils des Urteils in der Revisionsinstanz, ohne daß es einer Freisprechung oder Einstellung bedarf. U 18/11 01, G 48, 443.

Diese Bestimmung findet nicht Anwendung, wenn die Tat als ein Verbrechen sich darstellt oder die Aburteilung derselben die Zuständigkeit des Gerichts überschreitet.[32])

§ 266.[33]) Wird der Angeklagte verurteilt, so müssen die Urteilsgründe die für erwiesen erachteten Tatsachen angeben, in welchen die gesetzlichen Merkmale der strafbaren Handlung gefunden werden.[34]) Insoweit der Beweis aus anderen Tatsachen gefolgert wird, sollen auch diese Tatsachen angegeben werden.[35])

---

32) Die Tat muß sich nach dem Ergebnis der stattgehabten Verhandlung als ein Verbrechen darstellen. In diesem Falle darf die Aburteilung auch dann nicht erfolgen, wenn das verhandelnde Gericht für dieselbe an sich zuständig sein sollte. U 1/4 92, E 23, 33. Wenn die Aburteilung der „anderen Tat" die Zuständigkeit des Gerichts überschreitet, so darf weder diese Aburteilung, noch eine Verweisung der Tat vor das zuständige Gericht erfolgen. U 2/3 81, R 3, 91.

33) Wegen der schwurgerichtl. Urteilsgründe s. § 316.

34) Nur die für erwiesen erachteten Tatsachen, in welchen die gesetzlichen Merkmale gefunden werden, müssen im Urteil angegeben werden. Die Angabe der Beweismittel ist nicht erforderlich, U 2/4 80, R 1, 532. U 14/5 80, R 1, 776. U 18/1 81, E 3, 202; insbesondere brauchen die Urteilsgründe auch den Wortlaut der der Entscheidung zugrunde liegenden Schriftstücke nicht zu enthalten; es genügt die Bezugnahme auf die bei den Akten befindlichen Schriftstücke. U 15/1 07, G 54, 290. Bei Verurteilung wegen Beleidigung durch einen Zeitungsartikel sind ebensowohl die in dem letzteren aufgestellten Behauptungen von Tatsachen, als auch die gebrauchten beleidigenden Ausdrücke selbst festzustellen. U 1/4 97, G 45, 125.

35) Die bloße Feststellung der gesetzlichen, zum Tatbestande der betr. strafb. Handlung gehörigen Merkmale genügt nicht; es ist vielmehr stets, und zwar auch da, wo der Beweis sich ausschließlich auf ein Geständnis des Angekl. gründet, die spezielle Angabe der für erwiesen erachteten Tatsachen erforderlich, aus denen jene gesetzl. Merkmale gefolgert worden sind. U 14/5 80, E 1, 145. U 4/11 80, E 2, 419. U 5/2 04, DR 8, 145 (bei Verurteilung aus § 240 KO. ist spezielle Angabe der Mängel in den Handelsbüchern, welche die Übersicht des Vermögensstandes verhindern, erforderlich). Abstrakte Deliktsbegriffe müssen stets in ihre einzelnen gesetzl. Merkmale aufgelöst werden, so daß Feststellungen dahin, daß der Angekl. „entwendet" oder „unterschlagen" oder den „Versuch gemacht" habe, unzulässig sind. U 19/1 80, E 1, 152. U 30/9 80, R 2, 283. U 11/5 81, R 3, 292. Vgl. U 1/7 80, R 2, 150 (Zusammenrottung); U 14/6 80, R 2, 63 (Diebstahl); U 24/10 81, R 3, 636. U 22/1 83, R 5, 47 (Rückfall). S. im allgemeinen über die Verpflichtung des Gerichts zur Auflösung von Rechtsbegriffen U 18/1 81, E 3, 201.

Waren in der Verhandlung solche vom Strafgesetze besonders vorgesehene Umstände behauptet worden,[36]) welche die Strafbarkeit ausschließen,[37]) vermindern[38]) oder erhöhen,[39]) so müssen die Urteilsgründe sich darüber aussprechen, ob diese Umstände für festgestellt oder für nicht festgestellt erachtet werden.[40])

Die Gründe des Strafurteils müssen ferner das zur

---

36) Daß in der Verhandlung Umstände i. S. § 266 Abs. 2 behauptet sind, kann, wenn in dem Urteil hierüber nichts vermerkt ist, nur durch das Protokoll, nicht durch einen Nachtrag des Vorsitzenden und des Gerichtsschreibers festgestellt werden. U 1/5 88, E 17, 346.

37) Vgl. hierüber A. 14 zu § 262. Nach § 262 Abs. 2 ist auch die Feststellung der Einsicht des jugendlichen Angekl. in die Strafbarkeit seiner Handlungen (§ 56 StGB.) zu behandeln. U 12/5 98, E 31, 161. U 24/2 03, E 36, 112. Die Tatsachen, aus denen die zur Erkenntnis der Strafbarkeit erforderliche Einsicht gefolgert wird, brauchen jedoch nicht angegeben zu werden. U 19/6 02, DR 6, 440. Besonders festzustellen sind dagegen die Voraussetzungen des § 199 StGB. U 1/5 88, E 17, 346. U 11/6 07, DR 11, 844, und des § 233 StGB. U 24/11 98, E 31, 347. Desgl. die tatsächlichen Voraussetzungen der Notwehr, U 14/5 03, DJZ 9, 405 und der sinnlosen Trunkenheit. U 4/7 05, DR 9, 535.

38) Vgl. hierüber A. 15 zu § 262.

39) Wenn Umstände behauptet sind, welche die Strafbarkeit erhöhen, so ist der Ausspruch, daß dieselben nicht für festgestellt zu erachten, im Urteil so zu begründen, daß mindestens erhellt, ob die Tatsachen, in welchen der Strafschärfungsgrund liegen soll, nicht für erwiesen angesehen sind, oder ob aus Rechtsgründen, und aus welchen, in den für erwiesen erachteten Tatsachen der erschwerende Umstand nicht gefunden ist. U 25/3 82, E 6, 140. Vgl. U 3/12 79, E 1, 112; U 21/3 84, R 6, 213. Vgl. auch A. 16 zu § 262.

40) Unzulässig ist es, an Stelle der im § 266 vorgeschriebenen Feststellungen nur auf den Eröffnungsbeschluß zu verweisen, U 9/7 81, E 4, 382; oder auf den Inhalt der Anklageschrift, U 13/5 81, E 4, 137; oder auf das Protokoll der Hauptverhandlung, U 7/4 80, R 1, 558; oder auf die in einem anderen Urteil getroffenen Feststellungen. U 9/7 81, E 4, 367. U 10/6 97, E 30, 144. U 1/6 04, G 51, 394. — Über die Zulässigkeit alternativer Feststellung s. U 14/5 80, R 1, 766; U 20/12 81, R 3, 814; U 28/1 82, R 4, 86; U 25/6 83, E 9, 22; U 29/1 91, G 39, 60; U 13/5 92, G 40, 44, und über die Entbehrlichkeit einer Feststellung über das Vorhandensein des rechtzeitigen Strafantrags bei Antragsdelikten U 21/4 80, R 1, 637. U 2/11 80, R 2, 430. — Über das Ergebnis eines auf Antrag des Angekl. aufgenommenen Entlastungsbeweises braucht sich das Urteil nur auszusprechen, wenn die Voraussetzungen des § 266 Abs. 2 vorliegen. U 5/10 86, R 8, 598.

Anwendung gebrachte Strafgesetz[41]) bezeichnen und sollen[42]) die Umstände anführen, welche für die Zumessung der Strafe bestimmend gewesen sind.[43]) Macht das Strafgesetz die An-

---

41) Es bedarf nur der Bezeichnung derjenigen strafgesetzlichen Vorschriften, welche den gesetzl. Deliktsbegriff, unter den das Gericht die Tat subsumiert, nach irgendeiner Richtung definieren, also ein für den Tatbestand wesentliches Merkmal angeben. Diejenigen Vorschriften, welche vom Gericht nur zur allseitig richtigen Normierung der Strafe zu beachten waren (z. B. §§ 28, 29, 41 StGB), brauchen nicht notwendig genannt zu werden, U 15/3 83, R 5, 176; wohl aber muß z. B. bei Annahme eines Versuchs der § 43 StGB, U 3/3 91, G 39, 70, und bei Annahme einer Mittäterschaft der § 47 StGB angeführt werden. U 4/4 89, E 19, 213. U 9/11 99, E 32, 351. Bei einer Verurteilung wegen einer von mehreren gemeinschaftlich verübten Körperverletzung braucht dagegen neben § 223a nicht auch noch § 47 genannt zu werden, U 12/11 91, G 39, 310; desgl. nicht bei Verurteilung aus § 243 StGB neben diesem noch besonders § 242, U 17/3 98, G 46, 204; und bei Verurteilung zu einer Geldstrafe braucht das Urteil die Kasse, an welche die Geldstrafe fließen soll, nur dann zu bezeichnen, wenn die Zahlung an diese Kasse sich als ein wesentliches Moment des dem Täter für seine Tat zuzufügenden Übels darstellt (z. B. nicht nötig im Falle des § 146 GewO). U 14/6 87, E 16, 142. In allen Fällen bildet aber die Nichtangabe der Gesetzesparagraphen keinen unbedingten (§ 377 Nr. 7), sondern nur dann einen Aufhebungsgrund, wenn das Urteil auf dem Verstoße beruht. U 22/5 00, G 47, 374. Dies ist nicht anzunehmen, wenn im Eröffnungsbeschluß die im Urteil angewendeten gesetzl. Bestimmungen als das anzuwendende Strafgesetz benannt sind und die Schlußfeststellung des Urteils mit der Anklageformel und dem Wortlaut des angewendeten Strafgesetzes übereinstimmt. U 9/12 02, DR 7, 47.

Die Strafgesetze, auf Grund deren auf Einziehung erkannt wird, müssen stets angeführt werden. U 6/6 90, G 38, 203. Dagegen findet § 266 Abs. 3 auf die den Kostenpunkt regelnden Gesetzesvorschriften keine Anwendung, U 5/6 02, DR 6, 354; desgl. nicht bei Anwendung des § 20 Preßges, U 12/10 06, DR 10, 1277.

42) Das nur instruktionelle „sollen" macht diese Bestimmungen zu einer bloßen Ordnungsvorschrift, deren Nichteinhaltung nicht als Verletzung einer Rechtsnorm i. S. § 376 erscheint. U 10/2 82, E 6, 25.

43) Zu den Strafzumessungsgründen gehört auch die Feststellung, daß ein „besonders leichter Fall" (§ 57 Nr. 4 StGB) oder ein „minder schwerer Fall" (§§ 94, 96) vorliege. U 10/2 82, E 6, 25. Hartnäckiges Leugnen der erwiesenen Tat kann bei der Strafzumessung zuungunsten des Angekl. verwertet werden. U 13/1 05, E 38, 207. U 22/6 06, DR 10, 947. Bei der Strafzumessung aus § 159 StGB darf die Erwägung, daß die Tat, zu der der Täter zu verleiten suchte, mit Zucht-

wendung einer geringeren Strafe von dem Vorhandensein mildernder Umstände im allgemeinen abhängig, so müssen die Urteilsgründe die hierüber getroffene Entscheidung ergeben, sofern das Vorhandensein solcher Umstände angenommen, oder einem in der Verhandlung gestellten Antrage entgegen verneint wird.[44])

Wird der Angeklagte freigesprochen, so müssen die Urteilsgründe ergeben, ob der Angeklagte für nicht überführt,[45]) oder ob und aus welchen Gründen die für erwiesen angenommene Tat für nicht strafbar erachtet worden ist.[46])

---

haus bestraft wird, nicht verwendet werden. U 15/6 06, G 53, 294. Vgl. auch U 22/4 92, E 23, 91 u. U 7/1 11, E 44, 254.

Bei einem auf eine Gesamtstrafe lautenden Urteil müssen die Gründe ergeben, welche Einzelstrafen für die einzelnen strafbaren Handlungen angenommen sind. U 20/9 80, E 2, 235. Die Überweisung an die Landespolizeibehörde braucht nicht besonders begründet zu werden. U 9/8 02, DR 6, 487.

44) Die Stellung eines Antrags auf Zubilligung mildernder Umstände erfordert stets einen ausdrücklichen Ausspruch der Urteilsgründe, welcher durch die Festsetzung der ausgeworfenen Strafe und deren Begründung nicht ersetzt werden kann. U 13/1 03, DR 7, 109. Der Mangel eines solchen Ausspruchs begründet die Revision aber nur, wenn das Urteil darauf beruht. U 1/3 10, E 43, 297. Als Antrag auf Zubilligung mild. U. ist es auch anzusehen, wenn in der Hauptverhandl. vom Staatsanwalt oder dem Angekl. oder seinem Verteidiger eine nur bei dem Vorhandensein mild. U. zulässige Strafe beantragt wird. U 24/2 02, DR 6, 158. U 6/3 06, DR 10, 513.

Bei Verneinung des Vorhandenseins mild. U. genügt die Begründung, daß der Fall nicht dazu angetan sei, das Vorhandensein solcher Umstände anzuerkennen. U 4/7 82, E 6, 433. Wegen der Hervorhebung der mildernden Umstände im schwurgerichtl. Urteil s. A. 59 zu § 316.

45) Die Gründe des freisprechenden Urteils dürfen sich nicht auf den allgemeinen Ausspruch beschränken, daß der Angekl. nicht für überführt erachtet sei, sondern es müssen auch hier die für erwiesen bzw. nicht erwiesen angenommenen Tatsachen insoweit konkret angegeben werden, daß eine rechtliche Nachprüfung möglich ist. U 22/5 80, E 2, 60. U 19/10 80, R 2, 352. U 3/12 81, E 5, 225. U 27/10 85, E 13, 30. § 266 Abs. 4 gilt auch für das sog. objektive Verfahren des § 477 (Einklebung von Abbildungen oder Schriften in die Urteilsurschrift ohne nähere sprachliche Darlegung ihres Gedankeninhalts genügt nicht zur Feststellung von Tatsachen). U 12/12 07, E 41, 19.

§ 267.[47]) Die Verkündung des Urteils erfolgt durch Verlesung der Urteilsformel[48]) und Eröffnung der Urteilsgründe am Schlusse der Verhandlung[49]) oder spätestens mit Ablauf einer Woche nach dem Schlusse der Verhandlung.[50]) Die Eröffnung der Urteilsgründe geschieht durch

---

46) Urteilsformel und Entscheidungsgründe sind als ein Ganzes aufzufassen, so daß die erstere in den letzteren ihre Ergänzung findet und es z. B. keine Revision begründet, wenn in der Urteilsformel das Vergehen, wegen dessen Verurteilung erfolgt, nur als vorsätzl. Körperverletzung bezeichnet ist, während die in den Gründen gegebene Feststellung auch die besondere Qualifikation dieser Körperverletzung als einer in Ausübung des Amtes verübten umfaßt. U 22/10 80, E 2, 378.

47) Wegen der Verkündung des Urteils im schwurgerichtl. Verfahren s. § 315. — In jedem Fall muß die Verkündung bei Vermeidung der Nichtigkeit öffentlich erfolgen (§ 174 GVG), U 30/1 80, E 1, 90. U 26/11 81, R 3, 743, und durch das Protokoll beurkundet werden. U 20/3 80, R 1, 496.

48) Der Zweck der Anordnung, daß die Urteilsformel verlesen werden soll, ist nur der, eine Übereinstimmung zwischen der verkündeten Urteilsformel und der Urteilsformel in der schriftlichen Urteilsausfertigung zu sichern. Wenn deshalb nicht behauptet werden kann, daß im einzelnen Falle ein Unterschied zwischen den beiden Urteilsformeln bestehe, so kann die bloße Tatsache der nicht erfolgten Verlesung einen Revisionsgrund nicht abgeben. U 21/12 80, E 3, 131. U 27/4 82, R 4, 398. S. dagegen einen Fall der Nichtigkeit wegen Unterlassung der Verlesung der Urteilsformel im U 16/4 85, R 7, 233. Jedenfalls ist es nicht erforderlich, daß die Urteilsformel protokolliert und aus dem Sitzungsprotokoll verlesen werde; es genügt, wenn dieselbe schriftlich festgestellt und auf Grund dieser Feststellung verlesen wird. U 24/4 82, R 4, 382. Vgl. U 15/5 07, DR 11, 844 (Unterbrechung der Eröffnung der Urteilsgründe behufs Feststellung einer anderen Urteilsformel).

49) Mit der Verkündung des Urteils schließt die Verhandlung; das Gericht ist nicht berechtigt, nach dieser Verkündung, wenn auch vor dem förmlichen Schlusse der Sitzung durch den Vorsitzenden, die Verhandlung wieder aufzunehmen und das verkündete Urteil in einem Punkte abzuändern. U 22/11 81, E 5, 173. U 23/4 85, R 7, 245. U 3/5 09, E 42, 341. Nur offensichtliche Schreib- oder Fassungsfehler in der verlesenen Urteilsformel können auch noch nach Verkündung des Urteils berichtigt werden. U 22/1 86, E 13, 267. U 12/3 89, G 37, 176. U 23/12 95, E 28, 81. U 6/3 96, E 28, 247. U 20/3 96, G 44, 50. U 12/6 96, G 44, 154. Ist nur ein Teil des beschlossenen Urteils verkündet, so muß die Verkündung vollendet, das Urteil so, wie es beschlossen, kundgegeben werden, und diese Ergänzung ist so lange zulässig, als die Urteilsverkündung überhaupt zulässig ist, also jedenfalls binnen einer Woche. U 15/12 87, E 15, 271.

Verlesung oder durch mündliche Mitteilung ihres wesentlichen Inhalts.[51])

War die Verkündung des Urteils ausgesetzt, so sind die Urteilsgründe vor derselben schriftlich festzustellen.[52])

§ **268.** Urteile, durch welche die Unterbringung des Angeklagten in eine Erziehungs- oder Besserungsanstalt angeordnet wird,[53]) sind auch dessen gesetzlichem Vertreter[54])

---

50) Die Nichtbeachtung der einwöchigen Frist begründet unbedingt die Revision. U 22/3 95, E 27, 116. — An dem besonderen Publikationstermin müssen dieselben Richter teilnehmen, welche in der Hauptverhandlung mitgewirkt haben, ev. muß eine Wiederholung der Verhandlung stattfinden. Auch Staatsanwalt und Gerichtsschreiber müssen zugegen sein; die Anwesenheit des Angeklagten und seines Verteidigers ist nicht erforderlich. U 3/12 83, E 9, 341. U 11/12 80, E 3, 116. Der Publikationstermin muß aber, wenn er nicht in der Hauptverhandlung selbst in Anwesenheit des Angekl. festgesetzt ist, dem letzteren durch eine ihm zuzustellende Ladung bekannt gemacht werden. U 22/1 97, G 45, 39. Beweisanträge, welche in diesem Termine bis zur Verkündung des Urteils noch gestellt werden, müssen noch zugelassen, geprüft und ev. erledigt werden. U 5/5 96, E 28, 340. U 3/3 96, G 44, 137. Vgl. jedoch U 16/6 06, DR 10, 947, wonach § 228 zu beachten ist.

51) Auf die Nichtübereinstimmung der mündlich mitgeteilten Gründe mit den schriftlichen Urteilsgründen kann die Revision nicht gestützt werden. U 9/7 81, E 4, 382. U 25/2 82, R 4, 210.

Die Frage, worin der wesentliche Inhalt der Urteilsgründe bestehe, steht ausschließlich zum Ermessen des verkündenden Vorsitzenden und entzieht sich jeder Kontrolle wie Anfechtung. U 25/2 82, R 4, 210.

Die gänzliche Unterlassung der Verkündung der Urteilsgründe kann die Revision nicht begründen, bewirkt aber, daß die Rechtsmittelfrist erst mit der Zustellung des Urteils beginnt. U 20/1 80, R 1, 249. U 6/2 80, E 1, 192. U 13/3 80, R 1, 467. U 1/6 80, E 2, 78. U 10/6 80, R 2, 51. U 25/8 80, E 2, 207.

Widerspruch über die erkannte Strafe in der Urteilsformel und den Gründen ist Revisionsgrund. U 2/2 04, DJZ 10, 507.

52) Diese schriftliche Feststellung der Urteilsgründe muß von sämtlichen Richtern, die bei der Entscheidung mitgewirkt haben, vor der Verlesung unterschrieben werden. U 20/4 03, DJZ 8, 322. Die Unterlassung der vorherigen schriftlichen Feststellung der Urteilsgründe sowie der Mangel der Unterschrift sämtlicher Richter begründen die Revision. U 5/5 98, E 31, 140. U 20/4 03, DJZ 8, 322. Die Eröffnung der Urteilsgründe kann durch Verlesung oder mündliche Mitteilung ihres wesentlichen Inhalts erfolgen. U 14/11 87, R 9, 604.

53) Vgl. § 56 StGB. Das Gericht hat sich hierbei auf den Aus-

zuzustellen, sofern nicht der letztere in der Hauptverhandlung als Beistand des Angeklagten[55]) aufgetreten und bei der Verkündung des Urteils gegenwärtig gewesen ist.

§ **269.** Das Gericht darf sich nicht für unzuständig erklären, weil die Sache vor ein Gericht niederer Ordnung gehöre.[56])

§ **270.** Stellt sich nach dem Ergebnisse der Verhandlung die dem Angeklagten zur Last gelegte Tat als eine solche dar, welche die Zuständigkeit des Gerichts überschreitet,[57]) so spricht es durch Beschluß seine Unzuständigkeit aus und verweist die Sache an das zuständige Gericht.[58])

---

spruch zu beschränken, daß der Angekl. in eine Erziehungs- oder Besserungsanstalt gebracht werden soll, und darf nicht seinerseits eine Art der Anstalt ausschließlich vorschreiben. U 30/9 82, E 7, 180. Welche Anstalt demnächst zweckmäßig zu wählen sei, hat lediglich die Verwaltungsbehörde zu bestimmen. U 17/3 93, G 41, 31. Die Angemessenheit der richterl. Entscheidung darüber, ob der Angekl. seiner Familie oder einer Anstalt überwiesen werden soll, kann mit der Revision nicht angefochten werden. U 30/9 82, E 7, 180.

54) Wegen des gesetzlichen Vertreters s. § 137.

55) Wegen des Beistandes des Angeklagten s. § 149.

56) Gleichgültig ist es, ob sich die Zuständigkeit des Gerichts niederer Ordnung erst durch die Ergebnisse der Hauptverhandl. herausstellte oder sich schon aus dem Eröffnungsbeschlusse ergab. U 29/4 87,, E 16, 39. Die Zuständigkeit darf auch nicht deshalb abgelehnt werden, weil die Sache (Forstfrevel) in einem vor der Strafkammer nicht anzuwendenden besonderen Verfahren abgeurteilt werden müsse (§ 3 EG z. StPO). U 4/3 86, E 13, 383.

57) Bei der Unzuständigkeitserklärung hat sich das Gericht lediglich auf den Standpunkt des Richters zu stellen, der über die Eröffnung des Hauptverfahrens beschließt, so daß hinreichender Verdacht genügt. U 4/5 03, G 50, 284. U 6/12 10, DR 15, 267. Notwendig ist aber, daß verhandelt ist, ehe die Unzuständigkeit ausgesprochen wird, wobei es allerdings auf den Umfang der Verhandlung nicht ankommt. U 26/11 80, E 3, 70. Vgl. U 7/10 80, E 3, 4. U 18/9 08, E 41, 408.

58) Die Entscheidung betr. der Unzuständigkeit muß stets in Form eines Beschlusses und nicht in Urteilsform erfolgen, selbst wenn eine Beweisaufnahme vorangegangen ist. U 17/6 92, E 23, 155. Für die Bekanntmachung des Beschlusses ist die Vorschrift des § 35 maßgebend. Der Beschluß muß also dem anwesenden Angekl. verkündet, bzw. wenn derselbe bei der Verkündung nicht anwesend war, durch Zustellung bekannt gemacht werden. U 9/7 81, E 4, 373.

Das Gericht, an welches die Sache verwiesen ist, muß zunächst seine

Dieser Beschluß hat die Wirkung eines das Hauptverfahren eröffnenden Beschlusses[59]) und muß den Erfordernissen eines solchen entsprechen.[60])

Die Anfechtbarkeit des Beschlusses bestimmt sich nach den Vorschriften des § 209.[61])

Ist der Beschluß von einem Schöffengerichte ergangen, so kann der Angeklagte innerhalb einer bei der Bekanntmachung des Beschlusses zu bestimmenden Frist[62]) die Vor-

---

sachliche Zuständigkeit selbständig prüfen und ev. seinerseits die Verhandlung und Entscheidung der Sache an das zuständige Gericht weiter verweisen. U 6/4 03, E 50, 275. Erachtet es aber seine sachliche und örtliche Zuständigkeit für begründet, so muß es sich der sachlichen Entscheidung unbedingt unterziehen, selbst wenn der Verweisungsbeschluß hinsichtlich der Identität der verwiesenen und der ursprünglich unter Anklage gestellten Tat einen Irrtum enthält, U 10/11 84, E 11, 253, oder wenn das verweisende Gericht einen materiell oder prozessualisch unrichtigen Beschluß gefaßt, U 15/11 83, R 5, 691 u. U 31/1 11, E 44, 392, insbesondere den Verweisungsbeschluß nicht den Vorschriften des § 205 entsprechend formuliert hat, da in solchem Falle dieser Beschluß durch Verlesung des Eröffnungsbeschlusses zu ergänzen ist. U 19/9 87, R 9, 439. S. unten A. 60. In der Hauptverhandl. vor dem Gerichte höherer Ordnung muß der Verweisungsbeschluß verlesen werden; die Unterlassung der Verlesung begründet die Revision. U 7/7 85, R 7, 473. Einen Spezialfall, in welchem abweichend entschieden wurde, s. im U 8/2 84, E 10, 230. Wegen des zuständigen Gerichts s. auch A. 54 Abs. 2 zu § 394.

59) Der Beschluß hat also auch die Wirkung, daß das Gericht, wenn es aus einem anderen als dem in demselben angeführten Strafgesetz verurteilen will, nach § 264 verfahren muß. U 18/2 87, R 9, 144.

60) Wenn der Beschluß den Erfordernissen des § 205 nicht entspricht, so muß das zuständige aburteilende Gericht bei Beginn der Hauptverhandlung den mangelhaften Beschluß nach diesen Erfordernissen vervollständigen und dem Angekl. vorhalten, der seinerseits alsdann wegen der durch die verspätete Mitteilung über den Gegenstand des Hauptverfahrens herbeigeführten Beeinträchtigung seiner Verteidigung die Vertagung der Hauptverhandlung beantragen kann. U 10/4 83, R 5, 227. U 19/9 87, R 9, 439 (Ergänzung durch Verlesung des Eröffnungsbeschlusses).

61) Der Angeklagte kann den Unzuständigkeitsbeschluß in keinem Falle anfechten. U 2/2 81, E 3, 311. U 15/11 83, R 5, 692.

62) Die Unterlassung der Fristbestimmung kann die Revision nicht begründen, wenn der Angekl. dieselbe in der Hauptverhandl. nicht gerügt und auf Grund dessen nicht die Vertagung und Erhebung von Beweisen beantragt hat. U 6/11 85, R 7, 641. Mit Bestim-

nahme einzelner Beweiserhebungen vor der Hauptverhandlung beantragen. Über den Antrag entscheidet der Vorsitzende des Gerichts, an welches die Sache verwiesen ist.[63])

§ 271. Über die Hauptverhandlung ist ein Protokoll aufzunehmen und von dem Vorsitzenden und dem Gerichtsschreiber zu unterschreiben.[64])

Ist der Vorsitzende verhindert, so unterschreibt für ihn der älteste beisitzende Richter. Im Falle der Verhinderung des Amtsrichters genügt die Unterschrift des Gerichtsschreibers.

---

mung der Frist wird auch diejenige des § 140 Abs. 2 in Lauf gesetzt. U 25/9 08, E 41, 414.

63) Über den Wegfall der Voruntersuchung, wenn die Sache von dem Schöffengericht oder dem Landgericht vor das Schwurgericht verwiesen wird, s. U 2/2 81, E 3, 311.

64) Bei einer mehrtägigen Verhandlung ist es zweckmäßig, an jedem Tage ein besonderes Protokoll aufzunehmen. Eine rechtliche Notwendigkeit für diese Form des Protokolls besteht jedoch nicht. U 1/7 97, E 30, 205. Eine besondere Frist, innerhalb welcher die Vollziehung des Protokolls stattfinden muß, ist nicht vorgeschrieben. Die Nachholung der Unterschrift des Vorsitzenden ist deshalb auch noch nach Einlegung eines Rechtsmittels für rechtlich zulässig und wirksam und selbst für notwendig zu erachten. U 18/2 86, E 13, 351. Änderungen und Zusätze des Protokolls sind zulässig, solange das Protokoll noch nicht vom Gerichtsschreiber und vom Vorsitzenden unterschrieben ist. U 20/3 83, R 5, 191. U 11/1 09, G 56, 95 (selbst nach Eingang einer Revisionsbeschwerde). Spätere Berichtigungen und Ergänzungen sind gestattet, wenn sie auf Grund übereinstimmender Erklärung des Vorsitzenden und des Gerichtsschreibers und nicht etwa erst nach Anbringung eines Rechtsmittels zuungunsten der erhobenen Prozeßrüge gemacht sind. U 31/5 80, E 2, 76. U 13/10 90, E 21, 200. U 10/2 91, E 21, 323. BeschlVStrS 13/10 09, E 43, 1. Vgl. U 4/2 10, G 57, 396. Marginalbemerkungen zum Protokoll erfordern wie das letztere selbst die Unterschrift des Vorsitzenden und des Gerichtsschreibers. U 3/3 80, E 1, 241. U 22/12 80, R 2, 658. U 14/1 87, R 9, 55. Über Änderungen und Zusätze, welche der Vorsitzende in dem vom Gerichtsschreiber bereits unterschriebenen Protokollsentwurf vorgenommen hat, s. U 3/6 90, E 20, 425. U 27/11 91, E 22, 243, und über die Bedeutung des Unterpunktierens durchstrichener Stellen für die Beweiskraft des Protokolls: U 19/4 95, E 27, 169.

Die Berichtigung eines fehlerhaften Protokolls müssen die Prozeßbeteiligten durch entsprechende Anträge bei dem Vorsitzenden herbeiführen, welcher sich der sachlichen Prüfung dieser Anträge nach Anhörung des Gerichtsschreibers nicht entziehen kann. Lehnt er die Prüfung ab, so ist Beschwerde zulässig. U 20/11 80, E 3, 47. Vgl. auch

§ 272. Das Protokoll über die Hauptverhandlung enthält:

1. den Ort und den Tag der Verhandlung;
2. die Namen der Richter, Geschworenen und Schöffen, des Beamten der Staatsanwaltschaft, des Gerichtsschreibers und des zugezogenen Dolmetschers;
3. die Bezeichnung der strafbaren Handlung nach der Anklage;
4. die Namen der Angeklagten, ihrer Verteidiger, der Privatkläger, Nebenkläger, gesetzlichen Vertreter, Bevollmächtigten und Beistände;
5. die Angabe, daß öffentlich verhandelt oder die Öffentlichkeit ausgeschlossen ist.[65])

§ 273. Das Protokoll muß den Gang und die Ergebnisse der Hauptverhandlung im wesentlichen wiedergeben[66]) und die Beobachtung aller wesentlichen Förmlichkeiten ersichtlich machen, auch die Bezeichnung der verlesenen Schriftstücke,[66a]) sowie die im Laufe der Verhandlung ge-

---

U 4/10 81, E 5, 44. Im übrigen kann die Revision nicht durch die formelle Mangelhaftigkeit des Protokolls als solche (Protokollrüge), sondern stets nur durch die Tatsache der Nichterfüllung der prozessualen Vorschriften selbst, die durch das Protokoll bewiesen werden sollen, begründet werden. U 8/6 80, R 2, 39. U 14/1 87, R 9, 55. Insoweit nur hat auch die Fälschung des Protokolls für die Revisionsinstanz Bedeutung. U 14/12 82, E 7, 388.

65) Wenn die Öffentlichkeit ausgeschlossen ist, muß das Protokoll ersichtlich machen, in welcher Weise (§ 175 GVG) dies geschehen ist. U 11/2 84, E 10, 93. U 1/11 81, R 3, 667.

66) Ergebnisse der Hauptverhandlung, welche im wesentlichen wiedergegeben werden müssen, sind nur solche Ergebnisse, welche nicht aus den Vernehmungen, d. h. den die Sache selbst betreffenden Aussagen, im Gegensatz zu den sonstigen durch Erklärung der zu vernehmenden Personen festzustellenden, für das Verfahren erheblichen Umständen, z. B. aus § 67 StPO, hervorgehen. U 10/2 80, E 1, 199. Insbesondere gehört also der Inhalt der Zeugenaussagen nicht zu den Förmlichkeiten, für welche das Sitzungsprotokoll über die Hauptverhandlung vor der Strafkammer die alleinige Beweisquelle bildet. U 13/2 85, R 7, 106. U 30/1 90, E 20, 220.

66a) Nur die verlesenen Schriftstücke müssen bezeichnet werden, nicht auch solche, deren wesentlicher tatsächlicher Inhalt nur vom Vorsitzenden konstatiert ist. U 31/3 98, E 46, 211.

stellten Anträge,[67]) die ergangenen Entscheidungen[68]) und die Urteilsformel[69]) enthalten.[70])

Aus der Hauptverhandlung vor dem Schöffengerichte sind außerdem die wesentlichen Ergebnisse der Vernehmungen in das Protokoll aufzunehmen.[70a])

---

67) Bei Beweisanträgen müssen die behaupteten Tatsachen und die zum Beweise derselben vorgeschlagenen Beweismittel in das Protokoll aufgenommen werden. U 16/12 79, E 1, 32. U 3/7 05, DR 9, 569. U 22/12 05, DR 10, 195.

Bei Aufnahme der Anträge der Staatsanwaltschaft, insbesondere des Schlußantrages, brauchen die zur Begründung derselben gemachten Ausführungen in das Protokoll nicht aufgenommen zu werden. U 22/6 99, E 32, 239.

68) Zugleich mit den ergangenen Entscheidungen (Beschlüssen) müssen auch die Gründe derselben protokolliert werden. Vgl. U 2/3 80, E 1, 236; R 1, 412. Einer besonderen Beurkundung der erfolgten Verkündung einer Entscheidung bedarf es nicht, wenn der Erlaß der Entscheidung selbst beurkundet ist. U 7/9 80, R 2, 204.

69) Die Aufnahme der Urteilsformel in das Protokoll ist unbedingt erforderlich. Die Verweisung des Protokolls hinsichtlich des Inhalts der Urteilsformel auf den Inhalt des abgesetzten Urteils als einer Anlage zum Protokoll genügt nicht. U 18/6 83, R 5, 451. U 20/3 80, R 1, 496. U 26/5 80, R 1, 826. Wegen der Zulässigkeit der Ergänzung der Urteilsformel aus den Urteilsgründen s. jedoch U 22/10 80, E 2, 378. Eine von dem Angekl. sofort nach der Verkündung des Urteils in der Sitzung erklärte Revisionsanzeige braucht in das Protokoll nicht aufgenommen zu werden. Beschl 2/11 93, E 24, 355.

70) Spezialentscheidungen: U 12/4 80, R 1, 581 (Notwendigkeit der Protokollierung der Hinweisung auf den veränderten rechtlichen Gesichtspunkt gemäß § 264); U 17/6 80, R 2, 79 (desgl. der Verlesung von Schriftstücken); vgl. auch U 31/5 80, R 1, 840; U 10/12 80, E 3, 100 (desgl. der Befragung der Zeugen und Sachverständigen über ihre persönlichen Verhältnisse); U 11/2 84, E 10, 93. U 1/11 81, R 1, 677 (desgl. der vorgeschriebenen Förmlichkeiten bei Ausschluß der Öffentlichkeit); U 22/5 80, R 1, 814 (Zulässigkeit einer der Vernehmung der Zeugen vorausgehenden Bemerkung, daß alle Zeugen beeidet seien); U 2/11 80, R 2, 430 u. U 16/6 81, R 3, 407 (Erwähnung des Strafantrages nicht erforderlich); U 15/6 83, R 5, 444 (Entbehrlichkeit der Feststellung der Voraussetzungen, unter denen die Berufung auf einen ein für allemal geleisteten Sachverständigeneid statthaft war); U 27/4 80, E 1, 379 (desgl. eines Vermerkes, daß der Dolmetscher der fremden Sprache mächtig war). U 4/3 02, E 35, 164 (Vorhaltungen des Vorsitzenden brauchen im Protokoll nicht beurkundet zu werden. Zulässigkeit einer Beweisaufnahme in der Revisionsinstanz über angeblich in der Hauptverhandlung gemachte, nicht beurkundete Vorhaltungen).

Kommt es auf die Feststellung eines Vorgangs in der Hauptverhandlung oder des Wortlauts einer Aussage oder einer Äußerung an,[71] so hat der Vorsitzende die vollständige Niederschreibung und Verlesung anzuordnen.[72] In dem Protokoll ist zu bemerken, daß die Verlesung geschehen und die Genehmigung erfolgt ist, oder welche Einwendungen erhoben sind.[72a]

§ 274. Die Beobachtung der für die Hauptverhandlung vorgeschriebenen Förmlichkeiten kann nur durch das Protokoll bewiesen werden.[73] Gegen den diese Förmlich-

---

70a) Das Protokoll über eine schöffengerichtl. Hauptverhandlung ist infolgedessen nicht nur ein zulässiges Beweismittel für die formalen Vorgänge in der Hauptverhandlung, sondern auch über die Ergebnisse der Vernehmungen selbst und kann deshalb z. B. in einem Meineidsverfahren zum Beweise der von einem Zeugen gemachten Aussagen verlesen werden. U 2/5 02, DR 6, 301.

Sind in Strafkammer- oder Schwurgerichtssachen Aussagen von Zeugen oder Sachverständigen in das Protokoll aufgenommen, so entbehrt dies für eine Prozeßbeschwerde nicht jeden Beweiswerts. U 10/6 10, E 43, 437.

71) Unter Vorgang ist ein in der Verhandlung durch die Urkundsperson wahrgenommenes prozessual wichtiges Ereignis zu verstehen. Widersprüche zwischen früheren und späteren Aussagen der Zeugen oder Sachverständigen gehören nicht hierher, U 11/6 06, G 53, 290; desgl. nicht die erfolgte Zuziehung eines Dolmetschers. U 20/3 06, DJZ 11, 765. Ob der Wortlaut einer Aussage so erheblich ist, daß es der Protokollierung desselben bedarf, unterliegt allein dem Ermessen des Vorsitzenden, bzw. des Gerichts; die Prozeßbeteiligten haben kein Recht, die Protokollierung der bei der Zeugenvernehmung vorgekommenen Fragen und Antworten zu verlangen. U 17/12 81, E 5, 352. U 2/6 96, E 28, 394. Vgl. U 12/7 80, E 2, 202. U 17/2 88, R 10, 157. Durch die gemäß § 273 Abs. 3 erfolgte Feststellung wird der Wortlaut der Aussage voll bewiesen. U 28/1 09, E 42, 157.

72) Die Niederschreibung kann auch in einer Anlage des Protokolls geschehen. Auch diese Anlage ist von dem Vorsitzenden und dem Gerichtsschreiber zu unterschreiben. U 1/5 80, E 2, 34.

72a) Verstoß gegen § 273 Abs. 3 kann die Aufhebung des Urteils nicht rechtfertigen. U 11/6 06, G 53, 290.

73) Unter den im § 274 erwähnten Förmlichkeiten sind diejenigen Vorgänge des Hauptverfahrens zu verstehen, welche für dessen Rechtsbeständigkeit von Einfluß sind (§ 273), insbesondere also auch die im Laufe der Hauptverhandlung gestellten Beweisanträge und die auf dieselben ergangenen Bescheide. U 20/5 98, E 31, 163. U 10/1 02, E 35, 61 (Stellung von Beweisanträgen durch die Urteilsgründe

keiten betreffenden Inhalt desselben ist nur der Nachweis der Fälschung zulässig.[74])

§ 275. Das Urteil mit den Gründen ist binnen drei Tagen nach der Verkündung zu den Akten zu bringen, falls es nicht bereits vollständig in das Protokoll aufgenommen worden ist.[75])

---

nicht beweisbar). U 1/2 06, DR 10, 454. Auf einen Protokollvermerk über den Verzicht des Angekl. auf ein Rechtsmittel findet die lediglich für die Vorgänge in der eigentlichen Hauptverhandlung geschaffene Rechtsvermutung des § 274 nicht Platz, vielmehr ist eine derartige Verzichtserklärung in freier Beweiswürdigung zu beurteilen. Beschl 12/4 07, DR 11, 652. Nach dem Sinne des § 274 liefert das Protokoll nicht nur insofern einen lediglich durch Darlegung einer Fälschung widerlegbaren Beweis, daß für feststehend erachtet werden muß, was das Protokoll als geschehen beurkundet, sondern auch insofern, daß als nicht geschehen anzusehen ist, worüber es schweigt, sofern es sich um einen Vorgang der ebengedachten Art handelt. U 28/1 80, E 1, 85. Vgl. U 31/5 80, E 2, 76. U 4/10 81, R 3, 586. U 13/3 83, E 8, 141. U 20/5 98, E 31 163. U 7/10 01, E 34, 385 (Nichtkonstatierung der Entfernung des Vertreters des Nebenklägers vor der Urteilsverkündung). Beweiskraft erhält das Sitzungsprotokoll erst dann, wenn es zu den Akten gelangt ist. U 1/5 88, R 10, 364. U 13/3 83, E 8, 141. Derselbe Zeitpunkt ist auch für die Wirksamkeit einer nachträglichen Ergänzung oder Berichtigung des Protokolls maßgebend. U 15/6 93, E 24, 214.

74) Die Fälschung setzt voraus, daß entweder das Protokoll als Ganzes falsch hergestellt, oder daß das an und für sich echte Protokoll demnächst in unbefugter Weise inhaltlich verändert, demselben insbesondere von den bei seiner Errichtung Beteiligten mit Bewußtsein ein unwahrer Inhalt gegeben wird. Wenn nur aus Mi verständnis oder Fahrlässigkeit unter der Autorität und Unterschrift des Vorsitzenden und des Gerichtsschreibers Vorgänge, welche sich zugetragen, aus dem Protokoll hinweggelassen, oder Vorgänge als wirkliche in das Protokoll eingetragen werden, welche sich überhaupt nicht oder in anderer Weise bei der Hauptverhandlung zugetragen haben, so steht dem Angekl. der Antrag auf Berichtigung bei dem Vorsitzenden offen. (S. A. 64 zu § 271). U 4/10 81, E 5, 44. U 27/3 05, DIZ 11, 817 (bei versehentlicher Unrichtigkeit des Protokolls ist Fälschung nicht anzunehmen).

Die Überklebung einer Stelle des Protokolls enthält eine schon ihrer Art nach unstatthafte Änderung des letzteren, die ihm hinsichtlich der an dieser Stelle niedergelegten Bekundungen jede Beweiskraft entzieht. U 8/6 00, G 47, 377.

Über die Bedeutung der Fälschung für die Revision s. U 14/12 82, E 7, 388 und A. 64 zu § 271. Das Reichsgericht kann Beweiserhebungen, welche den Inhalt eines echten Sitzungsprotokolls betreffen, nicht anordnen. U 20/12 89, E 20, 166.

Es ist von den Richtern, welche bei der Entscheidung mitgewirkt haben, zu unterschreiben.[76]) Ist ein Richter verhindert,[77]) seine Unterschrift beizufügen, so wird dies unter Angabe des Verhinderungsgrundes[78]) von dem Vorsitzenden[79]) und bei dessen Verhinderung von dem ältesten

75) Die Bestimmung des § 275 Abs. 1, welche sich übrigens auch auf die Unterschrift des Urteils durch die Richter bezieht (Abs. 2), U 14/7 85, R 7, 493, ist nur eine reglementäre Vorschrift, deren Nichtbeobachtung als Verletzung einer Rechtsnorm nicht angesehen werden kann. U 22/10 80, E 2, 378. U 28/1 82, R 4, 91. U 5/5 98, E 31, 140. U 24/11 98, E 31, 348.

76) Sowohl die Urteilsformel, als auch die Urteilsgründe müssen von den erkennenden Richtern unterschrieben werden. Die bloße Unterschreibung der Gründe durch sämtliche Richter, während die Unterschreibung des Tenors nur durch den Vorsitzenden und den Gerichtsschreiber erfolgt ist, entspricht nicht der Vorschrift des § 275 Abs. 2, welche sich im übrigen nur auf Urteile, nicht auch auf Beschlüsse des Gerichts bezieht. U 26/5 80, R 1, 826. U 18/2 80, E 1, 210. U 29/4 80, E 1, 402. U 25/5 89, E 19, 233.

Die Unterschrift der Richter unter dem Urteil hat die Bedeutung der Feststellung und Beurkundung der Urteilsgründe. Offenbare Mängel des Ausdrucks für das erkennbar Gewollte (Rechenfehler, Schreibfehler) können zwar auch nach Vollziehung des Urteils jederzeit noch berichtigt werden, U 22/1 86, E 13, 269. U 23/12 95, E 28, 81. U 6/3 96, E 28, 247. U 20/3 96, G 44, 50. U 12/6 96, G 44, 154; dagegen können materielle Zusätze und Abänderungen, welche nach Unterschrift des Urteils durch die beisitzenden Richter vom Vorsitzenden oder von dem Urteilsfasser gemacht worden sind, selbst dann nicht als Urteilsgründe gelten, wenn der Vorsitzende oder die übrigen Richter nach erfolgter Rüge unter denselben bescheinigt haben, daß sie die Änderungen nachträglich genehmigen. U 21/11 85, E 13, 66. U 17/10 92, E 23, 261. U 12/12 95, E 28, 54. U 23/12 95, E 28, 81 (Änderungen bezügl. der Höhe der Einzelstrafen im Falle des § 74). U 7/11 10, E 44, 120. U 7/6 02, DR 6, 488 (Zulässigkeit der Abänderung eines bereits fertig gestellten und von allen beteiligten Richtern unterschriebenen Urteils mit durch neuerliche Unterschrift bezeugter Zustimmung sämtlicher Richter). Vgl. BeschlVStrS 18/4 94, E 25, 297, 309 u. U 6/3 96, E 28, 247 (Unzulässigkeit der Ergänzung eines verkündeten und den Parteien zugestellten Urteils durch einen nachträglichen Beschluß über einzelne Inzidenzpunkte oder Einreden des Angekl.).

77) Als hinreichender Verhinderungsgrund gilt auch die bereits erfolgte Rückkehr eines als Hilfsrichter zugezogenen, nicht am Gerichtssitze wohnenden Richters nach seinem Wohnort. U 9/12 86, R 8, 739.

78) Für die Angabe des Verhinderungsgrundes ist eine sakramentale Form im Gesetz nicht vorgesehen. U 6/11 91, G 39, 318.

beisitzenden Richter unter dem Urteile bemerkt.[80]) Der Unterschrift der Schöffen bedarf es nicht.

Die Bezeichnung des Tages der Sitzung, sowie die Namen der Richter, der Schöffen, des Beamten der Staatsanwaltschaft und des Gerichtsschreibers, welche an der Sitzung teilgenommen haben, sind in das Urteil aufzunehmen.[81])

Die Ausfertigungen und Auszüge der Urteile sind von dem Gerichtsschreiber zu unterschreiben und mit dem Gerichtssiegel zu versehen.[82])

### 7. Abschnitt. Hauptverhandlung vor den Schwurgerichten.*)

§ **276.** Die Bestimmungen der beiden vorhergehenden Abschnitte finden auf das Verfahren vor den Schwurgerichten insoweit Anwendung, als nicht in diesem Abschnitt ein anderes bestimmt ist.

§ **277.** Vor dem Tage, an welchem die Hauptverhandlung beginnen soll, muß die Spruchliste der Geschworenen[83]) dem Angeklagten, wenn er sich nicht auf freiem Fuße befindet, zugestellt,[84]) für den auf freiem Fuße befindlichen Angeklagten auf der Gerichtsschreiberei zur Einsicht niedergelegt werden.[85])

---

79) Unter dem Vorsitzenden ist der Richter zu verstehen, welcher im vorliegenden Fall in der Hauptverhandlung und bei der Entscheidung den Vorsitz geführt hat. U 17/2 90, G 38, 48.

80) Die Unterschrift eines Richters kann jedoch jederzeit nachgeholt werden. U 29/9 87, R 9, 480. Im übrigen findet § 275 Abs. 2 auch bei Verhinderung mehrerer Richter Anwendung, und es ist auch zulässig, daß ein Richter unter dem Urteile die Verhinderung aller übrigen an der Unterschriftsvollziehung bemerkt. U 9/1 94, G 42, 32.

81) Die Bezeichnung der Person des Verletzten gehört nicht in die Urteilsformel, sondern als Bestandteil der konkreten Tatsachen in die Urteilsgründe. U 17/10 81, E 5, 134.

82) Beglaubigte Abschriften der Urteile bedürfen der Beifügung des Gerichtssiegels nicht. U. 5/7 83, E 9, 274.

*) Wegen der Schwurgerichte s. §§ 79—99 GVG und wegen der Zuständigkeit derselben insbesondere § 80 GVG, § 6 EG z. GVG.

83) Wegen der Spruchliste der Geschworenen s. § 92 GVG.

84) Formelle Zustellung i. S. § 37 ist nicht unbedingt erforderlich; es genügt, wenn dem verhafteten Angekl. die Spruchliste rechtzeitig durch Vermittlung eines Beamten ausgehändigt wird. U 15/3 83, R 5, 174.

Die Namen später auf die Spruchliste gebrachter Geschworener sind dem Angeklagten bis zum Beginne der Hauptverhandlung mitzuteilen.[85a])

§ 278. Die Hauptverhandlung beginnt mit der Bildung der Geschworenenbank durch Auslosung der Geschworenen.

§ 279. Vor der Auslosung sind, außer den zum Geschworenenamte Unfähigen, solche Geschworene auszuscheiden, welche von der Ausübung des Amts in der zu verhandelnden Sache kraft Gesetzes ausgeschlossen sind.[86]) Die erschienenen Geschworenen sind zur Anzeige etwaiger Ausschließungsgründe aufzufordern.[87])

---

85) Die Unterlassung der im Abs. 1 vorgeschriebenen Zustellung oder Vorlegung oder der im Abs. 2 angeordneten Mitteilung berechtigt den Angekl., sowohl vor wie nach Bildung der Geschworenenbank Aussetzung der Hauptverhandlung zu beantragen. Der Angekl. kann jedoch hierauf verzichten, insbesondere auch stillschweigend dadurch, daß er, ohne den Verstoß zu rügen, sich an der Bildung der Geschworenenbank beteiligt und demnächst die Sachverhandlung anstandslos über sich ergehen läßt. U 19/4 83, E 8, 233.

85a) Die Namen der nach Zustellung der Spruchliste aus irgendeinem Grunde (Beurlaubung) ausgeschiedenen Geschworenen brauchen dem Angekl. nicht mitgeteilt zu werden. U 22/4 02, E 35, 216.

86) Unfähig zum Geschworenenamt sind Nichtdeutsche und die im § 32 GVG gedachten Personen. Vgl. §§ 84, 85 GVG. Wegen der Geschworenen, welche von der Ausübung ihres Amtes in der einzelnen Sache kraft Gesetzes ausgeschlossen sind, s. oben §§ 22, 32.

Für die Beurteilung der absoluten Unfähigkeit eines Geschworenen zur Mitwirkung beim Schwurgericht ist nicht die Zeit der Bildung der Spruchliste, sondern der Zeitpunkt der Berufung in die Geschworenenbank (Auslosung) maßgebend. U 21/9 80, E 2, 241. Falls bezüglich eines bereits in die Geschworenenbank berufenen Geschworenen erst im Laufe der Verhandlung ein Ausschließungsgrund bekannt wird, ist eine Neubildung der Geschworenenbank durch Wiederholung der Auslosung dann nicht nötig, wenn Ergänzungsgeschworene zur Verhandlung zugezogen sind, durch deren Eintritt an Stelle des von der Ausübung des Geschworenenamtes Ausgeschlossenen die gesetzl. vorgeschriebene Zahl der Geschworenen erfüllt wird. U 4/10 02, E 35, 372. Desgl. bedarf es keiner neuen Bildung, wenn sich nach deren Beginn die Behinderung eines ausgelosten Geschworenen herausstellt. U 13/10 08, E 41, 444.

87) Die Unterlassung dieser Aufforderung kann gemäß §§ 376, 377 nur dann die Revision begründen, wenn bei dem Urteil wirklich ein unfähiger oder von der Ausübung des Amtes kraft Gesetzes ausgeschlossener Geschworener mitgewirkt hat. U 24/3 85, E 12, 119. Der

Die Entscheidung über das Ausscheiden eines Geschworenen erfolgt nach Anhörung desselben durch das Gericht.[88]) Beschwerde findet nicht statt.[89]) Ein für unfähig Erklärter ist in der Spruchliste zu streichen.

**§ 280.** Zur Bildung der Geschworenenbank kann geschritten werden, wenn die Zahl der Geschworenen, welche erschienen und nicht in Gemäßheit des vorhergehenden Paragraphen ausgeschieden worden sind,[90]) mindestens vierundzwanzig beträgt. Anderenfalls ist die Zahl aus der Liste der Hilfsgeschworenen auf dreißig zu ergänzen.[91])

Die Ergänzung geschieht mittels Losziehung durch den Vorsitzenden in öffentlicher Sitzung.[92]) Sie gilt für alle in der Sitzungsperiode noch zu verhandelnden Sachen.

---

Vorsitzende kann unter Nachholung der versäumten Aufforderung die Bildung einer neuen Geschworenenbank vornehmen. U 28/7 08, E 41, 404.

88) Unter dem Gericht ist hier die Gesamtheit der richterlichen Mitglieder des Schwurgerichts zu verstehen. U 22/12 85, E 13, 191.

89) Dadurch ist jedoch eine Anfechtung des Beschlusses im Wege der Revision gegen das Urteil nicht ausgeschlossen. U 24/2 88, E 17, 173.

90) Unter den ausgeschiedenen Geschworenen sind lediglich die im § 279 genannten, zum Geschworenenamt überhaupt oder in der zu verhandelnden Sache unfähigen begriffen, nicht aber auch die nach § 94 GVG ganz oder zeitweilig von der Ausübung des Geschworenenamtes entbundenen Geschworenen zu verstehen. Erscheint daher ein wegen anerkannten Hinderungsgrundes entbundener Geschworener gleichwohl, so ist er bei der nach § 280 erforderlichen Zahl gerade so mitzurechnen, wie der, welcher von der Befugnis aus § 91 Abs. 2 GVG keinen Gebrauch gemacht hat; macht aber ein nach § 94 GVG berechtigter von seinem Ablehnungs- oder Hinderungsrechte erst in der Hauptverhandlung Gebrauch und mit Erfolg, so zählt er deshalb bei der zur Bildung der Geschworenenbank erforderlichen Zahl nicht mit, weil er bei deren Vornahme nicht mehr erschienen ist. U 29/11 83, E 9, 253.

91) Die Ergänzung ist ohne jeden Aufschub zulässig, gleichviel aus welchen Gründen die geladenen Geschworenen ausgeblieben sind, und der Eintritt des Ergänzungsgeschworenen kann ohne weiteres angeordnet werden, wenn sich das Ausbleiben eines ausgelosten Geschworenen bei Beginn oder im Verlaufe der Verhandlung herausstellt. U 14/9 97, E 30, 226. Wegen der Liste der Hilfsgeschworenen s. §§ 89 Abs. 2, 3, 90 GVG.

92) Eine überflüssige oder unzulässige Losziehung von Hilfsgeschworenen kann einen Revisionsgrund nicht abgeben, wenn weder die Bildung der Geschworenenbank, noch das Urteil auf ihr beruht. U 20/4 82, E 6, 170.

Die ausgelosten Hilfsgeschworenen werden unter Hinweis auf die gesetzlichen Folgen des Ausbleibens geladen.[93]) Ihre Namen sind in die Spruchliste aufzunehmen.

Es kann zur Bildung der Geschworenenbank schon dann geschritten werden, wenn infolge des Erscheinens von Hilfsgeschworenen die Zahl von vierundzwanzig Geschworenen erfüllt ist.

Erscheinen zu einer späteren Hauptverhandlung mehr als dreißig Geschworene, so treten die überzähligen Hilfsgeschworenen in der umgekehrten Reihenfolge ihrer Auslosung zurück.[94])

**§ 281.** Die Bildung der Geschworenenbank[95]) erfolgt in öffentlicher Sitzung. Das Los wird von dem Vorsitzenden gezogen.[96])

**§ 282.** Von den ausgelosten Geschworenen können so viele abgelehnt werden, als Namen über zwölf in der Urne sich befinden.[97])

Die eine Hälfte der Ablehnungen steht der Staatsanwaltschaft, die andere dem Angeklagten zu. Dem Angeklagten gebührt eine Ablehnung mehr, wenn die Gesamtzahl der Ablehnungen eine ungerade ist.[98])

---

93) Wegen der Ladung und der gesetzlichen Folgen des Ausbleibens s. §§ 93, 96 Abs. 1, 56 GVG.

94) Unbeschadet ihres Rücktritts im Einzelfalle verbleiben aber die überzähligen Hilfsgeschworenen auf der Spruchliste und also für die ganze Dauer der Sitzungsperiode zur Verfügung. U 20/4 82, E 6, 170.

95) Wegen der Bildung der Geschworenenbank s. § 278.

96) Vgl. betr. etwaiger Versehen bei der Losziehung: U 21/10 87, R 9, 522 (ein Los zu viel aus der Urne gezogen. Wiederholung der Ziehung); U 30/9 86, R 8, 573 (Ziehung des Namens eines von der Dienstleistung entbundenen Geschworenen). U 9/11 99, E 32, 378 (irrige Erklärung des Vorsitzenden, daß das Ablehnungsrecht des Angekl. erschöpft sei. Neue Bildung der Geschworenenbank vor Beendigung der Auslosung erforderlich). U 16/1 00, E 33, 75 (ein Name zu viel in die Urne gelegt. Neue Auslosung).

97) Vgl. jedoch die Einschränkung im § 285 Abs. 1.

98) Unrichtige Belehrung über die dem Angekl. zustehende Zahl der Ablehnungen führt zur Aufhebung des Urteils. U 10/2 02, E 49, 129. Wegen der gemeinschaftlichen Ausübung des Ablehnungsrechtes bei mehreren Angeklagten s. § 284.

Die von dem Verteidiger in Gegenwart des Angekl. abgegebenen

**§ 283.** Sobald ein Name gezogen und aufgerufen ist, hat die Staatsanwaltschaft und sodann der Angeklagte durch die Worte „angenommen" oder „abgelehnt" die Annahme oder Ablehnung zu erklären. Die Angabe von Gründen ist unzulässig.

Wird eine Erklärung nicht abgegeben, so gilt dies als Annahme.[99])

Die Erklärung kann nicht zurückgenommen werden, sobald ein fernerer Name gezogen, oder die gesamte Ziehung für beendet erklärt ist.[99a])

**§ 284.** Sind bei einer Hauptverhandlung mehrere Angeklagte beteiligt, so haben sie das Ablehnungsrecht gemeinschaftlich auszuüben.

Insoweit eine Vereinigung nicht zustande kommt, werden die Ablehnungen gleichmäßig verteilt; über die Ausübung derjenigen Ablehnungen, welche sich nicht gleichmäßig verteilen lassen, sowie über die Reihenfolge der Erklärungen entscheidet das Los.

**§ 285.** Ist die Zuziehung von Ergänzungsgeschworenen[100]) angeordnet worden,[1]) so vermindert sich die Zahl

Erklärungen über die Ablehnung oder Annahme eines Geschworenen gelten als von dem Angekl. selbst abgegeben. U 10/2 80, R 1, 335. Wenn der Angekl. sein Ablehnungsrecht erschöpft hat, so kann er nicht zur Ablehnung eines weiter ausgelosten Geschworenen wegen Besorgnis der Befangenheit von dem in den §§ 24 ff. nur auf Richter und Schöffen beschränkten Ablehnungsverfahren Gebrauch machen. U 1/11 88, R 10, 608.

99) Die bei dem Ablehnungsverfahren beteiligten Parteien gehen dadurch, daß sie die einzelnen Geschworenen ausdrücklich oder stillschweigend angenommen haben, nicht der Befugnis verlustig, das Urteil wegen gesetzwidriger Bildung der Geschworenenbank anzufechten. U 21/10 87, R 9, 522. Vgl. U 27/5 86, E 14, 213.

99a) Die Erklärung über Annahme oder Ablehnung kann von der StA noch, nachdem der Angekl. seine Erklärung abgegeben hat, zurückgenommen werden. U 28/6 04, E 37, 421. Ein fernerer Name ist jedenfalls gezogen, wenn der Vorsitzende einen Zettel in der Hand hält und den darauf befindlichen Namen gesehen hat. U 26/8 05, DR 9, 506.

100) Wegen der Ergänzungsgeschworenen s. § 194 GVG.

1) Die Anordnung der Zuziehung von Ergänzungsgeschworenen unterliegt lediglich dem pflichtmäßigen Ermessen des Vorsitzenden. Eine ausdrückliche vorherige Aufforderung des Angekl. zur Erklärung über diese Zuziehung ist nicht erforderlich. U 23/11 82, E 7, 284. Die Zuziehung muß

der zulässigen Ablehnungen um die Zahl der Ergänzungsgeschworenen.

Sind mehrere Ergänzungsgeschworene zugezogen worden, so treten sie in der Reihenfolge der Auslosung ein.[1a])

§ 286. Stehen an demselben Tage mehrere Verhandlungen an, so verbleibt die für eine derselben gebildete Geschworenenbank für die folgende Verhandlung oder für mehrere folgende Verhandlungen, wenn die dabei beteiligten Angeklagten und die Staatsanwaltschaft sich damit vor der Beeidigung der Geschworenen einverstanden erklärt haben.[2])

§ 287. Muß nach Unterbrechung einer Hauptverhandlung mit dem Verfahren von neuem begonnen werden, so ist auch die Geschworenenbank von neuem zu bilden.[2a]) [2b])

---

vor Beginn der Auslosung erfolgen. U 7/9 01, E 34, 335; Ausnahme: U 29/1 09, G 56, 212. Wegen des Zeitpunktes, bis zu welchem der Vorsitzende seine vor der Auslosung der Geschworenen getroffene Anordnung, daß ein Ergänzungsgeschworener zugezogen werden soll, zurücknehmen kann, s. U 27/5 86, E 14, 206 und wegen der Unzulässigkeit der Teilnahme der Ergänzungsgeschworenen an der Beratung s. § 303.

1a) Der Eintritt eines Ergänzungsgeschworenen braucht nicht in öffentlicher Sitzung zu erfolgen. U 8/12 04, G 52, 91. DJZ 10, 315.

2) Eine gleichzeitige Bildung der Geschworenenbank für mehrere Sachen ist nicht gestattet; Nichtbeachtung dessen führt aber nicht zur Aufhebung des Urteils, wenn das im § 286 erwähnte Einverständnis des Angekl. und der StA erfolgt. U 29/10 06, DR 10, 1387. Bei der Verhandlung über die Beibehaltung der für eine andere Sache gebildeten Geschworenenbank ist die Anwesenheit des Verteidigers erforderlich. U 5/1 89, E 18, 361. Diejenigen richterlichen Mitglieder des Schwurgerichts, vor denen in einer Sache die Erklärung des Einverständnisses abgegeben ist, brauchen nicht notwendig den Verhandlungen in allen anderen Sachen beizuwohnen; in solchem Falle ist vielmehr ein Wechsel innerhalb des richterlichen Personals zulässig. U 19/1 97, E 29, 338. Der Angekl. in der zweiten Sache und sein Verteidiger haben im Falle des § 286 kein Ablehnungsrecht. U 11/4 06, DR 10, 698. G 53, 277.

2a) Die Hauptverhandlung in einer abgetrennten Sache kann, wenn sie nur unterbrochen war, innerhalb der Frist des § 228 von derselben Geschworenenbank fortgesetzt werden. Der Beschluß, gegen die anderen Mitangeklagten allein zu verhandeln, enthält aber eine Aussetzung jener Sache. U 28/4 02, G 49, 267; DR 6, 300.

2b) Ebenso muß verfahren werden, wenn bei einer Verhandlung gegen mehrere Mitangeklagte durch Beschluß des Gerichts die Verhand-

**§ 288.** Nach Bildung der Geschworenenbank werden die Geschworenen in Gegenwart der Angeklagten, über welche sie richten sollen, beeidigt.

Die Beeidigung erfolgt in öffentlicher Sitzung.

Der Vorsitzende richtet an die zu Beeidigenden die Worte:

„Sie schwören bei Gott, dem Allmächtigen und Allwissenden, in der Anklagesache (den Anklagesachen) wider N. N. die Pflichten eines Geschworenen getreulich zu erfüllen und Ihre Stimme nach bestem Wissen und Gewissen abzugeben."

Die Geschworenen leisten den Eid, indem jeder einzeln die Worte spricht:

„ich schwöre es, so wahr mir Gott helfe."

Der Schwörende soll bei der Eidesleistung die rechte Hand erheben.

Ist ein Geschworener Mitglied einer Religionsgesellschaft, welcher das Gesetz den Gebrauch gewisser Beteuerungsformeln an Stelle des Eides gestattet, so wird die Abgabe einer Erklärung unter der Beteuerungsformel dieser Religionsgesellschaft der Eidesleistung gleichgeachtet.

**§ 289.** Nach der Beeidigung der Geschworenen erfolgt die Verhandlung in der Sache selbst.[3])

---

lung gegen einen Mitangekl. ausgesetzt, dann aber unter Wiederaufhebung des Trennungsbeschlusses doch gegen den letzteren weiter verhandelt ist. U 28/4 02, E 49, 266.

3) Die Verhandlung in der Sache selbst erfolgt nach Maßgabe der Bestimmungen der §§ 242—256. Nach dem Schlusse der Beweisaufnahme folgt die Verhandlung über die Fragestellung (§§ 290—298). Das weitere Verfahren richtet sich alsdann nach §§ 299 ff.

Präjudizielle Vorfragen, d. h. solche, durch deren Beantwortung festgestellt werden soll, ob überhaupt eine Verhandlung der Sache zulässig sei (z. B. ob ein rechtzeitiger Strafantrag vorliegt), sind vom Gericht ohne Zuziehung der Geschworenen und ohne in die Verhandlung der Sache einzutreten, zu entscheiden. U 12/7 80, E 2, 221.

Eine Beratung und Beschlußfassung der Geschworenen über das Ergebnis des Beweisverfahrens darf nicht stattfinden, ehe nach Maßgabe des § 301 die Zurückziehung derselben in ihr Beratungszimmer eintreten kann. Vor diesem Zeitpunkt dürfen sie daher auch vom Vorsitzenden nicht zu Beschlußfassungen über Beweisanträge veranlaßt werden. U 3/12 94, E 26, 273.

**§ 290.** Die den Geschworenen zur Beantwortung vorzulegenden Fragen werden von dem Vorsitzenden entworfen.[3a])

Nach dem Schlusse der Beweisaufnahme werden die entworfenen Fragen verlesen.[4]) Der Vorsitzende kann sie den Geschworenen, der Staatsanwaltschaft und dem Angeklagten in Abschrift mitteilen und soll einem hierauf gerichteten Antrage entsprechen.

Auf Verlangen der Staatsanwaltschaft oder des Angeklagten oder eines der Geschworenen ist behufs Prüfung der Fragen die Verhandlung auf kurze Zeit zu unterbrechen.

**§ 291.** Die Staatsanwaltschaft und der Angeklagte, sowie jeder Geschworene ist befugt, auf Mängel in der Fragestellung aufmerksam zu machen, sowie auf Abänderung und Ergänzung der Fragen anzutragen.[5])

Das Gericht stellt, wenn Einwendungen erhoben oder Anträge angebracht werden, oder wenn einer der Richter

---

3a) Der Entwurf der Fragen kann auf Grund einer Beratung des Gerichts festgestellt werden. U 23/2 05, DR 9, 171.

4) Über die Form und sonstige Einrichtung des Fragebogens enthält die StPO keine Bestimmungen. Es ist zulässig, auf dem Fragebogen Anweisungen über die Form der Kundgebung des Wahrspruches der Geschworenen zu geben, soweit dieselben keine Beeinflussung der Geschworenen bei Fällung ihres Spruches bewirken können. U 3/11 02, G 50, 111. Als unerläßliche Art der Mitteilung der entworfenen Fragen ist deren Verlesung vorgeschrieben, welcher zwar noch eine weitere — nämlich die Erteilung von Abschriften — hinzutreten kann, die jedoch durch keine andere, insbesondere auch nicht durch nicht wortgetreue Angaben über den Inhalt der Fragen, ersetzt werden darf. U 17/6 84, E 10, 436. U 20/12 94, E 26, 336.

Wenn nach Verlesung der entworfenen Fragen nochmals in die Beweisaufnahme eingetreten ist, so bedarf es keiner wiederholten Verlesung, falls die neuen Beweisverhandlungen keinen Anlaß zu Anträgen auf Abänderungen und Ergänzungen der Fragen oder Erhebung von Einwendungen gegen dieselben geboten haben. U 23/11 82, E 7, 284. U 9/10 91, E 22, 138. Wenn dagegen eine Abänderung oder Ergänzung der Fragen (§ 291) eintritt, so muß die nochmalige Verlesung der endgültig festgestellten Fragen, zum mindesten derjenigen Fragen erfolgen, welche eine Abänderung erfahren haben. U 14/4 93, E 24, 102. U 20/12 94, E 26, 336.

5) Das Recht, auf Ergänzung der Fragen anzutragen, begreift auch das Recht, Neben- und Hilfsfragen (§ 294) zu stellen. U 10/6 80, E 2, 92.

es verlangt, die Fragen fest. Die festgestellten Fragen sind zu verlesen.[5a])

§ **292.** Die Fragen sind so zu stellen, daß sie mit Ja oder mit Nein sich beantworten lassen.[6])

Wenn eine nachfolgende Frage nur für den Fall zu beantworten ist, daß eine vorausgehende in einem gewissen Sinne erledigt werde, so ist dies bemerklich zu machen.[7])

---

5a) Eine Feststellung und Verlesung ist nur hinsichtlich derjenigen Fragen vorgeschrieben, welche von der Beanstandung und Abänderung betroffen werden. U 9/6 96, E 28, 414. Der Angabe von Gründen für die Feststellung der Fragen bedarf es nicht. U 28/2 95, E 27, 67.

6) In die Hauptfragen (§ 292 Abs. 1) können auch die vom Strafgesetz besonders vorgesehenen Umstände, welche die Strafbarkeit vermindern oder erhöhen, aufgenommen werden. Auch in solchen Fällen ist die Hauptfrage mit Ja oder Nein zu beantworten, ohne daß erkennbar gemacht zu werden braucht, daß und wie eine gesonderte Abstimmung stattgefunden hat. U 13/1 80, E 1, 63. U 30/5 92, E 23, 147. Vgl. U 29/1 80, R 1, 296 (Überlegung bei Tötung). Ebensowenig ist die Stellung alternativer Fragen durch § 292 ausgeschlossen, insoweit es sich um unwesentliche Modalitäten (Zeit, Ort, Werkzeug usw.) der Verübung oder um gleichwertige Modalitäten des gesetzl. Tatbestandes derselben, individuell bestimmten Straftat handelt. Dagegen ist es nicht zulässig, zwei verschiedene zueinander selbständige Straftaten in eine alternative Frage zusammenzufassen. U 1/11 94, E 26, 155. Beispiele: U 2/3 81, R 3, 93 und U 25/6 83, E 9, 22 (verschiedene Mittel der Anstiftung nach § 48 StGB); U 28/1 82, R 4, 86 (Willenlosigkeit oder Geisteskrankheit der gemißbrauchten Frauensperson nach § 176 Nr. 2 StGB); U 29/9 84, E 11, 104 (Gewalt oder Drohung bei Raub). U 2/6 05, DR 9, 374 (Beleidigung durch Worte oder mittels Tätlichkeiten). U 26/4 83, R 5, 287; U 26/8 85, E 12, 347 u. U 27/11 02, E 36, 18 („allein" oder in „Gemeinschaft mit anderen"); U 5/4 92, G 40, 44 (Verbrechen gegen § 176 Nr. 1 oder gegen § 176 Nr. 3); U 8/1 96, E 28, 98 (Widerstand oder tätlicher Angriff). Alternative Fragestellung in bezug auf den unter Marterung verübten Raub gegenüber dem Raube mit der Folge einer schweren Körperverletzung ist unzulässig. U 11/8 02, E 35, 357. Zulässig ist dagegen die Frage, ob der Angekl. den einen Täter oder die mehreren Mittäter derselben einen Straftat angestiftet hat. U 21/6 04, E 37, 215. Über kumulative Verbindung der verschiedenen Modalitäten des § 239 Nr. 4 KO s. U 4/10 02, DJZ 8, 32.

7) Eine bestimmte Form, in welcher bei der Fragestellung es bemerklich zu machen ist, daß eine nachfolgende Frage nur für den Fall der Bejahung oder der Verneinung der vorausgehenden Frage beantwortet werden soll, ist nicht vorgeschrieben. Es muß aber eine Fassung

Bei einer Mehrzahl von Angeklagten oder von strafbaren Handlungen[8]) müssen die Fragen für jeden Angeklagten und für jede strafbare Handlung besonders gestellt werden.[9])

---

gewählt werden, welche den Geschworenen über ihre bezügliche Aufgabe keinen Zweifel läßt. Die Verbindung beider Fragen lediglich durch das Wort „eventuell" ist unzureichend, U 8/1 83, E 7, 434. U 29/4 82, E 6, 243; und ebensowenig genügt der alleinige Gebrauch der Bezeichnung „Hilfsfrage". U 28/7 00, E 47, 383. — Über die Reihenfolge der Fragen nach der Einsicht eines jugendl. Angekl. und nach mild. Umständen s. U 28/5 00, E 33, 298.

8) Der § 292 Abs. 3 enthält für real zusammentreffende Straftaten die ausdrückliche Vorschrift getrennter Fragestellung, nicht aber für ideell zusammentreffende Straftaten die Vorschrift des Gegenteils. Es ist also auch bei idealer Konkurrenz zulässig, für jede einzelne Straftat besondere Fragen zu stellen in der Art, daß die in der ersten Frage erwähnte Tat als selbständige und die in den weiteren Fragen erwähnten Taten als nicht selbständige bezeichnet werden. U 28/11 87, R 9, 673.

9) Die gesonderte Fragestellung muß selbst dann erfolgen, wenn die gegen verschiedene Angekl. erhobenen Beschuldigungen in einem solchen Verhältnis zueinander stehen sollten, daß die Geschworenen mit der Verneinung der Schuld des einen Angekl. folgerichtig auch zur Verneinung der Schuld des anderen Angekl. gelangen müssen. U 10/10 93, E 24, 302. Auch bei realer Konkurrenz ist die Vorschrift des § 292 Abs. 3 eine absolute; ihre Verletzung begründet die Revision selbst dann, wenn die gestellte eine Frage den Tatbestand der verschiedenen strafb. Handlungen unterschieden hat und von den Geschworenen mit den Worten „in beiden Fällen" beantwortet ist. U 4/2 82, E 5, 383. U 15/12 80, R 2, 303. U 28/1 82, R 4, 86. Vgl. U 30/3 83, E 8, 153 (Notwendigkeit besonderer Fragen, wenn ein Angekl. durch eine Handlung zu mehreren Straftaten angestiftet hat). U 17/11 80, R 2, 533. U 22/1 97, E 29, 327 (desgl. bei wiederholten gleichartigen Verbrechen eines Angekl. Stellung einer Hilfsfrage aus § 294 wegen fortgesetzter Begehung desselben Verbrechens). U 25/11 87, R 9, 654 (Unzulässigkeit der Fragestellung, ob ein Angekl. wiederholt gestohlen hat, ohne Präzisierung, ob eine bestimmte Mehrzahl selbständiger Diebstähle oder nur ein, wenn auch in fortgesetzter Wiederholung verübter Diebstahl vorliegt). Im übrigen erstreckt sich die Vorschrift des § 292 Abs. 3 nicht nur auf die Hauptfragen, sondern auch auf die Hilfs- und Nebenfragen, also auch auf die Frage nach mildernden Umständen. Bei realer Konkurrenz muß demgemäß zu jeder die einzelne Handlung betr. Frage eine besondere Frage nach mild. Umständen gestellt werden. U 25/8 80, E 2, 227; R 2, 202. Bei idealer Konkurrenz ist die Frage, ob in bezug auf die einheitliche Tat mild. Umstände vorliegen, nur einmal zu stellen, U 8/11 81, E 5, 155, und in

**§ 293.**[10]) Die Hauptfrage beginnt mit den Worten: „Ist der Angeklagte schuldig?"[10a]) Sie muß die dem Angeklagten zur Last gelegte Tat nach ihren gesetzlichen Merkmalen[11]) und unter Hervorhebung der zu ihrer Unterscheidung erforderlichen Umstände[12]) bezeichnen.[13])

diesem Falle auch auf diejenigen ideell konkurrierenden Straftaten zu erstrecken, bei denen das Gesetz die Annahme mild. Umstände nicht zuläßt. U 30/3 86, E 14, 8. U 17/2 88, R 10, 158. Wegen der Fragestellung bei Beihilfe zu ideell konkurrierenden Straftaten s. U 31/3 11, E 44, 409.

10) Nach § 81 GVG und § 293 StPO sind die Geschworenen dazu berufen, über die Schuldfrage zu entscheiden. Sie haben diese in ihrem ganzen Umfang zu bantworten, und deshalb ist im § 293 bestimmt, daß die Hauptfrage die dem Angekl. zur Last gelegte Tat nach ihren gesetzlichen Merkmalen, sonstige Tatumstände aber nur insoweit enthalten soll, als dies zur Identifizierung der zur Beurteilung stehenden Straftat erforderlich ist. Es haben daher die Geschworenen auch die Subsumtion der ihres Erachtens erwiesenen Tatsachen unter das Strafgesetz vorzunehmen und damit also auch über die Anwendbarkeit der im einzelnen Fall maßgebenden Rechtsbegriffe zu entscheiden. U 2/11 80, R 2, 431. U 17/3 82, E 6, 94. So über die Begriffe der Unterschlagung: U 24/4 80, E 2, 138; des Meineides: U 11/6 81, E 4, 314; des Mordversuchs: U 22/1 81, E 3, 295; U 16/1 02, E 35, 70. U 9/12 02, E 36, 26; des versuchten Totschlags: U 11/2 04, G 51, 188; der öffentlichen Urkunde: U 24/11 81, R 3, 738; der Rechtmäßigkeit der Amtsausübung: U 22/12 81, R 3, 819 usw. Einer Nachprüfung in der Revisionsinstanz kann deshalb auch der Spruch der Geschworenen selbst dann nicht unterzogen worden, wenn die Geschworenen von einer falschen Auffassung dieser Rechtsbegriffe ausgegangen sind. U 2/11 80, R 2, 431. U 24/11 81, R 3, 738. U 26/4 82, R 4, 387. Nur da findet dieser Grundsatz keine Anwendung, wo die Art der Fragestellung von vornherein gegen das Gesetz verstößt. U 2/10 85, R 7, 551.

Die den Geschworenen zugewiesene Schuldfrage begreift nicht die Entscheidung in sich, ob der Strafverfolgung der Einwand „ne bis in idem" entgegensteht, diese gebührt vielmehr dem Gericht. U 3/12 09, E 43, 60.

10a) Das Fehlen dieser Worte begründet die Revision. U 19/3 08, E 41, 186.

11) Die gesetzlichen Merkmale der unter Anklage gestellten Tat sind mit dem Ausdruck des Gesetzes d. h. mit den im speziellen Teil des StGB bei denselben gebrauchten Worten in die Frage aufzunehmen. U 28/11 87, R 9, 673. Es genügt also bei einer wegen Versuchs zu stellenden Frage nicht die Fassung, ob der Angekl. „den Versuch gemacht habe", sondern es müssen die im § 43 StGB enthaltenen gesetzlichen

Begriffsmerkmale des Versuchs in die Frage aufgenommen werden. U 11/5 81, R 3, 292. Dasselbe gilt für den Begriff der Unterschlagung. U 30/9 80, E 2, 279. Bei Anstiftung muß je nach der konkreten Sachlage mindestens eines oder das andere der im § 48 bezeichneten Mittel in die Frage aufgenommen werden. U 25/6 83, R 5, 463 (alternative Fragestellung). U 2/7 83, E 9, 38. U 21/12 86, R 8, 780. U 10/1 87, E 15, 304 (ausreichend, aber auch nötig: Angabe eines der im § 48 bezeichneten Mittel mit dem Zusatz der Generalklausel: „oder durch andere Mittel"). Vgl. betr. der Beihilfe U 22/4 80, R 1, 646. U 25/11 87, E 16, 350 (bei statt zur Tat entspricht nicht dem Gesetz). U 5/2 03, DR 7, 134. U 22/3 06, DR 10, 513 (es müssen die Worte des § 49 StGB „zur Begehung" gebraucht werden). Wegen Auflösung des Begriffs „bei Unternehmung einer strafbaren Handlung" im § 214 StGB s. U 31/1 11, E 44, 270; betr. der „rechtswidrigen Zueignung" im § 246 StGB s. U 24/4 80, E 2, 138; betr. der Unterschlagung im § 350 StGB: U 30/9 80, E 2, 279, und bei § 351. U 19/11 03, E 37, 8 („in Beziehung auf diese Unterschlagung" genügt); betr. §§ 249, 250 Z u. 4 StGB U. 5/10 00, G 47, 284; betr. § 147 StGB U 11/3 10, E 43, 311 (Begriff „verfälschtes Geld" nicht aufzulösen). Die beiden Mischtatbestände des § 221 StGB (Aussetzen oder Verlassen in hilfloser Lage) dürfen nicht kopulativ durch „und" miteinander verbunden werden. U 27/4 95, E 25, 321; ebensowenig die Merkmale der §§ 239 Nr. 1 u. 242 KonkO (Verheimlichen oder Beiseiteschaffen). U 9/10 96, G 34, 260. Unzulässig ist es ferner, die Ausdrücke des betreffenden Strafgesetzes durch andere Ausdrücke näher zu erläutern, U 28/2 95, E 27, 67, oder durch andere Bezeichnungen zu ersetzen, und nur dann, wenn absolut selbstverständliche Tatsachen und Rechtsbegriffe in Frage stehen, können die abstrakten Begriffsbestimmungen des Gesetzes zur Individualisierung auch durch konkrete tatsächliche Bezeichnungen ersetzt werden, also z. B. der Legalbegriff „Mensch" durch die Aufnahme der bestimmten individuellen Person. U 19/4 83, E 8, 233. U 1/7 85, E 12, 337, U 14/3 81, E 4, 22. Im allgemeinen soll jedenfalls eine nähere tatsächliche Spezialisierung des Anklagestoffes in der Frage nur insoweit stattfinden, als solches erforderlich erscheint, um die Identität der durch den Geschworenenspruch getroffenen Tat mit derjenigen, welche den Gegenstand der Anklage bildet, außer Zweifel zu stellen. Die Entscheidung darüber, welche speziellen Tatumstände neben der Hervorhebung der gesetzlichen Merkmale der Tat in die Frage aufzunehmen sind, unterliegt dem Ermessen des Vorsitzenden bzw. des Gerichts. U 29/10 01, G 48, 440 (fortgesetzter Betrug). Das Gericht kann hierbei auch von dem Eröffnungsbeschluß abweichen. U 9/5 81, R 3, 131. U 29/8 81, R 3, 493. U 13/11 84, R 6, 730. Zulässig ist es, in einer von mehreren Fragen auf die in einer anderen Frage bereits enthaltenen Merkmale des Verbrechens zu verweisen. U 20/3 80, E 2, 134. Die von einem des Meineids Angeklagten wissentl. falsch abgegebene eidliche Aussage ist in die Schuldfrage nicht mit aufzunehmen. U 12/5 02, DR 6, 329.

Wenn ein Deutscher wegen einer im Inlande begangenen Straftat vom Auslande ausgeliefert worden ist, sind in die Frage ausschließlich die vom deutschen Recht geforderten gesetzl. Merkmale der dem Angekl. zur Last gelegten strafb. Handlung, nicht auch die besonderen, nur dem ausländ. Recht bekannten Tatbestandsmerkmale aufzunehmen, von deren Vorhandensein die Bewilligung der Auslieferung abhängig gewesen ist. U 7/5 00, E 33, 271.

Über die Zulässigkeit der Aufnahme strafmindernder oder straferhöhender Umstände in die Hauptfrage s. A. 6 zu § 292. Sämtliche die Strafbarkeit ausschließende Umstände werden von der Hauptfrage ohne weiteres umfaßt. U 1/12 84, E 11, 277. U 27/6 81, E 4, 440 u. a. Vgl. A. 16 zu § 295. Hierher gehört bei den durch die Presse begangenen Beleidigungen auch die Frage, ob der Angekl. zur Wahrung berechtigter Interessen gehandelt hat. U 27/9 83, E 9, 105. Über die im § 46 StGB vorgesehenen Strafausschließungsgründe ist jedoch eintretenden Falles den Geschworenen eine besondere Frage vorzulegen. U 25/11 87, R 9, 650. — Umstände endlich, welche für die Zumessung der Strafe als Unterlage dienen sollen, dürfen in die Hauptfrage überhaupt nicht aufgenommen werden, sondern sind lediglich vom Gerichtshof festzustellen. U 17/4 85, E 12, 150 (Höhe der Überversicherung. PrGes v. 8/5 37 über das Mobiliarfeuerversicherungswesen).

12) Welche Umstände zur Unterscheidung der Tat erforderlich und daher besonders hervorzuheben sind, unterliegt dem Ermessen des Gerichts. S. A. 11. Betr. Notwendigkeit der Angabe des Orts der Tat s. U 9/12 09, E 43, 84.

13) An sonstigen Spezialentscheidungen betr. der Fragestellung sind insbesondere ergangen: 1. betr. im Auslande begangener Verbrechen (Strafandrohung durch die Gesetze des ausländischen Tatortes und Eigenschaft des Täters als Deutscher. § 4 Nr. 3 StGB). U 30/4 98, E 31, 122. U 11/5 09, E 42, 330. 2. Bei Anstiftung muß die Fragestellung nicht nur dahin gehen, ob der Anstifter den Haupttäter zur Tat bestimmt habe, sondern auch dahin, ob der Haupttäter infolge der Anstiftung die Tat auch wirklich verübt habe. U 15/1 86, E 13, 234. U 15/2 87, R 9, 137. In der Frage wegen Anstiftung zu einem Delikte braucht der Name des Angestifteten nicht genannt, bzw. die Person desselben nicht näher bezeichnet zu werden. U 12/8 90, G 38, 347. Wegen der Fragestellung bei gemeinschaftlich ausgeführter Anstiftung s. U 7/12 85, E 13, 121. 3. Bei Beihilfe muß aus der Fragestellung hervorgehen, daß die Tat, zu welcher Beihilfe geleistet wurde, auch wirklich begangen ist, U 15/2 87, R 9, 137; es muß daher zum Ausdruck gebracht werden, daß der Gehilfe dem Täter zur Begehung des von diesem verübten Delikts wissentlich Beihilfe geleistet hat. U 5/2 03, DR 7, 134. U 22/3 06, DR 10, 513. 4. Die Stellung der Frage nach der realen Konkurrenz des betrügl. mit dem einfachen Bankrott bei einem und demselben Konkursverfahren ist unzulässig. U 25/3 87, R 9, 197. 5. Bei Meineid aus § 154 StGB muß gefragt werden, ob der Eid durch ein falsches Zeugnis verletzt oder ein solches mit einem Eide bekräftigt ist. U 24/8 00, G 47, 383. Außerdem muß in der Frage,

das gesetzliche Merkmal, daß der Eid vor einer zur Abnahme von Eiden zuständigen Behörde geleistet sei, besonders hervorgehoben werden. U 12/2 83, R 5, 97. U 9/2 91, E 21, 321. Die Angabe der konkreten Behörde kann unterbleiben, soweit es nicht zur Individualisierung der Tat erforderlich ist. U 5/4 06, JW 35, 494. Bei Meineid aus § 153 StGB ist eine solche Hervorhebung nicht erforderlich. U 9/9 87, E 16 186. Bei Anwendung des § 155 Ziff. 2 ist zu fragen, ob die Versicherung durch ein falsches Zeugnis verletzt oder ob ein solches durch diese bekräftigt ist. U 24/8 00, G 47, 383. U 22/11 10, DJZ 16, 475. Die Angabe des Inhalts des Eides ist bei der Fragestellung wegen Meineides nicht erforderlich. U 11/6 81, E 4, 314. Jedenfalls darf durch die Aufnahme nur einzelner, angeblich falsch beschworener Tatsachen in die wegen Zeugenmeineides zu stellende Schuldfrage die Entscheidung der Geschworenen auf diese Tatsachen nicht beschränkt werden. U 7/10 95, E 27, 369. U 23/5 06, G 53, 287. 6. Bei Verbrechen aus § 159 StGB muß der Meineid, zu dessen Begehung verleitet werden sollte, nach seinen tatsächlichen Merkmalen (Zeugeneid, Parteieneid) in die Frage aufgenommen werden. U 21/3 81, R 3, 152. U 12/11 79, E 2, 283. 7. Wegen der Fragestellung bei Verbrechen aus § 157 Nr. 1 StGB s. U 27/4 80, E 1, 423 (A. 16 zu § 295). 8. Wegen der Fragestellung bei Ehebruch (Erfordernisse der Strafverfolgung) s. U 28/12 86, E 15, 122. Über die Fragestellung bei Vornahme unzüchtiger Handlungen mit Personen unter 14 Jahren s. U 1/7 85, E 12, 337. 9. Bei Beleidigung ist die Angabe des Namens des Beleidigten nicht erforderlich. U 9/4 06, E 38, 421. Bei § 196 StGB ist die Frage, ob die Beleidigung gegen einen Beamten in bezug auf seinen Beruf begangen ist, nicht zur Entscheidung der Geschworenen zu stellen. U 16/6 06, DR 10, 1016. 10. Bei vollendetem Mord muß die Fragestellung lauten: „Ist N. N. schuldig, den N. N. vorsätzlich getötet und diese Tötung mit Überlegung ausgeführt zu haben?" U 30/4 83, E 8, 276. 11. Bei versuchtem Mord muß die Fragestellung lauten: „Ist N. N. schuldig, den Entschluß den N. N. zu töten, durch vorsätzliche und mit Überlegung ausgeführte Handlungen, welche einen Anfang der Ausführung dieses Verbrechens enthalten, betätigt zu haben?" U 22/1 81, E 3, 295. U 9/12 02, E 36, 26. Wegen anderer Fassung s. U 28/3 11, E 44, 378. 12. Bei Versuch des Totschlags kann die Frage lauten: „Ist N. N. schuldig, den Entschluß, den N. N. vorsätzlich zu töten, durch nicht mit Überlegung ausgeführte Handlungen, welche einen Anfang der Ausführung dieses Verbrechens enthalten, betätigt zu haben?" U 16/1 02, E 35, 72. Vgl. U 6/7 99, E 32, 253. U 16/1 02, E 35, 70. 13. Wenn Bedenken obwalten, ob Mord oder Totschlag vorliegt, kann entweder nur eine, die sämtlichen Merkmale des Mordes enthaltende Frage gestellt und es den Geschworenen anheimgestellt werden, den Angekl. durch Verneinung des Merkmals der überlegten Ausführung nur eines Totschlags schuldig zu erklären; oder es ist die Hauptfrage auf vorsätzliche Tötung zu richten und zugleich über das Merkmal der überlegten Ausführung eine Nebenfrage zu stellen (U 17/11 98, E 31,

332); oder es kann eine auf Mord gerichtete Hauptfrage und zugleich eine auf Totschlag gerichtete Hilfsfrage gestellt werden. U 15/12 86, E 13, 344. U 24/8 98, E 31, 253. U 24/3 02, DR 6, 217. 14. Wegen der Fragestellung in dem Falle, wo über dieselbe Handlung sowohl vom Gesichtspunkte des Mordes, wie von demjenigen des Totschlags und des Kindesmordes eine Entscheidung abzugeben ist, s. U 2/1 90, E 20, 171 und wegen der Fragestellung bei Verwechslung der Person: U 29/12 88, R 10, 734. 15. Bei Verbrechen aus § 214 ist die Auflösung des Ausdrucks „Unternehmung" nicht erforderlich; wohl aber muß diejenige „strafbare Handlung", welche unternommen zu haben dem Angeklagten zur Last gelegt ist, durch Angabe der gesetzl. Merkmale spezialisiert und sodann individualisiert werden. U 13/4 92, E 23, 78. 16. Bei Körperverletzung mit tödlichem Erfolge mittels einer Waffe oder eines gefährlichen Werkzeuges oder einer das Leben gefährdenden Behandlung muß zunächst eine die Tatbestandsmerkmale des § 223 enthaltende Hauptfrage, dann für den Fall ihrer Bejahung eine den betr. straferhöhenden Umstand des § 226 enthaltende Nebenfrage und schließlich für den Fall der Bejahung der ersten und der Verneinung der zweiten Frage eine den straferschwerenden Umstand des § 223a enthaltende weitere Nebenfrage gestellt werden. Es kann aber auch gemäß § 295 Abs. 1 die erste und zweite Frage verbunden und die dritte gesondert unter der entsprechenden Eventualität angefügt werden. U 12/6 03, E 36, 277. Vgl. U 15/12 94, E 26, 312. U 19/11 06, DR 11, 72. 17. Zusammenziehung des Tatbestandes der §§ 251, 252 StGB in eine Frage ist zulässig. U 20/12 88, E 19, 141; desgl. im Falle des § 251 die alternative Fragestellung in bezug auf den unter Marterung eines Menschen verübten Raub gegenüber dem Raube mit der Folge einer schweren Körperverletzung. U 11/8 02, E 35, 357. 18. Bei der Frage wegen Urkundenfälschung aus § 270 StGB muß auch das Merkmal der „rechtswidrigen Absicht" zum Ausdruck gebracht werden. U 20/3 85, E 12, 112. Wegen der Fragestellung bei Urkundenfälschung i. S. § 270 StGB in Verbindung mit den §§ 267, 268, 269 StGB s. U 14/10 92, E 23, 259. Vgl. U 7/11 01, E 34, 414 (Hilfsfrage aus § 270 bei Hauptfrage aus § 267). 19. Die Feststellung des Raubes i. S. § 249 StGB muß auf Grund einer Hauptfrage erfolgen. U 12/8 90, G 38, 347. 20. Über die Fragestellung bei dem Tatbestand des im § 239 Nr 2 KO vorgesehenen betrügl. Bankerotts (ganz oder teilweise erdichtete Zahlungseinstellung oder Konkurseröffnung) s. U 20/12 93, E 24, 433. U 1/11 06, DR 10, 1387 (Anerkennung oder Aufstellung erdichteter Schulden). In der Frage aus § 240 Nr. 3 KO muß auch die gesetzliche Verpflichtung des Täters zur Führung von Handelsbüchern zum Ausdruck kommen. U 27/3 01, E 34, 237. Über die Fragestellung bei § 242 Nr. 2 KO s. U 24/11 05, E 38, 275. 21. Über die Fragestellung bei der zweiten Alternative des § 308 StGB (Brandstiftung) s. U 16/2 93, G 41, 33, und 22. wegen der Fragestellung bei Amtsunterschlagung (§§ 350, 351 StGB) U 13/3 85, R 7, 175 u. U 15/4 10, E 43, 382.

§ **294.** Hat die Verhandlung Umstände ergeben, nach welchen eine von dem Beschlusse über die Eröffnung des Hauptverfahrens abweichende Beurteilung der dem Angeklagten zur Last gelegten Tat in Betracht kommt,[14]) so ist eine hierauf gerichtete Frage zu stellen (Hilfsfrage).[15])

Diese ist der dem Beschluß entsprechenden Frage voranzustellen, wenn die abweichende Beurteilung eine erhöhte Strafbarkeit[15a]) begründet.

---

14) Eine solche abweichende Beurteilung kommt nicht in Betracht, wenn nur einzelne im Eröffnungsbeschluß enthaltene erschwerende Umstände wegfallen. U 4/1 84, E 9, 401. Vgl. jedoch U 15/2 86, E 13, 344. Die abweichende Beurteilung der Tat als Beihilfe erfordert die Stellung einer Hilfsfrage, die jedoch von den Geschworenen nur dann zu entscheiden ist, wenn die Hauptfrage wegen der Täterschaft verneint ist, U 20/3 90, E 20, 351, wie denn überhaupt Hilfsfragen nur für den Fall der Verneinung der den Eröffnungsbeschluß erschöpfenden Hauptfrage gestellt werden können. U 24/4 02, G 49, 265. U 6/10 93, E 24, 280. Über die Zulässigkeit einer auf Totschlag gerichteten Hilfsfrage, wenn die Hauptfrage die gesetzl. Merkmale des Mordes enthält, s. U 15/2 86, E 13, 344. S. A. 13 Nr. 12. Nach einer nur auf Antrag strafbaren Handlung ist eine Hilfsfrage nur dann zu stellen, wenn der Strafantrag vorliegt. U 7/1 82, E 5, 327. U 1/4 87, R 9, 226. U 28/2 05, E 37, 413. Wegen der Hilfsfrage wegen unterlassener Anzeige bei gemeinschaftl. Brandstiftung s. U 5/4 86, R 9, 256. U 21/1 90, G 37, 443. Auf die Fälle der Idealkonkurrenz findet § 294 Abs. 2 keine Anwendung. U 6/10 93, E 24, 280.

15) Ob es wegen eines von der Darstellung des Eröffnungsbeschlusses abweichenden Ergebnisses der Hauptverhandlung erforderlich sei, von Amts wegen eine Hilfsfrage zu stellen, hat das Gericht nach seinem Ermessen zu beurteilen. Dieses Ermessen ist jedoch nach § 296 ausgeschlossen, wenn eine Hilfsfrage beantragt ist. U 7/1 82, E 5, 327. — Wegen der Notwendigkeit ausreichender Bezeichnung der Hilfsfrage als solcher s. A. 7 zu § 292 Abs. 2. Inhaltlich muß auch die Hilfsfrage wie die Hauptfrage den Anforderungen des § 293 genügen und den vollen Tatbestand der betr. Straftat enthalten. U 7/1 82, E 5, 327. U 9/2 00, E 33, 131. Doch sind Bezugnahmen auf die Hauptfrage unter Umständen zulässig. U 19/3 08, E 41, 186.

15a) Unter der erhöhten Strafbarkeit ist eine solche Qualifikation der Tat zu verstehen, welche in abstracto die Verhängung einer schwereren Strafe bedingt oder die im Gesetz mit einer härteren Strafe bedroht wird. U 22/9 93, G 41, 282. Die bei Annahme mildernder Umstände eintretende Strafminderung hat hier außer Betracht zu bleiben, da über das Vorhandensein mild. U. nach § 297 eine Nebenfrage zu stellen ist. U 22/6 01, G 48, 358.

**§ 295.** Über solche vom Strafgesetze besonders vorgesehene Umstände, welche die Strafbarkeit vermindern oder erhöhen,[16]) sind geeignetenfalls den Geschworenen besondere Fragen vorzulegen (Nebenfragen).[17])

Eine Nebenfrage kann auch auf solche vom Strafgesetze

---

16) Vgl. hierüber A. 15 u. 16 zu § 262. — Die im § 157 Abs. 1 StGB hervorgehobene Tatsache bildet einen Strafmilderungsgrund, über welchen geeignetenfalls eine besondere Nebenfrage zu stellen ist. U 27/4 80, E 1, 423. Eine solche Nebenfrage darf aber nicht tatsächlich spezialisiert werden, muß vielmehr schlechthin auf die gesamte einheitliche Schuldfrage Bezug nehmen. U 7/10 95, E 27, 369. Der § 363 StGB stellt sich dagegen gegenüber §§ 267, 268 das. als besonderes Gesetz, nicht lediglich als ein die Strafbarkeit vermindernder Umstand dar. Gegenüber einer Hauptfrage aus §§ 267, 268 kann daher eine Nebenfrage aus § 363 nicht als Nebenfrage, sondern nur für den Fall der Verneinung der Hauptfrage als Hilfsfrage nach § 294 StPO gestellt werden. U 15/5 03, DR 7, 320. Der Tatbestand des § 351 StGB stellt im Verhältnis zu § 350 einen die Strafbarkeit erhöhenden Umstand dar; die Stellung einer besonderen Nebenfrage ist daher auch hier nur geeignetenfalls erforderlich. U 13/3 85, R 7, 175. Desgl. ist bei der Hehlerei die Gewerbsmäßigkeit ein straferhöhender Umstand. U 8/10 86, E 14, 356. Die qualifizierte Tötung des § 214 StGB bildet nur einen die Strafbarkeit der Tötung erhöhenden Umstand, so daß bei der Fragestellung nicht § 294, sondern § 295 zur Anwendung kommt, U 11/6 85, R 7, 367. Die Frage, ob bei Mord oder Totschlag die Voraussetzungen des § 216 zutreffen, darf nur als Nebenfrage (§ 295) gestellt werden. U 11/1 95, E 26, 363. Die Straftat des § 219 StGB umfaßt denselben Tatbestand, den § 218 Abs. 3 a. a. O. vorsieht, nur unter Hinzufügung des straferhöhenden Umstandes „gegen Entgelt". U 30/5 92, E 23, 147. Über die Zulässigkeit einer auf überlegte Ausführung gerichteten Nebenfrage, wenn die Hauptfrage auf Totschlag lautet, s. U 15/2 86, E 13, 344. U 17/11 98, E 31, 332. U 24/3 02, DR 6, 217.

17) Über solche Umstände, durch welche die Schuld des Täters ausgeschlossen wird (Zurechnungsfähigkeit), sind keine Nebenfragen zu stellen, da sie von der Hauptfrage mitumfaßt werden. U 27/6 81, E 4, 400. U 1/12 84, E 11, 277 (Notwehr). U 1/7 85, E 12, 337. U 12/3 09, DR 13, 1257 (§ 213 StGB). S. A. 11 zu § 293.

Über die Zulässigkeit der Aufnahme der straferhöhenden und strafmindernden Umstände in die Hauptfrage s. A. 6 zu § 292. Ob überhaupt die Stellung besonderer Nebenfragen oder die Aufnahme der hier in Betracht kommenden Umstände in die Hauptfrage vorzuziehen sei, hat der Vorsitzende, bzw. das Gericht nach seinem Ermessen zu entscheiden. Das richterliche Ermessen hat sich hierbei hauptsächlich von der Rücksicht auf leichte Faßlichkeit und Deut-

besonders vorgesehene Umstände gerichtet werden, durch welche die Strafbarkeit wieder aufgehoben wird.[18])

§ **296.** Wird die Vorlegung von Hilfs- oder Nebenfragen beantragt,[19]) so kann sie nur aus Rechtsgründen abgelehnt werden.[20])[20a])

---

lichkeit der Fragen leiten zu lassen und ist in dieser Beziehung nur durch die Vorschrift des § 296 beschränkt. U 12/5 80, R 1, 759. U 7/1 82, E 5, 327. Wegen der Bezeichnung der Nebenfrage als solcher s. A. 7 zu § 292 Abs. 2.

18) Umstände, durch welche die Strafbarkeit wieder aufgehoben wird, s. in §§ 46, 163, 204, 209, 310 StGB. Nebenfrage im Falle des § 46 Nr. 1 StGB: U 25/11 87, E 16, 347.

19) Das Recht, die Vorlegung von Hilfs- oder Nebenfragen zu verlangen, steht nicht nur der Staatsanwaltschaft und dem Angeklagten, sondern auch den Geschworenen zu. U 26/11 80, R 2, 569. Insbesondere hat der Angeklagte ein unbedingtes Recht auf die Stellung von Hilfsfragen, welche die Tat unter einen anderen strafrechtl. Gesichtspunkt bringen. Derartige Hilfsfragen dürfen auch nicht aus dem Grunde abgelehnt werden, weil der Angekl. bei Verneinung der Hauptfrage kein Interesse habe, die Hilfsfrage beantwortet zu sehen. U 26/11 80, E 3, 67. Der Verteidiger eines Angekl. ist jedoch nicht berechtigt, für andere, von ihm nicht vertretene Mitangeklagte die Vorlegung von Hilfs- und Nebenfragen zu beantragen. U 5/6 82, R 4, 524. — Über den Zeitpunkt der Stellung von Nebenfragen s. U 24/5 87, E 16, 126 und U 4/1 98, E 30, 403, in denen ausgeführt ist, daß in analoger Anwendung des § 276 der Antrag auf Vorlegung einer Hilfs- oder Nebenfrage so lange statthaft ist, bis die Kundgebung des Geschworenenspruches erfolgt ist.

20) Das Gericht kann also die beantragte Stellung einer Hilfsfrage nicht deshalb ablehnen, weil die Verhandlung keine Anhaltspunkte ergeben habe, von dem Anklagebeschlusse abzuweichen, U 29/9 87, R 9, 476; oder weil es der Ansicht ist, daß die von dem Antragsteller angeführten Tatsachen einen gesetzlichen Tatbestand nicht erfüllen. Es ist vielmehr auch in solchem Fall die beantragte Frage unter Aufnahme sämtlicher gesetzl. Merkmale desjenigen abstrakten Tatbestandes zu stellen, den die betr. Partei für erfüllt hält. U 7/1 82, E 5, 327. U 13/5 82, R 4, 484. U 19/4 83, E 8, 222. Dagegen kann die Vorlegung einer Hilfsfrage um deswillen abgelehnt werden, weil die Umstände, auf welche die letztere gerichtet sein soll, ihrem ganzen Umfange nach bereits in der Hauptfrage enthalten sind, U 2/4 86, E 14, 75; oder weil die Hilfsfrage einen mit den Merkmalen des einschlägigen Strafgesetzes nicht zu vereinbarenden Tatbestand enthält, U 29/12 88, E 18, 337; oder weil die Verfolgung der in der Hilfsfrage enthaltenen Vergehen durch Verjährung ausgeschlossen ist, U 28/11 92, E 23, 327. U 10/10 98, G 46, 425; oder weil der erforderliche Strafantrag fehlt. U 10/12 08,

**§ 297.** Wenn das Gesetz beim Vorhandensein mildernder Umstände[21]) eine geringere Strafe androht, so ist eine darauf gerichtete Nebenfrage zu stellen, wenn es von der Staatsanwaltschaft oder dem Angeklagten beantragt oder von Amts wegen für angemessen erachtet wird.[22])

Zur Verneinung der Frage nach dem Vorhandensein mildernder Umstände bedarf es einer Mehrheit von mindestens sieben Stimmen.[22a])

**§ 298.** Hatte ein Angeklagter zur Zeit der Tat noch nicht das achtzehnte Lebensjahr vollendet, so muß die Neben-

---

E 42, 105. Hilfsfrage aus § 257 StGB kann abgelehnt werden, weil mit Rücksicht auf die persönl. Verhältnisse des Angekl. die Begünstigung nach § 257 Abs. 2 straflos sein würde. U 22/2 00, G 47, 164.

Die Stellung einer den Tatbestand nicht erschöpfenden Hilfsfrage steht ihrer Ablehnung gleich. U 14/5 00, G 47, 298. Wegen Ablehnung einer Hilfsfrage nach fortgesetztem Delikt s. U 26/7 02, DR 6, 465. Wegen der Ablehnung des Antrags, in die Hauptfrage die Tatbestandsmerkmale eines ausländ. Strafgesetzes aufzunehmen s. U 21/9 06, E 39, 136.

20a) § 296 gilt auch für Zusatzfragen wegen ideal konkurrierender Straftaten. U 22/2 11, E 44, 338.

21) Die Fragen, ob ein „minder schwerer Fall" (§§ 94, 96 StGB.) oder ein „besonders leichter Fall" vorliege, gehören nicht zu den mildernden Umständen i. S. § 297 und unterliegen deshalb als Strafzumessungsgründe lediglich der Entscheidung des Gerichts. U 10/2 82, E 6, 25. Auch bei Rückfallsverbrechen haben die Geschworenen die Entscheidung darüber, ob mildernde Umstände vorliegen. U 28/8 06, E 39, 97. Vgl. U 28/4 96, G 44, 60.

22) Eine bestimmte Form ist für die Frage nach mildernden Umständen nicht vorgeschrieben. Es kann in derselben die Straftat, in bezug auf welche das Vorhandensein oder Nichtvorhandensein mildernder Umstände festgestellt werden soll, bezeichnet werden, dagegen ist eine Beschränkung der Frage auf einzelne mildernde Umstände unzulässig. U 20/3 83, R 5, 191. U 30/12 81, R 3, 841. Die Zahl der mildernden Umstände ist nicht von den Geschworenen festzustellen; die Frage, ob mildernde Umstände vorhanden seien, vielmehr von ihnen auch dann ohne Einschränkung zu bejahen, wenn sie nur einen einzigen annehmen (§ 213 StGB.). U 21/6 00, E 33, 323. Desgl. darf die Frage nicht auf die Vergangenheit (verbis: waren mildernde Umstände vorhanden?) gestellt werden. U 24/2 90, E 20, 266.

Über die Stellung der Frage nach mildernden Umständen bei realer und idealer Konkurrenz s. oben A. 9 zu § 292 Abs. 3.

22a) Diese Mehrheit genügt auch zur Verneinung mild. Umstände bei einem Schuldspruche wegen Totschlags. U 26/2 07, E 40, 49.

frage gestellt werden, ob er bei Begehung der Tat die zur Erkenntnis ihrer Strafbarkeit erforderliche Einsicht besessen habe.[23])

Dasselbe gilt, wenn ein Angeklagter taubstumm ist.[24])

**§ 299.** An die Fragestellung schließen sich die Ausführungen und Anträge der Staatsanwaltschaft und des Angeklagten zur Schuldfrage.[25])

**§ 300.** Der Vorsitzende belehrt, ohne in eine Würdigung der Beweise einzugehen, die Geschworenen über die rechtlichen Gesichtspunkte, welche sie bei Lösung der ihnen gestellten Aufgabe in Betracht zu ziehen haben.[26])

---

23) Vgl. § 56 StGB. Wenn das Gericht den Angekl. irrtümlich für strafmündig gehalten und deshalb die Nebenfrage des § 298 Abs. 1 nicht gestellt hat, so ist die Revision begründet. U 5/7 98, E 31, 232.

24) Vgl. § 58 StGB.

25) Der Staatsanwaltschaft, dem Verteidiger und dem Angeklagten muß das Wort zur Schuldfrage erteilt werden, und zwar bei einer Abänderung der Fragen auch dann, wenn sie sich schon vor der Abänderung über die Schuldfrage ausgelassen haben. U 14/4 93, G 41, 43. Wenn nach dem Plädoyer noch eine Änderung der Fragestellung stattfindet, so muß nach Verlesung der neu gefaßten Fragen (s. A. zu § 290) auch eine wiederholte Erteilung des Wortes an die StA und den Angekl. stattfinden. U 14/4 93, E 24, 102. Dem Angekl. gebührt auch hier das letzte Wort. U 30/10 99, E 32, 321. Wegen der Beschränkung des formalen Rechtes der Staatsanwaltschaft auf eine erste und eine erwidernde Ausführung s. A. 100 zu § 257.

26) Die Rechtsbelehrung des Vorsitzenden muß sich unmittelbar an die Ausführungen der Prozeßbeteiligten über die Schuldfrage anschließen und muß unmittelbar vor der Übergabe der Fragen an die Geschworenen und deren Abgang in das Beratungszimmer erfolgen. Rechtsbelehrungen vor Schluß der Sachverhandlung und der Plädoyers sind unzulässig, und ebensowenig genügt ein bloßer Hinweis auf die in einem früheren Abschnitte der Verhandlung erfolgte Belehrung. U 11/2 82, R 4, 152. U 24/3 91, E 22, 18. Wenn die Geschworenen, bevor sie sich zur Beratung zurückziehen, eine weitere Belehrung verlangen, und daraufhin die Verhandlung nochmals eröffnet wird, so muß nicht nur § 257 von neuem befolgt, sondern auch eine neue Rechtsbelehrung erteilt werden. U 26/3 96, G 44, 53. Wenn nach der Rechtsbelehrung eine Wiederaufnahme der Beweisaufnahme stattfindet, kann eine Wiederholung der Rechtsbelehrung unterbleiben, wenn der nachträgliche Beweisakt keinen Stoff zu einer erneuten Rechtsbelehrung bietet und die Wiederaufnahme der Verhandlung auch sonst nicht geeignet ist, die Wirkung der früher ordnungsmäßig erteilten Belehrung zu beeinträchtigen. U 11/12 96, E 29, 263. U 29/4 98, G 46, 213.

Die Belehrung des Vorsitzenden darf von keiner Seite einer Erörterung unterzogen werden.[27])

§ **301.** Die Fragen werden vom Vorsitzenden unterzeichnet und den Geschworenen übergeben.[27a]) Die Geschworenen[28]) ziehen sich in das Beratungszimmer zurück. Der Angeklagte wird aus dem Sitzungszimmer entfernt.[29])

§ **302.** Gegenstände, welche in der Verhandlung den Geschworenen zur Besichtigung vorgelegt wurden, können ihnen in das Beratungszimmer verabfolgt werden.[30])

---

Über die Notwendigkeit der Rechtsbelehrung bei eintretendem Berichtigungsverfahren s. U 29/4 82, E 6, 318 und A. 49 zu § 309.

Durch die Vorschrift des § 300 Abs. 1 wird nicht ausgeschlossen, daß der Vorsitzende seine Belehrung dem einzelnen Falle anpassen darf und häufig ganz zweckmäßig so verfahren muß. U 28/1 80, E 1, 85.

27) Insbesondere kann deshalb auch nach der Rechtsbelehrung dem Verteidiger das Wort „zur Ergänzung seiner Ausführungen" nicht mehr erteilt werden. U 29/4 95, E 27, 188. Ein Antrag auf protokollarische Fixierung der Rechtsbelehrung ist unzulässig, und es kann auch eine Revision darauf, daß der Vorsitzende die Grenzen der Rechtsbelehrung überschritten, oder daß die letztere einen Rechtsirrtum erhalten habe, nicht gegründet werden. U 28/1 80, E 1, 85. Eine Ausnahme von § 300 Abs. 2 s. im U 22/1 09, E 56, 213 (Kritik zulässig bei den durch einen späteren Beweisakt veranlaßten Parteiausführungen).

27a) Die Unterschrift des Vorsitzenden, welche bei Übergabe der Fragen an die Geschworenen gefehlt hat, kann nachgeholt werden. Diese Nachholung muß aber unter Zuziehung des Angekl. erfolgen. U 21/10 02, E 35, 407.

28) Unter den Geschworenen sind nur die zur Beratung und Abstimmung berufenen zwölf Geschworenen, nicht auch die Ergänzungsgeschworenen verstanden. U 28/12 80, E 3, 266.

29) Die Unterlassung der Entfernung kann die Revision nicht begründen. U 29/5 88, R 10, 417.

30) Die Zulässigkeit einer solchen Verabfolgung ist also davon abhängig, daß in der Verhandlung eine Vorlegung der Gegenstände zum Zweck der Besichtigung stattgefunden hat (Handschriften zum Zweck der Vergleichung, gefälschte Münzen, gefälschte Urkunden, Terrainzeichnungen, Werkzeuge der Tat usw.). Nach U 25/1 82, E 5, 398 genügt es, wenn das fragliche Beweisstück als solches in der Hauptverhandlung vorgelegen hat und von den Geschworenen gesehen worden ist. Noch weiter geht U 14/2 84, E 10, 161, nach welchem nur erforderlich sein soll, daß das Beweisstück als solches in der Hauptverhandlung (auch durch Verlesen) produziert worden ist. Die erfolgte Vorlegung in der Verhandlung kann nur durch das Protokoll

**§ 303.** Zwischen den im Beratungszimmer versammelten Geschworenen und anderen Personen darf keinerlei Verkehr stattfinden.[31])

Der Vorsitzende sorgt dafür, daß ohne seine Erlaubnis kein Geschworener das Beratungszimmer verlasse und keine dritte Person in dasselbe eintrete.[31a])

**§ 304.** Die Geschworenen wählen ihren Obmann mittels schriftlicher Abstimmung[32]) nach Mehrheit der Stimmen. Bei Stimmengleichheit entscheidet das höhere Lebensalter.

Der Obmann leitet die Beratung und Abstimmung.[33])

---

bewiesen werden. U 27/9 04, E 37, 253. Vgl. U 30/1 88, R 10, 88 (Mitgabe von Auszügen usw. aus einem in der Hauptverhandlung den Geschworenen vorgelegten Hauptbuch). In der Hauptverhandlung nur verlesene Protokolle dürfen den Geschworenen nicht verabfolgt werden, U 11/12 83, E 10, 115. U 13/9 87, E 16, 187. U 1/5 94, G 42, 118; desgl. nicht eine Abschrift eines verlesenen Liedes, U 6/10 04, DJZ 10, 71; jedoch ist es zulässig, den Geschworenen zur Unterstützung des Gedächtnisses während der Beweiserhebung beglaubigte Abschriften verlesener Beweisurkunden einzuhändigen. U 5/5 90, E 20, 382. Wenn einzelne Blätter aus Akten den Geschworenen zur Besichtigung von Unterschriften vorgelegt sind, so dürfen der Regel nach und soweit dies möglich ist, nur diese Blätter in das Beratungszimmer verabfolgt werden. U 23/2 92, E 22, 368. Die Mitgabe von Gesetzbüchern oder Gesetzeskommentaren ist zu vermeiden; jedenfalls hat der Angekl. keinen Rechtsanspruch, diese Mitgabe zu verlangen. U 11/1 86, E 13, 248. Vgl. U 7/1 02, DR 6, 81. Die erfolgte Mitgabe kann jedoch die Revision nicht begründen. U 20/4 86, R 8, 301. U 29/11 86, R 8, 721.

31) Insbesondere dürfen auch die Ergänzungsgeschworenen der Beratung der Geschworenen nicht beiwohnen, selbst wenn sie sich bei der Beratung oder Abstimmung gar nicht beteiligen. U 20/2 82, E 6, 58. Vgl. U 28/12 80, E 3, 266 (Auskunftserteilung seitens eines Ergänzungsgeschworenen über die Angabe des Stimmenverhältnisses). Eine Verletzung des § 303 Abs. 1 kann aber nur dann die Revision begründen, wenn ein die Selbständigkeit der Beratung und Beschlußfassung der Geschworenen gefährdender Verkehr mit Dritten festgestellt ist. U 12/2 80, E 1, 207. Ein bloßes Verlassen des Beratungszimmers und Betreten von Räumen, in denen sich andere Personen befinden, enthält keine wesentliche Verletzung des Gesetzes, U 7/2 95, E 27, 4; ebensowenig eine Besprechung mit anderen vor erfolgter Versammlung im Beratungszimmer U 19/1 09, G 56, 212.

31a) Das zeitweilige Eintreten eines Gerichtsdieners in das Beratungszimmer, sei es auf Verlangen der Geschworenen oder auf

**§ 305.** Die Geschworenen haben die ihnen vorgelegten Fragen mit Ja oder mit Nein zu beantworten.[34])

Sie sind berechtigt, eine Frage teilweise zu bejahen und teilweise zu verneinen.[35])

---

Anordnung des Vorsitzenden oder behufs dienstlicher Verrichtungen ist zulässig. U 30/12 05, DR. 10, 195.

32) Die Vorschrift schriftlicher Abstimmung über die Wahl des Obmanns ist keine wesentliche, ihre Beobachtung ist vielmehr der Gewissenhaftigkeit der Geschworenen anheimgestellt. U 26/9 82, R 4, 713 u. U 20/9 80, E 2, 257 (Revision deswegen unzulässig).

33) Die Art der Beratung und Abstimmung der Geschworenen im Beratungszimmer ist der Anfechtung mittels der Revision entzogen. Im übrigen ist es nicht erforderlich, daß die Geschworenen über die ihnen vorgelegten Fragen schriftlich abstimmen. U 12/9 81, R 3, 495; s. auch U 19/1 09, G 56, 212.

34) Dies gilt auch dann, wenn in die Hauptfrage Umstände, welche die Strafbarkeit erhöhen oder vermindern, mitaufgenommen sind, und die Geschworenen die ganze Frage uneingeschränkt bejahen oder verneinen wollen. U 13/1 80, E 1, 63. Die bei idealer Konkurrenz gestellten mehreren Fragen müssen sämtlich von den Geschworenen beantwortet werden. U 21/5 81, E 4, 190. In allen Fällen muß die Antwort deutlich „Ja" oder „Nein" lauten; die Angaben des Resultats der Abstimmung statt der Bejahung oder Verneinung ist unzulässig. U 11/10 83, E 9, 107.

35) Eine bestimmte Form ist für die teilweise Bejahung und Verneinung einer Frage nicht vorgeschrieben. U 16/1 02, E 35, 70. Aus dem Spruch muß aber stets mit einer jeden Zweifel ausschließenden Klarheit erhellen, welchen Tatbestandsmerkmalen eine bejahende Antwort gegeben worden ist. Es ist nicht zulässig, im Wege der Auslegung den Umfang der Bejahung über den bestimmt erkennbaren Inhalt der Antwort hinaus durch richterliche Interpretation auszudehnen; in Zweifelsfällen ist nach §§ 309 ff. zu verfahren. U 30/10 82, E 7, 194. Im übrigen sind die Geschworenen in Ausübung der ihnen im § 305 Abs. 2 gewährten Befugnis unbehindert, bei Verneinung eines für die Schuld wesentlichen Umstandes sich auf diese Verneinung zu beschränken, statt daraufhin ein Nichtschuldig auszusprechen. Ob in dem, was sie als Schuld bejahen, auch der Tatbestand einer strafbaren Handlung enthalten ist, steht nicht zu ihrer rechtl. Beurteilung, sondern zur Entscheidung des das Strafgesetz anwendenden Gerichts. U 21/12 81, R 3, 817. In solchen Fällen bedarf es deshalb auch des Berichtigungsverfahrens nach § 309 nicht, und zwar selbst dann nicht, wenn die Geschworenen überflüssigerweise noch die Frage nach mildernden Umständen bejaht haben sollten. U 11/6 80, E 2, 96. Vgl. U 21/4 84, E 10, 315. Nach U 27/9 95, G 43, 260 sind die Geschworenen auch befugt, zu der im § 305 Abs. 1 vorgeschriebenen Antwort Zu-

**§ 306.** Glauben die Geschworenen vor Abgabe ihres Spruchs einer weiteren Belehrung zu bedürfen, so wird diese auf ihren Antrag durch den Vorsitzenden erteilt, nachdem sie zu dem Zweck in das Sitzungszimmer zurückgekehrt sind.[36])

Ergibt sich Anlaß zur Änderung oder Ergänzung[37]) der Fragen, so muß der Angeklagte zur Verhandlung zugezogen werden.

**§ 307.** Der Spruch ist von dem Obmann neben den Fragen niederzuschreiben und von ihm zu unterzeichnen.[38])

---

sätze zu machen, sofern dieselben lediglich tatsächliche, für die Identität der Tat und ihre rechtl. Bedeutung unerhebliche sind (Tag der Tat).

36) Diese Belehrung darf nur über rechtliche Gesichtspunkte (§ 300) erfolgen. Zweifel der Geschworenen über tatsächliche Fragen können nur durch Wiedereintritt in die Verhandlung bzw. durch Wiederaufnahme der Beweisaufnahme erledigt werden. U 20/3 88, E 17, 231. Bei der Belehrung und den sich etwa daran anknüpfenden Verhandlungen müssen bei Vermeidung der Nichtigkeit des Urteils alle die Personen zugegen sein, deren ununterbrochene Gegenwart § 225 erfordert (Richter, Staatsanwalt und Gerichtsschreiber). U 14/12 83, E 9, 271. U 26/9 81, R 3, 535. Die Anwesenheit des Angeklagten bei der weiteren Belehrung ist nur im Falle des § 306 Abs. 2 geboten, obwohl es sich auch hier nur um eine instruktionelle Vorschrift handelt, auf deren Beobachtung oder Nichtbeobachtung das Urteil niemals beruhen kann. U 24/9 88, R 10, 513. U 6/5 09, G 56, 319.

37) Eine Ergänzung der Fragen begreift auch die Stellung von Hilfs- und Nebenfragen. Infolge derselben kann zwar eine neue Beweiserhebung und eine neue Belehrung eintreten, jedoch ist keineswegs in jedem Falle eine Wiederaufnahme der vor der Fragestellung stattgefundenen Verhandlung erforderlich. U 10/6 80, E 2, 92.

Die bloße Berichtigung offenbarer Schreibfehler in den Fragen (Datum des Vorfalls) ist keine Änderung oder Ergänzung i. S. § 306; der Vorsitzende kann solche Fehler ohne Zuziehung des Angekl. beseitigen. U 13/8 95, G 43, 255.

38) Es genügt, wenn der Obmann seine Unterschrift nur einmal am Schlusse des Wahrspruchs beifügt. Daß er seine Unterschrift unter die Antwort auf jede einzelne Frage setzt, ist nicht erforderlich. U 2/7 80, E 2, 201. Dies gilt auch dann, wenn der Spruch der Geschworenen mehrere Bogen umfaßt. U 28/12 80, R 2, 674. Beim Zusammentreffen mehrerer Fragen kann die Unterschrift des Obmanns auch dann an den Schluß aller Fragen gesetzt werden, wenn nur die erste derselben beantwortet ist. U 20/11 94, E 26, 213. Wenn aber der Obmann überhaupt einzelne Antworten unterschreibt, so muß er seine Unterschrift auch allen Antworten beifügen, da sonst der Unterschrift unter der letzten Antwort nicht die Bedeutung einer

Bei jeder dem Angeklagten nachteiligen Entscheidung ist anzugeben, daß dieselbe mit mehr als sieben Stimmen, bei Verneinung der mildernden Umstände, daß dieselbe mit mehr als sechs Stimmen gefaßt worden ist. Im übrigen darf das Stimmenverhältnis nicht ausgedrückt werden.[39])

§ **308.** Der Spruch ist im Sitzungszimmer von dem Obmann kund zu geben. Der Obmann spricht die Worte: „Auf Ehre und Gewissen bezeuge ich als den Spruch der Geschworenen"[40]) und verliest die gestellten Fragen mit den darauf abgegebenen Antworten.[41])

---

Unterzeichnung des gesamten Spruches zukommen kann. U 22/1 83, E 8, 10. Vgl. U 6/6 07, E 40, 197. Über die Stelle der Unterschrift s. U. 7/11 87, R 9, 566 (Unterschrift direkt unter den Antworten nicht erforderlich). U 24/9 95, G 43, 381 (desgl. nicht auf derselben Spalte des Fragebogens, auf welcher die Antworten stehen). Die Hinzufügung der Obmannseigenschaft zur Namensunterschrift ist nicht erforderlich; es genügt, daß im Sitzungsprotokoll bei der Beurkundung der Kundgebung des Spruchs die Obmannseigenschaft festgestellt ist. U 20/11 94, E 26, 213.

39) Die schriftliche Angabe des Stimmenverhältnisses bei jeder dem Angekl. nachteiligen Entscheidung ist ein wesentlicher Bestandteil des Spruches. Wenn dieselbe fehlt, so ist der Spruch unvollständig und das Gericht muß unter Bezeichnung des Mangels das Berichtigungsverfahren einleiten, wobei gemäß § 311 den Geschworenen anderweite freie Feststellung zusteht. U 30/4 81, E 4, 122. U 9/6 81, E 4, 278. U 11/10 83, E 9, 107. U 21/4 84, E 10, 315. U 17/5 01, G 48, 306. Andererseits liegt in der Beifügung des Stimmenverhältnisses bei einer dem Angekl. günstigen Entscheidung keine Verletzung einer wesentlichen Förmlichkeit, so daß in solchem Fall auch ein Berichtigungsverfahren nicht erforderlich ist. U 28/7 84, E 11, 42. U 16/11 99, E 32, 372 (Verneinung der mildernden Umstände mit der Angabe „mit mehr als sieben Stimmen"). U 14/5 00, G 47, 297 (Angabe der Einstimmigkeit bei einer dem Angekl. nachteiligen Frage). Wo aber wegen mangelnder Angabe des Stimmenverhältnisses das Berichtigungsverfahren eintreten muß, da führt die Unterlassung des letzteren unbedingt zur Aufhebung des Urteils, U 29/1 83, R 5, 66. U 18/9 90, E 21, 70, und zwar des gesamten Urteils, so daß, wenn die Frage nach mildernden Umständen ohne Angabe des Stimmenverhältnisses verneint wird, der Spruch in der Revisionsinstanz nicht nur hinsichtlich der mildernden Umstände, sondern in seinem ganzen Umfange aufzuheben ist. U 3/2 93, E 23, 402. Vgl. U 12/5 08, DJZ 13, 973 (Frage nach fortgesetztem Delikt).

40) Diese Worte, mit denen der Obmann die Verlesung ein-

Der verlesene Spruch ist von dem Vorsitzenden und dem Gerichtsschreiber zu unterzeichnen.[42])

§ **309.**[43]) Erachtet das Gericht, daß der Spruch in der Form nicht vorschriftsmäßig[44]) oder in der Sache undeutlich,[45]) unvollständig[46]) oder sich widersprechend[47])

---

leiten soll, sind unerläßlich bei Vermeidung der Aufhebung des Urteils. U 22/12 80, R 2, 662. Hierbei ist zu bemerken, daß die Konstatierung der erfolgten Kundgebung im Protokoll auch eine ausreichende Bestätigung der Beobachtung jener Formalität enthält, wodurch allerdings nicht ausgeschlossen wird, daß die Beteiligten die Fixierung einer etwaigen Nichtbeobachtung durch das Protokoll herbeiführen können. U 30/12 81, R 3, 842.

41) Die Verkündung des Spruches kann nicht unterbrochen oder geteilt werden; sie ist ein mit besonderer Feierlichkeit bekleideter Akt, der, wenn begonnen, in den Formen des § 308 verlaufen muß. U 24/9 85, E 12, 373.

42) Der Vorschrift des § 308 Abs. 2 ist genügt, sobald nur überhaupt der Spruch, wie er schließlich nach dem Berichtigungsverfahren endgültig zustande gekommen, von den Gerichtspersonen unterzeichnet wird. U 12/1 85, R 7, 26.

43) Die Vorschriften der §§ 309 ff. beziehen sich auf alle daselbst erwähnten Fälle von Mängeln des Geschworenenspruchs, stellen also nicht Rechtsnormen dar, welche lediglich zugunsten des Angekl. erlassen sind (§ 378). U 8/6 86, E 14, 299.

44) Vgl. die Formvorschriften im § 307 Abs. 1. Die Formmängel, von deren Berichtigung im § 309 die Rede ist, beziehen sich nur auf Mängel in der schriftlichen Abfassung und Beurkundung des Spruchs, nicht auf dessen Inhalt. U 15/2 00, E 33, 139 (Zubilligung mildernder Umstände, ohne daß eine entsprechende Nebenfrage gestellt war). Auch Schreibfehler in den Fragen, bzw. in dem Spruche können nach Vorschrift des § 209 berichtigt werden. U 29/12 80, R 2, 679. Durchstreichungen im Wahrspruch, welche den übrigen Inhalt des letzteren unberührt lassen und dessen Bedeutung und Tragweite nicht fraglich erscheinen lassen, machen den Spruch nicht in der Form unvorschriftsmäßig. U 14/4 02, G. 49, 263.

45) In der Sache undeutlich ist der Spruch, „sobald er den Sinn, welchen die Geschworenen ihm beilegen wollen, nicht klar erkennen läßt, oder wenn seine Fassung einen Zweifel darüber zuläßt, ob die Geschworenen nicht die Frage mißverstanden und deshalb die wirklich gestellte Frage unbeantwortet gelassen haben" (Mot. S. 204). Beispiele im U 30/10 82, E 7, 194. U 29/9 84, E 9, 103. U 12/1 85, R 7, 26. U 7/10 86, R 8, 600. U 27/4 88, R 10, 349. U 10/6 07, E 40, 203. U 30/6 02, G 49, 278 (mildernde Umstände). U 28/8 03, DJZ. 9, 526 (Einklammerung der Worte „mit mehr als 7 Stimmen" nicht undeutlich).

46) **Unvollständig** ist der Spruch, wenn er den Eröffnungsbeschluß nicht erschöpft, also z. B. von mehreren bei idealer Konkurrenz gestellten Fragen eine derselben unbeantwortet läßt, U 21/5 81, E 4, 190, oder wenn er das Stimmenverhältnis nicht angibt. U 30/4 81, E 4, 122. U 29/1 83, R 5, 66. U 21/4 84, E 10, 315.

47) Ein sich widersprechender Spruch liegt nur dann vor, wenn derselbe in sich selbst ohne Rücksicht auf das Beweisergebnis als widersprechend zu erachten ist, U 29/4 82, E 6, 318, wobei es jedoch gleichgültig ist, ob der Widerspruch in den Bestandteilen einer einzelnen Antwort oder in dem Verhältnisse verschiedener Antworten hervortritt. U 5/5 96, E 28, 340. Es sind hierbei stets die konkreten Verhältnisse des Falles zu prüfen. U 8/2 01, G 48, 125. Vgl. dazu U 25/11 10, E 44, 166. Als sich widersprechend ist z. B. ein Spruch zu erachten, welcher die Hauptfrage mit 7 gegen 5 Stimmen bejaht: U 9/6 81, E 4, 278. U 12/4 82, R 4, 315. U 11/10 83, E 9, 107. U 16/6 84, R 6, 439; oder ein Spruch, der im Falle idealer Konkurrenz die Frage wegen mildernder Umstände verschieden beantwortet: U 8/11 81, E 5, 155. U 13/10 80, E 2, 301 u. U 27/4 88, R 10, 349 (Meineid? Ja. Wissentlich geleistet? Nein); oder ein Spruch, der die Frage nach mild. U. beantwortet in einem Falle, für den sie nach der den Geschworenen gegebenen Anweisung nicht zu beantworten war. U 6/6 02, E 35, 283 (§§ 211, 212 StGB). S. auch die Spezialfälle aus § 218 StGB im U 25/2 80, E 1, 263. U 10/3 05, E 37, 417, U 22/2 10, G 57, 400 (Verneinung der Schuldfrage beim Haupttäter unter Bejahung der Frage wegen Beihilfe des Gehilfen) und den Spezialfall aus § 223 im U 5/4 86, R 8, 254 (Bejahung der Schuldfrage unter Verneinung der Vorsätzlichkeit). Vgl. U 10/7 11, E 45, 132. U 8/2 01, G 48, 125 (Verneinung der Schuldfrage unter Bejahung der Anstiftung). Nicht „sich widersprechend" ist dagegen ein Spruch, der auf Grund desselben Vorfalls einen Angeklagten als Alleintäter eines Mordes, einen anderen wegen gemeinschaftlich mit jenem begangener Körperverletzung schuldig erklärt. U 2/2 11, E. 44, 321; desgl. nicht, wenn die Geschw. eine Nebenfrage nach mild. U. bejahen, obwohl deren Beantwortung durch die vorausgegangene teilweise Verneinung der Hauptfrage überflüssig geworden war. U 21/4 84, E. 10, 315. U 19/10 95, E. 27, 392. U 27/5 07, DR 11, 844 (Verneinung der erforderl. Einsicht und Bejahung der Nebenfrage nach mild. Umst.); oder wenn bei Bejahung der Hauptfrage und bei Verneinung der auf einen straferhöhenden Umstand gerichteten Nebenfrage die nur für den Fall der Bejahung auch der letzteren zu beantwortende Frage nach mild. U. beantwortet wird. U 30/6 02, G 49, 278. S. auch den Spezialfall aus § 350 StGB. U 7/4 08, E 41, 238.

Das Berichtigungsverfahren ist auch erforderlich, wenn sich aus den der Kundgebung des Spruchs mündlich hinzugefügten Erklärungen des Obmanns ergibt, daß der niedergeschriebene und

sei,[48]) so werden die Geschworenen von dem Vorsitzenden[48a]) aufgefordert, sich in das Beratungszimmer zurückzubegeben, um dem gerügten Mangel abzuhelfen.[49])

Diese Anordnung ist zulässig, solange das Gericht noch nicht auf Grund des Spruchs das Urteil verkündet hat.[50])

---

kundgegebene, an sich widerspruchsfreie Spruch mit dem vorschriftsmäßig beschlossenen im Widerspruch steht. U 14/7 04, E 37, 248.

48) Ob die Unvollständigkeit oder Undeutlichkeit des Spruches auf die fehlerhafte Fragestellung seitens des Gerichts oder auf einen Irrtum der Geschworenen zurückzuführen war, ist gleichgültig. U 20/3 91, E 21, 405. U 10/7 11, E 45, 132. — Undeutlichkeit, Unvollständigkeit oder Widerspruch liegt nicht vor, wenn der Spruch auf einem Rechtsirrtum beruht. Ein Berichtigungsverfahren findet in diesem Falle nicht statt. U 3/3 96, E 28, 242.

48a) Es genügt die Anordnung des Vorsitzenden; Gerichtsbeschluß ist nicht erforderlich. U 2/11 06, E 39, 245. Der Vorsitzende kann, sobald er den Mangel des Geschworenenspruchs wahrgenommen hat, die weitere Verkündung des Spruches abbrechen und das Berichtigungsverfahren einleiten. U 14/12 05, DR 10, 132.

49) Die Vorschrift des § 309 Abs. 1, die aber stets die bereits erfolgte Kundgebung des Spruches der Geschworenen in der Form des § 308 voraussetzt (U 25/2 04, G 51, 192), ist eine zwingende. Die Auslegung eines undeutlichen, unvollständigen usw. Spruches durch die richterlichen Mitglieder des Schwurgerichts ist unzulässig. U 21/11 02, G 50, 116. Das Gericht wird zweckmäßig die Geschworenen darüber verständigen, ob dem Mangel die Bedeutung eines formellen oder sachlichen Mangels zukomme, U 4/7 94, E 26, 89, und, wenn es wegen eines sachlichen Mangels des Spruches ein Berichtigungsverfahren eintreten läßt, den gerügten Mangel den Geschworenen mitteilen und ihnen zugleich eröffnen, daß sie an keinen Teil des früheren Spruches gebunden seien (§ 311 Abs. 1). U 29/4 82, E 6, 318. Wenn die Geschworenen bei einem sachlichen Mangel des Spruches infolge rechtsirriger Belehrung des Vorsitzenden nicht in Gemäßheit des § 311 Abs. 1, sondern gemäß § 310 verfahren, so ist die in Übereinstimmung mit der erhaltenen Belehrung vorgenommene Ergänzung der Antwort ohne rechtliche Bedeutung und muß ein nochmaliges Berichtigungsverfahren nach § 309 Abs. 2 stattfinden, selbst wenn der nicht ordnungsmäßige Spruch dem Angekl. bereits verkündet sein sollte. U 13/1 99, E 31, 425. Vgl. U 12/4 82, R 4, 315. U 16/6 84, R 6, 438. U 3/6 98, G 46, 329 (Revision).

50) Bei Anordnung des Berichtigungsverfahrens ist auch eine Änderung und Ergänzung der Fragestellung, insbesondere die Stellung von Hilfsfragen zulässig (§ 311). U 13/10 80, E 2, 361. U 27/4 88, R 10, 349. Auch eine neue Beweisaufnahme ist nicht ausgeschlossen. U 10/6 80, E 2, 92. U 5/5 96, E 28, 340. Vgl. jedoch U 1/7

**§ 310.** Sind nur Mängel in der Form[50a]) des Spruchs zu berichtigen, so darf eine sachliche Änderung nicht vorgenommen werden.

**§ 311.** Sind sachliche Mängel des Spruchs[51]) zu berichtigen, so sind die Geschworenen bei ihrer erneuten Beratung an keinen Teil ihres früheren Spruchs gebunden.[52])

Ergibt sich bei der Erörterung solcher Mängel Anlaß zur Änderung oder Ergänzung der Fragen, so muß der Angeklagte zur Verhandlung zugezogen werden.[53])

**§ 312.** Der berichtigte Spruch ist in der Weise niederzuschreiben, daß der frühere erkennbar bleibt.[54])

---

10, E 44, 38. Nach Kundgebung eines formgerechten und von sachlichen Mängeln freien Spruches ist jedoch die Stellung weiterer Fragen nicht mehr gestattet. U 14/12 82, E 7, 345. U 10/7 11, E 45, 132.

50a) Mängel in der Form: versehentliches Schreiben einer Antwort neben eine Frage, auf die sie sich nicht bezieht. U 2/11 06, E 39, 245; versehentliches Unterbleiben der Niederschrift der Antwort auf eine Frage, U 13/5 07, DR 11, 780.

51) Wegen der sachlichen Mängel s. A. 45 bis 47 zu § 309.

52) Unter dem Spruch, an welchen die Geschworenen nicht mehr gebunden sind, ist die Gesamtheit aller Antworten zu verstehen, gleichviel, ob die Antworten dieselbe Tat betreffen oder nicht und ob sie denselben oder verschiedene Angeklagte im Auge haben. U 26/4 87, R 9, 287. U 24/1 90, E 20. 188. U 10/10 93, E 24, 302.

53) Vgl. U 19/6 82, R 4, 581 u. U 10/7 11, E 45, 132. Unterlassung der Zuziehung kann durch nachträgliche Zuziehung des Angekl. zu einer Wiederholung der Berichtigungsverhandlung geheilt werden. U 28/1 82, R 4, 86.

54) Es genügt in dieser Beziehung, wenn der Inhalt des früheren Spruches und die Art der Berichtigung mit Zuhilfenahme des Sitzungsprotokolls erkannt werden kann. U 24/5 86, R 8, 383. U 30/4 81, E 4, 122. U 16/12 90, G 39, 56. U 22/11 06, E 39, 277 (Streichung einzelner Worte, so daß die gestrichenen noch erkennbar sind. Vermerk des Obmanns). Eine nochmalige Unterzeichnung des im Berichtigungsverfahren abgegebenen Spruches durch den Obmann ist nicht erforderlich. U 24/9 95, G 43, 381. Vgl. U 30/4 81, E 4, 122. U 12/1 85, R 7, 26. Der Spruch, welcher das Resultat des Berichtigungsverfahrens bildet, stellt sich als ein völlig neuer dar, welcher in seinem ganzen Umfang von neuem kundgegeben werden muß. U 15/11 95, E 27, 411. Bis zu seiner Kundgebung sind Abänderungen desselben nicht unstatthaft. U 25/9 95, G 43, 381. Im übrigen soll die Vorschrift des § 312 der Revisionsinstanz die Möglichkeit gewähren, zu prüfen, ob der ursprüngliche Spruch an einem der Berichtigung

§ 313. Der Spruch der Geschworenen wird dem Angeklagten, nachdem er in das Sitzungszimmer wieder eingetreten ist, durch Verlesung verkündet.[55])

§ 314. Ist der Angeklagte von den Geschworenen für nicht schuldig erklärt worden, so spricht das Gericht ihn frei.

Anderenfalls müssen, bevor das Urteil erlassen wird, die Staatsanwaltschaft und der Angeklagte[56]) mit ihren Ausführungen und Anträgen gehört werden.[57])

§ 315. Die Verkündung des Urteils[58]) erfolgt am Schlusse der Verhandlung.

---

bedürftigen Mangel gelitten habe. Wenn diese Prüfung einen solchen Mangel nicht ergibt, so wird der spätere, vom ersten Spruch abweichende Spruch vom Revisionsgericht aufgehoben, und das in erster Instanz anderweit zu verkündende Urteil hat alsdann die durch den ersten Spruch getroffenen Feststellungen zum Ausgangspunkt zu nehmen. U 29/4 82, E 6, 318. Vgl. U 13/10 80, E 2, 361. Ergibt die Prüfung, daß der erste Spruch zur Freisprechung des Angekl. hätte führen müssen, so ist auf diese vom Revisionsgericht ohne weiteres zu erkennen, wenn jener Spruch formrichtig ergangen und von sachlichen Mängeln frei ist. U 7/4 08, E 41, 238.

55) Wenn Krankheit des Angekl. der Verkündung in dessen Anwesenheit ein unüberwindliches Hindernis bereitet, muß die Verkündung unterbleiben. U 1/12 91, E 22, 247. Wenn dagegen der Angekl. wegen ordnungswidrigen Benehmens aus dem Sitzungszimmer entfernt ist (§ 246 Abs. 2) und das Gericht zur Vermeidung einer sonst zu gewärtigenden weiteren Störung von seiner Wiedereinführung Abstand nimmt, kann die Verkündung des Spruches auch in Abwesenheit des Angekl. erfolgen. U 12/11 02, E 35, 433. Vgl. A. zu § 246 Abs. 2.

56) Auch der Verteidiger des Angekl. muß in diesem Zeitpunkt anwesend sein und gehört werden. U 14/6 80, E 2, 104. U 16/12 90, G 39, 56.

57) Staatsanwaltschaft und Angeklagter sind nur über die Anwendung des Gesetzes auf den auf „Schuldig" lautenden Spruch zu hören. Beweisanträge, welche seitens der Prozeßbeteiligten jetzt noch gestellt werden, sind nicht zu berücksichtigen. U 9/12 90, E 21, 243.

58) Daraus, daß von den Geschworenen die Schuldfrage mit den in den Fragen aufgestellten Merkmalen der Tat bejaht ist, folgt allein noch nicht, daß nunmehr eine strafbare Handlung feststeht. Es bleibt vielmehr Aufgabe des Gerichts, diese Merkmale auf den Tatbestand eines Delikts zu prüfen, und wenn sich der letztere darin nicht erschöpft, trotz des Schuldig der Geschworenen den Angekl. freizusprechen. U 11/6 80, E 2, 96.

**§ 316.** In den Gründen des Urteils ist auf den Spruch der Geschworenen Bezug zu nehmen.[59]) Die Urschrift des Spruchs ist dem niedergeschriebenen Urteil anzufügen.

**§ 317.** Ist das Gericht einstimmig der Ansicht, daß die Geschworenen sich in der Hauptsache zum Nachteile des Angeklagten geirrt haben,[60]) so verweist es durch Beschluß ohne Begründung seiner Ansicht[61]) die Sache zur neuen Verhandlung vor das Schwurgericht der nächsten Sitzungsperiode. Die Verweisung ist nur von Amts wegen und bis zur Verkündung des Urteils zulässig.[61a])

Betrifft das Verfahren mehrere selbständige strafbare Handlungen oder mehrere Angeklagte, so erfolgt die Verweisung nur in Ansehung derjenigen Handlung oder Person, in bezug auf welche die Geschworenen sich nach Ansicht des Gerichts geirrt haben.[62])

---

59) Eine Feststellung über das Vorhandensein oder Nichtvorhandensein mildernder Umstände brauchen die Urteilsgründe nicht zu enthalten. U 19/1 92, E 39, 419.

60) Bloße Zweifel des Gerichts über die Richtigkeit des Geschworenenspruches genügen nicht zur Anwendung des § 317. U 11/3 98, E 46, 198. Im übrigen ist ein von den Geschworenen in der Hauptsache zum Nachteil des Angeklagten begangener Irrtum nicht jedesmal dann anzunehmen, wenn es sich um verschiedene, aber unter gleichmäßiger Strafandrohung stehende, in Haupt- und Hilfsfrage zum Ausdruck gebrachte Qualifikationen der dem Angekl. zur Last gelegten Tat handelt und die Bejahung der einen Schuldfrage vom Gericht deshalb für irrtümlich gehalten wird, weil nach seiner Ansicht der in der anderen Frage vorausgesetzte Tatbestand vorliegt. Jedoch wird auch in solchen Fällen ein Irrtum zum Nachteil des Angekl. angenommen werden können, wenn das Gericht mit Rücksicht auf die Besonderheit der Sachlage der Meinung ist, daß ungeachtet der für die Strafzumessung übereinstimmend gezogenen Grenzen die Strafe bei richtiger Qualifikation der Tat dennoch milder zu bestimmen wäre. U 13/12 87, E 17, 31. Vgl. U 24/8 98, E 31, 241 (irrige Bejahung der Schuldfrage wegen einer ideal konkurrierenden Straftat).

61) Wenn das Gericht trotzdem die Gründe für die unterlassene Verweisung ausdrücklich angegeben hat, so unterligen dieselben der Anfechtung durch die Revision. U. 13/12 87, E. 17, 31.

61a) Die Verweisung hat im Falle des § 317 Abs. 1 (eine Tat) ohne Einschränkung zu erfolgen; der Spruch der Geschworenen wird durch die Verweisung in seinem ganzen Umfange, also auch insoweit, als er zugunsten des Angekl. lautete, kassiert und der zweiten Geschworenenbank vollständig freie Hand gelassen. U 26/1 00, E 33, 94.

An der neuen Verhandlung darf kein Geschworener teilnehmen, welcher bei dem früheren Spruche mitgewirkt hat.

Auf Grund des neuen Spruchs ist stets das Urteil zu erlassen.

## 8. Abschnitt. Verfahren gegen Abwesende.

**§ 318.** Ein Beschuldigter gilt als abwesend, wenn sein Aufenthalt unbekannt ist oder, wenn er sich im Ausland[63]) aufhält und seine Gestellung vor das zuständige Gericht nicht ausführbar oder nicht angemessen erscheint.

**§ 319.** Gegen einen Abwesenden kann eine Hauptverhandlung nur dann stattfinden, wenn die den Gegenstand der Untersuchung bildende Tat nur mit Geldstrafe[64]) oder Einziehung,[65]) allein oder in Verbindung miteinander, bedroht ist.[66])

Für das Verfahren kommen die Vorschriften der §§ 320—326 zur Anwendung.

**§ 320.** Die Ladung des Angeklagten zur Hauptverhandlung ist im Falle, daß sein Aufenthalt unbekannt ist oder die Befolgung der für Zustellungen im Auslande bestehenden Vorschriften unausführbar oder voraussichtlich erfolglos erscheint,[67]) in einer beglaubigten Abschrift an die

---

62) Den Geschworenen können also in der neuen Verhandlung nicht wiederum diejenigen Fragen vorgelegt werden, welche die ersten Geschworenen zugunsten des Angekl. verneint hatten. U 13/1 85, R 7, 30.

63) Wegen des Begriffes „Ausland" s. A. 13 zu § 9.

64) Das Ungehorsamsverfahren wird dadurch nicht ausgeschlossen, daß für den Fall der Uneinbringlichkeit der Geldstrafe deren Umwandlung in Freiheitsstrafe vorgeschrieben ist. U 27/2 90, E 20, 290.

65) Einziehung begreift auch die in älteren Gesetzen (§ 135 Vereinszollges v. 1/7 69) angedrohte Konfiskation. U 27/2 90, E 20, 290.

66) Vgl. z. B. §§ 145, 276, 285, 364, 365 Abs. 1 StGB.

67) Die öffentliche Ladung des Angekl. ist nur für den Fall zulässig, daß die Befolgung der für Zustellungen im Auslande bestehenden Vorschriften unausführbar oder voraussichtlich erfolglos erscheint, nicht aber für den Fall, daß zwar diese Vorschriften ausführbar sind und den Erfolg des Zustellungsvollzuges haben, aber die im zugestellten Schriftstücke enthaltene Aufforderung voraussichtlich

Gerichtstafel bis zum Tage der Hauptverhandlung anzuheften. Außerdem ist ein Auszug der Ladung in das für amtliche Bekanntmachungen des betreffenden Bezirks bestimmte Blatt[67a]) und nach Ermessen des Gerichts auch in ein anderes Blatt dreimal einzurücken. Zwischen dem Tage der letzten Bekanntmachung und dem Tage der Hauptverhandlung muß eine Frist von mindestens einem Monate liegen.

§ **321.**[68]) Die Ladung muß enthalten:

die Angabe des Namens und, soweit dies bekannt, des Vornamens, Alters, Standes, Gewerbes und Wohnorts oder Aufenthaltsorts des Angeklagten, die Bezeichnung der dem Angeklagten zur Last gelegten strafbaren Handlung, sowie die Angabe des Tages und der Stunde der Hauptverhandlung.

Zugleich ist die Warnung hinzuzufügen, daß bei unentschuldigtem Ausbleiben des Angeklagten zur Hauptverhandlung werde geschritten werden.

§ **322.** In der Hauptverhandlung kann für den Angeklagten ein Verteidiger auftreten. Auch Angehörige des ersteren sind, ohne daß sie einer Vollmacht bedürfen, als Vertreter zuzulassen.

§ **323.** Die Zustellung des Urteils erfolgt nach Maßgabe der Bestimmungen des § 40 Abs. 2.

§ **324.** Die im § 322 bezeichneten Personen können von den dem Beschuldigten zustehenden Rechtsmitteln Gebrauch machen.[68a])

---

nicht befolgt werden wird. U 23/10 99, E 32, 306. Die für Zustellungen im Auslande bestehenden Vorschriften s. in den §§ 199—203 ZPO.

67a) D. h. in das für den Sitz des Prozeßgerichts zu amtlichen Veröffentlichungen bestimmte Blatt. U 28/5 06, E 39, 20.

68) Der § 321 bezieht sich nur auf die Fälle des § 320 Satz 1. Wo die persönliche Zustellung durch die zuständige Auslandsbehörde erfolgen kann oder erfolgt ist, genügt es, wenn die Ladung den allgemeinen Anforderungen der §§ 213 u. 231 entspricht. U 27/2 90, E 20, 290.

68a) Der § 324 findet auch im Verfahren gegen Abwesende, welche sich der Wehrpflicht entzogen haben (§§ 470—476 StPO.), Anwendung. U 23/1 03, E 36, 82.

§ 325. Insoweit es nach dem Ermessen des Richters zur Deckung der den Angeschuldigten möglicherweise treffenden höchsten Geldstrafe und der Kosten des Verfahrens erforderlich ist, können einzelne zum Vermögen des Angeschuldigten gehörige Gegenstände mit Beschlag belegt werden. Auf diese Beschlagnahme finden die Bestimmungen der Zivilprozeßordnung über die Vollziehung und die Wirkungen des dinglichen Arrestes entsprechende Anwendung.[69]) Die Beschlagnahme ist aufzuheben, wenn der Grund derselben weggefallen ist.

§ 326. Insoweit eine Deckung in Gemäßheit der vorstehenden Bestimmung nicht ausführbar erscheint, kann durch Beschluß des Gerichts das im Deutschen Reich befindliche Vermögen des Angeschuldigten mit Beschlag belegt werden. Der Beschluß ist durch den Deutschen Reichsanzeiger und nach Ermessen des Gerichts auch durch andere Blätter zu veröffentlichen.

Verfügungen, welche der Angeschuldigte über sein mit Beschlag belegtes Vermögen nach der ersten durch den Deutschen Reichsanzeiger bewirkten Veröffentlichung des Beschlusses vornimmt, sind der Staatskasse gegenüber nichtig.

Die Beschlagnahme des Vermögens ist aufzuheben, sobald der Grund derselben weggefallen oder die Deckung der Staatskasse durch eine Beschlagnahme in Gemäßheit des § 325 bewirkt ist.

Die Aufhebung der Beschlagnahme ist durch dieselben Blätter bekannt zu machen, durch welche die Beschlagnahme veröffentlicht worden ist.

§ 327. In anderen als den im § 319 bezeichneten Fällen findet gegen einen Abwesenden eine Hauptverhandlung nicht statt. Das gegen den Abwesenden eingeleitete Verfahren hat die Aufgabe, für den Fall seiner künftigen Gestellung die Beweise zu sichern.

Für dieses Verfahren gelten die Bestimmungen der §§ 328—336.

---

69) Die Bestimmungen der ZPO. über die Vollziehung und die Wirkungen des dinglichen Arrestes s. das. in den §§ 929ff. Vgl. auch §§ 803ff. ZPO.

§ **328.** Die Zulassung eines Verteidigers wird durch die Abwesenheit des Beschuldigten nicht ausgeschlossen. Zur Wahl eines Verteidigers sind auch Angehörige des Beschuldigten befugt.

Zeugen und Sachverständige sind eidlich zu vernehmen.

§ **329.** Dem abwesenden Beschuldigten steht ein Anspruch auf Benachrichtigung über den Fortgang des Verfahrens nicht zu.

Der Richter ist jedoch befugt, einem Abwesenden, dessen Aufenthalt bekannt ist, Benachrichtigungen zugehen zu lassen.

§ **330.** Der Abwesende, dessen Aufenthalt unbekannt ist, kann in öffentlichen Blättern zum Erscheinen vor Gericht oder zur Anzeige seines Aufenthaltsorts aufgefordert werden.

§ **331.** Stellt sich erst nach Eröffnung des Hauptverfahrens die Abwesenheit des Angeklagten heraus, so erfolgen die noch erforderlichen Beweisaufnahmen durch einen beauftragten oder ersuchten Richter.

§ **332.** Liegen gegen den Abwesenden, gegen welchen die öffentliche Klage erhoben ist, Verdachtsgründe vor, welche die Erlassung eines Haftbefehls rechtfertigen würden, so kann sein im Deutschen Reich befindliches Vermögen durch Beschluß des Gerichts mit Beschlag belegt werden.

Die im vorstehenden Absatze bezeichnete Beschlagnahme findet in Sachen, welche zur Zuständigkeit der Schöffengerichte gehören, nicht statt.

§ **333.** Der die Beschlagnahme verhängende Beschluß ist durch den Deutschen Reichsanzeiger bekannt zu machen und kann nach dem Ermessen des Gerichts auch durch andere Blätter veröffentlicht werden.

§ **334.** Mit dem Zeitpunkte der ersten Bekanntmachung in dem Deutschen Reichsanzeiger verliert der Angeschuldigte das Recht, über das in Beschlag genommene Vermögen unter Lebenden zu verfügen.

Der die Beschlagnahme verhängende Beschluß ist derjenigen Behörde mitzuteilen, welche für die Einleitung einer Vormundschaft über Abwesende zuständig ist. Diese Behörde hat eine Güterpflege einzuleiten.

§ **335.** Die Beschlagnahme ist aufzuheben, wenn die Gründe derselben weggefallen sind.

Die Aufhebung der Beschlagnahme ist durch dieselben Blätter bekannt zu machen, durch welche die Beschlagnahme selbst veröffentlicht worden war.

§ **336.** Auf das nach Erhebung der öffentlichen Klage eintretende Verfahren finden im übrigen die Vorschriften über die Voruntersuchung entsprechende Anwendung.

In dem nach Beendigung dieses Verfahrens ergehenden Beschlusse (§ 196) ist zugleich über die Fortdauer oder Aufhebung der Beschlagnahme zu entscheiden.

§ **337.** Das Gericht kann einem abwesenden Beschuldigten sicheres Geleit erteilen; es kann diese Erteilung an Bedingungen knüpfen.

Das sichere Geleit gewährt Befreiung von der Untersuchungshaft, jedoch nur in Ansehung derjenigen strafbaren Handlung, für welche dasselbe erteilt ist.

Es erlischt, wenn ein auf Freiheitsstrafe lautendes Urteil ergeht, wenn der Beschuldigte Anstalten zur Flucht trifft, oder wenn er die Bedingungen nicht erfüllt, unter welchen ihm das sichere Geleit erteilt worden ist.

---

## 3. Buch. Rechtsmittel.

### 1. Abschnitt. Allgemeine Bestimmungen.

§ **338.** Die zulässigen Rechtsmittel gegen gerichtliche Entscheidungen[70]) stehen sowohl der Staatsanwaltschaft als dem Beschuldigten zu.[71])

---

70) Die zulässigen Rechtsmittel gegen gerichtliche Entscheidungen sind: die Beschwerde (§§ 346 ff.), die Berufung (§§ 354 ff.) und die Revision (§§ 374 ff.). Die Wiedereinsetzung in den vorigen Stand (§ 44) hat nicht die Natur eines Rechtsmittels; die StA. ist daher auch nicht befugt (Abs. 2), von derselben zugunsten des Angekl. Gebrauch zu machen. Beschl. 26/5 91, E 21, 31.

71) Dem Angeklagten steht gegen ein freisprechendes Urteil im allgemeinen kein Rechtsmittel zu, namentlich nicht wegen Verletzung prozessualischer Normen, durch welche sein Recht nicht benachteiligt wurde. Nur dann ist ihm die Anfechtung gestattet, wenn

Die Staatsanwaltschaft kann von denselben auch zugunsten des Beschuldigten Gebrauch machen.[72])

seine strafrechtl. Schuld bejaht, und er nur aus anderen Gründen (Kompensation, Verjährung usw.) freigesprochen ist. U 11/6 81, E 4, 355. U 18/9 84, R 6, 545. U 21/9 09, E 42, 399 (betr. Einstellung wegen Unzulässigkeit des Verfahrens). Im übrigen muß es als Recht jedes Angekl. angesehen werden, wegen derjenigen Straftat, deren er sich nach den getroffenen Feststellungen schuldig gemacht hat, und nicht wegen einer anderen, verurteilt zu werden. Die Befugnis, Revision mit der Beschwerde einzulegen, daß Angekl. wegen Unterschlagung statt wegen Diebstahls im wiederholten Rückfalle verurteilt sei, kann ihm deshalb nicht versagt werden, obwohl das Gesetz den Diebstahl mit schwererer Strafe als Unterschlagung bedroht. U 10/10 02, G 50, 104.

Minderjährige, welche überhaupt strafrechtlich verfolgt werden können, sind auch zur selbständigen Einlegung von Rechtsmitteln befugt. U 3/12 83, R 5, 754. Wegen Unzurechnungsfähigkeit nach § 54 freigesprochene Angeklagte haben gegen das freisprechende Urteil kein Rechtsmittel. U 1/11 05, DR 9, 653.

Bedingte Erklärungen über ein Rechtsmittel sind unwirksam. U 27/7 81, R 3, 490 (Erklärung des StA., daß er die Revision nur für den Fall ergreife, daß die gleichzeitig angemeldete Revision des Angekl. für begründet befunden werde). Über die Anschließung an ein von dem Gegner eingelegtes Rechtsmittel s. A. 80 zu § 343. Über die Befugnis anderer Prozeßbeteiligter zur Einlegung von Rechtsmitteln s. §§ 430 (Privatkläger), 441 (Nebenkläger), 443 (Diejenigen, welche berechtigt sind, die Zuerkennung einer Buße zu verlangen), 466—469 (Verwaltungsbehörde), 479 (Einziehungs-Interessenten). Vgl. auch §§ 340 (Befugnis des gesetzl. Vertreters zur Einlegung von Rechtsmitteln) und 346 Abs. 2 (Befugnis von Zeugen, Sachverständigen und anderen Personen zur Beschwerde gegen Beschlüsse und Verfügungen, durch welche sie betroffen werden).

72) Die Befugnis der Staatsanwaltschaft zur Einlegung von Rechtsmitteln zugunsten des Angeklagten ist abhängig von der Voraussetzung, daß eine gerichtliche Entscheidung in Frage steht, welche sowohl von der StA als auch von dem Angekl. angegriffen werden kann. U 21/12 82, R 4, 889. Im übrigen bedarf es bei der von der StA zugunsten des Angekl. eingelegten Revision nicht einer ausdrücklichen Erklärung dieses Zweckes; die Absicht, das Interesse des Angekl. zu vertreten, kann vielmehr auch aus dem Gesamtinhalt der Revisionsschrift entnommen werden. U 7/12 81, E 5, 218. Abgesehen von dem im § 338 Abs. 2 gedachten Fall kann die StA auch zugunsten anderer von einer gerichtl. Entscheidung betroffenen Personen die zulässigen Rechtsmittel ergreifen, z. B. zugunsten des Antragstellers, welchem im Urteil auf Einstellung des Verfahrens die Kosten zur Last gelegt sind. U 4/1 83, E 7, 409. Wegen der Zurück-

**§ 339.** Für den Beschuldigten kann der Verteidiger,[73]) jedoch nicht gegen dessen ausdrücklichen Willen,[74]) Rechtsmittel einlegen.

**§ 340.** Der gesetzliche Vertreter eines Beschuldigten,[75]) desgleichen der Ehemann einer beschuldigten Frau können binnen der für den Beschuldigten laufenden Frist selbständig von den zulässigen Rechtsmitteln Gebrauch machen.[76])

---

nahme eines von der StA zugunsten des Angekl. eingelegten Rechtsmittels s. § 344 Abs. 1.

Über die Befugnis des Provinzialsteuerdirektors, auch zugunsten des Angekl. Rechtsmittel einzulegen, s. U 26/2 92, E 22, 400.

73) Als Verteidiger i. S. § 339 ist nur derjenige anzusehen, der in dem voraufgegangenen Verfahren die Verteidigung des Beschuldigten geführt hat. U 16/1 80, E 1, 71. U 14/2 80, R 1, 356. Bei diesem bedarf es dann aber auch nicht noch einer besonderen Legitimation (Vollmacht) zur Einlegung und Begründung des Rechtsmittels. U 13/1 81, E 3, 222. Der bestellte Verteidiger ist, solange die Bestellung nicht zurückgenommen ist, zur Einlegung von Rechtsmitteln für den Angekl. befugt, selbst wenn er für diesen in der Hauptverhandlung nicht aufgetreten ist und der Angekl. sich einen anderen Verteidiger gewählt hat. U 13/5 02, DR 6, 329. Rechtsanwälte, welche nicht Verteidiger des Angeklagten gewesen sind, können ohne besondere Vollmacht des letzteren kein Rechtsmittel einlegen. Auch wenn sie Vollmacht haben, ist jedoch die Einlegung eines Rechtsmittels durch dieselben nur dann wirksam, wenn sie schon innerhalb der gesetzlichen Einlegungsfrist (§ 381) dazu ermächtigt waren. Dagegen ist es nicht erforderlich, daß ihre Legitimation auch innerhalb dieser Frist dem Gerichte nachgewiesen ist. U 24/10 90, E 21, 125. Verteidiger, welche nur nach § 233 als Vertreter ohne schriftliche Vollmacht in der Hauptverhandlung zugelassen waren, bedürfen zur Einlegung von Rechtsmitteln ebenfalls schriftlicher Vollmacht. U 14/1 89, E 18, 346.

74) Der Verteidiger kann also insbesondere kein Rechtsmittel einlegen, wenn der Beschuldigte seinerseits auf diese Einlegung ausdrücklich verzichtet hat. Beschl. 5/4 87, R 9, 230.

75) Vgl. § 149 Abs. 2 u. A. dazu. Vgl. U 9/7 01, E 34, 316 (Mutter als ges. Vertreterin eines minderjährigen Angekl., dessen Vater verstorben ist).

76) Der gesetzliche Vertreter und der Ehemann sind selbstständig, d. h. unabhängig von dem Willen der Angekl., und selbst dann, wenn diese sich bei dem Urteil beruhigt haben, zur Einlegung der zulässigen Rechtsmittel im eigenen Namen befugt. U 6/10 81, E 5, 50. Die Erklärung eines Ehemannes, daß er „für seine Ehefrau" Revision einlege, ist im Zweifel dahin aufzufassen, daß er dies in eigenem Namen und kraft des ihm nach § 340 zustehenden eigenen Rechts tue.

Auf ein solches Rechtsmittel und auf das Verfahren finden die über die Rechtsmittel des Beschuldigten geltenden Vorschriften entsprechende Anwendung.[76a])

§ **341.** Der nicht auf freiem Fuße befindliche Beschuldigte kann die Erklärungen, welche sich auf Rechtsmittel beziehen,[77]) zu Protokoll des Gerichtsschreibers desjenigen Gerichts geben, in dessen Gefängnis er sich befindet, und falls das Gefängnis kein gerichtliches ist, desjenigen Amtsgerichts, in dessen Bezirke das Gefängnis liegt.

Zur Wahrung einer Frist genügt es, wenn innerhalb derselben das Protokoll aufgenommen wird.[78])

---

Beschl 12/2 91, E 21, 335. Einer besonderen Vollmacht bedarf der Ehemann in diesem Falle nicht; wohl aber, wenn er ausdrücklich erklärt, daß er das Rechtsmittel nur im Namen oder im Auftrage seiner Ehefrau einlege. Beschl. 30/3 81, R 3, 175. Beschl 5/10 81, R 3, 602. Beschl 13/12 83, R 5, 778. Beschl 12/2 91, E 21, 335. Zur Stellung eines Antrags nach § 386 Abs. 2 ist der Ehemann nicht berechtigt. Beschl 25/3 05, E 38, 9. Hat der gesetzliche Vertreter nach Einlegung der Revision jene Eigenschaft verloren, so ist die später erfolgte Revisionsbegründung unwirksam. Beschl. 11/5 09, E 42, 342.

Die für den Beschuldigten laufende Frist muß der gesetzliche Vertreter auch in dem Falle innehalten, wenn ihm nach § 268 das Urteil besonders zugestellt werden muß. Beschl. 16/2 97, E 29, 385.

76a) Eine Befugnis zur Vertretung ist dem Vater als solchem, abgesehen von §§ 322, 328 nicht gegeben. Er darf deshalb ein nicht von ihm kraft eigenen Rechts, sondern von dem minderjährigen Sohn eingelegtes Rechtsmittel ohne Vollmacht nicht begründen. U 9/12 02, DJZ 8, 106. Der von dem Vater nach § 137 Abs. 2 zum Verteidiger seines Sohnes gewählte Rechtsanwalt bedarf zur Einlegung eines Rechtsmittels namens des Vaters einer besonderen Vollmacht. U 2/10 06, DR 10, 1328.

77) Erklärungen, welche sich auf Rechtsmittel beziehen, sind nicht nur solche, welche sich auf die Einlegung von Rechtsmitteln beziehen, sondern auch solche, welche einen Verzicht auf ein Rechtsmittel oder eine Zurücknahme eines solchen enthalten. U 3/3 80, R 1, 423. Ein nach Vorschrift des § 341 Abs. 1 erklärter Verzicht ist unwiderruflich, auch bevor er an dasjenige Gericht gelangt ist, bei welchem die Sache anhängig ist. Beschl 6/4 03, G 50, 276.

78) Wenn der nicht auf freiem Fuße befindliche Angeklagte rechtzeitig seine Vorführung behufs Protokollierung seiner Revisionsanträge verlangt hat, hierzu aber erst nach Ablauf der Rechtsmittelfrist vorgeführt und vernommen ist, so liegt ein unabwendbarer Zufall i. S. § 44 vor, welcher die Wiedereinsetzung in den früheren Stand rechtfertigt. U 2/1 80, R 1, 179.

§ **342.** Ein Irrtum in der Bezeichnung des zulässigen Rechtsmittels ist unschädlich.[79])

§ **343.** Jedes von der Staatsanwaltschaft eingelegte Rechtsmittel hat die Wirkung, daß die angefochtene Entscheidung auch zugunsten des Beschuldigten abgeändert oder aufgehoben werden kann.[80])

§ **344.** Die Zurücknahme eines Rechtsmittels sowie der Verzicht auf die Einlegung eines Rechtsmittels kann auch vor Ablauf der Frist zur Einlegung desselben wirksam erfolgen. Ein von der Staatsanwaltschaft zugunsten des Beschuldigten eingelegtes Rechtsmittel kann jedoch ohne dessen Zustimmung nicht zurückgenommen werden.

Der Verteidiger bedarf zur Zurücknahme einer ausdrücklichen Ermächtigung.[81])

---

79) Der bloße Antrag auf Erteilung einer Abschrift des Urteils kann jedoch nicht als Einlegung eines Rechtsmittels angesehen werden. Beschl 2/12 79, E 1, 110.

80) Durch § 343 ist die Zulässigkeit eines Anschlusses an das von der StA eingelegte Rechtsmittel nicht konstituiert. Wenn der Beschuldigte auch seinerseits neben der StA ein Rechtsmittel einlegen will, so muß er dies in selbständiger und den für das betr. Rechtsmittel bestehenden Vorschriften entsprechender Weise tun. U 9/2 80, E 1, 194.

Ein von der StA eingelegtes Rechtsmittel bezieht sich zugunsten des Angekl. auch auf das Rechtsmittel, von dem die Verwaltungsbehörde (Revision des Provinzialsteuerdirektors) Gebrauch gemacht hat, so daß, wenn das Rechtsmittel der StA nur auf Verschärfung der Strafe gerichtet ist, es dem Revisionsrichter zusteht, zu prüfen, ob auf den festgestellten Tatbestand eine Strafe überhaupt ausgesprochen werden durfte. U 9/11 91, E 22, 213. Auch auf das Rechtsmittel des Nebenklägers findet § 343 Anwendung. U 5/6 08, E 41, 349.

81) Eine bestimmte Form ist weder für die Zurücknahme, noch für den Verzicht vorgeschrieben. Insbes. braucht der Verzicht nicht ausdrücklich als solcher bezeichnet zu sein; es genügt vielmehr, wenn die darauf bezügliche Absicht in unzweideutiger Weise zum Ausdruck gebracht ist, z. B. durch die Bitte des Verurteilten, die ihm auferlegte Strafe zur Vollstreckung zu bringen, U 1/6 80, E 2, 78, oder durch Beschränkung der unbeschränkt eingelegten Revision auf einen bestimmten Teil des Urteilsauspruchs in der Revisionsbegründung. U 22/1 07, E 39, 393. Desgleichen ist der in der Hauptverh. sofort nach Verkündung des Urteils erklärte und durch das Sitzungsprotokoll beurkundete Verzicht rechtsgültig. Die Rechtsvermutung des § 274 greift jedoch auf den betr. Protokollvermerk nicht Platz, vielmehr ist die protokollarische

**§ 345.** Wenn die Entscheidung über das Rechtsmittel auf Grund mündlicher Verhandlung stattzufinden hat, so kann die Zurücknahme nach Beginn der Hauptverhandlung [82]) nur mit Zustimmung des Gegners erfolgen.

---

Verzichtserklärung in freier Beweiswürdigung zu beurteilen. Beschl 23/11 80, R 2, 562. Beschl 12/4 07, E 40, 133, DR 11, 652. Die Erklärung der Zurücknahme oder des Verzichts muß — abgesehen von dem Ausnahmefall des § 341 — bei demjenigen Gericht, bei welchem das betr. Verfahren anhängig ist, und in diesem Verfahren abgegeben werden, U 5/10 99, E 32, 277, sei es zu Protokoll des Gerichtsschreibers oder mittels einer schriftlichen Erklärung, welche letztere auch vor einem Gefängnisbeamten abgegeben sein kann, in solchem Falle aber erst dann wirksam wird, wenn sie vom Verzichtenden unterschrieben (Handzeichen: U 6/5 81, R 3, 281) und mit seinem Willen an das Gericht gelangt ist. U 8/1 03, DR 7, 84. Bis zu diesem letzteren Zeitpunkt des Einlaufens bei Gericht kann der Verzicht widerrufen werden; von diesem Zeitpunkt an ist sowohl der Verzicht wie die Zurücknahme unwiderruflich. U 31/1 80, E 1, 92. U 21/2 80, R 1, 365. U 25/5 80, R 1, 826. U 3/3 80, R 1, 423 (Verzicht vor dem Gefängnisinspektor). U 29/1 84, R 6, 63 (Abgabe der Verzichtserklärung in der Botenmeisterei des Gerichts). Beschl 23/4 80, R 1, 650 (Unwiderruflichkeit). Für die schriftliche Zurücknahme bedarf es stets der eigenhändigen Unterschrift; die Unterzeichnung mit Namensstempel genügt nicht. U 14/9 01, E 34, 358.

Eine Anfechtung der Zurücknahme der Revision wegen Irrtums ist unzulässig. Beschl 26/2 07, DR 11, 466.

Wenn mehrere Anschuldigungspunkte vorliegen, so kann die Zurücknahme oder der Verzicht auch auf einzelne derselben beschränkt werden. U 7/10 82, R 4, 732. Dagegen ist ein teilweiser Verzicht auf die Anfechtung eines Urteils bezüglich einer und derselben Handlung wirkungslos. U 21/2 80, R 1, 366. — Auch ein minderjähriger, noch unter väterlicher Gewalt stehender Beschuldigter kann auf ein Rechtsmittel wirksam verzichten. Beschl 23/4 80, R 1, 650. — Die Zurücknahme des von einem hierzu bevollmächtigten Rechtsanwalt eingelegten Rechtsmittels gilt als endgültiger Verzicht, auch wenn noch von einem anderen, gleichfalls hierzu bevollmächtigten Rechtsanwalt für denselben Angekl. Revision eingelegt ist. U 24/4 93, E 24, 142. — Auch der gesetzliche Vertreter, welcher ein Rechtsmittel namens des Angekl. eingelegt hat, bedarf zur Zurücknahme desselben der Einwilligung des letzteren. U 22/5 96, E 28, 385.

82) Wegen des Beginns der Hauptverhandlung in der Berufungsinstanz s. § 365 und in der Revisionsinstanz § 391.

## 2. Abschnitt. Beschwerde.

**§ 346.** Die Beschwerde ist gegen alle von den Gerichten in erster Instanz oder in der Berufungsinstanz erlassenen Beschlüsse und gegen die Verfügungen des Vorsitzenden, des Untersuchungsrichters, des Amtsrichters und eines beauftragten oder ersuchten Richters zulässig,[83]) soweit das Gesetz dieselben nicht ausdrücklich einer Anfechtung entzieht.[84])

Auch Zeugen, Sachverständige und andere Personen können gegen Beschlüsse und Verfügungen, durch welche sie betroffen werden, Beschwerde erheben.[85])

Gegen Beschlüsse und Verfügungen der Oberlandesgerichte und des Reichsgerichts findet eine Beschwerde nicht statt.[86])

**§ 347.** Entscheidungen der erkennenden Gerichte,[86a])

---

83) Gegen Urteile der Gerichte sind die Rechtsmittel der Berufung und der Revision zulässig; für alle übrigen Entscheidungen, soweit das Gesetz dieselben nicht einer Anfechtung überhaupt entzogen hat, ist die Beschwerde das zulässige Rechtsmittel. Für die Frage, ob jenes oder dieses Rechtsmittel zulässig sei, ist nicht der Inhalt, sondern die Form der anzufechtenden Entscheidung maßgebend. U 14/4 82, R 4, 322.

84) Die Fälle, in denen die Anfechtung einer gerichtl. Entscheidung ausdrücklich vollständig ausgeschlossen ist, s. in den §§ 28, 46 Abs. 2, 200 Abs. 2, 279 Abs. 2, 346 Abs. 3 (s. unten A. 86), 347 und 388 Abs. 2. Eine teilweise Ausschließung der Beschwerde ist ferner angeordnet in den §§ 180 Abs. 2, 199 Abs. 3, 209 Abs. 1, 270 Abs. 3 und im § 75 Abs. 2 GVG. Vgl. §§ 41, 52 Abs. 4, 53 Abs. 2, 94 Abs. 1 GVG.

85) Wegen der Zuständigkeit zur Entscheidung über das Rechtsmittel der Beschwerde s. §§ 72, 77, 78 GVG (Strafkammer); 123 Nr. 5 ebenda (Oberlandesgericht); 138 ebenda (Reichsgericht) u. 183 ebenda (Oberlandesgericht als Beschwerdeinstanz betr. der in Ausübung der Sitzungspolizei ergangenen Entscheidungen).

86) Eine Ausnahme von dieser Regel findet auch nicht bei dem Verfahren über die Kostenfrage oder über die Festsetzung von Zeugen- oder Sachverständigen-Gebühren statt. Beschl 16/1 83, E 7, 420. Beschl 10/8 83, R 5, 527. Die einzige Ausnahme s. im § 160 GVG (Beschwerde an das Reichsgericht über einen die Rechtshilfe für unzulässig erklärenden Beschluß des Oberlandesgerichts).

86a) D. h. die in der Zeit vom Eröffnungsbeschlusse bis zum Urteil ergehenden erstrichterlichen Entscheidungen, auch wenn ein innerer

welche der Urteilsfällung vorausgehen, unterliegen nicht der Beschwerde. Ausgenommen sind Entscheidungen über Verhaftungen, Beschlagnahmen oder Straffestsetzungen, sowie alle Entscheidungen, durch welche dritte Personen betroffen werden.

§ **348.** Die Beschwerde wird bei demjenigen Gerichte, von welchem oder von dessen Vorsitzenden die angefochtene Entscheidung erlassen ist, zu Protokoll des Gerichtsschreibers oder schriftlich eingelegt.[87]) Sie kann in dringenden Fällen auch bei dem Beschwerdegericht eingelegt werden.

Erachtet das Gericht oder der Vorsitzende, dessen Entscheidung angefochten wird, die Beschwerde für begründet, so haben sie derselben abzuhelfen; anderenfalls ist die Beschwerde sofort, spätestens vor Ablauf von drei Tagen, dem Beschwerdegerichte vorzulegen.

Die vorstehenden Bestimmungen finden auch auf die Entscheidungen des Amtsrichters im Vorverfahren, des beauftragten oder ersuchten Richters und des Untersuchungsrichters Anwendung.

§ **349.** Durch Einlegung der Beschwerde wird der Vollzug der angefochtenen Entscheidung nicht gehemmt.[88])

Jedoch kann das Gericht, der Vorsitzende oder der Richter, dessen Entscheidung angefochten wird, sowie auch das Be-

---

Zusammenhang mit der Urteilsfällung nicht ersichtlich ist. U 9/11 09, E 43, 179.

87) Als schriftliche Einlegung gilt auch die Anmeldung durch Telegramm, U 2/7 83, R 5, 481. U VerStraffen 6/3 83, E 8, 92; wobei jedoch vorausgesetzt wird, daß das Telegramm die Unterschrift des Beschwerdeführers enthält oder wenigstens urkundlich erkennen läßt, daß sie von demselben ausgeht. Die Behauptung des Beschwerdeführers, daß er selbst das Telegramm aufgegeben habe, kann den Mangel der Unterschrift nicht beseitigen. Beschl 21/2 88, R 10, 176. Beschl 18/2 87, R 9, 144. Die Einlegung der Berufung zu Protokoll des Gerichtsschreibers erfordert stets das persönliche Erscheinen des Beschwerdeführers an der Gerichtsstelle. Telephonische Mitteilung an den Gerichtsschreiber, daß Berufung eingelegt werde, genügt nicht. Beschl 11/12 05, E 38, 282.

88) Ausnahmen von der Regel des § 349 Abs. 1 s. im § 81 und in den §§ 180, 182, 183 Abs. 2 GVG.

schwerdegericht anordnen, daß die Vollziehung der angefochtenen Entscheidung auszusetzen sei.

**§ 350.** Das Beschwerdegericht kann dem Gegner des Beschwerdeführers die Beschwerde zur schriftlichen Gegenerklärung mitteilen; es kann etwa erforderliche Ermittlungen anordnen oder selbst vornehmen.

**§ 351.** Die Entscheidung über die Beschwerde erfolgt ohne vorgängige mündliche Verhandlung, in geeigneten Fällen nach Anhörung der Staatsanwaltschaft.

Wird die Beschwerde für begründet erachtet, so erläßt das Beschwerdegericht zugleich die in der Sache erforderliche Entscheidung.[89])

**§ 352.** Beschlüsse, welche von dem Landgericht in der Beschwerdeinstanz erlassen sind, können, insofern sie Verhaftungen betreffen, durch weitere Beschwerde angefochten werden.

Im übrigen findet eine weitere Anfechtung der in der Beschwerdeinstanz ergangenen Entscheidungen nicht statt.[90])

**§ 353.** Für die Fälle der sofortigen Beschwerde[91]) gelten die nachfolgenden besonderen Bestimmungen.

Die Beschwerde ist binnen der Frist von einer Woche, welche mit der Bekanntmachung (§ 35) der Entscheidung beginnt, einzulegen. Die Einlegung bei dem Beschwerdegerichte genügt zur Wahrung der Frist, auch wenn der Fall für dringlich nicht erachtet wird.[92])

Das Gericht ist zu einer Abänderung seiner durch Beschwerde angefochtenen Entscheidung nicht befugt.[92a])

---

89) Wegen Anhörung der Staatsanwaltschaft s. § 33. Als sachliche Entscheidung ist auch die Anordnung der Voruntersuchung anzusehen. U 14/10 98, G 46, 428.

90) Vgl. jedoch die Ausnahme im § 160 GVG.

91) Die Fälle der sofortigen Beschwerde s. in den §§ 28 Abs. 1, 46 Abs. 3, 81 Abs. 3, 122 Abs. 2, 180 Abs. 1, 181, 199 Abs. 3, 209 Abs. 2, 270 Abs. 3, 363 Abs. 2, 412, 455 Abs. 3, 463 Abs. 3, 494 Abs. 4, 501 Abs. 3 und im § 183 GVG.

92) Wegen Einlegung bei d. Beschwerdegericht s. § 348 Abs. 1.

92a) Vgl. jedoch U 17/3 04, E 37, 112, das eine Ausnahme für diejenigen Fälle zuläßt, in denen es sich um einen außerhalb der Hauptverhandlung ergangenen Beschluß handelt und das Gericht, das ihn er-

## 3. Abschnitt. Berufung.*)

§ **354.** Die Berufung findet statt gegen die Urteile der Schöffengerichte.[93])

§ **355.** Die Berufung muß bei dem Gerichte erster Instanz binnen einer Woche nach Verkündung des Urteils zu Protokoll des Gerichtsschreibers oder schriftlich[94]) eingelegt werden.

Hat die Verkündung des Urteils nicht in Anwesenheit des Angeklagten stattgefunden, so beginnt für diesen die Frist mit der Zustellung.[95])

§ **356.** Der Beginn der Frist zur Einlegung der Berufung wird dadurch nicht ausgeschlossen, daß gegen ein auf Ausbleiben des Angeklagten ergangenes Urteil eine Wiedereinsetzung in den vorigen Stand[96]) nachgesucht werden kann.

Stellt der Angeklagte ein Gesuch um Wiedereinsetzung

---

lassen hat, nicht zuständig war, ohne daß bei der nachmaligen Wiederaufhebung noch vor der entscheidenden Hauptverhandlung eine sachliche Änderung des aufgehobenen Beschlusses in Frage kommt.

*) Zuständig zur Entscheidung über die Berufung ist die Strafkammer des Landgerichts. § 76 GVG. Vgl. § 78 ebenda wegen der bei einem Amtsgericht gebildeten Strafkammern, und wegen der Besetzung der Berufungskammern § 77 ebenda.

93) Die Berufung findet auch statt gegen die vom Amtsrichter ohne Zuziehung von Schöffen erlassenen Urteile. § 211 Abs. 2 StPO. Vgl. § 3 Abs. 3 EGzStPO. Die Berufung ist ferner auch statthaft, wenn im Urteil keine Entscheidung in der Sache selbst, sondern z. B. nur wegen des Kostenpunktes getroffen ist. U 27/4 82, E 6, 237.

94) Wegen der Zulässigkeit der Einlegung durch Telegramm s. A. 87 zu § 348. Wegen der Unzulässigkeit einer bedingten Einlegung der Berufung s. A. 71 zu § 338 und wegen des nicht auf freiem Fuß befindlichen Beschuldigten § 341.

95) Dasselbe gilt ganz allgemein für die Verwaltungsbehörde in dem Verfahren bei Zuwiderhandlungen gegen die Vorschriften über die Erhebung öffentlicher Abgaben und Gefälle (§ 469). Desgl. für den Nebenkläger, in dessen Abwesenheit die Urteilsverkündung stattgefunden hat. U 11/2 82, E 6, 28. Ein Verzicht auf die Zustellung ist unzulässig. U 5/12 79, R 1, 118.

96) Wegen dieser Wiedereinsetzung vgl. § 234.

in den vorigen Stand, so wird die Berufung dadurch gewahrt, daß sie sofort für den Fall der Verwerfung jenes Gesuchs rechtzeitig eingelegt wird. Die weitere Verfügung in bezug auf die Berufung bleibt dann bis zur Erledigung des Gesuchs um Wiedereinsetzung in den vorigen Stand ausgesetzt.

Die Einlegung der Berufung ohne Verbindung mit dem Gesuch um Wiedereinsetzung in den vorigen Stand gilt als Verzicht auf die letztere.

§ **357.** Durch rechtzeitige Einlegung der Berufung wird die Rechtskraft des Urteils, soweit dasselbe angefochten ist,[97]) gehemmt.

Dem Beschwerdeführer, welchem das Urteil mit den Gründen noch nicht zugestellt war, ist dasselbe nach Einlegung der Berufung sofort zuzustellen.

§ **358.** Die Berufung kann binnen einer weiteren Woche nach Ablauf der Frist zur Einlegung des Rechtsmittels oder, wenn zu dieser Zeit das Urteil noch nicht zugestellt war, nach dessen Zustellung bei dem Gericht erster Instanz zu Protokoll des Gerichtsschreibers oder in einer Beschwerdeschrift gerechtfertigt werden.

§ **359.** Die Berufung kann auf bestimmte Beschwerdepunkte beschränkt werden. Ist dies nicht geschehen oder eine Rechtfertigung überhaupt nicht erfolgt, so gilt der ganze Inhalt des Urteils als angefochten.

§ **360.** Ist die Berufung verspätet eingelegt, so hat das Gericht erster Instanz das Rechtsmittel als unzulässig zu verwerfen.

Der Beschwerdeführer kann binnen einer Woche nach Zustellung des Beschlusses auf die Entscheidung des Berufungsgerichts antragen. In diesem Falle sind die Akten an das Berufungsgericht einzusenden; die Vollstreckung des Urteils wird jedoch hierdurch nicht gehemmt.

§ **361.** Ist die Berufung rechtzeitig eingelegt, so hat nach Ablauf der Frist zur Rechtfertigung der Gerichts-

---

97) Wegen der Beschränkung der Berufung auf bestimmte Beschwerdepunkte s. §§ 359, 368.

schreiber ohne Rücksicht darauf, ob eine Rechtfertigung stattgefunden hat oder nicht, die Akten der Staatsanwaltschaft vorzulegen. Diese stellt, wenn die Berufung von ihr eingelegt ist, dem Angeklagten die Schriftstücke über Einlegung und Rechtfertigung der Berufung zu.

§ **362.** Die Staatsanwaltschaft übersendet die Akten an die Staatsanwaltschaft bei dem Berufungsgerichte. Diese übergibt die Akten binnen einer Woche dem Vorsitzenden des Gerichts.

§ **363.** Erachtet das Berufungsgericht die Bestimmungen über die Einlegung der Berufung nicht für beobachtet, so kann es das Rechtsmittel durch Beschluß als unzulässig verwerfen. Anderenfalls entscheidet es über dasselbe durch Urteil.

Der Beschluß kann durch sofortige Beschwerde angefochten werden.

§ **364.** Auf die Vorbereitung der Hauptverhandlung finden die Vorschriften der §§ 213, 215—224 Anwendung. In der Ladung ist der Angeklagte auf die Folgen des Ausbleibens ausdrücklich hinzuweisen.[98])

Die Ladung der in erster Instanz vernommenen Zeugen und Sachverständigen kann nur dann unterbleiben, wenn deren wiederholte Vernehmung zur Aufklärung der Sache nicht erforderlich erscheint.

Neue Beweismittel sind zulässig.

Bei der Auswahl der zu ladenden Zeugen und Sachverständigen ist auf die von dem Angeklagten zur Rechtfertigung der Berufung benannten Personen Rücksicht zu nehmen.

§ **365.** Nachdem die Hauptverhandlung nach Vorschrift des § 242 Abs 1 begonnen hat, hält ein Berichterstatter in Abwesenheit der Zeugen einen Vortrag über die Ergebnisse des bisherigen Verfahrens. Das Urteil erster Instanz ist stets zu verlesen.

Sodann erfolgt die Vernehmung des Angeklagten und die Beweisaufnahme.

---

98) Wegen der Folgen des Ausbleibens s. §§ 370, 371.

§ **366.** Bei der Berichterstattung und der Beweisaufnahme können Schriftstücke verlesen werden;[98a] Protokolle über Aussagen der in der Hauptverhandlung erster Instanz vernommenen Zeugen und Sachverständigen dürfen, abgesehen von den Fällen der §§ 250, 252 ohne die Zustimmung der Staatsanwaltschaft und des Angeklagten nicht verlesen werden, wenn die wiederholte Vorladung der Zeugen oder Sachverständigen erfolgt ist oder von dem Angeklagten rechtzeitig vor der Hauptverhandlung beantragt worden war.

§ **367.** Nach dem Schlusse der Beweisaufnahme werden die Staatsanwaltschaft sowie der Angeklagte und sein Verteidiger mit ihren Ausführungen und Anträgen, und zwar der Beschwerdeführer zuerst, gehört. Dem Angeklagten gebührt das letzte Wort.

§ **368.** Der Prüfung des Gerichts unterliegt das Urteil nur, soweit dasselbe angefochten ist.[99])

§ **369.** Insoweit die Berufung für begründet befunden wird, hat das Berufungsgericht unter Aufhebung des Urteils in der Sache selbst zu erkennen.

Leidet das Urteil an einem Mangel, welcher die Revision wegen Verletzung einer Rechtsnorm über das Verfahren begründen würde,[100]) so kann das Berufungsgericht unter Aufhebung des Urteils die Sache, wenn die Umstände des Falles es erfordern, zur Entscheidung an die erste Instanz zurückverweisen.

Hat das Gericht erster Instanz mit Unrecht seine Zuständigkeit angenommen,[1]) so hat das Berufungsgericht

98a) Wegen der Beweisaufnahme im Falle der Verbindung einer Berufungs- mit einer erstinstanzlichen Sache s. U 25/11 09, DJZ 15, 316.

99) Vgl. §§ 357, 359.

100) Wegen der **Mängel**, welche die Revision wegen Verletzung einer Rechtsnorm über das Verfahren begründen würden, vgl. §§ 376, 377.

1) Die Worte „**mit Unrecht**" sind **objektiv**, nicht subjektiv zu verstehen. Das Gesetz begreift im § 369 Abs. 3 nicht bloß den Fall eines in erster Instanz untergelaufenen Rechtsirrtums über die Zuständigkeit, sondern auch den Fall einer Unzuständigkeit, die sich erst durch das Ergebnis der Beweisaufnahme in zweiter Instanz ergibt, wobei selbstverständlich die Identität der in der ersten und in der zweiten Instanz

unter Aufhebung des Urteils die Sache an das zuständige Gericht zu verweisen oder, wenn es selbst in erster Instanz zuständig ist, zu erkennen.[2])

**§ 370.** Ist bei dem Beginne der Hauptverhandlung weder der Angeklagte, noch in den Fällen, wo solches zulässig, ein Vertreter desselben erschienen und das Ausbleiben nicht genügend entschuldigt, so ist, insoweit der Angeklagte die Berufung eingelegt hat, dieselbe sofort zu verwerfen, insoweit die Staatsanwaltschaft die Berufung eingelegt hat, über diese zu verhandeln oder die Vorführung oder Verhaftung des Angeklagten anzuordnen.

Der Angeklagte kann binnen einer Woche nach der Zustellung des Urteils die Wiedereinsetzung in den vorigen

---

zu beurteilenden Tat vorausgesetzt ist. U 22/4 82, E 6, 309. — Über die Notwendigkeit der Anwendung des § 369 Abs. 3 in denjenigen Fällen, wo das Schöffengericht wegen einer von der StA verfolgten Beleidigung oder Körperverletzung erkannt hat, s. U 13/3 84, E 10, 237.

2) Das Berufungsgericht ist nicht nur dann berechtigt, unter Aufhebung des schöffengerichtl. Urteils als erstinstanzliches Gericht zu erkennen, wenn dem schöffengerichtl. Verfahren ein formeller Beschluß über die Eröffnung des Hauptverfahrens zugrunde liegt, sondern auch dann, wenn das Schöffenger. in Anwendung des § 265 eine erst im Laufe der Hauptverh. zur Sprache gekommene, mit der im Eröffnungsbeschlusse bezeichneten realiter konkurrierende Straftat des Angekl. zum Gegenstande gleichzeitiger Aburteilung gemacht hat. U 1/5 85, E 12, 164. Die Vorschrift des § 369 Abs. 3 ist für das Berufungsgericht auch in dem Falle maßgebend, wo nach gesetzwidrigem Erlasse eines Strafbefehls das durch Einspruch angerufene Schöffenger. zwar den Strafbefehl als unzulässig aufgehoben, in der Sache selbst aber unter Überschreitung seiner sachlichen Zuständigkeit erkannt hat. U 4/11 98, E 31, 302. Vgl. auch U 20/2 08, E 41, 112. Im übrigen muß dann, wenn das Berufungsgericht selbst als Gericht erster Instanz erkennt, vor demselben stets eine vollständig neue, den Vorschriften für die erstinstanzliche Hauptverh. entsprechende Verhandlung stattfinden. Die besonderen Vorschriften der §§ 364 ff. über die Hauptverh. vor dem Berufungsgericht finden alsdann keine Anwendung. U 26/11 83, E 9, 282. Vgl. U 4/5 86, R 8, 342 (Verlesung von Zeugenaussagen ist nur nach den für die Hauptverhandl. der ersten Instanz bestehenden Vorschriften zulässig). U 30/3 97, G 45, 54 (Notwendigkeit einer den Vorschriften über das Verfahren in erster Instanz entsprechenden Beweisaufnahme. Verlesung des Eröffnungsbeschlusses wird durch die nach § 365 gebotene Verlesung des Urteils ersetzt).

Stand unter den in den §§ 44, 45 bezeichneten Voraussetzungen beanspruchen.

• § 371. Ist von einer der im § 340 bezeichneten Personen die Berufung eingelegt worden, so hat das Gericht auch den Angeklagten zu der Hauptverhandlung vorzuladen und kann ihn bei seinem Ausbleiben zu derselben zwangsweise vorführen lassen.

§ 372. War das Urteil nur von dem Angeklagten oder zugunsten desselben von der Staatsanwaltschaft oder von einer der im § 340 bezeichneten Personen angefochten worden, so darf das Urteil nicht zum Nachteile des Angeklagten abgeändert werden.[3])

§ 373. Im übrigen finden die im sechsten Abschnitte des zweiten Buchs über die Hauptverhandlung gegebenen Vorschriften Anwendung.

---

3) Die Vorschrift des § 372 bedeutet nur, daß eine härtere Strafe, als die im angefochtenen Urteil erkannte, nicht verhängt werden darf. Dagegen ist das Berufungsgericht nicht behindert, nach dem Ergebnisse der Verhandlung die Tat anders als in erster Instanz geschehen ist, rechtlich zu qualifizieren. U 15/11 83, E 9, 324. U 28/5 94, E 25, 397. U 17/6 02, DR 6, 400. Vgl. U 29/4 86, R 8, 319 (Vollendung statt Versuch). — Die Verhängung einer härteren Strafe würde z. B. vorliegen, wenn das Berufungsgericht auf Publikationsbefugnis erkennen, U 1/11 06, DR 10, 1387, oder die früher ausgesprochene Anrechnung der Untersuchungshaft nicht beibehalten würde, U 4/12 80, R 2, 602, nicht aber, wenn das Berufungsgericht an Selle einer in erster Instanz erkannten Freiheitsstrafe auf eine Geldstrafe erkennt, welche höher ist, als sie nach dem Umwandlungsmaßstabe des § 29 StGB sein könnte, wenn nur im übrigen nicht dieser Geldstrafe eine höhere, als die früher erkannte Freiheitsstrafe substituiert wird. U 12/7 80, E 2, 205. Desgleichen enthält es keine Verletzung des Grundsatzes der teilweisen Rechtskraft, wenn das Berufungsgericht von einzelnen der im ersten Urteil mit einer Gesamtstrafe belegten Handlungen freispricht, gleichwohl aber diese Gesamtstrafe in ihrem vollen Betrage beibehält. U 12/7 80, E 2, 202. U 22/9 80, R 2, 239.

Im übrigen findet der Grundsatz der teilweisen Rechtskraft auch dann Anwendung, wenn das Berufungsgericht nicht sofort selbst in der Sache erkennt, oder dieselbe an die vorige Instanz zurückverweist, sondern wegen sachlicher Unzuständigkeit des Vorderrichters dessen Urteil aufhebt und die Sache an ein Erstinstanzgericht höherer Ordnung verweist. U 24/5 83, E 8, 307. Dasselbe gilt für die Fälle, in denen das Privatklageverfahren auf Grund des § 429 eingestellt worden und

## 4. Abschnitt. Revision.

§ 374. Die Revision findet statt gegen die Urteile der Landgerichte und der Schwurgerichte.[4])

§ 375. Der Beurteilung des Revisionsgerichts unterliegen auch diejenigen Entscheidungen, welche dem Urteile vorausgegangen sind,[5]) sofern dasselbe auf ihnen beruht.

---

dann auf erhobene öffentliche Klage zu urteilen ist, U 15/11 83, E 9, 324, und für den Fall, wo auf Berufung des Angekl. in der Berufungsinstanz gemäß § 458 in dem auf staatsanwaltschaftl. Anklage neu eingeleiteten Verfahren erkannt wird. U 22/1 03, G 50, 131.

4) Die Revision ist unter den sonstigen Voraussetzungen gegen die Urteile der Landgerichte und Schwurgerichte ganz allgemein, insbesondere auch dann statthaft, wenn in denselben keine Entscheidung in der Sache selbst, sondern z. B. nur eine Kostenentscheidung getroffen ist. U 14/4 82, R 4, 322. U 27/4 82, E 6, 237. U 22/10 83, R 5, 623. U 30/9 82, E 7, 180 (Unterbringung in eine Erziehungs- usw. Anstalt), U 1/7 82, E 7, 12 (Abweisung eines Bußeanspruchs). Vgl. U 29/1 84, R 6, 57. Im übrigen kann der Angeklagte auch die Revision stets nur dann einlegen, wenn das Urteil in irgendeiner Weise in seine Rechtssphäre eingreift; gegen freisprechende Urteile also nur dann, wenn seine strafbare Schuld an sich anerkannt und die Zuerkennung einer Strafe nur durch besondere, daneben bestehende Umstände (Kompensation, Verjährung usw.) als ausgeschlossen erachtet wurde. U 11/6 81, E 4, 355. U 18/9 84, R 6, 545. U 30/1 85, R 7, 65.

Wegen der Zuständigkeit des Reichsgerichts und der Oberlandesgerichte zur Entscheidung über die Revision s. §§ 136, 123 GVG. Vgl. § 9 EGzGVG und wegen der Zuständigkeit § 388 StPO.

Das Urteil des Revisionsgerichts ist einer weiteren Anfechtung durch ein Rechtsmittel nicht unterworfen und erlangt deshalb mit seiner Verkündung Rechtskraft. U 1/4 80, R 4, 300.

5) Der Mangel einer gesetzl. vorgeschriebenen Voruntersuchung kann nur auf dem in den §§ 199 und 181 vorgeschriebenen Wege der sofortigen Beschwerde, dagegen nicht mehr im Wege der Revision geltend gemacht werden. Nur wenn einzelne ungesetzliche Akte der Voruntersuchung in der Hauptverhandl. gegen den Angekl. verwendet worden wären, würde in Frage kommen können, ob insofern das Urteil auf einer Gesetzesverletzung beruhe. U 2/3 81, R 3, 91. U 29/2 84, R 6, 161. Dagegen kann mit der Revision sowohl das gänzliche Fehlen eines Eröffnungsbeschlusses, als auch jeder wesentliche prozessuale Mangel desselben angefochten werden. U 13/1 80, E 1, 66. U 29/1 84, E 10, 56. Vgl. U 24/6 80, E 2, 120 (Mitwirkung eines gesetzlich ausgeschlossenen Richters). U 8/10 83, R 5, 583 (Unvollständigkeit des Eröffnungsbeschlusses). Allerdings wird in den letztgedachten Fällen stets voraus-

**§ 376.** Die Revision[6]) kann nur darauf gestützt werden, daß das Urteil auf einer Verletzung des Gesetzes[7]) beruhe.[8])

gesetzt, daß der Angekl. den betr. Mangel des Eröffnungsbeschlusses in der Hauptverhandl. vergeblich gerügt hat. Vgl. U 23/10 84, R 6, 644. Das Fehlen der Unterschrift des Vorsitzenden ist kein wesentlicher Mangel. U 10/5 10, JW 40, 247.

6) Das Revisionsgericht hat sich auf die Prüfung der Rechtsfrage zu beschränken. In bezug auf die Tatfrage hat die StPO die freie Beweiswürdigung und die Feststellung des tatsächlichen Ergebnisses des Beweises in die Hand des Instanzrichters gelegt, dessen Annahmen in dieser Beziehung für das Revisionsgericht bindend sind. U 13/7 81, E 4, 388. Aus diesem Grunde kann auch die Strafzumessung nur dann zum Gegenstande der Revision gemacht werden, wenn sie sich nicht innerhalb der gesetzl. Strafandrohung hält oder von rechtsirrtümlichen Voraussetzungen ausgeht. Die Würdigung der für die Strafzumessung, insbesondere auch für die Annahme mildernder Umstände maßgebend gewesenen tatsächlichen Verhältnisse steht dem Revisionsrichter nicht zu, U 11/1 83, E 8, 76. U 22/4 92, E 23, 91. U 26/11 97, G 46, 36. U 19/6 80, R 2, 83; insbesondere kann auch die irrtümliche Anrechnung einer in Wirklichkeit nicht erlittenen Untersuchungshaft nicht zum Gegenstande einer Revisionsbeschwerde gemacht werden. U 9/11 80, R 2, 479. U 29/9 81, R 3, 561. AM U 23/10 80, R 2, 380. Bei Würdigung der tatsächlichen Voraussetzungen für die Anwendung einer Prozeßregel ist das Revisionsgericht durch die Feststellungen des Instanzrichters nicht schlechthin gebunden, sondern grundsätzlich zur freien Prüfung berechtigt und verpflichtet, z. B. bezüglich der Frage, ob ein Sachverständiger, der sein Gutachten auf den ein für allemal geleisteten Sachverständigeneid genommen hat, einen solchen Eid für Gutachten der in Rede stehenden Art in der Tat geleistet hat, U 17/7 81, E 4, 388; oder ob die Voraussetzungen eines gültigen Strafantrages vorliegen: U 4/4 82, E 6, 161; oder ob überhaupt die Strafverfolgung des Angekl. vor den ordentlichen Gerichten zulässig ist: U 27/3 85, R 7, 198; oder ob ein Zeuge, der sein Alter auf 16 Jahr angegeben hatte, nach dem Geburtszeugnisse aber erst 15 Jahr als war, nach § 56 Nr. 1 beeidigt werden durfte. U 18/11 84, E 11, 261. Wegen der Prüfung des tatsächlichen Materials bei der Revision wegen unbegründeter Verwerfung eines Ablehnungsgesuchs s. A. 13 zu § 377 Nr. 3. — Auch diese Befugnis findet aber ihre Grenze an demjenigen Gebiete, welches vom Gesetze dem freien Ermessen d. h. der auf Grund der Würdigung der konkreten Tatumstände gewonnenen Überzeugung des Instanzrichters überwiesen ist (§ 260). Dahin gehört z. B. auch die Frage, ob ein Zeuge wegen Verstandesschwäche nach § 56 Nr. 1 StPO nicht beeidigt werden durfte. U 18/11 84, E 11, 261. Wegen des Rückfalls s. U 2/6 80, R 2, 17, wegen der Wirksamkeit des Einwands ne bis in idem in der Revisionsinstanz U 14/3 02, G 51, 195. U 30/9 02, E 35, 307 und wegen der Verjährung U 21/9 11, E 45, 158.

Das Gesetz ist verletzt, wenn eine Rechtsnorm [9]) nicht oder nicht richtig angewendet worden ist.

§ 377. Ein Urteil ist stets als auf einer Verletzung des Gesetzes beruhend anzusehen:

1. wenn das erkennende Gericht oder die Geschworenenbank nicht vorschriftsmäßig besetzt war; [10]) [11])

---

7) Gesetz im Sinne der StPO und insbesondere des § 376 ist jede Rechtsnorm. § 7 EGzStPO. Das Wort „Rechtsnorm" ist im weitesten Sinne zu nehmen (Mot. S. 202, 203). Es fallen darunter nicht nur die ausdrücklichen Bestimmungen der Gesetze, sondern auch die aus dem Sinn und Zusammenhang der gesetzl. Vorschriften sich ergebenden Grundsätze, U 27/4 82, E 6, 237, insbes. also auch die Grundsätze des Gewohnheitsrechts. U 5/11 83, E 9, 299, nicht aber der Grundsatz „in dubio pro reo". U 11/1 09, DR 13, 783. Auch auf die Verletzung ausländischen Rechts kann die Revision gegründet werden, U 21/2 84, E 10, 285, und völkerrechtliche Verträge (Auslieferungsverträge) sind jedenfalls für denjenigen Staat Rechtsnormen i. S. § 376, der sie in den Formen seines Rechtes zum Gesetz erhoben hat (Auslief.-Vertrag zwischen dem Deutschen Reiche und Großbritannien v. 14/5 72). U 22/9 85, E 12, 381. U 3/10 90, E 21, 180. U 10/2 91, G 39, 65. Dagegen ist der Geschäftsverteilungsplan eines Gerichts keine Rechtsnorm i. S. § 376. U 6/9 00, G 47, 159. U 30/6 03, E 36, 321. Dasselbe gilt von Anweisungen und Instruktionen, durch welche nur die Obliegenheiten von Beamten ihrer vorgesetzten Behörde gegenüber normiert werden (Instruktionen für Bahnbeamte), U 17/12 79, E 1, 125. U 12/9 81, DJZ 6, 336. U 16/2 04, DJZ 11, 556. Auch behördliche Unfallverhütungsvorschriften sind keine Rechtsnormen i. S. § 376. U 12/2 04, DR 8, 145.

8) Das Urteil beruht auf einer Verletzung des Gesetzes, wenn ohne diese Verletzung die Entscheidung nicht so hätte ergehen können, wie sie ergangen ist. Die unrichtige Anwendung einer Rechtsnorm ist zur Begründung der Revision nicht geeignet, wenn auch bei deren richtiger Anwendung das Gericht zu derselben Entscheidung gelangt sein würde. Der Erfolg des Rechtsmittels ist also durch einen Zusammenhang zwischen der Gesetzesverletzung und der Entscheidung selbst bedingt. U 18/2 80, E 1, 210. U 8/3 80, E 1, 254.

9) Über den Begriff der Rechtsnorm s. oben A. 7 zu § 376 Abs. 1. Rechnungsversehen sind keine Verletzungen von Rechtsnormen i. S. § 376. U 2/1 88, R 10, 3.

10) Nur die unvorschriftsmäßige Besetzung des erkennenden Gerichts bildet einen unbedingten Revisionsgrund i. S. § 377 Nr. 1. Vorschriftswidrige Besetzung des Gerichts bei früheren Beschlußfassungen kann zur Begründung der Revision nur dienen, wenn nachgewiesen wird, daß das Urteil auf diesem Mangel beruht. U 29/9 80, E 2, 338.

Unter vorschriftsmäßiger Besetzung des Gerichts ist zunächst nur die Besetzung desselben mit der gesetzl. Richterzahl zu verstehen. Sodann aber bezweckt § 377 Nr. 1 die Ausschließung solcher Personen von der Mitwirkung, die zum Richteramt überhaupt unfähig sind oder in dem betr. Gerichte nicht mitwirken dürfen. Ob die für die Bildung der betr. Strafkammer maßgebenden Dienstvorschriften, insbes. die reglementären Vorschriften der §§ 62, 63 GVG, gewahrt sind, ist gleichgültig, U 8/7 80, E 2, 195. U 16/10 80, E 3, 8, und unerheblich ist es auch, daß an der Verhandl. und Entscheidung ein Richter teilgenommen hat, welcher beurlaubt war. U 14/11 90, G 38, 440. Vgl. U 22/4 84, E 10, 318 (Vorsitzender als Beisitzer). U 4/10 80, E 2, 311 (Zuziehung von Amtsrichtern zu den Sitzungen der Landgerichte). U 31/1 81, E 3, 310 (Landgerichtsdirektoren als Beisitzer bei dem Schwurgericht). U 13/11 80, E 3, 231 (Auditeur als Hilfsrichter im Kgr. Sachsen). U 27/11 80, E 3, 236 (Zuziehung von Gerichtsassessoren im allg.). U 28/9 91, E 22, 134 (Zuziehung von Gerichtsassessoren, welche mit der kommiss. Wahrnehmung einer Amtsrichterstelle beauftragt sind, zur Hauptverh. der Strafkammer des Landgerichts). U 19/10 91, E 22, 168 (Zuziehung eines zum Hilfsrichter bei einem Amtsgericht bestellten Gerichtsassessors). U 13/11 91, E 22, 203 (Gerichtsass. als Beisitzer bei einer am Sitze des Amtsgerichts, dessen Richter er vertritt, gebildeten Strafkammer). U 28/1 95, E 26, 412 (Richter, der bereits zum Staatsanwalt ernannt, jedoch noch nicht im Besitz seines Anstellungsdekrets war). U 12/8 07, E 40, 268 (für den Bedürfnisfall besonders ernannter Stellvertreter des Schwurgerichtsvorsitzenden).

11) Eine vorschriftswidrige Besetzung der Geschworenenbank liegt vor, wenn entweder die Zahl der fungierenden Geschworenen nicht die gesetzlich vorgeschriebene war (§ 282), oder wenn jemand als Geschworener mitgewirkt hat, welcher zur Ausübung des Geschworenenamtes absolut unfähig war (§§ 32, 84 GVG), oder endlich, wenn bei dem formellen Verfahren bei Auswahl und Berufung der Geschworenen bzw. bei Bildung der Geschworenenbank gegen wesentliche Vorschriften verstoßen wurde, dergestalt, daß es überhaupt an den gesetzlichen Grundlagen für die Bildung der Geschworenenbank fehlt. U 21/9 80, E 2, 241. U 24/9 81, E 5, 21. U 24/3 85, E 12, 119. U 25/1 95, E 26, 409. U 24/2 88, E 17, 173 (Ausschließung eines nicht inhabilen Geschworenen bei Bildung der Geschworenenbank). U 30/9 86, R 8, 573 (Versehen bei Auslosung der Geschworenen). U 25/2 89, G 37, 164 (Auslosung eines Geschworenen, dessen Name sich nicht auf der dem Angekl. mitgeteilten Spruchliste befand). U 10/2 02, G 49, 129 (falsche Belehrung über die Ablehnungsberechtigung). U 15/6 94, E 25, 419 (Aufnahme eines zum Geschworenenamt Unfähigen in die Spruchliste ist kein wesentlicher Mangel, da § 279 die Beseitigung dieses Mangels ermöglicht, wenn der Geschworene erschienen ist und seine Unfähigkeit zur Sprache gebracht wird). Im übrigen bezweckt § 377 Nr. 1 namentlich die Ausschließung der zur Ausübung des Geschworenenamtes absolut — in abstracto — unfähigen Ge-

2. wenn bei dem Urteile ein Richter, Geschworener oder Schöffe mitgewirkt hat, welcher von der Ausübung des Richteramts kraft des Gesetzes ausgeschlossen war;[12])
3. wenn bei dem Urteile ein Richter oder Schöffe mitgewirkt hat, nachdem derselbe wegen Besorgnis der Befangenheit abgelehnt war, und das Ablehnungsgesuch entweder für begründet erklärt war oder mit Unrecht verworfen worden ist;[13])
4. wenn das Gericht seine Zuständigkeit mit Unrecht angenommen hat;[14])
5. wenn die Hauptverhandlung[15]) in Abwesenheit der

---

schworenen (§ 32 GVG), U 21/9 80, E 2, 241. Vgl. U 24/3 85, E 12, 119 und die A. 86 zu § 279. Der Grad der Gewissenhaftigkeit und insbesondere Aufmerksamkeit, welche einzelne Geschworene bei Ausübung ihrer Funktionen aufgewendet haben (Schlafen), kann nicht zum Gegenstand der Revision gemacht werden. U 29/7 91, E 22, 106.

12) Der § 377 Nr. 2 hat diejenigen Fälle, im Auge in welchen ein Richter usw. wegen seiner relativen Unfähigkeit, gerade in der einzelnen konkreten Sache mitzuwirken, kraft Gesetzes ausgeschlossen ist (§§ 22, 23, 31, 32, 279 StPO). U 21/9 80, E 2, 241. U 15/5 88, E 17, 375. Über die Anwendbarkeit des § 377 Nr. 2 in den Fällen des § 23 Abs. 2 u. 3 s. U 10/5 80, E 2, 209. Vgl. A. 40 zu § 23.

13) Das Revisionsgericht hat im Falle des § 337 Nr. 3 seine Prüfung auch auf das tatsächliche Material zu erstrecken, welches zur Motivierung der Besorgnis der Befangenheit in erster Instanz vorgebracht ist. U 30/11 82, E 7, 340. U 22/1 86, R 8, 89. Neue, erst in der Revisionsinstanz angebrachte tatsächliche Anführungen müssen jedoch hierbei außer Erwägung bleiben. U 6/6 82, R 4, 527. Im übrigen ist die Revision hier nur zulässig, wenn der Beschluß, durch welchen ein Ablehnungsgesuch für unbegründet erklärt worden ist, nach Eröffnung des Hauptverfahrens, also vom erkennenden Richter, erlassen ist. In allen anderen Fällen ist lediglich die sofortige Beschwerde das zulässige Rechtsmittel. U 27/9 82, E 7, 175.

14) Die örtliche Zuständigkeit kann zum Gegenstande richterlicher Prüfung in der Revisionsinstanz nur dann gemacht werden, wenn der Angeklagte den Einwand der Unzuständigkeit rechtzeitig erhoben hat und derselbe vor dem Gerichte verworfen ist. U 20/11 80, E 3, 136. Spezialfälle s. im U 15/3 83, E 8, 248, U 17/5 83, E 8, 385 u. U 24/10 10, E 44, 137.

15) oder ein Teil der Hauptverhandlung, insbesondere ein Akt der Beweisaufnahme. U 28/3 88, R 10, 276. Fehlen eines Richters bei dem Aufruf der Zeugen ist bedeutungslos. U 25/6 06, DR 10, 1016.

Staatsanwaltschaft oder einer Person, deren Anwesenheit das Gesetz vorschreibt,[16]) stattgefunden hat;

6. wenn das Urteil auf Grund einer mündlichen Verhandlung ergangen ist, bei welcher die Vorschriften über die Öffentlichkeit des Verfahrens verletzt sind;[17])[18])

---

16) Wegen der Notwendigkeit der Anwesenheit der Staatsanwaltschaft und der Zulässigkeit der Vertretung derselben durch einen ihr zur Beschäftigung überwiesenen Gerichtsassessor s. § 225. Die StA muß insbesondere stets bei der Urteilsverkündung zugegen sein. U 11/10 83, E 9, 275. Wegen der Notwendigkeit der Anwesenheit des Gerichtsschreibers s. § 225; vgl. U 12/11 85, E 13, 76; des Angeklagten: §§ 229—233, 319, 327, 470. Vgl. U 3/12 83, E 9, 341 (Gegenwart des Angekl. bei der ausgesetzten Urteilsverkündung). U 1/12 91, E 22, 247 (Gegenwart des Angekl. bei Verkündung des Spruchs der Geschworenen); U 20/6 07, E 40, 230 (desgl. bei Ausführungen des Nebenklägers oder dessen Vertreters); U 12/2 09, E 42, 197 (desgl. bei Augenscheinseinnahme durch das erkennende Gericht u. die Geschworenen). Wenn bei mehreren Angeklagten die Hauptverhandl. in Abwesenheit eines Mitangekl. begonnen hat, so ist dies unschädlich, wenn nach seinem Erscheinen die Verhandlung soweit wiederholt wird, daß sie für die ihn betreffende Entscheidung die gesetzl. Grundlage einer vollständigen Hauptverhandl. bildet. U 16/6 03, G 50, 391. Die anderen Angekl. können die Verhandlung in Abwesenheit eines Mitangekl. nur dann als Revisionsgrund geltend machen, wenn in abstracto die Möglichkeit gegeben ist, daß das Urteil, insoweit es ihre Verurteilung ausspricht, durch die Verhandlung in Abwesenheit des Mitangekl. beeinflußt ist. U 22/12 96, E 29, 294. Zeitweise Abwesenheit des Verteidigers in den Fällen der notwendigen Verteidigung und des § 141 begründet die Revision, wenn nicht der betr. Teil der Verhandlung von neuem verhandelt wird. U 23/11 05, E 38, 216. U 28/6 10, E 44, 16. Vgl. U 6/6 96, E 28, 413, U 22/11 10, E 44, 215 u. A. 93 zu § 145, U 14/6 80, E 2, 104 (Abwesenheit des Verteidigers bei der Urteilsverkündung) und wegen des Privatklägers §§ 425, 427, 431. Der Nebenkläger gehört nicht zu denjenigen Personen, deren Anwesenheit in der Hauptverhandl. das Gesetz vorschreibt. U 20/2 96, E 28, 220. Über die Notwendigkeit der Anwesenheit der StA und des Verteidigers bei der Belehrung über die Fragestellung im schwurgerichtl. Verfahren s. U 14/12 83, E 9, 271. Die Geschworenen betrifft § 377 Nr. 5 überhaupt nicht. U 26/2 07. E 40, 49. Wegen gleichzeitiger Anwesenheit aller Beteiligten bei Beweisaufnahmeakten s. U 21/2 11, DJZ 16, 876.

17) Die Vorschriften über die Öffentlichkeit des Verfahrens s. in den §§ 170, 173—175 GVG und im § 281 StPO.

18) Die Worte „wenn das Urteil auf Grund einer mündlichen Verhandlung ergangen ist" umfassen auch die Urteilsverkündung. U 30/1 80, E 1, 90. Im übrigen hat durch die Be-

7. wenn das Urteil keine Entscheidungsgründe enthält;[19])
8. wenn die Verteidigung in einem für die Entscheidung wesentlichen Punkte[20]) durch einen Beschluß des Gerichts[21]) unzulässig beschränkt worden ist.[22])

---

stimmung des § 377 Nr. 6 nur eine Beschränkung der grundsätzlich für alle Verhandlungen vor dem erkennenden Gerichte vorgeschriebenen Öffentlichkeit zum Revisionsgrunde gemacht werden sollen, nicht auch der Fall, wenn öffentlich verhandelt ist, während nach ausnahmsweiser Bestimmung Ausschluß der Öffentlichkeit geboten gewesen wäre. U 22/1 81, E 3, 295. Vgl. U 7/2 80, R 1, 324. U 23/4 80, R 1, 652. U 29/3 82, R 4, 286. Der absolute Revisionsgrund des § 377 Nr. 6 findet jedoch sonst auch auf diejenigen Fälle Anwendung, wo nicht die Öffentlichkeit der Verhandlung selbst in Frage steht, sondern nur die Verhandlung behufs einer Entscheidung über jene Frage. U 11/2 84, E 10, 92. Vgl. U 9/11 80, R 2, 480 (Verhandlung über Ausschließung der Öffentlichkeit ohne Anhörung des Angekl.). Ebenso: U 9/1 80, E 1, 50. Vgl. §§ 170ff. GVG.

Immer aber bildet die Beschränkung der Öffentlichkeit nur dann einen Revisionsgrund, wenn sie auf ein Verschulden des Gerichts oder des Vorsitzenden (positive Anordnung oder Nichtbeseitigen des gesetzwidrigen Ausschlusses der Öffentlichkeit) zurückzuführen ist. U 14/1 10, E 43, 188.

Wenn ein Angekl. nur wegen einer von mehreren ihm zur Last gelegten Straftaten verurteilt ist, so kann die hiergegen gerichtete Revision nicht darauf gestützt werden, daß bei der Hauptverhandlung, insoweit sie die anderen Straftaten betraf, die Vorschriften über die Öffentlichkeit des Verfahrens verletzt sind. U 18/1 01, G 48, 116.

19) Wegen der Entscheidungsgründe s. im allgemeinen §§ 266, 316 und die Anmerkungen zu denselben. Der Revisionsgrund aus § 377 Nr. 7 setzt keineswegs ausschließlich den Fall voraus, daß es dem Urteil an allen und jeden Entscheidungsgründen gebricht; er liegt vielmehr auch schon dann vor, wenn das Urteil teilweise, namentlich bezüglich der in der Revisionsinstanz in Betracht kommenden Gesichtspunkte der erforderlichen Entscheidungsgründe entbehrt. U 28/12 80, E 3, 147. U 11/3 81, E 3, 431. Daß die Urteilsgründe sich über jedes Schutzvorbringen des Angekl., über jedes vorgeführte Beweismittel und überhaupt über jeden in der Hauptverhandlung erörterten Umstand aussprechen, ist nicht erforderlich. U 21/3 07, DR 11, 588. S. auch die Spezialentscheidungen im U 22/5 80, E 2, 60 u. U 13/5 81, E 4, 137 (Hinweisung auf den Inhalt der Anklageschrift). Die nur unterlassene Verkündung der Entscheidungsgründe kann die Revision aus § 377 Nr. 7 nicht begründen. U 20/1 80, R 1, 249.

20) Bei der Frage, ob der Punkt, in welchem die Verteidigung beschränkt worden, ein für die Entscheidung wesentlicher sei, hat sich das Revisionsgericht auf den Standpunkt des vorigen Richters

**§ 378.** Die Verletzung von Rechtsnormen, welche lediglich zugunsten des Angeklagten gegeben sind,[23]) kann von der Staatsanwaltschaft nicht zu dem Zwecke geltend gemacht werden, um eine Aufhebung des Urteils zum Nachteile des Angeklagten[24]) herbeizuführen.

**§ 379.** Wenn der Angeklagte von den Geschworenen

---

zu stellen, ohne seinerseits selbst in eine tatsächliche Würdigung des Straffalles einzutreten. U 20/4 81, E 4, 138. U 25/1 81, E 3, 298. Vgl. jedoch die früheren Urteile 10/12 79, R 1, 136 und 10/1 80, R 1, 214.

21) Unter einem Beschluß des Gerichts i. S. § 377 Nr. 8 ist nur ein Beschluß des erkennenden Gerichts zu verstehen. Die Verteidigung beschränkende Beschlüsse der beschließenden Strafkammer oder vor der Hauptverhandlung ergangene Verfügungen des Vorsitzenden können einen Revisionsgrund nicht abgeben. U 29/11 79, E 1, 106. U 16/12 79, R 1, 158. U 20/1 80, R 1, 250 u. a.

22) Einzelne Fälle unzulässiger Beschränkung der Verteidigung i. S. § 377 Nr. 8 s. in den Spezialentscheidungen: U 19/12 79, R 1, 164 (unterlassene Begründung des einen Beweisantrag ablehnenden Beschlusses). Vgl. U 17/3 80, R 1, 477; U 10/4 80, R 1, 571 (Ablehnung geladener oder erschienener Zeugen wegen Beweisunerheblichkeit); U 5/5 80, R 1, 730 (Ablehnung eines wegen Ausbleibens geladener Zeugen gestellten Vertagungsantrags); U 9/1 80, E 1, 51 (Ablehnung eines Beweisantrags „weil nicht ersichtlich sei, wie die benannten Zeugen die unter ihr Zeugnis gestellte Negative glaubhaft sollten machen können"); U 7/12 81, R 3, 768 (desgl. weil Angekl. nicht angegeben habe, was die von ihm vorgeschlagenen Zeugen bekunden würden usw.). U 12/12 06, DR 11, 140 (Ablehnung der Vernehmung eines Zeugen wegen ungenügender Bezeichnung). U 9/11 03, DJZ 9, 172 (Ablehnung des Antrags, die Strafliste eines Zeugen zu verlesen); U 10/3 04, DJZ 10, 700 (Nichtprüfung eines event. Antrags, die Ehefrau des Angekl. zu beeidigen). Nichtbeachtung des Widerspruchs eines Angekl. gegen Trennung verbundener Strafsachen enthält keine unzulässige Beschränkung der Verteidigung. U 22/11 06, DR 10, 1387. Desgl. nicht die ohne Grundangabe erfolgte Ablehnung eines Antrags des Verteidigers auf Worterteilung nach der Vernehmung des Angekl. U 26/11 06, DR 11, 72. Vgl. insbesondere auch die A. zu §§ 243 ff.

23) Zu den Rechtsnormen, welche lediglich zugunsten des Angeklagten gegeben sind, gehört insbesondere die Vorschrift des § 264 Abs. 1 betr. die Hinweisung des Angekl. auf den veränderten rechtlichen Gesichtspunkt, U 7/12 81, E 5, 218; nicht aber die Vorschriften über die Öffentlichkeit des Verfahrens. U 30/1 80, E 1, 90.

24) Zugunsten des Angeklagten kann jedoch die StA ihre Revision auch auf die im § 378 gedachte Verletzung gründen. U 7/12 81, E 5, 218.

für nichtschuldig erklärt worden ist,[25]) so steht der Staatsanwaltschaft die Revision nur in den Fällen zu, in welchen dieselbe durch die Bestimmungen des § 377 Nr. 1, 2, 3, 5 oder durch die Stellung oder Nichtstellung von Fragen begründet wird.[26])

§ **380.** Gegen die in der Berufungsinstanz erlassenen Urteile der Landgerichte kann die Revision wegen Verletzung einer Rechtsnorm über das Verfahren[26a]) nur auf Verletzung der Vorschrift des § 398 gestützt werden.

§ **381.** Die Revision muß bei dem Gerichte, dessen Urteil angefochten wird,[27]) binnen einer Woche nach Ver-

---

25) Die Vorschrift des § 379 erfordert zu ihrer Anwendung keineswegs ein Nichtschuldig auf alle den Geschworenen vorgelegten Fragen, beschränkt vielmehr die Anfechtung des Urteils von seiten der StA soweit, als das Nichtschuldig der Geschworenen reicht. U 27/5 84, E 10, 410. U 12/12 02, DJZ 8, 106 (Anwendung des § 379, wenn der Angekl. derselben Tat aus einem rechtl. Gesichtspunkte für nichtschuldig, aus einem anderen für schuldig erklärt ist).

26) Die Vorschrift des § 379 setzt einen seiner Form nach korrekten und seinem Inhalt nach vollständigen und unzweideutigen Wahrspruch voraus. Daraus folgt, daß die Revision der StA zulässig ist, wenn sich dieselbe auf die Unterlassung eines nach § 309 erforderlich gewesenen Berichtigungsverfahrens gründet. U 11/6 80, E 2, 96. U 12/4 82, R 4, 315. U 16/6 84, R 6, 439. Desgleichen kann die StA die ungerechtfertigte Anordnung eines Berichtigungsverfahrens mit der Revision anfechten. U 29/4 82, E 6, 317. U 8/6 86, E 14, 298. Da die Bestimmung des § 41 StGB auch im Falle eines Freispruchs der Geschworenen Anwendung findet, so ist endlich auch durch § 379 die Revision der StA gegen ein die Unbrauchbarmachung einer Druckschrift ablehnendes Urteil nicht ausgeschlossen. U 12/7 80, R 2, 191.

Wegen des Beruhens (§ 376) und darüber, daß die Revision nur durch Fragen, die sich auf den freigesprochenen Angekl. selbst beziehen, begründet wird s. U 10/12 08, E 42, 105.

26a) Hierzu gehören auch die Vorschriften über die örtliche Zuständigkeit. U 27/4 09, JW 38, 523.

27) Wenn es sich um ein Urteil der bei einem Amtsgericht gebildeten Strafkammer handelt, so kann die Revision auch bei dem Landgericht des Bezirks eingelegt werden. U 4/6 80, R 2, 30. Anders früher: U 10/3 80, E 1, 267. Die Revision gegen ein schwurgerichtliches Urteil kann bei dem Vorsitzenden des Schwurgerichts nur so lange angebracht werden, als die betreffende Sitzungsperiode noch nicht abgelaufen ist. Nach dieser Periode muß die Revision bei der Strafkammer des Landgerichts eingelegt werden. Beschl 30/11 85, E 13, 156.

kündung des Urteils[28]) zu Protokoll des Gerichtsschreibers oder schriftlich[29]) eingelegt werden.[30])

Hat die Verkündung des Urteils nicht in Anwesenheit des Angeklagten stattgefunden, so beginnt für diesen die Frist mit der Zustellung.[31])

28) Wenn das Urteil ohne Gründe verkündet ist, so beginnt die einwöchige Frist erst mit dem Zeitpunkt der Zustellung des Urteils. U 6/2 80, E 1, 192. U 1/6 80, E 2, 78. Vgl. U 20/1 80, R 1, 249.

29) Die bloße Niederlegung der schriftlichen Revisionsanmeldung innerhalb der Geschäftsräume des Gerichts ist für sich allein nicht geeignet, die Frist zu wahren. Die Revisionsanmeldungsschrift muß vielmehr innerhalb der Frist an eine in Vertretung des Gerichts zur Empfangnahme befugte Person gelangen. Zu diesen Personen gehören vor allem die Gerichtsschreiber, und zwar können dieselben in Preußen die Revisionsanmeldung auch nach dem Schlusse der Dienststunden in ihrer Wohnung annehmen, U 7/2 98, E 31, 4; während in Bayern diese Annahme durch den Gerichtsschreiber nur auf der Gerichtsschreiberei erfolgen kann. Beschl 21/10 80, R 2, 369. U 7/2 98, E 31, 4. Insbesondere wird hier die Frist des § 381 auch dadurch nicht gewahrt, daß die Revisionseinlegung am letzten Tage der Frist nach Schluß der Dienststunden im Amtszimmer des Gerichtsschreibers in dessen Abwesenheit, aber in Gegenwart des Hausmeisters des Landgerichts niedergelegt wird. Beschl. 27/8 91, E 22, 124. — Bei Einlegung durch eingeschriebenen Brief ist die Frist gewahrt, wenn auch bloß der Postablieferungsschein rechtzeitig eingeht. U 10/3 11, E 44, 350. Eine Revisionsanmeldung ohne Unterschrift ist wirkungslos. U 18/2 87, R 9, 144. Eine schriftliche Revisionseinlegung ist jedoch angenommen in einem Falle, wo der Beschwerdeführer, ohne — des Sabbats wegen — selbst zu unterschreiben, in einer von dem Gefängnisbeamten aufgenommenen und von diesem unterschriebenen Verhandlung erklärt hatte, daß er die Revision einlege. U 9/3 88, E 17, 256.

30) Der Angekl. kann nicht verlangen, daß die von ihm sofort nach Verkündung des Urteils in der Sitzung erklärte Einlegung der Revision von dem Gerichtsschreiber in das Sitzungsprotokoll oder in ein besonderes, sofort zu errichtendes Protokoll aufgenommen werde. Beschl. 2/11 93, E 24, 355. — Wegen der Zulässigkeit der Einlegung der Revision durch Telegramm und der Unwirksamkeit telephonischer Mitteilung an den Gerichtsschreiber s. A. 87 zu § 348. Wegen der Unzulässigkeit einer bedingten Einlegung der Revision s. A. 71 zu § 338 und wegen des nicht auf freiem Fuß befindlichen Beschuldigten § 341.

Ein Rechtsanwalt, der vorher nicht Verteidiger des Angekl. war, kann nur dann wirksam ein Rechtsmittel für den Angekl. einlegen, wenn er von diesem noch innerhalb der gesetzl. Einlegungsfrist hierzu beauftragt wird. Spätere Vorlegung der rechtzeitig erteilten Vollmacht ist unschädlich. U 9/6 02, DR 6, 377.

§ 382.[32]) Der Beginn der Frist zur Einlegung der Revision wird dadurch nicht ausgeschlossen, daß gegen ein auf Ausbleiben des Angeklagten ergangenes Urteil eine Wiedereinsetzung in den vorigen Stand nachgesucht werden kann.

Stellt der Angeklagte ein Gesuch um Wiedereinsetzung in den vorigen Stand, so wird die Revision dadurch gewahrt, daß sie sofort für den Fall der Verwerfung jenes Gesuchs rechtzeitig eingelegt und begründet wird. Die weitere Verfügung in bezug auf die Revision bleibt dann bis zur Erledigung des Gesuchs um Wiedereinsetzung in den vorigen Stand ausgesetzt.

Die Einlegung der Revision ohne Verbindung mit dem Gesuch um Wiedereinsetzung in den vorigen Stand gilt als Verzicht auf die letztere.

§ 383. Durch rechtzeitige Einlegung der Revision wird die Rechtskraft des Urteils, soweit dasselbe angefochten ist,[33]) gehemmt.

Dem Beschwerdeführer, welchem das Urteil mit den Gründen noch nicht zugestellt war, ist dasselbe nach Einlegung der Revision zuzustellen.[34])

---

31) Dasselbe gilt für den Nebenkläger, in dessen Abwesenheit die Verkündung des Urteils stattgefunden hat. U 11/2 82, E 6, 28; desgl. für die Verwaltungsbehörde in dem Verfahren bei Zuwiderhandlungen gegen die Vorschriften über die Erhebung öffentlicher Abgaben und Gefälle (§ 469). Wegen Berechnung der Einlegungsfrist für die Einziehungs-Interessenten s. A. 54 zu § 479.

32) Vgl. § 356 und wegen der Wiedereinsetzung in den vorigen Stand § 234.

33) Wenn die Revision nur insoweit eingelegt ist, als auf Überweisung an die Landespolizeibehörde erkannt ist, so kann in der Revisionsbegründung nicht die Verurteilung wegen Landstreicherei selbst angefochten werden. U 21/7 06, DR 10, 1093. Anfechtung des Urteils nur wegen unrichtiger Anwendung des § 79 ist keine allgemeine materielle Revisionsbeschwerde, die zu einer Prüfung des Urteils im übrigen nötigt. U 29/5 06, DR 10, 814. Bei Beschränkung des Revisionsangriffs auf eine erkannte Nebenstrafe kann die rechtlich nicht einwandfrei erfolgte Feststellung des Tatbestandes nicht gerügt werden. U 12/3 09, E 42, 241.

34) Auf diese Zustellung kann der Beschwerdeführer nicht verzichten. U 5/12 79, R 1, 118. Das Urteil (mit den Gründen: Beschl.

**§ 384.** Der Beschwerdeführer hat die Erklärung abzugeben, inwieweit er das Urteil anfechte und dessen Aufhebung beantrage (Revisionsanträge),[35]) und die Anträge zu begründen.

Aus der Begründung muß hervorgehen, ob das Urteil wegen Verletzung einer Rechtsnorm über das Verfahren oder wegen Verletzung einer anderen Rechtsnorm angefochten wird. Ersterenfalls müssen die den Mangel enthaltenden Tatsachen angegeben werden.[36])

26/2 87, R 9, 161) muß in Ausfertigung oder wenigstens in beglaubigter Abschrift zugestellt werden. Die Zustellung einer einfachen Abschrift des Urteils genügt nicht. U 5/12 79, R 1, 118, U 5/7 83, E 9, 274. Wenn der Angekl. seinen Verteidiger zur Empfangnahme der Urteilsausfertigung ausdrücklich ermächtigt hat, so kann die Zustellung wirksam auch an den letzteren erfolgen. Ein Recht auf diese Zustellung steht demselben jedoch nicht zu, und es ist deshalb auch in diesem Fall die Zustellung an den Beschwerdeführer selbst von gesetzl. Wirkung. U 20/11 82, R 4, 830. Beschl 10/3 82, E 6, 93. Beschl 8/1 84, R 6, 32. Hat dagegen die StA die Zustellung an den Verteidiger ausdrücklich angeordnet, so ist eine vom Gerichtsvollz. trotzdem an den Angekl. geschehene Zustellung unwirksam. U 13/1 87, R 9, 42.

35) Neben dem eigentlichen Revisionsantrag gestellte Anträge bezüglich der materiellen Entscheidung, wie solche nach Ansicht des Beschwerdeführers vom Revisionsgericht zu treffen sein würde, sind ohne jeden Belang. U 16/11 80, E 3, 44.

36) Das Erfordernis der Begründung der Revisionsanträge bezweckt nur, die Richtung der Beschwerde außer Zweifel zu stellen. Eine bestimmte Formulierung ist deshalb vom Gesetz nicht vorgeschrieben; es genügt, wenn aus den Revisionserklärungen zu ersehen ist, inwieweit das Urteil angefochten und dessen Aufhebung beantragt wird. U 9/9 87, R 9, 420. U 25/11 10, E 44, 161. Die materielle Revisionsbeschwerde insbesondere ist genügend begründet, sobald behauptet ist, daß die Anwendung des Strafgesetzes auf das festgestellte Sachverhältnis fehlerhaft sei. U 2/12 81, E 5, 186. Im Falle der Anfechtung wegen Verletzung einer Rechtsnorm über das Verfahren ist nur die Angabe der Tatsachen, welche den gerügten Mangel enthalten sollen, erforderlich, nicht auch die Angabe der verletzten Prozeßvorschrift, U 20/11 80, R 2, 543. Bloße Angabe der prozessualen Natur und Richtung des angeblichen Mangels genügt jedoch nicht, U 29/9 04, DJZ 11, 40. Ebensowenig kann das bloße Vorbringen des Angekl., daß er unschuldig verurteilt sei, als eine genügende Revisionsbegründung angesehen werden, Beschl 8/12 79, E 1, 257; desgl. nicht eine Anfechtung des Urteils „sowohl wegen Verletzung von Rechtsnormen über das Verfahren, als auch anderer Rechtsnormen". Beschl

**§ 385.** Die Revisionsanträge und deren Begründung sind spätestens binnen einer weiteren Woche nach Ablauf der Frist zur Einlegung des Rechtsmittels oder, wenn zu dieser Zeit das Urteil noch nicht zugestellt war, nach dessen Zustellung bei dem Gerichte, dessen Urteil angefochten wird, anzubringen.[37])

Seitens des Angeklagten kann dies nur in einer von dem Verteidiger[38]) oder einem Rechtsanwalt[39]) unter=

---

12/12 81, R 3, 792. Auch die allgemeine Rüge, daß die §§ 292, 293 durch die Fragestellung verletzt seien, ohne Angabe der den angebl. Mangel enthaltenden konkreten Tatsachen, genügt nicht den Erfordernissen des § 384 Abs. 2. U 26/5 06, DJZ 11, 1029. Wegen Begründung der Beschwerde aus § 249 bzw. 267 Abs. 2 StPO s. U 11/7 00, E 33, 356 u. U 3/2 11, E 44, 308. Unzulässig ist es endlich auch, und zwar sowohl bei der Revision der StA als der des Angekl. (Beschl 22/2 97, E 29, 411), die Revisionsanträge lediglich durch Bezugnahme auf andere Schriftsätze, insbesondere auf die Begründung der gegen ein früheres in derselben Sache ergangenes Urteil mit Erfolg eingelegten Revision, zu begründen. U 1/10 86, E 14, 348. U 21/9 88, E 18, 95. Vgl. U 12/11 89, E 20, 42 (Unzulässigkeit der Verweisung auf einen, in nicht unterzeichneter Abschrift beigefügten Revisionsschriftsatz in einer anderen Sache). Beschl 22/2 97, E 29, 411 (Unzulässigkeit der Bezugnahme auf Ausführungen eines Provinzialsteuerdirektors). U 20/2 00, G 47, 163 (Desgl. auf die für einen Mitangekl. eingereichte Revisionsschrift). Beschl 9/6 02, DR 6, 400 (Unzulässigkeit der bloßen Bezugnahme auf frühere Revisionsanträge gegenüber einem in der Revisionsinstanz aufgehobenen und dadurch erledigten Urteil).

37) Auch im schwurgerichtlichen Verfahren ist die Frist des § 385 nur von der Zustellung des Urteils an zu berechnen, auch wenn der Spruch der Geschworenen, auf welchen das Urteil Bezug nimmt, dem Beschwerdeführer erst später auf seinen Antrag abschriftlich mitgeteilt ist. Beschl 14/5 86, R 8, 360. Für den nach Erlaß des Urteils zugelassenen Nebenkläger, dem jenes bereits vorher zugestellt war, beginnt die Frist erst mit Zustellung des Zulassungsbeschlusses. Beschl 29/11 07, DR 12, 75. Wegen der Urteilszustellung in Preußen ohne Beobachtung der im § 8 MinVerf 10/12 89 gegebenen Ordnungsvorschrift s. U 17/5 04, E 37, 156.

38) Verteidiger i. S. § 385 ist nur der nach § 138 gewählte, bzw. gerichtsseitig als solcher genehmigte Verteidiger, nicht auch der Beistand des § 149. Beschl 30/12 82, E 7, 403. Ob der Verteidiger bereits als solcher in der Vorinstanz fungiert hat oder erst für die Revisionsinstanz gewählt ist, ist gleichgültig. U 23/6 96, E 28, 430. Im übrigen bedarf der Verteidiger, welcher die Revisionsschrift unterzeichnet, zur Stellung und Begründung der Revisionsanträge keiner besonderen Legitimation. U 13/1 81, E 3, 222.

zeichneten[40]) Schrift[41]) oder zu Protokoll des Gerichtsschreibers[42]) geschehen.[42a])

Der Ehemann, der eine von seiner Ehefrau kraft eigenen Rechts eingelegte Revision in ihrem Namen rechtfertigt, bedarf ihrer Vollmacht. U 20/4 03, DR 7, 269.

39) Daß der Rechtsanwalt vorher Verteidiger des Angekl. war, ist nicht erforderlich. Eine von einem RA unterzeichnete Revisionsschrift genügt deshalb stets, wenn Bedenken gegen die Annahme, daß die Unterzeichnung im Auftrage des Angekl. geschehen, nicht vorliegen, und wenn insbesondere der Angekl. selbst die Revision angemeldet hat. Beschl 5/5 84, R 6, 355. U 24/1 87, E 15, 226. U 19/1 94, G 42, 37. Wenn der Angekl. selbst RA ist, so genügt es, wenn er allein die Revisionsschrift unterzeichnet. Beschl 29/8 82, R 4, 695. Vgl. U 21/7 06, DR 10, 1093 (Unterzeichnung der Begründung durch den Verteidiger nur um den Anschein zu erwecken, daß sie von ihm herrühre).

40) Notwendig ist die Unterzeichnung der Revisionsschrift durch den Verteidiger oder RA. Die bloße Beglaubigung oder Legalisation der Unterschrift des Angekl. durch diese Personen genügt nicht, Beschl 21/9 83, E 9, 68. Beschl 10/8 83, R 5, 527. U 14/2 88, R 10, 149. Beschl 7/11 90, E 21, 159; und ebensowenig kann die Beifügung der besonders beurkundeten Unterzeichnung oder der Beweis, daß die Schrift von dem Verteidiger oder einem RA verfaßt und die Unterschrift nur versehentlich weggelassen sei, die vom Gesetz verlangte Unterzeichnung der Schrift selbst ersetzen. U 2/10 88, E 18, 103. Beschl 6/12 97, E 30, 366. Auch die Unterzeichnung eines vom Angekl. selbstverfaßten und geschriebenen Schriftstücks durch einen RA mit dem Vermerk, daß er die vorstehenden Anträge und Ausführungen zu den seinigen mache, genügt nicht. Beschl 30/4 07, G 54, 309. Desgl. kann die nur von dem Angekl. selbst unterschriebene Revisionsbegründung keine Berücksichtigung finden, und zwar auch insoweit nicht, als sie in der von dem Verteidiger oder einem RA unterzeichneten weiteren Revisionsschrift in Bezug genommen wird. U 18/10 02, DR 6, 561.

Als Unterzeichnung i. S. § 385 Abs. 2 gilt nur die Unterzeichnung des vollen Namens; Zeichnung des Anfangsbuchstabens des Namens genügt nicht. U 25/1 04, E 37, 81.

41) Die Anbringung der Revisionsanträge und deren Begründung muß in einer Schrift geschehen. Formlose Schriftstücke, welche den von einem Rechtsanwalt unterzeichneten Revisionsanträgen beigefügt und in denselben als „integrierende Bestandteile“ bezeichnet werden, können als Teile der Revisionsanträge nicht berücksichtigt werden. U 1/10 86, E 14, 348. Die Schrift muß im Original eingereicht werden. Der Formvorschrift des § 385 wird dadurch nicht genügt, daß nur eine beglaubigte Abschrift der zu den Akten der StA genommenen Urschrift der Revisionsbegründung an das Gericht gelangt. U 12/2 01, E 34, 137.

über die Unzulässigkeit von Zusätzen, welche die Bedeutung der Schrift als Revisionsschrift einschränken, s. Beschl 1/3 89, E 19, 95.

Auch die Begründung der Revision durch Telegramm ist zulässig. U 25/2 84, E 10, 166. Vgl. A. 87 zu § 348.

42) Der Gerichtsschreiber i. S. § 385 Abs. 2 ist nur der Gerichtsschreiber desjenigen Gerichts, dessen Urteil angefochten wird, abgesehen von dem Falle, wenn der Angekl. verhaftet ist. § 341. Beschl 16/9 82, E 7, 174. Die Anbringung und Begründung der Revisionsanträge zu Protokoll des Gerichtsschreibers muß in der Weise geschehen, daß der letztere die mündlichen Erklärungen des Beschwerdeführers in der Art zu Protokoll nimmt, daß er die ihm vorgetragenen Beschwerden nach Form und Inhalt prüft und so denselben einen klaren und angemessenen Ausdruck gibt. Beschl 9/5 95, E 27, 211. U 22/9 08, DJZ 14, 84. Der Gerichtsschreiber darf im Protokoll nicht auf eine von dem Beschwerdeführer verfaßte und überreichte Rechtfertigungsschrift verweisen oder einer solchen Schrift dadurch die Gestalt einer protokollarischen Erklärung geben, daß er die gewöhnliche Eingangs- bzw. Schlußformel eines Protokolls hinzufügt. Beschlüsse 8/7 80, R 2, 172. 17/9 80, R 2, 215. 19/10 80, E 2, 358. 30/11 80, E 2, 444. 23/2 81, E 4, 7. 18/9 85, E 12, 367. 3/5 86, R 8, 338. U 1/10 86, E 14, 348. Unzulässig sind ferner Revisionsanträge und deren Begründung, die der Beschwerdeführer dem Gerichtsschreiber lediglich wörtlich in die Feder diktiert. Beschl 9/5 95, E 27, 211. Vgl. hierzu U 24/11 10, DJZ 16, 476 (Erfordernisse für die Verwerfung gemäß § 389). Die Mitwirkung des Richters bei der Tätigkeit des Gerichtsschreibers ist unschädlich. U 21/9 05, DJZ 11, 84. Die Frist des § 385 ist nur dann gewahrt, wenn das Protokoll des Gerichtsschreibers noch innerhalb derselben zum Abschluß gelangt und von dem Gerichtsschreiber unterzeichnet ist. Beschl. 28/3 03, DR 7, 460. Im übrigen kann nicht nur der Angekl. selbst, sondern auch eine zu seiner Vertretung befugte Person die Revisionsanträge zu Protokoll des Gerichtsschreibers anbringen und begründen. Wie sonst ist allerdings auch hier die Wahl eines Bevollmächtigten von der Genehmigung des Gerichts abhängig, sofern eine andere Person als ein bei einem Deutschen Gericht zugelassener Rechtsanwalt oder ein Rechtslehrer an einer Deutschen Hochschule bevollmächtigt wird. Beschl 16/10 83, E 9, 78. Auch die Einziehungsinteressenten (§ 478 Abs. 2) können die Revision zu Protokoll des Gerichtsschreibers begründen. U 7/4 05, DR 9, 286. Wegen des Privatklägers und des Nebenklägers s. jedoch § 430 Abs. 2.

42a) Die Staatsanwaltschaft kann die Rechtfertigung der Revision in einfacher Schriftform bewirken. Diese wird aber nur durch einen von dem zuständigen Beamten der StA unterzeichneten Schriftsatz gewahrt. Beschl 12/2 01, E 34, 137. Der Ehemann, der eine von seiner Ehefrau selbständig eingelegte Revision im Namen seiner Ehefrau rechtfertigt, bedarf einer ihn hierzu legitimierenden Vollmacht der letzteren. U 20/4 03, DR 7, 269.

**§ 386.** Ist die Revision verspätet eingelegt, oder sind die Revisionsanträge nicht rechtzeitig oder nicht in der im § 385 Abs. 2 vorgeschriebenen Form angebracht worden, so hat das Gericht, dessen Urteil angefochten wird, das Rechtsmittel durch Beschluß als unzulässig zu verwerfen.[43])

Der Beschwerdeführer[44]) kann binnen einer Woche nach Zustellung des Beschlusses auf die Entscheidung des Revisionsgerichts antragen. In diesem Falle sind die Akten an das Revisionsgericht einzusenden; die Vollstreckung des Urteils wird jedoch hierdurch nicht gehemmt.

**§ 387.** Ist die Revision rechtzeitig eingelegt, und sind die Revisionsanträge rechtzeitig und in der vorgeschriebenen Form angebracht, so ist die Revisionsschrift dem Gegner des Beschwerdeführers zuzustellen. Diesem steht frei, binnen einer Woche eine schriftliche Gegenerklärung einzureichen.

---

43) Der § 386 gibt dem Gericht nicht die Befugnis, wegen der Form der Einlegung das Rechtsmittel durch Beschluß als unzulässig zu verwerfen; diese Befugnis hat das Gericht nur hinsichtlich der Form, in welcher die Revisionsanträge, worunter auch deren Begründung zu verstehen ist, angebracht worden sind, während hinsichtlich der Einlegung von demselben nur geprüft werden soll, ob sie rechtzeitig geschah. Beschl 24/1 80, R 1, 266. Beschl 7/1 11, E 44, 263. Aus dem Wortsinn des Ausdrucks „verspätet" ergibt sich ferner, daß damit nur die zeitliche Versäumnis der im § 381 Abs. 1 vorgeschriebenen Einlegungsfrist gemeint ist, woraus folgt, daß die Entscheidung darüber, ob ein bindender Verzicht auf Einlegung eines Rechtsmittels vorliegt, welcher die Zulässigkeit einer späterhin eingelegten Revision ausschließt, nicht dem Instanzgericht, sondern nur dem Revisionsgericht zusteht. Beschl 21/6 86, R 8, 469. — Ist der Beschluß rechtskräftig, so kann das Gericht, das ihn erlassen hat, abgesehen von Wiederaufnahme, auch den auf irrigem Beschluß beruhenden Beschluß nicht wieder aufheben. Seine Anfechtung kann nur durch den im Abs. 2 erwähnten Antrag auf Entscheidung des Revisionsgerichts erfolgen. U 4/11 04, E 37, 292. Vgl. Beschl 22/9 05, E 38, 157 (Zurücknahme des Beschlusses ist rechtlich unwirksam).

44) Nur der Beschwerdeführer, dessen Revision als unzulässig verworfen ist, kann den Antrag auf die Entscheidung des Revisionsgerichts stellen, nicht auch die StA zugunsten des Angekl. Beschl 21/12 82, R 4, 889. Hat eine Ehefrau die Revision eingelegt, so ist der vom Ehemann nach § 386 Abs. 2 selbständig gestellte Antrag als unzulässig zu verwerfen. Beschl 25/3 05, E 38, 9.

Der Angeklagte kann letztere auch zu Protokoll des Gerichtsschreibers abgeben.

Nach Eingang der Gegenerklärung oder nach Ablauf der Frist erfolgt durch die Staatsanwaltschaft die Einsendung der Akten an das Revisionsgericht.

§ **388.** Findet das Gericht, an welches die Einsendung der Akten erfolgt ist, daß die Verhandlung und Entscheidung über das Rechtsmittel zur Zuständigkeit eines anderen Gerichts gehöre, so hat es durch Beschluß seine Unzuständigkeit auszusprechen.

Dieser Beschluß, in welchem das zuständige Revisionsgericht zu bezeichnen ist, unterliegt einer Anfechtung nicht und ist für das in demselben bezeichnete Gericht bindend.[45])

Die Abgabe der Akten erfolgt durch die Staatsanwaltschaft.

§ **389.** Erachtet das Revisionsgericht die Bestimmungen über die Einlegung der Revision oder diejenigen über die Anbringung[46]) der Revisionsanträge nicht für beobachtet, so kann es das Rechtsmittel durch Beschluß als unzulässig verwerfen.

Anderenfalls entscheidet es über dasselbe durch Urteil.

§ **390.** Der Angeklagte oder auf dessen Verlangen der Verteidiger ist von dem Tage der Hauptverhandlung zu benachrichtigen. Der Angeklagte kann in dieser erscheinen oder sich durch einen mit schriftlicher Vollmacht versehenen Verteidiger vertreten lassen.

---

45) Der Unzuständigkeitsbeschluß ist in allen Fällen nicht weiter anfechtbar und, vorausgesetzt, daß überhaupt ein zur Entscheidung in der Revisionsinstanz geeignetes Rechtsmittel vorliegt, für das in ihm bezeichnete Revisionsgericht bindend, mag letzteres die jenem Beschlusse zugrunde liegende Auffassung über die prozessuale Eigenschaft des angefochtenen Urteils teilen oder nicht. U 24/2 02, E 35, 157. Vgl. U 24/4 84, R 6, 298.

46) Auch wenn die Begründung der Revisionsanträge formell dem § 384 Abs. 2 nicht entspricht, kann das Revisionsgericht die Revision durch Beschluß als unzulässig verwerfen. Beschl 8/12 79, E 1, 257. Beschl 3/5 86, R 8, 336. Vgl. Beschl 8/7 89, EZ 24, 408. Eine solche Verwerfung durch Beschluß kann ferner auch in dem Falle erfolgen, in dem der Beschwerdeführer sein Rechtsmittel dem Wortlaute der Revisionsanträge nach auf Verletzung des Strafgesetzes stützt, in Wirklichkeit aber nur der Beweis der Täterschaft angefochten wird. Beschl 21/3 07, E 40, 99.

Der nicht auf freiem Fuße befindliche Angeklagte hat keinen Anspruch auf Anwesenheit.

§ **391.** Die Hauptverhandlung beginnt mit dem Vortrage eines Berichterstatters.

Hierauf werden die Staatsanwaltschaft sowie der Angeklagte und sein Verteidiger mit ihren Ausführungen und Anträgen, und zwar der Beschwerdeführer zuerst, gehört. Dem Angeklagten gebührt das letzte Wort.

§ **392.** Der Prüfung des Revisionsgerichts unterliegen nur die gestellten Revisionsanträge und, insoweit die Revision auf Mängel des Verfahrens gestützt wird, nur diejenigen Tatsachen, welche bei Anbringung der Revisionsanträge bezeichnet worden sind.[47])

Eine weitere Begründung der Revisionsanträge, als die im § 384 Abs. 2 vorgeschriebene, ist nicht erforderlich und, wenn sie unrichtig ist, unschädlich.[48])

§ **393.** Insoweit die Revision für begründet erachtet wird, ist das angefochtene Urteil aufzuheben.

Gleichzeitig sind die dem Urteile zugrunde liegenden Feststellungen aufzuheben, sofern sie durch die Gesetzesverletzung betroffen werden, wegen deren die Aufhebung des Urteils erfolgt.[49])

---

47) Die Frage, ob die Voraussetzungen zur gerichtlichen Haftnahme eines Angekl. im Einzelfalle gegeben sind, ist eine wesentlich faktische und unterliegt deshalb nicht der Prüfung des Revisionsgerichts. Auch über die während des Revisionsverfahrens gestellten Anträge auf Untersuchungshaft hat daher nicht das Revisionsgericht, sondern das Instanzgericht zu entscheiden. Beschl 14/3 81, E 3, 421. Wenn lediglich die Zuerkennung oder Verweigerung der Publikationsbefugnis angefochten wird, unterliegt die Hauptstrafe nicht der Nachprüfung des Revisionsgerichts. U 18/1 04, G 51, 179. Über die Prüfung der Schuldfrage, wenn von der StA lediglich die Unvollständigkeit des erstrichterlichen Strafausspruchs gerügt wird, s. U 5/19. März 06, E 38, 394. U 27/9 07, E 40, 274 (beschränkte Prüfung bei ausschließlicher Rüge rechtskräftig entschiedener Sache); U 27/10 08, E 42, 30 (desgl. bei nur gerügter Unterlassung des Ausspruchs einer Einziehung); U 3/5 10, E 43, 363 (desgl. bei bloß wegen Fehlens des Strafantrags erfolgter Anfechtung); U 19/9 11, E 45, 149 (desgl. wenn nur die festgesetzte Hauptstrafe angefochten ist). Im übrigen unterliegen nur ernstlich gemeinte Rügen der Prüfung des Revisionsgerichts. U 30/9 10, DJZ 16, 93.

48) Vgl. § 384 und A. 35, 36 dazu.

49) Aus der Bestimmung des § 393 Abs. 2 ist nicht zu entnehmen, daß auch eine nur teilweise Aufhebung der über die Schuldfrage hinsichtlich einer bestimmten angeklagten Straftat handelnden Feststellungen erfolgen könne. Der Sinn der Vorschrift geht vielmehr dahin, daß, wenn die in der Revisionsinstanz gefundene Gesetzesverletzung nur in der unrichtigen Anwendung des Strafgesetzes auf die tatsächlichen Feststellungen liegt, die letzteren von der Aufhebung des Urteils auszunehmen und aufrecht zu halten sind, und daß ihre Aufhebung bloß dann erfolgen soll, wenn bei ihrem Zustandekommen selbst eine Gesetzesverletzung unterlief. Beruhte die Aufhebung des Urteils auf Mängeln im Verfahren, so sind nur diejenigen Teile des Verfahrens aufzuheben, welche dem gefundenen Mangel der Zeit nach folgten. Bei Aufhebung eines schwurgerichtlichen Urteils ist also gleichzeitig der Spruch der Geschworenen aufzuheben, sofern nicht die Gesetzesverletzung erst in dem der Verkündung des Spruches nachfolgenden Verfahren oder bei der Anwendung des Gesetzes auf den Spruch vorgefallen ist. U 30/6 80, E 2, 289. Vgl. U 16/1 80, E 1, 82. U 3/11 82, E 7, 176 und wegen der Aufrechterhaltung freisprechender Wahrsprüche der Geschworenen: U 19/3 08, E 41, 186. Wenn das Urteil wegen ungenügender Feststellung des Rückfalls aufzuheben ist, so sind die Feststellungen des angefochtenen Urteils bezügl. der Schuldfrage aufrecht zu erhalten, dagegen die Feststellungen bezügl. des Rückfalls aufzuheben und insoweit eine neue Verhandlung und Entscheidung anzuordnen. U 23/10 99, E 32, 310. Wegen der Wirkung der Aufhebung bei Bankerott (§§ 239, 240 KO) s. U 16/1 06, E 38, 318.

Die von dem Revisionsgericht aufrechterhaltenen Feststellungen sind auch für die neue Verhandlung des Instanzgerichts bindend, so daß jede anderweite Tatbestandsfeststellung in der neuen Verhandlung ausgeschlossen ist. Eine neue Beweisaufnahme darf deshalb nur erfolgen, soweit Tatsachen dargetan werden sollen, welche (ohne die Schuldfrage zu berühren, U 13/12 07, G 55, 115), eine mildere Beurteilung der Straftat begründen können. U 6/6 03, DR 7, 406. U 3/11 82, E 7, 176. U 7/12 81, E 3, 319. U 27/7 83, E 9, 98 (Beweisaufnahme zur Feststellung früher nicht angenommener mild. Umstände).

Wenn ein Urteil des Schwurgerichts ausdrücklich unter Aufrechterhaltung des Spruches der Geschworenen aufgehoben wird, so ist damit für die anderweite Verhandlung die im § 81 GVG vorgesehene Entscheidung der Schuldfrage durch die Geschworenen gesetzlich ausgeschlossen. U 13/2 91, E 21, 388.

Wenn wegen einer strafb. Handlung auf mehrere Strafen (Freiheitsstrafe und Geldstrafe) erkannt und nur betreffs einer Strafe eine Gesetzesverletzung vorgekommen ist, so muß trotzdem das gesamte Strafmaß aufgehoben werden. U 2/11 83, R 5, 663. Durch die in der Revisionsinstanz erfolgte Aufhebung der Gesamtstrafe und der Feststellungen bezüglich einzelner von mehreren Straftaten werden auch die Einzelstrafen beseitigt, welche wegen der übrigen mit den ihnen zugrunde liegenden Feststellungen aufrecht erhaltenen Straftaten

§ **394.** Erfolgt die Aufhebung des Urteils nur wegen Gesetzesverletzung bei Anwendung des Gesetzes auf die dem Urteile zugrunde liegenden Feststellungen, so hat das Revisionsgericht in der Sache selbst zu entscheiden, sofern ohne weitere tatsächliche Erörterungen nur auf Freisprechung oder auf Einstellung[49a]) oder auf eine absolut bestimmte Strafe[50]) zu erkennen ist,[51]) oder das Revisionsgericht in Übereinstimmung mit dem Antrage der Staatsanwaltschaft die gesetzlich niedrigste Strafe für angemessen erachtet.[52])

In anderen Fällen ist die Sache zur anderweiten Verhandlung und Entscheidung an das Gericht,[53]) dessen Urteil aufgehoben ist, oder an ein, demselben Bundesstaate angehöriges, benachbartes Gericht gleicher Ordnung[54]) zurückzuverweisen.

---

erkannt sind. U 9/6 91, E 39, 232. Das nach Aufhebung eines Urteils ergehende neue Urteil darf eine höhere als die früher erkannte Gesamtstrafe nicht aussprechen, ist aber sonst an die frühere Ausmessung der Einzelstrafen nicht gebunden, U 12/7 80, E 2, 202, und kann für den Fall, daß die Aufhebung um deswillen erfolgte, weil nur eine Straftat, nicht mehrere selbständige Straftaten anzunehmen seien, wegen dieser einen Straftat dieselbe Strafe festsetzen, welche früher wegen der mehreren konkurrierenden Straftaten erkannt war. U 22/9 80, R 2, 239.

49a) Erweist sich die Rüge, daß der erforderliche Strafantrag fehle, als begründet, so kann trotzdem das Revisionsgericht die Einstellung des Verfahrens selbst dann nicht aussprechen, wenn aus den getroffenen tatsächlichen Feststellungen erhellt, daß das Instanzgericht zu Unrecht ein Antragsdelikt angenommen hat. U 11/4 02, E 49, 262.

50) Vgl. den Spezialfall einer absolut bestimmten Strafe (§§ 28, 78 Abs. 2 StGB) im U 17/1 90, E 20, 218.

51) Diesem Fall steht sachlich derjenige gleich, wo ohne weitere tatsächliche Erörterungen nur eine Verurteilung des Angekl. zu einer bestimmten Straftat ohne besondere Strafzuerkennung auszusprechen ist (ideale Konk. von Urkundenfälschung und Betrug). U 17/5 81, E 4, 180.

52) Dieser Fall liegt jedoch dann nicht vor, wenn das Gesetz die gesetzlich niedrigste Strafe von der vorherigen Feststellung mildernder Umstände abhängig macht. U 19/10 80, E 2, 355.

53) Gleichgültig ist es, ob die neue Hauptverhandl. vor der früher tätig gewesenen Strafkammer oder vor einer anderen Strafkammer dieses Gerichts stattfindet. U 9/4 81, R 3, 216.

54) Die bei einem Amtsgericht gebildeten Strafkammern (§ 78 GVG) sind vermöge ihres selbständigen Gerichtssitzes und ihrer besonderen örtlichen Zuständigkeit i. S. § 394 als von den Landgerichten

Die Zurückverweisung kann an ein Gericht niederer Ordnung erfolgen, wenn die noch in Frage kommende strafbare Handlung zu dessen Zuständigkeit gehört.

§ **395.** Wird ein Urteil aufgehoben, weil das Gericht der vorigen Instanz sich mit Unrecht für zuständig erachtet hat, so verweist das Revisionsgericht gleichzeitig die Sache an das zuständige Gericht.[55])

§ **396.** Die Verkündung des Urteils erfolgt nach Maßgabe des § 267.[56])

§ **397.**[57]) Erfolgt zugunsten eines Angeklagten die Aufhebung des Urteils wegen Gesetzesverletzung bei Anwendung des Strafgesetzes,[58]) und erstreckt sich das Urteil, soweit es aufgehoben wird,[59]) noch auf andere Angeklagte,

und den unmittelbar zu diesen gehörigen, am Landgerichtssitze fungierenden Strafkammern verschiedene Gerichtskörper anzusehen. Wenn also das Urteil einer solchen bei einem Amtsgericht bestehenden Strafkammer aufgehoben wird, so ist die Sache an eine am Sitze des Landgerichts, zu welchem diese Strafkammer gehört, bestehende Strafkammer zu verweisen. Beschl 15/3 88, E 17, 230.

Erklärt sich nach Zurückverweisung an ein benachbartes Landgericht dessen Strafk. gemäß § 270 für unzuständig, so hat sie die Sache an das Schwurgericht des eigenen Landgerichts zu verweisen. U 26/3 09, E 42, 263.

55) § 395 findet auf sachliche und örtliche Zuständigkeit (U 29/10 07, E 40, 354) und auch dann Anwendung, wenn die Aufhebung des Urteils nicht wegen Unzuständigkeit des Gerichts voriger Instanz, sondern wegen Gesetzesverletzung erfolgt, bei richtiger Anwendung des Gesetzes aber sich die Zuständigkeit eines anderen Gerichts (Schwurgerichts) ergibt. U 10/3 84, E 10, 192. U 10/11 84, R 6, 726.

56) Vgl. die Anmerkungen zu § 267.

57) § 397 setzt die Identität der Tat sämtlicher Angekl. voraus und kann daher nur solchen nicht revidierenden Angekl. zustatten kommen, welche nach der erstrichterlichen Feststellung bei derjenigen Tat beteiligt sind, auf welche sich die Revision bezieht, und bezüglich deren das erste Urteil aufgehoben wird und auch nur aufgehoben werden kann; nicht aber (trotz vorliegender gleicher Gesetzesverletzung) auch solchen nicht revidierenden Angekl., die sich einer anderen, wenn auch in demselben Verfahren abgeurteilten Tat schuldig gemacht haben. U 5/5 82, E 6, 256. U 27/1 88, R 10, 74.

58) Dies ist z. B. auch der Fall, wenn statt auf Geldstrafe wegen Körperverletzung auf Festungshaft wegen Zweikampfs erkannt wird. U 6/3 83, R 5, 156. Desgl. bei Aufhebung wegen Verletzung des Grundsatzes „ne bis in idem". U 28/12 09, E 43, 163.

welche die Revision nicht eingelegt haben,[60]) so ist zu erkennen, als ob sie gleichfalls die Revision eingelegt hätten.[61])[61a])

**§ 398.** Das Gericht, an welches die Sache zur anderweiten Verhandlung und Entscheidung verwiesen ist, hat die rechtliche Beurteilung, welche der Aufhebung des Urteils zugrunde gelegt ist, auch seiner Entscheidung zugrunde zu legen.[62])

---

59) Ob diese Aufhebung des Urteils auf Revision eines Angeklagten oder auf Revision der Staatsanwaltschaft (zugunsten oder zuungunsten des Angekl.) erfolgt, ist gleichgültig. U 5/12 87, R 9, 693. U 11/9 00, E 33, 372.

60) § 397 kommt auch demjenigen Mitangeklagten zustatten, welcher die Revision zwar eingelegt, aber in unzutreffender Weise nur auf Verletzung von Prozeßvorschriften gestützt hat, U 23/9 84, R 6, 557, oder dessen Revision als unzulässig verworfen ist. U 14/6 07, E 40, 219.

61) § 397 ist auch auf die in der Person eines Angekl. individuell begründeten Strafmilderungs- oder Straferschwerungsgründe (§ 57 StGB.) anzuwenden, sobald die letzteren mehreren an derselben Straftat beteiligten, unter Anwendung wesentlich derselben Strafnorm auf denselben Tatbestand abgeurteilten Angekl. in gleicher Weise zustatten kommen und bezüglich mehrerer Angekl. in gleicher Weise unbeachtet geblieben sind. U 5/12 87, E 16, 417.

61a) Die von dem verurteilten Mitangeklagten bereits verbüßte Strafe ist auf die im neuen Urteil anderweit gegen ihn erkannte Strafe auch dann anzurechnen, wenn in der Formel desselben hierüber nichts gesagt ist. U 14/6 07, E 40, 219.

62) § 398 gestattet in dieser Beziehung keine Abweichung, auch dann nicht, wenn das Gericht, an welches die Sache zur anderweiten Verhandlung verwiesen war, seiner Entscheidung eine Qualifikation der Tat zugrunde legte, welche eine Veränderung des Instanzenzuges zur Folge hatte. U 6/10 91, E 22, 156. Wegen Anwendung des § 398 bei Kollektivdelikten s. U. 23/1 00, G 47, 157. U 8/3 04, DJZ 10, 699. Im übrigen ist jedoch das Instanzgericht nicht gehindert, von der aufhebenden Entscheidung des Reichsgerichts nicht berührte Fragen seiner völlig freien und selbständigen Beurteilung zu unterstellen. U 29/4 86, R 8, 319. Durch § 398 ist ferner auch das Revisionsgericht, welches nach vorher erfolgter Aufhebung des erstinstanzlichen Urteils über die Revision gegen das anderweit in erster Instanz erlassene Urteil zu entscheiden hat, an die jener Aufhebung zugrunde liegende rechtliche Beurteilung gebunden. Dies ist insbesondere auch dann der Fall, wenn das aufhebende Urteil von einem Oberlandesgericht erteilt wurde und zur Entscheidung über die anderweite Revision das Reichsgericht zuständig ist. U 24/5 82, E 6, 358. U 1/4 82, R 4, 300.

War das Urteil nur von dem Angeklagten oder zugunsten desselben von der Staatsanwaltschaft oder von einer der im § 340 bezeichneten Personen angefochten worden, so darf das neue Urteil eine härtere Strafe, als die in dem ersteren erkannte, nicht verhängen.[63])

---

## 4. Buch. Wiederaufnahme eines durch rechtskräftiges Urteil geschlossenen Verfahrens.*)

**§ 399.** Die Wiederaufnahme eines durch rechtskräftiges Urteil geschlossenen Verfahrens zugunsten des Verurteilten findet statt:[64])

---

In der neuen Hauptverhandlung bedarf es der Verlesung der Gründe des Revisionsurteils nicht; das erkennende erstinstanzliche Gericht muß sich vielmehr von Amts wegen von der dem aufhebenden Urteil zugrunde liegenden rechtlichen Beurteilung Kenntnis verschaffen, ohne zu diesem Zweck eine prozeßordnungsmäßige Beweisaufnahme vorzunehmen. U 15/5 91, E 21, 436. U 9/6 93, G 41, 139.

63) § 398 Abs. 2 ist auch verletzt, wenn das neue Urteil zwar eine höhere Gesamtstrafe als die früher erkannte nicht ausspricht, jedoch die Einzelstrafen höher, als dies im aufgehobenen Urteil geschehen ist, bemißt. U 30/10 94, E 26, 167. U 18/9 02, DR 6, 514. Wegen der härteren Strafe s. § 372 und wegen der Gesamtstrafe auch A. 49 zu § 393. Vgl. U 3/2 99, E 32, 7 (inzwischen erfolgte Verbüßung der älteren Strafe). U 14/5 03, G 50, 288 (Bei Geldstrafe im neuen Urteil statt einer im ersten Urteil erkannten Gefängnisstrafe darf die der Geldstrafe im Fall der Nichtbeitreibung substituierte Gefängnisstrafe die Dauer der im ersten Urteil erkannten Strafe nicht überschreiten). U 3/12 07, E 40, 411 (Gefängnisstrafe statt früherer Zuchthausstrafe darf die für die Umwandlung der letzteren durch § 21 StGB. bedingte Zeitdauer nicht überschreiten). Das nur vom Angekl. angefochtene Urteil darf auch im Kostenpunkte nicht zu seinem Nachteil abgeändert werden. U 5/6 05, DJZ 11, 1013. Vgl. jedoch U 11/11 02, G 50, 113.

*) Das Gesetz, betreffend die Entschädigung der im Wiederaufnahmeverfahren freigesprochenen Personen vom 20. Mai 1898 (RGBl 1898 S. 345) ist im Anhang IV abgedruckt.

64) Von Wiederaufnahme des Verfahrens kann nur die Rede sein, wo ein Urteil in der Sache selbst beseitigt werden soll; die Tendenz des Wiederaufnahmegesuchs muß auf die Freisprechung von Schuld, nicht auf eine wiederholte Erörterung der Rechtsfrage (Zulässigkeit eines Rechtsmittels usw.) gerichtet sein. Beschl 13/6 89, E 19, 321.

1. wenn eine in der Hauptverhandlung zu seinen Ungunsten als echt vorgebrachte Urkunde fälschlich angefertigt oder verfälscht war;
2. wenn durch Beeidigung eines zu seinen Ungunsten abgelegten Zeugnisses oder abgegebenen Gutachtens der Zeuge oder Sachverständige sich einer vorsätzlichen oder fahrlässigen Verletzung der Eidespflicht schuldig gemacht hat;
3. wenn bei dem Urteil ein Richter, Geschworener oder Schöffe mitgewirkt hat, welcher sich in Beziehung auf die Sache einer Verletzung seiner Amtspflichten schuldig gemacht hat, sofern diese Verletzung mit einer im Wege des gerichtlichen Strafverfahrens zu verhängenden öffentlichen Strafe bedroht und nicht vom Verurteilten selbst veranlaßt ist;
4. wenn ein zivilgerichtliches Urteil, auf welches das Strafurteil gegründet ist, durch ein anderes rechtskräftig gewordenes Urteil aufgehoben ist;
5. wenn neue Tatsachen oder Beweismittel beigebracht sind, welche allein oder in Verbindung mit den früher erhobenen Beweisen die Freisprechung des Angeklagten[65]) oder in Anwendung eines milderen Strafgesetzes eine geringere Bestrafung zu begründen geeignet sind.[66]) In den vor den Schöffengerichten verhandelten Sachen können nur solche Tatsachen oder Beweismittel beigebracht werden, welche der Verurteilte in dem früheren Verfahren einschließlich der Berufungsinstanz nicht gekannt hatte oder ohne Verschulden nicht geltend machen konnte.

§ **400.** Durch den Antrag auf Wiederaufnahme des

---

65) Unter den Begriff der Freisprechung fällt auch eine auf Grund des § 55 StGB. ergehende Entscheidung, selbst wenn sie in die Formel der Einstellung des Verfahrens gekleidet wird. U 15/11 89, E 20, 46.

66) Es ist hier nicht erforderlich, daß der Angekl. die Tatsachen oder Beweismittel bei den früheren Hauptverhandlungen nicht gekannt oder doch aus entschuldbaren Gründen nicht vorgebracht hat. U 12/10, 80, E 2, 324.

Verfahrens wird die Vollstreckung des Urteils nicht gehemmt.

Das Gericht kann jedoch einen Aufschub sowie eine Unterbrechung der Vollstreckung anordnen.

§ **401.** Der Antrag auf Wiederaufnahme des Verfahrens wird weder durch die erfolgte Strafvollstreckung noch durch den Tod des Verurteilten ausgeschlossen.

Im Falle des Todes sind der Ehegatte, die Verwandten auf- und absteigender Linie sowie die Geschwister des Verstorbenen zu dem Antrage befugt.

§ **402.** Die Wiederaufnahme eines durch rechtskräftiges Urteil geschlossenen Verfahrens zuungunsten des Angeklagten findet statt:

1. wenn eine in der Hauptverhandlung zu seinen Gunsten als echt vorgebrachte Urkunde fälschlich angefertigt oder verfälscht war;
2. wenn durch Beeidigung eines zu seinen Gunsten abgelegten Zeugnisses oder abgegebenen Gutachtens der Zeuge oder Sachverständige sich einer vorsätzlichen oder fahrlässigen Verletzung der Eidespflicht schuldig gemacht hat;
3. wenn bei dem Urteil ein Richter, Geschworener oder Schöffe mitgewirkt hat, welcher sich in Beziehung auf die Sache einer Verletzung seiner Amtspflichten schuldig gemacht hat, sofern diese Verletzung mit einer im Wege des gerichtlichen Strafverfahrens zu verhängenden öffentlichen Strafe bedroht ist;
4. wenn von dem Freigesprochenen[67]) vor Gericht oder außergerichtlich ein glaubwürdiges Geständnis der strafbaren Handlung abgelegt wird.

§ **403.** Eine Wiederaufnahme des Verfahrens zum Zwecke der Änderung der Strafe innerhalb des durch dasselbe Gesetz bestimmten Strafmaßes findet nicht statt.[68])

---

67) Der Ausdruck „Freigesprochener" ist nur i. S. einer völligen Freisprechung zu verstehen. Die Wiederaufnahme des Verfahrens aus § 402 Ziff. 4 findet also keine Anwendung, wenn das nachherige Geständnis nur einen schwereren Gesichtspunkt der abgeur-

§ **404.** Ein Antrag auf Wiederaufnahme des Verfahrens, welcher auf die Behauptung einer strafbaren Handlung gegründet werden soll, ist nur dann zulässig, wenn wegen dieser Handlung eine rechtskräftige Verurteilung ergangen ist, oder wenn die Einleitung oder Durchführung eines Strafverfahrens aus anderen Gründen als wegen Mangels an Beweis nicht erfolgen kann.

§ **405.** Die allgemeinen Bestimmungen über Rechtsmittel finden auch bei dem Antrag auf Wiederaufnahme des Verfahrens Anwendung.[68a])

§ **406.** In dem Antrage müssen der gesetzliche Grund der Wiederaufnahme des Verfahrens sowie die Beweismittel angegeben werden.

Von dem Angeklagten und den im § 401 Abs. 2 bezeichneten Personen kann der Antrag nur mittels einer von dem Verteidiger oder einem Rechtsanwalt unterzeichneten Schrift oder zu Protokoll des Gerichtsschreibers angebracht werden.

§ **407.** Über die Zulassung des Antrags auf Wiederaufnahme des Verfahrens entscheidet das Gericht, dessen Urteil mit dem Antrag angefochten wird.[69]) Wird ein in der Revisionsinstanz erlassenes Urteil aus anderen Gründen als auf Grund des § 399 Nr. 3 oder des § 402 Nr. 3 angefochten, so entscheidet das Gericht, gegen dessen Urteil die Revision eingelegt war.

---

teilten Tat betrifft, wegen dessen der Angekl. nicht schuldig erklärt worden war. U 5/3 81, E 3, 399.

68) Wenn die Wiederaufnahme trotzdem aus irgendeinem Grunde tatsächlich angeordnet ist, so hat das mit der neuen Hauptverhandl. befaßte Gericht ganz die durch die §§ 153, 263 StPO. dem Gericht gewährte Stellung mit der alleinigen im § 413 Abs. 2 aufgestellten Beschränkung. U 5/4 97, G 45, 128.

68a) Vgl. §§ 338—345.

69) Die Strafkammer entscheidet, da eine mündliche Verhandlung hier nicht stattfindet, nach § 77 GVG. durch Beschluß in der Besetzung von drei Mitgliedern. U 1/6 81, R 3, 356. Wegen des Amtsrichters s. § 30 Abs. 2 GVG. und wegen des Oberlandesgerichts und des Reichsgerichts §§ 124, 139, 140 GVG. Die Richter, welche den Beschluß über die Wiederaufnahme fassen, können auch an der späteren Hauptverhandlung teilnehmen. U 23/9 81, E 4, 426.

Die Entscheidung erfolgt ohne mündliche Verhandlung.

§ **408.** Ist der Antrag nicht in der vorgeschriebenen Form[70]) angebracht, oder ist darin kein gesetzlicher Grund der Wiederaufnahme[71]) geltend gemacht oder kein geeignetes Beweismittel angeführt, so ist der Antrag als unzulässig zu verwerfen.

Anderenfalls ist derselbe dem Gegner des Antragstellers unter Bestimmung einer Frist zur Erklärung zuzustellen.

§ **409.**[71a]) Wird der Antrag an sich für zulässig befunden, so beauftragt das Gericht mit Aufnahme der angetretenen Beweise, soweit diese erforderlich ist, einen Richter.

Dem Ermessen des Gerichts bleibt es überlassen, ob die Zeugen und Sachverständigen eidlich vernommen werden sollen.

Hinsichtlich der Berechtigung der Beteiligten zur Anwesenheit bei der Beweisaufnahme kommen die für die Voruntersuchung gegebenen Vorschriften zur Anwendung.

Nach Schluß der Beweisaufnahme sind die Staatsanwaltschaft und der Angeklagte unter Bestimmung einer Frist zur ferneren Erklärung aufzufordern.

§ **410.** Der Antrag auf Wiederaufnahme des Verfahrens wird ohne mündliche Verhandlung als unbegründet verworfen, wenn die darin aufgestellten Behauptungen keine genügende Bestätigung gefunden haben, oder wenn in den Fällen des § 399 Nr. 1, 2 oder des § 402 Nr. 1, 2 nach Lage der Sache die Annahme ausgeschlossen ist, daß die, in diesen Bestimmungen bezeichnete Handlung auf die Entscheidung Einfluß gehabt hat.

70) Wegen der Form des Antrags s. § 406 Abs. 2.

71) Vgl. §§ 399, 402, 404.

71a) Die Vorschrift des § 409 ist keine unbedingte Gebotsnorm, sondern stellt die Aufnahme des Beweises in das Ermessen des Gerichts. Das letztere kann deshalb, wenn es den Wiederaufnahmeantrag für zulässig befunden hat, ohne Aufnahme des angetretenen Beweises sofort die Erneuerung der Hauptverh. anordnen und in dieser den Beweis erheben. U 5/6 96, G 44, 145. Der Abs. 3 greift erst in dem Stadium des Verfahrens Platz, wenn der Antrag auf Wiederaufnahme für zulässig befunden ist, nicht auch schon in dem von der StA eingeleiteten vorbereitenden Verfahren. U 3/12 97, G 46, 39.

Anderenfalls verordnet das Gericht die Wiederaufnahme des Verfahrens und die Erneuerung der Hauptverhandlung.[72])

**§ 411.** Ist der Verurteilte bereits verstorben, so hat ohne Erneuerung der Hauptverhandlung das Gericht nach Aufnahme des etwa noch erforderlichen Beweises[72a]) entweder die Freisprechung zu erkennen oder den Antrag auf Wiederaufnahme abzulehnen.[73])

Auch in anderen Fällen kann das Gericht, bei öffentlichen Klagen jedoch nur mit Zustimmung der Staatsanwaltschaft, den Verurteilten sofort freisprechen, wenn dazu genügende Beweise bereits vorliegen.

Mit der Freisprechung ist die Aufhebung des früheren Urteils zu verbinden.

Die Aufhebung ist auf Verlangen des Antragstellers durch den Deutschen Reichsanzeiger bekannt zu machen, und

---

72) Dieser Beschluß, durch welchen die Wiederaufnahme verordnet wird, eröffnet das Hauptverfahren und ist für dieses Verfahren als Eröffnungsbeschluß anzusehen. U 3/1 89, E 18, 417. Das neu erkennende Gericht hat die Frage der Zulässigkeit des Wiederaufnahmeantrags nicht mehr zu prüfen, sondern nur in der Sache selbst zu entscheiden. E 4, 402. Vgl. im allgem. über die Bedeutung des im § 410 Abs. 2 vorgesehenen Beschlusses U 26/9 02, E 35, 350 (das neue Urteil besteht nicht zu Recht, wenn ihm ein Beschluß nach § 410 nicht vorausgegangen ist). — Die Bestimmung des Gerichts, vor welchem die Hauptverh. zu erneuern ist, richtet sich nach den für den einzelnen Fall maßgebenden Zuständigkeitsnormen. Es ist nicht erforderlich, daß die Erneuerung der Hauptverh. vor demselben Gericht oder doch vor einem Gericht derselben Ordnung erfolgt, von welchem in dem früheren Verfahren das Urteil erlassen worden ist. U 2/7 83, E 9, 34. Wegen der erneuten Hauptverhandlung s. § 413.

72a) Zeugen und Sachverständige müssen eidlich vernommen werden; die Vorschrift des § 409 Abs. 2 findet hier keine Anwendung. U 22/9 96, E 29, 64. Die Prozeßbeteiligten sind von den Beweiserhebungsterminen zu benachrichtigen, U 15/4 98, G 46, 211; sie können aber auf die Beanstandung der Beweisaufnahme wegen unterlassener Benachrichtigung verzichten. U 18/4 05, DR. 9, 286.

73) Die Erneuerung der Hauptverh. gegen einen verstorbenen Verurteilten ist auch dann ausgeschlossen, wenn es sich bei dem Wiederaufnahmeverfahren um mehrere Verurteilte handelt, von welchen nur einer verstorben ist. U 29/4 84, E 10, 423.

kann nach dem Ermessen des Gerichts auch durch andere Blätter veröffentlicht werden.

§ 412. Alle Entscheidungen, welche aus Anlaß eines Antrags auf Wiederaufnahme des Verfahrens von dem Gericht in erster Instanz erlassen werden, können mit der sofortigen Beschwerde angefochten werden.[74])

§ 413. In der erneuten Hauptverhandlung ist entweder das frühere Urteil aufrecht zu erhalten[75]) oder unter Aufhebung desselben anderweit in der Sache zu erkennen.[76])

---

74) Andere Rechtsbehelfe, insbesondere die Revision sind unzulässig. U 30/6 81, E 4, 402. U 15/11 89, E 20, 46.

75) Der Ausdruck „aufrecht zu erhalten" ist materiell bedeutungslos und nur aus einer unklaren sprachlichen Rücksicht von der Gesetzgebung gewählt worden. U 11/6 88, R 10, 430.

76) Auf die erneute Hauptverhandlung finden die Vorschriften des Abschn. 6 Buch II Anwendung. Das Gericht hat daher in unbeschränkter Anwendung der §§ 260, 263 aus den Ergebnissen der Hauptverhandl. seine Überzeugung zu schöpfen und diese ohne Rücksicht auf die Bestimmung des § 399 zum Ausdruck zu bringen. U 27/3 85, E 12, 125. U 15/11 89, E 0, 46. Im übrigen ist es bei der erneuten Hauptverhandl. an den Beschluß, welcher die Wiederaufnahme des Verfahrens anordnet (§ 410 Abs. 2), gebunden, sollte auch in Wirklichkeit dieser Beschluß sich als unbegründet erweisen. Ohne alle Prüfung desselben muß es also sofort in die Verhandlung der Strafsache selbst eintreten. U 30/6 81, E 4, 402. Hierbei hat das Gericht sich nicht auf die Erörterung der Frage zu beschränken, ob die in der früheren Entscheidung als erwiesen zugrunde gelegten Tatsachen richtig sind, sondern die ganze Tat von neuem vollständig zu untersuchen und auf Grund der zu treffenden wiederholten Feststellung ihrer wesentlichen Merkmale über die Aufrechterhaltung oder Änderung des früheren Urteils sowohl bezügl. der Schuldfrage als der Straffrage selbständig zu entscheiden. U 12/10 80, E 2, 324. Vgl. U 4/12 82, R 4, 869. U 1/5 83, R 5, 300. U 25/1 98, E 30, 421.

Der ursprüngliche Eröffnungsbeschluß muß auch in der erneuten Hauptverhandl. zufolge § 242 Abs. 2 verlesen werden. Die Verlesung des Wiederaufnahmebeschlusses ist, wenn auch zweckmäßig, so doch nicht unbedingt notwendig, so daß die Nichtverlesung keine Rechtsnorm verletzt. U 23/9 81, E 4, 426. Die Verlesung des in dem ursprünglichen Verfahren ergangenen Strafurteils ist zulässig. U 19/1 82, E 5, 429.

Der Antrag auf Bestellung eines Verteidigers (§ 140 Abs. 2 Nr. 2), der nicht innerhalb der gesetzl. Frist gestellt war, kann in der erneuten Hauptverhandlung nicht nachgeholt werden. U 27/10 02,

Ist die Wiederaufnahme des Verfahrens nur von dem Verurteilten oder zugunsten desselben von der Staatsanwaltschaft oder von einer der im § 340 bezeichneten Personen beantragt worden, so darf das neue Urteil eine härtere Strafe als die in dem früheren erkannte nicht verhängen.[77])

---

## 5. Buch. Beteiligung des Verletzten bei dem Verfahren.

### 1. Abschnitt. Privatklage.

**§ 414.** Beleidigungen und Körperverletzungen können, soweit die Verfolgung nur auf Antrag eintritt,[78]) von dem Verletzten im Wege der Privatklage verfolgt werden, ohne daß es einer vorgängigen Anrufung der Staatsanwaltschaft bedarf.

Die gleiche Befugnis steht denjenigen zu, welchen in den Strafgesetzen das Recht, selbständig auf Bestrafung anzutragen, beigelegt ist.[79])

Hat der Verletzte einen gesetzlichen Vertreter, so wird die Befugnis zu Erhebung der Privatklage durch diesen und, wenn Korporationen, Gesellschaften und andere Personenvereine, welche als solche in bürgerlichen Rechtsstreitigkeiten klagen können, die Verletzten sind, durch dieselben Personen wahrgenommen, durch welche sie in bürgerlichen Rechtsstreitigkeiten vertreten werden.[79a])

---

E 35, 409. In dem neuen Verfahren können frühere Mitverurteilte als Zeugen vernommen werden. U 7/11 04, G 52, 88.

Eine Freiheitsstrafe, welche auf Grund des im Wiederaufnahmeverfahren schließlich aufgehobenen Urteils bereits verbüßt ist, muß auf diejenige angerechnet werden, auf welche im Wiederaufnahmeverfahren erkannt wird, jedoch bedarf es eines ausdrücklichen Ausspruchs des erkennenden Gerichts darüber nicht. U 11/5 00, G 47, 296.

Die im § 411 Abs. 4 vorgeschriebene Bekanntmachung findet im Falle des § 413 nicht statt. U 18/1 87, E 15, 188. U 14/12 08, E 42, 115.

77) Vgl. §§ 372 und 398 Abs. 2, insbes. A. 3 zu § 372.

78) Vgl. §§ 185—187, 189, 194—196 StGB. (Beleidigungen); §§ 223, 230, 232 StGB. (Körperverletzungen).

79) Vgl. §§ 195, 196, 232 Abs. 3 StGB.

**§ 415.** Sind wegen derselben strafbaren Handlung mehrere Personen zur Privatklage berechtigt, so ist bei Ausübung dieses Rechts ein jeder von dem anderen unabhängig.

Hat jedoch einer der Berechtigten die Privatklage erhoben, so steht den übrigen nur der Beitritt zu dem eingeleiteten Verfahren, und zwar in der Lage zu, in welcher sich dasselbe zur Zeit der Beitrittserklärung befindet.

Jede in der Sache selbst ergangene Entscheidung äußert zugunsten des Beschuldigten ihre Wirkung auch gegenüber solchen Berechtigten, welche die Privatklage nicht erhoben haben.[80])

**§ 416.** Die öffentliche Klage wird wegen der im § 414 bezeichneten strafbaren Handlungen von der Staatsanwaltschaft[81]) nur dann erhoben, wenn dies im öffentlichen Interesse liegt.[82])

---

79a) Auch der zum Anschluß als Nebenkläger (§ 435) berechtigte Minderjährige kann diese Befugnis mangels eigener Prozeßfähigkeit nur durch seinen gesetzlichen Vertreter ausüben. Beschl 26/1 04, E 37, 63.

80) Die Vorschrift des § 415 ist nicht auf den Fall beschränkt, wenn nur ein Verletzter und neben ihm noch andere zur Privatklage selbständig berechtigte Personen vorhanden sind, findet vielmehr auch dann Anwendung, wenn durch dieselbe Handlung mehrere Personen verletzt sind. U 25/2 81, E 3, 362. Eine im letzteren Falle auf Privatklage eines der Verletzten in der Sache selbst ergangene Entscheidung schließt sowohl die Erhebung einer neuen Privatklage, als auch die Verfolgung derselben Handlung durch die StA aus. U 3/3 81, E 3, 385. U 22/4 81, R 3, 240. Immer wird aber eine in der Sache selbst ergangene Entscheidung gefordert, in welcher eine Aburteilung der Tat erfolgt. Entscheidungen, welche z. B. nur die prozessualen Voraussetzungen der Strafverfolgung betreffen (Einstellung wegen mangelnden Strafantrags), können eine neue Verfolgung des Beschuldigten auf Antrag eines anderen Berechtigten nicht hindern. U 13/7 81, R 3, 479.

81) Zuständigkeit: §§ 27 Nr. 3, 73 Nr. 1, 75 Nr. 4 GVG.

82) Der Verletzte kann die strafgerichtliche Verfolgung ebensowohl zunächst bei der StA. und im Falle der Ablehnung seitens der letzteren bei dem Gerichte, als auch, ohne vorherige Anrufung der StA, sofort bei dem Gerichte beantragen. Durch rechtzeitige Stellung des Strafantrags bei der StA wird die Antragsfrist (§ 61 StGB.) auch für den Fall gewahrt, daß die StA die Erhebung der

§ **417.** In dem Verfahren auf erhobene Privatklage ist die Staatsanwaltschaft zu einer Mitwirkung nicht verpflichtet; es ist ihr jedoch der zur Hauptverhandlung bestimmte Termin bekannt zu machen.[83])

Auch kann die Staatsanwaltschaft in jeder Lage der Sache bis zum Eintritt der Rechtskraft des Urteils[84]) durch eine ausdrückliche Erklärung die Verfolgung übernehmen. In der Einlegung eines Rechtsmittels ist die Übernahme der Verfolgung enthalten.[85])

öffentl. Klage ablehnt und nunmehr die Privatklage erhoben werden muß. U 4/3 81, E 3, 373. Wenn die StA die Verfolgung übernommen hat, so kann sie, falls im Laufe der Verhandlung die zur Anklage gestellte Tat sich als eine solche darstellt, deren Verfolgung im öffentl. Interesse nicht mehr geboten sein würde, nunmehr die Klage nicht wieder zurücknehmen (§ 154) oder die Einstellung des Verfahrens beantragen. Es muß vielmehr auch in diesem Fall die eröffnete Hauptverhandlung durch ein Urteil des zuständigen Gerichts ihren Abschluß finden. U 22/4 82, E 6, 310. U 2/10 84, E 11, 128. Andererseits sind die Bestimmungen über die Notwendigkeit eines Strafantrags auch für die Verfolgung durch die StA maßgebend, so daß die letztere z. B. nicht mehr eintreten kann, wenn vor Verkündung eines auf Strafe lautenden Erkenntnisses der Strafantrag zurückgenommen ist. U 14/4 80, R 1, 601. Vgl. U 20/4 83, E 8, 207.

83) Der Privatkläger kann die Privatklage nach § 431 zurücknehmen und damit auf das Recht zur Strafverfolgung durch Privatklage wirksam verzichten. Dadurch wird aber die Wirksamkeit des in der Privatklage liegenden Strafantrags nur berührt, insoweit dieser nach den gesetzl. Vorschriften zurückgenommen werden kann. Insoweit dies nicht der Fall, kann die StA. das in Frage stehende Delikt durch Erhebung der öffentl. Klage selbständig verfolgen, U 20/4 83, E 8, 207; und zwar selbst dann, wenn sie anfänglich wegen Mangels eines öffentl. Interesses es abgelehnt hatte, die Straftat mittels öffentl. Klage zu verfolgen. U 13/3 02, G 49, 136. Vgl. jedoch U 6/12 87, E 16, 421 in A. 84.

84) Die Rechtskraft des Urteils bezeichnet lediglich den letzten Zeitpunkt, vor und bis zu welchem die StA die Verfolgung übernommen haben muß; im übrigen setzt § 417 Abs. 2 immer ein noch nicht beendigtes Verfahren auf erhobene Privatklage voraus. Die Übernahme durch die StA ist also unzulässig, wenn der Privatkläger gemäß § 431 die Privatklage zurückgezogen hat, oder wenn das Verfahren gemäß § 433 wegen Todes des Privatklägers eingestellt ist. U 6/12 87, E 16, 421.

85) Durch die Übernahme der Strafverfolgung seitens der Staatsanwaltschaft wird die Zuständigkeit des Schöffenge-

Übernimmt die Staatsanwaltschaft die Verfolgung, so richtet sich das weitere Verfahren nach den Bestimmungen, welche im zweiten Abschnitte dieses Buchs für den Anschluß des Verletzten als Nebenkläger gegeben sind.[86])

§ **418.** Der Privatkläger kann[87]) im Beistand eines Rechtsanwalts erscheinen oder sich durch einen mit schriftlicher Vollmacht versehenen Rechtsanwalt vertreten lassen. Im letzteren Falle können die Zustellungen an den Privatkläger mit rechtlicher Wirkung an den Anwalt erfolgen.[88])

§ **419.** Der Privatkläger hat für die der Staatskasse und dem Beschuldigten voraussichtlich erwachsenden Kosten unter denselben Voraussetzungen Sicherheit zu leisten, unter welchen in bürgerlichen Rechtsstreitigkeiten der Kläger auf Verlangen des Beklagten Sicherheit wegen der Prozeßkosten zu leisten hat.[89])

---

richts für die bis dahin im Wege der Privatklage verfolgten Beleidigungen und Körperverletzungen beseitigt. Das Schöffengericht hat in diesem Fall das Privatklageverfahren durch Beschluß oder Urteil einzustellen und die Akten an die StA zur weiteren Veranlassung nach Maßgabe der infolge der veränderten Sachlage Platz greifenden Kompetenzvorschriften zu verfügen. Dies gilt auch dann, wenn die Übernahme der Strafverfolgung durch die StA erst nach Erlaß eines Urteils im Privatklageverfahren geschieht und der abweichende rechtliche Gesichtspunkt, unter welchem die Verfolgung im Wege des Privatklageverfahrens ausgeschlossen erscheint, erst in der Berufungsinstanz zur Geltung gebracht wird. U 13/3 84, E 10, 237. U 26/2 97, E 29, 422. Vgl. jedoch U 23/5 08, E 41, 277. In dem neuen, von der StA nunmehr eingeleiteten Strafverfahren kann über die Rechtmäßigkeit des im Privatklageverfahren ergangenen Einstellungsbeschlusses nicht mehr befunden werden. U 21/11 02, E 36, 5. Wegen Festsetzung der Strafe s. U 23/9 09, E 42, 422.

86) Der Privatkläger erhält kraft dieser Übernahme die Rechte eines Nebenklägers, ohne daß es einer besonderen Anschlußerklärung bedarf. U 19/1 83, E 7, 437. U 20/2 96, E 28, 220. Die Kosten des eingestellten Privatklageverfahrens fallen bei späterer Verurteilung dem Angekl., nicht dem Privatkläger zur Last. Vgl. § 503 Abs. 2. U 24/10 01, E 48, 438.

87) Vgl. jedoch § 430 Abs. 2 und §§ 427 Abs. 3; 431 Abs. 2, 3.

88) Wegen der Zustellung s. §§ 176, 177 ZPO.

89) Wegen der Voraussetzungen, unter welchen im Zivilprozeß diese Sicherheit zu leisten ist, s. §§ 108—113 ZPO.

Die Sicherheitsleistung ist durch Hinterlegung in barem Gelde oder in Wertpapieren zu bewirken.

Für die Höhe der Sicherheit und die Frist zur Leistung derselben, sowie für die Bewilligung des Armenrechts gelten dieselben Bestimmungen wie in bürgerlichen Rechtsstreitigkeiten.[90])

§ **420.** Wegen Beleidigungen ist, insofern nicht einer der im § 196 des Strafgesetzbuchs bezeichneten Fälle vorliegt, die Erhebung der Klage erst zulässig, nachdem von einer durch die Landesjustizverwaltung zu bezeichnenden Vergleichsbehörde die Sühne erfolglos versucht worden ist. Der Kläger hat die Bescheinigung hierüber mit der Klage einzureichen.

Diese Bestimmung findet keine Anwendung, wenn die Parteien nicht in demselben Gemeindebezirke wohnen.[91])

§ **421.** Die Erhebung der Klage geschieht zu Protokoll des Gerichtsschreibers oder durch Einreichung einer Anklageschrift. Die Klage muß den im § 198 Abs. 1 bezeichneten Erfordernissen entsprechen. Mit der Anklageschrift sind zwei Abschriften derselben einzureichen.

§ **422.** Ist die Klage vorschriftsmäßig[92]) erhoben, so teilt das Gericht dieselbe dem Beschuldigten unter Bestimmung einer Frist zur Erklärung und der Staatsanwaltschaft zur Kenntnisnahme mit.

90) Die Bestimmungen über das Armenrecht in bürgerl. Rechtsstreitigkeiten s. in den §§ 114—127 ZPO. Insbesondere ist auf den Privatkläger auch die Vorschrift des § 119 ZPO anwendbar. Beschl 3/7 99, E 32, 352. Im übrigen hat die Bestimmung des § 419 Abs. 3 nur für die Voraussetzungen und die Wirkungen des dem Privatkläger zu bewilligenden Armenrechts Bedeutung. Der im § 346 ausgesprochene Grundsatz des Ausschlusses von Beschwerden gegen Entscheidungen der Oberlandesgerichte wird dadurch nicht berührt. Beschl 7/6 97, E 30, 143. — Der dem Privatkläger auf Grund der Bewilligung des Armenrechts zur unentgeltlichen Wahrnehmung seiner Rechte als Vertreter beigeordnete Rechtsanwalt hat keinen Anspruch auf Zahlung von Gebühren aus der Staatskasse. Beschl 8/5 94, E 25, 360. Derselbe bedarf keiner schriftlichen Vollmacht des Privatklägers. U 25/7 94, E 26, 97.

91) In dem Verfahren auf öffentliche Klage bedarf es der Beifügung eines Sühneattestes nicht. U 4/3 81, E 3, 373.

§ **423.** Nach Eingang der Erklärung des Beschuldigten oder Ablauf der Frist entscheidet das Gericht[92a]) darüber, ob das Hauptverfahren zu eröffnen oder die Klage zurückzuweisen sei,[93]) nach Maßgabe der Bestimmungen, welche bei einer von der Staatsanwaltschaft unmittelbar erhobenen Anklage Anwendung finden.[94])

§ **424**. Das weitere Verfahren richtet sich nach den Bestimmungen, welche für das Verfahren auf erhobene öffentliche Klage gegeben sind.

Vor dem Schwurgerichte kann eine Privatklagesache nicht gleichzeitig mit einer auf öffentliche Klage anhängig gemachten Sache verhandelt werden.

§ **425.** Insoweit in dem Verfahren auf erhobene öffentliche Klage die Staatsanwaltschaft zuzuziehen und zu hören ist, wird in dem Verfahren auf erhobene Privatklage der Privatkläger zugezogen und gehört.[95]) Desgleichen sind alle Entscheidungen, welche dort der Staatsanwaltschaft bekannt gemacht werden, hier dem Privatkläger bekannt zu machen.

---

92) Vorschriftsmäßig d. h. gemäß §§ 420, 421, 198 Abs. 1.

92a) Das Gericht ist, weil es sich um einen Beschluß außerhalb der Hauptverhandlung handelt, nach § 30 Abs. 2 GVG der Amtsrichter und in Sachen der Konsulargerichtsbarkeit der Konsul. Gegen einen Beschluß, der vom Konsulargericht im Beschwerdewege gegen die eine Privatklage zurückweisende Entscheidung des Konsuls erlassen ist, ist die Beschwerde an das Reichsgericht unzulässig. Beschl 25/11 95, E 28, 31.

93) Das Gericht hat insbesondere schon jetzt zu prüfen, ob die Tat sich nach dem Inhalt der Klage überhaupt als eine solche darstellt, auf welche das Privatklageverfahren Anwendung findet, und muß ev. die Sache sogleich nach der Anbringung zurückweisen. U 15/11 83, E 9, 324.

94) Vgl. §§ 200—202, 204, 205 Abs. 1. Wegen der Anfechtbarkeit des nach § 423 zu erlassenden Beschlusses vgl. § 209 und wegen der Wiederaufnahme der Klage § 210.

95) Der Privatkläger hat also auch ein Recht auf ununterbrochene Anwesenheit in der Hauptverhandl.; er ist hinsichtlich seiner Ziehung zum Hauptverfahren dem Staatsanwalt gleichgestellt, so daß auch die Bestimmungen der §§ 192, 246 StGB auf ihn nicht Anwendung finden können. U 9/3 94, E 25, 177. Als Zeuge darf der Privatkläger nicht vernommen werden. U 8/7 80, R 2, 174. Anders bei dem Nebenkläger! S. A. 14 zu § 437.

Es werden jedoch die auf richterliche Anordnung ergehenden Ladungen nicht durch die Staatsanwaltschaft, sondern durch den Gerichtsschreiber bewirkt.

Zwischen der Zustellung der Ladung des Privatklägers zur Hauptverhandlung und dem Tage der letzteren muß eine Frist von mindestens einer Woche liegen.[96])

Das Recht der Akteneinsicht kann der Privatkläger nur durch seinen Anwalt ausüben.[97])

§ **426.** Der Vorsitzende des Gerichts bestimmt, welche Personen als Zeugen oder Sachverständige zur Hauptverhandlung geladen werden sollen.

Dem Privatkläger wie dem Angeklagten steht das Recht der unmittelbaren Ladung zu.[98])

§ **427.** In der Hauptverhandlung kann auch der Angeklagte im Beistand eines Rechtsanwalts erscheinen oder sich auf Grund einer schriftlichen Vollmacht durch solchen vertreten lassen.

Die Bestimmung des § 139 findet auf den Anwalt des Klägers wie auf den des Angeklagten Anwendung.

Das Gericht ist befugt, das persönliche Erscheinen des Klägers sowie des Angeklagten anzuordnen, auch den Angeklagten vorführen zu lassen.

§ **428.** Bei wechselseitigen Beleidigungen oder Körperverletzungen kann der Beschuldigte bis zur Beendigung der Schlußvorträge (§ 257) in erster Instanz mittels einer Widerklage die Bestrafung des Klägers beantragen.[99])

Über Klage und Widerklage ist gleichzeitig zu erkennen.

Die Zurücknahme der Klage ist auf das Verfahren über die Widerklage ohne Einfluß.

---

96) Vgl. § 216 und die Anmerkungen zu demselben.

97) Vgl. § 147.

98) Wegen der unmittelbaren Ladung s. § 219.

99) Die Widerklage ist nur bei erhobener Privatklage, nicht auch gegenüber einer öffentlichen Klage zulässig. U 17/10 81, E 5, 134. U 4/5 83, R 5, 317.

Über den Begriff der wechselseitigen Beleidigungen vgl. U 4/6 80, E 2, 87, wo ausgeführt wird, daß dieselben (§ 198 StGB) mit den auf der Stelle erwiderten (§ 199 StGB) nicht identisch sind, vielmehr auch zeitlich auseinander liegende Beleidigungen umfassen.

§ 429. Findet das Gericht nach verhandelter Sache, daß die für festgestellt zu erachtenden Tatsachen eine solche strafbare Handlung darstellen, auf welche das in diesem Abschnitte vorgeschriebene Verfahren keine Anwendung erleidet, so hat es durch Urteil, welches diese Tatsachen hervorheben muß, die Einstellung des Verfahrens auszusprechen.[100])

Die Verhandlungen sind in diesem Falle der Staatsanwaltschaft mitzuteilen.

§ 430. Dem Privatkläger stehen diejenigen Rechtsmittel zu, welche in dem Verfahren auf erhobene öffentliche Klage der Staatsanwaltschaft zustehen. Dasselbe gilt von dem Antrage auf Wiederaufnahme des Verfahrens in den Fällen des § 402. Die Bestimmung des § 343 findet auf das Rechtsmittel des Privatklägers Anwendung.

Revisionsanträge und Anträge auf Wiederaufnahme des durch ein rechtskräftiges Urteil geschlossenen Verfahrens kann der Privatkläger nur mittels einer von einem Rechtsanwalt unterzeichneten Schrift anbringen.[1])

Die in den §§ 361, 362, 387 angeordnete Vorlage und Einsendung der Akten erfolgt wie im Verfahren auf er-

---

100) Das Gericht darf also nicht die Sache durch Beschluß an das zuständige Gericht verweisen und damit eine Entscheidung treffen, durch welche das Privatklageverfahren in das öffentliche Verfahren übergeleitet und die StA gezwungen wird, die Strafverfolgung zu übernehmen. U 7/2 93, E 23, 416. Wenn das Gericht der Vorschrift des § 429 zuwider in der Sache selbst erkennt, und dieses Urteil rechtskräftig wird, so darf eine neue Strafverfolgung wegen der nämlichen Handlung auch seitens der StA nicht stattfinden. U 23/6 83, E 9, 14. U 15/11 83, E 9, 324. Nach § 429 ist übrigens auch in dem Falle zu verfahren, wenn in einem bei dem Schöffengericht schwebenden Privatklageverfahren die StA gemäß § 417 Abs. 2 die Strafverfolgung (z. B. durch Einlegung der Berufung) übernimmt. U 13/3 84, E 10, 237. U 26/2 97, E 29, 422. Widerklage formell abzulehnen und die betr. Tat dem öffentl. Verfahren zu überlassen, wenn dieserhalb bereits öffentl. Klage erhoben ist. U 11/7 01, DJZ 7, 102.

1) Die Unterzeichnung der Schrift durch einen Rechtsanwalt mit der Erklärung, daß dieselbe ohne Verantwortung für die in der Schrift enthaltenen Ausführungen lediglich zur Wahrung des Rechtsmittels erfolgt sei, entspricht nicht den Erfordernissen des § 430. Beschl 2/4 89, E 19, 115.

hobene öffentliche Klage an und durch die Staatsanwaltschaft. Die Zustellung der Berufungs- und Revisionsschriften an den Gegner des Beschwerdeführers wird durch den Gerichtsschreiber bewirkt.

§ **431.** Die Privatklage kann bis zur Verkündung des Urteils erster Instanz und, soweit zulässige Berufung eingelegt ist, bis zur Verkündung des Urteils zweiter Instanz zurückgenommen werden.[2])

Als Zurücknahme gilt es im Verfahren erster und, soweit der Angeklagte die Berufung eingelegt hat, im Verfahren zweiter Instanz, wenn der Privatkläger in der Hauptverhandlung weder erscheint noch durch einen Rechtsanwalt vertreten wird, oder in der Hauptverhandlung oder einem anderen Termine ausbleibt, obwohl das Gericht sein persönliches Erscheinen angeordnet hatte, oder eine Frist nicht einhält, welche ihm unter Androhung der Einstellung des Verfahrens gesetzt war.

Soweit der Privatkläger die Berufung eingelegt hat, ist dieselbe im Falle der vorbezeichneten Versäumungen unbeschadet der Bestimmung des § 343 sofort zu verwerfen.

Der Privatkläger kann binnen einer Woche nach der Versäumung die Wiedereinsetzung in den vorigen Stand unter den in den §§ 44, 45 bezeichneten Voraussetzungen beanspruchen.

§ **432.** Die zurückgenommene Privatklage kann nicht von neuem erhoben werden.

§ **433.** Der Tod des Privatklägers hat die Einstellung des Verfahrens zur Folge.[3])

War jedoch die Privatklage darauf gestützt, daß der Beschuldigte wider besseres Wissen in Beziehung auf den anderen eine unwahre Tatsache behauptet oder verbreitet habe, welche denselben verächtlich zu machen oder in der öffentlichen Meinung herabzuwürdigen geeignet ist, so kann

---

2) Wegen des Rechtes der Staatsanwaltschaft, die Strafverfolgung trotz Zurücknahme der Privatklage zu übernehmen, s. A. 83 zu § 417.

3) Wegen der Unzulässigkeit der Übernahme der Verfolgung durch die StA in diesem Fall s. U 6/12 87, E 16, 421 (A. 83 zu § 417).

die Klage nach dem Tode des Klägers von den Eltern, den Kindern oder dem Ehegatten des letzteren fortgesetzt werden.

Die Fortsetzung ist von dem Berechtigten bei Verlust des Rechts binnen zwei Monaten, vom Tode des Privatklägers an gerechnet, bei Gericht zu erklären.

§ 434. Die Zurücknahme der Privatklage und der Tod des Privatklägers, sowie die Fortsetzung der Privatklage sind dem Beschuldigten bekannt zu machen.

## 2. Abschnitt. Nebenklage.

§ 435. Wer nach Maßgabe der Bestimmung des § 414 als Privatkläger aufzutreten berechtigt ist,[4]) kann sich der erhobenen öffentlichen Klage in jeder Lage des Verfahrens als Nebenkläger anschließen.[5]) Der Anschluß kann behufs Einlegung von Rechtsmitteln auch nach ergangenem Urteile geschehen.[6])

---

4) Auch ein Mitangeklagter kann gegen den anderen als Nebenkläger in derselben Hauptverhandlung zugelassen werden. U 19/3 92, E 22, 421. Wenn eine mittels der Privatklage verfolgbare Beleidigung oder Körperverletzung mit einem Delikte anderer Art ideell konkurriert, so kann sich der Beleidigte bzw. Verletzte der wegen des konkurrierenden Delikts erhobenen öffentl. Klage anschließen. U 19/1 83, E 7, 437. U 21/6 86, R 8, 468. U 21/10 87, R 9, 524. Desgl. wenn es fraglich wird, ob die Tat überhaupt unter den einen Anschluß nicht rechtfertigenden rechtlichen Gesichtspunkt der Anklage oder lediglich unter einen solchen zu stellen ist, der den Anschluß begründet. U 25/2 10, E 43, 260. Handlungs- bzw. prozeßunfähige Personen müssen ihre prozessualen Funktionen als Nebenkläger durch ihre gesetzlichen Vertreter ausüben. U 11/10 83, E 9, 125. Auch die einzelnen Mitglieder einer beleidigten Behörde oder politischen Körperschaft können sich, wie jene, nicht aber diese selbst, als Nebenkläger anschließen. U 7/11 92, E 23, 293. U 13/3 08, E 41, 168.

Für die Prozeßfrage der Zulassung eines Nebenklägers ist also nicht das Endurteil, sondern die Aktenlage im Zeitpunkt des Beschlusses auf die Anschlußerklärung maßgebend. U 5/6 93, E 24, 187.

5) Der Anschluß des Nebenklägers wird mit Zurücknahme des von der StA eingelegten Rechtsmittels hinfällig. Beschl 25/4 87, R 9, 283.

6) In der frist- und formgerechten Einlegung eines Rechtsmittels ist eine genügende Anschlußerklärung zu finden, sofern der Anschluß überhaupt zulässig ist. Beschl 6/5 02, DR 6, 329. U 13/1 82, E 5, 335. Beschl 23/3 82, E 6, 139. Das von dem Nebenkläger einge-

Die gleiche Befugnis steht demjenigen zu, welcher durch einen Antrag auf gerichtliche Entscheidung (§ 170) die Erhebung der öffentlichen Klage herbeigeführt hat,[6a]) wenn die strafbare Handlung gegen sein Leben, seine Gesundheit, seine Freiheit, seinen Personenstand oder seine Vermögensrechte gerichtet war.[7])

§ **436.** Die Anschlußerklärung ist bei dem Gerichte schriftlich[8]) einzureichen.[9])

---

legte Rechtsmittel ist innerhalb der für die StA laufenden Frist zu begründen. Beschl 25/4 87, R 9, 283.

6a) Für die Befugnis zur Nebenklage ist die Nachprüfung des einem Beschluß aus § 173 vorausgegangenen Verfahrens unzulässig. U 16/6 10, E 44, 6.

7) Unter die gegen das Leben und die Gesundheit bzw. gegen die Freiheit gerichteten strafb. Handlungen sind hier auch die gegen die Sittlichkeit gerichteten strafb. Handlungen zu rechnen. U 5/6 93, E 24, 187. Daß die strafbaren Handlungen vorsätzlich zum Zwecke der Verletzung der im § 435 Abs. 2 bezeichneten Rechte begangen sind, ist nicht erforderlich; Fahrlässigkeit genügt. Beschl 29/5 88, R 10, 419.

Im objektiven Verfahren (§ 477) steht dem Beschädigten die Anschlußbefugnis nur zu, wenn er berechtigt ist, Buße zu verlangen, und zwar in demselben Verfahren. U 25/6 01, DJZ 7, 52. U 7/4 02, DR 6, 272.

8) Die Anschlußerklärung kann nur schriftlich erfolgen. U 18/5 03, E 36, 246; es genügt jedoch jede schriftliche Willenserklärung, aus welcher die Absicht hervorgeht, sich der öffentl. Klage als Nebenkläger anzuschließen. U 13/1 82, E 5, 335. U 15/2 95, G 43, 32. Auch ein die Unterschrift des Nebenklägers enthaltendes Telegramm genügt. Das die Anschlußerklärung einer Behörde (Verwaltungsbehörde) enthaltende Telegramm muß jedoch nicht nur die Bezeichnung der Behörde, sondern auch die Unterschrift des bzw. der Beamten enthalten, welche rechtsgeschäftl. Willenserklärungen der Behörde abzugeben berufen sind. Besch. 21/9 93, E 24, 283.

9) Die Anschlußerklärung muß stets bei dem Gericht eingereicht werden. Einreichung bei der StA genügt dann nicht, wenn die Anschlußerklärung gelegentlich der Abgabe der staatsanwaltschaftl. Akten mit der Anklageschrift in den Gerichtseinlauf gekommen ist, U 21/6 00, G 47, 379, wohl aber, wenn sie von der StA durch besondere Verfügung dem Gericht zur zuständigen Behandlung vorgelegt wird. U 19/3 09, G 56, 227. Eine vor Gericht bzw. Gerichtsschreiber zu Protokoll gegebene Anschlußerklärung ist an sich nicht geeignet, die im § 436 Abs. 1 vorgeschriebene Form zu ersetzen, U 31/3 80, E 1, 285, jedoch wird dem Erfordernis der Schriftlichkeit dadurch genügt, daß der Anschlußberechtigte das betr. Protokoll des Gerichtsschreibers unter-

Das letztere[10]) hat über die Berechtigung des Nebenklägers zum Anschlusse nach Anhörung der Staatsanwaltschaft zu entscheiden.[11])

Zu einer Sicherheitsleistung ist der Nebenkläger nicht verpflichtet.[12])

§ **437.** Der Nebenkläger hat nach erfolgtem Anschlusse die Rechte des Privatklägers.[13])

schreibt, Beschl 23/3 82, E 6, 139, oder dadurch, daß die Nebenklage zu Protokoll eines beauftragten Richters gegeben wird. U 29/11 83, E 9, 223. Eine nur mündlich in der Verhandlung abgegebene Anschlußerklärung ist wirkungslos. U 26/10 85, R 7, 616.

10) Wenn die Anschlußerklärung erst nach ergangenem Urteil behufs Einlegung eines Rechtsmittels erfolgt (§ 345 Abs. 1), so hat nicht diejenige Instanz, gegen deren Urteil das Rechtsmittel eingelegt wird, sondern nur das zur Entscheidung über das Rechtsmittel berufene Gericht über die Berechtigung zum Anschlusse des Nebenklägers zu entscheiden. Beschl 23/3 82, E 6, 139. U 10/5 83, R 5, 358.

11) Die Entscheidung muß bei Vermeidung der Nichtigkeit durch ausdrücklichen Beschluß gefällt werden. U 12/7 86, R 8, 532. Eine vorherige Anhörung des Angekl. über den Zulassungsantrag des Nebenklägers ist nicht erforderlich. U 5/2 06, R 10, 454. Vor der Entscheidung darf das Gericht weitere Prozeßhandlungen nicht vornehmen. U 15/3 94, E 25, 186. Der Gerichtsbeschluß bestimmt den Zeitpunkt, von dem ab die §§ 435 ff. Anwendung zu finden haben. U 11/6 06, G 53, 291.

Dadurch, daß ein Richter bei dem Beschlusse über die Anschlußerklärung des Nebenklägers mitgewirkt hat, wird derselbe nicht unfähig, an dem Hauptverfahren teilzunehmen. U 16/2 83, E 8, 82.

12) Wegen der Verpflichtung des Nebenklägers zum Kostenvorschuß s. §§ 83—85 Gerichtskosten-Ges v. 18/6 78 (Anhang I).

13) Wegen der Rechte des Privatklägers s. §§ 425 ff. Der Nebenkläger gehört nicht zu denjenigen Personen, deren Anwesenheit das Gesetz vorschreibt (§ 377 Ziff. 5). U 20/2 96, E 28, 220. Wenn er jedoch in der Hauptverhandl. anwesend ist, so muß ihm nach dem Schlusse der Beweisaufnahme neben der StA das Wort zu seinen Ausführungen und Anträgen von Amts wegen erteilt werden (§ 257). U 28/10 87, E 16, 253. Revisionsanträge und Anträge auf Wiederaufnahme des Verfahrens kann er ebenfalls nur mittels einer von einem Rechtsanwalt unterzeichneten Schrift anbringen. U 2/1 03, E 36, 75. Das im § 503 Abs. 1 dem Privatkläger gewährte Recht auf Ersatz der ihm erwachsenen notwendigen Auslagen steht auch dem Nebenkläger zu, und zwar selbst dann, wenn der von ihm geltend gemachte Anspruch auf Buße abgewiesen wird. U 27/4 82, E 6, 237. Der Richter ist nicht verpflichtet, über diese Auslagen des Nebenklägers eine besondere Ent-

An den Erklärungen über Annahme oder Ablehnung der Geschworenen nimmt der Nebenkläger nicht teil.[14])

§ **438.** Der Fortgang des Verfahrens wird durch den Anschluß nicht aufgehalten.[15])

Die bereits anberaumte Hauptverhandlung sowie andere Termine finden an den bestimmten Tagen statt, auch wenn der Nebenkläger wegen Kürze der Zeit nicht mehr geladen oder benachrichtigt werden konnte.[16])

§ **439.** Entscheidungen, welche schon vor dem Anschluß ergangen und der Staatsanwaltschaft bekannt gemacht waren, bedürfen keiner Bekanntmachung an den Nebenkläger.

Die Anfechtung solcher Entscheidungen steht auch dem Nebenkläger nicht mehr zu, wenn für die Staatsanwaltschaft die Frist zur Anfechtung abgelaufen ist.

§ **440.** Ist in der Hauptverhandlung[17]) weder der

---

scheidung zu treffen, es sei denn, daß er, weil nur teilweise den Anträgen des Nebenklägers entsprochen ist, von der Befugnis Gebrauch machen will, die Kosten zu teilen, oder daß er etwa aus sonstigen Gründen eine Abweichung von der Regel für gerechtfertigt erachtet. U 26/2 84, E 10, 114. Dagegen muß der Nebenkläger, falls ein von ihm allein eingelegtes Rechtsmittel sich als erfolglos erweist, seinerseits dem Angekl. die demselben durch das Rechtsmittel erwachsenen notwendigen Auslagen erstatten. U 11/3 84, R 6, 197. — Widerklage gegen den Nebenkläger ist unzuläsig. U 22/10 96, E 29, 116.

14) Der Nebenkläger kann auch als Zeuge vernommen werden. U VerStrafs 25/10 80, E 2, 384. (Wegen des Privatklägers s. dagegen A. 95 zu § 425). Geschieht dies, so muß er auch beeidigt werden, falls nicht gesetzliche Gründe für die Nichtbeeidigung (§§ 56, 57) vorhanden sind. U 20/11 80, E 3, 47.

15) Der Nebenkläger hat also kein Recht, die Sache bloß im Interesse seines Anspruchs hinzuhalten. Dagegen kann das Gericht von Amts wegen geeignete Erörterungen, insbesondere eine Beweisaufnahme wegen der beanspruchten Buße anordnen. U 20/2 88, R 10, 169.

16) Die Ladung bzw. Benachrichtigung des Nebenklägers erfolgt durch die StA. Die Anwendung des § 425 Abs. 2 ist ausgeschlossen. U 9/11 82, E 7, 220. Nur die Kürze der Zeit kann die Unterlassung der Ladung rechtfertigen. Unterbleiben der Ladung in anderen Fällen begründet die Revision. U 11/12 05, R 10, 67.

17) Die Vorschrift des § 440 ist nicht auf den Fall der Abwesenheit des Nebenklägers und seines Anwaltes während der ganzen Hauptverhandl. zu beschränken, sondern ist auch auf den Fall anzuwenden, daß

Nebenkläger noch ein Anwalt desselben erschienen, so wird das Urteil dem ersteren zugestellt.[18])

§ **441.** Der Rechtsmittel kann sich der Nebenkläger unabhängig von der Staatsanwaltschaft bedienen.[19])

Wird auf ein nur von dem Nebenkläger eingelegtes Rechtsmittel die angefochtene Entscheidung aufgehoben, so liegt der Betrieb der Sache wiederum der Staatsanwaltschaft ob.

§ **442.** Die Anschlußerklärung verliert durch Widerruf[20]) sowie durch den Tod des Nebenklägers ihre Wirkung.[21])

---

der Nebenkläger der Hauptverhandlung zwar am ersten Tage, an welchem der Straffall verhandelt wurde, bis zum Schlusse der Verhandlung, nicht aber auch in dem zur Verkündung des Urteils anberaumten besonderen Termin anwesend oder vertreten gewesen ist. U 11/2 82, E 6, 28.

18) Die Nebenklage gilt also in diesem Falle, abweichend vom § 431 Abs. 2, nicht als zurückgenommen. U 5/1 83, E 7, 476. U 29/11 83, E 9, 223. Die Rechtsmittelfrist beginnt erst mit der Zustellung des Urteils. U 11/2 82, E 6, 28.

19) Vgl. §§ 430, 437 Abs. 1. Wegen des Beginns der Rechtsmittelfrist für den Fall des § 440 s. A. 18. Wegen der Rechtsmittelfrist für die Verwaltungsbehörde, welche sich dem Verfahren als Nebenklägerin angeschlossen hat, s. § 469. Wegen der Anbringung der Revisionsanträge und Anträge auf Wiederaufnahme des Verfahrens s. § 430 Abs. 2. U 2/1 03, DR 7, 109, A. 13 zu § 437 Abs. 1. Bei Idealkonkurrenz kann der Nebenkläger das Rechtsmittel auch aus demjenigen Teile des Urteils begründen, welcher sich lediglich mit der zur Anschlußberechtigung an sich nicht legitimierenden strafbaren Handlung befaßt. U 11/10 83, E 9, 125. Auch kann der Nebenkläger wegen Abweisung seines Bußeantrags ein Rechtsmittel einlegen, selbst wenn hinsichtlich der Strafe rechtskräftig entschieden ist. U 1/7 82, E 7, 12. Im übrigen kann aus § 441 nur gefolgert werden, daß sich der Nebenkläger der gleichen Rechtsmittel wie die StA völlig unabhängig von der letzteren in selbständiger Weise bedienen kann, nicht aber, daß ihm in bezug auf Rechtsmittel weitergehende Befugnisse im Vergleich zur StA eingeräumt werden sollen. U 20/2 96, E 28, 220.

In Ansehung der freien Beurteilung der Tat wird dem Gericht durch den Umstand, daß die Berufung nur von dem Nebenkläger eingelegt ist, keine Schranke auferlegt. U 22/5 00, G 47, 373. U 23/12 07, G 55, 118.

Das Revisionsgericht hat, wenn der in erster Instanz zugelassene Nebenkläger die Revision einlegt, die Befugnis zum Anschluß an die öffentl. Klage zu prüfen und ist in dieser Prüfung durch den Beschluß erster Instanz nicht beschränkt. U 12/12 01, E 35, 25.

20) Es wird hier eine ausdrückliche Erklärung des Widerrufs erfordert; das bloße Nichterscheinen des Nebenklägers oder eines Ver-

§ **443.** Die Befugnis, sich einer öffentlichen Klage nach den Bestimmungen der §§ 435—442 als Nebenkläger anzuschließen, steht auch demjenigen zu, welcher berechtigt ist, die Zuerkennung einer Buße zu verlangen.[22])

Wer die Zuerkennung einer Buße in einem auf erhobene öffentliche Klage anhängigen Verfahren beantragen

---

treters desselben in der Hauptverhandl. kann als ein stillschweigender Widerruf nicht angesehen werden. U 5/1 83, E 7, 376.

21) Die Anschlußerklärung kann jedoch, solange sie nicht den Antrag auf Buße enthält (§ 444 Abs. 2), auch nach erklärtem Widerruf in jeder Lage des Verfahrens erneuert werden. U 18/6 83, E 8, 384.

Bei einer Wiederaufnahme der Klage im Fall des § 210 bleibt der früher erfolgte Anschluß wirksam. U 16/12 09, E 43, 150.

22) Die Berechtigung, die Zuerkennung einer Buße zu verlangen, ist ausdrücklich anerkannt in den §§ 188, 231 StGB; jedoch kann nach U 22/5 85, E 12, 223 auch in den Fällen des § 340 StGB auf eine Buße erkannt werden. Dies ist ferner auch zulässig nach § 40 Ges betr. das Urheberrecht an Werken der Literatur und der Tonkunst v. 19/6 01; § 35 Kunstschutzges v. 9/1 07; § 14 Musterschutzges v. 11/1 76; § 36 Abs. 3 Patentges v. 7/4 91; § 18 Ges zum Schutz der Warenbezeichnungen v. 12/5 94; § 26 Ges gegen den unlauteren Wettbewerb v. 7/6 09. Eine Ortskrankenkasse kann sich einer öffentlichen Klage nicht als Nebenklägerin anschließen, um auf Grund des § 57 des Krankenversicherungsgesetzes v. 10/4 92 den Entschädigungsanspruch des Verletzten im Wege der Buße geltend zu machen. Beschl 30/3 96, E 28, 301.

Jeder, dem das Recht zusteht, eine Buße zu verlangen, kann sich der öffentlichen Klage als Nebenkläger anschließen, ohne Rücksicht darauf, ob er eine Bußeforderung erhebt und als Nebenkläger geltend machen will oder nicht. Er kann zwar die Buße nur bis zu dem im § 444 gedachten Zeitpunkte beantragen und deshalb den die Erlangung einer Buße bezweckenden Anschluß auch nur bis dahin erklären, kann aber die Anschlußerklärung auch noch später abgeben, wenn sie nicht dem Zwecke der Bußeforderung, sondern dem der Strafverfolgung des Schuldigen dient. U 10/5 83, R 5, 358. Vgl. U 13/1 82, E 5, 335. Im übrigen ist zwischen Erklärung des Anschlusses nur zum Zwecke der Buße und zwischen allgemeiner Anschlußerklärung behufs Beteiligung an der Strafverfolgung eine Unterscheidung nicht zu machen, so daß insbesondere aus § 444 Abs. 3 nicht zu folgern ist, daß dem Nebenkläger, welcher den Anschluß an das Strafverfahren nur zum Zwecke der Buße erklärt hat, gegen ein den Angekl. freisprechendes Urteil ein Rechtsmittel nicht zustehe. U 18/9 84, E 11, 90.

Das Recht, als gesetzlicher Vertreter eines unmündigen Verletzten für diesen eine Buße zu beantragen, gibt auch die im § 443 Abs. 1 gewährte Befugnis zum Anschluß als Nebenkläger. U 11/10 83, E 9, 125.

will, muß sich zu diesem Zwecke der Klage als Nebenkläger anschließen.[23])

§ **444.** Der Antrag auf Zuerkennung einer Buße kann bis zur Verkündung des Urteils erster Instanz[24]) gestellt werden.[25])

Der Antrag kann bis zur Verkündung des Urteils zurückgenommen, ein zurückgenommener Antrag nicht erneuert werden.[26])

23) Der Anschluß muß stets gemäß § 436 Abs. 1 durch Einreichung einer schriftlichen Anschlußerklärung bei dem Gerichte erfolgen. U 18/5 03, E 36, 246. Anträge auf Zuerkennung einer Buße, welche vor erfolgtem Anschluß bei der StA angebracht und später bei dem Gericht nicht erneuert sind, sind nicht zu berücksichtigen. U 7/11 90, E 21, 156.

24) Dies gilt auch dann, wenn das erste Urteil, welches die Zuerkennung einer Buße abgelehnt hatte, auf Revision des Angekl. aufgehoben und die Sache in die erste Instanz zurückgewiesen ist, U 25/4 87, R 9, 279. U 17/1 11, E 44, 294; ebenso im Wiederaufnahmeverfahren, das auf Betreiben des Angekl. angeordnet ist. U 24/10 07, E 41, 104.

25) Der Antrag auf Zuerkennung einer Buße ist an eine bestimmte Form nicht gebunden. U 26/10 85, R 7, 616; er kann also auch mündlich in der Hauptverhandlung (vor der Hauptverhandlung: U 7/11 99, E 32, 346) gestellt werden, aber nur dann, wenn zugleich den Vorschriften entsprochen ist, von deren Beobachtung die Erwerbung der Rechte eines Nebenklägers abhängt, d. i. den Vorschriften über die Anschlußerklärung (§ 436 Abs. 1). U 18/5 03, E 36, 246. Der Antrag kann auch mit der Anschlußerklärung verbunden werden. U 18/12 85, E 13, 186. Dagegen ist daran festzuhalten, daß der Anspruch auf Buße, wenn die Hauptsache spruchreif ist, den Abschluß des Strafverfahrens nicht aufhalten darf. Das Gericht ist also nicht verpflichtet, auf eine Buße zu erkennen, wenn der betr. Antrag zu spät vorgebracht wird oder die Verhandlung keinen Anhalt für die Bemessung des Bußanspruchs ergeben hat; bloße Unsicherheit der Festsetzung des Schadensbetrages ist jedoch kein Hindernis. U 3/3 82, R 4, 223. U 20/6 82, E 6, 398. U 9/3 88, E 17, 190. U 28/1 08, G 55, 228. Wegen der Wahrung der Frist vgl. auch U 18/12 85, E 13, 186.

26) Es wird hierbei ein an und für sich wirksamer Antrag unterstellt. Wenn derselbe der gesetzlichen Form entbehrte, so schließt die Zurücknahme desselben die Stellung eines neuen formgerechten Antrags nicht aus. U 31/3 80, E 1, 285.

Im übrigen fordert auch § 444 Abs. 2 eine ausdrückliche Erklärung der Zurücknahme; das bloße Nichterscheinen des Nebenklägers oder eines Vertreters desselben kann nicht als stillschweigende Zurücknahme angesehen werden, U 15/1 83, E 7, 376, und ebenso-

Wird der Angeklagte freigesprochen oder das Verfahren eingestellt, oder die Sache ohne Urteil erledigt, so gilt auch der Antrag ohne weitere Entscheidung für erledigt.[27])

Der Anspruch auf Buße kann von den Erben des Verletzten nicht erhoben oder fortgesetzt werden.[27a])

§ **445.** Der Nebenkläger hat den Betrag, welchen er als Buße verlangt, anzugeben.[28])

Auf einen höheren Betrag der Buße als den beantragten darf nicht erkannt werden.[29])

§ **446.** Die Bestimmungen der §§ 444, 445 finden auf den Fall entsprechend Anwendung, daß von dem die Buße Beanspruchenden die Privatklage erhoben wird.[30])

---

wenig kann ein Verzicht auf den Anspruch auf Buße angenommen werden, wenn der in der Hauptverhandl. anwesende Nebenkläger den vorher schriftlich gestellten Antrag zu wiederholen unterlassen hat. U 7/11 99, E 32, 346.

Nur die Erneuerung des zurückgenommenen Antrags auf Buße ist ausgeschlossen. Die Anschlußerklärung kann erneuert werden. U 18/6 83, E 8, 384. Vgl. A. 21 zu § 442.

27) Vgl. A. 22 zu § 443 und wegen der selbständigen Anfechtbarkeit des den Anspruch auf Buße betreffenden Teils des Urteils: U 1/7 82, E 7, 12. S. A. 19 zu § 441.

27a) Deshalb kann z. B. auch der Vater als gesetzlicher Vertreter seines Sohnes dessen Ansprüche auf Erlegung einer Buße wegen Körperverletzung nach dem Tode desselben nicht geltend machen. U 2/11 96, E 29, 140.

28) Der Angeklagte hat also ein gesetzliches Recht darauf, daß der Nebenkläger seinen Anspruch auf Buße ziffermäßig begrenzt. U 12/7 86, R 8, 532. Im übrigen kann der ursprünglich angegebene Betrag der verlangten Buße bis zur Verkündung des Urteils erster Instanz (§ 444 Abs. 1) erhöht werden. U 28/9 81, R 3, 544.

29) Durch den Vergleich des Verletzten mit einem Dritten über Zahlung einer Entschädigung wird der Anspruch des ersteren auf Buße gegen den Täter nicht ausgeschlossen. Es kann ein solcher Vergleich nur bei Bemessung der Buße in Betracht kommen. U 6/7 83, R 5, 507. Desgl. kann auch eine vom Angekl. außergerichtlich an den Verletzten gezahlte Entschädigung bei Bemessung der Buße berücksichtigt werden. U 29/11 83, E 9, 223 (Zahlung durch eine Unfallversicherungsgesellschaft). Bei Verurteilung mehrerer Personen wegen gemeinschaftlicher Körperverletzung darf die Zuerkennung einer Buße nicht von der Ermittlung abhängig gemacht werden, wer von den Angekl. dem Antragsteller die fragliche Verletzung beigebracht hat. U 1/7 82, E 7, 12.

Beweisanträge betr. des Vorhandenseins u. der Höhe des Schadens unterliegen nicht den §§ 243, 244. U 17/1 11, E 44, 294.

## 6. Buch. Besondere Arten des Verfahrens.

### 1. Abschnitt. Verfahren bei amtsrichterlichen Strafbefehlen.

§ **447.** In den zur Zuständigkeit der Schöffengerichte gehörigen Sachen, mit Ausnahme der im § 27 Nr. 3—8 des Gerichtsverfassungsgesetzes bezeichneten Vergehen, kann durch schriftlichen Strafbefehl des Amtsrichters ohne vorgängige Verhandlung eine Strafe festgesetzt werden, wenn die Staatsanwaltschaft schriftlich hierauf anträgt.

Durch einen Strafbefehl darf jedoch keine andere Strafe als Geldstrafe von höchstens einhundertfünfzig Mark oder Freiheitsstrafe von höchstens sechs Wochen, sowie eine etwa verwirkte Einziehung festgesetzt werden.

Die Überweisung des Beschuldigten an die Landespolizeibehörde darf in einem Strafbefehle nicht ausgesprochen werden.

§ **448.** Der Antrag ist auf eine bestimmte Strafe zu richten. Der Amtsrichter hat demselben zu entsprechen, wenn der Erlassung des Strafbefehls Bedenken nicht entgegenstehen.

Findet der Amtsrichter Bedenken, die Strafe ohne Hauptverhandlung festzusetzen, so ist die Sache zur Hauptverhandlung zu bringen. Dasselbe gilt, wenn der Amtsrichter eine andere als die beantragte Strafe festsetzen will und die Staatsanwaltschaft bei ihrem Antrage beharrt.

§ **449.** Der Strafbefehl muß außer der Festsetzung der Strafe die strafbare Handlung, das angewendete Strafgesetz und die Beweismittel bezeichnen, auch die Eröffnung

30) Wegen der Kosten der Nebenklage vgl. U 13/1 87, E 15, 190. Danach fallen im Falle der Verurteilung des Angekl. und Nebenbeklagten demselben sämtliche Kosten zur Last, und zwar sowohl diejenigen des gerichtlichen Verfahrens (§ 497 Abs. 1), als auch die dem Nebenkläger erwachsenen notwendigen Auslagen (§ 503 Abs. 1 und § 437 Abs. 1). Im Falle der Freisprechung des Angekl. und Nebenbeklagten fallen die Kosten des Verfahrens (Gerichtskosten), vorbehaltlich der §§ 501, 504, der Staatskasse zur Last. Die ihm erwachsenen Auslagen hat der Nebenkläger aber selbst zu tragen, da sie nicht — wie beim Angekl. — aus besonderen Gründen (§ 499 Abs. 2) der Staatskasse auferleat werden können.

enthalten, daß er vollstreckbar werde, wenn der Beschuldigte nicht binnen einer Woche nach der Zustellung bei dem Amtsgerichte schriftlich oder zu Protokoll des Gerichtsschreibers Einspruch erhebe.

Auf den Einspruch kann vor Ablauf der Frist verzichtet werden.

§ **450.** Ein Strafbefehl, gegen welchen nicht rechtzeitig Einspruch erhoben worden ist, erlangt die Wirkung eines rechtskräftigen Urteils.[31])

§ **451.** Bei rechtzeitigem Einspruche wird zur Hauptverhandlung vor dem Schöffengerichte geschritten, sofern nicht bis zum Beginn derselben die Staatsanwaltschaft die Klage fallen läßt oder der Einspruch zurückgenommen wird.

Der Angeklagte kann sich in der Hauptverhandlung durch einen mit schriftlicher Vollmacht versehenen Verteidiger vertreten lassen.

Bei der Urteilsfällung ist das Schöffengericht an den in dem Strafbefehle enthaltenen Ausspruch nicht gebunden.

§ **452.** Bleibt der Angeklagte ohne genügende Ent-

---

31) Ein rechtskräftiger Strafbefehl hat bezüglich der Anfechtbarkeit und Vollstreckbarkeit die volle Wirkung eines rechtskräftigen Urteils. Dasselbe gilt bezüglich des Grundsatzes: „ne bis in idem", sofern die erneute Verhandlung nur denselben Tatbestand ergibt, wegen dessen schon in dem Strafbefehl die Strafe festgesetzt worden ist. U 8/10 86, E 14, 358. Dagegen wird durch einen ohne Einspruch gebliebenen amtsrichterlichen Strafbefehl diejenige öffentliche Klage nicht verbraucht, welche eine in dem ersteren bezeichnete Übertretung als Vergehen oder Verbrechen verfolgt. Die wegen des später zur Anklage gestellten Vergehens auszusprechende Strafe ist jedoch alsdann unter Abzug der wegen der Übertretung durch den Strafbefehl festgesetzten Strafe zu verhängen. U 2/6 81, E 4, 243 (Strafbefehl aus § 367 Nr. 8 — öffentl. Klage aus § 222 StGB); U 21/12 83, E 9, 321. U 14/12 86, E 15, 112 (Strafbefehl aus PrForstdiebstahlsges v. 15/4 78 — öffentl. Klage aus § 242 StGB). Über die Anwendbarkeit des Grundsatzes ne bis in idem auf eine rechtskräftig gewordene polizeil. Strafverfügung, sofern nach dem Ergebnis der Hauptverhandlung die Tat unter denselben rechtl. Gesichtspunkt fällt, von welchem die Strafverfügung ausgegangen ist, s. U 19/2 01, E 34, 165. Vgl. U 19/1 04, DJZ 10, 408 (Verbrauch der Strafklage, wenn in dem neuen Verfahren lediglich nach dem bereits im Strafbefehl angewendeten oder einem milderen Strafgesetz zu strafen wäre).

schuldigung in der Hauptverhandlung aus, und wird er auch nicht durch einen Verteidiger vertreten, so wird der Einspruch ohne Beweisaufnahme durch Urteil verworfen.

Ein Angeklagter, welchem gegen den Ablauf der Einspruchsfrist Wiedereinsetzung in den vorigen Stand gewährt worden war, kann die letztere nicht mehr gegen das Urteil beanspruchen.

## 2. Abschnitt.
## Verfahren nach vorangegangener polizeilicher Strafverfügung.*)

§ 453. Wo nach den Bestimmungen der Landesgesetze die Polizeibehörden befugt sind, eine in den Strafgesetzen angedrohte Strafe durch Verfügung festzusetzen, erstreckt sich diese Befugnis nur auf Übertretungen.

Auch kann die Polizeibehörde keine andere Strafe als Haft bis zu vierzehn Tagen oder Geldstrafe und diejenige Haft, welche für den Fall, daß die Geldstrafe nicht beigetrieben werden kann, an die Stelle der letzteren tritt, sowie eine etwa verwirkte Einziehung verhängen.

Die Strafverfügung muß außer der Festsetzung der Strafe die strafbare Handlung, das angewendete Strafgesetz und die Beweismittel bezeichnen, auch die Eröffnung enthalten, daß der Beschuldigte, sofern er nicht eine nach den Gesetzen zugelassene Beschwerde an die höhere Polizeibehörde ergreife, gegen die Strafverfügung binnen einer Woche nach der Bekanntmachung bei der Polizeibehörde, welche diese Verfügung erlassen hat, oder bei dem zuständigen Amtsgericht auf gerichtliche Entscheidung antragen könne.[32])

---

*) Vgl. § 6 Nr. 3 EG z. StPO.

32) Durch die polizeil. Strafverfügung wird, auch wenn sie unanfechtbar geworden, die öffentl. Klage, welche die in der Strafverfügung bezeichnete Übertretung als Vergehen oder Verbrechen charakterisiert und verfolgt, grundsätzlich nicht verbraucht (Strafverfügung aus § 360 Nr. 11 — öffentliche Klage aus § 223a StGB). U 2/6 80, E 2, 212. U 2/6 81 R 3, 367. U 2/10 83, R 5, 570. Der Grundsatz ne bis in idem findet jedoch auch auf eine unanfechtbar gewordene polizeil. Strafverf. Anwendung, sofern nach dem Ergebnis der Hauptverhandl. die Tat unter denselben rechtl. Gesichtspunkt fällt, von welchem die

Die Strafverfügung wirkt in betreff der Unterbrechung der Verjährung wie eine richterliche Handlung.[33])

§ **454.** Der Antrag auf gerichtliche Entscheidung kann bei der Polizeibehörde schriftlich oder mündlich, bei dem Amtsgerichte schriftlich oder zu Protokoll des Gerichtsschreibers angebracht werden.

Die Polizeibehörde übersendet, falls sie nicht die Strafverfügung zurücknimmt, die Akten an die zuständige Staatsanwaltschaft, welche sie dem Amtsrichter vorlegt.

§ **455.** Gegen die Versäumung der Antragsfrist ist unter den in den §§ 44, 45 bezeichneten Voraussetzungen Wiedereinsetzung in den vorigen Stand zulässig. Das Gesuch ist bei einer der im § 454 Abs. 1 genannten Behörden anzubringen.

Über das Gesuch entscheidet der Amtsrichter.

Die Bestimmungen des § 46 Abs. 2, 3 finden hier gleichfalls Anwendung.

§ **456.** Ist der Antrag rechtzeitig angebracht, so wird zur Hauptverhandlung vor dem Schöffengerichte geschritten, ohne daß es der Einreichung einer Anklageschrift oder einer Entscheidung über die Eröffnung des Hauptverfahrens bedarf.

Bis zum Beginne der Hauptverhandlung kann der Antrag zurückgenommen werden.

§ **457.** Das Verfahren vor dem Schöffengericht ist dasselbe wie im Falle einer von der Staatsanwaltschaft erhobenen und zur Hauptverhandlung verwiesenen Anklage.

Der Angeklagte kann sich durch einen mit schriftlicher Vollmacht versehenen Verteidiger vertreten lassen.

Bei der Urteilsfällung ist das Gericht an den Ausspruch der Polizeibehörde nicht gebunden.

§ **458.** Stellt sich nach dem Ergebnisse der Hauptverhandlung die Tat des Angeklagten als eine solche dar,

---

Strafverfügung ausgegangen ist. U 19/2 01, E 34, 165. In Preußen ist in dem auf die spätere öffentliche Klage ergehenden Urteil die polizeil. Strafverf. nicht ausdrücklich aufzuheben; dieselbe fällt vielmehr von selbst hinweg, und es ist die durch sie verhängte und vollzogene Strafe anzurechnen oder zurückzuzahlen. U 19/2 85, R 7, 132.

33) Vgl. § 68 StGB.

bei welcher die Polizeibehörde zum Erlaß einer Strafverfügung nicht befugt war, so hat das Gericht die letztere durch Urteil aufzuheben, ohne in der Sache selbst zu entscheiden.[34])

3. Abschnitt. Verfahren bei Zuwiderhandlungen gegen die Vorschriften über die Erhebung öffentlicher Abgaben und Gefälle.*)

**§ 459.** Strafbescheide der Verwaltungsbehörden wegen Zuwiderhandlungen gegen die Vorschriften über die Er-

34) Der § 458 beschränkt sich nicht auf den Fall, daß die Tat, wegen deren die Strafverfügung erlassen ist, schon nach der ihr in der letzteren von der Polizeibehörde gegebenen Qualifizierung die im § 453 Abs. 1 bezeichnete Zuständigkeit der Polizeibehörden überschreitet, ist vielmehr so zu verstehen, daß die Aufhebung der polizeil. Strafverfügung durch das Gericht auch dann einzutreten hat, wenn sich nach dem Ergebnis der Hauptverhandlung die Tat als eine solche darstellt, deren Aburteilung an sich die schöffengerichtliche Zuständigkeit überschreiten würde. Das Schöffengericht darf daher auch in solchem Falle die Sache nicht unter Anwendung des § 270 unmittelbar an ein Gericht höherer Ordnung verweisen. Ist letzteres trotzdem geschehen, so kann das Gericht höherer Ordnung nicht seinerseits nach § 458 verfahren, sondern muß in der Sache selbst erkennen. U 21/11 81, E 5, 244. U 15/11 83, R 5, 691. Vgl. U 10/11 84, E 11, 253. U 24/3 92, E 22, 423; U 11/5 94, G 42, 132. Im übrigen muß, wenn das Schöffengericht die Strafverfügung aufgehoben hat, behufs anderweiter Verfolgung der Sache eine Anklageschrift eingereicht und über die Eröffnung des Hauptverfahrens beschlossen werden. U 29/1 84, R 6, 60.

Der § 458 findet endlich auch in dem Falle Anwendung, wenn in der Berufungsinstanz das Berufungsgericht findet, daß die Unzuständigkeit der Polizeibehörde zum Erlaß der Strafverfügung vorgelegen hat. In diesem Fall ist für das Berufungsgericht die Anwendung des § 369 Abs. 3 ausgeschlossen. U 21/3 89, E 19, 167.

Wenn die polizeiliche Strafverfügung durch Urteil aufgehoben wird, so können die bis dahin erwachsenen Prozeßkosten, über welche dieses Urteil Entscheidung zu treffen hat, nicht dem Angekl. auferlegt werden. U 23/12 01, DR 6, 51.

*) Unter den Zuwiderhandlungen gegen die Vorschriften über die Erhebung öffentlicher Abgaben und Gefälle sind nicht etwa alle gemeinen Delikte, welche durch Gegenstand oder Tendenz eine Beziehung zu den im § 459 gedachten Vorschriften haben, sondern nur solche begriffen, welche zugleich in den bezüglichen Spezialgesetzen ihre strafrechtliche Norm erhalten und hierdurch, im Gegensatz zu den durch das allgemeine Strafgesetz normierten, die Natur von Spezialdelikten erlangt haben. U 29/10 83, E 9, 236 (Betrug bei Erfüllung eines Fixationsvertrages).

hebung öffentlicher Abgaben und Gefälle dürfen nur Geldstrafen sowie eine etwa verwirkte Einziehung festsetzen.[35])

Der Strafbescheid muß außerdem die strafbare Handlung, das angewendete Strafgesetz und die Beweismittel[36]) bezeichnen, auch die Eröffnung enthalten, daß der Beschuldigte, sofern er nicht eine nach den Gesetzen zugelassene Beschwerde an die höhere Verwaltungsbehörde ergreife, gegen den Strafbescheid binnen einer Woche nach der Bekanntmachung bei der Verwaltungsbehörde, welche denselben erlassen, oder bei derjenigen, welche ihn bekannt gemacht hat, auf gerichtliche Entscheidung antragen könne.

Der Strafbescheid wirkt in betreff der Unterbrechung der Verjährung wie eine richterliche Handlung.[37])

**§ 460.** Wird auf gerichtliche Entscheidung angetragen,[37a]) so übersendet die Verwaltungsbehörde, falls sie nicht den Strafbescheid zurücknimmt, die Akten an die zuständige Staatsanwaltschaft, welche sie dem Gerichte vorlegt.

**§ 461.** In betreff der Wiedereinsetzung in den vorigen

---

35) Die Gültigkeit weitergehender landesgesetzl. Bestimmungen (Kgl. sächs. Zollstrafges v. 3/4 38: Verpflichtung zur Nachentrichtung der hinterzogenen Abgaben) kann zwar, soweit sie das Verfahren im Verwaltungswege für derartige Zuwiderhandlungen regeln, zugegeben werden; derartige Bestimmungen können aber auf das Verfahren in den vor die ordentl. Gerichte gehörigen, nur den Vorschriften der StPO unterstellten Strafsachen, zu denen die zur gerichtl. Untersuchung u. Entscheidung gediehenen Steuer- und Zollstrafsachen gehören, keinen Einfluß äußern. U 13/10 99, E 32, 304.

36) Die Nichtangabe der Beweismittel macht den Strafbescheid nicht ungültig und kann insbesondere auch die Sistierung des Strafverfahrens nicht rechtfertigen. U 23/2 88, E 17, 249.

37) Vgl. § 68 StGB. Handlungen des Richters, welche im steueramtl. Ermittlungsverfahren auf Ersuchen des Steueramtes vorgenommen werden, unterbrechen die Verjährung. U 11/5 86, R 8, 353.

37a) Der Antrag auf gerichtliche Entscheidung braucht von dem Beschuldigten nicht persönlich gestellt oder unterschrieben zu werden, sondern kann auch, soweit dies nach den Vorschriften der StPO über die Einlegung von Rechtsmitteln zulässig ist, durch einen Vertreter (Verteidiger usw.) wirksam angebracht werden. U 29/2 03, E 36, 90. Eine besondere Form ist für den Antrag nicht vorgeschrieben. U 1/2 06, E 53, 169.

Stand finden die Bestimmungen des § 455 entsprechende Anwendung.

**§ 462.** Ist der Antrag rechtzeitig angebracht, so wird zur Hauptverhandlung vor dem zuständigen Gerichte geschritten, ohne daß es der Einreichung einer Anklageschrift oder einer Entscheidung über die Eröffnung des Hauptverfahrens bedarf.[38])

Bis zum Beginn der Hauptverhandlung kann der Antrag zurückgenommen werden.

**§ 463.** Ist die in einem vollstreckbaren Strafbescheide festgesetzte Geldstrafe von dem Beschuldigten nicht beizutreiben und deshalb ihre Umwandlung in eine Freiheitsstrafe erforderlich, so ist diese Umwandlung nach Anhörung

---

38) Die Einleitung eines Vorverfahrens (Anstellung von Ermittlungen) ist jedoch nicht ausgeschlossen, wenn dem Gericht die Sache noch nicht genügend aufgeklärt erscheint. U 23/2 88, E 17, 249.

Nach eingeleitetem gerichtl. Verfahren hat das Gericht das tatsächliche Ergebnis auf Grund der mündl. Verhandlung seiner eigenen selbständigen Würdigung zu unterziehen und das so gefundene Ergebnis unabhängig von dem Strafbescheide der Verwaltungsbehörde zum Ausdruck zu bringen. U 4/6 83, E 8, 390. Vgl. U 23/2 88, E 17, 249. Insbesondere ist die Vorentscheidung der Verwaltungsbehörde über die konkrete Abgabenpflicht für den Strafrichter weder überhaupt, noch auch für die Festsetzung der nach dem Betrage der hinterzogenen Gefälle zu berechnenden Strafe maßgebend, wenngleich bei Auslegung zweifelhafter Tarifpositionen usw. unbedenklich der sachverständigen Ansicht der Verwaltungsbehörden auch im gerichtl. Strafverfahren rechtliche Bedeutung für die Beweiswürdigung nicht abzusprechen ist. U 9/11 82, E 9, 220.

In allen Fällen darf das gerichtl. Verfahren nur in dem Umfange des Strafbescheides stattfinden, so daß nur die in dem Strafbescheid bezeichneten Zuwiderhandlungen Gegenstand der Urteilsfällung sein können. Es ist z. B. nicht zulässig, daß in einem Verfahren, welches wegen Branntweinsteuerdefraude gegen den Brenner nach § 462 stattfindet, zugleich über die subsidiäre Haftung des Brennereiunternehmers von Amts wegen mitverhandelt und entschieden wird. U 30/5 93, E 24, 198. Im übrigen greifen auch im gerichtlichen Verfahren nach §§ 459 ff. die die Befugnisse wie Obliegenheiten des erkennenden Gerichts regelnden Normen in den §§ 153, 263 (ne bis in idem) Platz. U 30/9 02, E 35, 368.

Wenn das Gericht aus einem anderen rechtl. Gesichtspunkte, als demjenigen, welcher dem Strafbescheid zugrunde lag, verurteilen will, so braucht es die Vorschrift des § 264 nicht zu beachten. U 29/4 81, E 4, 116.

der Staatsanwaltschaft und des Beschuldigten durch gerichtliche Entscheidung auszusprechen, ohne daß der Strafbescheid einer Prüfung des Gerichts unterliegt.

Die Entscheidung über die Umwandlung erfolgt, wenn für eine Urteilsfällung das Schöffengericht zuständig gewesen wäre, durch Verfügung des Amtsrichters, in den übrigen Fällen durch Beschluß des Landgerichts.

Gegen die Entscheidung findet sofortige Beschwerde statt.

§ **464.** Hat die Verwaltungsbehörde einen Strafbescheid nicht erlassen und lehnt die Staatsanwaltschaft den an sie gerichteten Antrag auf Verfolgung ab, so ist die Verwaltungsbehörde befugt, selbst die Anklage zu erheben.[39])

In einem solchen Falle hat sie einen Beamten ihres Verwaltungszweiges oder einen Rechtsanwalt als ihren Vertreter zu bestellen und in der Anklage namhaft zu machen.

§ **465.** Die Staatsanwaltschaft ist zu einer Mitwirkung in jeder Lage des Verfahrens berechtigt.

Bei der Hauptverhandlung muß sie vertreten sein; auch hat sie die gerichtlich angeordneten Ladungen zu derselben zu bewirken.

Alle im Laufe des Verfahrens ergehenden Entscheidungen sind ihr bekannt zu machen.

§ **466.** Im übrigen regelt sich das Verfahren auf die

---

39) Zuständig zur Erhebung der Anklage und Anschlußerklärung ist nur diejenige Verwaltungsbehörde, welche nach den einschlägigen landesgesetzl. Bestimmungen im einzelnen Fall zur Erlassung des Strafbescheides zuständig war oder, wenn nicht besondere Hindernisse im Wege gestanden hätten, zuständig gewesen wäre. U 29/3 06, E 38, 404. Im übrigen setzt die der Verwaltungsbehörde gewährte Befugnis zur Anklageerhebung voraus, daß dieser Behörde der Erlaß von Strafbescheiden nach der rechtlichen Natur des in Frage stehenden Vergehens überhaupt, wenn auch nur innerhalb der Schranken des § 459 Abs. 1, zusteht. U 29/10 83, E 9, 236. Trifft dies aber zu, so ist die Anklagebefugnis selbst dann nicht ausgeschlossen, wenn das Steuer- usw. Vergehen mit einem nach anderen Gesetzen, insbesondere nach dem StGB zu ahndenden Vergehen ideell zusammentrifft. U 27/10 85, E 13, 30. Nur in Ansehung der mit Steuerhinterziehungen realiter zusammentreffenden Vergehen kann sich die Verwaltungsbehörde der Verfolgung nicht anschließen, es sei denn, daß die Annahme realer Konkurrenz auf einem Irrtum beruhte. U 26/2 92, E 22, 400.

von der Verwaltungsbehörde erhobene Anklage nach den für die Privatklage gegebenen Bestimmungen.

§ **467.** Hat der Beschuldigte gegen einen Strafbescheid auf gerichtliche Untersuchung angetragen, oder hat die Staatsanwaltschaft die Anklage erhoben, so kann die Verwaltungsbehörde sich der Verfolgung anschließen,[40]) und sie hat alsdann gleichwie bei einer von ihr erhobenen Anklage einen Vertreter zu bestellen.[41])

In diesem Falle kommen die für den Anschluß des Verletzten als Nebenkläger gegebenen Bestimmungen zur Anwendung.[42])

§ **468.** Wenn die Verwaltungsbehörde die Anklage erhoben oder sich der Verfolgung angeschlossen hat, so sind ihr das Urteil und alle sonstigen Entscheidungen zuzustellen, auch wenn sie bei deren Verkündung vertreten gewesen ist.[43])

§ **469.** Die Fristen zur Einlegung von Rechtsmitteln beginnen für die Verwaltungsbehörde erst mit der Zustellung.

---

40) Der Anschluß der Verwaltungsbehörde kann auch dann erfolgen, wenn mit der Zuwiderhandlung gegen die Abgabenvorschriften eine andere ein Abgaben- oder Gefällegesetz nicht verletzende strafb. Handlung in Tateinheit zusammentrifft; der Anschluß ist aber hier auf die Verfolgung jener Zuwiderhandlung beschränkt und kann sich nicht auf die Anfechtung der Entscheidung über diese strafbare Handlung erstrecken. U 23/1 03, E 36, 83. Vgl. E 13, 30 und E 22, 400. Im übrigen muß der Anschluß bis zur rechtskräftigen Entscheidung der Sache geschehen. U 27/5 87, E 16, 130. Über die Form der Anschlußerklärung s. A. 8 zu § 436.

41) Vgl. A. 39 zu § 464. Was dort von der Befugnis der Verwaltungsbehörde zur selbständigen Erhebung der Anklage gesagt ist, gilt auch von der Anschlußberechtigung des § 467. U 29/10 83, E 9, 236. Wegen des Vertreters s. § 464 Abs. 2.

42) Die für den Anschluß als Nebenkläger gegebenen Bestimmungen s. in den §§ 435—442. Dieselben kommen jedoch nur mit denjenigen Abänderungen zur Anwendung, welche die StPO in den §§ 468, 469 für den Anschluß der Verwaltungsbehörde vorgeschrieben hat. U 27/5 87, E 16, 130.

43) Die Zustellung muß auch erfolgen, wenn die Verwaltungsbehörde sich nach der Verkündung des Urteils rechtzeitig der Verfolgung angeschlossen hat. Bezüglich der Fristen gilt auch hier die Vorschrift zu § 469. U 27/5 87, E 16, 130. Der erst nach Ablauf einer Woche seit der Urteilsverkündung erklärte Anschluß ist rechtzeitig, sofern das

Zur Anbringung von Revisionsanträgen und zur Gegenerklärung auf solche steht der Verwaltungsbehörde eine Frist von einem Monate zu.[43a])

### 4. Abschnitt. Verfahren gegen Abwesende, welche sich der Wehrpflicht entzogen haben.

§ **470.** Bei Untersuchungen gegen

Wehrpflichtige, welche in der Absicht, sich dem Eintritt in den Dienst des stehenden Heeres oder der Flotte zu entziehen, ohne Erlaubnis das Bundesgebiet verlassen haben oder nach erreichtem militärpflichtigen Alter sich außerhalb des Bundesgebietes aufhalten (§ 140 Abs. 1 Nr. 1 des Strafgesetzbuchs),

Offiziere und im Offizierrange stehende Ärzte des Beurlaubtenstandes, sowie beurlaubte Reservisten und Wehrmänner der Land- oder Seewehr, welche ohne Erlaubnis ausgewandert sind (§ 140 Abs. 1 Nr. 2 und § 360 Nr. 3 des Strafgesetzbuchs), Ersatzreservisten erster Klasse, welche ausgewandert sind, ohne der Militärbehörde vorher Anzeige gemacht zu haben (§ 360 Nr. 3 des Strafgesetzbuchs), und

Wehrpflichtige, welche nach öffentlicher Bekanntmachung einer vom Kaiser für die Zeit eines Krieges oder einer Kriegsgefahr erlassenen besonderen Anordnung im Widerspruch mit derselben ausgewandert sind (§ 140 Abs. 1 Nr. 3 des Strafgesetzbuchs)

findet in Abwesenheit des Angeklagten eine Hauptverhandlung nach Maßgabe der folgenden Bestimmungen statt.

§ **471.** Für das Verfahren ist dasjenige Gericht zuständig, in dessen Bezirk der Angeklagte seinen letzten Wohnsitz oder gewöhnlichen Aufenthalt im Deutschen Reich gehabt hat.

---

Urteil gegenüber der Staatsanwaltschaft noch nicht rechtskräftig ist. U 3/12 09, E 43, 57.

43a) Über das Erfordernis der Zustellung ergangener Entscheidungen an die Verwaltungsbehörden und deren Befugnis, das Rechtsmittel als ein selbständiges zu verfolgen, s. Beschl 22/9 06, E 53, 447. Die Kosten des von ihr erfolglos eingelegten Rechtsmittels treffen die Staatskasse. U 1/12 09, E 42, 175.

Das Verfahren kann gleichzeitig gegen mehrere Personen gerichtet werden und die Verhandlung und Entscheidung ungetrennt erfolgen.[44])

**§ 472.** Die Erhebung der Anklage und die Eröffnung der Untersuchung erfolgt auf Grund einer Erklärung der mit der Kontrolle der Wehrpflichtigen beauftragten Behörde.[45])

Diese Erklärung ist in den Fällen des § 140 Abs. 1 Nr. 1 des Strafgesetzbuchs dahin auszustellen:

daß der Wehrpflichtige sich zu den angeordneten Revisionen nicht gestellt,

daß der Aufenthalt desselben im Deutschen Reich nicht ermittelt worden, und

daß der angestellten Erkundigungen ungeachtet sich keine Umstände ergeben haben, welche die Annahme ausschließen, daß der Wehrpflichtige, um sich dem Eintritt in den Dienst des stehenden Heeres oder der Flotte zu entziehen, ohne Erlaubnis entweder das Bundesgebiet verlassen habe oder nach erreichtem militärpflichtigen Alter im Auslande verblieben sei.

In den Fällen des § 140 Abs. 1 Nr. 2 des Strafgesetzbuchs, sowie bei Untersuchungen gegen beurlaubte Reservisten und Wehrmänner wegen Auswanderns ohne Erlaubnis (§ 360 Nr. 3 des Strafgesetzbuchs) ist die Erklärung dahin zu fassen:

daß der Aufenthalt des Offiziers, des Arztes, des Reservisten oder Wehrmannes im Deutschen Reich nicht ermittelt,

daß ihm eine Erlaubnis zur Auswanderung nicht erteilt worden, und

daß der angestellten Erkundigungen ungeachtet sich keine Umstände ergeben haben, welche die Annahme ausschließen, daß er ausgewandert sei.

Bei Untersuchungen gegen Ersatzreservisten erster Klasse

---

44) Die Bestimmung des § 18, nach welcher das Gericht nach Eröffnung des Hauptverfahrens seine Unzuständigkeit nur auf Einwand des Angekl. aussprechen darf, ist auch für das Verfahren gegen abwesende Wehrpflichtige anwendbar. U 19/5 81, E 4, 232.

45) Der Ablauf der Militärpflichtjahre braucht nicht abgewartet zu werden. U 28/9 91, E 22, 161.

wegen Auswanderns ohne Anzeige bei der Militärbehörde (§ 360 Nr. 3 des Strafgesetzbuchs) ist die Erklärung dahin zu fassen:

daß der Aufenthalt des Ersatzreservisten im Deutschen Reich nicht ermittelt worden sei,

daß er von einer bevorstehenden Auswanderung der Militärbehörde eine Anzeige nicht gemacht habe, und

daß der angestellten Erkundigungen ungeachtet sich keine Umstände ergeben haben, welche die Annahme ausschließen, daß er ausgewandert sei.

In den Fällen des § 140 Abs. 1 Nr. 3 des Strafgesetzbuchs ist die Erklärung dahin zu fassen:

daß der Aufenthalt des Wehrpflichtigen im Deutschen Reich nicht ermittelt worden, und daß der angestellten Ermittlungen ungeachtet sich keine Umstände ergeben haben, welche die Annahme ausschließen, daß er nach öffentlicher Bekanntmachung der betreffenden Kaiserlichen Anordnung ausgewandert sei.

§ **473.** Die Ladung des Angeklagten zur Hauptverhandlung erfolgt nach Vorschrift der §§ 320, 321 Abs. 1.

Die Ladung muß im Falle der öffentlichen Zustellung auch die Angabe des letzten deutschen Wohnorts oder Aufenthaltsorts des Angeklagten enthalten.

Der Ladung ist in jedem Falle die Warnung beizufügen, daß bei unentschuldigtem Ausbleiben der Angeklagte auf Grund der in § 472 bezeichneten Erklärung werde verurteilt werden

§ **474.** Für die Hauptverhandlung findet die Bestimmung des § 322 Anwendung.

§ **475.** Sind die vorgeschriebenen Förmlichkeiten beobachtet, so erfolgt die Verurteilung des abwesenden Angeklagten[45a]) auf Grund der in § 472 bezeichneten Erklärung,[46]) wenn sich nicht Umstände ergeben, welche dieser Erklärung entgegenstehen.[47])

---

45a) Für die Annahme der Abwesenheit des Angekl. ist die im § 318 gegebene allgemeine Begriffsbestimmung maßgebend; das Auftreten eines Verteidigers oder Vertreters genügt nicht. U 15/5 03, E 36, 242.

Bedarf es in Ansehung eines Angeklagten einer Beweisaufnahme, so ist die Sache von den übrigen zu trennen und gesondert zum Abschlusse zu bringen.

§ **476.** Die Zustellung des Urteils erfolgt nach Maßgabe der Bestimmungen des § 40 Abs. 2.[48])

5. Abschnitt. **Verfahren bei Einziehungen und Vermögensbeschlagnahmen.***)

§ **477.** In den Fällen, in welchen nach § 42 des Strafgesetzbuchs[49]) oder nach anderweiten gesetzlichen Bestim-

---

46) Diese Erklärung muß zum Gegenstand der Beweisaufnahme in der Hauptverhandlung gemacht, also gemäß § 248 in dieser verlesen werden. Wenn die Erklärung fehlt oder den Vorschriften des § 472 nicht vollständig genügt, so ist nicht auf Freisprechung, sondern auf Einstellung des Verfahrens zu erkennen. Von Anordnung einer Ergänzung der ungenügenden Erklärung ist abzusehen. U 4/3 02, E 35, 147. Andererseits kann aber auch nach Lage des Falles an Stelle der Ermittlung aus der schriftl. Erklärung oder neben derselben der Beweis auch noch in anderer Form, insbesondere durch Vernehmung wichtiger Zeugen in der Hauptverhandlung erhoben werden. U 22/11 87, R 9, 628.

47) Die Umstände, welche der im § 472 bezeichneten Erklärung entgegenstehen, müssen vom Gericht festgestellt werden. Es entscheidet auch hier nach Maßgabe des § 260 die freie Überzeugung des Gerichts; jedoch müssen die Urteilsgründe stets erkennen lassen, daß die Erklärung berücksichtigt und daß sie event. durch bestimmte, als erwiesen erachtete Umstände für widerlegt oder entkräftet zu erachten ist. U 18/10 80, E 2, 351. U 25/2 84, E 10, 152. U 8/12 84, R 6, 786. U 24/4 85, R 7, 254. U 30/1 90, E 20, 200. U 15/5 03, E 36, 242.

Die im § 475 aufgestellte Beweisregel umfaßt auch die Wehrpflichtigkeit dergestalt, daß die letztere auf Grund der im § 472 bezeichneten Erklärung so lange anzunehmen ist, als nicht durch die vorhandenen Beweise Tatsachen, welche die Erklärung betreffs dieses Punktes widerlegen, erwiesen sind. U 7/12 97, G 46, 43.

48) Der Grundsatz: „ne bis in idem" findet auch auf das Verfahren gegen abwesende Wehrpflichtige Anwendung. U 25/3 81, E 3, 437. Wegen des Verfahrens in der Rechtsmittelinstanz findet § 324 Anwendung. U 23/1 03, E 36, 83.

*) In das Eigentum eingreifende Entscheidungen dürfen nicht getroffen werden, ohne daß dem unmittelbar Betroffenen die Möglichkeit gewährt ist, in dem vorausgegangenen Verfahren gehört zu werden. Die Vorschriften der §§ 477 ff. bilden nur eine einzelne Anwendung dieses Grundsatzes und finden auf ähnliche Fälle keine Anwendung. U 27/1 82, E 5, 372.

49) Der § 42 StGB bestimmt: „Ist in den Fällen der §§ 40 und 41 die Verfolgung oder die Verurteilung einer bestimmten Person nicht

mungen auf Einziehung, Vernichtung oder Unbrauchbarmachung von Gegenständen selbständig erkannt werden kann,[50]) ist der Antrag, sofern die Entscheidung nicht in Verbindung mit einem Urteil in der Hauptsache erfolgt, seitens der Staatsanwaltschaft oder des Privatklägers bei demjenigen Gerichte zu stellen, welches für den Fall der Verfolgung einer bestimmten Person zuständig sein würde.[51])

---

ausführbar, so können die daselbst vorgeschriebenen Maßnahmen selbständig erkannt werden." Ist daher die Verfolgung oder Verurteilung einer bestimmten Person erfolgt, so ist ein weiteres Verfahren über die im Urteil aus Versehen oder anderen Gründen unterlassene Einziehung usw. ausgeschlossen. U 25/5 83, E 8, 349. Im übrigen sind die Maßnahmen der §§ 40 und 41 nicht nur dann zulässig, wenn der Verfolgung oder der Verurteilung tatsächliche Hindernisse im Wege stehen, sondern auch, wenn die Verurteilung des Täters nicht erfolgen kann, weil ein Verschulden desselben nicht nachzuweisen ist oder ein zur Freisprechung führender Strafausschließungsgrund vorliegt. Bei Antragsvergehen ist jedoch auch das im § 42 vorgesehene Verfahren unzulässig, wenn der Antragsberechtigte die Verfolgung der strafb. Handlung nicht in der gesetzl. Frist beantragt. U 25/9 84, E 11, 119. Vgl. U 22/12 84, R 6, 837 u. U 9/2 11, E 44, 315 (Zulässigkeit des objektiven Verfahrens nach rechtskräftigem Freispruch).

50) Die §§ 477—479 haben also ausschließlich für diejenigen Fälle Geltung, in denen eine Entscheidung über die Einziehung usw. nicht in Verbindung mit einem Urteil in der Hauptsache d. h. gegen einen bestimmten Angekl. erfolgt. U 11/10 01, E 34, 388. Anderweite reichsgesetzliche Bestimmungen über Einziehung usw. s. in den §§ 152, 295, 296a, 360 Abs. 2, 367 Abs. 2, 369 Abs. 2 StGB; §§ 42, 43, 46—48, 52 Ges betr. das Urheberrecht an Werken der Literatur und der Tonkunst v. 19/6 01; §§ 37 ff. Kunstschutzges v. 9/1 07; § 14 Ges betr. das Urheberrecht an Mustern und Modellen v. 11/1 76; § 15 Nahrungsmittelges v. 14/5 79; § 3 Abs. 3 Ges betr. die Küstenfrachtfahrt v. 22/5 81; §§ 19, 17 Warenzeichenges v. 12/5 94 usw. — Wegen der Zulässigkeit der Einziehung (Konfiskation) eines Gegenstandes, in bezug auf welchen eine Zolldefraudation begangen ist, im Wege des objektiven Strafverfahrens s. U 9/27. April 91, E 21, 431 u. U 13/1 90, G 37, 440 (Einziehung einer bei Gelegenheit der Verübung einer Kontrebande beschlagnahmten Kuh).

51) Für die örtliche Zuständigkeit sind die Vorschriften der §§ 7 ff. maßgebend. U 5/6 08, DR 12, 437; s. auch U 28/1 87, E 15, 235. Wenn die strafbare Tat im Auslande begangen und ein Gerichtsstand in Gemäßheit der §§ 8 und 9 StPO nicht begründet ist, so ist auch hier das zuständige Gericht vom Reichsgericht zu bestimmen. Beschl 28/4 87, R 9, 290.

An die Stelle des Schwurgerichts tritt die an dessen Sitzungsorte bestehende Strafkammer.

§ 478. Die Verhandlung und Entscheidung erfolgt in einem Termine, auf welchen die Bestimmungen über die Hauptverhandlung entsprechende Anwendung finden.[52])

Personen, welche einen rechtlichen Anspruch auf den Gegenstand der Einziehung, Vernichtung oder Unbrauchbarmachung haben,[53]) sind, soweit dies ausführbar erscheint, zu dem Termine zu laden.[53a])

Dieselben können alle Befugnisse ausüben, welche einem Angeklagten zustehen, sich auch durch einen mit schriftlicher Vollmacht versehenen Verteidiger vertreten lassen. Durch ihr Nichterscheinen wird das Verfahren und die Urteilsfällung nicht aufgehalten.

---

52) Wenn das Gericht den Antrag der StA, eine Sache im objektiven Verfahren einzuziehen, ablehnen will, so hat es nicht auf Einstellung des Verfahrens, sondern auf Zurückweisung des Antrags zu erkennen. Eine solche kann jedoch nicht schon deshalb erfolgen, weil das Gericht sich von der Unausführbarkeit der Verurteilung einer bestimmten Person noch nicht für überzeugt hält. Das Gericht hat zwar zu prüfen, ob der vollständige objektive und subjektive Tatbestand einer strafbaren Handlung vorliegt; für die Entscheidung darüber, ob der Erhebung der Anklage gegen eine bestimmte Person tatsächliche oder rechtliche Hindernisse entgegenstehen, ist dagegen ausschließlich die StA zuständig. U 5/4 83, E 8, 238.

Im Falle eines von der StA gestellten, lediglich die Einziehung eines Gegenstandes verfolgenden Antrages ist für eine Nebenklage kein Raum, soweit nicht aus den besonderen Bestimmungen anderer Gesetze, z. B. aus § 47 Ges betr. das Urheberrecht an Werken der Literatur usw. v. 19/6 01 ein anderes sich ergibt. U 7/4 02, DR 6, 272.

53) Die Interessenten im objektiven Einziehungsverfahren (Einziehungsinteressenten) sind also nicht diejenigen Personen, die ein Interesse an der Einziehung, sondern diejenigen, die Interesse gegen diese Maßregel, ein besseres Recht an dem Gegenstande, einen Gegenanspruch gegen die Einziehung haben. Deshalb ist z. B. der Fiskus, welcher die Einziehung falscher Münzen beansprucht, nicht zu den im § 478 Abs. 2 gedachten Personen zu rechnen. U 20/12 88, E 18, 299.

53a) Ein Anspruch auf eine von Amts wegen zu bewirkende Zustellung der Anklage (Antrag der Staatsanwaltschaft) steht den Einziehungsinteressenten nicht zu, U 26/5 93, E 24, 197, und ebensowenig braucht den bei der Urteilsverkündung vertretenen Einziehungsinteressenten das Urteil durch Zustellung bekannt gemacht zu werden. Beschl 12/7 01, E 34, 331. Vgl. U 26/1 85, E 11, 414.

§ 479. Die Rechtsmittel gegen das Urteil stehen der Staatsanwaltschaft, dem Privatkläger und den im § 478 bezeichneten Personen zu.[54])

§ 480. Auf die im § 93 des Strafgesetzbuchs vorgesehene Beschlagnahme des Vermögens eines Angeschuldigten finden die Bestimmungen der §§ 333—335 und auf die in § 140 des Strafgesetzbuchs vorgesehene Beschlagnahme die Bestimmungen der §§ 325, 326 entsprechende Anwendung.

## 7. Buch. Strafvollstreckung und Kosten des Verfahrens.

### 1. Abschnitt. Strafvollstreckung.*)

§ 481. Strafurteile sind nicht vollstreckbar, bevor sie rechtskräftig geworden sind.

§ 482. Auf die zu vollstreckende Freiheitsstrafe ist unverkürzt[55]) diejenige Untersuchungshaft anzurechnen, welche der Angeklagte erlitten hat, seit er auf Einlegung eines Rechtsmittels verzichtet oder das eingelegte Rechtsmittel zurückgenommen hat, oder seitdem die Einlegungsfrist abgelaufen ist, ohne daß er eine Erklärung abgegeben hat.[56])

---

54) Auch solchen Einziehungsinteressenten, welche weder zur Verhandlung geladen, noch sonst prozessualisch tätig gewesen sind, stehen gegen das Einziehungsurteil die entsprechenden Rechtsmittel zu. Für diese Personen beginnt jedoch die Frist zur Einlegung des Rechtsmittels bereits mit der Verkündung des Urteils. U 26/1 85, E 11, 414. Bevormundete Beschlagnahmeinteressenten können die Rechtsmittel nur durch ihren Vormund einlegen. Beschl 25/7 96, E 29, 52. Im übrigen wird das Einziehungsurteil gegen diejenigen Interessenten, welche nach § 478 Abs. 2 hätten zugezogen werden sollen, jedoch in Wirklichkeit nicht zugezogen sind, nicht vollstreckbar. U 27/1 82, E 5, 372.

Wegen der Pflicht zur Tragung der Kosten im Einziehungsverfahren s. U 15/5 85, E 12, 198. U 29/10 85, E 13, 20. U 10/2 88, R 10, 131. S. A. 66 zu § 497.

*) Wegen der Vollstreckung der Ordnungsstrafen s. § 36 StPO und insbesondere § 181 GVG. Wegen der Rechtshilfe bei der Strafvollstreckung s. §§ 163—165 GVG.

55) Unverkürzt, d. h. ohne Rücksicht auf die Art der Freiheitsstrafe und das im § 21 StGB sonst geordnete Wertverhältnis der einzelnen Freiheitsstrafen. U 17/5 83, E 8, 385.

**§ 483.**[56a]) Die Strafvollstreckung erfolgt durch die Staatsanwaltschaft auf Grund einer von dem Gerichtsschreiber zu erteilenden, mit der Bescheinigung der Vollstreckbarkeit versehenen, beglaubigten Abschrift der Urteilsformel.

Den Amtsanwälten steht die Strafvollstreckung nicht zu.

Für die zur Zuständigkeit der Schöffengerichte gehörigen Sachen kann durch Anordnung der Landesjustizverwaltung die Strafvollstreckung den Amtsrichtern übertragen werden.

**§ 484.** In Sachen, in denen das Reichsgericht in erster Instanz erkannt hat, steht das Begnadigungsrecht dem Kaiser zu.

**§ 485.** Todesurteile bedürfen zu ihrer Vollstreckung keiner Bestätigung. Die Vollstreckung ist jedoch erst zulässig, wenn die Entschließung des Staatsoberhauptes und in Sachen, in denen das Reichsgericht in erster Instanz erkannt hat, die Entschließung des Kaisers ergangen ist, von dem Begnadigungsrechte keinen Gebrauch machen zu wollen.

An schwangeren oder geisteskranken Personen darf ein Todesurteil nicht vollstreckt werden.

**§ 486.** Die Vollstreckung der Todesstrafe[57]) erfolgt in einem umschlossenen Raume.

Bei der Vollstreckung müssen zwei Mitglieder des Gerichts erster Instanz, ein Beamter der Staatsanwaltschaft ein Gerichtsschreiber und ein Gefängnisbeamter zugegen sein. Der Gemeindevorstand des Orts, wo die Hinrichtung stattfindet, ist aufzufordern, zwölf Personen aus den Ver-

---

56) Die gegen einen in Strafhaft befindlichen Angekl. wegen eines anderen Delikts verhängte Untersuchungshaft unterbricht die Strafhaft, wenn nicht die Strafvollstreckungsbehörde mit der Fortsetzung des Strafvollzuges im Untersuchungsgefängnis einverstanden ist. U 6/11 80, R 2, 456. Wegen der Anrechnung eines schon verbüßten Teils einer früher erkannten Freiheitsstrafe auf eine später zu erkennende Gesamtfreiheitsstrafe vgl. U 17/5 83, E 5, 585.

56a) Die Strafvollstreckung umfaßt im allgemeinen auch die Pflicht zur Kontrolle des richtigen Vollzuges der erkannten Strafe. U 1/6 97, E 30, 135. — Auch die Vollstreckung der Strafe des Verweises erfolgt, mit Ausnahme der im Abs. 3 vorgesehenen Fälle, durch die Staatsanwaltschaft. U 26/1 93, E 23, 403.

57) Vgl. § 13 StGB: „Die Todesstrafe ist durch Enthauptung zu vollstrecken."

tretern oder aus anderen achtbaren Mitgliedern der Gemeinde abzuordnen, um der Hinrichtung beizuwohnen.

Außerdem ist einem Geistlichen von dem Religionsbekenntnisse des Verurteilten und dem Verteidiger und nach dem Ermessen des die Vollstreckung leitenden Beamten auch anderen Personen der Zutritt zu gestatten.

Über den Hergang ist ein Protokoll aufzunehmen, welches von dem Beamten der Staatsanwaltschaft und dem Gerichtsschreiber zu unterzeichnen ist.

Der Leichnam des Hingerichteten ist den Angehörigen desselben auf ihr Verlangen zur einfachen, ohne Feierlichkeiten vorzunehmenden Beerdigung zu verabfolgen.

§ **487.** Die Vollstreckung einer Freiheitsstrafe ist aufzuschieben, wenn der Verurteilte in Geisteskrankheit verfällt.

Dasselbe gilt bei anderen Krankheiten, wenn von der Vollstreckung eine nahe Lebensgefahr für den Verurteilten zu besorgen steht.

Die Strafvollstreckung kann auch dann aufgeschoben werden, wenn sich der Verurteilte in einem körperlichen Zustande befindet, bei welchem eine sofortige Vollstreckung mit der Einrichtung der Strafanstalt unverträglich ist.

§ **488.** Auf Antrag des Verurteilten kann die Vollstreckung aufgeschoben werden, sofern durch die sofortige Vollstreckung dem Verurteilten oder der Familie desselben erhebliche, außerhalb des Strafzwecks liegende Nachteile erwachsen.

Der Strafaufschub darf den Zeitraum von vier Monaten nicht übersteigen.

Die Bewilligung desselben kann an eine Sicherheitsleistung oder andere Bedingungen geknüpft werden.

§ **489.** Die Staatsanwaltschaft ist befugt, behufs Vollstreckung einer Freiheitsstrafe einen Vorführungs- oder Haftbefehl[58]) zu erlassen, wenn der Verurteilte auf die an ihn ergangene Ladung zum Antritt der Strafe sich nicht gestellt hat oder der Flucht verdächtig ist.

58) Die Vorzeigung des Haftbefehls bei der Verhaftung ist nicht erforderlich. II 4/6 86, R 8, 425.

Auch kann von der Staatsanwaltschaft zu demselben Zwecke ein Steckbrief erlassen werden, wenn der Verurteilte flüchtig ist oder sich verborgen hält.

Diese Befugnisse stehen im Falle des § 483 Abs. 3 auch dem Amtsrichter zu.

§ **490.** Wenn über die Auslegung eines Strafurteils oder über die Berechnung der erkannten Strafe Zweifel entstehen, oder wenn Einwendungen gegen die Zulässigkeit der Strafvollstreckung erhoben werden,[59]) so ist die Entscheidung des Gerichts herbeizuführen.

Dasselbe gilt, wenn nach Maßgabe des § 487 Einwendungen gegen die Ablehnung eines Antrags auf Aufschub der Strafvollstreckung erhoben werden.

Der Fortgang der Vollstreckung wird hierdurch nicht gehemmt; das Gericht kann jedoch einen Aufschub oder eine Unterbrechung der Vollstreckung anordnen.

§ **491.** Kann eine verhängte Geldstrafe nicht beigetrieben werden und ist die Festsetzung der für diesen Fall eintretenden Freiheitsstrafe unterlassen worden, so ist die Geldstrafe nachträglich von dem Gericht in die entsprechende Freiheitsstrafe umzuwandeln.

§ **492.** Ist jemand durch verschiedene rechtskräftige Urteile zu Strafen verurteilt worden, und sind dabei die Vorschriften über die Zuerkennung einer Gesamtstrafe (§ 79 des Strafgesetzbuchs) außer Betracht geblieben, so sind die erkannten Strafen durch eine nachträgliche gerichtliche Entscheidung auf eine Gesamtstrafe zurückzuführen.[60])

---

59) Vgl. z. B. §§ 485 Abs. 2, 487 Abs. 1.

60) Das Verfahren nach § 492 ist unabhängig von etwaigen Anträgen des Verurteilten von Amts wegen einzuleiten. U 6/7 81, E 5, 1. Hierbei ist zu beachten, daß der § 492 keine Ermächtigung für das Gericht enthält, beim Vorliegen verschiedener rechtskräftiger Urteile den § 79 StGB außer Betracht und Anwendung zu lassen. Wenn also die tatsächliche und rechtliche Möglichkeit für das Gericht gegeben ist, auf eine Gesamtstrafe zu erkennen, so muß eine solche sofort verhängt werden, und darf die Bildung derselben nicht einer nachträglichen Entscheidung überlassen werden. Vgl. U 22/6 80, E 2, 198. U 20/2 83, E 8, 62. U 27/7 83, R 5, 522. U 2/5. Jan. 86, R 8, 3. U 1/11 86, E 15, 29. Dagegen kann das Gericht in den Fällen des § 79 StGB die Ent-

**§ 493.** Ist der Verurteilte nach Beginn der Strafvollstreckung wegen Krankheit in eine von der Strafanstalt getrennte Krankenanstalt gebracht worden, so ist die Dauer des Aufenthalts in der Krankenanstalt in die Strafzeit einzurechnen, wenn nicht der Verurteilte mit der Absicht, die Strafvollstreckung zu unterbrechen, die Krankheit herbeigeführt hat.

Die Staatsanwaltschaft hat im letzteren Falle eine Entscheidung des Gerichts herbeizuführen.

**§ 494.** Die bei der Strafvollstreckung notwendig werdenden gerichtlichen Entscheidungen (§§ 490—493) werden von dem Gericht erster Instanz[61]) ohne mündliche Verhandlung erlassen.

Vor der Entscheidung ist der Staatsanwaltschaft und dem Verurteilten Gelegenheit zu geben, Anträge zu stellen und zu begründen.

Kommt es auf die Festsetzung einer Gesamtstrafe an (§ 492), und waren die verschiedenen hierdurch abzuändernden Urteile von verschiedenen Gerichten erlassen, so steht die Entscheidung demjenigen Gerichte zu, welches die schwerste Strafart oder bei Strafen gleicher Art die höchste Strafe erkannt hat,[61a]) falls hiernach aber mehrere Gerichte zuständig

---

scheidung über Bildung der Gesamtstrafe einem nach § 492 einzuleitenden Verfahren vorbehalten, wenn ein gegen den Angekl. ergangenes Strafurteil noch nicht rechtskräftig geworden ist. U 6/7 81, E 5, 1. U 4/10 81, R 3, 592. U 14/3 87, R 9, 177. Es ist jedoch auch statthaft, mit Bezug auf das noch nicht rechtskräftige Urteil eine Gesamtstrafe auszusprechen und hierbei den Tenor des Urteils so zu fassen, daß er auch für den Fall der Abänderung des früheren Urteils Bestimmung trifft. U 31/1 82, R 4, 102. Ist die früher erkannte Strafe in der Verbüßung begriffen, so ist zu erkennen, daß die früher auferlegte Strafe für in Wegfall tretend erklärt und bei Festsetzung der Gesamtstrafe zugleich ausgesprochen wird, daß auf diese letztere die zur Zeit der eintretenden Rechtskraft des Urteils auf Grund des ersten Urteils bereits verbüßte und eventuell umzuwandelnde Strafe in Abrechnung zu bringen sei. U 2/5. Jan. 86, R 8, 3.

Wegen der Zuständigkeit des Gerichts s. § 494 Abs. 3.

61) Als Gericht erster Instanz gilt hier der Amtsrichter (§ 30 Abs. 2 GVG), die Strafkammer in der Besetzung mit drei Richtern, und zwar auch dann, wenn das Schwurgericht erkannt hat (§§ 77, 82 GVG), und der erste Strafsenat des Reichsgerichts (§ 138 GVG).

sein würden, demjenigen, dessen Urteil zuletzt ergangen ist. War das hiernach maßgebende Urteil von einem Gerichte höherer Instanz erlassen, so setzt das Gericht erster Instanz, und war eines der Strafurteile von dem Reichsgericht in erster Instanz erlassen, das Reichsgericht die Gesamtstrafe fest.

Gegen diese Entscheidungen findet, insofern sie nicht von dem Reichsgericht erlassen sind, sofortige Beschwerde statt.[61b])

§ **495.** Die Vollstreckung der über eine Vermögensstrafe oder eine Buße ergangenen Entscheidung erfolgt nach den Vorschriften über die Vollstreckung der Urteile der Zivilgerichte.[62])

## 2. Abschnitt. Kosten des Verfahrens.

§ **496.** Jedes Urteil, jeder Strafbefehl und jede eine Untersuchung einstellende Entscheidung muß darüber Bestimmung treffen, von wem die Kosten des Verfahrens zu tragen sind.[63])

---

61a) Wenn von verschiedenen Gerichten jedes für sich auf eine Gesamtstrafe erkannt hat, so richtet sich bei Strafen gleicher Art die Zuständigkeit des Gerichts, von welchem die Entscheidung zu erlassen ist, nicht nach der höchsten Gesamtstrafe, sondern nach der erkannten höchsten Einzelstrafe. Beschl 21/12 99, E 33, 23.

61b) Mit der sofortigen Beschwerde sind nur solche Entscheidungen anzufechten, welche materiell einen Ausspruch über die Festsetzung der Gesamtstrafe enthalten. Beschlüsse des Landgerichts, durch welche dasselbe sich für unzuständig erklärt, nach Maßgabe der §§ 492, 494 eine Gesamtstrafe festzusetzen, unterliegen dem an eine Frist nicht gebundenen Rechtsmittel der einfachen Beschwerde. Beschl 19/6 99, E 32, 234.

62) Nach § 495 gelten bei der Vollstreckung von Vermögensstrafen und Bußen sämtliche Bestimmungen der ZPO über die Zwangsvollstr., insbes. also auch die Vorschriften der letzteren über das Verfahren, welches der mit der Vollstreckung betraute Gerichtsvollzieher einzuhalten hat. Der bloße schriftliche Auftrag der StA an den Gerichtsvollzieher kann die Stelle einer vollstreckb. Ausfertigung des Urteils (§§ 724, 755 ZPO) nicht vertreten. U 20/3 80, E 1, 233. U 7/1 99, E 31, 421.

63) Vgl. hierzu insbesondere wegen der Höhe und der Berechnung der Kosten, wegen der Auslagen und wegen des Kostenvorschusses und der Kostenzahlung die Bestimmungen des Gerichtskostengesetzes vom 18. Juni 1878 (Anhang I). — Wegen der Kosten des Strafverfahrens, wenn es sich lediglich um die Einziehung gemißbrauchter Einmaischungsgeräte handelt, s. U 10/2 88, E 17, 114.

Wenn über die Höhe der Kosten oder über die Notwendigkeit der unter ihnen begriffenen Auslagen Streit entsteht, so erfolgt hierüber besondere Entscheidung.[64][65])

§ **497.** Die Kosten, mit Einschluß der durch die Vorbereitung der öffentlichen Klage und die Strafvollstreckung entstandenen, hat der Angeklagte[66]) zu tragen, wenn er zu Strafe verurteilt wird.[67])

Stirbt ein Verurteilter vor eingetretener Rechtskraft des Urteils, so haftet sein Nachlaß nicht für die Kosten.[68])

---

64) Gegen die den Kostenpunkt betreffende Entscheidung sind dieselben Rechtsmittel wie gegen die Entscheidung in der Sache selbst zulässig. Für die Frage, welches Rechtsmittel (Berufung, Revision oder Beschwerde) einzulegen sei, ist nicht der Inhalt, sondern die Form der Entscheidung maßgebend. U 14/4 82, R 4, 322. U 27/4 82, E 6, 237. Beschl 5/1 86, R 8, 11. Gegen Beschlüsse der Oberlandesgerichte findet, auch wenn sie nur in betreff der Kostenfrage ergehen, dem § 346 Abs. 3 entsprechend, keine Beschwerde statt. Beschl 10/8 83, R 5, 527.

65) Über das Verhältnis der §§ 496 Abs. 2 und 499 Abs. 2 zueinander s. U 7/1 84, E 10, 33.

66) Angeklagter ist nur der Angeschuldigte, gegen welchen die Eröffnung des Hauptverfahrens beschlossen ist; auf die Einziehungsinteressenten findet § 497 keine Anwendung. U 29/10 85, E 13, 19. Die Kosten des Einziehungsverfahrens erster Instanz sind deshalb in allen Fällen der Staatskasse aufzuerlegen. Eine gesetzliche Bestimmung über die Verpflichtung der Einziehungsinteressenten zur Kostentragung enthält nur § 505, falls nämlich von denselben ein Rechtsmittel eingelegt ist. U 15/5 85, R 7, 297. U 10/2 88, E 17, 114. U 15/2 92, E 22, 351.

67) Zu den Kosten i. S. § 497 gehören auch diejenigen der Voruntersuchung, selbst wenn die letztere auf Grund eines anderen strafrechtlichen Gesichtspunktes als des in dem Eröffnungsbeschluß angenommenen geführt ist. U 1/11 88, R 10, 609. Vgl. U 24/3 92, E 22, 426. U 25/9 93, G 41, 284. Auch die Kosten einer etwaigen Revisionsinstanz muß der verurteilte Angekl. tragen, Beschl 27/3 88, R 10, 271; desgl. die Kosten, welche durch eine Vertagung der Hauptverhandlung veranlaßt sind, sobald sie nicht vom Gericht derjenigen Person zur Last gelegt sind, deren Schuld die Vertagung notwendig gemacht hat, U 5/6 96, G 44, 148; wie denn überhaupt diejenigen Kosten, welche durch ein Verschulden von Zeugen, Sachverständigen oder eines Verteidigers entstanden sind (§§ 50, 69, 77, 145), dem Angekl. nicht zur Last zu legen sind. Dagegen muß der Angekl. die Kosten tragen, welche, abgesehen von diesen durch besondere Bestimmungen der StPO getroffenen Fällen, durch eine Verschuldung dritter Personen oder durch unrichtige Behandlung der Sache erwachsen sind. U

§ 498. Wenn ein Angeklagter in einer Untersuchung, welche mehrere strafbare Handlungen umfaßt,[69]) nur in Ansehung eines Teils derselben verurteilt wird, durch die Verhandlung der übrigen Straffälle aber besondere Kosten[70]) entstanden sind, so ist er von deren Tragung zu entbinden.[70a])

---

5/4 06, DJZ 11, 968. Die Bestimmung des § 102 ZPO über die Verurteilung der Gerichtsschreiber, gesetzl. Vertreter, Rechtsanwälte und anderen Bevollmächtigten sowie der Gerichtsvollzieher zur Tragung derjenigen Kosten, welche sie durch grobes Verschulden veranlaßt haben, findet auf das Strafverfahren keine Anwendung; dem Angekl. bleibt es überlassen, den etwa begründeten Regreß an jene Personen auf Erstattung der betr. Kosten zu nehmen. U 24/3 80, E 1, 334. U 1/12 85, R 7, 710.

68) Desgleichen ist in solchem Fall ein Rechtsmittel seitens der Erben wegen des Kostenpunktes unzulässig. U 10/3 85, R 7, 163.

69) Der § 498 Abs. 1 umfaßt sowohl den Fall, wenn ein Angekl., dem mehrere realiter konkurrierende Straftaten zur Last gelegt sind, nur in Ansehung eines Teiles derselben verurteilt wird, als auch den weiteren Fall, wenn eine gegen mehrere Personen geführte Untersuchung mehrere Straftaten zum Gegenstande hat, die Verurteilung aber nicht gegen alle wegen aller Fälle, sondern gegen die einen nur wegen dieser, gegen die anderen nur wegen jener erfolgt. U 15/10 96, E 29, 106. Einem Mitangeklagten dürfen also die besonderen Kosten, die in verbundenen Strafsachen durch die Verhandlung von solchen Straftaten entstanden sind, bei denen nicht er selbst, sondern lediglich andere Angekl. beteiligt sind, nicht zur Last gelegt werden. U 21/10 97, E 30, 287. Im übrigen betrifft § 498 Abs. 1 nur die Fälle realer Konkurrenz; wenn es sich um die Verletzung mehrerer Strafgesetze durch eine und dieselbe strafbare Handlung, also um eine ideale Konkurrenz handelt, so findet, wenn die Verurteilung nur aus einem jener Strafgesetze erfolgt, die Vorschrift des § 498 Abs. 1 keine Anwendung. U 10/3 85, E 12, 87. U 13/10 83, R 5, 604. U 26/11 86, E 15, 105. U 19/2 00, E 33, 142; G 47, 161 (Anwendbarkeit des § 498 Abs. 1, wenn bei Verneinung der Gewerbs- und Gewohnheitsmäßigkeit und Annahme realer Konkurrenz einzelne Fälle des Wuchers nicht erwiesen werden). Wegen der Anwendbarkeit des § 498 Abs. 1 bei fortgesetzten Vergehen s. U 6/4 07, DR 11, 588.

70) Unter den „besonderen Kosten" sind nur die nicht zu den Gebühren zu rechnenden Auslagen zu verstehen. U 6/5 92, G 40, 56. U 9/11 96, E 29, 146. Das Gesetz unterscheidet nicht, ob diese besonderen Kosten durch Beweismittel entstanden sind, welche der Angekl. vorgeschlagen hatte und welche für die Sache Erhebliches ergaben, oder ob die vorgeführten Belastungszeugen zugleich als Entlastungszeugen dienten oder nicht. Es kommt nur darauf an, ob die Kosten „besondere", d. h. solche sind, welche ihrem Entstehungsgrunde nach als aus-

Mitangeklagte, welche in bezug auf dieselbe Tat[71]) zu Strafe verurteilt sind,[72]) haften für die Auslagen als Gesamtschuldner.[73]) Dies gilt nicht von den durch die Strafvollstreckung oder die Untersuchungshaft entstandenen Kosten.

§ **499.** Einem freigesprochenen[74]) oder außer Verfolgung gesetzten Angeschuldigten[75]) sind nur solche Kosten aufzuerlegen, welche er durch eine schuldbare Versäumnis verursacht hat.[76])

---

schließlich zu den Kosten der betreffenden Straffälle gehörig erkennbar sind. U 8/2 81, E 3, 343.

70a) Es dürfen dem Angekl. also in diesem Falle — vorbehaltlich der Bestimmung im § 499 Abs. 1 — die durch die Verhandlung der übrigen Straffälle entstandenen besonderen Kosten überhaupt nicht, auch nicht zu einem Bruchteile auferlegt werden. U 22/1 00, E 33, 83.

71) Über den Begriff „dieselbe Tat" i. S. § 498 s. im allg. U 18/11 90, E 21, 164. Die wegen Begünstigung oder Hehlerei gemeinschaftlich mit dem Täter verurteilten Personen sind i. S. § 498 Abs. 2 als Mitangeklagte anzusehen, welche „in bezug auf dieselbe Tat" zu Strafe verurteilt wurden. U 28/5 85, E 12, 226. U 29/10 85, R 7, 624. Dasselbe gilt von den wegen aktiver und passiver Bestechung (§§ 332 und 333 StGB) verurteilten Personen. U 23/9 87, R 9, 457. Desgl. für die Fälle der Schlägerei i. S. § 227 StGB. Alle Beteiligten wirken hier bei „derselben Tat" mit. U 18/11 90, E 21, 164. Anders: bei „wechselseitigen Körperverletzungen". U 10/2 83, E 17, 116. U 18/11 90, E 21, 164. Mehrere in bezug auf dieselbe öffentliche Beleidigung Verurteilte haften für die Kosten der öffentl. Bekanntmachung als Gesamtschuldner. U 4/10 04, E 37, 267. Mehrere als Mittäter wegen einer fortgesetzten Handlung verurteilte Angekl. haften nach § 498 Abs. 2 gemeinsam für die Kosten, auch wenn ein Angekl. bei Einzelhandlungen nicht beteiligt war. U 31/5 06, DJZ 11, 1208.

72) Bei Mitangeklagten, welche nicht in bezug auf dieselbe Tat verurteilt sind, ist wegen der Auslagen des Verfahrens aus § 497 zu erkennen. U 18/11 90, E 21, 164.

73) Die Gesamtverbindlichkeit von Mitangeklagten zum Tragen von Auslagen braucht im Urteil nicht besonders ausgesprochen zu werden; dieselbe folgt aus der Verurteilung der mehreren Mitangeklagten in die Kosten von selbst. U 2/2 80, E 1, 93.

74) Unter dem „freigesprochenen Angeschuldigten" ist i. S. § 499 jeder Angesch. zu verstehen, der, ohne zu Strafe verurteilt zu sein, aus der Verhandlung hervorgeht (Einstellung des Verfahrens). U 10/12 89, E 20, 118.

75) Die Einziehungsinteressenten gehören nicht zu den im § 499 bezeichneten Angeschuldigten. U 15/2 92, E 22, 351.

76) In welchen Beziehungen eine die Kostentragungspflicht be-

Die dem Angeschuldigten erwachsenen notwendigen Auslagen können der Staatskasse auferlegt werden.[77])

§ **500.** Bei wechselseitigen Beleidigungen oder Körperverletzungen[78]) wird die Verurteilung eines oder beider Teile in die Kosten dadurch nicht ausgeschlossen, daß einer derselben oder beide für straffrei erklärt werden.[79])

---

gründende schuldbare Versäumnis des Angekl. vorliege, hat das Gericht im Urteil zu bezeichnen. U 7/1 84, E 10, 33.

77) Die Vorschrift des § 499 Abs. 2 ist nur fakultativ. Für ihre Anwendung sind lediglich Billigkeitserwägungen maßgebend. U 1/3 04, G 51, 193. U 6/11 05, G 53, 70. Vgl. U 16/6 96, G 44, 157. Auch die Frage, welche Auslagen als notwendige zu erachten sind, unterliegt deshalb lediglich dem Ermessen des Gerichts. Als notwendige Auslagen können insbesondere angesehen werden: die von dem Angekl. gezahlten Zeugengebühren, U 29/1 84, R 6, 57. U 28/9 87, R 9, 476; die Kosten der Verteidigung, auch wenn eine solche nach § 140 nicht notwendig war. U 29/6 82, E 6, 429. Vgl. U 29/11 83, R 5, 743 (Ermessen des Gerichts auch hinsichtlich der Kosten der notwendigen Verteidigung). Wenn das Gericht von der Ermächtigung des § 499 Abs. 2 Gebrauch macht, so braucht es sich in dem Urteil nicht auf den allgemeinen Ausspruch, „daß die erwachsenen notwendigen Auslagen der Staatskasse aufzuerlegen seien", zu beschränken, sondern es kann auch bereits im Urteil aus den erwachsenen Auslagen einzelne Kategorien derselben ausscheiden und auf diese die Erstattungspflicht der Staatskasse begrenzen. U 7/1 84, E 10, 33 (s. daselbst auch über die Erstattung der Kosten, welche durch die Wahl mehrerer Verteidiger von seiten der mehreren Angekl. entstanden sind). Wird der Antrag des freigesprochenen Angekl., die ihm erwachsenen notwendigen Auslagen der Staatskasse aufzuerlegen, im Urteil ablehnend beschieden, so ist eine weitere Begründung nicht erforderlich. U 6/11 05, G 53, 70. Die über die Erstattungspflicht der Staatskasse nach § 499 Abs. 2 ergehenden Entscheidungen sind der Nachprüfung des Revisionsgerichts entzogen. U 10/7 84, R 6, 533. U 25/11 84, R 6, 760. U 9/10 93, G 41, 383. Vgl. auch U 12/6 11, E 45, 62.

78) Wegen des Begriffes der wechselseitigen Beleidigungen und Körperverletzungen s. U 4/6 80, E 2, 87.

79) Die Vorschrift des § 500 soll nur der Annahme vorbeugen, daß der Grundsatz des § 499 auch in den Fällen der §§ 199 und 233 StGB Platz greifen müsse. In einem Strafverfahren wegen wechselseitiger Körperverletzungen i. S. § 223a StGB, welche nicht kompensabel sind, können daher jeden Angekl. nur die Kosten des gegen ihn selbst gerichteten Verfahrens im Falle der Verurteilung auferlegt werden. U 6/5 02, DR 6, 329. Im übrigen kann auch im Falle des § 500 die Verurteilung zur Tragung der Kosten nur einem Angeklagten gegenüber ausgesprochen werden. U 19/3 86, R 8, 211. Das Rechtsmittel

§ **501.** Ist ein, wenn auch nur außergerichtliches Verfahren[80]) durch eine wider besseres Wissen gemachte oder auf grober Fahrlässigkeit beruhende Anzeige veranlaßt worden, so kann das Gericht dem Anzeigenden, nachdem derselbe gehört worden, die der Staatskasse und dem Beschuldigten erwachsenen Kosten auferlegen.

War noch kein Gericht mit der Sache befaßt, so erfolgt die Entscheidung auf den Antrag der Staatsanwaltschaft durch dasjenige Gericht, welches für die Eröffnung des Hauptverfahrens zuständig gewesen wäre.

Gegen die Entscheidung findet sofortige Beschwerde statt.[81])

§ **502.** Erfolgt eine Einstellung des Verfahrens wegen Zurücknahme desjenigen Antrags, durch welchen dasselbe bedingt war,[82]) so hat[83]) der Antragsteller die Kosten zu tragen.[84])

---

gegen die gemäß § 500 erfolgende Verurteilung ist nicht, wie im § 501, die Beschwerde, sondern, je nach der Form der ergangenen Entscheidung, die Berufung oder die Revision, und zwar auch dann, wenn unzulässigerweise ein anderer als der Angekl. in die Kosten verurteilt ist. Beschl 5/1 86, E 13, 211.

80) Vgl. §§ 158—164.

81) Gegen die Entscheidung findet auch dann nur die sofortige Beschwerde (§ 353) statt, wenn sie äußerlich mit dem über die erhobene Anklage gefällten Urteil verbunden ist. U 2/11 82, E 7, 233.

82) Bedingung für Einleitung und Fortführung eines Strafverfahrens ist der Strafantrag nur dann, wenn eine nur auf Antrag verfolgbare Straftat, und nur eine solche, Gegenstand des Strafverfahrens ist. Die Bestimmung des § 502 findet deshalb keine Anwendung, wenn das Verfahren nicht nur wegen des Antragsdelikts, betreffs dessen der Antrag zurückgenommen wurde, sondern auch wegen eines ideell konkurrierenden Offizialdelikts, wegen dessen freigesprochen wurde, eröffnet war. U 22/10 83, R 5, 623. U 10/11 90, E 38, 438. Vgl. U 11/6 06, DR 10, 870 (Zurücknahme des Antrags wegen Genußmittelentwendung in einem Falle, wo wegen Diebstahls Anklage erhoben war). Im übrigen ist § 502 auch anwendbar, wenn das Verfahren durch den Strafantrag des amtlichen Vorgesetzten nach § 196 StGB veranlaßt war. Die Kosten sind in diesem Falle der von ihm vertretenen öffentl.-rechtl. juristischen Person aufzuerlegen. U 10/5 00, E 47, 295.

83) Die Vorschrift des § 502 ist eine absolute, das Gericht darf nicht wegen besonderer Umstände, insbesondere wegen eines etwa unter den Beteiligten getroffenen anderweiten Abkommens über den Kostenpunkt von derselben absehen. U 4/7 92, E 23, 197. Vgl. jedoch U 4/1 83, E 7, 409 (Prüfung, inwieweit die Kosten durch den Antrag veranlaßt sind).

84) Gegen die nach § 502 ergehende Entscheidung stehen den Be-

**§ 503.** In einem Verfahren auf erhobene Privatklage hat der Verurteilte auch die dem Privatkläger[85]) erwachsenen notwendigen Auslagen zu erstatten.[86])

Wird der Beschuldigte außer Verfolgung gesetzt oder freigesprochen, oder wird das Verfahren eingestellt, so fallen dem Privatkläger[87]) die Kosten des Verfahrens sowie die dem Beschuldigten erwachsenen notwendigen Auslagen zur Last.

Ist den Anträgen des Privatklägers nur zum Teil entsprochen worden, so kann das Gericht die Kosten angemessen verteilen.

---

teiligten die je nach der Form der letzteren zulässigen Rechtsmittel zu; insbes. also dem in die Kosten verurteilten Antragsteller selbst, U 22/10 83, R 5, 623, und der Staatsanwaltschaft, wenn eine ungerechtfertigte Verurteilung der Staatskasse in die Kosten erfolgt ist. U 20/3 84, E 10, 210. U 14/4 82, R 4, 322. Desgl. kann die StA zugunsten des Antragstellers ein Rechtsmittel einlegen. U 4/1 83, E 7, 409.

85) Auch die dem Nebenkläger erwachsenen notwendigen Auslagen (§ 503 Abs. 1 u. 5. U 17/3 04, DR 8, 229) muß der Verurteilte erstatten, selbst wenn ein von dem ersteren erhobener Anspruch auf Buße zurückgewiesen wird. U 27/4 82, E 6, 237. U 2/10 83, R 5, 572. U 3/5 98, G 46, 317. Voraussetzung der Erstattungspflicht ist aber, daß der Nebenkläger nicht zu Unrecht (§§ 435, 437) zugelassen ist, U 15/1 04, G 51, 179, u. daß Verurteilung wegen einer gegen den Nebenkläger als Verletzten gerichteten Tat erfolgt ist. U 13/3 08, E 41, 168. Im übrigen greift § 503 in dem auf öffentliche Klage eingeleiteten Verfahren nicht Platz. Insoweit ein solches Verfahren zur Verurteilung führt, hat der Verurteilte gemäß § 497 die Kosten zu tragen, und zwar auch dann, wenn in dem auf öffentl. Klage eingeleiteten Verfahren jemand als Nebenkläger zugelassen wird. U 1/7 98, E 31, 230. Im Fall der Freisprechung treffen die Kosten die Staatskasse, auch wenn das Hauptverfahren erst auf Beschwerde des Nebenklägers eröffnet war. U 2/12 07, E 40, 409.

86) Die Verurteilung des Angeklagten in die Kosten des Verfahrens begründet zugleich die im § 503 gedachte Erstattungspflicht des Verurteilten, ohne daß das Gericht verpflichtet ist, über die letztere noch eine besondere Entscheidung zu treffen; es sei denn, daß das Gericht, weil nur teilweise den Anträgen des Privatklägers oder Nebenklägers entsprochen ist, die Kosten teilen will, oder etwa aus sonstigen Gründen eine Abweichung von der Regel für gerechtfertigt erachtet. U 26/2 84, E 10, 114. U 28/2 11, E 44, 333 (§ 199 StGB).

87) Der Nebenkläger hat im Falle des § 503 Abs. 2 keine Kosten zu tragen. Nur wenn er selbständig ein Rechtsmittel ergreift, das sich als erfolglos erweist, muß auch er dem Angekl. die demselben durch das Rechtsmittel erwachsenen Auslagen erstatten. U 11/3 84, R 6, 197.

Mehrere Privatkläger und mehrere Angeklagte haften als Gesamtschuldner.[88])

Unter den nach den Bestimmungen dieses Paragraphen zu erstattenden Auslagen sind, wenn sich der Gegner der erstattungspflichtigen Partei eines Rechtsanwalts bedient, die Gebühren und Auslagen des Anwalts insoweit inbegriffen, als solche nach der Bestimmung des § 91 der Zivilprozeßordnung[89]) die unterliegende Partei der obsiegenden zu erstatten hat.

§ **504.**[90]) Wird in dem Falle des § 173 der Angeschuldigte außer Verfolgung gesetzt oder freigesprochen, oder das Verfahren eingestellt, so finden auf den Antragsteller die Bestimmungen des § 503 Abs. 2, 3, 4, 5 entsprechende Anwendung. Das Gericht kann jedoch nach Befinden der Umstände den Antragsteller von der Tragung der Kosten ganz oder teilweise entbinden.

Vor der Entscheidung über den Kostenpunkt ist der Antragsteller zu hören, sofern er nicht als Nebenkläger aufzutreten berechtigt war.

§ **505.**[91]) Die Kosten[92]) eines zurückgenommenen oder

---

88) Wegen der Gesamtverbindlichkeit s. A. 73 zu § 498 Abs. 2.

89) Die Bestimmung des § 91 ZPO (Fassung des Ges v. 1/6 09 — RGBl S. 475) lautet:

„Die unterliegende Partei hat die Kosten des Rechtsstreits zu tragen, insbesondere die dem Gegner erwachsenen Kosten zu erstatten, soweit dieselben zur zweckentsprechenden Rechtsverfolgung oder Rechtsverteidigung notwendig waren. Die Kostenerstattung umfaßt auch die Entschädigung des Gegners für die durch notwendige Reisen oder durch die notwendige Wahrnehmung von Terminen entstandene Zeitversäumnis; die für die Entschädigung von Zeugen geltenden Vorschriften finden entsprechende Anwendung.

Die Gebühren und Auslagen des Rechtsanwalts der obsiegenden Partei sind in allen Prozessen zu erstatten, Reisekosten eines auswärtigen Rechtsanwalts jedoch nur insoweit, als die Zuziehung zur zweckentsprechenden Rechtsverfolgung oder Rechtsverteidigung notwendig war. Die Kosten mehrerer Rechtsanwälte sind nur insoweit zu erstatten, als sie die Kosten eines Rechtsanwalts nicht übersteigen, oder als in der Person des Rechtsanwalts ein Wechsel eintreten mußte."

90) Vgl. den Spezialfall im U 1/10 94, E 26, 129.

91) Vgl. §§ 65 ff. Gerichtskostenges (Anhang I).

92) Zu den Kosten gehören auch die dem Angekl. erwachsenen notwendigen Auslagen, obwohl dieselben hier nicht ausdrücklich

erfolglos eingelegten Rechtsmittels[93]) treffen denjenigen, der dasselbe eingelegt hat.[93a]) War das Rechtsmittel von der Staatsanwaltschaft eingelegt, so können die dem Beschuldigten erwachsenen notwendigen Auslagen der Staatskasse auferlegt werden. Hatte das Rechtsmittel teilweisen Erfolg, so kann[94]) das Gericht die Kosten angemessen verteilen.

Dasselbe gilt von den Kosten, welche durch einen Antrag auf Wiederaufnahme des durch ein rechtskräftiges Urteil geschlossenen Verfahrens verursacht worden sind.[95])

Die Kosten der Wiedereinsetzung in den vorigen Stand fallen dem Antragsteller zur Last, soweit sie nicht durch einen unbegründeten Widerspruch des Gegners entstanden sind.

§ **506.** In den zur Zuständigkeit des Reichsgerichts in erster Instanz gehörigen Sachen[96]) sind die von der Staatskasse zu tragenden Kosten der Reichskasse aufzuerlegen.

---

erwähnt sind. Dies gilt insbes. auch für das Privatklageverfahren. Der Privatkläger, welcher ein Rechtsmittel erfolglos eingelegt hat, muß also die dem Angekl. dadurch entstandenen notwendigen Auslagen erstatten. Dasselbe gilt nach § 437 Abs. 1 auch für den Nebenkläger. U 11/3 84, R 6, 197. Im übrigen bezieht sich § 505 Abs. 1 nur auf die Kosten des Rechtsmittels und nicht etwa auf die sämtlichen Kosten des Verfahrens seit Einlegung der Revision, also einschließlich der Kosten erster Instanz nach Zurückverweisung der Sache an diese. U 1/6 97, E 30, 128.

93) Ein Rechtsmittel ist erfolglos eingelegt, wenn eine für den Beschwerdeführer in der Sache selbst ergangene günstigere Entscheidung nicht erreicht ist. Die bloße Aufhebung des angefochtenen Urteils auf die Revision, sei es des Angekl. oder der StA, ist kein Erfolg i. S. § 505. U 15/1 89, E 18, 347. Wenn das von der StA lediglich zugunsten des Angeklagten eingelegte Rechtsmittel Erfolg hat, sind die Kosten des Rechtsmittels lediglich der Staatskasse aufzuerlegen. U 18/2 98, E 31, 21. Desgl. wenn auf Rechtsmittel des Nebenklägers Änderung des Urteils zugunsten des Angekl. erfolgt. U 5/6 08, E 41, 349.

93a) Die Kosten eines Rechtsmittels, welches ein Rechtsanwalt für den Angekl. ohne Vollmacht hierzu eingelegt hat, sind dem Rechtsanwalt aufzuerlegen. U 28/9 06, DR 10, 1277.

94) Ob und in welcher Weise die Kostenverteilung angezeigt ist, unterliegt dem richterlichen Ermessen, welches mit der Revision nicht anzufechten ist. U 13/3 84, E 10, 237. U 15/1 89, E 18, 347.

95) Wegen der Bestimmung der Kostenpflicht in diesem Falle s. U 6/12 89, E 20, 115.

96) Vgl. § 136 Nr. 1 GVG.

III.

# Einf.Ges. zum Gerichtsverfassungsgesetze.

Vom 27. Januar 1877.

(RGBl. S. 77).

In der Fassung des Gesetzes betr. Änderungen des GVG u. der StPO vom 17. Mai 1898 (RGBl S. 252).

---

§ 1. Das Gerichtsverfassungsgesetz tritt im ganzen Umfange des Reichs an einem durch Kaiserliche Verordnung mit Zustimmung des Bundesrats festzusetzenden Tage, spätestens am 1. Oktober 1879, gleichzeitig mit der im § 2 des Einführungsgesetzes der Zivilprozeßordnung vorgesehenen Gebührenordnung in Kraft.

§ 2. Die Vorschriften des Gerichtsverfassungsgesetzes finden nur auf die ordentliche streitige Gerichtsbarkeit und deren Ausübung Anwendung.[1])

§ 3. Die Gerichtsbarkeit in bürgerlichen Rechtsstreitigkeiten und Strafsachen, für welche besondere Gerichte zugelassen sind,[2]) kann den ordentlichen Landesgerichten[3]) durch die Landesgesetzgebung übertragen werden. Die Übertragung darf nach anderen als den durch das Gerichtsverfassungsgesetz vorgeschriebenen Zuständigkeitsnormen erfolgen.[4])

---

1) Die für Angelegenheiten der nichtstreitigen Gerichtsbarkeit (Grundbuch-, Nachlaß-, Vormundschaftssachen usw.) gegebenen landesgesetzlichen Vorschriften sind daher durch das GVG nicht berührt. Insbes. sind in Preußen auch die das Querulieren betreffenden Strafvorschriften der §§ 30, 31 Allg. GO (III, 1) nicht aufgehoben. U 28/12 83, E 9, 357.

2) Vgl. hierüber § 13 GVG.

3) Vgl. hierüber § 12 ebenda.

4) Vgl. § 3 Abs. 2 EG z. StPO.

Auch kann die Gerichtsbarkeit letzter Instanz in den vorerwähnten Sachen auf Antrag des betreffenden Bundesstaates mit Zustimmung des Bundesrats durch Kaiserliche Verordnung dem Reichsgerichte übertragen werden.

Insoweit für bürgerliche Rechtsstreitigkeiten ein von den Vorschriften der Zivilprozeßordnung abweichendes Verfahren gestattet ist, kann die Zuständigkeit der ordentlichen Landesgerichte durch die Landesgesetzgebung nach anderen als den durch das Gerichtsverfassungsgesetz vorgeschriebenen Normen bestimmt werden.

§ **4.** Durch die Vorschriften des Gerichtsverfassungsgesetzes über die Zuständigkeit der Behörden wird die Landesgesetzgebung nicht gehindert, den betreffenden Landesbehörden jede andere Art der Gerichtsbarkeit, sowie Geschäfte der Justizverwaltung zu übertragen. Andere Gegenstände der Verwaltung dürfen den ordentlichen Gerichten nicht übertragen werden.

§ **5.** In Ansehung der Landesherren und der Mitglieder der landesherrlichen Familien, sowie der Mitglieder der Fürstlichen Familie Hohenzollern finden die Bestimmungen des Gerichtsverfassungsgesetzes nur insoweit Anwendung, als nicht besondere Vorschriften der Hausverfassungen oder der Landesgesetze abweichende Bestimmungen enthalten. Das gleiche gilt in Ansehung der Mitglieder des vormaligen Hannoverschen Königshauses, des vormaligen Kurhessischen und des vormaligen Herzoglich Nassauischen Fürstenhauses.[5])

§ **6.** Unberührt bleiben die bestehenden landesgesetzlichen Vorschriften über die Zuständigkeit der Schwurgerichte für die durch die Presse begangenen strafbaren Handlungen.[6])

5) Vgl. § 4 ebenda. Durch RGes v. 25. März 04 auch auf das Herzoglich Holsteinische Fürstenhaus ausgedehnt.

6) In Bayern ist die Zuständigkeit der Schwurgerichte auch begründet, wenn die Anklage unlauteren Wettbewerb durch irreführende Ankündigungen in Zeitungen oder anderen Preßerzeugnissen betrifft. U 9/10 02, E 35, 375. Vgl. U 28/6 00, E 33, 326. In Württemberg sind die Schwurgerichte auch zur Aburteilung der Fahrlässigkeitsvergehen des § 21 Preßges v. 7/5 74 und insbes. auch der öffentl. Verbreitung einer Druckschrift strafbaren Inhalts zuständig. U 29/11 88, E 18, 293.

§ 7. Die Militärgerichtsbarkeit, sowie das landesgesetzlich den Standesherren gewährte Recht auf Austräge werden durch das Gerichtsverfassungsgesetz nicht berührt.[6a])

§ 8.[6b]) Durch die Gesetzgebung eines Bundesstaates, in welchem mehrere Oberlandesgerichte errichtet werden, kann die Verhandlung und Entscheidung der zur Zuständigkeit des Reichsgerichts gehörenden Revisionen in bürgerlichen Rechtsstreitigkeiten einem obersten Landesgerichte zugewiesen werden.

Diese Vorschrift findet jedoch auf bürgerliche Rechtsstreitigkeiten, welche zur Zuständigkeit des Reichs-Oberhandelsgerichts gehören oder durch besondere Reichsgesetze dem Reichsgerichte zugewiesen werden, keine Anwendung.[7])

§ 9. Durch die Gesetzgebung eines Bundesstaates, in welchem mehrere Oberlandesgerichte errichtet werden, kann die Verhandlung und Entscheidung der zur Zuständigkeit der Oberlandesgerichte gehörenden Revisionen und Beschwerden in Strafsachen ausschließlich einem der mehreren Oberlandesgerichte oder an Stelle eines solchen Oberlandesgerichts dem obersten Landesgerichte zugewiesen werden.

§ 10. Die allgemeinen, sowie die in den §§ 126, 132, 133, 134, 183 Abs. 1 enthaltenen besonderen Vorschriften

---

6a) Der Umfang der Militärstrafgerichtsbarkeit ist geordnet durch §§ 1 ff. der MilStGO v. 1/12 98 (RGBl S. 1189). S. Anhang III. Zur Zeit der Tat dem Soldatenstande angehörende Personen dürfen nicht vom Zivilgericht verurteilt werden. Verstöße hiergegen können auch noch in der Revisionsinstanz mit Erfolg geltend gemacht werden. U 5/4 95, E 27, 144. Die Zuständigkeit des Zivilgerichts wird dadurch nicht begründet, daß das Hauptverfahren gegen den Angekl. eröffnet und in der Hauptverh. die Unzuständigkeit des Gerichts nicht gerügt ist. U 8/12 96, E 44, 380. Wegen der Wirkung eines zivilgerichtlichen Unzuständigkeitsbeschlusses, weil die Militärgerichtsbarkeit begründet sei, s. U 11/2 10, E 43, 225.

Als Standesherren i. S. § 7 sind nur die Häupter standesherrlicher Häuser im Gegensatz zu deren sonstigen Gliedern anzusehen. U 31/3 03, E 36, 176. Wegen des besonderen Gerichtsstandes der Standesherren im Großherz. Hessen: U 20/22. März 99, E 32, 90.

6b) Die jetzige Fassung beruht auf Ges v. 22/5 10 (RGBl S. 767).

7) Vgl. hierzu § 1 Ges über den Sitz des Reichsgerichts v. 11/4 77: „Auf denjenigen Bundesstaat, in dessen Gebiet das Reichsgericht seinen Sitz hat, findet § 8 des EG z. GVG keine Anwendung."

des Gerichtsverfassungsgesetzes finden auf die obersten Landesgerichte als Behörden der ordentlichen streitigen Gerichtsbarkeit entsprechende Anwendung. Das gleiche gilt, sofern ein Zivilsenat des obersten Landesgerichts von der Entscheidung eines anderen Zivilsenats oder der vereinigten Zivilsenate abweichen will, in Ansehung der Vorschriften der §§ 137, 139 des Gerichtsverfassungsgesetzes.

Die Besetzung der Senate bestimmt sich in Strafsachen nach § 124, in bürgerlichen Rechtsstreitigkeiten nach § 140 des Gerichtsverfassungsgesetzes.

Auf die Besetzung der Zivilsenate des obersten Landesgerichts findet in Grundbuchsachen, sowie in den nach § 199 des Gesetzes über die Angelegenheiten der freiwilligen Gerichtsbarkeit dem obersten Landesgerichte zugewiesenen Angelegenheiten der § 124 des Gerichtsverfassungsgesetzes Anwendung.

**§ 11.** Die landesgesetzlichen Bestimmungen, durch welche die strafrechtliche oder zivilrechtliche Verfolgung öffentlicher Beamten [8]) wegen der in Ausübung oder in Veranlassung der Ausübung ihres Amts vorgenommenen Handlungen an besondere Voraussetzungen gebunden ist, treten außer Kraft.

Unberührt bleiben die landesgesetzlichen Vorschriften, durch welche die Verfolgung der Beamten entweder im Falle des Verlangens einer vorgesetzten Behörde oder unbedingt an die Vorentscheidung einer besonderen Behörde gebunden ist, mit der Maßgabe:

1. daß die Vorentscheidung auf die Feststellung beschränkt ist, ob der Beamte sich einer Überschreitung seiner Amtsbefugnisse oder der Unterlassung einer ihm obliegenden Amtshandlung schuldig gemacht habe; [9])
2. daß in den Bundesstaaten, in welchen ein oberster Verwaltungsgerichtshof besteht, die Vorentscheidung

8) Zu den öffentlichen Beamten im Sinne des § 11 gehören in Elsaß-Lothringen auch die Gemeindeförster, wenn sie zugleich Hilfsbeamte der Staatsanwaltschaft sind. Beschl 26/9 87, E 16, 197. Desgl. in Mecklenburg die Geistlichen. Beschl 7/5 88, R 10, 385.

9) Bei Verfolgung von elsaß-lothringischen Landesbeamten ist die Möglichkeit, eine Vorentscheidung i. S. § 11 einzuholen, nicht gegeben. Beschl 2/11 99, E 32, 322.

diesem, in den anderen Bundesstaaten dem Reichsgerichte zusteht.[10])

§ 12 ist aufgehoben.[11])

§ 13. Die Bestimmungen über das Richteramt im § 8 des Gerichtsverfassungsgesetzes treten in denjenigen Staaten, in welchen Vorschriften für die richterliche Entscheidung über die Enthebung eines Richters vom Amte oder über die Versetzung eines Richters an eine andere Stelle oder in Ruhestand nicht bestehen, nur gleichzeitig mit der landesgesetzlichen Regelung der Disziplinarverhältnisse der Richter in Wirksamkeit.

§ 14. Die am Tage des Inkrafttretens des Gerichtsverfassungsgesetzes bei dem Reichs-Oberhandelsgerichte anhängigen Sachen gehen in der prozessualischen Lage, in welcher sie sich befinden, auf das Reichsgericht über.

§ 15. Durch Kaiserliche Verordnung kann auf Antrag eines Bundesstaates und mit Zustimmung des Bundesrats die Verhandlung und Entscheidung derjenigen Sachen, welche nach den bisherigen Prozeßgesetzen von dem obersten Landesgerichte zu erledigen gewesen wären, dem Reichsgerichte zugewiesen werden.

§ 16. Behufs Erledigung der nach Vorschrift des vorstehenden Paragraphen dem Reichsgerichte zugewiesenen Sachen können mit Zustimmung des Bundesrats durch Kaiserliche Verordnung bei dem Reichsgerichte Hilfssenate eingerichtet werden.

Der Reichskanzler bestimmt die Zusammensetzung der Hilfssenate und die Verteilung der Geschäfte derselben.

---

10) Unter dem Reichsgericht ist hier nicht die Plenarversammlung der vereinigten Senate, sondern ein einzelner Senat zu verstehen. Beschl 26/9 87, E 16, 197. Beschl 2/11 99, E 32, 322. Die Entscheidung des Reichsger. und das sie vorbereitende Verfahren erfolgt nach den Vorschriften der StPO, insbes. nach den §§ 200ff. Beschl 26/9 87, E 16, 197.

Wegen der Zuständigkeit des obersten Verwaltungsgerichts im Großherz. Hessen s. U 24/5 97, E 30, 126.

11) Der § 12 ist durch § 1 des Gesetzes, betr. die Geschäftssprache der gerichtlichen Behörden in Elsaß-Lothringen, v. 12/6 89 (RGBl S. 95) aufgehoben.

Mit der Wahrnehmung der richterlichen Geschäfte in den Hilfssenaten können nur Mitglieder des Reichsgerichts und Mitglieder der früheren obersten Gerichte oder der Oberlandesgerichte beauftragt werden.

Die Anordnung ist für ein nicht zum Reichsgerichte gehörendes Mitglied bis zu dem Zeitpunkte unwiderruflich, in welchem die Wahrnehmung seiner Tätigkeit in dem Hilfssenate nicht mehr erforderlich ist.

§ 17. Auf Antrag eines Bundesstaates und mit Zustimmung des Bundesrats kann durch Kaiserliche Verordnung die Verhandlung und Entscheidung der im § 17 des Gerichtsverfassungsgesetzes bezeichneten Streitigkeiten dem Reichsgerichte zugewiesen werden.

Für diejenigen Bundesstaaten, in denen die im § 17 des Gerichtsverfassungsgesetzes bezeichneten Behörden bestehen und nach Maßgabe der Vorschriften im § 17 Nr. 1—4 einer Veränderung ihrer Einrichtung und des Verfahrens bedürfen, kann die Veränderung, sofern sie nicht bis zum Inkrafttreten dieses Gesetzes landesgesetzlich getroffen ist, durch landesherrliche Verordnung eingeführt werden.[12])

§ 18. Die am Tage des Inkrafttretens des Gerichtsverfassungsgesetzes bei den Landesgerichten anhängigen Sachen können den ordentlichen Landesgerichten ohne Rücksicht auf die im Gerichtsverfassungsgesetze bestimmten Grenzen der Zuständigkeit durch die Landesgesetzgebung zugewiesen werden.

§ 19. Die Mitglieder des Reichs-Oberhandelsgerichts werden durch Kaiserliche Verfügung mit Beibehaltung ihrer Besoldung entweder bei dem Reichsgerichte angestellt oder in den Ruhestand versetzt.

§ 20. Bei der ersten Einrichtung der Landgerichte, der Oberlandesgerichte und der bei einem Amtsgerichte gebildeten Strafkammern und während der Dauer des ersten Geschäftsjahres erfolgen die Geschäftsverteilung und die Bestimmung der Mitglieder der Kammern und Senate sowie

---

12) Vgl. die für Bremen erlassene Kaiserl. Verordnung v. 26/9 79 (RGBl S. 298).

der regelmäßigen Vertreter der Mitglieder durch die Landesjustizverwaltung.

Bei der ersten Einrichtung des Reichsgerichts und während der Dauer des ersten Geschäftsjahres erfolgen die Geschäftsverteilung und die Bestimmung der Mitglieder der Senate sowie der regelmäßigen Vertreter derselben durch den Reichskanzler.

§ 21. Innerhalb zwei Jahren nach dem Inkrafttreten des Gerichtsverfassungsgesetzes kann die Landesjustizverwaltung bei notwendiger Einziehung von Richterstellen die unfreiwillige Versetzung eines Richters an ein anderes Gericht von gleicher Ordnung unter Belassung des vollen Gehalts und Erstattung der Umzugskosten verfügen.

§ 22. Die Bestimmungen des § 2 des Gerichtsverfassungsgesetzes über die Fähigkeit zum Richteramte finden auf diejenigen, welche vor dem Inkrafttreten des Gesetzes die erste Prüfung in einem Bundesstaate zurückgelegt haben, nur insoweit Anwendung, als nicht in dem Bundesstaate abweichende Vorschriften bestehen.

Der für den Vorbereitungsdienst vorgeschriebene Zeitraum kann für die ersten vier Jahre nach dem Inkrafttreten des Gesetzes in den einzelnen Bundesstaaten bis auf zwei Jahre abgekürzt werden.

## IV.

## Gesetz, betr. d. Geltung d. Ger.Verf.Ges. in Helgoland.

Vom 4. Juni 1893 (RGBl S. 193).

**Art. I.** Die §§ 25, 26, 40, 43, 44, 86, 87 des Gerichtsverfassungsgesetzes vom 27. Januar 1877 gelten für Helgoland mit folgenden Maßgaben:

**Zu § 25.** Für den Bezirk von Helgoland wird ein Schöffengericht mit dem Sitze daselbst gebildet.

**Zu § 26.** Die Schöffen werden aus den Einwohnern der Insel entnommen.

**Zu § 40.** Für den Bezirk von Helgoland tritt ein besonderer Ausschuß auf der Insel zusammen.

Der Ausschuß besteht aus dem Amtsrichter als Vorsitzenden und einem von der Landesregierung zu bestimmenden Staatsverwaltungsbeamten, sowie zwei Vertrauensmännern als Beisitzern.

Die Vertrauensmänner werden aus den Einwohnern der Insel gewählt.

Zur Beschlußfähigkeit des Ausschusses genügt die Anwesenheit des Vorsitzenden, des Staatsverwaltungsbeamten und eines Vertrauensmannes.

**Zu § 43.** Die erforderliche Zahl von Hauptschöffen und Hilfsschöffen wird durch die Landes-Justizverwaltung bestimmt.

**Zu § 44.** Die Namen der erwählten Hauptschöffen und Hilfsschöffen werden in gesonderte Verzeichnisse aufgenommen (Jahresliste).

**Zu § 86.** Die Zahl der auf den Bezirk von Helgoland entfallenden Geschworenen wird durch die Landes-Justizverwaltung bestimmt.

**Zu § 87.** Der Ausschuß (§ 40) hat gleichzeitig diejenigen Personen aus der Urliste auszuwählen, welche er zu Geschworenen für das nächste Geschäftsjahr vorschlägt. Die Vorschläge sind nach dem dreifachen Betrage der auf Helgoland verteilten Zahl der Geschworenen zu bemessen.

**Art. II.** Dieses Gesetz tritt am 1. Januar 1894 in Kraft.

V.

# Gerichtsverfassungsgesetz.

Vom 27. Januar 1877/17. Mai 1898/5. Juni 1905/1. Juni 1909.

(RGBl 1877 S. 41; 1898 S. 252 und Bek. des Reichskanzlers v. 20. Mai 1898, RGBl S. 371; 1905 S. 533; 1909 S. 475.)

---

### 1. Titel. Richteramt.

§ 1. Die richterliche Gewalt wird durch unabhängige, nur dem Gesetze unterworfene Gerichte ausgeübt.

§ 2. Die Fähigkeit zum Richteramte wird durch die Ablegung zweier Prüfungen erlangt.

Der ersten Prüfung muß ein dreijähriges Studium der Rechtswissenschaften auf einer Universität vorangehen. Von dem dreijährigen Zeitraume sind mindestens drei Halbjahre dem Studium auf einer deutschen Universität zu widmen.

Zwischen der ersten und zweiten Prüfung muß ein Zeitraum von drei Jahren liegen, welcher im Dienste bei den Gerichten und bei den Rechtsanwälten zu verwenden ist, auch zum Teil bei der Staatsanwaltschaft verwendet werden kann.

In den einzelnen Bundesstaaten kann bestimmt werden, daß der für das Universitätsstudium oder für den Vorbereitungsdienst bezeichnete Zeitraum verlängert wird, oder daß ein Teil des letzteren Zeitraums, jedoch höchstens ein Jahr, im Dienste bei Verwaltungsbehörden zu verwenden ist oder verwendet werden darf.

§ 3. Wer in einem Bundesstaate die erste Prüfung bestanden hat, kann in jedem anderen Bundesstaate zur Vorbereitung für den Justizdienst und zur zweiten Prüfung zugelassen werden.

Die in einem Bundesstaate auf die Vorbereitung verwendete Zeit kann in jedem anderen Bundesstaate angerechnet werden.

§ 4. Zum Richteramte befähigt ist ferner jeder ordentliche öffentliche Lehrer des Rechts an einer deutschen Universität.

§ 5. Wer in einem Bundesstaate die Fähigkeit zum Richteramte erlangt hat, ist, soweit dieses Gesetz keine Ausnahme bestimmt, zu jedem Richteramte innerhalb des Deutschen Reichs befähigt.[1])

§ 6.[2]) Die Ernennung der Richter erfolgt auf Lebenszeit.[3])

§ 7. Die Richter beziehen in ihrer richterlichen Eigenschaft ein festes Gehalt mit Ausschluß von Gebühren.[4])

§ 8. Richter können wider ihren Willen nur kraft richterlicher Entscheidung und nur aus den Gründen und unter den Formen, welche die Gesetze bestimmen, dauernd oder zeitweise ihres Amts enthoben oder an eine andere Stelle oder in Ruhestand versetzt werden.

Die vorläufige Amtsenthebung, welche kraft Gesetzes eintritt, wird hierdurch nicht berührt.

Bei einer Veränderung in der Organisation der Gerichte oder ihrer Bezirke können unfreiwillige Versetzungen an ein anderes Gericht oder Entfernungen vom Amte unter Belassung des vollen Gehalts durch die Landesjustizverwaltung verfügt werden.

§ 9. Wegen vermögensrechtlicher Ansprüche der Richter aus ihrem Dienstverhältnisse, insbesondere auf Gehalt,

1) Wegen der Qualifikation der früheren rheinpreußischen Friedensrichter zum Richteramt s. U 17/11 84, E 11, 272.

2) Die §§ 6—9 sprechen nur von ständigangestellten Richtern, wie auch die §§ 2—5 nur die Bedingungen der Bekleidung eines dauernd verliehenen Richteramtes betreffen. U 13/11 80, E. 3, 231.

3) Aus § 6 folgt, daß die Richter auch im Falle eines Thronwechsels zur ferneren Ausübung ihres Amtes so berechtigt als verpflichtet sind, selbst wenn sie (in Preußen) den Diensteid nicht erneuert haben. U 15/5 88, E 17, 375.

4) Der § 7 bezieht sich nur auf Gebühren, welche von den Parteien gezahlt werden, und nur auf ständige Richter. U 13/11 80, E. 3, 231 (Gewährung einer widerruflichen Remuneration an einen zur Aushilfe herangezogenen Auditeur).

Wartegeld oder Ruhegehalt darf der Rechtsweg nicht ausgeschlossen werden.

**§ 10.** Die landesgesetzlichen Bestimmungen über die Befähigung zur zeitweiligen Wahrnehmung richterlicher Geschäfte bleiben unberührt.[5])

**§ 11.** Auf Handelsrichter, Schöffen und Geschworene finden die Bestimmungen der §§ 2—9 keine Anwendung.

## 2. Titel. Gerichtsbarkeit.

**§ 12.** Die ordentliche streitige Gerichtsbarkeit wird durch Amtsgerichte und Landgerichte, durch Oberlandesgerichte und durch das Reichsgericht ausgeübt.

**§ 13.** Vor die ordentlichen Gerichte gehören alle bürgerlichen Rechtsstreitigkeiten und Strafsachen, für welche nicht entweder die Zuständigkeit von Verwaltungsbehörden oder Verwaltungsgerichten begründet ist[6]) oder reichsgesetzlich besondere Gerichte bestellt[7]) oder zugelassen sind.[8])

---

5) Wegen der Qualifikation eines hamburgischen Referendars oder Assessors zu einer beschränkten amtsrichterlichen Vertretung s. U 11/3 86, E 13, 408 und wegen Zuziehung eines Auditeurs bzw. eines Rechtsanwalts (Bremen) als Hilfsrichter U 13/11 80, R 2, 508. U 19/4 09, E 42, 295.

6) Vgl. §§ 34 ff. Ges über das Postwesen des Deutschen Reichs v. 28/10 71 (RGBl S. 347); § 122 SeemannsO; § 6 Ges betr. die Verpflichtung der Kauffahrteischiffe zur Mitnahme heimzuschaffender Seeleute v. 2/6 02 (RGBl S. 212).

Ein Strafverfahren von Verwaltungsbehörden ist zugelassen bei Übertretungen (§§ 453 ff. StPO) und bei Zuwiderhandlungen gegen die Vorschriften über die Erhebung öffentlicher Abgaben und Gefälle (§§ 459 ff. StPO).

7) Reichsgesetzlich bestellte besondere Gerichte sind die Militärgerichte (vgl. § 7 EGzGVG und §§ 38—92 MilStGO v. 1/12 98) und die Konsulargerichte (Ges über die Konsulargerichtsbarkeit v. 7/4 00, RGBl S. 213) und die Gerichte in den Deutschen Schutzgebieten.

Wegen der Kriegsgerichte und Standrechte vgl. außerdem § 16 GVG und Art. 68 Reichsverfassung (s. unten A. 11).

8) Als besondere Gerichte sind zugelassen die im § 14 erwähnten Gerichte und außerdem die Austrägalgerichte für das Verfahren gegen Mitglieder der landesherrlichen Familien (EGzGVG § 5) oder gegen Standesherren (ebenda § 7), sowie die Gerichte für das Verfahren gegen Minister wegen Verfassungs-

**§ 14.** Als besondere Gerichte werden zugelassen:

1. die auf Staatsverträgen beruhenden Rheinschiffahrts-[9]) und Elbzollgerichte;[10])
2. Gerichte, welchen die Entscheidung von bürgerlichen Rechtsstreitigkeiten bei der Ablösung von Gerechtigkeiten oder Reallasten, bei Separationen, Konsolidationen, Verkoppelungen, gutsherrlich-bäuerlichen Auseinandersetzungen und dergleichen obliegt;
3. Gemeindegerichte, insoweit denselben die Entscheidung über vermögensrechtliche Ansprüche obliegt, deren Gegenstand in Geld oder Geldeswert die Summe von sechzig Mark nicht übersteigt, jedoch mit der Maßgabe, daß gegen die Entscheidung der Gemeindegerichte innerhalb einer gesetzlich zu bestimmenden Frist sowohl dem Kläger wie dem Beklagten die Berufung auf den ordentlichen Rechtsweg zusteht, und daß der Gerichtsbarkeit des Gemeindegerichts, als Kläger oder Beklagter, nur Personen unterworfen werden dürfen, welche in der Gemeinde den Wohnsitz, eine Niederlassung oder im Sinne der §§ 16, 20 der Zivilprozeßordnung den Aufenthalt haben;
4. Gewerbegerichte.

**§ 15.** Die Gerichte sind Staatsgerichte.

Die Privatgerichtsbarkeit ist aufgehoben; an ihre Stelle tritt die Gerichtsbarkeit desjenigen Bundesstaates, in welchem sie ausgeübt wurde. Präsentationen für Anstellungen bei den Gerichten finden nicht statt.

Die Ausübung einer geistlichen Gerichtsbarkeit in welt-

verletzung (Staatsgerichtshöfe). Hierher gehören ferner die im § 17 erwähnten Behörden zur Entscheidung von Kompetenzkonflikten zwischen Gerichten und Verwaltungsbehörden oder Verwaltungsgerichten, sowie im weiteren Sinne die Disziplinargerichte (Universitätsgerichte, Disziplinargerichtshöfe usw.).

9) Wegen der Rheinschiffahrtsgerichte vgl. Rheinschiffahrtsordnung v. 31/3 31 (preuß. GS S. 73) und Revid. Rheinschiffahrts-Akte v. 17/10 80 (ebenda S. 814). Vgl. den Spezialfall im U 18/10 00, E 33, 405.

10) Wegen der Elbzollgerichte vgl. Elbschiffahrts-Akte v. 23/6 21 (preuß. GS 1822 S. 20) u. Additional-Akte v. 13/4 44 (GS S. 468).

lichen Angelegenheiten ist ohne bürgerliche Wirkung. Dies gilt insbesondere bei Ehe- und Verlöbnissachen.

§ **16.** Ausnahmegerichte sind unstatthaft. Niemand darf seinem gesetzlichen Richter entzogen werden. Die gesetzlichen Bestimmungen über Kriegsgerichte und Standrechte werden hiervon nicht berührt.[11])

§ **17.** Die Gerichte entscheiden über die Zulässigkeit des Rechtswegs.

Die Landesgesetzgebung kann jedoch die Entscheidung von Streitigkeiten zwischen den Gerichten und den Verwaltungsbehörden oder Verwaltungsgerichten über die Zulässigkeit des Rechtswegs besonderen Behörden nach Maßgabe der folgenden Bestimmungen übertragen:

1. Die Mitglieder werden für die Dauer des zur Zeit ihrer Ernennung von ihnen bekleideten Amts oder, falls sie zu dieser Zeit ein Amt nicht bekleiden, auf Lebenszeit ernannt. Eine Enthebung vom Amte kann nur unter denselben Voraussetzungen wie bei den Mitgliedern des Reichsgerichts stattfinden.
2. Mindestens die Hälfte der Mitglieder muß dem Reichsgerichte oder dem obersten Landesgerichte oder einem Oberlandesgerichte angehören. Bei Entscheidungen dürfen Mitglieder nur in der gesetzlich bestimmten Anzahl mitwirken. Diese Anzahl muß eine ungerade sein und mindestens fünf betragen.
3. Das Verfahren ist gesetzlich zu regeln. Die Entscheidung erfolgt in öffentlicher Sitzung nach Ladung der Parteien.

---

11) Vgl. wegen der Kriegsgerichte und Standrechte Art. 68 Reichsverf.: „Der Kaiser kann, wenn die öffentliche Sicherheit in dem Bundesgebiete bedroht ist, einen jeden Teil desselben in Kriegszustand erklären. Bis zum Erlaß eines die Voraussetzungen, die Form der Verkündigung und die Wirkungen einer solchen Erklärung regelnden Reichsgesetzes gelten dafür die Vorschriften des preußischen Gesetzes vom 4. Juni 1851 (GS 1851 S. 451 ff.)." Ein solches Reichsgesetz ist bisher nicht erlassen. Betr. Bayern vgl. noch III, § 5 des Bündnisvertrages v. 23/11 70 (BGBl 1871 S. 9) und § 7 Ges v. 22/4 71 betr. die Einführung Norddeutscher Bundesgesetze in Bayern (RGBl S. 87).

4. Sofern die Zulässigkeit des Rechtswegs durch rechtskräftiges Urteil des Gerichts feststeht, ohne daß zuvor auf die Entscheidung der besonderen Behörde angetragen war, bleibt die Entscheidung des Gerichts maßgebend.

§ 18. Die inländische Gerichtsbarkeit erstreckt sich nicht auf die Chefs und Mitglieder der bei dem Deutschen Reiche beglaubigten Missionen. Sind diese Personen Staatsangehörige eines der Bundesstaaten, so sind sie nur insofern von der inländischen Gerichtsbarkeit befreit, als der Staat, dem sie angehören, sich der Gerichtsbarkeit über sie begeben hat.

Die Chefs und Mitglieder der bei einem Bundesstaate beglaubigten Missionen sind der Gerichtsbarkeit dieses Staates nicht unterworfen. Dasselbe gilt von den Mitgliedern des Bundesrats, welche nicht von demjenigen Staate abgeordnet sind, in dessen Gebiete der Bundesrat seinen Sitz hat.[12])

§ 19. Auf die Familienglieder, das Geschäftspersonal der im § 18 erwähnten Personen und auf solche Bedienstete derselben, welche nicht Deutsche sind, finden die vorstehenden Bestimmungen Anwendung.

§ 20. Durch die Bestimmungen der §§ 18, 19 werden die Vorschriften über den ausschließlichen dinglichen Gerichtsstand in bürgerlichen Rechtsstreitigkeiten nicht berührt.

§ 21. Die im Deutschen Reiche angestellten Konsuln sind der inländischen Gerichtsbarkeit unterworfen, sofern nicht in Verträgen des Deutschen Reichs mit anderen Mächten Vereinbarungen über die Befreiung der Konsuln von der inländischen Gerichtsbarkeit getroffen sind.[13])

### 3. Titel. Amtsgerichte.

§ 22. Den Amtsgerichten stehen Einzelrichter vor.

Ist ein Amtsgericht mit mehreren Richtern besetzt, so wird einem derselben von der Landesjustizverwaltung die

---

12) Wegen der Mitglieder des Bundesrats vgl. Art. 10 Reichs-Verf.

13) Vgl. § 11 StPO. Über die inländische Gerichtsbarkeit gegen fremde Konsuln und die Bedeutung der persönlichen Immunität der Konsuln von Verhaftung und Gefangenhaltung s. U 27/I 88, E 17, 51.

allgemeine Dienstaufsicht übertragen;[14]) ist die Zahl der Richter höher als fünfzehn, so kann die Dienstaufsicht zwischen mehreren von ihnen geteilt werden. Jeder Amtsrichter erledigt die ihm obliegenden Geschäfte als Einzelrichter.

**§ 23.** } Betreffen die Zuständigkeit der Amtsgerichte in bürgerlichen Rechtsstreitigkeiten.
**§ 24.** }

## 4. Titel Schöffengerichte.

**§ 25.** Für die Verhandlung und Entscheidung von Strafsachen werden bei den Amtsgerichten Schöffengerichte gebildet.[15])

**§ 26.** Die Schöffengerichte bestehen aus dem Amtsrichter als Vorsitzenden und zwei Schöffen.[16])

**§ 27.**[17]) Die Schöffengerichte sind zuständig:

1. für alle Übertretungen;
2. für diejenigen Vergehen, welche nur mit Gefängnis von höchstens drei Monaten oder Geldstrafe von höchstens sechshundert Mark, allein oder neben Haft oder in Verbindung miteinander oder in Verbindung mit Einziehung[18]) bedroht sind, mit Ausnahme der im § 320 des Strafgesetzbuchs und der im § 74 dieses Gesetzes bezeichneten Vergehen;
3. für die nur auf Antrag zu verfolgenden Beleidigungen, wenn die Verfolgung im Wege der Privatklage geschieht;

3 a) für die nur auf Antrag zu verfolgenden Körperverletzungen;

---

14) Der Inbegriff der aus der allgemeinen Dienstaufsicht eines einzelnen von mehreren Amtsrichtern fließenden Zuständigkeiten ist reichsgesetzlich des näheren nicht fixiert, sondern der Feststellung durch die Landesjustizverwaltung überlassen. Vgl. für Preußen U 2/1 83, E 7, 404 und für Württemberg U 17/3 84, E 11, 163.

15) Wegen der Verhandlung und Entscheidung von Strafsachen durch den Amtsrichter allein (ohne Schöffen) s. § 211 Abs. 2 StPO und § 3 Abs. 3 EG zur StPO.

16) Wegen der Zuziehung von Ergänzungsschöffen s. § 194.

17) Die jetzige Fassung beruht auf Ges v. 5/6 05 (RGBl S. 533).

18) Unter der Einziehung sind auch diejenigen Fälle inbegriffen, in denen Gegenstände oder deren Wert nach dem Strafgesetz für verfallen zu erklären sind. U 27/2 85, E 12, 75.

3b) für das Vergehen des Hausfriedensbruchs im Falle des § 123 Abs. 3 des Strafgesetzbuchs;

3c) für das Vergehen der Bedrohung mit der Begehung eines Verbrechens im Falle des § 241 des Strafgesetzbuchs;

3d) für das Vergehen des strafbaren Eigennutzes in den Fällen des § 286 Abs. 2, der §§ 290, 291 und 298 des Strafgesetzbuchs sowie des § 93 Abs. 3 der Seemannsordnung vom 2. Juni 1902 (RGBl S. 175);

4. für das Vergehen des Diebstahls im Falle des § 242 des Strafgesetzbuchs, wenn der Wert des Gestohlenen einhundertundfünfzig Mark nicht übersteigt;

5. für das Vergehen der Unterschlagung im Falle des § 246 des Strafgesetzbuchs, wenn der Wert des Unterschlagenen einhundertundfünfzig Mark nicht übersteigt;

6. für das Vergehen des Betruges im Falle des § 263 des Strafgesetzbuchs, wenn der Schaden einhundertundfünfzig Mark nicht übersteigt;

7. für das Vergehen der Sachbeschädigung im Falle des § 303 des Strafgesetzbuchs, wenn der Schaden einhundertundfünfzig Mark nicht übersteigt;

8. für das Vergehen der Begünstigung und für das Vergehen der Hehlerei in den Fällen des § 258 Nr. 1 und des § 259 des Strafgesetzbuchs, wenn die Handlung, auf welche sich die Begünstigung oder die Hehlerei bezieht, zur Zuständigkeit der Schöffengerichte gehört.

§ **28.** Ist die Zuständigkeit des Schöffengerichts durch den Wert einer Sache oder den Betrag eines Schadens bedingt[19]) und stellt sich in der Hauptverhandlung heraus, daß der Wert oder Schaden mehr als einhundertundfünfzig Mark beträgt, so hat das Gericht seine Unzuständigkeit nur dann auszusprechen, wenn aus anderen Gründen die Aussetzung der Verhandlung geboten erscheint.

§ **29.** Vor die Schöffengerichte gehören auch diejenigen Strafsachen, deren Verhandlung und Entscheidung ihnen nach den Bestimmungen des fünften Titels von den Strafkammern der Landgerichte überwiesen wird.[20])

---

19) Vgl. § 27 Nr. 4, 5, 6, 7.

20) Die überweisungsfähigen Strafsachen s. im § 75.

§ **30.** Insoweit das Gesetz nicht Ausnahmen bestimmt, üben die Schöffen während der Hauptverhandlung das Richteramt im vollen Umfange und mit gleichem Stimmrechte wie die Amtsrichter aus und nehmen auch an denjenigen, im Laufe einer Hauptverhandlung zu erlassenden Entscheidungen teil, welche in keiner Beziehung zu der Urteilsfällung stehen, und welche auch ohne vorgängige mündliche Verhandlung erlassen werden können.[21])

Die außerhalb der Hauptverhandlung erforderlichen Entscheidungen werden von dem Amtsrichter erlassen.[22])

§ **31.** Das Amt eines Schöffen ist ein Ehrenamt.[23]) Dasselbe kann nur von einem Deutschen[24]) versehen werden.

§ **32.** Unfähig zu dem Amte eines Schöffen sind:[25])

1. Personen, welche die Befähigung infolge strafgerichtlicher Verurteilung verloren haben;[26])
2. Personen, gegen welche das Hauptverfahren wegen eines Verbrechens oder Vergehens eröffnet ist, das die Aberkennung der bürgerlichen Ehrenrechte oder der Fähigkeit zur Bekleidung öffentlicher Ämter zur Folge haben kann;
3. Personen, welche infolge gerichtlicher Anordnung in der Verfügung über ihr Vermögen beschränkt sind.

---

21) Vgl. jedoch die für die Entscheidung über Ausschließung oder Ablehnung von Schöffen im § 31 Abs. 2 gegebene Ausnahmebestimmung. Wegen der Abstimmung s. § 199.

22) Vgl. §§ 50 Abs. 2; 197 ff.; 407 ff.; 423; 494 Abs. 1 StPO.

23) Wegen der Vergütung der Reisekosten s. § 55.

24) Wegen des Begriffes „Deutscher" s. Art. 3 Reichs-Verf und Ges betr. die Erwerbung und den Verlust der Bundes- und Staatsangehörigkeit v. 1/6 70 (BGBl S. 355). Wegen des Erwerbes der deutschen Reichsangehörigkeit durch einen Ausländer, der in Preußen zum Reserveoffizier ernannt ist, s. U 22/3 92, E 23, 17. Wegen des Verlustes der Bundes- und Staatsangehörigkeit durch zehnjährigen Aufenthalt im Auslande (Minderjährige) s. U 15/6 94, E 25, 415; U 4/2 95, E 26, 427. U 28/11 95, E 28, 25. Vgl. U 2/6 81, E 4, 271 (Verlust durch Erwerb einer fremden Staatsangehörigkeit und fünfjährigen Aufenthalt in einem fremden Staate, § 21 Abs. 3 Ges 1/6 70).

25) Wegen der Streichung des unfähigen Schöffen in der Jahresliste s. § 52 Abs. 1.

26) Vgl. §§ 31, 34 ff., 358 StGB.

§ 33. Zu dem Amte eines Schöffen sollen nicht berufen werden:[27])

1. Personen, welche zur Zeit der Aufstellung der Urliste das dreißigste Lebensjahr noch nicht vollendet haben;[28])
2. Personen, welche zur Zeit der Aufstellung der Urliste den Wohnsitz in der Gemeinde noch nicht zwei volle Jahre haben;
3. Personen, welche für sich oder ihre Familie Armenunterstützung aus öffentlichen Mitteln empfangen oder in den drei letzten Jahren, von Aufstellung der Urliste zurückgerechnet, empfangen haben;
4. Personen, welche wegen geistiger oder körperlicher Gebrechen zu dem Amte nicht geeignet sind;
5. Dienstboten.

§ 34. Zu dem Amte eines Schöffen sollen ferner nicht berufen werden:

1. Minister;
2. Mitglieder der Senate der freien Hansestädte;
3. Reichsbeamte, welche jederzeit einstweilig in den Ruhestand versetzt werden können;[29])
4. Staatsbeamte, welche auf Grund der Landesgesetze jederzeit einstweilig in den Ruhestand versetzt werden können;
5. richterliche Beamte und Beamte der Staatsanwaltschaft;
6. gerichtliche und polizeiliche Vollstreckungsbeamte;
7. Religionsdiener;
8. Volksschullehrer;
9. dem aktiven Heere oder der aktiven Marine angehörende Militärpersonen.[30])

Die Landesgesetze können außer den vorbezeichneten Beamten höhere Verwaltungsbeamte bezeichnen, welche zu dem Amte eines Schöffen nicht berufen werden sollen.

---

27) Vgl. § 52 Abs. 2.

28) Wenn trotzdem eine als Schöffe einberufene Person das 30. Lebensjahr noch nicht erreicht hat, so wird dieselbe dadurch doch nicht unfähig, die Funktionen eines Schöffen auszuüben. U 6/10 85, R 7, 554. U 12/9 90, JW 19, 345.

29) Vgl. § 25 Reichsbeamtenges v. 31/3 73 (RGBl S. 61).

30) Militärpersonen d. h. die Personen des Soldatenstandes und die Militärbeamten, welche zum aktiven Heere oder

§ **35.** Die Berufung zum Amte eines Schöffen dürfen ablehnen:

1. Mitglieder einer deutschen gesetzgebenden Versammlung;
2. Personen, welche im letzten Geschäftsjahre die Verpflichtung eines Geschworenen, oder an wenigstens fünf Sitzungstagen die Verpflichtung eines Schöffen erfüllt haben;
3. Ärzte;
4. Apotheker, welche keine Gehilfen haben;
5. Personen, welche das fünfundsechszigste Lebensjahr zur Zeit der Aufstellung der Urliste vollendet haben oder dasselbe bis zum Ablaufe des Geschäftsjahres vollenden würden;
6. Personen, welche glaubhaft machen, daß sie den mit der Ausübung des Amts verbundenen Aufwand zu tragen nicht vermögen.

§ **36.** Der Vorsteher einer jeden Gemeinde[31]) oder eines landesgesetzlich der Gemeinde gleichstehenden Verbandes hat alljährlich ein Verzeichnis der in der Gemeinde wohnhaften Personen, welche zu dem Schöffenamte berufen werden können, aufzustellen (Urliste).

Die Urliste ist in der Gemeinde eine Woche lang zu jedermanns Einsicht auszulegen. Der Zeitpunkt der Auslegung ist vorher öffentlich bekannt zu machen.

§ **37.** Gegen die Richtigkeit oder Vollständigkeit der Urliste kann innerhalb der einwöchigen Frist schriftlich oder zu Protokoll Einsprache erhoben werden.

§ **38.** Der Gemeindevorsteher sendet die Urliste nebst

---

zur aktiven Marine gehören. Vgl. § 4 MilStGB v. 20/6 72 und die Anlage zu demselben (RGBl S. 204), sowie betr. der Militärbeamten auch V v. 29/6 80 (RGBl S. 169). Vgl. außerdem Ges betr. die Verpflichtung zum Kriegsdienst v. 9/11 67 (BGBl S. 131), RMilGes v. 2/5 74 (RGBl S. 45) und Ges betr. Änderungen der Wehrpflicht v. 11/2 88 (RGBl S. 11).

31) Unter dem Vorsteher einer Gemeinde ist die nach den Einrichtungen der einzelnen Bundesstaaten zur Leitung der Gemeindeangelegenheiten berufene Person zu verstehen; im Großherz. Hessen demnach — neben den Vorstehern der einzelnen Gemeinden — auch der mehreren Gemeinden vorgesetzte Bürgermeister. U 11/11 86, R 8, 697.

den erhobenen Einsprachen und den ihm erforderlich erscheinenden Bemerkungen an den Amtsrichter des Bezirks.

Wird nach Absendung der Urliste die Berichtigung derselben erforderlich, so hat der Gemeindevorsteher hiervon dem Amtsrichter Anzeige zu machen.

§ **39.** Der Amtsrichter stellt die Urlisten des Bezirks zusammen und bereitet den Beschluß über die Einsprachen gegen dieselben vor. Er hat die Beachtung der Vorschriften des § 36 Abs. 2 zu prüfen und die Abstellung etwaiger Mängel zu veranlassen.

§ **40.** Bei dem Amtsgerichte tritt alljährlich ein Ausschuß zusammen.

Der Ausschuß besteht aus dem Amtsrichter als Vorsitzenden und einem von der Landesregierung zu bestimmenden Staatsverwaltungsbeamten, sowie sieben Vertrauensmännern als Beisitzern.

Die Vertrauensmänner werden aus den Einwohnern des Amtsgerichtsbezirks gewählt.[32])

Die Wahl erfolgt nach näherer Bestimmung der Landesgesetze durch die Vertretungen der Kreise, Ämter, Gemeinden oder dergleichen Verbände; wenn solche Vertretungen nicht vorhanden sind, durch den Amtsrichter. Letzterer hat die Vertrauensmänner vornehmlich aus den Vorstehern der vorbezeichneten Verbände zu wählen.

Zur Beschlußfähigkeit des Ausschusses genügt die Anwesenheit des Vorsitzenden, des Staatsverwaltungsbeamten und dreier Vertrauensmänner. Der Ausschuß faßt seine Beschlüsse nach der absoluten Mehrheit der Stimmen. Bei Stimmengleichheit entscheidet die Stimme des Vorsitzenden.

§ **41.** Der Ausschuß entscheidet über die gegen die Urliste erhobenen Einsprachen. Die Entscheidungen sind zu Protokoll zu vermerken. Beschwerde findet nicht statt.

§ **42.** Aus der berichtigten Urliste wählt der Ausschuß für das nächste Geschäftsjahr:

1. die erforderliche Zahl[33]) von Schöffen;

---

32) Wegen der Reisekosten der Vertrauensmänner und wegen der gegen die letzteren zulässigen Ordnungsstrafen vgl. §§ 55, 56.

33) Wegen der erforderlichen Zahl s. § 43.

2. die erforderliche Zahl derjenigen Personen, welche in der von dem Ausschusse festzusetzenden Reihenfolge an die Stelle wegfallender Schöffen treten (Hilfsschöffen). Die Wahl ist auf Personen zu richten, welche am Sitze des Amtsgerichts oder in dessen nächster Umgebung wohnen.

§ **43.** Die für jedes Amtsgericht erforderliche Zahl von Hauptschöffen und Hilfsschöffen wird durch die Landesjustizverwaltung bestimmt.

Die Bestimmung der Zahl der Hauptschöffen erfolgt in der Art, daß voraussichtlich jeder höchstens zu fünf ordentlichen Sitzungstagen im Jahre herangezogen wird.

§ **44.** Die Namen der erwählten Hauptschöffen und Hilfsschöffen werden bei jedem Amtsgerichte in gesonderte Verzeichnisse aufgenommen (Jahreslisten).[34])

§ **45.** Die Tage der ordentlichen Sitzungen des Schöffengerichts werden für das ganze Jahr im voraus festgestellt.

Die Reihenfolge, in welcher die Hauptschöffen an den einzelnen ordentlichen Sitzungen des Jahres teilnehmen, wird durch Auslosung in öffentlicher Sitzung des Amtsgerichts bestimmt. Das Los zieht der Amtsrichter.

Über die Auslosung wird von dem Gerichtschreiber ein Protokoll aufgenommen.

§ **46.** Der Amtsrichter setzt die Schöffen von ihrer Auslosung und von den Sitzungstagen, an welchen sie in Tätigkeit zu treten haben, unter Hinweis auf die gesetzlichen Folgen des Ausbleibens[35]) in Kenntnis.

In gleicher Weise werden die im Laufe des Geschäftsjahres einzuberufenden Schöffen benachrichtigt.

§ **47.** Eine Änderung in der bestimmten Reihenfolge kann auf übereinstimmenden Antrag der beteiligten Schöffen von dem Amtsrichter bewilligt werden, sofern die in den betreffenden Sitzungen zu verhandelnden Sachen noch nicht bestimmt sind. Der Antrag und die Bewilligung sind aktenkundig zu machen.

---

34) Wegen späterer Streichung von Schöffen in der Jahresliste s. § 52 Abs. 1.

35) Die gesetzlichen Folgen des Ausbleibens s. im § 56.

§ 48. Wenn die Geschäfte die Anberaumung außerordentlicher Sitzungen erforderlich machen, so werden die einzuberufenden Schöffen vor dem Sitzungstage in Gemäßheit des § 45 ausgelost.

Erscheint dies wegen Dringlichkeit untunlich, so erfolgt die Auslosung durch den Amtsrichter lediglich aus der Zahl der am Sitze des Gerichts wohnenden Hilfsschöffen. Die Umstände, welche den Amtsrichter hierzu veranlaßt haben, sind aktenkundig zu machen.

§ 49. Wird zu einzelnen Sitzungen die Zuziehung anderer als der zunächst berufenen Schöffen erforderlich, so erfolgt dieselbe aus der Zahl der Hilfsschöffen nach der Reihenfolge der Jahresliste.

Würde durch die Berufung der letzteren eine Vertagung der Verhandlung oder eine erhebliche Verzögerung ihres Beginnes notwendig, so sind die nicht am Sitze des Gerichts wohnenden Hilfsschöffen zu übergehen.

§ 50. Erstreckt sich die Dauer einer Sitzung über die Zeit hinaus, für welche der Schöffe zunächst einberufen ist, so hat er bis zur Beendigung der Sitzung seine Amtstätigkeit fortzusetzen.

§ 51. Die Beeidigung der Schöffen erfolgt bei ihrer ersten Dienstleistung in öffentlicher Sitzung. Sie gilt für die Dauer des Geschäftsjahres.

Der Vorsitzende richtet an die zu Beeidigenden die Worte:

„Sie schwören bei Gott dem Allmächtigen und Allwissenden, die Pflichten eines Schöffen getreulich zu erfüllen und Ihre Stimmen nach bestem Wissen und Gewissen abzugeben."

Die Schöffen leisten den Eid, indem jeder einzeln die Worte spricht:

„ich schwöre es, so wahr mir Gott helfe."

Der Schwörende soll bei der Eidesleistung die rechte Hand erheben.

Ist ein Schöffe Mitglied einer Religionsgesellschaft, welcher das Gesetz den Gebrauch gewisser Beteuerungsformeln an Stelle des Eides gestattet, so wird die Abgabe einer Erklärung unter der Beteuerungsformel dieser Religionsgesellschaft der Eidesleistung gleichgeachtet.

Über die Beeidigung wird von dem Gerichtsschreiber ein Protokoll aufgenommen.

§ 52. Wenn die Unfähigkeit[36]) einer als Schöffe in die Jahresliste aufgenommenen Person eintritt oder bekannt wird, so ist der Name derselben von der Liste zu streichen.

Ein Schöffe, hinsichtlich dessen nach seiner Aufnahme in die Jahresliste andere Umstände eintreten oder bekannt werden, bei deren Vorhandensein eine Berufung zum Schöffenamte nicht erfolgen soll, ist zur Dienstleistung ferner nicht heranzuziehen.[37])

Die Entscheidung erfolgt durch den Amtsrichter nach Anhörung der Staatsanwaltschaft und des beteiligten Schöffen.

Beschwerde findet nicht statt.

§ 53. Ablehnungsgründe[38]) sind nur zu berücksichtigen, wenn sie innerhalb einer Woche, nachdem der beteiligte Schöffe von seiner Einberufung in Kenntnis gesetzt worden ist, von demselben geltend gemacht werden. Fällt ihre Entstehung oder Bekanntwerdung in eine spätere Zeit, so ist die Frist erst von diesem Zeitpunkte zu berechnen.

Der Amtsrichter entscheidet über das Gesuch nach Anhörung der Staatsanwaltschaft. Beschwerde findet nicht statt.

§ 54. Der Amtsrichter kann einen Schöffen auf dessen Antrag wegen eingetretener Hinderungsgründe von der Dienstleistung an bestimmten Sitzungstagen entbinden.

Die Entbindung des Schöffen von der Dienstleistung kann davon abhängig gemacht werden, daß ein anderer für das Dienstjahr bestimmter Schöffe für ihn eintritt.

Der Antrag und die Bewilligung sind aktenkundig zu machen.

§ 55. Die Schöffen und die Vertrauensmänner des Ausschusses erhalten Vergütung der Reisekosten.

---

36) Wegen der Unfähigkeit eines Schöffen s. §§ 31, 32.

37) Wegen der Personen, welche zu dem Amte eines Schöffen nicht berufen werden sollen, s. §§ 33, 34.

38) Wegen der Ablehnungsgründe s. § 35.

§ 56. Schöffen und Vertrauensmänner des Ausschusses, welche ohne genügende Entschuldigung[39]) zu den Sitzungen nicht rechtzeitig sich einfinden oder ihren Obliegenheiten in anderer Weise sich entziehen, sind zu einer Ordnungsstrafe von fünf bis zu eintausend Mark, sowie in die verursachten Kosten zu verurteilen.

Die Verurteilung wird durch den Amtsrichter nach Anhörung der Staatsanwaltschaft ausgesprochen. Erfolgt nachträglich genügende Entschuldigung, so kann die Verurteilung ganz oder teilweise zurückgenommen werden. Gegen die Entscheidungen findet Beschwerde von seiten des Verurteilten nach den Vorschriften der Strafprozeßordnung statt.[40])

§ 57. Bis zu welchem Tage die Urlisten aufzustellen und dem Amtsrichter einzureichen sind, der Ausschuß zu berufen und die Auslosung der Schöffen zu bewirken ist, wird durch die Landesjustizverwaltung bestimmt.

## 5. Titel. Landgerichte.

§ 58. Die Landgerichte werden mit einem Präsidenten und der erforderlichen Anzahl von Direktoren[41]) und Mitgliedern besetzt.

(Zusatz von 1909) Die Mitglieder können gleichzeitig Amtsrichter im Bezirke des Landgerichts sein.

---

39) Die in öffentl. Dienstverhältnissen befindlichen unmittelbaren oder mittelbaren Staatsbeamten können ihr Nichterscheinen mit Versagung des Urlaubs seitens ihrer Vorgesetzten nicht entschuldigen. Beschl 22/5 80, R 1, 810. Wegen der Bestrafung des Vorschützens unwahrer Tatsachen als Entschuldigung s. § 138 StGB., welcher lautet: „Wer als Zeuge, Geschworener oder Schöffe berufen, eine unwahre Tatsache als Entschuldigung vorschützt, wird mit Gefängnis bis zu zwei Monaten bestraft. Dasselbe gilt usw. Die auf das Nichterscheinen gesetzten Ordnungsstrafen werden durch vorstehende Strafbestimmung nicht ausgeschlossen."

40) Zur Entscheidung über diese Beschwerde ist nach § 72 die Strafkammer des Landgerichts zuständig. Die einschlagenden Vorschriften der StPO s. in den §§ 348ff. daselbst.

41) Mit der Gegenüberstellung der Direktoren und Mitglieder soll nur darauf hingewiesen werden, daß den ersteren unbeschadet ihrer Richterqualität noch die besonderen Funktionen als Vorsitzende und Mitglieder des Präsidiums überwiesen worden sind. Es ist also nicht ausgeschlossen, daß die einmal zu Direktoren ernannten Richter

**§ 59.** Bei den Landgerichten werden Zivil- und Strafkammern gebildet.[42])

**§ 60.** Bei den Landgerichten sind Untersuchungsrichter nach Bedürfnis zu bestellen.

Die Bestellung erfolgt durch die Landesjustizverwaltung auf die Dauer eines Geschäftsjahres.[43])

**§ 61.** Den Vorsitz im Plenum führt der Präsident,[44]) den Vorsitz in den Kammern führen der Präsident und die Direktoren.[45]) Vor Beginn des Geschäftsjahres bestimmt der Präsident die Kammer, welcher er sich anschließt. Über die Verteilung des Vorsitzes in den übrigen Kammern entscheiden der Präsident und die Direktoren nach Stimmenmehrheit; im Falle der Stimmengleichheit gibt die Stimme des Präsidenten den Ausschlag.[45a])

**§ 62.**[46]) Vor Beginn des Geschäftsjahres werden auf die Dauer desselben die Geschäfte unter die Kammern derselben Art verteilt und die ständigen Mitglieder der einzelnen Kammern sowie für den Fall ihrer Verhinderung[47])

---

auch unter dem Vorsitze eines anderen Richters als bloße Mitglieder eines Kollegiums fungieren können. U 31/1 81, E 3, 310.

42) Über die Zulässigkeit der Teilung einer bei einem Landgericht bestehenden Strafkammer in verschiedene Abteilungen mit besonderen Vorsitzenden s. U 19/10 80, E 2, 233.

43) Über die Bestellung des Untersuchungsrichters bei dem Reichsgericht s. § 184 StPO.

44) Wegen der Vertretung des Präsidenten s. § 65 Abs. 2.

45) Unter den Direktoren sind nur die definitiv zu solchen ernannten Personen, nicht auch solche Mitglieder des Landgerichts zu verstehen, denen von der Landesjustizverwaltung nur die Funktionen eines ordentlichen Vorsitzenden oder eines Direktors beigelegt sind. U 11/6 88, E 18, 9.

45a) Änderungen des über den Vorsitz ergangenen Beschlusses darf der Präsident nicht selbständig vornehmen. U 1/5 06, E 38, 416.

46) Die Vorschriften des § 62 beziehen sich nur auf die ordentlichen Mitglieder der Landgerichte und die regelmäßige Vertretung, U 4/10 80, E 2, 311, und die Vorschriften der §§ 62—69 erfordern stets für jede Ersetzung eines ordentlichen Mitgliedes einer Strafkammer durch Stellvertreter oder Hilfsrichter eine ordnungsmäßige Berufung durch die hierzu bestimmten Organe der Justizverwaltung. Eine auf privater persönlicher Abmachung beruhende, freiwillige Vertretung ist gesetzlich unzulässig. U 22/1 85, R 7, 41.

47) Eine Verhinderung liegt auch dann vor, wenn ein regel-

die regelmäßigen Vertreter bestimmt.[47a]) Jeder Richter kann zum Mitgliede mehrerer Kammern bestimmt werden.

Die getroffene Anordnung kann im Laufe des Geschäftsjahres nur geändert werden, wenn dies wegen eingetretener Überlastung einer Kammer oder infolge Wechsels[48]) oder dauernder Verhinderung[49]) einzelner Mitglieder des Gerichts erforderlich wird.

§ 63. Die im vorstehenden Paragraphen bezeichneten Anordnungen erfolgen durch das Präsidium.[49a])

Das Präsidium wird durch den Präsidenten als Vorsitzenden, die Direktoren und das dem Dienstalter nach, bei gleichem Dienstalter das der Geburt nach älteste Mitglied

---

mäßiges Mitglied der erkennenden Strafkammer für den Sitzungstag zur Teilnahme an den Verhandlungen einer anderen Kammer, welcher jenes Mitglied als Vertreter angehört, durch den Landgerichtspräsidenten einberufen wird. U 5/5 80, E 2, 51.

Es genügt in dieser Beziehung, daß für die ständigen Mitglieder eine nach Zahl und Personen abgegrenzte Reihe anderer Mitglieder des Gerichts in der Weise als regelmäßige Stellvertreter bestimmt werden, daß jeder als regelmäßiger Stellv. an die Stelle eines jeden der verhinderten ständigen Mitglieder zu treten befugt ist. U 29/4 07, DR 11, 716.

47a) Die Verwendung eines einem Landgericht durch die Justizverwaltung zur ständigen Vertretung eines dauernd verhinderten Mitgliedes überwiesenen Assessors ist durch das Präsidium (§ 63) zu regeln. U 14/7 04, DR 8, 507. U 16/9 04, G 51, 408. U 8/11 04, E 37, 300.

48) Ob der Wechsel in der Person der Gerichtsmitglieder auf der Ausscheidung eines Mitgliedes oder dem Eintritt eines neuen, wenn auch nur zeitweise und außeretatsmäßig ernannten Mitgliedes beruht, ist gleichgültig. U 9/5 90, E 20, 385.

49) Als dauernde Verhinderung i. S. § 62 Abs. 2 kann auch eine nur zeitweise, in ihrer Dauer feststellbare Verhinderung (bestimmter Urlaub) angesehen werden. Die Unmöglichkeit des Wiedereintritts wird nicht erfordert. U 9/5 90, E 20, 385.

49a) Das Präsidium kann die im § 62 bezeichnete Anordnung nur für die Zukunft treffen; die nachträgliche Genehmigung einer Anordnung des Präsidenten durch das Präsidium kennt das Gesetz nicht. Auch kann das Präsidium den Präsidenten nicht ermächtigen, nach seinem diskretionären Ermessen die in den §§ 62, 63 vorgesehenen Anordnungen zu treffen. U 27/5 92, E 23, 167.

Auch die Bildung der Ferien-Kammern und -Senate muß durch das Präsidium erfolgen. U 22/1 04, E 37, 59. U 4/3 04, DJZ 10, 178. Über die Zulässigkeit der Zuziehung von Amtsrichtern als Ergänzungsrichter einer Ferienstrafkammer s. U 22/3 07, E 40, 84.

gebildet. Das Präsidium entscheidet nach Stimmenmehrheit; im Falle der Stimmengleichheit gibt die Stimme des Präsidenten den Ausschlag.

§ 64. Der Präsident kann bestimmen, daß einzelne Untersuchungen von dem Untersuchungsrichter, dessen Bestellung mit dem Ablaufe des Geschäftsjahres erlischt, zu Ende geführt werden, sowie daß in einzelnen Sachen, in welchen während des Geschäftsjahres eine Verhandlung bereits stattgefunden hat, die Kammer in ihrer früheren Zusammensetzung auch nach Ablauf des Geschäftsjahres verhandle und entscheide.[49b])

§ 65. Im Falle der Verhinderung des ordentlichen Vorsitzenden führt den Vorsitz in der Kammer dasjenige Mitglied der Kammer, welches dem Dienstalter nach und bei gleichem Dienstalter der Geburt nach das älteste ist.[50])

49b) Über die Anwendbarkeit des § 64 auch bei Änderung der Geschäftsverteilung innerhalb des Geschäftsjahres u. auf Ferienkammern s. U 24/8 06, G 53, 445 bzw. U 7/12 08, G 56, 85.

50) Unter dem Mitgliede, welchem die Vertretung des ordentlichen Vorsitzenden im Vorsitz zufällt, ist das älteste ständige Mitglied der Kammer zu verstehen. Eintretende Stellvertreter kommen hierbei nicht in Betracht, selbst wenn sie ein höheres Dienstalter als das älteste ordentliche Mitglied der Kammer haben, U 2/3 80, E 1, 238. U 29/4 92, E 23, 99, und dies gilt insbesondere von den als Hilfsrichter zugezogenen Amtsrichtern oder Gerichtsassessoren, welche, da sie nicht wirkliche Mitglieder des zuständigen Landgerichts sind, zur Vertretung des ordentlichen Vorsitzenden der Kammer niemals befugt sind. U 29/12 88, E 18, 307. Für den Fall, daß in Verhinderung des ordentlichen Vorsitzenden auch das dienstälteste Mitglied an der Führung des Vorsitzes verhindert ist, hat das diesem nächstälteste ständige Mitglied und so weiter das jeweilig dienstlich verfügbare älteste Mitglied als zur Vertretung im Vorsitze berufen zu gelten und den Vorsitz zu übernehmen. U 20/12 88, E 18, 302. U 29/4 92, E 23, 99. U 31/5 94, E 25, 389.

Wenn der ordentliche Vorsitzende nur an der Führung des Vorsitzes (z. B. durch Heiserkeit), nicht aber an der Tätigkeit als Beisitzer behindert ist, so kann er auch als Beisitzer fungieren. U 22/4 84, E 10, 318. U 29/4 92, E 23, 99. Er darf aber dann nicht einzelne Teile der Beweisaufnahme über die Grenze des § 239 hinaus und abgesehen von dem bloßen Vorlesen von Aktenstücken einem beisitzenden Richter übertragen. U 1/11 83, R 5, 653. Vgl. U 29/9 80, E 2, 343 (Vertretung des Vorsitzenden vor Eröffnung des Hauptverfahrens durch den Landgerichtspräsidenten).

Der Präsident wird in seinen übrigen durch dieses Gesetz bestimmten Geschäften durch denjenigen Direktor vertreten, welcher dem Dienstalter nach und bei gleichem Dienstalter der Geburt nach der älteste ist.

§ **66.** Im Falle der Verhinderung des regelmäßigen Vertreters eines Mitgliedes wird ein zeitweiliger Vertreter durch den Präsidenten bestimmt.[51])

§ **67.** Die Bestimmungen der §§ 61—66 finden auf die Kammern für Handelssachen keine Anwendung.

§ **68.** Innerhalb der Kammer verteilt der Vorsitzende die Geschäfte auf die Mitglieder.

§ **69.** Soweit die Vertretung eines Mitgliedes nicht durch ein Mitglied desselben Gerichts möglich ist, erfolgt die Anordnung derselben auf den Antrag des Präsidiums durch die Landesjustizverwaltung.[52])

Die Beiordnung eines nicht ständigen Richters[53]) darf,

---

51) Wegen der Verhinderung s. A. 47 zu § 62. Auch Überlastung kann einen Hinderungsgrund i. S. § 66 abgeben. U 6/2 00, G 47, 159. Zu den Mitgliedern des Landgerichts, die im Falle der Verhinderung des regelmäßigen Vertreters eines Mitgliedes als zeitweilige Vertreter zu bestimmen sind, gehören auch der Präsident und die Direktoren des Landgerichts. U 21/9 03, E 36, 379. U 19/1 09, G 56, 212 (Hilfsrichter). Der nach § 65 Abs. 2 berufene Vertreter des Präsidenten ist auch dessen Vertreter in Ausübung des ihm durch § 66 beigelegten Rechtes, einen zeitweiligen Vertreter zu bestimmen. U 30/1 02, DR 6, 158.

Die Übertragung einer vorläufigen und vorbehaltlich der Genehmigung des Präsidenten erfolgenden Bestimmung an den Kammervorsitzenden ist unzulässig. U 17/3 08, E 41, 184.

52) Zu den Mitgliedern, die zur Vertretung heranzuziehen sind, bevor die Einberufung eines Nichtmitgliedes zulässig ist, gehören auch der Präsident und die Direktoren des Landgerichts. U 21/9 03, E 36, 379. Ob die Vertretung durch ein Mitglied desselben Gerichts nicht möglich und deshalb das Bedürfnis der Beiordnung eines Hilfsrichters wirklich vorhanden war, unterliegt nicht der Prüfung der Revisionsinstanz, da diese Prüfung sich lediglich auf die Zahl der mitwirkenden Richter und auf die Frage zu beschränken hat, ob dieselben zur Wahrnehmung der Geschäfte sämtlich überhaupt und bei dem betreffenden Landgericht die Befähigung und die gesetzlich vorgeschriebene Berufung hatten. U 13/11 80, E 3, 231.

53) Darüber, welche Personen als Hilfsrichter dem Landgericht zugeordnet werden können, entscheidet die Landesgesetzgebung.

wenn sie auf eine bestimmte Zeit erfolgte, vor Ablauf dieser Zeit, wenn sie auf unbestimmte Zeit erfolgte, solange das Bedürfnis, durch welches sie veranlaßt wurde, fortdauert, nicht widerrufen werden. Ist mit der Vertretung eine Entschädigung verbunden,[54]) so ist diese für die ganze Dauer im voraus festzustellen.

Unberührt bleiben diejenigen landesgesetzlichen Bestimmungen, nach welchen richterliche Geschäfte nur von ständig angestellten Richtern wahrgenommen werden können, sowie diejenigen, welche die Vertretung durch ständig angestellte Richter regeln.[55])

**§§ 70, 71** betreffen die Zuständigkeit der Zivilkammer, einschl. der Kammer für Handelssachen, in bürgerlichen Rechtsstreitigkeiten.

**§ 72.**[56]) Die Strafkammern[57]) sind zuständig für diejenigen die Voruntersuchung und deren Ergebnisse betreffenden Entscheidungen, welche nach den Vorschriften der Strafprozeßordnung von dem Gerichte zu erlassen sind; sie entscheiden über Beschwerden gegen Verfügungen des Untersuchungsrichters und des Amtsrichters, sowie gegen Entscheidungen der Schöffengerichte.[58]) Die Bestimmungen über die Zuständigkeit des Reichsgerichts werden hierdurch nicht berührt.[59])

Die Strafkammern erledigen außerdem die in der Strafprozeßordnung den Landgerichten zugewiesenen Geschäfte.[60])

---

Vgl. § 10 und U 4/10 80, E 2, 311 (Amtsrichter in Baden); U 27/11 80, E 3, 241 (Gerichtsassessoren in Preußen); U 22/2 81, R 3, 68 (desgl.); U 12/5 92, E 23, 119 (desgl.); U 18/9 99, E 32, 284 (Amtsrichter in Lübeck-Oldenburg).

54) Daß mit der Beiordnung von Hilfsrichtern die Festsetzung einer Entschädigung für diese Dienstleistung verbunden sein muß, ist aus § 69 Abs. 2 nicht zu entnehmen. U 19/6 80, R 2, 80.

55) Wegen der Hilfsrichter bei den Oberlandesgerichten und bei dem Reichsgericht s. §§ 122, 134.

56) Vgl. zu § 72: U 29/4 80, E 1, 402 (Zur Rechtsgültigkeit von Beschlüssen gehört nicht notwendig die Unterschrift der sämtlichen bei der Fassung derselben mitwirkenden Richter) und U 4/10 80, E 2, 311 (Zuziehung von Amtsrichtern zu den Sitzungen des Landgerichts).

57) in der Besetzung von drei Mitgliedern: § 77.

58) Vgl. jedoch die abweichenden Bestimmungen der §§ 160, 183.

59) Vgl. § 138 Abs. 1.

§ 73. Die Strafkammern sind als erkennende Gerichte zuständig:

1. für die Vergehen, welche nicht zur Zuständigkeit der Schöffengerichte gehören;
2. für diejenigen Verbrechen, welche mit Zuchthaus von höchstens fünf Jahren, allein oder in Verbindung mit anderen Strafen bedroht sind. Diese Bestimmung findet nicht Anwendung in den Fällen der §§ 86, 100 und 106 des Strafgesetzbuchs;[61])
3. für die Verbrechen der Personen, welche zur Zeit der Tat das achtzehnte Lebensjahr noch nicht vollendet hatten;[62])
4. für das Verbrechen der Unzucht im Falle des § 176 Nr. 3 des Strafgesetzbuchs;
5. für die Verbrechen des Diebstahls in den Fällen der §§ 243 und 244 des Strafgesetzbuchs;
6. für das Verbrechen der Hehlerei in den Fällen der §§ 260 und 261 des Strafgesetzbuchs;
7. für das Verbrechen des Betruges im Falle des § 264 des Strafgesetzbuchs.

§ 74. Die Strafkammern sind als erkennende Gerichte ausschließlich zuständig:

1. für die nach § 145a des Strafgesetzbuchs strafbaren Handlungen;
2. für Zuwiderhandlungen gegen das Gesetz v. 25. Oktober 1867, betreffend die Nationalität der Kauffahrteischiffe usw.;[63])
3. für Zuwiderhandlungen gegen die Bestimmungen der §§ 1, 2 und 3 des Gesetzes vom 8. Juni 1871, betreffend die Inhaberpapiere mit Prämien;
4. für die nach § 67 und § 69 des Gesetzes vom 6. Februar

---

60) Wegen der Bildung der Schwurgerichte s. jedoch die §§ 89 Abs. 2, 91 Abs. 1.

61) Zur Aburteilung des Meineides, bei welchem nach dem Inhalt des Beschlusses über die Eröffnung des Hauptverfahrens die im § 157 Nr. 1 StGB. vorgesehene Strafmilderung zutrifft, ist das Schwurgericht zuständig. U 25/1 83, E 8, 177. U 21/5 83, R 5, 372.

62) Vgl. §§ 56, 57 StGB.

63) Nr. 2 ist aufgehoben durch § 29 des Flaggengesetzes v. 22. Juni 1899 (RGBl S. 319).

1875, betreffend die Beurkundung des Personenstandes usw., strafbaren Handlungen;

5. für die nach § 59 des Bankgesetzes vom 14. März 1875 strafbaren Handlungen.

§ 75.[64—66]) Die Strafkammer kann bei Eröffnung des Hauptverfahrens wegen der Vergehen:

1. des Widerstandes gegen die Staatsgewalt in den Fällen der §§ 113, 114, 117 Abs. 1 und des § 120 des Strafgesetzbuchs;
2. wider die öffentliche Ordnung im Falle des § 137 des Strafgesetzbuchs;
3. wider die Sittlichkeit in den Fällen der §§ 180 und 183 des Strafgesetzbuchs;
4. der Beleidigung in den Fällen der nur auf Antrag eintretenden Verfolgung;
5. der Körperverletzung in den Fällen des § 223a und des § 230 Abs. 2 des Strafgesetzbuchs;

5a) der Nötigung im Falle des § 240 des Strafgesetzbuchs;

6. des Diebstahls im Falle des § 242 des Strafgesetzbuchs;
7. der Unterschlagung im Falle des § 246 des Strafgesetzbuchs;
8. der Begünstigung;
9. der Hehlerei in den Fällen des § 258 Nr. 1 und des § 259 des Strafgesetzbuchs;
10. des Betrugs im Falle des § 263 des Strafgesetzbuchs;
11. des strafbaren Eigennutzes in den Fällen des § 286 Abs. 1 und der §§ 288 und 289 des Strafgesetzbuchs;
12. der Sachbeschädigung in den Fällen der §§ 303 und 304 des Strafgesetzbuchs;

12a) der Bestechung im Falle des § 333 des Strafgesetzbuchs; und

13. wegen der gemeingefährlichen Vergehen in den Fällen

---

64) Die jetzige Fassung beruht auf Ges. v. 5/6 05 (RGBl S. 533).

65) Die Strafkammer kann den Überweisungsbeschluß bis zur Bekanntmachung an die Beteiligten zurücknehmen. U 11/2 80, R 1, 336.

66) Die Strafkammer verletzt die Grenzen ihrerer sachlichen Zuständigkeit nicht, wenn sie über eine durch den Eröffnungsbeschluß ihr zu Unrecht überwiesene Tat, welche zur absoluten Zuständigkeit des Schöffengerichts gehört, verhandelt und entscheidet. U 29/4 87, E 16, 39.

der §§ 309, 316, 318, 318a, des § 327 Abs. 1 und des § 328 Abs. 1 des Strafgesetzbuchs;

ferner

14. wegen derjenigen Vergehen, welche nur mit Gefängnisstrafe von höchstens sechs Monaten oder Geldstrafe von höchstens eintausendfünfhundert Mark, allein oder neben Haft oder in Verbindung miteinander oder in Verbindung mit Einziehung[67]) bedroht sind, mit Ausnahme der in den §§ 128, 271, 296a, 301, 320, 331 und 347 des Strafgesetzbuchs und der im § 74 dieses Gesetzes bezeichneten Vergehen;

14a) wegen der Vergehen derjenigen Personen, welche zur Zeit der Tat das achtzehnte Lebensjahr noch nicht vollendet hatten;

sowie

15. wegen solcher Zuwiderhandlungen gegen die Vorschriften über die Erhebung öffentlicher Abgaben und Gefälle, deren Strafe in dem mehrfachen Betrag einer hinterzogenen Abgabe oder einer anderen Leistung besteht;

auf Antrag der Staatsanwaltschaft die Verhandlung und Entscheidung dem Schöffengerichte, soweit dieses nicht schon zuständig ist,[68]) überweisen, wenn nach den Umständen des Falles anzunehmen ist, daß wegen des Vergehens auf keine andere und höhere Strafe als auf eine Gefängnisstrafe von höchstens sechs Monaten oder eine Geldstrafe von höchstens eintausendfünfhundert Mark allein oder neben Haft oder in Verbindung miteinander oder in Verbindung mit Einziehung und auf keine höhere Buße als eintausendfünfhundert Mark zu erkennen sein werde.

Beschwerde findet nicht statt.

Hat im Falle der Nr. 15 die Verwaltungsbehörde die öffentliche Klage erhoben,[69]) so steht ihr der Antrag auf

---

67) Unter der Einziehung sind auch hier diejenigen Fälle inbegriffen, in denen Gegenstände oder deren Wert nach dem Strafgesetz für verfallen zu erklären sind. U 27/2 85, E 12, 75.

68) Vgl. § 27.

69) Vgl. § 464 StPO.

Überweisung an das Schöffengericht in gleicher Weise wie der Staatsanwaltschaft zu.

§ 76. Die Strafkammern sind als erkennende Gerichte ferner zuständig für die Verhandlung und Entscheidung über das Rechtsmittel der Berufung gegen die Urteile der Schöffengerichte.[70])

§ 77. Die Kammern entscheiden in der Besetzung von drei Mitgliedern mit Einschluß des Vorsitzenden.[71]) Die Strafkammern sind in der Hauptverhandlung mit fünf Mitgliedern, in der Berufungsinstanz bei Übertretungen und in den Fällen der Privatklage aber mit drei Mitgliedern einschließlich des Vorsitzenden[72]) zu besetzen.[73])

§ 78.[74]) Durch Anordnung der Landesjustizverwaltung kann wegen großer Entfernung des Landgerichtssitzes bei einem Amtsgerichte für den Bezirk eines oder mehrerer Amtsgerichte eine Strafkammer gebildet und derselben für diesen Bezirk die gesamte Tätigkeit der Strafkammer des Landgerichts oder ein Teil dieser Tätigkeit zugewiesen werden.[75])

Die Besetzung einer solchen Strafkammer erfolgt aus

70) Wegen der Berufung vgl. §§ 354 ff. StPO.

71) Wie die von den Kammern in dieser Besetzung gefaßten Beschlüsse zu beurkunden sind, ist nicht vorgeschrieben, sondern der Regelung durch die Geschäftsordnung überlassen. Insbesondere ist nicht vorgeschrieben, daß die Gerichtsbeschlüsse von allen beschließenden Richtern unterzeichnet werden müssen. U 18/2 80, E 1, 210. U 29/4 80, E 1, 402.

72) Wegen der Zuziehung zweier weiterer Mitglieder, wenn in der Berufungsinstanz sich herausstellt, daß die zur Anklage gestellte Tat als ein in erster Instanz vor das Landgericht gehöriges Vergehen zu beurteilen sei, s. U 22/4 82, E 6, 309.

73) Über ein in der Hauptverhandlung bei der Strafkammer angebrachtes Ablehnungsgesuch kann nach dem Ausscheiden zweier abgelehnter Richter von der Strafkammer auch in der Besetzung von nur drei Mitgliedern verhandelt und entschieden werden. U 19/12 90, E 21, 250.

74) Der § 78 betrifft die Bildung auswärtiger Strafkammern zur Abhilfe für dauernde oder regelmäßig wiederkehrende und im voraus zu berechnende Bedürfnisse. Dadurch wird nicht ausgeschlossen, daß die Strafkammer des Landgerichts aus besonderen Zweckmäßigkeitsgründen die Hauptverhandlung in einer Strafsache außerhalb des Sitzes des Landgerichts, jedoch innerhalb des Bezirkes des letzteren, abhält. U 20/11 84, E 11, 352. Vgl. übrigens § 98.

75) Wegen der Einlegung der Revision gegen Urteile der bei den Amtsgerichten gebildeten Strafkammern s. A. 27 zu § 381 StPO.

Mitgliedern des Landgerichts oder Amtsrichtern des Bezirks, für welchen die Kammer gebildet wird. Der Vorsitzende wird ständig, die Amtsrichter werden auf die Dauer des Geschäftsjahres durch die Landesjustizverwaltung berufen, die übrigen Mitglieder werden nach Maßgabe des § 62 durch das Präsidium des Landgerichts bezeichnet.[76])

### 6. Titel. Schwurgerichte.

**§ 79.** Für die Verhandlung und Entscheidung von Strafsachen treten bei den Landgerichten periodisch Schwurgerichte zusammen.[77])

**§ 80.** Die Schwurgerichte sind zuständig für die Verbrechen, welche nicht zur Zuständigkeit der Strafkammern oder des Reichsgerichts gehören.[78])

**§ 81.** Die Schwurgerichte bestehen aus drei richterlichen Mitgliedern mit Einschluß des Vorsitzenden[79]) und aus zwölf zur Entscheidung der Schuldfrage berufenen Geschworenen.

**§ 82.** Die Entscheidungen, welche nach den Vorschriften dieses Gesetzes oder der Strafprozeßordnung von dem erkennenden Gerichte zu erlassen sind, erfolgen in den bei den Schwurgerichten anhängigen Sachen durch die richterlichen Mitglieder des Schwurgerichts. Werden diese Entscheidungen außerhalb der Dauer der Sitzungsperiode er-

---

76) Über die Befugnis der Landesjustizverwaltung in Preußen, dem ständig berufenen Vorsitzenden der Strafkammer bei einem Amtsgerichte generell einen Stellvertreter für einen Verhinderungsfall zu bestellen, s. U 8/1 84, E 9, 387.

77) Über die Bedeutung des „periodischen Zusammentretens" des Schwurgerichts s. U 24/9 88, R 10, 513.

78) Vgl. jedoch auch § 6 EGzGVG.: „Unberührt bleiben die bestehenden landesgesetzlichen Vorschriften über die Zuständigkeit der Schwurgerichte für die durch die Presse begangenen strafbaren Handlungen." Vgl. für Bayern Art. 35 Ges v. 23/2 79; für Württemberg Art. 12 Ges v. 24/6 79 und U 29/11 88, E 18, 293 (oben S. 320 A. 6); für Baden Ges v. 11/3 70. — Wegen der Zuständigkeit der Schwurgerichte in den Fällen des § 157 Nr. 1 StGB s. A. 61 zu § 73.

79) Wegen der Ernennung des Vorsitzenden und der übrigen richterlichen Mitglieder des Schwurgerichts s. § 83.

forderlich, so erfolgen sie durch die Strafkammern der Landgerichte.[80])

§ 83. Der Vorsitzende des Schwurgerichts wird für jede Sitzungsperiode von dem Präsidenten des Oberlandesgerichts ernannt. Die Ernennung erfolgt aus der Zahl der Mitglieder des Oberlandesgerichts oder der zu dem Bezirke des Oberlandesgerichts gehörigen Landgerichte.

Der Stellvertreter des Vorsitzenden und die übrigen richterlichen Mitglieder werden von dem Präsidenten des Landgerichts aus der Zahl der Mitglieder des Landgerichts bestimmt.[81])

Solange die Ernennung des Vorsitzenden nicht erfolgt ist, erledigt der Vorsitzende der Strafkammer des Landgerichts die in der Strafprozeßordnung dem Vorsitzenden des Gerichts zugewiesenen Geschäfte.

§ 84. Das Amt eines Geschworenen ist ein Ehrenamt.[82]) Dasselbe kann nur von einem Deutschen[83]) versehen werden.

---

80) Vgl. § 77. — Wenn ein schwurgerichtliches Urteil in der Revisionsinstanz unter Aufrechterhaltung der die Schuldfrage erledigenden Feststellungen aufgehoben und die Sache zur anderweiten Verhandlung und Entscheidung in die Vorinstanz zurückverwiesen wird, so erkennen in der neuen Hauptverhandlung lediglich die richterlichen Mitglieder des Schwurgerichts ohne Bildung einer Geschworenenbank und zwar auch dann, wenn zum Zwecke der Strafbemessung eine Beweisaufnahme stattfindet. U 14/12 86, R 8, 760. U 13/2 91, E 21, 338.

81) Auch die Direktoren der Landgerichte gehören zu den richterlichen Mitgliedern und können deshalb zu Mitgliedern (Beisitzern) des Schwurgerichts bestimmt werden. U 31/1 81, E 3, 310. Dasselbe gilt von den zur Aushilfe bei einem Landgericht in gesetzlicher Weise berufenen Hilfsrichtern. U 20/5 80, R 1, 807. Für den Fall der Unmöglichkeit einer Aushilfe aus der Reihe der Mitglieder des Landgerichts kann der Landgerichtspräsident auch Amtsrichter des Landgerichtsbezirks zu den Sitzungen des Schwurgerichts heranziehen. U 5/7 94, E 26, 94. Ist der Schwurgerichtsvorsitzende und sein für die Dauer der Sitzungsperiode bestimmter Stellvertreter tatsächlich verhindert, so kann der Landgerichtspräsident dem jeweiligen Bedürfnis entsprechend einen anderen Stellvertreter ernennen. U 12/8 07, E 40, 268.

82) Wegen der Vergütung der Reisekosten s. § 55 in Verbindung mit § 96.

83) Wegen des Begriffes „Deutscher“ s. A. 24 zu § 31. Daß

§ 85. Die Urliste für die Auswahl der Schöffen dient zugleich als Urliste für die Auswahl der Geschworenen.

Die Vorschriften der §§ 32—35 über die Berufung zum Schöffenamte finden auch auf das Geschworenenamt Anwendung.[84])

§ 86. Die Zahl der für jedes Schwurgericht erforderlichen Geschworenen und die Verteilung dieser Zahl auf die einzelnen Amtsgerichtsbezirke wird durch die Landesjustizverwaltung bestimmt.

§ 87. Der alljährlich bei dem Amtsgerichte für die Wahl der Schöffen zusammentretende Ausschuß (§ 40) hat gleichzeitig diejenigen Personen aus der Urliste auszuwählen, welche er zu Geschworenen für das nächste Geschäftsjahr vorschlägt. Die Vorschläge sind nach dem dreifachen Betrage der auf den Amtsgerichtsbezirk verteilten Zahl der Geschworenen zu bemessen.

§ 88. Die Namen der zu Geschworenen vorgeschlagenen Personen werden in ein Verzeichnis aufgenommen (Vorschlagsliste).

§ 89. Die Vorschlagsliste wird nebst den Einsprachen, welche sich auf die in dieselbe aufgenommenen Personen beziehen, dem Präsidenten des Landgerichts übersendet.

Der Präsident bestimmt eine Sitzung des Landgerichts, an welcher fünf Mitglieder mit Einschluß des Präsidenten und der Direktoren teilnehmen. Das Landgericht entscheidet endgültig über die Einsprachen und wählt sodann aus der Vorschlagsliste die für das Schwurgericht bestimmte Zahl von Hauptgeschworenen und Hilfsgeschworenen.

---

der betr. Geschworene auch der deutschen Sprache mächtig sei, ist nicht erforderlich. U 7/1 98, E 30, 399.

84) Insbesondere findet auch die Vorschrift des § 35 Nr. 2 auf das Geschworenenamt Anwendung, ohne daß ein Unterschied zwischen dem Amte eines Hauptgeschworenen oder eines Hilfsgeschworenen gemacht wird. U 24/9 85, E 12, 373. Daß die Geschworenen im Bezirk des Landgerichts wohnhaft sein müssen, ist nicht erforderlich. U 22/11 06, E 39, 277. Eine vorschriftswidrige Besetzung der Geschworenenbank liegt deshalb auch nicht vor, wenn Personen, die z. Z. der Bildung derselben nicht mehr im Schwurgerichtsbezirk wohnen, als Geschworene berufen sind. U 7/12 06, E 39, 306.

Als Hilfsgeschworene sind solche Personen zu wählen, welche an dem Sitzungsorte des Schwurgerichts oder in dessen nächster Umgebung wohnen.

§ **90.** Die Namen der Haupt- und Hilfsgeschworenen werden in gesonderte Jahreslisten aufgenommen.

§ **91.** Spätestens zwei Wochen vor Beginn der Sitzungen des Schwurgerichts werden in öffentlicher Sitzung des Landgerichts, an welcher der Präsident und zwei Mitglieder teilnehmen, in Gegenwart der Staatsanwaltschaft dreißig Hauptgeschworene ausgelost. Das Los wird von dem Präsidenten gezogen.

Auf Geschworene, welche in einer früheren Sitzungsperiode desselben Geschäftsjahres ihre Verpflichtung erfüllt haben, erstreckt die Auslosung sich nur dann, wenn dies von ihnen beantragt wird.[85])

Über die Auslosung wird von dem Gerichtsschreiber ein Protokoll aufgenommen.

§ **92.** Das Landgericht übersendet das Verzeichnis der ausgelosten Hauptgeschworenen (Spruchliste) dem ernannten Vorsitzenden des Schwurgerichts.

§ **93.** Die in der Spruchliste verzeichneten Geschworenen werden auf Anordnung des für das Schwurgericht ernannten Vorsitzenden zur Eröffnungssitzung des Schwurgerichts unter Hinweis auf die gesetzlichen Folgen des Ausbleibens[86]) geladen.[87])

Zwischen der Zustellung der Ladung und der Eröffnungssitzung soll tunlichst die Frist von einer Woche, jedoch mindestens von drei Tagen liegen.

---

85) Denjenigen Personen, welche im letzten Geschäftsjahre die Verpflichtungen eines Geschworenen erfüllt haben, steht, wie sich aus dem Zusammenhang des § 91 Abs. 2 mit den §§ 85 Abs. 2, 35 Nr. 2 ergibt, die Befugnis zur Ablehnung der Berufung zum Geschworenenamt zu, ohne daß jedoch auch die Berücksichtigung dieses Ablehnungsgrundes bei Auswahl der zu berufenden Personen von Amts wegen ausgeschlossen ist (Mot. S. 44). U 24/9 85, E 12, 373.

86) Wegen der gesetzlichen Folgen des Ausbleibens s. §§ 56, 96 Abs. 1.

87) Die Ladung der Geschworenen erfolgt durch die Staatsanwaltschaft: § 213 StPO.

§ **94.** Über die von Geschworenen geltend gemachten Ablehnungs- und Hinderungsgründe[88]) erfolgt die Entscheidung nach Anhörung der Staatsanwaltschaft durch die richterlichen Mitglieder und, solange das Schwurgericht nicht zusammengetreten ist, durch den ernannten Vorsitzenden des Schwurgerichts. Beschwerde findet nicht statt.

An Stelle der wegfallenden Geschworenen hat der Vorsitzende, wenn es noch geschehen kann, aus der Jahresliste durch Auslosung andere Geschworene auf die Spruchliste zu bringen und deren Ladung anzuordnen. Über die Auslosung wird von dem Gerichtsschreiber ein Protokoll aufgenommen.[89])

§ **95.** Erstreckt sich eine Sitzungsperiode des Schwurgerichts über den Endtermin des Geschäftsjahres hinaus, so bleiben die Geschworenen, welche zu derselben einberufen sind, bis zum Schlusse der Sitzungen zur Mitwirkung verpflichtet.

§ **96.** Die Bestimmungen der §§ 55, 56 finden auch auf Geschworene Anwendung.

Die im § 56 bezeichneten Entscheidungen werden in bezug auf Geschworene von den richterlichen Mitgliedern des Schwurgerichts erlassen.

§ **97.** Niemand soll für dasselbe Geschäftsjahr als Geschworener und als Schöffe bestimmt werden.

Ist dies dennoch geschehen, oder ist jemand für dasselbe Geschäftsjahr in mehreren Bezirken zu diesen Ämtern bestimmt worden, so hat der Einberufene dasjenige Amt zu übernehmen, zu welchem er zuerst einberufen wird.

§ **98.** Die Strafkammer des Landgerichts kann bestimmen, daß einzelne Sitzungen des Schwurgerichts nicht

88) Wegen der Geltendmachung unwahrer Tatsachen als Entschuldigung s. § 138 StGB.

89) Für die Auslosung nach § 94 Abs. 2 sind die Vorschriften des § 91 über die Auslosung der Geschworenen nicht maßgebend. U 4/10 80, E 2, 312. Andererseits kann daraus ein Revisionsgrund nicht entnommen werden, daß die Auslosung im Falle des § 94 Abs. 2 über die dort angeordnete Form hinaus in öffentlicher Sitzung unter Zuziehung der ernannten Beisitzer und in Gegenwart des Staatsanwalts erfolgt ist. U 24/9 81, E 5, 21.

am Sitze des Landgerichts, sondern an einem anderen Orte innerhalb des Schwurgerichtsbezirks abzuhalten seien.[89a])

In diesem Falle wird für diese Sitzungen von dem Landgerichte eine besondere Liste von Hilfsgeschworenen gebildet.

§ **99.** Die Landesjustizverwaltung kann bestimmen, daß die Bezirke mehrerer Landgerichte zu einem Schwurgerichtsbezirke zusammengelegt und die Sitzungen des Schwurgerichts bei einem der Landgerichte abgehalten werden.

In diesem Falle hat das Landgericht, bei welchem die Sitzungen des Schwurgerichts abgehalten werden, und der Präsident desselben die ihnen in den §§ 82—98 zugewiesenen Geschäfte für den Umfang des Schwurgerichtsbezirks wahrzunehmen.

Die Mitglieder des Schwurgerichts mit Einschluß des Stellvertreters des Vorsitzenden können aus der Zahl der Mitglieder der im Bezirke des Schwurgerichts belegenen Landgerichte bestimmt werden.

## 7. Titel. Kammern für Handelssachen. §§ 100—118.

## 8. Titel. Oberlandesgerichte.[90])

§ **119.** Die Oberlandesgerichte werden mit einem Präsidenten und der erforderlichen Anzahl von Senatspräsidenten und Räten besetzt.

§ **120.** Bei den Oberlandesgerichten werden Zivil- und Strafsenate gebildet.

§ **121.** Die Bestimmungen der §§ 61—68 finden mit der Maßgabe Anwendung, daß zu dem Präsidium stets die beiden ältesten Mitglieder des Gerichts zuzuziehen sind.

§ **122.** Zu Hilfsrichtern dürfen nur ständig angestellte Richter berufen werden.

§ **123.** Die Oberlandesgerichte sind zuständig für die Verhandlung und Entscheidung über die Rechtsmittel:

---

89a) Diese Vorschrift ist auch für Verhandlungen vor den Strafkammern anwendbar. U 20/11 84, E 11, 352. U 23/2 92, E 22, 396. Vgl. § 78 A. 74.

90) Vgl. hierzu wegen der Bundesstaaten mit mehreren Oberlandesgerichten § 9 EGzGVG. Vgl. auch § 170 StPO.

1. der Berufung gegen die Endurteile der Landgerichte in bürgerlichen Rechtsstreitigkeiten;
2. der Revision gegen Urteile der Strafkammern in der Berufungsinstanz;[91])
3. der Revision gegen Urteile der Strafkammern in erster Instanz, sofern die Revision ausschließlich auf die Verletzung einer in den Landesgesetzen enthaltenen Rechtsnorm gestützt wird;[92])
4. der Beschwerde gegen Entscheidungen der Landgerichte in bürgerlichen Rechtsstreitigkeiten;
5. der Beschwerde gegen strafrichterliche Entscheidungen erster Instanz, soweit nicht die Zuständigkeit der Strafkammer begründet ist, und gegen Entscheidungen der Strafkammern in der Beschwerdeinstanz und Berufungsinstanz.[93])

**§ 124.** Die Senate der Oberlandesgerichte entscheiden in der Besetzung von fünf Mitgliedern mit Einschluß des Vorsitzenden.

### 9. Titel. Reichsgericht.

**§ 125.** Der Sitz des Reichsgerichts wird durch Gesetz bestimmt.[94])

**§ 126.** Das Reichsgericht wird mit einem Präsidenten und der erforderlichen Anzahl von Senatspräsidenten und Räten besetzt.

**§ 127.** Der Präsident, die Senatspräsidenten und Räte werden auf Vorschlag des Bundesrats von dem Kaiser ernannt.

---

91) Vgl. §§ 354, 374, 380 StPO. Dies gilt auch, wenn die Strafk. rechtsirrtümlich statt nach § 369 Abs. 3 StPO in 1. Instanz als Berufungsgericht erkannt hat. Beschl 7/5 09, JW 38, 518.

92) Vgl. § 136 Nr. 2 GVG und § 384 StPO. Wenn von mehreren Angeklagten der eine die Revision gegen ein Urteil erster Instanz auf Verletzung des Reichsrechts, der andere nur auf Verletzung des Landesrechts stützt, so ist das Reichsgericht zur Entscheidung über die Revision beider Angeklagter zuständig. U 8/1 97, E 45, 29.

93) Vgl. §§ 72, 76, 183 GVG und §§ 346, 347, 352, 354 StPO.

94) Vgl. Ges über den Sitz des Reichsgerichts vom 11/4 77 (RGBl S. 415) § 2: „Das Reichsgericht erhält seinen Sitz in Leipzig."

Zum Mitgliede des Reichsgerichts kann nur ernannt werden, wer die Fähigkeit zum Richteramt in einem Bundesstaate erlangt und das fünfunddreißigste Lebensjahr vollendet hat.

**§§ 128—135** enthalten Bestimmungen über die Enthebung der Reichsgerichtsmitglieder vom Amte und ihre Versetzung in den Ruhestand, sowie über die Zuständigkeit des Reichsgerichts in bürgerlichen Rechtsstreitigkeiten).

**§ 136.** In Strafsachen ist das Reichsgericht zuständig:

1. für die Untersuchung und Entscheidung in erster und letzter Instanz in den Fällen des Hochverrats und des Landesverrats, insofern diese Verbrechen gegen den Kaiser oder das Reich gerichtet sind;[95])
2. für die Verhandlung und Entscheidung über die Rechtsmittel der Revision gegen Urteile der Strafkammern in erster Instanz, insoweit nicht die Zuständigkeit der Oberlandesgerichte begründet ist, und gegen Urteile der Schwurgerichte.[96])

In Strafsachen wegen Zuwiderhandlungen gegen die Vorschriften über die Erhebung öffentlicher in die Reichskasse fließender Abgaben und Gefälle ist das Reichsgericht auch für die Verhandlung und Entscheidung über das

95) Hochverrat und Landesverrat s. §§ 80—93 StGB. Das Vergehen gegen § 139 StGB (Unterlassung der Anzeige von dem Vorhaben eines Hochverrats und Landesverrats) gehört nicht hierher. Vgl. auch § 484 StPO wegen des Begnadigungsrechtes des Kaisers in den Fällen des § 136 Nr. 1.

96) Vgl. § 123 Nr. 3; § 9 EGzGVG und §§ 374 ff. StPO.

Wenn ein Oberlandesgericht trotz mangelnder Zuständigkeit als Revisionsgericht erkannt hat, darf das Reichsgericht über die an sich nach § 136 vor dasselbe gehörige Revision nicht entscheiden, da dem oberlandesgerichtlichen Urteil durch den Mangel der Zuständigkeit die Bedeutung eines der Rechtskraft fähigen Urteils nicht entzogen wird. Beschl 5/5 91, E 22, 113. Vgl. U 23/6 83, E 9, 20. U 15/11 83, E 9, 331. Dagegen ist das Reichsgericht zur Entscheidung über die Revision gegen ein Urteil der Strafkammer zuständig, durch welches diese in verbundenen Strafsachen (§ 5 StPO) teils in erster Instanz, teils als Berufungsgericht erkannt und eine Gesamtstrafe ausgesprochen hat. U 21/4 98, E 31, 125. Unzuständig ist das Reichsgericht, wenn Verletzung reichsrechtlicher Vorschriften nur zum Schein gerügt ist. Beschl 17/6 07, E 40, 221.

Rechtsmittel der Revision gegen Urteile der Strafkammern in der Berufungsinstanz zuständig, sofern die Entscheidung des Reichsgerichts von der Staatsanwaltschaft bei der Einsendung der Akten an das Revisionsgericht beantragt wird.[97])

§ **137.**[98]) Will in einer Rechtsfrage ein Zivilsenat von der Entscheidung eines anderen Zivilsenats oder der vereinigten Zivilsenate, oder ein Strafsenat von der Entscheidung eines anderen Strafsenats oder der vereinigten Strafsenate abweichen, so ist über die streitige Rechtsfrage im ersteren Falle eine Entscheidung der vereinigten Zivilsenate, im letzteren Falle eine solche der vereinigten Strafsenate einzuholen.

Einer Entscheidung der Rechtsfrage durch das Plenum bedarf es, wenn ein Zivilsenat von der Entscheidung eines Strafsenats oder der vereinigten Strafsenate, oder ein Strafsenat von der Entscheidung eines Zivilsenats oder der vereinigten Zivilsenate, oder ein Senat von der früher eingeholten Entscheidung des Plenums abweichen will.

---

97) Der § 136 unterscheidet nicht weiter, in welcher Stellung die Staatsanwaltschaft zu dem fraglichen Antrage legitimiert sein soll. Dieselbe ist also berechtigt, durch ihren Antrag auf Entscheidung des Reichsgerichts die Zuständigkeit des letzteren für die Verhandlung und Entscheidung über das Rechtsmittel der Revision gegen Urteile der Strafkammern in der Berufungsinstanz wegen in die Staatskasse fließender Abgaben und Gefälle auch dann zu begründen, wenn weder sie selbst das Rechtsmittel eingelegt hat, noch die Revision gegen sie gerichtet ist. U 7/12 82, E 7, 326. Desgl. wird die Zuständigkeit des Reichsgerichts durch den Antrag der StA auch dann begründet, wenn die den Gegenstand der Anklage bildenden Tatumstände weder in dem Eröffnungsbeschlusse, noch in den Urteilen der Vorinstanzen unter dem Gesichtspunkte einer Zuwiderhandlung gegen die im § 136 Abs. 2 gedachten Vorschriften gewürdigt worden sind, die Verletzung dieser Vorschriften durch Nichtanwendung vielmehr erst von der StA zur Begründung der Revision geltend gemacht ist. U 16/3 00, E 33, 192.

Ob die im § 136 Abs. 2 gedachten Vorschriften im einzelnen die Abgaben und Gefälle selbst oder Maßregeln zu deren Sicherung betreffen, ist gleichgültig. U 11/2 95, E 27, 15.

Zu den öffentlichen Gefällen gehören auch die Postgefälle. U 5/7 01, DJZ 7, 102.

98) Der jetzige Wortlaut des § 137 beruht auf dem Ges, betr. die Abänderung des § 137 des GVG, v. 17/3 86 (RGBl S. 61), sowie dem Ges v. 17/5 98 betr. Änderungen des GVG u. d. StPO (RGBl S. 254).

Die Entscheidung der Rechtsfrage durch die vereinigten Senate oder das Plenum ist in der zu entscheidenden Sache bindend. Sie erfolgt in allen Fällen ohne vorgängige münd- Verhandlung.

Vor der Entscheidung der vereinigten Strafsenate oder derjenigen des Plenums, sowie in Ehe- und Entmündigungssachen und in Rechtsstreitigkeiten, welche die Feststellung des Rechtsverhältnisses zwischen Eltern und Kindern oder die Anfechtung einer Todeserklärung zum Gegenstande haben, ist der Ober-Reichsanwalt mit seinen schriftlichen Anträgen zu hören.

Soweit die Entscheidung der Sache eine vorgängige mündliche Verhandlung erfordert, erfolgt dieselbe durch den erkennenden Senat auf Grund einer erneuten mündlichen Verhandlung, zu welcher die Prozeßbeteiligten von Amts wegen unter Mitteilung der ergangenen Entscheidung der Rechtsfrage zu laden sind."

§ **138.** Der erste Strafsenat des Reichsgerichts hat bei den im § 136 Nr. 1 bezeichneten Verbrechen diejenigen Geschäfte zu erledigen, welche im § 72 Abs. 1 der Strafkammer des Landgerichts zugewiesen sind.

Das Hauptverfahren findet vor dem vereinigten zweiten und dritten Strafsenate statt.

§ **139.** Zur Fassung von Plenarentscheidungen und von Entscheidungen der vereinigten Zivil- oder Strafsenate, sowie der beiden vereinigten Strafsenate ist die Teilnahme von mindestens zwei Dritteilen aller Mitglieder mit Einschluß des Vorsitzenden erforderlich.

Die Zahl der Mitglieder, welche eine entscheidende Stimme führen, muß eine ungerade sein. Ist die Zahl der anwesenden Mitglieder eine gerade, so hat derjenige Rat, welcher zuletzt ernannt ist, und bei gleichem Dienstalter derjenige, welcher der Geburt nach der jüngere ist, oder, wenn dieser Berichterstatter ist, der nächst ältere kein Stimmrecht.

§ **140.** Die Senate des Reichsgerichts entscheiden in der Besetzung von sieben Mitgliedern mit Einschluß des Vorsitzenden.

**§ 141.** Der Geschäftsgang wird durch eine Geschäftsordnung geregelt, welche das Plenum auszuarbeiten und dem Bundesrat zur Bestätigung vorzulegen hat.

### 10. Titel. Staatsanwaltschaft.

**§ 142.** Bei jedem Gerichte soll eine Staatsanwaltschaft bestehen.

**§ 143.** Das Amt der Staatsanwaltschaft wird ausgeübt:

1. bei dem Reichsgerichte durch einen Ober-Reichsanwalt und durch einen oder mehrere Reichsanwälte;
2. bei den Oberlandesgerichten, den Landgerichten und den Schwurgerichten durch einen oder mehrere Staatsanwälte;
3. bei den Amtsgerichten und den Schöffengerichten durch einen oder mehrere Amtsanwälte.

Die Zuständigkeit der Amtsanwälte erstreckt sich nicht auf das amtsrichterliche Verfahren zur Vorbereitung der öffentlichen Klage in denjenigen Strafsachen, welche zur Zuständigkeit anderer Gerichte als der Schöffengerichte gehören.

**§ 144.** Die örtliche Zuständigkeit der Beamten der Staatsanwaltschaft wird durch die örtliche Zuständigkeit des Gerichts bestimmt, für welches sie bestellt sind.

Ein unzuständiger Beamter der Staatsanwaltschaft hat sich denjenigen innerhalb seines Bezirks vorzunehmenden Amtshandlungen zu unterziehen, in Ansehung welcher Gefahr im Verzuge obwaltet.

Können die Beamten der Staatsanwaltschaft verschiedener Bundesstaaten sich nicht darüber einigen, wer von ihnen die Verfolgung zu übernehmen hat, so entscheidet der ihnen gemeinsam vorgesetzte Beamte der Staatsanwaltschaft und in Ermangelung eines solchen der Ober-Reichsanwalt.

**§ 145.** Besteht die Staatsanwaltschaft eines Gerichts aus mehreren Beamten, so handeln die dem ersten Beamten beigeordneten Personen als dessen Vertreter; sie sind, wenn sie für ihn auftreten, zu allen Amtsverrichtungen desselben ohne den Nachweis eines besonderen Auftrags berechtigt.[60])

§ **146.** Die ersten Beamten der Staatsanwaltschaft bei den Oberlandesgerichten und den Landgerichten sind befugt, bei allen Gerichten ihres Bezirks die Amtsverrichtungen der Staatsanwaltschaft selbst zu übernehmen oder mit Wahrnehmung derselben einen anderen als den zunächst zuständigen Beamten zu beauftragen.[100])

Amtsanwälte können das Amt der Staatsanwaltschaft nur bei den Amtsgerichten und den Schöffengerichten versehen.

§ **147.** Die Beamten der Staatsanwaltschaft haben den dienstlichen Anweisungen ihres Vorgesetzten nachzukommen.

In denjenigen Sachen, für welche das Reichsgericht in erster und letzter Instanz zuständig ist, haben alle Beamte der Staatsanwaltschaft den Anweisungen des Ober-Reichsanwalts Folge zu leisten.

§ **148.** Das Recht der Aufsicht und Leitung steht zu:

1. dem Reichskanzler hinsichtlich des Ober-Reichsanwalts und der Reichsanwälte;
2. der Landesjustizverwaltung hinsichtlich aller staatsanwaltlichen Beamten des betreffenden Bundesstaates;
3. den ersten Beamten der Staatsanwaltschaft bei den Oberlandesgerichten und den Landgerichten hinsichtlich aller Beamten der Staatsanwaltschaft ihres Bezirks.

§ **149.** Der Ober-Reichsanwalt und die Reichsanwälte sind nicht richterliche Beamte.

Zu diesen Ämtern sowie den Ämtern der Staatsanwaltschaft bei den Oberlandesgerichten und den Landgerichten können nur zum Richteramte befähigte Beamte ernannt werden.

99) Wegen der Zulässigkeit der Vertretung der Staatsanwaltschaft durch die ihr zur Beschäftigung überwiesenen Gerichtsassessoren (Hamburg) oder einen der Staatsanwaltschaft eines anderen Gerichts angehörigen StA s. U 11/11 89, E 20, 40, bzw. U 11/10 10, E 44, 75.

100) In den verschiedene Staatsgebiete umfassenden Oberlandesgerichtsbezirken sind die ersten Beamten der StA unter Wahrung des § 146 Abs. 2 befugt, jedem in dem OLG-Bezirke fungierenden Beamten der StA die Wahrnehmung der Geschäfte der letzteren bei jedem Gerichte des Bezirks zu übertragen, ohne Rücksicht darauf, ob der beauftragte Beamte der Justizhoheit des Staates für seine Person untersteht, zu welchem dieses Gericht gehört. U 20/5 86, R 8, 369.

**§ 150.** Der Ober-Reichsanwalt und die Reichsanwälte werden auf Vorschlag des Bundesrats vom Kaiser ernannt. Dieselben können durch Kaiserliche Verfügung jederzeit mit Gewährung des gesetzlichen Wartegeldes einstweilig in den Ruhestand versetzt werden.

**§ 151.** Die Staatsanwaltschaft ist in ihren Amtsverrichtungen von den Gerichten unabhängig.

**§ 152.** Die Staatsanwälte dürfen richterliche Geschäfte nicht wahrnehmen. Auch darf ihnen eine Dienstaufsicht über die Richter nicht übertragen werden.[1]

**§ 153.** Die Beamten des Polizei- und Sicherheitsdienstes sind Hilfsbeamte der Staatsanwaltschaft und sind in dieser Eigenschaft verpflichtet, den Anordnungen der Staatsanwälte bei dem Landgerichte ihres Bezirks und der diesen vorgesetzten Beamten Folge zu leisten.[2]

Die nähere Bezeichnung derjenigen Beamtenklassen, auf welche diese Bestimmung Anwendung findet, erfolgt durch die Landesregierungen.

### 11. Titel. Gerichtsschreiber.

**§ 154.** Bei jedem Gerichte wird eine Gerichtsschreiberei eingerichtet. Die Geschäftseinrichtung bei dem Reichsgerichte wird durch den Reichskanzler, bei den Landesgerichten durch die Landesjustizverwaltung bestimmt.[3]

### 12. Titel. Zustellungs- und Vollstreckungsbeamte.

**§ 155.** Die Dienst- und Geschäftsverhältnisse der mit den Zustellungen, Ladungen und Vollstreckungen zu betrauen-

---

1) Die Vorschrift des § 152 gilt in Preußen auch für die einer StA zur Beschäftigung oder als Hilfsarbeiter überwiesenen Gerichtsassessoren. U 19/10 86, R 8, 634.

2) Der Zweck des § 153 Abs. 1 ist lediglich der, die StA in den Stand zu setzen, den Beamten der Sicherheitspolizei unmittelbar Aufträge und Befehle erteilen zu können. Dadurch werden aber die Polizeibeamten nicht Beamte der StA in dem Sinne, daß sie als Mitglieder oder Vertreter der StA als Behörde betrachtet werden könnten. Ein bei Beamten des Polizei- und Sicherheitsdienstes nur mündlich angebrachter Strafantrag hat deshalb keine Wirksamkeit (§ 156 StPO). U 23/11 80, E 3, 55.

den Beamten (Gerichtsvollzieher) werden bei dem Reichsgerichte durch den Reichskanzler, bei den Landesgerichten durch die Landesjustizverwaltung bestimmt.

§ **156.** Der Gerichtsvollzieher ist von der Ausübung seines Amts kraft Gesetzes ausgeschlossen:

I. in bürgerlichen Rechtsstreitigkeiten:
   1. wenn er selbst Partei oder gesetzlicher Vertreter usw.

II. in Strafsachen:[4])
   1. wenn er selbst durch die strafbare Handlung verletzt ist;
   2. wenn er der Ehemann der Beschuldigten oder Verletzten ist oder gewesen ist;
   3. wenn er mit dem Beschuldigten oder Verletzten in dem vorstehend unter Nr. I. 3 bezeichneten Verwandtschafts- oder Schwägerschaftsverhältnisse steht.[4a])

## 13. Titel. Rechtshilfe.[5])

§ **157.** Die Gerichte haben sich in bürgerlichen Rechtsstreitigkeiten und in Strafsachen Rechtshilfe zu leisten.

§ **158.** Das Ersuchen um Rechtshilfe ist an das Amtsgericht zu richten, in dessen Bezirke die Amtshandlung vorgenommen werden soll.

§ **159.** Das Ersuchen darf nicht abgelehnt werden. Das Ersuchen eines nicht im Instanzenzuge vorgesetzten Gerichts ist jedoch abzulehnen, wenn dem ersuchten Gerichte die örtliche Zuständigkeit mangelt, oder die vorzunehmende Handlung nach dem Rechte des ersuchten Gerichts verboten ist.

---

3) Wegen der Ausschließung und Ablehnung des Gerichtsschreibers s. § 31 StPO und die A zu demselben.

4) Vgl. § 22 Nr. 1—3 StPO.

4a) § 156 Nr. I. 3 lautet:
„Der Gerichtsvollzieher ist von der Ausübung seines Amtes kraft Gesetzes ausgeschlossen: 3. wenn eine Person Partei ist, mit welcher er in gerader Linie verwandt, verschwägert oder durch Adoption verbunden, in der Seitenlinie bis zum dritten Grade verwandt oder bis zum zweiten Grade verschwägert ist, auch wenn die Ehe, durch welche die Schwägerschaft begründet ist, nicht mehr besteht."

5) Vgl. Rechtshilfegesl v. 21. Juni 1869 (BGBl S. 305).

§ 160.[6]) Wird das Ersuchen abgelehnt,[6a]) oder wird der Vorschrift des § 159 Abs. 2 zuwider dem Ersuchen stattgegeben, so entscheidet das Oberlandesgericht, zu dessen Bezirke das ersuchte Gericht gehört. Eine Anfechtung dieser Entscheidung findet nur statt, wenn dieselbe die Rechtshilfe für unzulässig erklärt, und das ersuchende und das ersuchte Gericht den Bezirken verschiedener Oberlandesgerichte angehören. Über die Beschwerde entscheidet das Reichsgericht.

Die Entscheidungen erfolgen auf Antrag der Beteiligten oder des ersuchenden Gerichts ohne vorgängige mündliche Verhandlung.

§ 161. Die Herbeiführung der zum Zwecke von Vollstreckungen, Ladungen und Zustellungen erforderlichen Handlungen erfolgt nach Vorschrift der Prozeßordnungen ohne Rücksicht darauf, ob die Handlungen in dem Bundesstaate, welchem das Prozeßgericht angehört, oder in einem anderen Bundesstaate vorzunehmen sind.*)

---

6) Die Vorschrift des § 160 betrifft nur diejenigen Fälle, in denen die Leistung von Rechtshilfe i. S. §§ 157 ff. GVG, d. h. die Rechtshilfe unter den ordentlichen Gerichten in bürgerl. Rechtsstreitigkeiten und in Strafsachen in Frage steht, U 12/7 87, R 9, 418; sie findet also keine analoge Anwendung, wenn eine Disziplinarbehörde gerichtl. Hilfe in Anspruch nimmt. Beschl 21/10 89, E 19, 438. Vgl. Beschl 29/7 91, E 22, 111. Im einzelnen ist zu bemerken, daß die im § 160 vorgesehene Beschwerde keine Anwendung findet, wenn in einer schöffengerichtl. Strafsache der zur Strafvollstreckung zuständige Amtsrichter einen anderen Amtsrichter, in dessen Bezirk der Verurteilte wohnt, um den Vollzug der vom Schöffengericht erkannten Freiheitsstrafe ersucht und sodann zwischen den beiden, in verschiedenen Oberlandesgerichtsbezirken angestellten Amtsrichtern über die Strafvollstreckung Meinungsverschiedenheiten entstehen. In solchem Fall kann, soweit nicht etwa die Voraussetzungen des § 490 StPO zutreffen und deshalb das dort angeordnete gerichtl. Verfahren einzutreten hat, nur eine Beschwerde im Dienstaufsichtswege in Betracht kommen. Beschl 9/12 89, E 20, 101.

6a) Der Ausdruck „Ablehnung" umfaßt auch den Fall, wenn über die Ausführung des Ersuchens Streit entsteht, da jede dem Ersuchen nicht völlig entsprechende Ausführung eine teilweise Ablehnung enthält. Ein Ersuchen um Rechtshilfe ist daher als abgelehnt anzusehen, wenn demselben im übrigen entsprochen, die Tragung der erwachsenen Kosten (§ 165) jedoch abgelehnt wird. Beschl 13/2 93, E 24, 1.

*) Das von Gericht zu Gericht gestellte Ersuchen um Voll-

§ **162.** Gerichte, Staatsanwaltschaften und Gerichtsschreiber können wegen Erteilung eines Auftrags an einen Gerichtsvollzieher die Mitwirkung des Gerichtsschreibers des Amtsgerichts in Anspruch nehmen, in dessen Bezirke der Auftrag ausgeführt werden soll. Der von dem Gerichtsschreiber beauftragte Gerichtsvollzieher gilt als unmittelbar beauftragt.

§ **163.** Eine Freiheitsstrafe, welche die Dauer von sechs Wochen nicht übersteigt, ist in demjenigen Bundesstaate zu vollstrecken, in welchem der Verurteilte sich befindet.

§ **164.** Soll eine Freiheitsstrafe in dem Bezirke eines anderen Gerichts vollstreckt oder ein in dem Bezirke eines anderen Gerichts befindlicher Verurteilter zum Zwecke der Strafverbüßung ergriffen und abgeliefert werden, so ist die Staatsanwaltschaft bei dem Landgerichte des Bezirks um die Ausführung zu ersuchen.

§ **165.** Im Falle der Rechtshilfe unter den Behörden verschiedener Bundesstaaten sind die baren Auslagen, welche durch eine Ablieferung oder Strafvollstreckung entstehen, der ersuchten Behörde von der ersuchenden zu erstatten.

Im übrigen werden Kosten der Rechtshilfe von der ersuchenden Behörde nicht erstattet.

Ist eine zahlungspflichtige Partei vorhanden, so sind die Kosten von derselben durch die ersuchende Behörde einzuziehen und der eingezogene Betrag der ersuchten Behörde zu übersenden.

Stempel-, Einregistrierungsgebühren oder andere öffentliche Abgaben, welchen die von der ersuchenden Behörde übersendeten Schriftstücke (Urkunden, Protokolle) nach dem Rechte der ersuchten Behörde unterliegen, bleiben außer Ansatz.

§ **166.** Für die Höhe der den geladenen Zeugen und Sachverständigen gebührenden Beträge sind die Bestim-

---

streckung eines Haftbefehles bildet keinen Akt der Rechtshilfe, zu dessen Ausführung das ersuchte Gericht verpflichtet ist, da der Fall der Rechtshilfe nur vorliegt, wenn ein Gericht die Vornahme einer Handlung verlangt, für die eine richterliche Handlung erforderlich ist, zu solchen Handlungen aber die Vollstreckung eines richterlich angeordneten Haftbefehls nicht gehört. Beschl 22/12 94, E 26, 338.

mungen maßgebend, welche bei dem Gerichte gelten, vor welches die Ladung erfolgt.

Sind die Beträge nach dem Rechte des Aufenthaltsorts der geladenen Personen höher, so können die höheren Beträge gefordert werden.

Bei weiterer Entfernung des Aufenthaltsorts der geladenen Personen ist denselben auf Antrag ein Vorschuß zu bewilligen.

**§ 167.** Ein Gericht darf Amtshandlungen außerhalb seines Bezirks ohne Zustimmung des Amtsgerichts des Orts nur vornehmen, wenn Gefahr im Verzuge obwaltet. In diesem Falle ist dem Amtsgerichte des Orts Anzeige zu machen.

**§ 168.** Die Sicherheitsbeamten eines Bundesstaates sind ermächtigt, die Verfolgung eines Flüchtigen auf das Gebiet eines anderen Bundesstaates fortzusetzen und den Flüchtigen daselbst zu ergreifen.[7])

Der Ergriffene ist unverzüglich an das nächste Gericht oder die nächste Polizeibehörde des Bundesstaates in welchem er ergriffen wurde, abzuführen.

**§ 169.** Die in einem Bundesstaate bestehenden Vorschriften über die Mitteilung von Akten einer öffentlichen Behörde an ein Gericht dieses Bundesstaates kommen auch dann zur Anwendung, wenn das ersuchende Gericht einem anderen Bundesstaate angehört.

### 14. Titel. Öffentlichkeit und Sitzungspolizei.

**§ 170.** Die Verhandlung[8]) vor dem erkennenden Gerichte, einschließlich der Verkündung der Urteile[9]) und Beschlüsse desselben, erfolgt öffentlich.[10])

---

7) Der Begriff der Verfolgung umfaßt auch hier alle diejenigen Maßnahmen, welche auf die Ergreifung der als Täter ins Auge gefaßten Person abzielen und ihrer Natur nach geeignet sind, diese zu ermöglichen, zu erleichtern oder zu sichern. U 13/12 97, E 30, 386. Insbesondere sind die Forstschutzbeamten berechtigt, die wegen Verübung eines Jagd- oder Forstfrevels auf frischer Tat verdächtigen Personen über die Grenze in ein fremdes Bundesgebiet zu verfolgen und daselbst behufs Feststellung ihrer Persönlichkeit zu ergreifen. U 9/12 86, R 8, 735. Dagegen sind dieselben nicht berechtigt, dort Durchsuchungen oder Beschlagnahmen vorzunehmen. U 19/11 94, E 26, 211.

**§ 171.** In Ehesachen[11]) ist die Öffentlichkeit auszuschließen, wenn eine der Parteien es beantragt.

**§ 172.** In dem auf die Klage wegen Anfechtung oder Wiederaufhebung der Entmündigung einer Person wegen Geisteskrankheit oder wegen Geistesschwäche eingeleiteten Verfahren (§§ 664, 679 der Zivilprozeßordnung) ist die Öffentlichkeit während der Vernehmung des Entmündigten auszuschließen, auch kann auf Antrag einer der Parteien die Öffentlichkeit der Verhandlung überhaupt ausgeschlossen werden.

Das Verfahren wegen Entmündigung oder Wiederaufhebung der Entmündigung (§§ 645—663, 675—678 der Zivilprozeßordnung) ist nicht öffentlich.

---

8) Die Beratung und Abstimmung des Gerichts erfolgt jedoch nicht öffentlich: § 195 Abs. 1.

9) Wegen der öffentlichen Verkündung der Urteile s. noch die besondere Bestimmung des § 195.

10) Die Bedeutung der Öffentlichkeit besteht darin, daß der Regel nach jedermann aus dem Publikum Zutritt zu den Gerichtssälen haben soll, in denen die Gerichte Recht sprechen. U 8/7 92, E 23, 219. Dieses Prinzip der Öffentlichkeit der vor dem erkennenden Gericht stattfindenden Verhandlungen führt jedoch nicht dahin, daß immer und unter allen Umständen für jedermann, mit Ausnahme etwa der im § 176 gedachten Personen, der Zutritt zu der Verhandlung ermöglicht gewesen sein müsse, und tatsächliche Hindernisse, welche sich dem entgegenstellen, stets als eine dem Gericht zur Last fallende Beschränkung der Öffentlichkeit sich darstellen. Es ist deshalb eine Anordnung des Landgerichtspräsidenten zulässig, daß der Eintritt zu den Strafkammerverhandlungen nur gegen besondere Einlaßkarten gestattet sein soll, U 5/2 04, DR 8, 145. U 10/6 06, G 53, 443; oder daß nicht mehr Personen zugelassen werden sollen, als Sitzplätze vorhanden sind. U 20/1 06, DR 10, 260. Schließung der Türen bzw. die Zurückweisung weiterer Zuhörer wegen Überfüllung des Zuhörerraums. U 20/10 80, R 2, 360. U 9/4 89, G 37, 186. U 1/10 80, E 2, 301 (Mißgriffe des Gerichtsdieners in bezug auf die Öffentlichkeit). U 21/3 82, R 4, 268 (desgl.). U 11/4 92, G 40, 44 u. U 8/7 92, E 23, 219 (Unkenntnis des Gerichts von Schließung der Türen). Einzelne im Sitzungssaale anwesende Personen können jedenfalls nicht ohne besondere Rechtfertigung einer solchen Maßregel aus §§ 176, 178 GVG entfernt werden. U 13/8 97, E 30, 244. Wegen der Revision bei Verletzung der Vorschriften über die Öffentlichkeit des Verfahrens s. § 377 Nr. 6 StPO und wegen der Beurkundung der Tatsache, ob öffentlich verhandelt oder die Öffentlichkeit ausgeschlossen ist, s. § 272 Nr. 5 StPO.

11) Wegen des Verfahrens in Ehesachen s. §§ 606 ff. ZPO.

§ **173.** In allen Sachen kann durch das Gericht für die Verhandlung oder für einen Teil derselben die Öffentlichkeit ausgeschlossen werden,[11a]) wenn sie eine Gefährdung der öffentlichen Ordnung,[12]) insbesondere der Staatssicherheit,[12a]) oder eine Gefährdung der Sittlichkeit besorgen läßt.[13])

§ **174.** Die Verkündung des Urteils[14]) erfolgt in jedem Falle öffentlich.[15])

Durch einen besonderen Beschluß des Gerichts kann für die Verkündung der Urteilsgründe oder eines Teiles derselben die Öffentlichkeit ausgeschlossen werden, wenn sie eine Gefährdung der Staatssicherheit oder eine Gefährdung der Sittlichkeit besorgen läßt.[15a])

---

11a) Der Ausschluß der Öffentlichkeit gilt für alle dem betreffenden Verhandlungsabschnitt angehörenden Prozeßhandlungen. U 29/4 10, E 43, 367.

12) Eine Gefährdung der öffentlichen Ordnung liegt auch dann vor, wenn die Öffentlichkeit von der Zuhörerschaft zu fortwährenden Störungen der Verhandlung oder zur Erschwerung der Wahrheitsermittelung gemißbraucht wird. U 10/5 97, E 30, 104.

12a) Gefährdung des Staatswohles ist nicht identisch mit Gefährdung der Staatssicherheit und enthält auch nicht notwendig eine Gefährdung der öffentl. Ordnung. U 24/8 00, G 47, 383.

13) Aus dem Sitzungsprotokoll muß der Grund zu ersehen sein, der zur Ausschließung der Öffentlichkeit Veranlassung gegeben hat. U 9/12 87, R 9, 715. U 30/5 90, G 38, 195. Die tatsächliche Begründung unterliegt lediglich dem Ermessen des erkennenden Gerichts. U 21/1 95, E 26, 395.

14) Die Verkündung des Urteils umfaßt nach § 267 StPO nicht nur die Verlesung der Urteilsformel, sondern auch die Eröffnung der Urteilsgründe, soweit nicht § 174 Abs. 2 entgegensteht. U 6/5 90, E 20, 383.

15) Wenn in einer Sache, für deren Verhandlung die Öffentlichkeit ausgeschlossen war, das Urteil versehentlich vor Wiederherstellung der Öffentlichkeit verkündet ist, so kann dieser Mangel durch nochmalige Verkündung des Urteils in öffentl. Sitzung innerhalb desselben Hauptverfahrens beseitigt werden. U 18/4 93, G 41, 45. Die gänzliche Verletzung der Vorschrift des § 174 Abs. 1 begründet stets die Revision. U 30/1 80, E 1, 90. U 26, 11 81, R 3, 743.

15a) Der Beschluß über Ausschließung der Öffentlichkeit für die Verkündung der Urteilsgründe (§ 174 Abs. 2) muß bei Vermeidung der Aufhebung des Urteils öffentlich verkündet werden. U 31/1 02, E 35, 103. U 7/6 04, G 51, 399. Er darf nicht schon bei Beginn der Verhandlung, sondern erst dann gefaßt werden, wenn auf Grund der letzteren die Entscheidung und deren Gründe feststehen. U 4/2 10, E 43, 300.

**§ 175.** Die Verhandlung über die Ausschließung der Öffentlichkeit[16]) findet in nicht öffentlicher Sitzung statt, wenn ein Beteiligter es beantragt oder das Gericht es für angemessen erachtet.[17]) Der Beschluß, welcher die Öffentlichkeit ausschließt, muß öffentlich verkündet werden. Bei der Verkündung ist anzugeben, ob die Ausschließung wegen Gefährdung der öffentlichen Ordnung, insbesondere

---

16) Die im § 175 vorgesehene Verhandlung muß, gleichviel ob ein bezügl. Antrag seitens der Beteiligten vorliegt oder nicht (U 5/11 89, E 20, 52), sowohl in den Fällen des § 173 als im Falle des § 174 Abs. 2 stattfinden. U 31/1 02, E 35, 103. Dieselbe soll den Prozeßbeteiligten zur Abgabe einer Erklärung in erkennbarer Weise Gelegenheit geben und erfordert daher das Gehör aller Prozeßbeteiligten, insbesondere auch des Nebenklägers bzw. seines Vertreters. U 10/5 97, E 30, 104. U 5/7 95, G 43, 242. U 19/3 01, G 48, 133. Eine ausdrückliche Aufforderung der Beteiligten ist nicht erforderlich; es genügt, wenn dem Angekl. zum Bewußtsein gebracht wird, daß ihm zur Abgabe einer Erklärung hierüber Gelegenheit gegeben ist. U 7/4 02, DR 6, 245. U 1/3 05, E 37, 437. Daß neben dem Angekl. auch dessen Verteidiger gehört werden muß, ist nicht vorgeschrieben. U 16/2 06, DR 10, 390. Ob über den gänzlichen oder über einen nur teilweisen Ausschluß der Öffentl. verhandelt werden soll, braucht vom Gericht nicht ausdrücklich erkennbar gemacht zu werden. U 22/4 02, E 35, 216. Bei mehreren Angeklagten muß jedem derselben das rechtliche Gehör über Anträge auf Ausschließung der Öffentlichkeit gewährt werden, und muß auch derjenige Angekl. zurückgeführt gehört werden, welcher nach § 246 zum Abtreten aus dem Sitzungszimmer veranlaßt ist. Die bloße Anhörung des Verteidigers genügt in diesem Falle nicht. Die Beobachtung dieser Förmlichkeiten muß bei Vermeidung der Nichtigkeit des Urteils im Sitzungsprotokoll beurkundet werden. U 9/1 80, E 1, 50. U 9/11 80, R 2, 480. U 1/11 81, R 3, 677. U 11/2 84, E 10, 92 u. U 2/10 88, E 18, 138. U 29/10 89, E 20, 21. U 4/11 02, G 50, 111, DR 6, 594. Die Tatsache, daß zuwider der Vorschrift des § 175 Abs. 1 über die Ausschließung der Öffentlichkeit in öffentlicher Sitzung verhandelt worden ist, kann die Revision nicht begründen. U 23/4 80, R 1, 652. U 22/1 81, E 3, 295. U 29/3 82, R 4, 286. Im übrigen kann ein Verstoß gegen § 175 dadurch geheilt werden, daß unter Ausscheidung des mit Verletzung des § 175 Verhandelten die bezüglichen Verhandlungen wiederholt werden. U 26/9 02, E 35, 353.

17) In allen anderen Fällen muß die betr. Verhandlung in öffentlicher Sitzung erfolgen. U 29/10 89, E 20, 21. Vgl. übrigens § 176 Abs. 2, dessen Bestimmung auch dann Anwendung findet, wenn über den Antrag auf Ausschließung der Öffentlichkeit verhandelt werden soll. U 12/6 00, E 33, 311.

wegen Gefährdung der Staatssicherheit, oder ob sie wegen Gefährdung der Sittlichkeit erfolgt.[18])

Ist die Öffentlichkeit wegen Gefährdung der Staatssicherheit ausgeschlossen, so kann das Gericht den anwesenden Personen die Geheimhaltung von Tatsachen, welche durch die Verhandlung, durch die Anklageschrift oder durch andere amtliche Schriftstücke des Prozesses zu ihrer Kenntnis gelangen, zur Pflicht machen. Der Beschluß ist in das Sitzungsprotokoll aufzunehmen. Gegen denselben findet Beschwerde statt. Die Beschwerde hat keine aufschiebende Wirkung.[19])

§ **176.** Der Zutritt zu öffentlichen Verhandlungen kann[20]) unerwachsenen und solchen Personen versagt werden,

---

18) Die Gründe, aus welchen die Öffentlichkeit ausgeschlossen ist, müssen mitverkündet und im Protokoll oder in einem ausdrücklich als Protokollbeilage bezeichneten besonderen Aktenstück angegeben werden. Nichtangabe der Gründe der Ausschließung begründet die Revision. U 1/11 81, R 3, 677. U 9/12 87, R 9, 715. U 12/4 94, E 25, 248. U 7/3 02, DR 6, 217. Vgl. U 30/1 03, DJZ 9, 250. U 2/7 07, DR 11, 1084.

Zur Wiederherstellung der Öffentlichkeit einer Gerichtsverhandlung bedarf es wenigstens in den Fällen keines besonderen Gerichtsbeschlusses, in denen von vornherein die Ausschließung der Öffentl. nur für einen bestimmten Teil der Hauptverhandlung durch Gerichtsbeschluß angeordnet war. U 1/12 02, DR 7, 23.

19) Vgl. hierzu die Art. II und III des Ges v. 5/4 88, betr. die unter Ausschluß der Öffentlichkeit stattfindenden Gerichtsverhandlungen (RGBl S. 133), welche lauten:

Artikel II: Wer die nach § 175 Absatz 2 des Gerichtsverfassungsgesetzes ihm auferlegte Pflicht der Geheimhaltung durch unbefugte Mitteilung verletzt, wird mit Geldstrafe bis zu eintausend Mark oder mit Haft oder mit Gefängnis bis zu sechs Monaten bestraft.

Artikel III: Soweit bei einer Gerichtsverhandlung die Öffentlichkeit wegen Gefährdung der Staatssicherheit ausgeschlossen war, dürfen Berichte über die Verhandlung durch die Presse nicht veröffentlicht werden. Das gleiche gilt auch nach der Beendigung des Verfahrens in betreff der Veröffentlichung der Anklageschrift oder anderer amtlicher Schriftstücke des Prozesses.

Zuwiderhandlungen unterliegen der im Artikel II bestimmten Strafe.

Vgl. hierzu U 29/12 05, E 38, 303 (unter Berichten über die Verhandlung sind auch Berichte über Teile der Verhandlung zu verstehen).

20) Die Zurückweisung der im § 176 Abs. 1 erwähnten Personen

welche sich nicht im Besitze der bürgerlichen Ehrenrechte befinden, oder welche in einer der Würde des Gerichts nicht entsprechenden Weise erscheinen.

Zu nicht öffentlichen Verhandlungen kann der Zutritt einzelnen Personen vom Gerichte gestattet werden. Einer Anhörung der Beteiligten bedarf es nicht.

Die Ausschließung der Öffentlichkeit steht der Anwesenheit der die Dienstaufsicht führenden Beamten der Justizverwaltung bei den Verhandlungen vor dem erkennenden Gerichte nicht entgegen.

**§ 177.** Die Aufrechthaltung der Ordnung in der Sitzung liegt dem Vorsitzenden ob.[21])

**§ 178.** Parteien, Beschuldigte, Zeugen, Sachverständige oder bei der Verhandlung nicht beteiligte Personen, welche den zur Aufrechthaltung der Ordnung erlassenen Befehlen nicht gehorchen, können auf Beschluß des Gerichts aus dem Sitzungszimmer entfernt, auch zur Haft abgeführt und während einer in dem Beschlusse zu bestimmenden Zeit, welche vierundzwanzig Stunden nicht übersteigen darf, festgehalten werden.[22])

**§ 179.** Das Gericht kann gegen Parteien, Beschuldigte, Zeugen, Sachverständige oder bei der Verhandlung nicht beteiligte Personen, welche sich in der Sitzung einer Un-

---

steht lediglich im Ermessen des Vorsitzenden, bzw. des Gerichts. Der Umstand, daß Kinder der Hauptverhandlung beigewohnt haben, kann deshalb die Revision nicht begründen. U 21/3 82, R 4, 268.

21) Sitzung bedeutet i. S. § 177 nicht nur das Sitzungszimmer, sondern auch, wenn eine vom erkennenden Gericht ausgeführte Augenscheinseinnahme stattfindet, den Ort der letzteren. U 10/12 96, G 44, 386. Über die Befugnisse des Vorsitzenden gegenüber der Staatsanwaltschaft: § 257 StPO und über das Rügerecht des Vorsitzenden gegen Rechtsanwälte: U. des Ehrengerichtshofes v. 1/11 86, R 8, 657. Über die Befugnis des Richters, nötigenfalls bei Ausführung der von ihm in Ausübung der Sitzungspolizei angeordneten Maßregeln persönlich mitzuwirken, s. U 10/17. Jan. 87, E 15, 227.

22) Die Entfernung der Parteien usw. kann nicht von dem Vorsitzenden allein angeordnet werden; es bedarf vielmehr stets eines Gerichtsbeschlusses. U 28/2 80, E 20, 273. Im übrigen darf durch die Entfernung einzelner die Ordnung störender, bei der Verhandlung nicht beteiligter Zuhörer die Öffentlichkeit des Verfahrens, welche von der Anwesenheit bestimmter Personen im Zuhörerraum nicht abhängig ist, nicht berührt werden. U 21/3 82, R 4, 268. U 13/8 97, E 30, 244. U 26/4 00, G 47, 290.

gebühr schuldig machen, vorbehaltlich der strafgerichtlichen Verfolgung, eine Ordnungsstrafe bis zu einhundert Mark oder bis zu drei Tagen Haft festsetzen und sofort vollstrecken lassen.[23])

**§ 180.** Das Gericht kann gegen einen bei der Verhandlung beteiligten Rechtsanwalt oder Verteidiger, der sich in der Sitzung einer Ungebühr schuldig macht, vorbehaltlich der strafgerichtlichen oder disziplinaren Verfolgung, eine Ordnungsstrafe bis zu einhundert Mark festsetzen.[24])

**§ 181.** Die Vollstreckung der vorstehend bezeichneten Ordnungsstrafen hat der Vorsitzende unmittelbar zu veranlassen.

**§ 182.** Die in den §§ 177—181 bezeichneten Befugnisse stehen auch einem einzelnen Richter bei der Vornahme von Amtshandlungen außerhalb der Sitzung zu.

**§ 183.** Ist in den Fällen der §§ 179, 180, 182 eine Ordnungsstrafe festgesetzt, so findet binnen der Frist von einer Woche nach der Bekanntmachung der Entscheidung Beschwerde statt, sofern die Entscheidung nicht von dem Reichsgerichte oder einem Oberlandesgerichte getroffen ist.[25])

Die Beschwerde hat in dem Falle des § 179 keine aufschiebende Wirkung, in den Fällen des § 180 und des § 182 aufschiebende Wirkung.

Über die Beschwerde entscheidet das Oberlandesgericht.

**§ 184.** Ist eine Ordnungsstrafe wegen Ungebühr festgesetzt, oder eine Person zur Haft abgeführt, oder eine bei der Verhandlung beteiligte Person entfernt worden, so ist der Beschluß des Gerichts und dessen Veranlassung in das Protokoll aufzunehmen.

**§ 185.** Wird eine strafbare Handlung in der Sitzung begangen, so hat das Gericht den Tatbestand festzustellen und der zuständigen Behörde das darüber aufgenommene Protokoll mitzuteilen. In geeigneten Fällen ist die vorläufige Festnahme des Täters zu verfügen.

---

23) Als Ungebühr i. S. § 179 ist auch ein Erscheinen im trunkenen Zustande anzusehen. U 13/10 02, E 35, 398. Wegen der Beschwerde in den Fällen des § 179 s. § 183.

24) Wegen der Beschwerde in den Fällen des § 180 s. § 183. Wegen der disziplinaren Verfolgung eines Rechtsanwalts s. §§ 62 ff. Rechtsanwalts-O v. 1/7 78 (RGBl S. 177).

25) Vgl. § 346 Abs. 3 StPO.

## 15. Titel. Gerichtssprache.

**§ 186.** Die Gerichtssprache ist die deutsche.[26])

**§ 187.** Wird unter Beteiligung von Personen verhandelt,[26a]) welche der deutschen Sprache nicht mächtig sind,[27]) so ist ein Dolmetscher zuzuziehen.[28]) Die Führung

---

26) Wegen der Gerichtssprache in Elsaß-Lothringen s. A. 11 zu § 12 EGzGVG.

26a) Zur „Verhandlung" gehört auch schon die Bildung der Geschworenenbank und der Aufruf der Zeugen und Sachverständigen (§§ 278, 242 Abs. 1). Auch bereits zu diesen Verhandlungsakten muß ein Dolmetscher zugezogen werden, wenn der Angekl. der deutschen Sprache nicht mächtig ist. U 11/9 00, G 47, 384.

27) Nicht schon die Ausländerqualität, sondern nur die der betr. Person mangelnde Kenntnis der deutschen Sprache begründet die Notwendigkeit der Zuziehung eines Dolmetschers. Ob dieses Erfordernis vorliegt, unterliegt im einzelnen Falle dem tatsächlichen Ermessen des Gerichts. U 10/1 80, E 1, 137. U 6/7 03, DR 7, 435; G 50, 394.

Die plattdeutsche oder niederdeutsche Mundart gehört, wie andere deutsche Dialekte, zur deutschen Sprache. Von einer eigentlichen Verdolmetschung derartiger Idiome kann also nicht die Rede sein. Ob und inwieweit aber das Gericht Veranlassung findet, zum besseren Verständnis solcher Mundarten oder einzelner Ausdrücke derselben Sachverständige oder Sprachkundige gutachtlich zuzuziehen, steht in seinem Ermessen, U 11/3 86, R 8, 160; wie es denn auch befugt ist, zur Vermittelung des Verständnisses der Aussage eines Zeugen, dessen Ausdrucksweise infolge eines Fehlers der Sprachorgane nicht überall genügend verstanden werden kann, eine an seine Redeweise gewöhnte Person als Dolmetscher zuzuziehen. U 27/2 00, E 33, 181.

28) Ist die Zuziehung eines Dolmetschers notwendig, so muß dieselbe von Amts wegen erfolgen, selbst wenn die Prozeßparteien auf die Zuziehung verzichten. Andererseits haben im Falle des § 187 Abs. 2 oder wenn sonst kein Grund zur Zuziehung eines Dolmetschers vorliegt, die Prozeßparteien kein Recht darauf, daß die geladenen und erschienenen Dolmetscher gehört werden, sofern nicht auf ihre Vernehmung verzichtet wird. Der § 244 StPO ist in bezug auf die Notwendigkeit der Zuziehung von Dolmetschern nicht maßgebend. U 26/1 86, R 8, 97. Die Zuziehung des Dolmetschers muß im Protokoll beurkundet werden, wenn auch nicht speziell bei jedem Stadium der Verhandlung, in welchem er mitgewirkt hat. Daß der Dolmetscher der fremden Sprache mächtig gewesen ist, und seine Funktionen als solcher ausgeübt hat, bedarf dagegen keiner ausdrücklichen Konstatierung im Protokolle, sondern beruht in der Vermutung für das gesetzmäßige Verfahren des Gerichts, welches ihn zu-

eines Nebenprotokolls in der fremden Sprache findet nicht statt; jedoch sollen Aussagen und Erklärungen in fremder Sprache, wenn und soweit der Richter dies mit Rücksicht auf die Wichtigkeit der Sache für erforderlich erachtet, auch in der fremden Sprache in das Protokoll oder in eine Anlage niedergeschrieben werden. In den dazu geeigneten Fällen soll dem Protokolle eine durch den Dolmetscher zu beglaubigende Übersetzung beigefügt werden.[29])

Die Zuziehung eines Dolmetschers kann unterbleiben, wenn die beteiligten Personen sämtlich der fremden Sprache mächtig sind.

§ **188.** Zur Verhandlung mit tauben oder stummen Personen ist, sofern nicht eine schriftliche Verständigung erfolgt, eine Person als Dolmetscher zuzuziehen, mit deren Hilfe die Verständigung in anderer Weise erfolgen kann.[30])

§ **189.** Ob einer Partei, welche taub ist, bei der mündlichen Verhandlung der Vortrag zu gestatten sei, bleibt dem Ermessen des Gerichts überlassen.

Dasselbe gilt in Anwaltsprozessen von einer Partei, die der deutschen Sprache nicht mächtig ist.

§ **190.** Personen, welche der deutschen Sprache nicht mächtig sind, leisten Eide in der ihnen geläufigen Sprache.

---

gezogen hat, und wird nicht dadurch widerlegt, daß derselbe auch Dolmetscher für eine andere Sprache, und daß für die in Rede stehende ein anderer besonderer Dolmetscher vereidet ist. U 27/4 80, E 1, 397. Vgl. U 20/6 10, E 43, 441.

29) In fremder Sprache abgefaßte, als Beweismittel dienende Schriftstücke können zum Gegenstand der Hauptverhandlung nur mittels Übertragung durch einen persönlich zu vernehmenden und zu beeidigenden Dolmetscher gemacht werden. U 2/7 83, E 9, 51. Die Vernehmung des Dolmetschers kann der Regel nach durch Verlesung einer vorher von ihm gefertigten Übersetzung nicht ersetzt werden. U 19/4 94, E 25, 353. U 9/4 95, E 27, 161. U 2/10 03, E 36, 371 (Ausnahmefall: Übersetzung durch einen amtl. Dolmetscher in Amtsakten).

30) Schriftliche Verständigung ist nicht nur eine solche, welche beiderseits schriftlich, also durch Niederschreiben der Fragen und Antworten erfolgt; es genügt z. B. auch, wenn einer tauben Person schriftliche Fragen zur mündlichen Beantwortung vorgelegt werden. U 18/11 98, E 31, 313. U 14/8 03, E 36, 355 (Notwendigkeit verständlicher Mitteilung der Zeugenaussagen an einen tauben Angekl.). Wegen der Beeidigung von stummen Personen s. § 63 StPO.

§ 191. Der Dolmetscher hat einen Eid dahin zu leisten: daß er treu und gewissenhaft übertragen werde.

Ist der Dolmetscher für Übertragungen der betreffenden Art im allgemeinen beeidigt, so genügt die Berufung auf den geleisteten Eid.[30a])

§ 192. Der Dienst des Dolmetschers kann von dem Gerichtsschreiber wahrgenommen werden. Einer besonderen Beeidigung bedarf es nicht.[31])

§ 193. Auf den Dolmetscher finden die Bestimmungen über Ausschließung und Ablehnung der Sachverständigen entsprechende Anwendung.[32]) Die Entscheidung erfolgt durch das Gericht oder den Richter, von welchem der Dolmetscher zugezogen ist.

---

30a) Berufung auf den geleisteten Eid genügt auch, wenn der Dolmetscher in demselben Hauptverfahren und für dieselbe Tätigkeit wiederholt als Dolmetscher zugezogen wird. U 16/11 06, DR 10, 1445.

31) Aus dem Gegensatz der §§ 191 und 192 ergibt sich, daß jeder Dolmetscher, welcher nicht der Gerichtsschreiber ist, in jeder einzelnen Sache entweder beeidigt werden oder die Richtigkeit der Übertragung auf den von ihm im allgemeinen geleisteten Eid versichern muß. Unter dem „Gerichtsschreiber" ist nur der im Termine als Protokollführer diensttuende Beamte zu verstehen. Wenn also neben diesem Gerichtsschreiber ein anderer Gerichtsschreiber als Dolmetscher fungiert, so muß dieser letztere nach § 191 beeidigt werden. U 22/10 80, E 2, 373. Vgl. U 24/6 85, R 7, 426.

32) Vgl. § 406 ZPO und § 74 StPO. Diese Bestimmungen sprechen nicht von einer Ausschließung von Sachverständigen, sondern nur davon, daß ein Sachverständiger aus denselben Gründen, welche zur Ablehnung eines Richters berechtigen, abgelehnt werden kann. Die Fassung des § 193 beruht also auf einem Redaktionsversehen, und es sind somit auch die Gründe, welche die Ausschließung des Richters bedingen (§ 22 StPO), hinsichtlich der Sachverständigen und Dolmetscher nur als Ablehnungsgründe (§ 24 Abs. 1 StPO) wirksam, allerdings mit der Maßgabe, daß einem auf dieselben gestützten Ablehnungsgesuche ohne Rücksicht auf die sonstige Sachlage stattzugeben ist. U 26/8 85, R 7, 501.

Die Bestimmungen der §§ 72 ff. StPO über die Vernehmung der Sachverständigen sind, soweit sie zwingender Natur sind, für Dolmetscher nicht maßgebend. Insbesondere ist es nicht erforderlich, daß dem Dolmetscher vor seiner Zuziehung Personalfragen vorgelegt werden, wodurch allerdings nicht ausgeschlossen ist, daß das Gericht erforderlichenfalls dem Dolmetscher Fragen über Umstände vorlegen kann, welche seine Glaubwürdigkeit betreffen. U 19/3 86, R 8, 204.

## 16. Titel. Beratung und Abstimmung.

**§ 194.** Bei Entscheidungen dürfen Richter nur in der gesetzlich bestimmten Anzahl mitwirken.

Bei Verhandlungen von längerer Dauer kann der Vorsitzende die Zuziehung von Ergänzungsrichtern anordnen, welche der Verhandlung beizuwohnen und im Falle der Verhinderung eines Richters für denselben einzutreten haben.[33])

Die vorstehenden Bestimmungen finden auch auf Schöffen und Geschworene Anwendung.[34])

**§ 195.** Bei der Beratung und Abstimmung dürfen außer den zur Entscheidung berufenen Richtern[35]) nur die bei demselben Gerichte zu ihrer juristischen Ausbildung beschäftigten Personen[36]) zugegen sein, soweit der Vorsitzende deren Anwesenheit gestattet.[37])

**§ 196.** Der Vorsitzende leitet die Beratung, stellt die Fragen und sammelt die Stimmen.

---

33) In welchen Fällen eine Verhinderung anzunehmen und in welcher Weise deren Voraussetzungen zu konstatieren, ist im Gesetz nicht vorgeschrieben. Rechtlich ist es gleichgültig, ob die Verhinderung eine verschuldete oder unverschuldete, eine dauernde oder nur zeitweilige, eine kürzere oder längere ist. Die tatsächlichen Verhältnisse müssen in dieser Beziehung entscheiden. U 14/9 97, E 30, 227. Eine ausdrückliche Aufforderung an den Angeklagten zur Erklärung über einen entsprechenden Antrag eines Richters usw. schreibt das Gesetz nicht vor. U 23/11 82, E 7, 284.

Der Ergänzungsrichter hat dieselben Rechte wie die anderen beisitzenden Richter. U 20/4 95, E 27, 172.

34) Wegen der Zuziehung von Ergänzungsgeschworenen s. § 285 StPO. Ein Gerichtsbeschluß über den Eintritt eines Ergänzungsgeschworenen ist nicht vorgeschrieben. U 9/5 05, E 38, 43.

35) Wegen der zur Entscheidung berufenen Richter s. §§ 77, 81, 124.

36) Zu den „zu ihrer juristischen Ausbildung beschäftigten Personen" gehören in Preußen die Referendare, U 6/4 94, E 25, 237, welchen die Anwesenheit bei der Beratung und Abstimmung auch dann vom Vorsitzenden gestattet werden kann, wenn sie in der Sache als Gerichtsschreiber fungiert haben. U 8/10 88, E 18, 161. Desgl. im Großherzogt. Hessen die zu ihrer weiteren Ausbildung bei einem hess. Gericht beschäftigten Assessoren, U 25/7 94, E 26, 42; nicht aber in Preußen diejenigen Assessoren, welche den Landgerichten zur unentgeltlichen Beschäftigung überwiesen sind, U 6/4 94, E 25, 237, und ebenso nicht im Kgr. Sachsen diejenigen

Meinungsverschiedenheiten über den Gegenstand, die Fassung und die Reihenfolge der Fragen oder über das Ergebnis der Abstimmung entscheidet das Gericht.

**§ 197.** Kein Richter, Schöffe oder Geschworener darf die Abstimmung über eine Frage verweigern, weil er bei der Abstimmung über eine vorhergegangene Frage in der Minderheit geblieben ist.[38])

**§ 198.** Die Entscheidungen erfolgen, soweit das Gesetz nicht ein anderes bestimmt,[39]) nach der absoluten Mehrheit der Stimmen.

Bilden sich in Beziehung auf Summen, über welche zu entscheiden ist, mehr als zwei Meinungen, deren keine die Mehrheit für sich hat, so werden die für die größte Summe abgegebenen Stimmen den für die zunächst geringere abgegebenen so lange hinzugerechnet, bis sich eine Mehrheit ergibt.

Bilden sich in einer Strafsache, von der Schuldfrage abgesehen, mehr als zwei Meinungen, deren keine die Mehrheit für sich hat, so werden die dem Beschuldigten nach-

---

Personen, welche die zweite juristische Staatsprüfung bestanden haben (Assessoren), sofern sie nicht selbst bei der Verhandlung als Richter mitgewirkt haben. U 21/9 95, G 43, 377. Eine vorübergehende Anwesenheit des Gerichtsschreibers bei der Beratung und Abstimmung des erkennenden Gerichts kann überhaupt nicht zur Aufhebung des Urteils führen. Das Verbot der Anwesenheit anderer Personen richtet sich hauptsächlich gegen die Anwesenheit der zur Dienstaufsicht berufenen Personen. U 12/11 88, R 10, 640.

37) Der Zweck des § 195 wird auch dann erfüllt, wenn die Richter sich zur Beratung und Abstimmung nicht in ein besonderes Zimmer zurückziehen, sondern wenn die Beratung usw. — z. B. bei Beschlüssen über einfache, eine nähere Erörterung nicht erfordernde Anträge — im Sitzungssaal unter solchen Vorkehrungen vor sich geht, daß die dabei nicht beteiligten im Saale anwesenden Personen nichts davon vernehmen können. U 23/2 92, E 22, 396 (Abtretenlassen des Publikums). U 14/9 97, E 30, 226.

38) Aus der Bestimmung des § 197 ist nicht zu folgern, daß der Richter hinsichtlich der Frage, worin er überstimmt worden war, sich bei der weiteren Abstimmung auf den Standpunkt der Majorität zu stellen habe; er ist also z. B. an sich berechtigt, nachdem er anfangs für Vorsatz gestimmt hatte, nachher gegen Fahrlässigkeit zu stimmen, und ist in dieser Beziehung nur vor seinem eigenen Gewissen verantwortlich. U 25/2 82, R 4, 198.

39) Vgl. §§ 262, 307, 317 StPO.

teiligsten Stimmen den zunächst minder nachteiligen so lange hinzugerechnet, bis sich eine Mehrheit ergibt.[40])

§ **199.** Die Reihenfolge bei der Abstimmung richtet sich nach dem Dienstalter, bei den Schöffengerichten und den Kammern für Handelssachen nach dem Lebensalter; der Jüngste stimmt zuerst, der Vorsitzende zuletzt. Wenn ein Berichterstatter ernannt ist, so gibt dieser seine Stimme zuerst ab.

Bei der Abstimmung der Geschworenen richtet sich die Reihenfolge nach der Auslosung. Der Obmann stimmt zuletzt.

§ **200.** Schöffen und Geschworene sind verpflichtet, über den Hergang bei der Beratung und Abstimmung Stillschweigen zu beobachten.[40a])

### 17. Titel. Gerichtsferien.

§ **201.** Die Gerichtsferien beginnen am 15. Juli und endigen am 15. September.

§ **202.** Während der Ferien werden nur in Feriensachen Termine abgehalten und Entscheidungen erlassen.

Feriensachen sind:

1. Strafsachen;

2.—6. betreffen Zivilsachen.

§ **203.** Zur Erledigung der Feriensachen können bei den Landgerichten Ferienkammern, bei den Oberlandesgerichten und dem Reichsgerichte Feriensenate gebildet werden.

§ **204.** **(Fassung von 1909)** Auf das Kostenfestsetzungsverfahren, des Mahnverfahren, das Zwangsvollstreckungsverfahren und das Konkursverfahren sind die Ferien ohne Einfluß.

40) Über die Leitung der Abstimmung in dem Falle, wo nach dem Ergebnisse der Verhandlung das Vorhandensein eines im Strafgesetze besonders vorgesehenen, die Strafbarkeit vermindernden Umstandes in Frage kommt, s. U 28/1 82, E 5, 404.

Das Zustandekommen des gerichtlichen Konklusums mittels der gesetzlich erforderlichen Stimmenmehrheit bildet ein der Öffentlichkeit entzogenes, durch die Kontrolle sämtlicher Richter geschütztes Internum. Es ist deshalb auch in dem Strafurteil das Stimmenverhältnis, auf welchem die Feststellungen des Gerichts beruhen, nicht anzugeben. U 15/6 80, R 2, 70. Vgl. U 20/1 80, R 1, 250.

40a) Insbesondere dürfen also von den Geschworenen Erklärungen über das Zustandekommen ihres Spruches nicht gefordert werden. U 3/3 96, E 28, 242.

# Anhang.

## I. Auszug aus dem Gerichtskostengesetz
vom 18. Juni 1878/17. Mai 1898/1. Juni 1909.

(RGBl 1878 S. 141; 1898 S. 252 und Bek. des Reichskanzlers v. 20. Mai 1898, RGBl S. 659; 1909 S. 475.)

### 1. Abschnitt. Allgemeine Bestimmungen.

**§ 1.** In den vor die ordentlichen Gerichte gehörigen Rechtssachen,[1]) auf welche die Zivilprozeßordnung, die Strafprozeßordnung[2]) oder die Konkursordnung Anwendung findet, werden Gebühren und Auslagen der Gerichte nur nach Maßgabe dieses Gesetzes erhoben.

**§ 2.** Eine Erhebung von Stempeln und anderen Abgaben neben den Gebühren findet nicht statt.[3])

Urkunden, von denen im Verfahren Gebrauch gemacht wird, sind nur insoweit einem Stempel oder einer anderen Abgabe unterworfen, als sie es ohne diesen Gebrauch sein würden.

Urkunden, welche im Verfahren errichtet werden, bleiben, soweit ihr Inhalt über den Gegenstand des Verfahrens hinausgeht, den allgemeinen Vorschriften über Erhebung von Stempeln oder anderen Abgaben unterworfen.

**§ 3.** In einem weiteren Umfange, als die Prozeßordnungen[4]) und dieses Gesetz[5]) es gestatten, darf die Tätigkeit der Gerichte von der Sicherstellung oder Zahlung der Gebühren oder Auslagen nicht abhängig gemacht werden.

---

1) Vgl. §§ 12, 13 GVG.
2) Vgl. § 3 EGzStPO.
3) Vgl. jedoch die Ausnahmebestimmungen der §§ 100, 101.
4) Vgl. § 174 StPO.
5) Vgl. §§ 84 Abs. 3, 85 Abs. 5, 97 Abs. 2.

§ 4.[6]) Über Erinnerungen des Zahlungspflichtigen oder der Staatskasse gegen den Ansatz von Gebühren oder Auslagen entscheidet das Gericht der Instanz gebührenfrei.[7]) Die Entscheidung kann von dem Gerichte, welches dieselbe getroffen hat, sowie von dem Gerichte der höheren Instanz von Amts wegen geändert werden.

Gegen die Entscheidung findet Beschwerde nach Maßgabe des § 567 Abs. 2 und der §§ 568 bis 575 der Zivilprozeßordnung, in Strafsachen nach Maßgabe der §§ 346 bis 352 der Strafprozeßordnung statt.[8])

Die Einlegung von Erinnerungen oder Beschwerden kann durch Erklärung zum Protokolle des Gerichtsschreibers oder schriftlich ohne Mitwirkung eines Anwalts erfolgen.

§ 5. Eine Nachforderung von Gerichtskosten wegen irrigen Ansatzes ist nur zulässig, wenn der berichtigte Ansatz vor Ablauf des nächsten Kalenderjahres nach rechtskräftiger oder endgültiger Erledigung des Verfahrens dem Zahlungspflichtigen eröffnet ist.

§ 6. Die Gerichte sind befugt, Gebühren, welche durch eine unrichtige Behandlung der Sache ohne Schuld der Beteiligten entstanden sind, niederzuschlagen, und für abweisende Bescheide, wenn der Antrag auf nicht anzurechnender Unkenntnis der Verhältnisse oder auf Unwissenheit beruht, Gebührenfreiheit zu gewähren.[9])

---

6) Die Anwendung des § 4 des Gerichtskostengesetzes ist nicht auf diejenigen Fälle beschränkt, in welchen die Höhe angesetzter Gebühren oder die Notwendigkeit angesetzter Auslagen den Gegenstand der Erinnerung bilden. Jene Gesetzesstelle bezieht sich vielmehr auf alle Fälle, in denen durch Erinnerung, event. im Beschwerdewege, geltend gemacht wird, daß Kosten unter Verletzung von Normen des Gerichtskostengesetzes angesetzt seien; namentlich also auf diejenigen Fälle, in denen eine Verletzung von (sei es unmittelbar ausgesprochenen, sei es mittelbar durch Bezugnahme im § 92 einbegriffenen) Bestimmungen der 6. und 7. Abschnitte jenes Gesetzes gerügt wird. Beschl 15/2 86 (PrJustMinBl 86, S. 161).

7) Vgl. wegen der Schreibgebühren § 79 Nr. 1.

8) Wegen der Kosten einer erfolglos eingelegten Beschwerde vgl. § 505 Abs. 1 StPO.

9) Zu beachten ist, daß § 6 sich nur auf Gerichtsgebühren (Gerichtskostengesetz §§ 59ff.), nicht auch auf Auslagen bezieht. U 1/11 88, R 10, 609. Wegen der Schreibgebühren vgl. § 80.

**§ 7.** Der Mindestbetrag einer Gebühr ist zwanzig Pfennig.

Pfennigbeträge, welche ohne Bruch nicht durch zehn teilbar sind, werden auf den nächst höheren durch zehn teilbaren Betrag abgerundet.

### 2. Abschnitt. Gebühren in bürgerlichen Rechtsstreitigkeiten. §§ 8—49.

### 3. Abschnitt. Gebühren im Konkursverfahren. §§ 50—58.

### 4. Abschnitt. Gebühren in Strafsachen.

**§ 59.** In Strafsachen gibt die rechtskräftig erkannte Strafe[10]) den Maßstab für die Höhe der Gerichtsgebühren aller Instanzen.

Ist neben einer Freiheitsstrafe auf Geldstrafe erkannt, so wird der ersteren die für den Fall, daß die Geldstrafe nicht beigetrieben werden kann, festgesetzte Freiheitsstrafe hinzugerechnet. Ist die bedingte Festsetzung der Freiheitsstrafe unterlassen worden, so wird für jeden angefangenen Betrag von zehn Mark der Geldstrafe ein Tag Freiheitsstrafe zugerechnet.

Ist nur auf Geldstrafe und für den Fall, daß dieselbe nicht beigetrieben werden kann, auf Freiheitsstrafe erkannt, so bestimmt sich die Gebühr nach der Höhe der ersteren. In diesem Falle, sowie wenn nur auf Geldstrafe erkannt ist, darf die Gebühr den Betrag der Geldstrafe nicht übersteigen.

**§ 60.** Im Falle des § 79 des Strafgesetzbuchs bestimmt sich die Gebühr für das neue Verfahren durch den Betrag, um welchen die Gesamtstrafe die früher erkannte Strafe übersteigt.

Im Falle des § 492 der StPO ist eine besondere Gebühr nicht zu erheben.

---

10) Die nach § 60 StGB. auf die erkannte Strafe anzurechnende Untersuchungshaft (§ 482 StPO) ist nicht mit in Berechnung zu ziehen. Mot. S. 87. Wenn gegen einen Angekl. in erster Instanz wegen mehrerer selbständiger Straftaten gesonderte Strafen erkannt sind und der Angekl. die erstinstanzliche Verurteilung nur bei einzelnen dieser Straffälle mittels der Revision, und zwar ohne Erfolg, angefochten hat, so sind bei Feststellung der Gebühr für die Revisionsinstanz nur die Strafen in denjenigen Straffällen maßgebend, welche in die Revisionsinstanz gelangt sind. Beschl VerStraff 20/2 95, E 27, 58.

**§ 61.** Betrifft eine Strafsache mehrere Angeschuldigte, so ist die Gebühr von jedem Verurteilten besonders nach Maßgabe der gegen ihn erkannten Strafe zu erheben.[11])

**§ 62.** Für das Verfahren in erster Instanz werden erhoben: im Falle einer Geldstrafe oder Freiheitsstrafe von

| | | |
|---|---|---|
| 1. | 1 bis 20 Mk. einschl. oder 1 bis 10 Tage einschl. . . . . . . . . . . | 5 Mk., |
| 2. | mehr als 20 bis 30 Mk. einschl. oder mehr als 10 Tage bis 14 Tage einschl. | 10 „ , |
| 3. | mehr als 30 bis 60 Mk. einschl. oder mehr als 14 Tage bis 4 Wochen einschl. | 20 „ , |
| 4. | mehr als 60 bis 150 Mk. einschl. oder mehr als 4 Wochen bis 6 Wochen einschl. | 30 „ , |
| 5. | mehr als 150 bis 300 Mk. einschl. oder mehr als 6 Wochen bis 3 Monate einschl. | 45 „ , |
| 6. | mehr als 300 bis 500 Mk. einschl. oder mehr als 3 Monate bis 6 Monate . . . | 60 „ , |
| 7. | mehr als 500 bis 1000 Mk. einschl. oder mehr als 6 Monate bis 1 Jahr einschl. | 75 „ , |
| 8. | mehr als 1000 bis 1500 Mk. einschl. oder mehr als 1 Jahr bis 2 Jahre einschl. | 100 „ , |
| 9. | mehr als 1500 bis 3000 Mk. einschl. oder mehr als 2 Jahre bis 3 Jahre einschl. | 130 „ , |
| 10. | mehr als 3000 Mk. oder mehr als 3 Jahre bis 10 Jahre einschl. . . . . . | 180 „ , |
| 11. | im Falle einer schwereren Strafe . . | 300 „ , |

Ist auf Verweis erkannt, so beträgt die Gebühr . . . . . . . . . . . . . . . . . 5 „ ,

und ist ausschließlich auf Verlust der bürgerlichen Ehrenrechte überhaupt oder einzelner bürgerlicher Ehrenrechte erkannt . . . . . . 45 „ .

11) Dies gilt auch dann, wenn mehrere Angekl. solidarisch zu einer Geldstrafe als Gesamtschuldner verurteilt sind. Beschl 8/7 90, E 21, 61. Gegen jeden einzelnen Angekl. ist in solchem Falle die Gebühr nach Maßgabe der erkannten Gesamtstrafe festzusetzen. Beschl 9/10 99, E 32, 282. Wegen der Haftung mehrerer Mitangeklagter für die Auslagen vgl. § 498 Abs. 2 StPO.

§ **63.** Zwei Zehnteile der Sätze des § 62 werden erhoben in dem Verfahren bei amtsrichterlichen Strafbefehlen, wenn die Strafe ohne Hauptverhandlung rechtskräftig festgesetzt ist (StPO § 450).

Wird der gegen einen Strafbefehl erhobene Einspruch wegen Ausbleibens des Angeklagten in der Hauptverhandlung durch Urteil verworfen (StPO § 452), so sind für das ganze Verfahren vier Zehnteile der Sätze des § 62 zu erheben.

§ **64.** Hat weder eine Voruntersuchung, noch in dem Hauptverfahren eine Beweisaufnahme stattgefunden, so kann das Gericht die Sätze des § 62 bis auf fünf Zehnteile ermäßigen.

Das gleiche gilt in den Fällen des § 211 der StPO.[12])

§ **65.** Die Sätze des § 62 sind für die Berufungsinstanz, sowie für die Revisionsinstanz zu erheben, wenn in derselben eine Hauptverhandlung stattgefunden hat und das Rechtsmittel nicht als unzulässig verworfen wird.[13])

Hat eine Beweisaufnahme in der Berufungsinstanz nicht stattgefunden, so kann das Gericht die Sätze bis auf fünf Zehnteile ermäßigen.

Wird die Berufung wegen Ausbleibens des Angeklagten in der Hauptverhandlung verworfen (StPO § 370), oder betrifft die Berufung die Verwerfung des gegen einen Strafbefehl erhobenen Einspruchs (StPO § 452), so sind vier Zehnteile zu erheben.

§ **66.** Ein Zehnteil der Sätze des § 62 wird besonders erhoben:

1. für Verwerfung eines Gesuchs um Wiedereinsetzung in den vorigen Stand (StPO §§ 46, 234, 370 Abs. 2);
2. für die Entscheidung, durch welche eine Berufung oder Revision als unzulässig verworfen wird (StPO §§ 360, 363, 386, 389);

---

12) Vgl. §§ 176—195 StPO.

13) Für den Kostenansatz in der Revisionsinstanz ist schlechthin die durch das Revisionsurteil rechtskräftig gewordene Strafe zugrunde zu legen, ohne Unterschied, ob die Revisionsanträge Beseitigung der ganzen Strafe oder nur eines Teiles derselben oder neben der Hauptstrafe erkannten Nebenstrafen beanspruchen. Beschl 5/1 89, E 18, 369.

3. für die Entscheidung, durch welche ein Antrag auf Wiederaufnahme des Verfahrens als unzulässig verworfen wird (StPO § 408);[14])
4. für die Entscheidung, durch welche ein Einspruch gegen einen amtsrichterlichen Strafbefehl (StPO § 449) oder ein Antrag auf gerichtliche Entscheidung nach vorangegangener polizeilicher Strafverfügung (StPO § 454) oder nach Erlaß eines Strafbescheides einer Verwaltungsbehörde (StPO § 460) als unzulässig verworfen wird;
5. für Zurückweisung von Beschwerden gegen die unter Nr. 1—4 bezeichneten Entscheidungen.

§ **67.** Wird ein Antrag auf Wiederaufnahme des Verfahrens als unbegründet verworfen (StPO §§ 410, 411 Abs. 1), so werden zwei Zehnteile und, wenn eine Beweisaufnahme stattgefunden hat (StPO § 409), vier Zehnteile der Sätze des § 62 erhoben.

Für Zurückweisung von Beschwerden gegen die im vorstehenden Absatze bezeichneten Entscheidungen wird ein Zehnteil der Sätze des § 62 erhoben.[15])

§ **68.** Für die Zurückweisung anderer, als der in § 66 Nr. 5, § 67 Abs. 2 bezeichneten Beschwerden wird eine Gebühr von 1 Mark erhoben.

Die Gebühr ist von dem Beschuldigten nur zu erheben, wenn er zu Strafe rechtskräftig verurteilt wird.

§ **69.** Werden in den Fällen der §§ 172 und 173 der StPO nach Maßgabe der §§ 175 und 504 derselben dem Antragsteller[16]) die Kosten auferlegt, so beträgt die Gebühr:

wenn es sich um eine Übertretung handelt 20 Mark,
wenn es sich um ein Vergehen handelt . 50 „ ,
wenn es sich um ein Verbrechen handelt . 100 „ .

Das gleiche gilt im Falle des § 501 der StPO.

Im Falle des § 174 Abs. 2 der StPO. ist die Hälfte

---

14) Vgl. § 67.

15) Vgl. § 66 Nr. 3 und für die Fälle, in welchen die Wiederaufnahme des Verfahrens angeordnet wird, § 77.

16) Wegen der Haftung mehrerer Antragsteller vgl. §§ 91, 92 und §§ 503 Abs. 4, 504 StPO.

der vorstehenden Sätze zu erheben. Das gleiche gilt, wenn nach eröffnetem Hauptverfahren die Einstellung des Verfahrens wegen Zurücknahme desjenigen Antrags erfolgt, durch welchen dasselbe bedingt war.

§ 70. Für das Verfahren auf erhobene Privatklage[17]) werden in erster Instanz erhoben:[18])

1. wenn nach Beginn der Hauptverhandlung Einstellung des Verfahrens erfolgt . . . 5 Mark,
2. wenn außer dem Falle der Nr. 1 die Instanz ohne Beweisaufnahme durch Urteil beendigt wird . . . . . . . . . . . . 15 „ ,
3. wenn außer dem Falle der Nr. 1 die Instanz nach stattgehabter Beweisaufnahme durch Urteil beendigt wird . . . . . . 20 „ .

Dieselben Sätze sind für die Berufungsinstanz sowie für die Revisionsinstanz zu erheben.

Für die Widerklage wird ein besonderer Satz nicht erhoben.

Die von der Verwaltungsbehörde erhobene Klage (StPO § 464) ist nicht als Privatklage im Sinne dieses Gesetzes zu erachten.

§ 71. In dem Verfahren auf erhobene Privatklage sind:

1. in den Fällen des § 66 Nr. 1, 2, 3, sowie bei Zurückweisung von Beschwerden gegen die ebendaselbst bezeichneten Entscheidungen 2 Mark,
2. im Falle des § 67 Abs. 1 . . . . . . 4 „ , und, wenn eine Beweisaufnahme stattgefunden hat . . . . . . . . . . . . 8 „ ,
3. im Falle des § 67 Abs. 2 . . . . . . . . 2 „ ,
4. in den Fällen des § 68 . . . . . . . . 1 „ ,
5. für Zurückweisung einer Privatklage . . 3 „ ,
6. für Verwerfung einer Beschwerde über Zurückweisung einer Privatklage . . . . 3 „

zu erheben.

§ 72. Bei Zurücknahme einer Privatklage vor Beginn der Hauptverhandlung werden 2 Mark erhoben.

---

17) Vgl. §§ 414 ff. StPO.

18) Wegen der Vorschußpflicht im Verfahren auf erhobene Privatklage vgl. § 84 Abs. 2.

§ 73. Sind in einer Sache mehrere Personen als Privatkläger oder als Beschuldigte in derselben Instanz beteiligt, so wird ohne Rücksicht auf die Zahl der Personen das Doppelte der in den §§ 70 bis 72 bestimmten Gebühren erhoben.[19])

§ 74. Werden dem Nebenkläger die Kosten eines von ihm eingelegten Rechtsmittels[20]) auferlegt (StPO § 441), so sind die Sätze zu erheben, welche nach Maßgabe der §§ 70, 71, 73 zu erheben sein würden, wenn er als Privatkläger das Rechtsmittel eingelegt hätte.

§ 75. Für das Verfahren in den Fällen der §§ 477 bis 479 der StPO beträgt die Gebühr in jeder Instanz 5 Mark.[21])

§ 76. Wird ein Gesuch, ein Antrag, ein Einspruch oder eine Beschwerde vor der Entscheidung über dieselben, oder wird eine Berufung oder eine Revision vor Beginn der Hauptverhandlung durch Zurücknahme oder Einstellung des Verfahrens erledigt, so werden drei Zehnteile der Gebühr erhoben, welche nach Maßgabe der §§ 66 bis 68, 69 Abs. 1, §§ 71, 73 bis 75 für eine zurückweisende Entscheidung zu erheben sein würde.

§ 77. Wird die Wiederaufnahme des Verfahrens angeordnet (StPO § 410),[22]) so werden, wenn das frühere

---

19) Vgl. § 503 Abs. 4 StPO.

20) Zwischen einem selbständigen und einem unselbständigen Rechtsmittel des Nebenklägers wird nicht unterschieden; von dem Nebenkläger, welchem die Kosten des von ihm eingelegten Rechtsmittels auferlegt sind, ist also die Gebühr nach § 74 in Verbindung mit § 70 auch dann zu erheben, wenn zugleich die StA das Rechtsmittel eingelegt hatte. Beschl. 11/4 02, E 35, 187. Wegen der Vorschußpflicht des Nebenklägers s. §§ 83, 84.

21) Der § 75 bestimmt nicht, wann und gegen wen die Gebühr zur Anwendung kommen soll. In den Mot. ist anerkannt, daß für das Verfahren in den Fällen der §§ 477 bis 479 StPO „der Regel nach in Ermangelung eines Kostenpflichtigen eine Gebühr nicht zum Ansatze kommen kann", jedoch ein Maßstab für die Gebührenerhebung in den Fällen als erforderlich bezeichnet, „wenn einem der Beschlagnahme-Interessenten (§ 478 StPO) die Kosten eines Rechtsmittels (§ 505 StPO) oder auch Kosten erster Instanz auferlegt werden." U 15/5 85, E 12, 198.

22) Für die Fälle, in denen der Antrag auf Wiederaufnahme des Verfahrens als unbegründet verworfen wird, s. § 67 Abs. 1.

Urteil aufrecht erhalten wird, die Gebühren für das neue Verfahren nach denselben Bestimmungen, wie für das erste Verfahren erhoben. Führt die Wiederaufnahme zu einer Aufhebung des früheren Urteils, so gilt für die Gebührenerhebung das neue Verfahren mit dem früheren Verfahren zusammen als Ein Verfahren der Instanz.

**§ 78.** Nach Maßgabe der Vorschrift des zweiten Abschnitts werden besonders erhoben:

1. die Gebühren für Akte, welche die Verpflichtung eines Verteidigers zur Tragung der durch Verschulden desselben veranlaßten Kosten (StPO § 145) betreffen;[23])
2. die Gebühren für Entscheidungen, welche betreffen:
   a) Anträge auf Festsetzung der zu erstattenden Kosten (StPO § 496 Abs. 2);[24])
   b) die Vollstreckung einer über eine Vermögensstrafe, eine Buße oder über Erstattung von Kosten ergangenen Entscheidung (StPO §§ 495, 496);[25])
   c) die Beschwerde gegen eine Entscheidung, durch welche der Verfall einer zur Abwendung einer Untersuchungshaft oder zur Erlangung eines Strafaufschubs bestellten Sicherheit ausgesprochen wird (StPO §§ 122, 488).[26])

---

23) Vgl. hierzu § 47 Nr. 5: „Gebühren werden nicht erhoben für die Verhandlung und Entscheidung: über die Verpflichtung eines Gerichtsschreibers, gesetzlichen Vertreters, Rechtsanwalts oder anderen Bevollmächtigten, sowie eines Gerichtsvollziehers zur Tragung der durch Verschulden desselben veranlaßten Kosten (ZPO § 102)." Vgl. jedoch auch § 47 Abs. 2 und 3: „Ist in den Fällen der Nr. 2, 4, 5, 6, 7, 10 das Verfahren nach freier richterlicher Überzeugung mutwillig veranlaßt, so hat das Gericht von Amts wegen die besondere Erhebung von drei Zehnteilen der Gebühr (§ 8) zu beschließen. Gegen den Beschluß findet Beschwerde nach Maßgabe des § 567 Abs. 2 und der §§ 568 bis 575 der ZPO und des § 4 Abs. 3 dieses Gesetzes statt.

In der Beschwerdeinstanz findet die Bestimmung des ersten Absatzes keine Anwendung, wenn die Beschwerde als unzulässig verworfen oder zurückgewiesen wird."

24) Vgl. § 38 Nr. 1.

25) Vgl. §§ 35, 43, 47 Nr. 12—16 und § 47 Abs. 3.

26) Vgl. § 45.

## 5. Abschnitt. Auslagen.

§ **79.** **(Fassung von 1909)** An baren Auslagen werden erhoben:

1. Schreibgebühren für solche Ausfertigungen und Abschriften, welche nur auf Antrag erteilt werden, usw. (interessiert nicht für das Strafverfahren);
2. Telegraphengebühren und die im Fernverkehre zu entrichtenden Fernsprechgebühren;
3. die durch Einrückung einer Bekanntmachung in öffentliche Blätter entstehenden Kosten;
4. die an Zeugen und Sachverständige zu zahlenden Gebühren;[27]
5. die bei Geschäften außerhalb der Gerichtsstelle den Gerichtsbeamten zustehenden Tagegelder und Reisekosten;
6. die an andere Behörden oder Beamte[28] oder an Rechtsanwälte[29] für deren Tätigkeit zu zahlenden Beträge;
7. die Kosten eines Transports von Personen;
8. die Haftkosten nach Maßgabe der für die Strafhaft geltenden landesgesetzlichen Vorschriften.[30]

Abs. 2 interessiert nicht für das Strafverfahren.

§ **80.** **(Fassung von 1909)** Die Schreibgebühr beträgt für die Seite, welche mindestens 20 Zeilen von durchschnittlich 12 Silben enthält, 20 Pfennig, auch wenn die Herstellung uf mechanischem Wege stattgefunden hat. Jede angefangene Seite wird als voll berechnet. (Satz 3 s. Bem. zu § 79 Ziff. 1.)

§ **80 a**, § **80 b** betreffen nur Auslagen in bürgerlichen Rechtsstreitigkeiten.

27) Vgl. Gebührenordnung für Zeugen und Sachverständige v. 30/6 78 (RGBl S. 173) [Anhang II].

28) Vgl. §§ 81, 83 Abs. 3, 92, 150 StPO.

29) Vgl. § 150 StPO und Gebührenordnung für Rechtsanwälte v. 7/7 79 (RGBl S. 176) i. d. F. des Ges v. 1/6 09 (RGBl S. 475).

30) Vgl. § 69 Abs. 2 StPO.

### 6. Abschnitt. Kostenvorschuß und Kostenzahlung.

**§ 81** betr. den Vorschuß in bürgerlichen Rechtsstreitigkeiten.

**§ 82** betr. den Vorschuß im Konkursverfahren.

**§ 83.** In Strafsachen ist von dem Privatkläger oder demjenigen, welcher als Privatkläger eine Berufung oder Revision einlegt oder eine Wiederaufnahme des Verfahrens beantragt, sowie von dem Nebenkläger,[30a]) welcher eine Berufung oder Revision einlegt, ein Gebührenvorschuß von 10 Mark für die Instanz zu zahlen.

Im Falle des § 75 beträgt der Vorschuß 5 Mark.

**§ 84.** Außer dem Gebührenvorschuß (§§ 81 bis 83) ist bei jedem Antrag auf Vornahme einer Handlung, mit welcher bare Auslagen verbunden sind, ein zur Deckung derselben hinreichender Vorschuß von dem Antragsteller zu zahlen.

Diese Vorschußpflicht besteht in Strafsachen nur in dem Verfahren auf erhobene Privatklage und für den Nebenkläger, welcher sich eines Rechtsmittels bedient.

Die Ladung und Vernehmung von Zeugen oder Sachverständigen auf Antrag des Privatklägers oder des Nebenklägers kann von der vorgängigen Zahlung eines zur Deckung der erwachsenden Auslagen hinreichenden Vorschusses abhängig gemacht werden.

**§ 85.** Ausländer,[31]) welche als Kläger auftreten, haben das Dreifache des im § 81 bestimmten Betrags[32]) als Vorschuß zu zahlen.

Diese Verpflichtung tritt nicht ein:

1. wenn nach den Gesetzen des Staates, welchem der Kläger angehört, ein Deutscher in gleichem Falle zu einer besonderen Vorauszahlung oder zu einer Sicherstellung der Gerichtskosten nicht verpflichtet ist;
2. im Urkunden- oder Wechselprozesse;
3. bei Widerklagen;

---

30a) Ob der Nebenkläger das Rechtsmittel allein oder neben dem Staatsanwalt einlegt, ist gleichgültig. Beschl 11/4 02, E 35, 188.

31) Wegen des Begriffes „Ausländer" s. A. 13 zu § 9 StPO.

32) Nach § 81 beträgt der Vorschuß soviel wie die höchste Gebühr, welche für einen Akt der Instanz zum Ansatz kommen kann.

4. bei Klagen, welche infolge einer öffentlichen Aufforderung angestellt werden;
5. bei Klagen aus Ansprüchen, welche in das Grund- oder Hypothekenbuch einer deutschen Behörde eingetragen sind;
6. wenn dem Kläger das Armenrecht bewilligt ist.

Die Verpflichtung besteht auch dann, wenn im Laufe des Rechtsstreits der Kläger die Eigenschaften eines Deutschen verliert, oder die Voraussetzung, unter welcher der Ausländer von der Verpflichtung befreit war, wegfällt.

Unter den gleichen Voraussetzungen haben Ausländer in den Fällen des § 83 Abs. 1 einen Gebührenvorschuß von 30 Mark zu zahlen.[33])

Vor Zahlung des von einem Ausländer nach den vorstehenden Bestimmungen oder den Bestimmungen der § 83 Abs. 2, § 84 zu zahlenden Vorschusses ist die Vornahme jeder gerichtlichen Handlung abzulehnen, sofern nicht glaubhaft gemacht wird, daß die Verzögerung dem Ausländer einen nicht zu ersetzenden Nachteil bringen würde.

**§ 86.** **(Fassung von 1909)** Schuldner der entstandenen Gebühren und Auslagen ist derjenige, welchem durch gerichtliche Entscheidung die Kosten des Verfahrens auferlegt sind, oder welcher dieselben durch eine vor dem Gericht abgegebene oder demselben mitgeteilte Erklärung übernommen hat.

Schuldner der Schreibgebühr ist der Antragsteller usw. (s. Bem. zu § 79 Ziff. 1).

**§ 87.** Die durch gerichtliche Entscheidung begründete Verpflichtung zur Zahlung der Gebühren und Auslagen (§ 86) erlischt, insoweit eine Aufhebung oder Abänderung der Entscheidung erfolgt.

Die Zurückzahlung bereits bezahlter Beträge findet, soweit der Gebührenansatz bestehen bleibt, nicht statt.

**§ 88.** Sind die entstandenen Gebühren und Auslagen von der einen oder der anderen Partei durch Übereinkunft beider Parteien übernommen (§ 86), so haftet jede Partei wenigstens für die Hälfte derselben.

---

33) Vgl. § 419 StPO.

Diese Haftbarkeit kann erst geltend gemacht werden, wenn eine Zwangsvollstreckung in das bewegliche Vermögen der nach § 86 zahlungspflichtigen Partei erfolglos geblieben ist.

§ **89.** In Ermangelung eines anderen Schuldners (§ 86) ist derjenige, welcher das Verfahren der Instanz beantragt hat, Schuldner der entstandenen Gebühren und Auslagen. Soweit es sich jedoch um Auslagen handelt, für welche der Gegner in Gemäßheit des § 84 Vorschuß zu leisten verpflichtet war, sind diese Auslagen vom Gegner zu erheben.

§ **90.** Die Verpflichtung zur Zahlung der vorzuschießenden Beträge (§§ 81 bis 85) bleibt bestehen, wenn auch die Kosten des Verfahrens einem anderen auferlegt oder von einem anderen übernommen sind.

§ **91.** Besteht die Partei aus mehreren Personen, so haften dieselben in Ermangelung einer gerichtlichen Entscheidung über die Kostenverteilung nach Kopfteilen.[34])

§ **92.** Durch die Bestimmungen der §§ 81 bis 91 wird eine nach den Vorschriften des bürgerlichen Rechts oder den Vorschriften der ZPO § 100 Abs. 4, § 788, der Konkursordnung §§ 57 bis 60, 142, oder der StPO § 498 Abs. 2, § 503 Abs. 4, § 504 begründete Verpflichtung zur Zahlung der entstandenen Gebühren und Auslagen nicht berührt.

§ **93.** Die Gebühren und Auslagen werden fällig, sobald das Verfahren oder die Instanz durch unbedingte Entscheidung über die Kosten, durch Vergleich oder Zurücknahme oder anderweite Erledigung beendigt ist.[35])

§ **94** enthält besondere Vorschriften für bürgerliche Rechtsstreitigkeiten.

§ **95** betrifft das Konkursverfahren.

§ **96.** In Strafsachen werden die Gebühren und Auslagen, welche dem verurteilten[36]) Beschuldigten zur Last fallen, erst mit der Rechtskraft des Urteils fällig.[37])

34) Vgl. § 504 Abs. 4, 5 u. § 505 StPO.

35) Vgl. §§ 33, 39.

36) Wegen der dem freigesprochenen Beschuldigten zur Last fallenden Auslagen vgl. §§ 499, 500, 503 StPO und § 93.

**§ 97. (Fassung von 1909)** Die Schreibgebühren werden sofort nach Anfertigung der Schriftstücke fällig.

Die Anfertigung kann von vorgängiger Zahlung eines die Gebühr deckenden Betrags abhängig gemacht werden.

**§ 97 a (Zusatz von 1909)** betrifft Kostenzahlung durch Marken.

### 7. Abschnitt. Schlußbestimmungen.

**§ 98.** Von Zahlung der Gebühren sind befreit:

das Reich in dem Verfahren vor den Landesgerichten,

die Bundesstaaten in dem Verfahren vor dem Reichsgerichte.

Die landesgesetzlichen Vorschriften, welche für gewisse Rechtssachen oder gewisse Personen in dem Verfahren vor den Landesgerichten Gebührenfreiheit gewähren, werden durch dieses Gesetz nicht berührt.

Für das Verfahren vor dem Reichsgerichte kann die Befreiung von Gebühren durch Kaiserliche Verordnung mit Zustimmung des Bundesrats gewährt werden.

Soweit demjenigen, welchem die Gebührenfreiheit zusteht, Kosten des Verfahrens auferlegt werden (§ 86), sind Gebühren überhaupt nicht zu erheben und erhobene zurückzuzahlen.

**§ 99.** Die Behörden haben einander zum Zwecke der Einziehung von Gebühren und Auslagen nach näherer Bestimmung der vom Bundesrat zu erlassenden Anweisung Beistand zu leisten.

**§§ 100, 101** interessieren nicht für das Strafverfahren.

---

37) Stirbt ein Verurteilter vor eingetretener Rechtskraft des Urteils, so haftet sein Nachlaß nicht für die Kosten. § 497 Abs. 2 StPO.

# II. Gebührenordnung für Zeugen und Sachverständige.

Vom 30. Juni 1878 (RGBl S. 173).

In der Fassung der Bek. v. 20. Mai 1898 (RGBl S. 689).

§ 1. In den vor die ordentlichen Gerichte gehörigen Rechtssachen, auf welche die Zivilprozeßordnung, die Strafprozeßordnung oder die Konkursordnung Anwendung findet, erhalten die Zeugen und Sachverständigen Gebühren nach Maßgabe der folgenden Bestimmungen.[1])

§ 2. Der Zeuge erhält eine Entschädigung für die erforderliche Zeitversäumnis im Betrage von 10 Pfennig bis zu 1 Mark auf jede angefangene Stunde.[2])

Die Entschädigung ist unter Berücksichtigung des von dem Zeugen versäumten Erwerbes zu bemessen und für jeden Tag auf nicht mehr als 10 Stunden zu gewähren.

Personen, welche durch gemeine Handarbeit, Handwerksarbeit oder geringeren Gewerbebetrieb ihren Unterhalt suchen, oder sich in gleichen Verhältnissen mit solchen Personen befinden, erhalten die nach dem geringsten Satze zu bemessende Entschädigung auch dann, wenn die Versäumnis eines Erwerbes nicht stattgefunden hat.

§ 3. Der Sachverständige erhält für seine Leistungen eine Vergütung nach Maßgabe der erforderlichen Zeitversäumnis im Betrage bis zu 2 Mark auf jede angefangene Stunde.[3])

Die Vergütung ist unter Berücksichtigung der Erwerbsverhältnisse des Sachverständigen zu bemessen und für jeden Tag auf nicht mehr als 10 Stunden zu gewähren.

Außerdem sind dem Sachverständigen die auf die Vorbereitung des Gutachtens verwendeten Kosten, sowie die für eine Untersuchung verbrauchten Stoffe und Werkzeuge zu vergüten.

---

1) Vgl. §§ 70 (Zeugen) und 84 (Sachverständige) StPO und § 166 GVG.

2) Wegen der Zeitversäumnis vgl. auch § 5.

3) Vgl. auch § 5.

§ 4. Bei schwierigen Untersuchungen und Sachprüfungen ist dem Sachverständigen auf Verlangen für die aufgetragene Leistung eine Vergütung nach dem üblichen Preise derselben und für die außerdem stattfindende Teilnahme an Terminen die im § 3 bestimmte Vergütung zu gewähren.

§ 5. Als versäumt gilt für den Zeugen oder Sachverständigen auch die Zeit, während welcher er seine gewöhnliche Beschäftigung nicht wieder aufnehmen kann.[4])

§ 6. Mußte der Zeuge oder Sachverständige außerhalb seines Aufenthaltsortes einen Weg bis zur Entfernung von mehr als 2 Kilometer zurücklegen, so ist ihm außer den nach §§ 2 bis 5 zu bestimmenden Beträgen eine Entschädigung für die Reise und für den durch die Abwesenheit von dem Aufenthaltsorte verursachten Aufwand nach Maßgabe der folgenden Bestimmungen zu gewähren.

§ 7. Soweit nach den persönlichen Verhältnissen des Zeugen oder Sachverständigen oder nach äußeren Umständen die Benutzung von Transportmitteln für angemessen zu erachten ist, sind als Reiseentschädigung die nach billigem Ermessen in dem einzelnen Falle erforderlichen Kosten zu gewähren. In anderen Fällen beträgt die Reiseentschädigung für jedes angefangene Kilometer des Hinwegs und des Rückwegs 5 Pfennig.

§ 8. Die Entschädigung für den durch Abwesenheit von dem Aufenthaltsorte verursachten Aufwand ist nach den persönlichen Verhältnissen des Zeugen oder Sachverständigen zu bemessen, soll jedoch den Betrag von 5 Mark für jeden Tag, an welchem der Zeuge oder Sachverständige abwesend gewesen ist, und von 3 Mark für jedes außerhalb genommene Nachtquartier nicht überschreiten.

§ 9. Mußte der Zeuge oder Sachverständige innerhalb seines Aufenthaltsortes einen Weg bis zu einer Entfernung von mehr als 2 Kilometer zurücklegen, so ist ihm für den ganzen zurückgelegten Weg eine Reiseentschädigung nach den Vorschriften des § 7 zu gewähren.

---

4) Vgl. §§ 2, 3.

§ 10. Konnte der Zeuge oder Sachverständige den erforderlichen Weg ohne Benutzung von Transportmitteln nicht zurücklegen, so sind die nach billigem Ermessen erforderlichen Kosten auch außer den in den §§ 6, 9 bestimmten Fällen zu gewähren.

§ 11. Abgaben für die erforderliche Benutzung eines Weges sind in jedem Falle zu erstatten.

§ 12. Bedarf der Zeuge wegen jugendlichen Alters oder wegen Gebrechen eines Begleiters, so sind die bestimmten Entschädigungen für beide zu gewähren.

§ 13. Soweit für gewisse Arten von Sachverständigen besondere Taxvorschriften bestehen, welche an dem Orte des Gerichts, vor welches die Ladung erfolgt, und an dem Aufenthaltsorte des Sachverständigen gelten, kommen lediglich diese Vorschriften in Anwendung. Gelten solche Taxvorschriften nur an einem dieser Orte, oder gelten an demselben verschiedene Taxvorschriften, so kann der Sachverständige die Anwendung der ihm günstigeren Bestimmungen verlangen.

Dolmetscher erhalten Entschädigung als Sachverständige nach den Vorschriften dieses Gesetzes, sofern nicht ihre Leistungen zu den Pflichten eines von ihnen versehenen Amtes gehören.

§ 14. Öffentliche Beamte erhalten Tagegelder und Erstattung von Reisekosten nach Maßgabe der für Dienstreisen geltenden Vorschriften, falls sie zugezogen werden:

1. als Zeugen über Umstände, von denen sie in Ausübung ihres Amtes Kenntnis erhalten haben;
2. als Sachverständige, wenn sie aus Veranlassung ihres Amtes zugezogen werden und die Ausübung der Wissenschaft, der Kunst oder des Gewerbes, deren Kenntnis Voraussetzung der Begutachtung ist, zu den Pflichten des von ihnen versehenen Amtes gehört.

Werden nach den Vorschriften dieses Paragraphen Tagegelder und Reisekosten gewährt, so findet eine weitere Vergütung an den Zeugen oder Sachverständigen nicht statt.

Die vorstehenden Bestimmungen finden auf Personen des Soldatenstandes entsprechende Anwendung.[5])

§ 15. Ist ein Sachverständiger für die Erstattung von Gutachten im allgemeinen beeidigt, so können die Gebühren für die bei bestimmten Gerichten vorkommenden Geschäfte durch Übereinkommen bestimmt werden.

§ 16. Die Gebühren der Zeugen und Sachverständigen werden nur auf Verlangen derselben gewährt. Der Anspruch erlischt, wenn das Verlangen binnen 3 Monaten nach Beendigung der Zuziehung oder Abgabe des Gutachtens bei dem zuständigen Gerichte nicht angebracht wird.

§ 17. Die einem Zeugen oder Sachverständigen zu gewährenden Beträge werden durch das Gericht oder den Richter, vor welchem die Verhandlung stattfindet, festgesetzt.

Sofern die Beträge aus der Staatskasse gezahlt und dieser nicht erstattet sind, kann die Festsetzung von dem Gericht oder dem Richter, durch welche sie erfolgt ist, sowie von dem Gerichte der höheren Instanz von Amts wegen berichtigt werden.

Gegen die Festsetzung findet Beschwerde nach Maßgabe des § 567 Abs. 2 und der §§ 568 bis 575 der Zivilprozeßordnung sowie des § 4 Abs. 3 des Gerichtskostengesetzes, in Strafsachen nach Maßgabe der §§ 346 bis 352 der Strafprozeßordnung statt.[6])

---

5) Vgl. Ges v. 11/6 90 (RGBl S. 73) und wegen der Personen des Soldatenstandes S. 399, 400 A. 2.

6) Die Einschränkung des Beschwerderechts im § 17 Abs. 3 umfaßt auch das Berichtigungsverfahren (Abs. 2). Ist im letzteren Verfahren eine Entscheidung ergangen, so kann diese nur unter den Beschränkungen des Abs. 3 angefochten werden. Eine Entscheidung des Oberlandesgerichts, durch welche in einer Strafsache ein Antrag auf Berichtigung einer Festsetzung von Zeugen- oder Sachverständigengebühren abgelehnt wird, kann also mit der Beschwerde nicht weiter angefochten werden. Beschl 16/1 83, E 7, 420.

# III. Auszug aus der Militärstrafgerichtsordnung

vom 1. Dezember 1898 (RGBl S. 1189).

## 1. Teil. Gerichtsverfassung.

### 1. Titel. Umfang der Militärstrafgerichtsbarkeit.

§ 1. Der Militärstrafgerichtsbarkeit sind, soweit nicht die folgenden Paragraphen ein anderes bestimmen, wegen aller strafbaren Handlungen[1]) unterstellt:

1. die Militärpersonen des aktiven Heeres und der aktiven Marine;[2])

---

1) Wegen aller strafbaren Handlungen d. h. sowohl wegen der militärischen Verbrechen und Vergehen (MilStGB § 1) als auch wegen der in den allgemeinen Strafgesetzen mit Strafe bedrohten Verbrechen, Vergehen und Übertretungen (StGB § 1).

2) Militärpersonen sind die Personen des Soldatenstandes und die Militärbeamten, welche zum Deutschen Heere oder zur Kais. Marine gehören (s. Verzeichnis der zum Deutschen Heere und zur Kais. Marine gehörenden Militärpersonen in Anlage zum MilStGB: RGBl 1872 S. 174).

Die zum aktiven Heere gehörenden Militärpersonen sind nach § 38 RMilG v. 2. Mai 1874:

A. Die Militärpersonen des Friedensstandes, und zwar:

1. die Offiziere, Ärzte und Militärbeamten des Friedensstandes vom Tage ihrer Anstellung bis zum Zeitpunkt ihrer Entlassung aus dem Dienste (vgl. Klasseneinteilung der Militärbeamten des Reichsheeres und der Marine vom 13. August 1895: RGBl S. 431);
2. die Kapitulanten vom Beginne bis zum Ablauf oder bis zur Aufhebung der abgeschlossenen Kapitulation;
3. die Freiwilligen und die ausgehobenen Rekruten von dem Tage, mit welchem ihre Verpflegung durch die Militärverwaltung beginnt, Einjährig-Freiwillige von dem Zeitpunkt ihrer definitiven Einstellung in einen Truppenteil an, sämtlich bis zum Ablauf des Tages ihrer Entlassung aus dem aktiven Dienste.

B. Die aus dem Beurlaubtenstande zum Dienst einberufenen Offiziere, Ärzte, Militärbeamten und Mannschaften von dem Tage, zu welchem sie einberufen sind, bis zum Ablauf des Tages der Wiederentlassung.

C. Alle in Kriegszeiten zum Heeresdienst aufgebotenen oder freiwillig eingetretenen Offiziere, Ärzte, Militärbeamten und Mann-

2. die zur Disposition gestellten Offiziere, Sanitätsoffiziere und Ingenieure des Soldatenstandes;[3])
3. die Studierenden der Kaiser Wilhelms-Akademie für das militärärztliche Bildungswesen;[4])
4. die Schiffsjungen, solange sie eingeschifft sind;
5. die in militärischen Anstalten versorgten invaliden Offiziere und Mannschaften;[5])
6. die nicht zum Soldatenstande gehörigen Offiziere à la suite und Sanitätsoffiziere à la suite, wenn und solange sie zu vorübergehender Dienstleistung zugelassen sind;[6])

---

schaften, welche zu keiner der vorgenannten Kategorien gehören, von dem Tage, zu welchem sie einberufen sind oder vom Zeitpunkte des freiwilligen Eintritts an, bis zum Ablaufe des Tages der Entlassung, also insbesondere nach ergangenem Aufrufe des Landsturms die von demselben betroffenen Landsturmpflichtigen, sowie die infolge freiwilliger Meldung in die Listen des Landsturms Eingetragenen.

Wegen der Militärbeamten vgl. die Verordnung, betr. die Klasseneinteilung der Militärbeamten des Reichsheeres und der Marine v. 13. August 1895 (RGBl S. 431). Die in dieser Klasseneinteilung nicht aufgeführten Zivil-Beamten der Militär- und Marineverwaltung, zu denen z. B. im Frieden die Beamten der Proviantämter, des Korpsbekleidungsamtes, der Garnisonverwaltung, der Lazarette und auch die vortragenden Räte des Kriegsministeriums gehören, sind keine Militärpersonen und deshalb der Militärgerichtsbarkeit nicht unterworfen.

Die Mitglieder des Landgendarmeriekorps gelten, wenn sie, wie in Preußen, Baden, Hessen und Elsaß-Lothringen, der Militärstrafgerichtsbarkeit unterstellt sind, i. S. der MilStGO als Personen des Soldatenstandes des aktiven Heeres. § 2 Abs. 3 EinfGes zur MilStGO (RGBl S. 1289).

3) Die mit Pension verabschiedeten Offiziere sind der Militärstrafgerichtsbarkeit nicht unterworfen. Ges v. 3. Mai 1890 (RGBl S. 63). Offiziere von der Armee sind Militärpersonen des aktiven Heeres bzw. der aktiven Marine. Ingenieure des Soldatenstandes sind die Mitglieder des Maschinen-Ingenieurkorps und die Torpeder-Ingenieure.

4) Die nicht zu den Militärpersonen gehörenden Zöglinge militärischer Bildungsanstalten (Kadettenhäuser) und die Lehrer dieser Bildungsanstalten sind der Militärstrafgerichtsbarkeit nicht unterstellt. Die Schüler der Unteroffizierschulen gehören zu den Personen des Soldatenstandes und sind deshalb der Militärstrafgerichtsbarkeit unterworfen. § 78 Wehrordnung.

5) Mannschaften sind die Unteroffiziere und Gemeinen.

7. die verabschiedeten Offiziere, Sanitätsoffiziere und Ingenieure des Soldatenstandes, wenn und solange sie als solche oder als Militärbeamte im aktiven Heere oder in der aktiven Marine vorübergehend wieder Verwendung finden;
8. die in den §§ 155, 157, 158, 166 des Militärstrafgesetzbuchs bezeichneten Personen,[7]) solange sie den Militärstrafgesetzen unterworfen sind.

§ 2. Den bürgerlichen Behörden bleibt die Untersuchung und Entscheidung wegen Zuwiderhandlungen gegen Finanz- und Polizeigesetze, Jagd- und Fischereigesetze, sowie gegen Verordnungen dieses Inhalts überlassen, wenn die Handlung nur mit Geldstrafe und Einziehung oder mit einer dieser Strafen bedroht ist. Der Vollzug der an die Stelle der Geldstrafe tretenden Freiheitsstrafe ist mittels Ersuchens der Militärbehörde zu bewirken.[8]) War die Geld-

6) Offiziere und Sanitätsoffiziere à la suite sind im Unterschiede zu den Offizieren à la suite von Truppenteilen diejenigen Offiziere à la suite der Armee oder eines Kontingents, sowie diejenigen Sanitätsoffiziere à la suite des Sanitätskorps, welche nicht als zum aktiven Heere bzw. dem Friedensstande gehörig anzusehen sind (Mot. zu § 1).

7) d. h.

1. alle Personen, welche sich während eines gegen das Reich ausgebrochenen Krieges in irgendeinem Dienst- oder Vertragsverhältnisse bei dem kriegführenden Heere befinden oder sonst sich bei demselben aufhalten oder ihm folgen (§ 155 MilStGB);
2. ausländische Offiziere, welche zu dem kriegführenden Heere zugelassen sind, desgleichen das Gefolge solcher Offiziere (§ 158 MilStGB);
3. die Kriegsgefangenen (§ 158 MilStGB);
4. die Angestellten eines Schiffes und, solange ein Schiff sich im Kriegszustande befindet (§ 164 MilStGB), auch alle anderen an Bord dienstlich eingeschifften Personen, welche nicht Militärpersonen sind.

8) Von der Militärbehörde d. h. je nach Höhe der Strafe von dem zuständigen Gerichtsherrn der niederen oder höheren Gerichtsbarkeit ist nur der Vollzug der an die Stelle der Geldstrafe im Falle der Nichtbeitreibung tretenden Freiheitsstrafe, nicht auch die Umwandlung der Geldstrafe in diese Freiheitsstrafe zu bewirken. Diese Umwandlung erfolgt nach § 491 StPO durch das bürgerliche

strafe wegen Zuwiderhandlung gegen die Vorschriften über die Erhebung öffentlicher Abgaben und Gefälle durch Strafbescheid der Verwaltungsbehörde festgesetzt, so erfolgt die Umwandlung in eine Freiheitsstrafe durch den zuständigen Gerichtsherrn nach Maßgabe des § 463.

**§ 3.** Der bürgerlichen Strafgerichtsbarkeit unterliegen die Militärpersonen des aktiven Heeres und der aktiven Marine, sofern sie nicht dem Offizierstand angehören wegen Amtsverbrechen oder Amtsvergehen, welche sie bei einstweiliger Verwendung im Zivildienste des Reichs, eines Bundesstaats oder einer Kommune begangen haben.[9])

In diesen Fällen greift die Militärstrafgerichtsbarkeit Platz, wenn mit der Handlung eine Zuwiderhandlung gegen die Militärstrafgesetze zusammentrifft.[10])

**§ 4.** Haben sich bei einer Zuwiderhandlung gegen die allgemeinen Strafgesetze mehrere Personen, von welchen die eine der militärischen, die andere der bürgerlichen Gerichtsbarkeit unterstellt ist, als Täter, Teilnehmer, Begünstiger oder Hehler beteiligt, oder sind zwischen solchen einer verschiedenen Gerichtsbarkeit unterstellten Personen wechselseitige Beleidigungen oder Körperverletzungen[11]) vorgekommen, so kann die beteiligte Militärperson dem bürgerlichen Gerichte zur Untersuchung und Aburteilung des Falles übergeben werden.[11a])

**§ 5.** Der Militärstrafgerichtsbarkeit sind ferner unterstellt:

1. die Personen des Beurlaubtenstandes und die denselben gesetzlich gleichstehenden Personen[12]) wegen

---

Gericht. Vgl. § 463 MilStGO und wegen der Zuständigkeit der Gerichtsherren §§ 25 ff. ebenda.

9) Wegen der Amtsverbrechen und Amtsvergehen s. §§ 331 bis 359 StGB.

10) Wegen des Zusammentreffens mehrerer strafbarer Handlungen s. §§ 73—79 StGB; § 54 MilStGB.

11) Wegen der wechselseitigen Beleidigungen und Körperverletzungen s. §§ 198, 199, 233 StGB.

11a) Vgl. hierzu U 4/2 10, E 43, 293 (Bindung der Zivilgerichte durch die Übergabeerklärung) u. U 2/5 10, E 43, 370 (Bestehenbleiben der bürgerlichen Gerichtsbarkeit bei Wegfall des die Übergabe veranlassenden Verdachts).

Zuwiderhandlungen gegen die auf sie Anwendung findenden Vorschriften der Militärstrafgesetze;[13])

2. die dem Beurlaubtenstand angehörenden Offiziere, Sanitätsoffiziere und Ingenieure des Soldatenstandes wegen Zweikampfs mit tödlichen Waffen, wegen Herausforderung oder Annahme einer Herausforderung zu einem solchen Zweikampf und wegen Kartelltragens;
3. die im § 1 Nr. 6 bezeichneten Personen, auch wenn sie nicht zur Dienstleistung zugelassen sind, wegen der in der Militäruniform begangenen Zuwiderhandlungen gegen die militärische Unterordnung;[14])
4. Ausländer und Deutsche wegen der in den §§ 160, 161 des Militärstrafgesetzbuchs bezeichneten strafbaren Handlungen.[15])

---

12) Zum Beurlaubtenstande gehören:

1. die Offiziere, Ärzte, Beamten und Mannschaften der Reserve, Marinereserve, Landwehr und Seewehr, sowie die Mannschaften der Ersatzreserve und Marineersatzreserve;
2. die vorläufig in die Heimat beurlaubten Rekruten und Freiwilligen;
3. die bis zur Entscheidung über ihr ferneres Militärverhältnis zur Disposition der Ersatzbehörden entlassenen Mannschaften;
4. die vor erfüllter aktiver Dienstpflicht zur Disposition der Truppen-(Marine-)Teile beurlaubten Mannschaften.

Den Personen des Beurlaubtenstandes sind nach §§ 26, 30 des Ges v. 11/2 88 gleichgestellt die vom Aufrufe betroffenen Landsturmpflichtigen nach dem Aufrufe bis zu dem Tage, zu welchem sie einberufen sind, und die wehrfähigen Deutschen, welche zum Dienst im Heere oder der Marine nicht verpflichtet sind, aber als Freiwillige in den Landsturm eingestellt werden, von ihrer Eintragung in die Listen des Landsturms an bis zu ihrem Eintritt.

13) Vgl. §§ 6, 42 Abs. 2, 68, 113, 126 MilStGB.

14) Vgl. §§ 89—112 MilStGB.

15) Die in den §§ 160, 161 des MilStGB bezeichneten strafbaren Handlungen sind:

1. gemäß § 160 MilStGB der während eines gegen das Deutsche Reich ausgebrochenen Krieges auf dem Kriegsschauplatze begangene Landesverrat (Kriegsverrat nach § 57), sowie die ohne Erfolg bleibende Verabredung eines solchen (§ 59) und die unter gleichen Umständen verübte Ausplünderung eines auf dem Kampfplatze gebliebenen Angehörigen der deutschen oder verbündeten Truppen, oder eines Kranken oder Verwundeten auf dem Kampfplatze, auf dem Marsche, auf dem Transport oder

§ 6. Die Militärpersonen des aktiven Heeres und der aktiven Marine sind, soweit nicht die folgenden Paragraphen ein anderes bestimmen, auch wegen der vor dem Diensteintritte begangenen strafbaren Handlungen[16]) der Militärstrafgerichtsbarkeit unterstellt.

§ 7. Die zur Erfüllung ihrer gesetzlichen oder freiwillig übernommenen Dienstpflicht in das Heer oder in die Marine eingestellten Militärpersonen treten wegen einer vor dem Diensteintritte begangenen Zuwiderhandlung gegen die allgemeinen Strafgesetze nicht unter die Militärstrafgerichtsbarkeit:

1. wenn vor dem Diensteintritte wegen der Zuwiderhandlung ein verurteilendes oder freisprechendes Urteil ergangen oder ein Strafbefehl zugestellt war,[17])
2. wenn die Entlassung aus dem aktiven Dienste erfolgt; die Entlassung findet statt, wenn eine Verurteilung zu einer Freiheitsstrafe von mehr als sechs Wochen oder im Falle der Verurteilung zu einer Geldstrafe die Vollstreckung einer an Stelle derselben tretenden Freiheitsstrafe von gleicher Dauer zu erwarten ist.

War vor dem Diensteintritte die Eröffnung des Hauptverfahrens bereits beschlossen,[18]) so muß, sofern die Entlassung nicht erfolgt, in der Sache militärgerichtlich erkannt werden.

§ 8. Die Bestimmungen des § 7 finden auf die bis zur Entscheidung über ihr ferneres Militärverhältnis zur Disposition der Ersatzbehörden entlassenen und später von neuem für den aktiven Dienst ausgehobenen Mannschaften wegen der vor der

---

im Lazarett oder eines dem Schutze des Betr. anvertrauten Kriegsgefangenen (§ 134);

2. gemäß § 161 ebenda alle nach den Gesetzen des Reichs strafb. Handlungen, welche in einem von deutschen Truppen besetzten ausländ. Gebiete gegen deutsche Truppen oder Angehörige derselben oder gegen eine auf Anordnung des Kaisers eingesetzte Behörde begangen werden.

16) Als Diensteintritt gilt hier, soweit es sich um die Erfüllung der gesetzlichen Dienstpflicht handelt, die erste Einstellung in das Heer oder die Marine behufs Erfüllung dieser Dienstpflicht (Begr. zu §§ 3—6).

17) Nur amtsrichterliche Strafbefehle (§§ 447 ff. StPO), nicht auch polizeiliche Strafverfügungen kommen hier in Betracht.

18) Vgl. §§ 196 ff. StPO.

Wiedereinziehung begangenen Zuwiderhandlungen gegen die allgemeinen Strafgesetze entsprechende Anwendung.

§ 9. Die zum Dienste einberufenen[19]) Personen des Beurlaubtenstandes und die denselben gesetzlich gleichstehenden Personen[20]) treten wegen der Zuwiderhandlungen, die sie vor dem Tage, zu welchem sie einberufen sind, gegen die allgemeinen Strafgesetze begangen haben, nicht unter die Militärstrafgerichtsbarkeit. Während der Dauer der Dienstleistung darf jedoch ohne Zustimmung der Militärbehörden die Untersuchungshaft nicht verfügt, auch eine Hauptverhandlung nur abgehalten werden, wenn der Angeklagte von der Verpflichtung, in derselben zu erscheinen, entbunden ist.[21])

Wegen einer während der Dienstleistung begangenen strafbaren Handlung können die im Absatz 1 bezeichneten Personen den bürgerlichen Gerichten übergeben werden, sofern lediglich eine Zuwiderhandlung gegen die allgemeinen Strafgesetze in Frage steht.

§ 10. Durch die Beendigung des die Militärstrafgerichtsbarkeit begründenden Verhältnisses wird hinsichtlich der vorher begangenen strafbaren Handlungen[22]) die Zuständigkeit der Militärgerichte nicht aufgehoben.

Sie hört jedoch auf in Ansehung solcher gegen die allgemeinen Strafgesetze begangenen Zuwiderhandlungen, welche mit einem militärischen Verbrechen oder Vergehen nicht zusammentreffen, es sei denn, daß bereits die Anklage erhoben (vgl. § 258) oder eine Strafverfügung des Gerichtsherrn (vgl. § 349) zugestellt war.

---

19) d. h. Einberufung zum Dienst im Falle der Mobilmachung oder zu einer Übung. Die zu Kontrollversammlungen einberufenen Reservisten, Wehrleute und Ersatzreservisten stehen während des Tages der Einberufung unter den Militärgesetzen.

20) Wegen der Personen des Beurlaubtenstandes und der denselben gesetzlich gleichstehenden Personen s. A. 12 zu § 5.

21) Vgl. §§ 231, 232. Während der Dauer einer etwaigen Aussetzung des Verfahrens vor den bürgerlichen Gerichten ruht die Verjährung der Strafverfolgung. Ges v. 20/3 93 (RGBl S. 133).

22) d. h. sowohl gegen die allgemeinen als auch gegen die Militär-Strafgesetze. S. jedoch die Ausnahme im Abs. 2.

§ 11. Macht sich eine der im § 1 Nr. 1 bezeichneten Personen innerhalb eines Jahres nach Beendigung des die Militärstrafgerichtsbarkeit begründenden Verhältnisses wegen der ihr während der Dienstzeit widerfahrenen Behandlung einer Beleidigung, Körperverletzung oder Herausforderung zum Zweikampfe gegenüber einem früheren militärischen, noch im aktiven Dienste befindlichen Vorgesetzten schuldig, so ist wegen dieser strafbaren Handlungen und, wenn der Zweikampf stattgefunden hat, auch dieserhalb die Militärstrafgerichtsbarkeit begründet.

Wegen Beleidigung ist die Militärstrafgerichtsbarkeit nur dann begründet, wenn sie im Verkehre mit dem früheren Vorgesetzten oder mit einer Militärbehörde begangen worden ist.

## IV. Gesetz, betr. die Entschädigung der im Wiederaufnahmeverfahren freigesprochenen Personen.

Vom 20. Mai 1898 (RGBl S. 345).

§ 1. Personen, welche im Wiederaufnahmeverfahren freigesprochen oder in Anwendung eines milderen Strafgesetzes mit einer geringeren Strafe belegt werden, können Entschädigung aus der Staatskasse verlangen, wenn die früher erkannte Strafe ganz oder teilweise gegen sie vollstreckt worden ist. Das Wiederaufnahmeverfahren muß die Unschuld des Verurteilten bezüglich der ihm zur Last gelegten Tat oder bezüglich eines die Anwendung eines schwereren Strafgesetzes begründenden Umstandes ergeben oder doch dargetan haben, daß ein begründeter Verdacht gegen den Angeklagten nicht mehr vorliegt.

Außer dem Verurteilten haben diejenigen, denen gegenüber er kraft Gesetzes unterhaltspflichtig war, Anspruch auf Entschädigung.[1])

Der Anspruch auf Entschädigung ist ausgeschlossen,

1) Die gesetzlichen Bestimmungen über die Unterhaltungspflicht sind enthalten in den §§ 1601—1615 BGB.

wenn der Verurteilte die frühere Verurteilung vorsätzlich herbeigeführt oder durch grobe Fahrlässigkeit verschuldet hat.

Die Versäumung der Einlegung eines Rechtsmittels ist nicht als eine Fahrlässigkeit zu erachten.

§ 2. Gegenstand des dem Verurteilten zu leistenden Ersatzes ist der für ihn durch die Strafvollstreckung entstandene Vermögensschaden.[2])

Unterhaltsberechtigten ist insoweit Ersatz zu leisten, als ihnen durch die Strafvollstreckung der Unterhalt entzogen worden ist.

§ 3. Die Entschädigung wird aus der Kasse desjenigen Bundesstaats gezahlt, bei dessen Gerichte das Strafverfahren in erster Instanz anhängig war.

Bis zum Betrage der geleisteten Entschädigung tritt die Kasse in die Rechte ein, welche dem Entschädigten gegen Dritte um deswillen zustehen, weil durch deren rechtswidrige Handlungen seine Verurteilung herbeigeführt war.

§ 4. Über die Verpflichtung der Staatskasse zur Entschädigung wird durch besonderen Beschluß des im Wiederaufnahmeverfahren erkennenden Gerichts Bestimmung getroffen.

Der Beschluß ist von dem Gerichte gleichzeitig mit dem Urteile zu fassen, aber nicht zu verkünden, sondern durch Zustellung bekannt zu machen. Der Beschluß unterliegt nicht der Anfechtung durch Rechtsmittel. Er tritt außer Kraft, wenn das Urteil aufgehoben wird.

§ 5. Wer auf Grund des die Verpflichtung der Staatskasse zur Entschädigung aussprechenden Beschlusses einen Anspruch geltend macht, hat diesen Anspruch bei Vermeidung des Verlustes binnen drei Monaten nach Zustellung des Beschlusses durch Antrag bei der Staatsanwaltschaft zu verfolgen. Der Antrag ist bei der Staatsanwaltschaft desjenigen Landgerichts zu stellen, in dessen Bezirke das Urteil ergangen ist.

Über den Antrag entscheidet die oberste Behörde der Landesjustizverwaltung. Eine Ausfertigung der Entschei-

---

2) Als Vermögensschaden ist jede Verschlechterung der wirtschaftl. Lage, welche sich in Geldwert ausdrücken läßt, anzusehen. Vgl. §§ 249 ff. BGB.

dung ist dem Antragsteller nach den Vorschriften der Zivilprozeßordnung zuzustellen.

Gegen die Entscheidung ist die Berufung auf den Rechtsweg zulässig. Die Klage ist binnen einer Ausschlußfrist von drei Monaten nach Zustellung der Entscheidung zu erheben. Für die Ansprüche auf Entschädigung sind die Zivilkammern der Landgerichte ohne Rücksicht auf den Wert des Streitgegenstandes ausschließlich zuständig.

Bis zur endgültigen Entscheidung über den Antrag ist der Anspruch weder übertragbar, noch der Pfändung unterworfen.

§ 6. In den zur Zuständigkeit des Reichsgerichts in erster Instanz gehörigen Sachen ist statt der Staatskasse die Reichskasse ersatzpflichtig.

In diesen Fällen tritt an die Stelle der Staatsanwaltschaft des Landgerichts die Staatsanwaltschaft bei dem Reichsgericht, an die Stelle der obersten Behörde der Landesjustizverwaltung der Reichskanzler.

---

## V. Gesetz, betr. die Entschädigung für unschuldig erlittene Untersuchungshaft.

Vom 14. Juli 1904 (RGBl S. 321).

---

§ 1. Personen, die im Strafverfahren freigesprochen oder durch Beschluß des Gerichts außer Verfolgung gesetzt sind, können für erlittene Untersuchungshaft Entschädigung aus der Staatskasse verlangen, wenn das Verfahren ihre Unschuld ergeben oder dargetan hat, daß gegen sie ein begründeter Verdacht nicht vorliegt.

Außer dem Verhafteten haben diejenigen, denen gegenüber er kraft Gesetzes unterhaltungspflichtig war, Anspruch auf Entschädigung.

§ 2. Der Anspruch auf Entschädigung ist ausgeschlossen, wenn der Verhaftete die Untersuchungshaft vorsätzlich herbeigeführt oder durch grobe Fahrlässigkeit verschuldet hat.

Die Versäumung der Einlegung eines Rechtsmittels ist nicht als eine Fahrlässigkeit zu erachten.

Der Anspruch kann ausgeschlossen werden, wenn die zur Untersuchung gezogene Tat des Verhafteten eine grobe Unredlichkeit oder Unsittlichkeit in sich geschlossen hat oder in einem die freie Willensbestimmung ausschließenden Trunkenheitszustande begangen worden ist oder wenn aus den Tatumständen erhellt, daß der Verhaftete die Verübung eines Verbrechens oder Vergehens vorbereitet hatte.

Der Anspruch kann auch dann ausgeschlossen werden, wenn der Verhaftete zur Zeit der Verhaftung sich nicht im Besitze der bürgerlichen Ehrenrechte befand oder unter Polizeiaufsicht stand oder wenn gegen den Verhafteten auf Grund des § 181a oder des § 362 des StGB innerhalb der letzten zwei Jahre auf Überweisung an die Landespolizeibehörde rechtskräftig erkannt worden ist. Das gleiche gilt, wenn der Verhaftete mit Zuchthaus bestraft worden ist und seit der Verbüßung der Strafe drei Jahre noch nicht verflossen sind.

§ 3. Gegenstand des dem Verhafteten zu leistenden Ersatzes ist der für ihn durch die Untersuchungshaft entstandene Vermögensschaden. Hat vor dem Erlasse des Haftbefehls eine Vorführung oder eine vorläufige Festnahme stattgefunden, so erstreckt sich der Entschädigungsanspruch auch auf die dem Haftbefehle vorausgegangene Zeit der Haft.

Unterhaltsberechtigten ist insoweit Ersatz zu leisten, als ihnen durch die Verhaftung der Unterhalt entzogen worden ist.

§ 4. Über die Verpflichtung der Staatskasse zur Entschädigung wird von dem Gerichte gleichzeitig mit seinem den Verhafteten freisprechenden Urteile durch besonderen Beschluß Bestimmung getroffen.

Wird auf ein gegen das Urteil eingelegtes Rechtsmittel von neuem auf Freisprechung erkannt, so ist von dem erkennenden Gerichte nach Maßgabe des Abs. 1 von neuem Beschluß zu fassen.

Der Beschluß ist nicht zu verkünden, sondern durch Zustellung bekannt zu machen, sobald das freisprechende

Urteil rechtskräftig geworden ist. Er unterliegt nicht der Anfechtung durch Rechtsmittel. Wird die Entschädigungsverpflichtung der Staatskasse ausgesprochen, so soll der Beschluß auch den Unterhaltsberechtigten, die nicht dem Hausstande des Verhafteten angehören, mitgeteilt werden, sofern ihr Aufenthalt dem Gerichte bekannt ist.

Diese Vorschriften finden entsprechende Anwendung, wenn der Verhaftete durch Beschluß des Gerichts außer Verfolgung gesetzt wird.

§ 5. Der die Entschädigungsverpflichtung der Staatskasse aussprechende Beschluß tritt außer Kraft, wenn zuungunsten des Freigesprochenen die Wiederaufnahme des Verfahrens angeordnet oder wenn gegen den außer Verfolgung Gesetzten nach Wiederaufnahme der Klage das Hauptverfahren eröffnet wird. War die Entschädigung schon gezahlt, so kann das Gezahlte zurückgefordert werden.

§ 6. Wer auf Grund des die Entschädigungsverpflichtung der Staatskasse aussprechenden Beschlusses einen Anspruch geltend macht, hat diesen Anspruch bei Vermeidung des Verlustes binnen sechs Monaten nach Zustellung des Beschlusses durch Antrag bei der Staatsanwaltschaft des Landgerichts zu verfolgen, in dessen Bezirke das Verfahren in erster Instanz anhängig war.

Über den Antrag entscheidet die oberste Behörde der Landesjustizverwaltung. Eine Ausfertigung der Entscheidung ist dem Antragsteller nach den Vorschriften der Zivilprozeßordnung zuzustellen.

Gegen die Entscheidung ist die Berufung auf den Rechtsweg zulässig. Die Klage ist binnen einer Ausschlußfrist von drei Monaten nach Zustellung der Entscheidung zu erheben. Für die Ansprüche auf Entschädigung sind die Zivilkammern der Landgerichte ohne Rücksicht auf den Wert des Streitgegenstandes ausschließlich zuständig.

Bis zur rechtskräftigen Entscheidung über den Antrag ist der Anspruch nicht übertragbar.

§ 7. Die Entschädigung wird aus der Kasse des Bundesstaats gezahlt, bei dessen Gerichte das Strafverfahren in erster Instanz anhängig war.

Bis zum Betrage der geleisteten Entschädigung tritt die Kasse in die Rechte ein, welche dem Entschädigten gegen Dritte um deswillen zustehen, weil durch deren rechtswidrige Handlungen die Untersuchungshaft herbeigeführt war.

§ 8. Ist zuungunsten des Freigesprochenen die Wiederaufnahme des Verfahrens beantragt oder gegen den außer Verfolgung Gesetzten die Klage wieder aufgenommen worden, so kann die Entscheidung der obersten Behörde der Landesjustizverwaltung (§ 6 Abs. 2) sowie die Zahlung der Entschädigung (§ 7 Abs. 1) ausgesetzt werden.

§ 9. In den zur Zuständigkeit des Reichsgerichts in erster Instanz gehörigen Sachen ist statt der Staatskasse die Reichskasse ersatzpflichtig.

In diesen Fällen tritt an die Stelle der Staatsanwaltschaft des Landgerichts die Staatsanwaltschaft bei dem Reichsgericht, an die Stelle der obersten Behörde der Landesjustizverwaltung der Reichskanzler.

§ 10. Dieses Gesetz findet auf die im militärgerichtlichen Verfahren freigesprochenen Personen entsprechende Anwendung. An die Stelle der Staatskasse tritt im Heere die Kasse desjenigen Kontingents, bei dessen Gerichte das Strafverfahren in erster Instanz anhängig war, in der Marine die Reichskasse. Statt der Staatsanwaltschaft des Landgerichts ist der Gerichtsherr erster Instanz, statt der obersten Behörde der Landesjustizverwaltung die oberste Militär- oder Marinejustizverwaltungsbehörde zuständig.

§ 11. In den zur Zuständigkeit der Konsulargerichte gehörigen Sachen findet dieses Gesetz mit folgenden Maßgaben Anwendung:

An die Stelle der Staatsanwaltschaft des Landgerichts tritt der Konsul. Für die Ansprüche auf Entschädigung ist das Reichsgericht in erster und letzter Instanz zuständig.

§ 12. Die Vorschriften dieses Gesetzes finden auf Angehörige eines auswärtigen Staates nur insoweit Anwendung, als nach einer im Reichsgesetzblatt enthaltenen Bekanntmachung durch die Gesetzgebung dieses Staates oder durch Staatsvertrag die Gegenseitigkeit verbürgt ist.

# Sachregister.

(Die Zahlen verweisen auf die Paragraphen der Strafprozeßordnung, bzw. der besonders bezeichneten Gesetze.)

## A.

## B.

## C (siehe auch K. und Z.).



## D.

## E.

## F.

## G.

## H.

## R.

## S.

## T.



## U.

## V.

## W.



## Z.

---

G. Pätz'sche Buchdr. Lippert & Co. G. m. b. H., Naumburg a. d. S.

FSC
www.fsc.org
MIX
Papier | Fördert
gute Waldnutzung
FSC® C083411

Kolibri 360 GmbH
Ferdinand-Jühlke-Straße 7
99095 Erfurt, Deutschland
produktsicherheit@kolibri360.de